빈출문제로
완벽 대비

★★★

빡세게
풀어서
개발자
되기

나도 이미
코테 합격자

KB160295

프로그래머스 제공
100 문제로 완벽 대비

# 코딩 테스트
# 합격자 되기

**자바스크립트 편**　이선협, 박경록 지음

GOLDEN RABBIT

## 책을 미리 읽은 전문가, 교강사가 말합니다

**입문자 관점에서 내용을 쉽게 쓰기 위한 저자의 노력이 많이 보이는 책이었습니다.** 각 자료구조, 알고리즘을 예제와 함께 쉽게 풀어 쓴 부분과, 주요 문제를 푼 뒤에 연습 문제를 다양하게 제공해 유용합니다. 문제를 어디서부터 어떻게 풀어야 할지 몰라 막막한 사람, 코딩으로 문제를 해결하는 과정을 자세히 이해하고 싶은 사람에게 강력하게 추천합니다.

숭실대학교 소프트웨어 학부 정진홍 조교수

최근 몇 년 간 회사에서 태블릿 개발자들의 채용을 맡아오며 많은 코딩 테스트를 실행해왔습니다. 그러면서 코딩 테스트 문제를 출제하는 사람에게는 '코딩 테스트를 통해 무엇을 보고 싶은지 주제를 명확히 정하는 것'이 매우 중요하다는 것을 깨달았습니다. 이 과정에서 '좋은 코딩 테스트란 무엇인가'에 대해 깊이 생각하게 되었죠. 문제를 푸는 사람이 어떻게 생각하고, 큰 문제를 해결하기 위해 어떤 작은 문제들에 집중하는지가 중요하다는 것을 알게 되었습니다. 이 요소들을 잘 녹여낸 것이 좋은 코딩 테스트인 것 같습니다.

**이 책은 알고리즘을 단순하게 외우는 것이 아니라, 문제를 해결하기 위해 알고리즘을 이해하고 활용할 수 있도록 도와줍니다.** 특히 자바스크립트와 관련된 기능에 대해 상세히 설명하고 있어서 자바스크립트를 사용하는 개발자들에게 큰 도움이 될 것입니다. 여러분이 이 책을 통해 단순히 코딩 테스트를 통과하는 것 이상의 능력을 갖춘, '왜'를 아는 개발자로 성장할 수 있기를 기원합니다.

(전) 버드뷰, (전) 뤼이드 김필권

코딩 테스트 입문자 관점에서 내용을 쉽게 설명한 점이 돋보입니다. 자주 쓰이는 자료구조와 알고리즘 개념을 예제와 함께 풀어써서 이해하기 쉽고, 주요 문제를 푼 뒤에 다양한 연습 문제를 제공해 실력을 쌓기에 유용합니다. 또한, 그림과 예제가 많아 좀 더 직관적으로 이해할 수 있게 되어 있어 학습에 큰 도움이 됩니다.

제가 코딩 테스트를 공부할 당시에는 이러한 책이 많지 않아 힘들었는데, 요즘에는 비슷한 책들이 많아지고 있는 것 같아 기쁘기도 하고 제가 공부할 때 나왔으면 좋았겠다는 생각도 듭니다. 코딩으로 문제를 해결하는 과정을 자세히 이해하고 싶은 사람들에게 이 책을 적극 추천합니다. 이 책은 코딩 테스트 준비에 있어 든든한 길잡이가 될 것입니다.

(전) 카카오, 버킷플레이스(오늘의집) 신태민

## 독자 여러분 감사합니다!

코딩 테스트를 준비하는 여러분의 고민과 수고를 조금이라도 더 덜어드리기 위해 이 책을 준비했습니다. 책을 읽고 개선 의견을 남겨 주신 독자님의 이야기를 들어보시겠어요?

독자
김대엽

코딩 테스트 언어를 자바스크립트로 강제하는 회사가 많아졌습니다. **자바스크립트를 코딩 테스트 언어로 선택해야 하는 상황에 너무 좋은 책이 나왔습니다.** 이 책은 풍부한 그림을 제시해서 자료구조 알고리즘을 쉽게 이해시켜주는 것이 가장 큰 장점입니다. 제시된 그림으로 메모리, 그래프를 이해할 때 가장 큰 도움이 되었습니다.

**코딩 테스트 책임에도 자바스크립트 언어를 가르치는 강의나 입문서 수준의 자세한 설명이 돋보였습니다.** 자바스크립트가 가물가물한 사람이 본다면 자바스크립트 기본 지식을 다지는 데 도움이 될 정도입니다. 기술 면접에서 자주 묻는 질문과 그에 대한 답변을 준비하는 데 도움이 되는 내용도 포함되어 있습니다.

독자
조연관

독자
김윤서

다른 책을 읽을 때 이해 못하고 넘기던 자료구조와 알고리즘을 제대로 배울 수 있어 좋았습니다. 쉬운 설명과 친절한 그림이 곁들여진 덕분이라고 생각합니다. 이전에 다른 책으로 공부할 때는 이해하기 어려워서 계속 검색하는 것이 일상이었는데 이 책은 그렇지 않았습니다. 책 내용만으로도 충분히 그리고 수월히 이해할 수 있었습니다!

모든 시험 준비에는 전략이 필요합니다. 특히 코딩 테스트에서 문제 해결 능력은 단순히 많은 문제를 푸는 것만으로는 향상되지 않습니다. 자신의 수준에 맞거나 약간 더 어려운 난이도의 문제를 풀며 체계적으로 훈련해야 진정한 성장을 할 수 있습니다. **이 책은 적절한 난이도와 풍부한 해설로 코딩 테스트를 준비하는 분들이 문제를 잘 풀어나갈 수 있게끔 이끌어줍니다.**

독자
홍수영

**책 구성을 효율적으로 활용하세요**

이 책의 각 장은 이론, 몸풀기 문제, 실전 모의 테스트 문제로 구성되어 있습니다. 이론을 공부하며 천천히 걷기 시작해서 배운 내용을 확인하기 위한 몸풀기 문제를 푼 다음, 마지막으로는 실전 모의 테스트 문제로 마무리하세요. 그러면 어느새 코딩 테스트에 합격한 여러분을 발견할 수 있을 것입니다.

**01단계**

**이론 탄탄하게 다지기**

각 장의 처음은 이론을 풍성한 그림과 함께 친절한 설명으로 공부합니다.

**02단계**

**몸풀기 문제로 워밍업!**

그런 다음 저자 선생님이 직접 출제한 몸풀기 문제로 배운 내용을 문제에 적용해봅니다.

**03단계**

**실전 모의 테스트 마무리!**

마지막은 실전 풀이죠! 실전 모의 테스트 문제로 실전 감각을 익히고 노하우를 전수받으세요.

## 골든래빗이 지원해드려요! 함께 공부하는 묘공단!

골든래빗은 여러분의 스터디를 지원하기 위해 묘공단을 운영합니다! 묘공단에 신청하여 열심히 공부하고, 골든래빗 당근 마일을 받아 유용하게 사용해보세요!

• 묘공단 안내 https://goldenrabbit.co.kr/묘공단/

### 묘공단 5월 단장 신청

동료들과 함께 골든래빗 도서를 완독하는 스터디 프로그램 《묘공단》의 5월 단장 모집을 시작합니다. 스터디 활동을 운영하여 공부도 하고, 혜택도 받으세요.

**신청 기간**
• 2024년 5월 11일(월) ~ 2024년 5월 22일(금)까지
• 단장 신청하기 →

**문의하기**
• 이메일: ohhc@goldenrabbit.co.kr
• 디스코드: https://discord.gg/hellorabbit

## 지원 01

**저자 깃허브에 정답 코드와 풍부한 추가 학습 자료를 살펴보세요.**

저자 선생님이 직접 운영하시는 깃허브에 풍부한 자료가 많답니다. 책 오탈자 안내, 코딩 테스트에 유용한 자료 모두 모여 있어요!

- 저자 운영 깃허브 https://github.com/kciter/ coding-interview-js

## 지원 02

**'코딩 테스트 스터디' 카톡 방 + '매일 알고리즘' 네이버 카페에서 함께 공부해요(저자 운영!)**

코딩 테스트는 다른 사람들과 함께 공부할 때 더 효율이 오릅니다. 모르는 내용은 저자 선생님이나 이미 내가 공부한 내용을 알고 있는 사람들에게 질문해보세요. 골든래빗도 여러분의 학습을 적극적으로 돕겠습니다.

- 오픈 카톡방 https://open.kakao.com/o/gX0WnTCf
- 네이버 카페 https://cafe.naver.com/dremdeveloper

**Q**  ≪코딩 테스트 합격자 되기≫(자바스크립트 편)은 어떤 책이고, 왜 쓰게 되셨나요?

안녕하세요? 저자 이선협입니다. 코딩 테스트를 준비하는 여러분 반갑습니다. 코딩 테스트 준비는 어려운 일입니다. 저 또한 취업을 위해 코딩 테스트를 준비하던 시절이 있었고 그 당시엔 정말 하루하루가 막막했습니다. 돌이켜 생각해보면 막막했던 이유는 합격을 위해서 무엇을 어떻게 공부해야 하는지 몰랐기 때문이라 생각합니다. 그래서 이 책의 집필 방향을 '코딩 테스트 합격이라는 목표에 충실하되, 꼭 필요한 내용을 자세히 설명하여 무엇을 어떻게 공부해야 하는지를 알아보자!'로 잡았습니다. 각 장의 내용은 다음과 같이 구성되어 있습니다.

저는 특히 개념과 이론을 설명하는 부분에 힘을 많이 썼습니다. 최대한 단계별로 나눠 설명하여 독자가 쉽게 이해할 수 있도록, 학습 피로도가 너무 크지 않도록 배려했습니다. 실전 모의 테스트의 문제는 제가 직접 풀어 보며 코드에 주석을 달아 설명하고, 제가 문제를 분석하고 풀기까지의 생각 과정들을 그대로 서술했습니다. 이 책이 코딩 테스트 합격 후에 더 이상 볼 게 없는 책이 아니라 두고두고 볼 수 있는 책이 되기 바랍니다.

**Q**  시중에 코딩 테스트 대비 책이 꽤 많은데 이 책으로 공부해야 하는 이유는 무엇일까요?

맞습니다. 시중에는 코딩 테스트 대비 서적이 많습니다. 하지만 이 책이 가지는 명확한 장점이 있습니다. 우선 첫 번째로 이 책에는 자료구조와 알고리즘, 그리고 문제를 설명하기 위한 그림이 굉장히 많이 들어 있습니다. 처음 공부하는 사람도 알고리즘이 동작하는 과정을 쉽게 떠올릴 수 있도록 순서를 쪼개 그림을 그렸고, 문제를 풀이하는 부분에서도 문제에 등장하는 데이터에 특정 자료구조를 적용하는 부분부터 알고리즘을 적용해서 결괏값을 내기까지의 과정을 그림으로 명확하게 나타냈습니다. 두 번째는 문제 선정 과정의 객관성입니다. 프로그래머스에서 1차로 문제 리스트를 고르고, 이후 제가 2차로 문제 리스트를 걸러 정말 코딩 테스트 합격에 필요한 문제만 담았습니다. 선별 과정에 객관성을 더하기 위해 노력했으므로 아마 효율적인 코딩 테스트 대비를 할 수 있을 것이라 생각합니다. 만약 궁금한 내용이 있다면 제가 운영하는 커뮤니티로 오세요.

### Q 마지막으로 하고 싶으신 말이 있다면 무엇일까요?

코딩 테스트 공부는 정말 힘들고 지치는 일입니다. 문제를 풀더라도 정말 내가 잘 준비하고 있는지, 올바른 방향으로 나아가고 있는지 스스로를 의심하게 되는 날도 많을 겁니다. **저 또한 코딩 테스트를 준비할 때 많은 막막함을 느꼈습니다. 특히 제가 취약했던 재귀와 관련된 문제를 풀 때는 '나한테 재능이 없나?'라는 생각도 했습니다.** 만약 지금 비슷한 생각을 하고 계시다면 '스스로에 대한 가치 판단을 하지 마라'라는 조언을 드리고 싶습니다. 무책임한 말처럼 느껴질 수 있겠지만 내가 못 하는지 잘하는지 판단하기보다 내가 무엇을 모르는지 파악하고 학습하는 것이 더 중요합니다. 그럼에도 때로는 너무 힘들 수 있습니다. 그럴 때는 잠시 쉬면서 마음을 정리하고 내가 아는 것과 모르는 것을 하나씩 노트에 적어보세요. 그러면 마음이 편해지면서 내가 해야 할 일이 명확해질 겁니다.

마지막으로 여러분이 공부하다 코딩 테스트는 현업에서 도움되지 않는다는 말을 들을지도 모릅니다. 그럼 '내가 이걸 왜 공부해야 하지?'라는 생각이 들 수도 있지만 **코딩 테스트는 입력을 원하는 결과로 출력하는 구현 능력을 키우는 데 도움이 됩니다.** 많은 사람이 아름답고 깔끔한 코드를 찬양하지만 추상화된 계층을 벗어나 정말 어려운 일을 할 때는 더러운 코드를 작성할 수밖에 없을 때도 있습니다. 그때는 이 경험이 헛된 일이 아니었음을 느낄 수 있을 겁니다.

코딩 테스트 준비는 누구에게나 어려운 일입니다. 가끔은 쉬어가면서 차근차근 준비하면 여러분이 목표한 것을 이룰 수 있을 것이라 믿습니다. 여러분이 부디 코딩 테스트라는 도전을 이겨내고 멋진 일을 해낼 수 있기를 응원합니다.

# ≪코딩 테스트 합격자 되기≫ 톺아보기

 **이 책의 구성**

이 책은 크게 '코딩 테스트 사전 준비'와 '코딩 테스트 완전 정복'으로 나뉘어 있습니다. '코딩 테스트 사전 준비'에는 미리 알아두면 좋은 저자만의 노하우와 개념들을 알려주고, '코딩 테스트 완전 정복'에 들어가면 12 종류의 자료구조와 알고리즘 개념을 공부하고, 연습 문제와 실전 문제로 코딩 테스트를 단단하게 준비합니다.

● **난이도 표시** 각 장의 난이도를 표시하여 공부에 참고가 되도록 했습니다.
● **중요도 표시** 코딩 테스트를 보기 전에 꼭 다시 보면 좋은 내용은 말풍선으로 (중요) 표시를 했습니다.

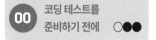

**저자 코멘트 :**

코테를 제대로 공부하는 방법에 대해 알아봐요

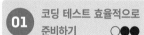

**저자 코멘트 :**

문제 분석, 의사 코드 작성하는 방법에 대해 알아봐요

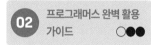

**저자 코멘트 :**

프로그래머스의 채점 방식과 환경을 알아봐요

**03 알고리즘의 효율 분석** ●●● (중요)

**저자 코멘트 :**

알고리즘 효율을 시간 복잡도로 측정해요

**04 코딩 테스트 필수 문법** ○○●

**저자 코멘트 :**

시험에 꼭 필요한 문법과 구현 팁을 알아봐요

**05 배열** ○○●

**저자 코멘트 :**

배열 개념, 활용 방법을 배워요

 **06 스택** ○●●

**저자 코멘트 :**

스택의 ADT를 정의하고 세부 동작을 알아봐요

 **07 큐** ○●●

**저자 코멘트 :**

큐의 ADT를 정의하고 세부 동작을 알아봐요

**08 해시** ○●●

**저자 코멘트 :**

여러 해싱 함수와 충돌 처리 방법을 알아봐요

**09 트리** ○●●

저자 코멘트 :

트리 개념, 순회 방법 그리고 이진 탐색 트리를 알아봐요

**10 집합** ○●●

저자 코멘트 :

대표 원소를 통해 상호배타 집합을 구축하고 활용하는 방법을 알아봐요

**11 그래프** ●●● 중요

저자 코멘트 :

그래프 개념, 탐색 방법 그리고 최단 경로를 구하는 방법을 알아봐요

**12 백트래킹** ●●● 중요

저자 코멘트 :

유망 함수를 통해 효율적으로 해를 구하는 방법을 배워요

**13 정렬** ○○●

저자 코멘트 :

각 정렬의 특징, 활용법을 알아봐요

**14 시뮬레이션** ○●●

저자 코멘트 :

행렬과 좌표를 다루는 법을 알아봐요

**15 동적 계획법** ●●●

저자 코멘트 :

메모이제이션을 활용해 문제를 효율적으로 푸는 방법을 배워요

**16 그리디** ○●●

저자 코멘트 :

그리디 개념, 최소 신장 트리에 대해 배워요

이힛~ 다했다

**9주 완성! 계획을 세워 100 문제에 도전해보세요**

코딩 테스트는 최소 2~3개월의 시간을 두고 천천히, 제대로 공부하기를 추천합니다. 본문 85 문제, 모의고사 15 문제로 철저하게 준비했습니다.

※ 문제를 푼 다음에는 날짜를 적어 채워보세요!

| 문제 01<br>배열 정렬하기★<br><br>___월 ___일 | 문제 02<br>배열 제어하기★★<br><br>___월 ___일 | 문제 03<br>두 개 뽑아서 더하기★<br><br>___월 ___일 | 문제 04<br>모의고사★<br><br>___월 ___일 | 문제 05<br>행렬의 곱셈★<br><br>___월 ___일 |
|---|---|---|---|---|
| 문제 06<br>실패율★★<br><br>___월 ___일 | 문제 07<br>방문 길이★★<br><br>___월 ___일 | 문제 08<br>괄호 짝 맞추기★★<br><br>___월 ___일 | 문제 09<br>10진수를<br>2진수로 변환하기★<br><br>___월 ___일 | 문제 10<br>괄호 회전하기★<br><br>___월 ___일 |
| 문제 11<br>짝지어 제거하기★<br><br>___월 ___일 | 문제 12<br>주식 가격★★<br><br>___월 ___일 | 문제 13<br>크레인 인형<br>뽑기 게임★★<br><br>___월 ___일 | 문제 14<br>표 편집★★★★★<br><br>___월 ___일 | 문제 15<br>요세푸스 문제★★<br><br>___월 ___일 |
| 문제 16<br>기능 개발★★<br><br>___월 ___일 | 문제 17<br>카드 뭉치★★<br><br>___월 ___일 | 문제 18<br>두 개의 수로<br>특정 값 만들기★<br><br>___월 ___일 | 문제 19<br>문자열 해싱을 이용한<br>검색 함수 만들기★★<br><br>___월 ___일 | 문제 20<br>완주하지 못한 선수★<br><br>___월 ___일 |
| 문제 21<br>할인 행사★★<br><br>___월 ___일 | 문제 22<br>오픈 채팅방★★<br><br>___월 ___일 | 문제 23<br>베스트 앨범★★<br><br>___월 ___일 | 문제 24<br>신고 결과 받기★★<br><br>___월 ___일 | 문제 25<br>메뉴 리뉴얼★★★<br><br>___월 ___일 |
| 문제 26<br>트리 순회★<br><br>___월 ___일 | 문제 27<br>이진 탐색 트리 구현★<br><br>___월 ___일 | 문제 28<br>예상 대진표★<br><br>___월 ___일 | 문제 29<br>다단계 칫솔 판매★★<br><br>___월 ___일 | 문제 30<br>미로 탈출★★<br><br>___월 ___일 |

1주

2주

3주

| | | | | |
|---|---|---|---|---|
| **문제 31**<br>양과 늑대★★★★<br><br>___월 ___일 | **문제 32**<br>길 찾기 게임★★★<br><br>___월 ___일 | **문제 33**<br>간단한 유니온-파인드<br>알고리즘 구현하기★★<br>___월 ___일 | **문제 34**<br>폰켓몬★<br><br>___월 ___일 | **문제 35**<br>영어 끝말잇기★<br><br>___월 ___일 |
| **문제 36**<br>전화번호 목록★★<br><br>___월 ___일 | **문제 37**<br>섬 연결하기★★★<br><br>___월 ___일 | **문제 38**<br>깊이 우선 탐색 순회★<br><br>___월 ___일 | **문제 39**<br>너비 우선 탐색 순회★<br><br>___월 ___일 | **문제 40**<br>다익스트라<br>알고리즘★★★<br>___월 ___일 |
| **문제 41**<br>벨만-포드<br>알고리즘★★★<br>___월 ___일 | **문제 42**<br>게임 맵 최단 거리★★<br><br>___월 ___일 | **문제 43**<br>네트워크★★<br><br>___월 ___일 | **문제 44**<br>배달★★★<br><br>___월 ___일 | **문제 45**<br>경주로 건설★★★★<br><br>___월 ___일 |
| **문제 46**<br>전력망을 둘로<br>나누기★★<br>___월 ___일 | **문제 47**<br>1부터 N까지 숫자 중 합이<br>10이 되는 조합 구하기★<br>___월 ___일 | **문제 48**<br>스도쿠 퍼즐★★★<br><br>___월 ___일 | **문제 49**<br>피로도★<br><br>___월 ___일 | **문제 50**<br>N-퀸★<br><br>___월 ___일 |
| **문제 51**<br>양궁 대회★★<br><br>___월 ___일 | **문제 52**<br>외벽 점검★★★★★<br><br>___월 ___일 | **문제 53**<br>사라지는 발판★★★★★<br><br>___월 ___일 | **문제 54**<br>계수 정렬 구현하기★<br><br>___월 ___일 | **문제 55**<br>정렬이 완료된 두 배열<br>합치기★<br>___월 ___일 |
| **문제 56**<br>문자열 내 마음대로<br>정렬하기★<br>___월 ___일 | **문제 57**<br>정수 내림차순으로<br>배치하기★<br>___월 ___일 | **문제 58**<br>K번째 수★<br><br>___월 ___일 | **문제 59**<br>가장 큰 수★★★<br><br>___월 ___일 | **문제 60**<br>튜플★★<br><br>___월 ___일 |
| **문제 61**<br>지형 이동★★★★<br><br>___월 ___일 | **문제 62**<br>배열 회전하기★★<br><br>___월 ___일 | **문제 63**<br>두 행렬을 곱한 후<br>전치 행렬 만들기★<br>___월 ___일 | **문제 64**<br>달팽이 수열<br>만들기★★<br>___월 ___일 | **문제 65**<br>이진 변환★★<br><br>___월 ___일 |
| **문제 66**<br>롤케이크 자르기★★<br><br>___월 ___일 | **문제 67**<br>카펫★★<br><br>___월 ___일 | **문제 68**<br>점프와 순간 이동★★<br><br>___월 ___일 | **문제 69**<br>캐릭터의 좌표★★<br><br>___월 ___일 | **문제 70**<br>LCS 길이<br>계산하기★★★<br>___월 ___일 |

4주

5주

6주

7주

## 도전! 100 문제

| | | | | |
|---|---|---|---|---|
| **문제 71**<br>LIS 길이<br>계산하기★★★<br><br>___월 ___일 | **문제 72**<br>조약돌 문제★★★<br><br><br>___월 ___일 | **문제 73**<br>피보나치 수★<br><br><br>___월 ___일 | **문제 74**<br>2 × n 타일링★<br><br><br>___월 ___일 | **문제 75**<br>정수 삼각형★★<br><br><br>___월 ___일 |
| **문제 76**<br>땅따먹기★★<br><br><br>___월 ___일 | **문제 77**<br>도둑질★★★★★<br><br><br>___월 ___일 | **문제 78**<br>가장 큰<br>정사각형 찾기★★★<br><br>___월 ___일 | **문제 79**<br>단어 퍼즐★★★★<br><br><br>___월 ___일 | **문제 80**<br>거스름돈 주기★★<br><br><br>___월 ___일 |
| **문제 81**<br>부분 배낭 문제★★<br><br><br>___월 ___일 | **문제 82**<br>예산★<br><br><br>___월 ___일 | **문제 83**<br>구명보트★<br><br><br>___월 ___일 | **문제 84**<br>귤 고르기★★<br><br><br>___월 ___일 | **문제 85**<br>기지국 설치★★<br><br><br>___월 ___일 |

8주

| | | | | |
|---|---|---|---|---|
| **모의고사 01회**　　___월 ___일 | | | **모의고사 02회**　　___월 ___일 | |
| **문제 86**<br>미로 탈출 명령어 | **문제 87**<br>택배 배달과<br>수거하기 | **문제 88**<br>개인정보 수집<br>유효기간 | **문제 89**<br>110 옮기기 | **문제 90**<br>쿼드압축 후<br>개수 세기 |
| | **모의고사 03회**　　___월 ___일 | | | |
| **문제 91**<br>없는 숫자 더하기 | **문제 92**<br>불량 사용자 | **문제 93**<br>k진수에서<br>소수 개수 구하기 | **문제 94**<br>거리두기 확인하기 | **문제 95**<br>코딩 테스트 공부 |
| **모의고사 04회**　　___월 ___일 | | **모의고사 05회**　　___월 ___일 | | |
| **문제 96**<br>두 큐 합 같게 만들기 | **문제 97**<br>숫자 게임 | **문제 98**<br>보석 쇼핑 | **문제 99**<br>파괴되지 않은 건물 | **문제 100**<br>로또의<br>최고 순위와<br>최저 순위 |

9주 완성!

수고하셨어요!

축하합니다!

첫째
마당

# 코딩 테스트
# 사전 준비

# 목차

## 코딩 테스트
## 완전 정복

# 목차

# 목차

# 목차

부록

코딩 테스트
모의고사

JS

코딩 테스트는 기본 지식만으로는 통과하기 어렵습니다.

시험을 보기 위해 공부를 따로 하는 것처럼 코딩 테스트도 별도로 공부를 해야 하죠.

여기서는 코딩 테스트를 보기 전에 알아두면 좋을 노하우와 여러 지식을 정리했습니다.

첫째
마당

# 코딩 테스트 사전 준비

# 00 코딩 테스트를 준비하기 전에

 **공부부터 합격까지**

여러분이 어떤 마음 가짐으로 코딩 테스트에 임하면 좋을지 저만의
조언을 준비해보았습니다. 그럼 여행을 떠날 준비를 한다고 생각하면서
저와 함께 천천히 시작해봅시다.

### 여기서 공부하는 내용

|  | | 주제 | 공부했나요? |
|---|---|---|---|
| 00-1 | | 합격자가 꼭 되고 싶은 여러분 | v |
| 00-2 | | 아는 것과 모르는 것을 명확하게 | |
| 00-3 | | 자료구조와 알고리즘, 그리고 코딩 테스트 | |

## 00-1 〉합격자가 꼭 되고 싶은 여러분

코딩 테스트 사이트들은 저마다의 장점을 가지고 있습니다. 프로그래머스는 다양한 기출 문제를 제공해 코딩 테스트 역량을 좀 더 기업에 맞춰 강화할 수 있고, 다른 사이트와 비교했을 때 아래와 같은 장점이 있어 추천합니다.

- 장점 1 : 타인의 풀이를 볼 수 있다.
- 장점 2 : 내가 생각한 테스트 케이스를 추가할 수 있다.

위와 같은 장점을 잘 이용하면 코딩 테스트를 조금 더 효율적으로 준비할 수 있을 겁니다. 그럼 구체적으로 왜 그런지 알아보겠습니다.

### 타인의 풀이를 보면 사고를 넓힐 수 있다

알고리즘 문제의 해결 방법은 하나가 아닙니다. **다른 사람이 작성한 코드를 보면 자연스럽게 다양한 문제 풀이 접근 방식이나 코딩 스킬을 습득할 수 있습니다.** 문제를 푸는 데 어떤 알고리즘을 사용했는지, 입출력을 어떤 방식으로 처리했는지, 예외를 어떻게 처리했는지 등을 학습하기에 유용하죠. 한마디로 사고를 넓히기에 좋습니다.

### 나만의 테스트 케이스를 추가하는 건
### 좋은 알고리즘을 생각할 때 도움이 된다

나만의 테스트 케이스를 추가하는 것은 좋은 알고리즘을 떠올릴 때 도움이 됩니다. 보통 코딩 테스트 문제에서는 문제를 파악할 수 있는 수준에서 입출력의 예 또는 테스트 케이스라는 것을 줍니다. 다음 예를 봅시다.

| numbers | result |
|---|---|
| [2, 1, 3, 4, 1] | [2, 3, 4, 5, 6, 7] |
| [5, 0, 2, 7] | [2, 5, 7, 9, 12] |

numbers가 입력이고 result는 문제에서 요구한 출력입니다. 여러분은 이 입출력에 맞도록 코드를 작성할 겁니다. 중요한 것은 대부분 테스트 케이스는 문제를 설명하는 수준에서 제공되는 경우가 많다는 것입니다. 문제 분석 시 고려해야 할 중요 케이스나 실제 구현 시 실수하기 쉬운 사항을 항상 가정하진 않죠. 그래서 제 주변에는 문제에서 제공한 테스트 케이스에만 맞춰 코드를 작성해서 문제 채점 시 사용하는 테스트 케이스를 통과하지 못해 어려움을 겪는 사람이 많았습니다.

> 문제에 있는 테스트 케이스로는 코드가 잘 동작했거든요...
> 그런데 실제 코드를 제출하고 채점 받으니 틀렸다고 하네요! ㅠㅠ 어떻게 하죠?

바로 이럴 때 '나만의 테스트 케이스 만들기'가 필요합니다. **충분한 시간을 들여 문제를 분석한 다음 코드로 구현하기 전에 여러 예외 상황을 충분히 확인할 수 있도록 나만의 테스트 케이스를 추가해보기 바랍니다.** '우선 문제를 풀겠다'라는 급한 마음에 무작정 코딩부터 하면 오히려 더 많은 시간을 쓰게 됩니다. 시간은 곧 합격과 연결되어 있으므로 낭비해서는 안 되죠. **저는 코드를 작성하기 전, 즉, 문제를 분석하는 단계에서 충분히 예외 테스트 케이스를 추가해볼 것을 권합니다.**

# 00-2 < 아는 것과 모르는 것을 명확하게

본격적인 코딩 테스트를 공부하기 전에 여러분에게 '내가 아는 것과 모르는 것을 명확하게 구분하라'고 이야기하고 싶습니다. 왜 그럴까요? 알고리즘을 공부하기 어려운 이유는 공부하는 과정에서 아는 것과 모르는 것의 경계가 모호하기 때문입니다. 코딩 테스트를 준비하는 과정에서 많은 학생이 이런 말을 자주 하곤 합니다.

 개념을 공부할 때는 안다고 생각했던 것들을 실제 문제를 풀 때는 모르겠어요.

이는 '앎과 모름을 명확히 구분함'으로 해결할 수 있습니다. 그 전략에는 여러 방법이 있겠지만 제가 했던 방법 중 가장 효과적인 방법을 소개합니다.

## 첫 번째, 기록하라

문제를 푸는 과정에서 무엇이든 많이 기록해야 합니다. 모든 문제는 완벽하게 풀 수 없습니다. 하지만 중간까지는 가 볼 수 있죠. 여기서 중간까지 갔을 때 두 가지 행동을 선택할 수 있습니다.

1 못 푼다고 생각하고 그 자리에서 그만 두기
2 (문제를 풀지는 못했지만) 어디까지 생각해봤는지 우선 기록해두기

만약 1번 선택지를 선택한다면 실력이 쉽게 오르지 않을 겁니다. 그래서 필자는 여기를 넘어서라고 이야기하고 싶습니다.

2번 선택지를 선택한다면 문제를 보고 어떤 알고리즘을 적용하려고 했는지, 근거는 무엇인지, 문제를 푸는 과정에서 내가 떠올린 알고리즘을 어떻게 코드로 만들려 했는지 등을 기록할 수 있을 겁니다. 이렇게 하면 정답까지는 가지 못할지언정 나중에 답안을 보면서 나의 기록과 비교하며 더 효율적으로 공부할 수 있습니다. 답안 코드와 내 기록이 다르다면 어디가 다른지 확인하며 복기할 수 있겠죠. 또한 복기하며 비교하면 무엇을 모르는지 명확하게 알 수 있어 이후 공부에 좋은 영향을 줄 수 있습니다.

## 두 번째, 시험 보듯 공부하라

주기적으로 자체 시험을 보면 좋은 결과를 얻을 수 있습니다. 우선 시간에 대한 이야기를 하겠습니다. 시험을 준비하는 과정에서 시간을 간과하는 경우가 굉장히 많습니다. **하지만 시험이라는 것은 주어진 시간을 효율적으로 사용하여 최대의 점수를 내는 것이 목표죠.** 그러니 평소에 시간 배분 전략을 미리 연습한 사람과 그렇지 않은 사람은 결과가 많이 다를 겁니다. 그다음은 긴장입니다. 긴장도 훈련할 수 있습니다. 어떤 사람은 시험 때 긴장을 너무 많이 해서 그르치는 경우가 있습니다. 하지만 평소에 긴장감을 연습한다면 연습하지 않았을 때보다 더 좋은 결과를 얻을 수 있을 겁니다.

## 세 번째, 짧은 시간 공부해서는 절대 코딩 테스트를 통과할 수 없다

코딩 테스트는 짧은 시간에 준비할 수 없습니다. 알고리즘 역시 짧은 시간 안에 공부할 수 없는 과목이죠. SNS나 유튜브의 과장 광고에 현혹되지 마세요. 보통 이런 말을 많이 합니다.

- 6시간 안에 끝내기
- 하루 만에 끝내기
- 일주일 만에 끝내기

사실 수험생 입장에서 현혹되기 너무 쉬운 광고 문구들입니다. 하지만 저는 단호하게 이야기하겠습니다.

**"이런 방법은 없습니다."**

현실을 명확하게 인지하세요. 그런 방법은 없습니다. 저는 코딩 테스트를 준비하는 분들에게 코딩 테스트는 최소 한 달에서 두 달 정도를 매우 집중해서 공부해야 한다고 이야기합니다.

## 네 번째, 나만의 언어로 요약하라

마지막으로는 이해한 뒤에는 반드시 요약해보기 바랍니다. 인간의 뇌는 굉장히 긍정적입니다. 그래서 남이 작성한 글을 보고 '내가 이해했다'라고 착각하기 쉽죠. **정말 이해했는지 확인하는 방법은 이해한 내용을 요약해보는 겁니다.** 만약 요약을 잘할 수 있다면 실제 문제를 풀 때도 이해한 내용이 쉽게 떠오를 겁니다. 내가 공부한 개념을 나만의 언어로 요약하는 것에 초점을 맞추세요.

여기까지 잘 이해했다면 이제 코딩 테스트를 공부할 때가 되었습니다. 본격적으로 코딩 테스트를 준비해봅시다.

## 00-3 자료구조와 알고리즘, 그리고 코딩 테스트

## 자료구조와 알고리즘이란?

코딩 테스트 문제는 단순히 기본 자료형과 분기/반복을 통해 풀 수 있는 구현 문제부터 특정 알고리즘을 알아야만 풀 수 있는 문제까지 다양한 유형이 있습니다. 유형을 분류하면 다음과 같습니다.

- 유형 1 : 분기와 반복을 사용하는 단순 절차 문제
- 유형 2 : 자료를 어떠한 구조에 담아둬야 효율적인 문제
- 유형 3 : 빠른 성능을 위해 이미 연구된 알고리즘을 사용하는 문제
- 유형 4 : 특정 사고방식으로 접근해야 하는 문제

첫 번째 유형을 제외한 나머지는 전부 입력 데이터에 대한 분석, 자료구조와 알고리즘에 대한 지식이 필요합니다. 그러면 입력 데이터, 자료구조, 알고리즘은 왜 중요할까요? 붕어빵 만들기에 비유해보겠습니다. 맛있는 붕어빵을 만들기 위해선 어떤 것들이 필요할까요?

먼저 **재료**가 필요합니다. 맛있는 붕어빵을 만들기 위해선 신선한 팥과 적당히 묽은 반죽, 기름이 필요합니다. 그리고 재료를 구했다면 이제 이 재료를 손질하고 조리하기 위한 **도구**가 필요하겠죠? 반죽을 담기 위한 틀, 붕어빵을 뒤집기 위한 뒤집개를 준비해봅시다. 마지막으로 맛있게 만들기 위

한 **레시피**가 필요합니다. 재료를 손질하고 기름을 살짝 바른 후 반죽과 팥을 넣고... 이러한 절차를 통해 맛있는 붕어빵을 만들 수 있는 것이죠!

이 과정을 프로그래밍에 대입하면 입력 데이터, 자료구조, 알고리즘과 같습니다. **재료는 입력 데이터**라고 볼 수 있습니다. 그리고 이 재료를 **도구**로 적절하게 가공하는 것처럼 **입력 데이터** 또한 적절한 구조로 가공해야 하죠. 이에 대한 내용이 **자료구조**입니다. 그리고 붕어빵을 만들기 위해 **레시피**를 보고 조리하는 것처럼 데이터를 올바르게 처리하여 사용자에게 원하는 결과를 주는 행위가 **알고리즘**이라 할 수 있습니다. 코딩 테스트에서는 이처럼 입력 데이터, 자료구조, 알고리즘이 모두 중요합니다.

## 자료구조와 알고리즘은 세상을 전산화하는 방법입니다

자료구조와 알고리즘은 세상을 전산화하는 방법이라 말할 수 있습니다. 전산화는 사전적인 의미로 **무언가를 컴퓨터로 처리할 수 있는 상태를 말합니다. 이것을 자료구조와 알고리즘에 대입해보겠습니다.**

현실 세계에서 일어나는 많은 현상들을 적절한 자료구조로 표현할 수 있습니다. 예를 들어 은행에서 줄을 서서 기다리는 상황은 컴퓨터에서는 보통 큐로 표현합니다. 그리고 이렇게 큐로 표현한 상황은 다양하게 처리할 수 있습니다. 보통은 가장 효율적인 방법을 선택하여 처리할 것입니다. 이처럼 자료구조와 알고리즘을 공부한다는 것은 **현실을 컴퓨터 관점에서 이해하는 것**을 공부한다고도 볼 수 있습니다. 많은 사람들이 자료구조와 알고리즘을 공부할 때 효율적인 로직을 작성하기 위해 공부한다고 생각하는 경향이 있는데 그것이 아닌 컴퓨터를 더 이해하는 방법을 공부한다고 생각하면 더 의미있게 공부할 수 있을 것입니다.

## 코딩 테스트는 업무에 도움이 되는가?

어떤 사람들은 '코딩 테스트 공부는 업무에 도움되지 않는다'는 말을 합니다. 이 말은 관점에 따라 다를 수 있습니다. 보통 실무에서는 무언가를 개발할 때 라이브러리 혹은 프레임워크를 사용합니다. 과거에는 이런 도구 없이 직접 구현하는 경우도 많았습니다. 하지만 요즘은 그렇지 않죠. 생산성을 위해 추상화된 계층에서 작업하는 경우가 더 많습니다. 실제로 간단한 작업들은 직접 개발하지 않고 프레임워크나 라이브러리에서 제공하는 기능을 사용하여 개발하는 경우가 많습니다.

**하지만 더 복잡한 일은 그렇게 할 수 없습니다.** 이때부터는 개발자가 직접 현재 상황에 더 잘 맞는 코드를 작성해야 합니다. 개발자의 중요한 덕목 중 하나로 '요구사항을 구현할 수 있는가?'를 이야기하죠. 만약 구현력이 부족하다면 이런 상황에서 일을 해내기 어렵습니다. 저는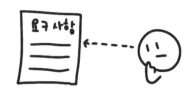

이런 구현력을 기르는 데에 코딩 테스트 공부가 아주 큰 도움이 된다고 생각합니다. 왜냐하면 코딩 테스트는 특정 입력에 대해 원하는 결과를 만드는 코드를 작성할 수 있어야 하기 때문이죠. 한마디로 코딩 테스트는 개발자에게 구현 능력을 요구합니다. 코딩 테스트는 어떤 입력을 효율적인 자료구조로 구성하고 적절한 알고리즘을 통해 결과를 만들어내도록 하므로 만약 구현 능력을 키우고 싶다면 코딩 테스트를 공부하는 것도 좋은 방법이라 할 수 있습니다.

물론 코딩 테스트를 통해 얻은 능력을 현업에서 쓸 일이 많이 없을 수도 있습니다. 하지만 언젠가 여러분이 더 어려운 일을 해내야 하는 상황이 온다면 코딩 테스트를 준비하며 얻은 경험이 헛된 일이 아니었음을 느낄 수 있을 겁니다.

# 01 코딩 테스트
# 효율적으로 준비하기

 **공부부터 합격까지**

이제 코딩 테스트를 효율적으로 준비하는 과정을 알아보겠습니다.
책을 공부하면서 다음 과정을 잘 준비한다면 테스트에서 충분히
좋은 결과를 얻을 수 있을 겁니다.

### 여기서 공부하는 내용

|  | 주제 | 공부했나요? |
|---|---|---|
| 01-1 | 언어 선택하기 | v |
| 01-2 | 문제 분석 연습하기 |  |
| 01-3 | 의사 코드로 설계하는 연습하기 |  |

# 01-1 〈 언어 선택하기

**결론부터 말하자면 언어는 코딩 테스트에서 그렇게 중요한 요소는 아닙니다. 자신이 가장 잘할 수 있는 언어를 고르면 되죠.** 코딩 테스트 풀이 코드 대부분은 길이가 길지 않습니다. 또, 특정 언어의 문법을 활용하는 경우도 거의 없죠. 언어를 활용할 때는 다음 내용만 기억하면 됩니다.

- 변수 선언하기
- 함수 정의하기
- 컨테이너 자료형 다루기
- 조건문, 반복문 사용하기

자바스크립트는 코딩 테스트에서 유리한 면과 불리한 면이 있습니다. 유리한 점은 실행 시점에 타입이 결정되는 동적 타이핑 언어이므로 타입을 좀 덜 신경써도 된다는 점입니다. 그리고 자바나 C++과 같은 언어보다 편리한 문법도 좀 더 많은 편이라 코드 작성이 편해진다는 점입니다. 불리한 점으로는 힙, 조합 등 코딩 테스트에서 자주 쓰는 자료구조, 알고리즘이 빌트인으로 제공되지 않는다는 점입니다. 이런 부분은 직접 공부해야 구현할 수 있으므로 타 언어에 비해 불리한 점입니다. 다만, 구현에 익숙해지면 문제에 맞춰 변형할 필요가 있는 경우 이 점은 더 유리할 수 있습니다.

요즘은 점차 자바스크립트를 쓰는 회사가 많아지고 있습니다. 특히 프런트엔드 개발은 대부분 자바스크립트나 타입스크립트를 사용하므로 코딩 테스트 언어를 자바스크립트로 제한하는 경우도 많습니다. 따라서 자바스크립트의 강점과 약점을 잘 파악하여 온전히 내 것으로 만드는 것이 중요합니다. 도구를 잘 다루는 장인이 더 멋진 작품을 만들 수 있는 것처럼 자바스크립트라는 언어를 자유자재로 휘두를 수 있도록 공부하는 것이 중요합니다.

# 01-2 문제 분석 연습하기

여러분이 코딩 테스트를 처음 준비한다면 '코딩 테스트'라는 단어가 주는 느낌 때문에 코딩 시험이라 생각하기 쉽습니다. 하지만 코딩 테스트는 코딩 능력이 아니라 문제 풀이 능력을 확인하는 것이 핵심입니다.

그래서 무작정 코드를 작성하기보다는 문제 분석에도 시간을 충분히 사용해야 합니다. **대부분 2시간에서 4시간 정도 문제 풀 시간을 주므로 전체 시간의 50~60% 정도는 문제 분석에 시간을 쓰는 것이 좋습니다.** 그럼 문제는 어떻게 분석하는 것이 좋을까요?

### 첫 번째, 문제를 쪼개서 분석하라

문제 분석 단계에서는 문제 전체를 한번에 분석하는 것보다 문제를 동작 단위로 쪼개서 분석하는 것이 유리합니다. 한번에 생각해야 하는 양을 줄이면 문제에 좀 더 유연하게 접근할 수 있습니다.

### 두 번째, 제약 사항을 파악하고 테스트 케이스를 추가하라

문제에는 보통 제약 사항이 있습니다. 제약 사항을 정리해두고 이를 고려해서 테스트 케이스를 추가하는 연습을 하는게 좋습니다. 이 과정은 어떤 알고리즘을 사용할지 고민할 때 유용하고, 추후 코드를 구현하는 단계에서 예외를 거를 때 도움이 됩니다.

## 세 번째, 입력값을 분석하라

보통 알고리즘의 시간 복잡도는 입력값이 결정하는 경우가 많습니다. 입력값 크기를 확인하면 문제를 제한시간 내에 풀 수 있는 알고리즘과 그렇지 않은 알고리즘을 미리 걸러낼 수 있죠. 예를 들어 입력 데이터가 100만 개라면 $O(N^2)$ 알고리즘으로는 맞는 코드를 작성해도 시간 내에 출력값이 나오지 않으므로 테스트를 통과할 수 없습니다. 그러니 구현 전에는 반드시 입력값을 분석하기 바랍니다.

※ 시간 복잡도 관련 내용은 '3장 알고리즘의 효율 분석'에서 다루도록 하겠습니다.

## 네 번째, 핵심 키워드를 파악하라

코딩 테스트 공부를 많이 한 사람들은 문제를 빨리 해석합니다. 문제를 빨리 해석할 수 있는 이유는 문제의 핵심 키워드를 빨리 파악하기 때문입니다. 물론 '문제의 핵심 키워드가 A이면 무조건 a-1 알고리즘을 적용하라'는 것은 아닙니다. 하지만 핵심 키워드는 곧 특정 알고리즘을 암시하는 경우가 많고, 핵심 키워드를 파악하면 좀 더 빠르게 문제를 파악하고 좋은 알고리즘을 선택해 코드를 작성할 수 있으므로 이 연습도 해두면 좋습니다. 몇 가지 예를 들어 볼까요?

### 핵심 키워드에 따른 알고리즘 선택 방법

만약 '최적의 해'라는 키워드가 있다면 너비 우선 탐색 알고리즘을 고려하는 게 좋습니다. 왜냐하면 너비 우선 탐색 알고리즘 목적 자체가 최적의 해를 구하려는 것이기 때문이죠. 또, '정렬된 상태의 데이터'라는 키워드가 있으면 이진 탐색이나, 파라메트릭 탐색parametric search 알고리즘을 고민해보는 것이 좋고, '최단 경로'라는 키워드가 있다면 다익스트라, 벨만-포드, 플로이드-워셜 알고리즘을 고민해보는 것이 좋습니다. 다음 표는 문제를 분석할 때 참고하면 좋을 키워드 및 상황을 정리한 것입니다.

| | 키워드 | | 상황 |
|---|---|---|---|
| 스택 | - 쌍이 맞는지<br>- 최근 | | - 무언가를 저장하고 반대로 처리해야 할 때<br>- 데이터의 조합이 균형을 이뤄야할 때<br>- 알고리즘이 재귀 특성을 가질 때<br>- 최근 상태 추적 |
| 큐 | - 순서대로<br>- 스케줄링 | - ~대로 동작하는 경우<br>- 최소 시간 | - 특정 조건에 따라 시뮬레이션할 때<br>- 시작 지점부터 목표 지점까지 최단 거리 |
| 깊이 우선 탐색 | - 모든 경로 | | - 메모리 사용량이 제한적일 때의 탐색<br>- 백트래킹 문제를 풀 때 |
| 너비 우선 탐색 | - 최적<br>- 최소 단계 | - 레벨 순회<br>- 네트워크 전파 | - 시작 지점부터 최단 경로나 최소 횟수를 찾아야<br>할 때 |
| 백트래킹 | - 조합<br>- 부분 집합 | - 순열 | - 조합 및 순열 문제<br>- 특정 조건을 만족하는 부분 집합 |
| 최단 경로 | - 최단 경로<br>- 최소 비용<br>- 음의 순환 | - 최소 시간<br>- 트래픽<br>- 단일 출발점 경로 | - 다익스트라 : 특정 지점에서 나머지 지점까지 가<br>는 최단 경로<br>- 벨만-포드 : 음의 순환 탐지, 음의 가중치를 가진<br>그래프에서 최단 경로 |

# 다섯 번째, 데이터 흐름이나 구성을 파악하라

구현과 설계의 중요한 기준이 되는 데이터 흐름이나 구성을 파악하는 것도 중요합니다. 이는 문제 풀이에 사용할 자료구조와 알고리즘을 선택하고 구현 방향을 정할 때 중요한 고려 대상입니다. 만약 데이터의 삽입과 삭제가 빈번하게 일어날 것 같다면 힙$^{heap}$ 자료구조를 고려하는 게 좋습니다. 데이터 개수가 많지 않으면 코드의 효율이 다소 떨어져도 많은 경우 충분히 제한 시간 내에 결괏값을 낼 수 있습니다. 최적화된 해결책이 떠오르지 않는다면 전체 탐색 방식으로 모든 경우를 확인하는 방법도 좋고, 특별한 자료구조나 알고리즘을 사용하는 대신 하드 코딩 방식으로 풀이하는 것도 하나의 전략입니다. 결국 코딩 테스트는 제한 시간 내에 결괏값이 나오면 패스니까요. 마지막으로 효율만큼 접근성도 중요합니다. 예를 들어서 전화번호부를 저장한다고 합시다. 보통 이름으로 전화번호를 검색하지, 전화번호로 이름을 검색하는 경우는 거의 없을 겁니다. 이런 경우에는 연락처를 맵에 저장하되, 키는 이름으로 값은 전화번호로 해야 접근성이 좋습니다. 접근성이 좋지 않으면 코드가 필요 이상으로 복잡해지고 이는 오류나 실수를 유발할 가능성이 높습니다.

# 01-3 〈 의사 코드로 설계하는 연습하기

문제 분석을 끝낸 다음에는 분석 내용을 바탕으로 전체적인 코드를 설계해야 합니다. 구현은 그다음이죠. 코딩 테스트에서 설계의 의미는 의사 코드<sup>pseudo code</sup>를 작성하라는 것입니다. **의사 코드는 프로그램의 논리를 설명하고 알고리즘을 표현하기 위해 작성한 일종의 지침이라 보면 됩니다.** 보통은 다음과 같은 원칙에 따라 의사 코드를 작성합니다.

* 원칙 1 : 프로그래밍 언어로 작성하면 안 됨
* 원칙 2 : 일반인도 이해할 수 있는 자연어로 작성해야 함
* 원칙 3 : 일정한 형식이 없음(자유롭게 작성)

의사 코드를 작성할 때 여러분이 얻을 수 있는 이점은 실제 구현 단계가 아닌 추상 단계에서 설계를 진행할 수 있으므로 설계 아이디어에 좀 더 집중할 수 있고, 구현 단계 이후 코드를 수정하면 시간이 많이 들지만 추상 단계에서 의사 코드를 수정하는 건 비교적 수정 시간이 더 짧아 시간에서도 큰 이득을 볼 수 있다는 것입니다. 그러면 의사 코드를 작성하는 방법을 알아보겠습니다.


## 첫 번째, 세부 구현이 아닌 동작 중심으로 작성하라

의사 코드는 동작 중심으로 작성하는 것이 중요합니다. 가끔 의사 코드를 작성할 때 세부 구현을 고민하는 사람이 많습니다. 하지만 세부 구현을 고민하는 순간부터 의사 코드는 설계가 아닌 구현이 주 목표가 됩니다. 이러면 의사 코드를 작성하는 장점이 사라지죠. 예를 들어서 성적 관리 프로그램을 만든다고 가정해봅시다. 성적을 입력받는 부분을 의사 코드로 작성한다고 하면 다음과 같이 작성하면 됩니다.

* 국어, 영어, 수학 점수를 입력받는다.

가끔 다음과 같이 세부 구현을 고려하여 의사 코드를 작성하는 사람이 있습니다.

- 크기가 256 바이트인 문자열 배열을 3개 선언해서 표준 입력으로 국어, 영어, 수학 점수를 입력받는다.

하지만 이런 식으로 실제 프로그래밍 요소는 의사 코드에서 추가하면 안 됩니다. 의사 코드를 작성할 때 주의하기 바랍니다.


## 두 번째, 문제 해결 순서로 작성하라

의사 코드가 완성되면 이를 토대로 코드를 구현할 것이므로 의사 코드는 문제 해결 순서대로 작성해야 합니다. 또 의사 코드 자체는 실제 구현할 코드의 주석이 되기도 하므로 이렇게 순서대로 작성하면 나중에 자신의 코드를 분석하기에도 상당히 용이합니다. 예를 들어 영어 점수를 입력받아 60점 기준으로 통과, 실패를 판별하는 의사 코드는 다음과 같이 작성하면 됩니다.

1 영어 성적 입력
2 영어 성적이 60점을 넘는지 확인(분기)
　2-1 60점 이상이면 통과
　2-2 60점 미만이면 실패


## 세 번째, 충분히 테스트하라

구현 전 마지막 단계는 충분히 테스트하라는 것입니다. 구현 단계로 갈수록 잘못된 부분을 수정하는 데 드는 비용은 점점 커지므로 의사 코드가 미리 생각해본 테스트 케이스를 통과할 수 있을지를 고민해봐야 합니다. 충분한 고민 후에 의사 코드가 대부분의 테스트 케이스를 통과할 수 있을 것 같을 때 구현을 시작하면 됩니다. **이런 모든 과정을 어떻게 연습할 수 있을까요? 바로 이 책에서 할 수 있습니다.** 그럼 이제 본격적인 코딩 테스트 공부를 시작해봅시다.

오~ 코딩 테스트에도 나름의 전략이 필요하군요.

그렇죠. 문법이나 프로그래밍 지식이 중요하긴 하지만 이런 코딩 테스트만의 전략도 중요합니다. 그리고 시험 환경을 미리 파악하는 것도 굉장히 중요하죠. 다음 장에서는 시험 환경과 비슷한 프로그래머스의 활용 방법을 알려줄게요.

## 리마인드

**기억 01** 제약사항을 잘 파악하고 이를 확인할 수 있는 테스트 케이스를 작성하면 문제 풀이 시간을 크게 단축시킬 수 있습니다.

**기억 02** 핵심 키워드를 잘 파악하면 문제 해결에 필요한 알고리즘이나 자료구조를 쉽게 떠올릴 수 있습니다.

**기억 03** 입출력값을 분석하면 문제에서 요구하는 알고리즘의 시간 복잡도를 간접적으로 파악할 수 있습니다.

# 02 프로그래머스 완벽 활용 가이드

 **공부부터 합격까지**

7천 개 이상의 회사가 자사 코딩 테스트에 프로그래머스를 사용합니다. 따라서 프로그래머스 사용법을 잘 알아두면 코딩 테스트를 진행할 때 사이트가 낯설어서 허비하는 시간을 줄이고 코딩 테스트에 집중할 수 있습니다.

## 여기서 공부하는 내용

| | 주제 | 공부했나요? |
|---|---|---|
| 02-1 | 프로그래머스는 어떤 곳인가요? | v |
| 02-2 | 프로그래머스 활용 가이드 | |

## 02-1 〉 프로그래머스는 어떤 곳인가요?

코딩 테스트 사이트로 유명한 프로그래머스는 개인 회원이 50만이 넘고 이용 기업은 7,000개가 넘습니다. 2024년 6월 기준으로 프로그래머스에서 시험을 본 응시자는 65만 명, 누적 테스트 수는 2만 개, 기업 고객은 1,400곳이 넘습니다.

프로그래머스가 코딩 테스트 서비스를 제공하기 이전에는 리트코드<sup>LeetCode</sup> 등의 사이트에서 문제를 풀며 코딩 테스트를 준비했습니다. 이런 사이트들은 방대한 문제를 제공하는 장점은 있지만 실질적인 코딩 테스트를 대비하기 위한 학습 자료가 없습니다. 또한 문제를 푸는 사이트의 환경이 실제 시험 장소에서 제공하는 코딩 테스트 환경과 달라 이것도 큰 장애물입니다. 무엇보다 타 사이트의 문제는 국내 실정에 맞지 않습니다. 한국 IT 기업 취업을 목표로 하는 학생들이 공부하기는 적합하지 않죠.

반면에 프로그래머스는 여러분을 위한 학습 코스를 명확하게 제공합니다. 또 카카오, 네이버, SK 등 900여 IT 기업이 프로그래머스에서 코딩 테스트를 진행하므로 학습 사이트와 응시 사이트가 같을 확률이 높습니다. 그리고 사이트에서 제공하는 회사별 기출 문제를 확인할 수 있죠. 시험을 준비하는 입장에서는 굉장한 이득입니다.

※ 언어별 강의와 코딩 테스트 연습 힌트 모음집도 제공합니다.
※ 이력서를 등록하면 기업이 채용 제안을 하는 기능도 제공합니다.

제가 이 정도로 날 것 그대로 국내 실정을 이야기하는 이유는 그만큼 코딩 테스트가 어렵기 때문입니다. 하지만 취업하기 위해서는 반드시 넘어야 할 산이죠. 피할 수 없다면 해야 하고, 해야 한다면 이왕이면 효과적으로 하는 것이 좋습니다. 이 책은 프로그래머스의 장점을 최대한 살려 여러분이 코딩 테스트에 임하도록 돕습니다. 부디 이 책을 통해 취업에 성공하기를 기원합니다.

# 02-2 프로그래머스 활용 가이드

이제부터 프로그래머스를 활용해서 코딩 테스트를 준비하는 과정을 알아보겠습니다.

## 프로그래머스 살펴보기

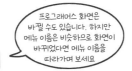

**01단계** 프로그래머스 사이트 programmers.co.kr에 접속하여 회원 가입 후 로그인하세요. 로그인을 하면 사이트에 소스 코드를 제출해서 문제를 풀어볼 수도 있고, 학습 현황도 확인할 수 있습니다.

**02단계** 로그인을 마치면 메일 인증 알림이 나타납니다. 메일 인증까지 마쳐주세요.

**03단계** 메일 인증을 마치면 다음 화면이 나타납니다. 화면 위쪽 메뉴의 [코딩 테스트]에 마우스 커서를 올리면 [코딩 테스트 문제], [스킬 체크], [개발자 라운지] 메뉴가 보입니다. 각 메뉴를 간단히 알아봅시다.

## [스킬 체크] 페이지

**01단계** 자신의 역량을 파악하는 데 도움이 되는 [스킬 체크] 페이지로 이동합니다.

스크롤바를 내리면서 어떤 내용이 있는지 볼까요? 레벨 1부터 레벨 5까지 코딩 테스트 통과를 위한 스킬 키워드가 오른쪽 위에 보입니다. 레벨 1의 경우 ❶ 문자열, 구현, 정렬, 해시, 그리디라는 키워드가 보이네요.

**02단계** 레벨당 ❶ 정확성/효율성 테스트 결과와 ❷ 코딩 테스트 점수 항목도 보입니다. ❸ [지금 도전]을 누르면 레벨 1에 맞는 문제를 풀며 여러분의 수준을 확인해볼 수도 있습니다. [지금 도전]을 누르면 뜨는 창에서 사용할 프로그래밍 언어를 선택해주세요. 저는 [JavaScript]를 선택해 문제 풀이 화면으로 넘어갔습니다.

※ 다음 페이지에 있는 그림과 동그라미 번호를 맞춰 읽으세요.

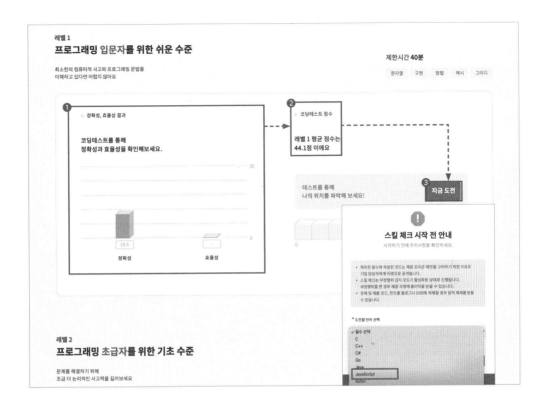

**03단계** 그러면 문제 풀이 화면으로 넘어갑니다. 처음 문제 풀이 화면에 접속하면 다음과 같은 안내 창이 뜹니다. 문구를 확인하면서 창이 없어질 때까지 ❶ [다음>] 버튼을 눌러주세요.

## [코딩 테스트 연습]

**01단계** 메인 페이지로 돌아가 [코딩 테스트 문제] 버튼을 클릭합니다. 그러면 화면 ❶ 왼쪽에는 문제가 보이고 ❷ 오른쪽에 여러분의 순위, 점수, 해결한 문제가 보입니다. 여기서는 자신의 순위를 보며 알맞은 문제를 선택해 공부하기 좋습니다.

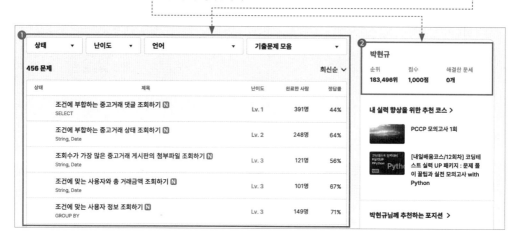

**02단계** ❶ [상태]를 누르면 ❷ 팝업창이 나타납니다. 지금까지 여러분이 푼 문제를 보고 싶다면 [푼 문제]를 클릭해보세요. ❸ 화면 자체는 현재 랭킹과 같습니다.

# 문제 풀이 과정 살펴보기

이제 본격적으로 코딩 테스트 문제를 푸는 과정을 살펴보겠습니다. 앞으로 여러분이 볼 화면과 문제 푸는 과정을 설명하므로 여기는 조금 더 집중해서 읽어주기 바랍니다.

## 문제 선택하기

난이도는 0, 언어는 JavaScript를 선택하면 설정에 맞는 문제를 보여줍니다. 보이는 문제는 사람마다 다를 수 있습니다. 일단 문제를 임의로 골라 선택합니다.

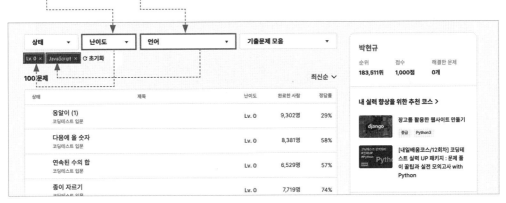

## 메뉴 살펴보기

문제 화면을 보면 왼쪽에 ❶ 문제 설명이 있고, 오른쪽에 ❷ 편집 화면, ❸ 실행 결과가 보입니다. 그 외의 메뉴가 많으므로 하나씩 짚어가며 설명하겠습니다.

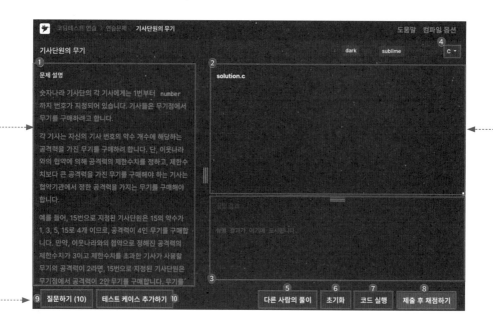

## 문제

❶ 문제 설명과 제약 사항, 입출력 예시가 보입니다.

## 편집 화면

실제로 문제를 풀 ❷ 편집 화면입니다. 현재의 경우 언어 설정이 C로 되는데, 오른쪽 위의 ❹ 언어 설정 버튼을 누르면 언어를 변경할 수 있습니다.

## 하단 메뉴

하단에는 ❺~❿의 버튼이 있습니다.

❺ [다른 사람의 풀이]는 다른 사람의 풀이를 참고할 수 있습니다. 여러분이 정한 시간 내에 문제를 풀기 어렵다면 이 버튼을 활용하세요. 다만, 이 기능은 문제를 풀지 않은 상태에서 사용하려면 여러분의 점수를 차감해야 합니다. 기본 점수는 1,000점입니다. ❻ [초기화]는 모든 화면을 초기화합니다. ❼ [코드 실행]은 왼쪽의 입출력 예에 있는 항목으로 여러분의 코드를 실행합니다. ❽ [제출 후 채점하기]는 실제 코드를 채점하기 위한 수많은 테스트 케이스로 여러분의 코드를 실행하고 코드를 제출합니다. ❾ [질문하기]는 말 그대로 질문을 할 수 있는 게시판 기능입니다. ❿ [테스트

케이스 추가하기]는 입출력 예에 여러분이 다른 입출력 예를 추가할 수 있는 기능입니다.

❽ [제출 후 채점하기]에서 모든 테스트 항목을 통과하면 다음과 같이 점수를 획득했다는 안내창이 나타납니다. 문제를 풀어 10점을 획득했네요. 그리고 앞서 말했던 ❺ [다른 사람의 풀이보기]는 정답을 맞춘 후에는 포인트 차감 없이 확인할 수 있습니다. 같은 문제라도 풀이 방식은 천차만별이므로 다른 사람의 풀이도 확인해보세요.

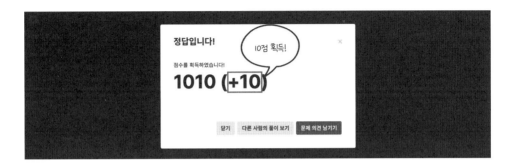

## 채점 기준 알아보기

내가 작성한 코드가 어떻게 채점되는지 알아두면 코딩 테스트 환경에 익숙해질 수 있고, 코드 제출 시 나오는 결과에 대해 명확히 이해할 수 있으므로 공부하는 데 도움이 됩니다. 채점 방식은 코딩 테스트를 보는 환경에 따라 다르지만 큰 흐름 자체만 놓고 보면 비슷합니다. 여기서는 프로그래머스의 채점 기준인 정확성 테스트와 효율성 테스트를 알아보겠습니다.

### 정확성 테스트란?

**정확성 테스트는 제출한 코드 정답을 제대로 출력하는지 확인합니다.** 각 테스트 케이스의 제한 시간을 10초로 넉넉하게 두고 정확성 여부만 테스트합니다.

**01단계** 제출한 코드를 기준으로 모든 테스트 케이스를 수행합니다.

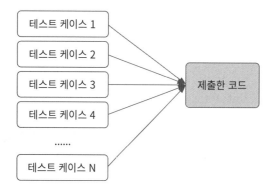

**02단계** 각 테스트 케이스를 수행한 결과와 해당 문제에 대한 실제 정답을 비교하여 하나라도 다르면 오답으로 처리합니다.

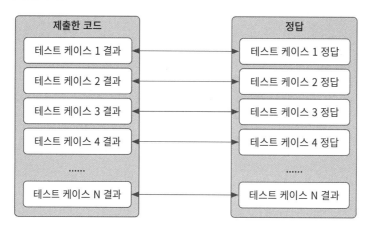

**03단계** 정확성 테스트는 정답이 맞으면서도 각 테스트 케이스 수행 시간이 10초 이내여야 합니다.

## 효율성 테스트란?

효율성 테스트는 알고리즘의 성능을 확인합니다. 정확성 테스트에서는 각 테스트 케이스마다 10초의 시간을 준다고 했습니다. 그런데 10초라는 시간은 프로그램이 무한 루프에 빠질 가능성이 있는지 확인할 수 있는 수준의 시간이지 효율성을 논하기는 어려운 시간입니다. 예를 들어 출제자가 의도한 문제의 시간 복잡도는 O(N)인데 여러분이 작성한 코드의 시간 복잡도가 O(N²)이면 효율성 테스트에서 오답 처리합니다. 구체적으로 말하자면 효율성 테스트는 정답 코드를 기준으로 어느 정도 배수를 두고 시간 내에 코드가 수행되는지 체크합니다.

※ 시간 복잡도는 '03-1절 시간 복잡도란?'에서 자세히 공부합니다.

### 리마인드

**기억 01** 프로그래머스의 채점 기준은 정확성 테스트, 효율성 테스트 두 가지가 있습니다. 효율성 테스트가 있으면 정확성 테스트를 통과했더라도 시간 초과로 통과하지 못할 수 있습니다.

**기억 02** 실제 프로그래머스 환경에서 시험이 진행되는 경우가 많습니다. 문제 풀이 시 프로그래머스에서 제공하는 기능을 사전 숙지해두면 시험을 조금 더 편안하게 볼 수 있습니다.

# 03 알고리즘의 효율 분석

 **공부부터 합격까지**

프로그램의 성능은 가장 중요한 요소입니다. 그러면 프로그램의 성능은 어떻게 측정할까요? 이 책에서는 시간 복잡도라는 개념을 기준으로 프로그램의 성능을 분석합니다.

**여기서 공부하는 내용**

|  | 주제 | 공부했나요? |
|---|---|---|
| 03-1 | 시간 복잡도란? | V |
| 03-2 | 시간 복잡도 계산해보기 | |

# 03-1 < 시간 복잡도란?

코딩 테스트에서 여러분이 보게 될 문제들은 저마다 '가장 효율적으로 해결하는 알고리즘'이 있습니다. 이는 알고리즘이 실행되는 제한 시간과 관련이 있습니다. 문제를 풀 수 있는 알고리즘이 여럿 있을 때 어떤 알고리즘은 문제를 빠르게 풀고, 어떤 알고리즘은 문제를 느리게 푼다면 당연히 문제를 빠르게 푸는 알고리즘을 선택해야 할 것입니다. 그런데 그런 알고리즘은 어떤 기준으로 선정해야 할까요? 바로 시간 복잡도를 보고 선정해야 합니다. **시간 복잡도**time complexity**란, 알고리즘의 성능을 나타내는 지표로, 입력 크기에 대한 연산 횟수의 상한을 의미합니다. 시간 복잡도는 낮으면 낮을수록 좋습니다. 이 설명은 이후 내용에서 조금 더 자세히 설명하겠습니다.** 예를 들어 어떤 문제를 해결하는 알고리즘 A, B, C 가 있을 때 시간 복잡도가 가장 낮은 알고리즘이 A라면 A를 사용하는 게 좋을 겁니다.

모두 문제를 푸는 녀석들이긴 하지만...
A가 가장 문제를 빠르게 푸니 A를 선택하자

※ 시간 복잡도는 알고리즘 코딩 테스트 공부를 막 시작하는 단계에서는 알 듯 말 듯하게 느껴질 수 있는 개념입니다. 만약 초반부 내용을 조금 읽다가 당장 이해가 잘 되지 않는다는 생각이 들면 바로 '04장 코딩 테스트 필수 문법'으로 넘어가 공부를 진행하다가 추후에 돌아와 여기를 다시 읽어도 좋습니다. 그러나 시간 복잡도는 여러분이 결국 알아야 하는 개념입니다. 지금 당장은 넘어간다고 하더라도 언젠가는 꼭 돌아와 공부하기 바랍니다.

 시간 복잡도 설명에서 걸린 시간은 쉽게 감이 잡히는데 입력 크기는 감이 쉽게 안 잡히네요.

차차 설명하겠지만, 입력 크기는 쉽게 말해서 알고리즘이 처리해야 할 데이터양이라고 생각하면 됩니다. 책장에 꽂혀 있는 5권의 책을 정리해야 하는 문제라면 이때의 입력 크기는 5가 됩니다.

# 1차원 배열 검색하기

1차원 배열에 값이 있을 때 특정 값을 배열의 맨 앞에서 순서대로 검색한다고 해봅시다. 이때 연산 횟수가 가장 적을 때와 가장 많을 때는 언제일까요?

## 연산 횟수가 가장 적은 경우

연산 횟수가 가장 적은 경우는 검색 시작 위치에 찾을 값이 바로 있는 경우입니다. 다음 그림에서는 배열의 1번째 위치부터 값을 찾고 있는데 찾을 값인 1이 배열 1번째 위치에 있으므로 1번만 비교하여 검색을 끝냅니다.

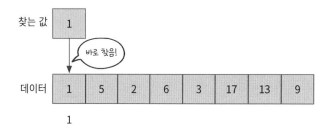

## 연산 횟수가 가장 많은 경우

연산 횟수가 가장 많은 경우는 아예 찾으려는 값이 없거나 가장 마지막에 위치하는 경우입니다. 다음은 전체 배열을 탐색해도 찾으려는 값이 없는 경우입니다. 연산 횟수가 최대입니다.

※ 이 경우 비교 횟수는 8번입니다.

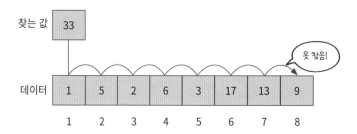

# 알고리즘 수행 시간을 측정하는 방법

그럼 알고리즘 수행 시간을 측정하는 방법을 알아보겠습니다. 알고리즘 수행 시간 측정 방법으로는 절대 시간을 측정하는 방법과 시간 복잡도를 측정하는 방법이 있습니다.

## 절대 시간을 측정하는 방법

절대 시간을 측정하는 방법은 말 그대로 시간을 측정하면 됩니다. 예를 들어 배열에서 검색하는 프로그램을 작성한 다음에 프로그램을 실행하여 결과가 나올 때까지의 시간을 측정하면 됩니다. 그러나 이 방법은 프로그램을 실행하는 환경에 따라 달라질 수 있어서 코딩 테스트에서는 잘 활용하지 않습니다.

## 시간 복잡도를 측정하는 방법

시간 복잡도를 측정하는 방법은 앞서 검색 문제에서 살짝 언급한 '연산 횟수'와 관련이 있습니다. 즉, 시간 복잡도는 알고리즘이 시작한 순간부터 결괏값이 나올 때까지의 연산 횟수를 나타냅니다. 그리고 시간 복잡도를 측정한 결과는 다음과 같이 최선best, 보통normal, 최악worst의 경우로 나눕니다.

앞에서는 '배열의 맨 앞부터 하나씩 검사하기'라는 알고리즘을 사용했습니다. 이 알고리즘은 상황에 따라 최선의 연산 횟수는 1번, 최악의 연산 횟수는 8번이었죠.

### 시간 복잡도를 표현할 방법이 필요합니다

그러나 이렇게 최선은 1, 최악은 8이라는 특정한 입력 크기에 따른 연산 횟수로 시간 복잡도를 이야기하는 건 특정 상황에 한한 것이므로 무의미합니다. 예를 들어 위에서 설명한 1차원 배열의 배열 크기가 1이라고 가정하면 최선, 보통, 최악의 경우는 모두 연산 횟수가 1입니다. 크기가 1인 배열은 굉장히 특수한 경우죠. '맨 앞 원소부터 하나씩 검사하기' 알고리즘의 성능으로 일반화하기는 어렵습니다. 코딩 테스트에서 알고리즘의 성능을 측정할 때는 2가지가 중요합니다.

### 첫째, 최악의 경우를 고려하라

앞서 본 예시처럼 찾는 값이 1이면 '맨 앞 원소부터 하나씩 검사하기' 알고리즘을 수행하기도 전에 탐색이 끝납니다. 그러면 이 탐색 알고리즘이 '원소를 한 번만에 찾는다'라고 할 수 있을까요? 그렇지 않습니다. 왜냐하면 최선의 경우에서 측정했기 때문입니다. 코딩 테스트에서는 아주 다양한 조합으로 입력값을 넣어 여러분의 코드를 평가합니다. 그중에는 최악의 입력값도 있을 겁니다. 그러니 우리는 최악의 경우를 기준으로 시간 복잡도를 분석해야 합니다.

### 둘째, 알고리즘 성능은 정확한 연산 횟수가 아닌 추이를 활용한다

우리가 확인하고 싶은 것은 아주 정확한 연산 횟수가 아닙니다. 내 알고리즘이 제한 시간 안에 수행될 수 있을지 정도를 파악하면 충분합니다. 따라서 우리는 숫자 하나하나 고려해서 구한 정확한 연산 횟수가 아닌, 연산 횟수의 추이를 활용해서 성능을 측정합니다.

예를 들어서 친구와 10시에 만나기로 했습니다. 이때 친구가 "언제쯤 도착해?"라고 물었을 때 100분의 1초까지 엄밀하게 고민해서 도착 시간을 말하는 경우는 드뭅니다. "5분 전쯤 도착해"라고 말하는 게 보통이고, 이런 답변은 기다리는 친구에게 충분한 대답이 됩니다.

엄밀히 말하면 '5분 전쯤' 안에는 9시 55분, 9시 56분, 9시 57분 등 수많은 경우가 있지만 우리는 5분 전쯤이라고 동일하게 카테고리화할 수 있습니다. 코딩 테스트에서 알고리즘의 성능을 측정할 때도 마찬가지입니다. 연산 횟수의 추이만 알고 있어도 성능을 충분히 가늠할 수 있고, 정확한 연산 횟수를 구할 때보다 더 빠르다는 장점도 있습니다.

**이런 방식으로 충분히 큰 입력값 N에 따른 연산 횟수의 추이를 활용해서 시간 복잡도를 표현하는 방법을 점근적 표기법이라고 합니다.** 그리고 코딩 테스트에서는 모든 경우의 수에서 알고리즘이 문제를 처리하는 것을 고려해야 하므로 시간 복잡도는 최악의 경우를 가정하여 이야기하는 것이 일반적입니다.

# 최악의 경우 시간 복잡도를 표현하는 빅오 표기법

그렇다면 최악의 경우에 대하여 시간 복잡도를 표현하는 방법은 무엇이 있을까요? 가장 많이 사용하는 점근적 표기법은 상한선을 활용하는 방법입니다. **그리고 이 표기법을 빅오 표기법**<sup>big-O notation</sup> **이라고 합니다.**

빅오 표기법은 어렵지 않습니다. 어떤 프로그램의 연산 횟수가 $f(x)$라고 할 때 함수의 최고차항을 남기고 계수를 지워 $O(...)$와 같이 표기하면 됩니다. 예를 들어 어떤 프로그램의 연산 횟수가 $f(x) = 2x^2 + 3x + 5$라면 시간 복잡도를 $O(x^2)$과 같이 표현하면 됩니다. 빅오 표기법은 다음 표를 보면 더 쉽게 이해할 수 있을 겁니다.

※ 점근 표기법이란 어떤 함수의 증가하는 추세를 표현하는 표기법입니다. 다만 점근 표기법은 이 책에서 자세히 설명하기는 적합하지 않으므로 이 정도만 이야기하겠습니다.

※ 상한선은 빅오 표기법, 하한선은 빅오메가 표기법으로 표시합니다.

| 수식 | 빅오 표기 | 설명 |
| --- | --- | --- |
| $3x^2 + 5x + 6$ | $O(x^2)$ | 다항함수로 구성되어 있으므로 최고차항 $x^2$만 남습니다. |
| $x + \log x$ | $O(x)$ | 다항함수와 로그함수로 구성되어 있으므로 증가폭이 더 낮은 로그함수는 사라지고 다항함수만 남습니다. |
| $2^x + 10x^5 + 5x^2$ | $O(2^x)$ | 지수함수는 다항함수보다 빠르게 증가하므로 지수함수만 남습니다. |
| $5x^2 - 6x$ | $O(x^2)$ | 최고차항 $x^2$만 남습니다. |

## 그나저나 왜 이렇게 표기할까?

빅오 표기법으로 최악의 시간 복잡도를 표기하는 방법 자체가 어렵진 않습니다. 그런데 이 식은 어디서 나온 걸까요? 예를 들어 다음과 같은 코드가 있다고 생각해봅시다.

```javascript
function solution(n) {
  let count = 0;
  // 반복문 1 : n^2번 연산 수행
  for (let i = 0; i < n; i += 1) {
    for (let j = 0; j < n; j += 1) {
```

```
      count += 1;
    }
  }
  // 반복문 2 : n번 연산 수행
  for (let k = 0; k < n; k += 1) {
    count += 1;
  }
  // 반복문 3 : 2n번 연산 수행
  for (let i = 0; i < 2 * n; i += 1) {
    count += 1;
  }
  // 반복문 4 : 5번 연산 수행
  for (let i = 0; i < 5; i += 1) {
    count += 1;
  }

  console.log(count); // 59(n이 6일 때, 6^2 + 6 + 2*6 + 5 = 59)
}

solution(6); // 함수 호출
```

solution( ) 함수는 주석 영역별로 각각 $n^2$, n + 2n, 5번의 증가 연산을 하며 결괏값은 곧 연산 횟수를 의미합니다. 지금의 경우 solution(6)을 호출하면 $6^2$ + 6 + 2*6 + 5, 즉, 연산 횟수는 59입니다. 이때 solution( ) 함수는 식으로 다음과 같이 표현할 수 있습니다.

$$f(x) = x^2 + 3x + 5$$

이때 다음을 만족하는 $C$가 있으면 $f(x)$의 최악의 시간 복잡도는 $O(g(x))$라고 쓰는 겁니다.

- 특정 x 시점 이후부터 항상 $f(x) \leq C * g(x)$를 만족
- $C$는 상수

쉽게 말해 $g(x)$에 상수 C를 곱했을 때 특정 시점부터 $f(x)$를 넘어서는지 여부를 보면 됩니다. 필자가 찾은 C는 2, $g(x)$는 $x^2$입니다. 그래프를 살펴보면 금방 이해할 수 있습니다.

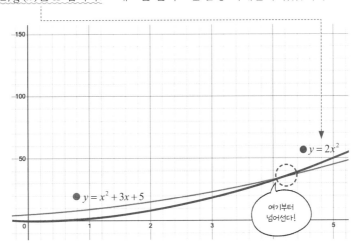

그래프를 보면 대략 x = 4부터 항상 $2x^2$가 f(x)를 넘으므로 위 공식을 만족합니다. 그런데 위 공식을 만족하는 g(x)는 하나만 있을까요? 이렇게 생각해볼 수도 있을 것 같습니다.

"g(x) = x, C = 50인 경우 x에 값을 몇 개 넣어보니 f(x)보다 값이 크네...? 그렇다면 시간 복잡도는 O(x)라고 해도 되는 것 아닐까?"

조금만 생각해보면 아니라는 걸 알 수 있습니다. 왜냐하면 50x는 대략 x=47에서 다시 역전되기 때문이죠. 이런 이유로 $f(x) = x^2 + 3x + 5$의 시간 복삽노는 $O(x^2)$이라고 쓸 수 있습니다.

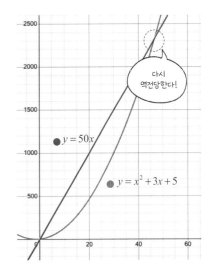

## 빅오 표기법을 쉽게 쓸 때는 왜 최고차항만 남기고 계수를 지울까?

앞서 빅오 표기법은 다음과 같이 f(x)의 최고차항만 남기고 계수를 지워 O(...)와 같이 쓸 수 있다고 했습니다. 어떻게 이렇게 해도 되는지 설명하겠습니다.

- $f(x) = x^2 + 3x + 5$에서 최고 차항인 $x^2$만 남김
- $x^2$는 앞의 계수가 1이므로 제거할 것이 없음
- 시간 복잡도는 $O(x^2)$

다음은 다양한 함수의 시간 복잡도를 비교한 그래프입니다. 데이터(x)가 커질수록 각 그래프의 차이는 확연히 벌어집니다. x값이 무한하게 커지면 그 격차는 더 심해지겠죠. 다항함수 ❺ x보다 ❸ $x^2$이 더 빨리 증가하고 ❷ 지수함수는 다항함수보다 빨리, ❻ 로그함수는 다항함수보다 천천히 증가합니다. x값이 충분히 커진다면 이 함수들의 y값의 격차는 천천히 증가하는 일부를 무시할 수 있을 정도로 커질 겁니다.

※ 프로그래밍에서 로그함수는 보통 밑이 2인 로그함수를 의미합니다.

왜 무시해도 되냐고요? 우리가 구하려는 것은 상한의 정확한 값이 아니라 '이 정도 될 것이다'를 파악하는 추이이기 때문입니다. 우리가 구한 f(x)는 $x^2+3x+5$입니다. 이때 점근적 상한 조건을 만족하는 다항식은 앞서 구한 $g(x)=x^2$ 말고도 $5x^2$, $20x^4$, $x!$, $2^x$등 무한히 많습니다. 하지만 우리가 상한을 구하는 목적인 알고리즘의 성능을 가늠하기 위해서는 가장 의미있는 상한을 구하는 게 중요합니다.

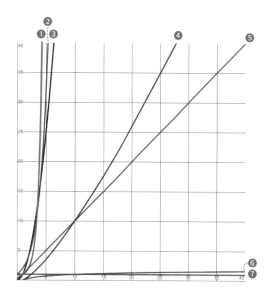

| | | |
|---|---|---|
| ❶ | y = x! | 팩토리얼 함수 |
| ❷ | y = 2ˣ | 지수함수 |
| ❸ | y = x² | 다항함수 |
| ❹ | y = xlogx | 로그함수와 다항함수의 조합 |
| ❺ | y = x | 다항함수 |
| ❻ | y = logx | 로그함수 |
| ❼ | y = 1 | 상수 |

이 우선순위에 따라 최고차항을 제거하자!

예를 들어서 초등학교 3학년 학생을 표현하는 다음 두 문장을 볼까요?

**1** 아직 중학교에 입학하기 전입니다. → 참

**2** 아직 칠순 잔치를 하지 않았습니다. → 참

두 문장은 모두 참입니다. 하지만 어떤 문장이 더 의미있을까요? 둘 다 학생의 나이에 대한 상한, 즉 나이를 웃도는 표현이지만 1번째 문장이 학생의 나이를 가늠하는데 더 좋은 정보입니다. 즉 우리는 상한을 구하되, '최소한의 상한'을 구해야 합니다.

최소한의 상한을 구하는 가장 쉬운 방법은 기존식을 활용하는 것입니다. 앞의 그래프처럼 x값이 충분히 커진다면 $3x$와 $5$는 $x^2$에 비해 무시할 수 있을 정도로 작은 값일 겁니다. 따라서 우리가 파악하려고 하는 추이에서 크게 의미있는 정보는 아니므로 상한을 구할 때는 $f(x)$에서 y값이 가장 크게 증가하는 $x^2$만 고려하면 됩니다.

이렇게 우리가 처음에 보았던 '최고차항 남기고 차수 지우기'라는 표기법이 완성됩니다. $g(x)$는 $f(x)$에서 최고차항만 남긴 후 아주 큰 상수 C를 곱하면 무조건 만족합니다. C가 어떤 수인지는 중요하지 않습니다. $g(x)$가 $f(x)$보다 커지게 하는 장치일 뿐입니다. 따라서 다항함수일 때는 최고차항만 남겨두면 되고, y값의 증가율에 따라 지수함수, 다항함수, 로그함수 순으로 최고차항이라고 생각하고 최고차항이 아닌 함수를 지웁니다.

## 시간 복잡도를 코딩 테스트에 활용하는 방법

이제 시간 복잡도를 표현하는 방법이 빅오 표기법이라는 건 알았습니다. 그럼 빅오 표기법을 어떻게 활용하면 좋을까요? **코딩 테스트 문제에는 제한 시간이 있으므로 문제를 분석한 후에 빅오 표기법을 활용해서 해당 알고리즘을 적용했을 때 제한 시간 내에 출력값이 나올 수 있을지 확인해볼 수 있습니다.** 그러면 문제 조건에 맞지 않는 알고리즘을 적용하느라 낭비하는 시간을 줄일 수 있습니다. 보통은 다음을 기준으로 알고리즘을 선택합니다.

"컴퓨터가 초당 연산할 수 있는 최대 횟수는 1억 번이다."

코딩 테스트의 문제는 출제자가 의도한 로직을 구현했다면 대부분의 코드를 정답 처리할 수 있도록 채점 시간을 충분히 여유있게 지정합니다. **따라서 연산 횟수는 1,000~3,000만 정도로 고려해**

**서 시간 복잡도를 생각하면 됩니다.** 예를 들어 제한 시간이 1초인 문제는 연산 횟수가 3,000만이 넘는 알고리즘은 사용하면 안 됩니다. 제한 시간이 1초인 문제에 각 시간 복잡도별로 허용할 수 있는 최대 연산 횟수는 다음과 같이 생각하면 됩니다.

※ 언어별로 성능은 다를 수 있으나 특정 언어가 유리하거나 불리하면 안 되겠죠? 그래서 언어에 따른 성능 차이는 고려하지 않아도 됩니다.

시간 복잡도별 최대 연산 횟수를 기계처럼 외울 필요는 없습니다. 표를 보면 연산 횟수의 간격이 매우 큽니다. 그 이유는 여러분이 구현한 코드의 시간 복잡도가 문제에서 요구하는 성능을 만족하면 모두 통과할 수 있도록 충분히 여유를 두기 때문입니다. '이 정도 되는구나' 감을 잡으면 되고, 다른 책에서는 O(N)이면 1,000만이라고 했는데 왜 여기서는 1,000만 ~ 2,000만이라고 하는지 고민하기보다는, '대략 데이터가 1,000만 개 정도면 O(N)을 사용해야 하는구나' 감을 익히는 식으로 학습하는 걸 추천합니다.

| 시간 복잡도 | 최대 연산 횟수 |
| --- | --- |
| $O(N!)$ | 10 |
| $O(2^N)$ | 20~25 |
| $O(N^3)$ | 200~300 |
| $O(N^2)$ | 3,000~5,000 |
| $O(N \log N)$ | 100만 |
| $O(N)$ | 1,000~2,000만 |
| $O(\log N)$ | 10억 |

맨 처음 우리가 살펴본 배열에서 검색하기로 돌아가보면...

이렇게 하나하나 짚어가며 찾는 방식은 시간 복잡도가 O(N)입니다. O(N)이 허용하는 연산 횟수는 1,000만이므로 데이터 개수가 1,000만 개 이하면 이 알고리즘을 사용해도 됩니다. **바로 이렇게 시간 복잡도를 활용하여 문제가 제시하는 제한 시간을 초과하는 알고리즘을 제거하면 됩니다.**

아하, 시간 복잡도를 미리 고려하면 불필요한 알고리즘을 생각하는 시간을 줄일 수 있겠네요. 그런데 이렇게 능숙하게 시간 복잡도를 고려하기는 쉽지 않을 것 같아요.

그래서 평소에 이 습관을 들여 놓기 위한 연습을 충분히 하기를 추천합니다. 아주 쉬운 문제를 풀더라도 시간 복잡도를 먼저 따져보세요.

이제 실전으로 넘어와 시간 복잡도를 계산해봅시다. 몇 가지 상황을 보면서 시간 복잡도를 계산하는 방법을 익혀두면 다른 문제를 풀 때도 시간 복잡도를 수월하게 계산해볼 수 있을 겁니다. 여기서는 ❶ 문제 정의부터 시작해서 ❷ 연산 횟수를 측정한 후 ❸ 시간 복잡도를 분석하는 순서로 공부를 진행하겠습니다.

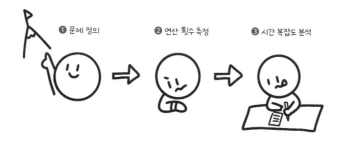

## 별 찍기 문제

별 찍기 문제는 언어를 공부한 여러분에게는 매우 익숙할 겁니다. 문제는 숫자 N을 입력받으면 N번째 줄까지 별을 1개부터 N개까지 늘려가며 출력하라는 것입니다. 다음 입출력 예를 확인하면 어떤 문제인지 쉽게 이해할 수 있을 것입니다.

| N = 3 | N = 5 |
| --- | --- |
| * | * |
| ** | ** |
| *** | *** |
|  | **** |
|  | ***** |

### 푸는 과정

우선 연산 횟수를 구합니다. 지금은 출력 자체가 연산입니다. 1번째 줄은 1번 연산, 2번째 줄은 2번 연산, ... N번째 줄은 N번 연산합니다. 그림으로 보면 다음과 같습니다.

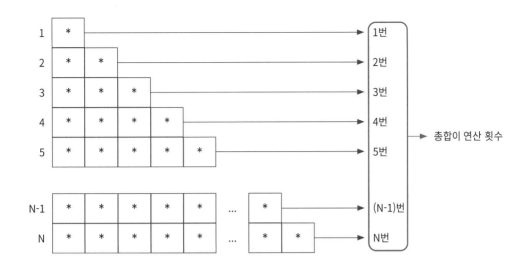

결국 연산 횟수 f(N)는 다음과 같습니다. 빅오 표기법으로는 $O(N^2)$이라고 할 수 있겠네요.

$$f(N) = 1 + 2 + ... + N = \frac{N(N+1)}{2}$$

## 박테리아 수명 문제

초기 박테리아 세포 개수가 N일 때 해마다 세포 개수가 이전 세포 개수의 반으로 준다면 언제 모든 박테리아가 죽을지 계산해야 합니다. 입출력의 예는 오른쪽 표와 같습니다.

### 푸는 과정

예를 들어 N이 16인 경우, 모든 박테리아는 5년이면 소멸합니다.

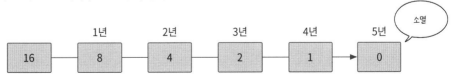

현재 박테리아의 수가 N이라면 1년 뒤의 박테리아 수는 $\frac{1}{2}*$N이라고 할 수 있습니다. Y년 후의

박테리아의 수는 $(\frac{1}{2})^Y *$N입니다. 이를 그림으로 나타내면 다음과 같습니다.

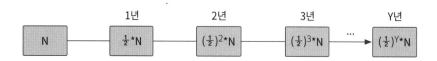

그러면 박테리아의 소멸 시기는 $(\frac{1}{2})^Y *$N의 값이 최초로 1보다 작아질 때입니다. 수식으로는 $(\frac{1}{2})^Y *$N $<$ 1인 Y를 찾으면 됩니다. 이 수식은 다음과 같이 정리할 수 있습니다.

- 양변을 N으로 나누면 $(\frac{1}{2})^Y$ $<$ $(1/N)$이다.
- 양변에 역수를 취하고 부등호를 바꾸면 $2^Y$ $>$ N이다.
- 양변에 로그를 취하면 Y $>$ $\log_2 N$이다.

이를 통해 이 알고리즘은 $O(\log N)$의 시간 복잡도를 가진다는 것을 알 수 있습니다.

 앞으로 문제를 풀 때 특정 값을 계속 반으로 줄이는 동작을 한다면 시간 복잡도를 $O(\log N)$이라 생각하면 됩니다. 시간 복잡도가 $O(\log N)$인 문제들은 이후 정렬이나 이진 트리를 공부하면서 다시 보겠습니다.

지금까지 빅오 표기법으로 알고리즘의 효율을 분석하는 방법을 공부했습니다. 코딩 테스트에서 시간 복잡도를 이해하고 분석하는 것은 매우 중요합니다. 시간 복잡도를 이해하면 알고리즘의 성능을 정확하게 측정할 수 있으므로 문제를 풀 수 있는 적절한 알고리즘을 선택하고 설계할 수 있죠. 내가 적용한 알고리즘이 문제를 해결할 수 있는지, 왜 시간 초과가 발생하는지 원인을 명확히 인지하고 공부하기 바랍니다. 무슨 일을 하더라도 현재 여러분의 상태를 분명히 파악해야 개선할 수 있는 것처럼요.

### 리마인드

기억 01  입력 크기에 따른 연산 횟수의 추이를 활용해서 시간 복잡도를 표현하는 방법을 점근적 표기법이라고 합니다.

기억 02  시간 복잡도를 빅오 표기법으로 나타내려면 데이터 개수 N에 대해 연산 횟수를 일반화한 후 최고 차항을 남기고 계수를 제거하면 됩니다.

# 04 코딩 테스트 필수 문법

 **공부부터 합격까지**

코딩 테스트 문제를 풀기 전에는 당연히 코딩 테스트에 사용할 언어
의 문법을 알아야 합니다. 여기서는 자바스크립트 기초 문법을 충실히
설명하기보다는 코딩 테스트에 자주 사용하는 문법을 설명하는 데
집중합니다. 자바스크립트 기초서 1권을 완독했다는 가정하에 설명했
으므로 참고하기 바랍니다.

## 여기서 공부하는 내용

| | 주제 | 공부했나요? |
|---|---|---|
| 04-1 | 빌트인 데이터 타입 | V |
| 04-2 | 참조 타입 | |
| 04-3 | 함수 | |
| 04-4 | 코딩 테스트 코드 구현 노하우 | |

## 04-1 〈 빌트인 데이터 타입

자바스크립트의 빌트인 데이터 타입<sup>built-in data type</sup>은 언어 자체에서 제공하는 원시 타입<sup>primitive type</sup>과 참조 타입<sup>reference type</sup>이 있습니다. 원시 타입으로는 숫자, 문자열, 불리언 등이 있고 참조 타입으로는 오브젝트가 있습니다.

## 숫자

자바스크립트는 모든 숫자에 대한 값을 number 타입으로 정의합니다. 자연수, 정수, 실수 심지어 무한까지 number로 정의합니다.

```javascript
console.log(typeof 10); // 자연수, number
console.log(typeof -5); // 정수, number
console.log(typeof 3.14); // 실수, number
console.log(typeof Infinity); // 무한, number
console.log(typeof NaN); // Not a number(잘못된 연산 결과), number
```

타입이 엄격하게 분리되어 있지 않다는 것은 코드 작성에 있어 편리할 수 있지만 개발자가 잘 이해하고 있지 않다면 위험할 수 있습니다. 따라서 숫자 타입의 형태와 할 수 있는 범위를 잘 알아두는 것이 중요합니다. 숫자 타입은 연산자를 통해 계산하는 것이 가능합니다. 그리고 자바스크립트는 수학 계산을 위한 여러 빌트인 함수를 제공합니다.

### 숫자 타입 변수 선언

```javascript
let a = 13;
let b = 4;
```

## 숫자 타입 산술 연산

```javascript
// 연산자
console.log(a + b); // 더하기, 17
console.log(a - b); // 빼기, 9
console.log(a * b); // 곱하기, 52
console.log(a / b); // 나누기, 3.25
console.log(a % b); // 모듈러 연산 (나머지), 1
console.log(-a); // 부호를 바꿈, -13

// 빌트인 함수
console.log(Math.abs(-a)); // 절대값, 13
console.log(Math.ceil(a / b)); // 올림, 4
console.log(Math.floor(a / b)); // 내림, 3
console.log(Math.round(a / b)); // 반올림, 3
console.log(Math.trunc(-a / b)); // 버림, -3 (내림의 경우 -4)
console.log(Math.pow(a, b)); // a의 b승, 28561
```

## 숫자 타입 비교 연산

```javascript
console.log(a == b); // 같은 값인지 비교, false
console.log(a != b); // 같지 않은 값인지 비교, true
console.log(a > b); // 왼쪽 값이 더 큰지 비교, true
console.log(a < b); // 왼쪽 값이 더 작은지 비교, false
console.log(a >= b); // 왼쪽 값이 더 크거나 같은지 비교, true
console.log(a <= b); // 왼쪽 값이 더 작거나 같은지 비교, false
```

## 숫자 타입 비트 연산

```javascript
console.log(a & b); // AND, 4
```

```javascript
console.log(a | b); // OR, 13
console.log(a ^ b); // XOR, 9
console.log(~a); // NOT, -14
console.log(a << 2); // 왼쪽 시프트 (a에 2^2를 곱한 것과 동일), 52
console.log(a >> 1); // 오른쪽 시프트 (a를 2^1로 나눈 것과 동일), 6
```

## 숫자 타입 논리 연산

```javascript
console.log(a && b); // 논리 연산 AND, 4
console.log(a || b); // 논리 연산 OR, 13
console.log(!a); // 논리 연산 NOT, false
```

## 숫자 타입 예외

잘못 연산을 하는 경우 Infinity 혹은 NaN이 출력될 수 있습니다.

```javascript
console.log(a / 0); // Infinity
console.log(a % 0); // NaN
console.log(a / "string"); // NaN
console.log(a % "string"); // NaN
console.log(a / null); // Infinity
console.log(a % null); // NaN
console.log(a / undefined); // NaN
console.log(a % undefined); // NaN
```

## 부동소수점 문제

만약 자바스크립트에서 **10 % 3.2와 같은 연산을 한다면 0.4가 아닌 0.39999999999999947이 출력**됩니다. 이런 이유는 자바스크립트가 부동소수점 데이터를 이진법으로 표현하기 때문입니다.

표현 과정에서 오차가 발생하는 것이죠. 이를 **엡실론**epsilon이라고 합니다. 구체적인 내용은 문법서에서 공부하는 것이 더 적합하므로 여기서는 생략하겠습니다. **필자가 이 내용을 언급한 이유는 코딩 테스트에서 부동소수점 데이터를 다룰 일이 생겼을 때 이 엡실론을 항상 생각하라는 이유에서입니다.** 여러분이 부동소수점을 사용하여 코드를 작성하면 엡실론이라는 요소 때문에 일부 테스트 케이스가 통과하지 않을 수도 있으니 유의하기 바랍니다.

※ 마찬가지의 이유로 0.1을 3번 더한 a의 값에 0.3을 빼면 0이 아닙니다.

```javascript
// 엡실론 출력
console.log(Number.EPSILON); // 2.220446049250313e-16
let a = 0.1 + 0.1 + 0.1;
let b = 0.3;
console.log(a - b); // 5.551115123125783e-17
if (Math.abs(a - b) < Number.EPSILON) {
  console.log("a와 b는 같은 값입니다.");
} else {
  console.log("a와 b는 다른 값입니다.");
}
```

부동소수점 데이터를 활용하는 문제는 오차 허용 범위를 언급하는 경우가 많습니다. 문제를 분석할 때 꼭 이 부분을 체크하기 바랍니다. 이 지점에서 정말 많은 사람이 실수합니다.


## 문자열

자바스크립트는 C++이나 자바와 다르게 글자 하나만 저장하는 자료형이 따로 없습니다. 글자와 관련된 모든 자료는 문자열string 타입으로 저장됩니다.


### 문자열 타입 정의

문자열은 지정하는 방법은 세 가지로 작은따옴표('), 큰따옴표("), 백틱(')으로 감싸는 방법이 있습니다.

```javascript
const a = "Hello, World!";
const b = 'Hello, World!';
const c = `Hello, World!`;
```

작은따옴표와 큰따옴표는 기능상 차이가 없지만 백틱은 표현식을 문자열 내에 넣을 수 있다는 차이점이 있습니다. 이 기능을 템플릿 리터럴이라고 부릅니다.

```javascript
const a = 1;
const b = 2;
const c = `1 + 2 = ${a + b}`; // 1 + 2 = 3
```

또한 백틱을 이용하면 개행을 통해 여러 줄 문자열을 만드는 것도 가능합니다.

```javascript
const a = `
*
**
***
`;
```

## 문자열 타입 연산

```javascript
let a = "Hello, ";
let b = "World!";
console.log(a + b); // 문자열끼리 더하기, "Hello, World!"
console.log(a + 126); // 문자열과 숫자 더하기, "Hello, 126"
console.log(a + true); // 문자열과 불리언 더하기, "Hello, true"
```

## 문자열 타입 빌트인 메서드

```javascript
const a = "Hello, World!";
console.log(a.length); // 문자열 길이, 13
console.log(a.split(",")); // 특정 문자열 기준으로 나누기, ['Hello', ' World!']
console.log(a.startsWith("Hello")); // 특정 문자열로 시작하는지 확인, true
console.log(a.endsWith("World!")); // 특정 문자열로 끝나는지 확인, true
console.log(a.includes("llo, ")); // 특정 문자열을 포함하는지 확인, true
console.log(a.indexOf("World")); // 특정 문자열의 시작 위치 확인, 7
console.log(a.lastIndexOf("l")); // 특정 문자열의 마지막 위치 확인, 10
// 특정 문자열을 다른 문자열로 대체, Hello, JavaScript!
console.log(a.replace("World", "JavaScript"));
console.log(a.toUpperCase()); // 대문자로 변환, HELLO, WORLD!
console.log(a.toLowerCase()); // 소문자로 변환, hello, world!
console.log(a.trim()); // 양쪽 공백 제거, Hello, World!
console.log(a.concat("!!")); // 문자열 연결, Hello, World!!!
```

# 그 외 타입

숫자와 문자열을 제외한 나머지 원시 타입은 불리언$^{boolean}$, bigint, null, undefined가 있습니다.

※ null과 undefined가 타입이라는 사실이 이상할 수 있지만 자바스크립트는 이렇게 조금 당황스러운 규칙이 있는 언어입니다.

```javascript
console.log(typeof true); // boolean
console.log(typeof 2147383648n); // bigint
console.log(typeof undefined); // undefined
console.log(typeof null); // object
console.log(typeof Symbol('symbol')); // symbol
```

위 자료형을 코딩 테스트에서 활용하는 경우가 많지는 않습니다만, 가끔 사용하는 경우가 있으므로 간단히 설명하고 넘어가겠습니다.

## 불리언 타입

불리언 타입은 true와 false 값만 있는 자료형입니다. 보통 논리 연산의 결과로 나오게 됩니다. 조건식을 만들거나 flag 용도로 사용하는 경우가 많습니다.

```JavaScript
console.log(typeof true); // boolean
console.log(typeof false); // boolean
```

## bigint 타입

다음으로 bigint 타입은 큰 수를 다룰 때 사용할 수 있습니다. 기존 숫자 타입은 큰 수를 다루는 경우 연산 결과가 이상하게 나올 수 있습니다. 이럴 때 bigint 타입을 사용하면 제대로 연산할 수 있습니다.

```JavaScript
console.log(100000000000000000000 - 123456); // 99999999999999870000
console.log(100000000000000000000n - BigInt(123456)); // 99999999999999876544n
console.log(100000000000000000000n - 123456); // Error
```

bigint 타입은 숫자 뒤에 n을 붙이거나 BigInt( )로 감싸면 만들 수 있습니다. 만약 큰 수를 다뤄야 하는 문제가 나온다면 유용하게 사용할 수 있겠죠? 참고로 bigint에 number로 연산을 시도하면 오류가 발생하니 주의해야 합니다.

## undefined와 null 타입

이어서 undefined와 null은 헷갈리기 쉬운 타입입니다. undefined 타입은 변수에 초기화가 되지 않았을 때 적용되는 타입입니다. 반면 null은 개발자가 의도적으로 비어 있다는 것을 표현하기 위해 넣는 값이자 타입입니다. 설명만 보면 헷갈리기 쉽습니다. 그래서 보통 0, null, undefined를 휴지와 휴지걸이에 많이 비유합니다.

그림에서 보는 것처럼 0은 말 그대로 휴지걸이에 휴지가 제대로 걸려있지만 다 쓴 상태이고, null은 휴지걸이에 휴지를 걸지 않은 상태이고, undefined는 아예 휴지를 걸 곳 자체가 없는 상태, NaN은 not a number라는 뜻인데 '잘못된 값'으로 해석하는 경우가 많습니다. 그래서 휴지를 엉망으로 끼운 것입니다. 재미있는 사실은 typeof를 통해 밝혀낸 null의 타입이 object라는 사실입니다. 이건 사실 버그입니다. 하지만 이 버그를 수정하면 기존에 작성해둔 수많은 자바스크립트 코드에 많은 문제가 발생할 수 있으므로 수정하지 않고 있습니다.

※ 마지막으로 symbol 타입이라는 것도 있지만 해당 타입은 특수한 경우를 제외하면 거의 쓰이지 않습니다. 특히 코딩 테스트에서는 쓸 일이 전혀 없기 때문에 여기서는 생략하고 넘어가겠습니다.

# 04-2 참조 타입

앞서 설명한 타입은 모두 원시 타입입니다. 참조 타입은 오브젝트$^{object}$ 타입과 함수 타입만 있습니다. 참고로 배열은 오브젝트 타입에 속합니다. 조금 특수한 오브젝트라고 볼 수 있죠. **원시 타입과 참조 타입은 메모리 참조 방식이 다릅니다.** 원시 타입이 메모리에 할당될 때는 값 자체를 저장하고 참조 타입이 메모리에 할당될 때는 힙 메모리 영역에 저장된 값을 가리키는 메모리 주소를 저장합니다.

## 원시 타입의 동작 방식 알아보기

이해를 위해 원시 타입의 동작 방식을 한 번 살펴봅시다. 다음은 vari 변수에 126을 할당하고 vari2 변수에 vari 변수를 할당한 상태를 그림으로 나타낸 것입니다.

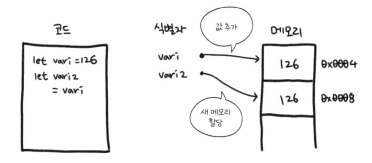

그림을 보면 vari는 처음 선언한 것이므로 126을 0x0004 주소에 할당합니다. 그리고 vari2에 vari를 할당하면 같은 주소인 0x0004를 가리키는 것이 아니라 새 메모리 주소인 0x0008에 자리를 마련하여 값을 복사한 후 할당합니다. 이 상태에서 vari2에 127을 할당하면 어떻게 될까요?

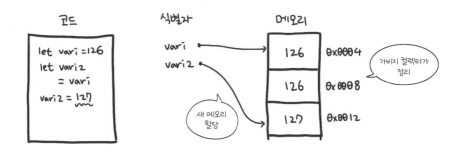

변수의 값을 바꾸면 기존 메모리 영역에 값이 변경되는 것이 아니라 새로운 메모리를 할당하여 그 주소를 바라보게 변경합니다. 그리고 기존 메모리는 시간이 지나면 자바스크립트 가비지 컬렉터에 의해 정리됩니다.

## 참조 타입의 동작 방식 알아보기

그럼 이번엔 참조 타입을 살펴봅시다.

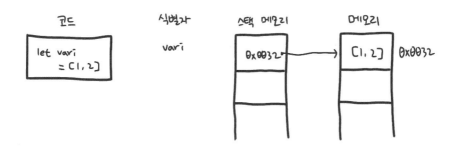

참조 타입에 해당하는 배열을 살펴봅시다. 배열 값에 [1, 2]가 들어가는 것으로 보이지만 실제로 메모리에 저장된 값은 메모리 주소입니다. 이 메모리 주소는 힙 메모리에 저장된 실제 값을 가리킵니다.

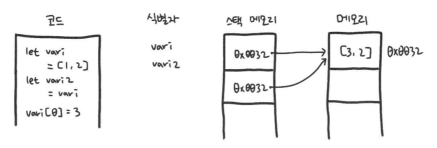

참조 타입은 원시 타입과 다르게 요소의 값을 변경하더라도 새 메모리 주소를 할당하지 않습니다. 그렇기 때문에 variable[0]의 값을 3으로 바꾸면 variable2[0]의 값도 3으로 반영됩니다.

## 오브젝트

그럼 이제 본격적으로 오브젝트 타입의 사용 방법을 알아봅시다.

### 오브젝트 타입 선언

```javascript
const obj = {
  name: 'Sunhyoup',
  age: 30,
  'full-name': 'Sunhyoup Lee'
};


console.log(obj.name); // Sunhyoup
console.log(obj['age']); // 30
```

오브젝트 타입은 중괄호 안쪽에 키와 값을 적는 것으로 정의할 수 있습니다. 이때, 만약 키에 특수 문자가 들어가는 경우엔 키를 따옴표로 감싸야 합니다. 오브젝트는 .으로 접근할 수도 ['key'] 형태로 접근할 수도 있습니다. 다만 키에 특수문자가 들어가는 경우 ['key'] 형태로만 접근할 수 있습니다.

### 요소 추가

단순히 값을 대입하는 것으로 오브젝트에 요소를 추가할 수 있습니다.

```javascript
const obj = { name: 'Sunhyoup' };
obj.age = 30;
console.log(obj.age); // 30
```

## 요소 삭제

delete를 사용하면 오브젝트 내 요소를 삭제할 수 있습니다.

```javascript
const obj = { name: 'Sunhyoup' };
obj.age = 30;
delete obj.age;
console.log(obj.age); // undefined
```

# 배열

배열은 이 책 뒤쪽에서 더 자세하게 설명할 예정입니다. 여기서는 가볍게 배열을 선언하는 방법과 간단한 조작 API를 설명하겠습니다.

## 배열 선언

배열은 대괄호를 통해 간단하게 선언할 수 있습니다.

```javascript
const arr = [1, 2, 3];
console.log(arr[0]); // 1
console.log(arr[1]); // 2
```

배열 내 요소 또한 대괄호를 통해 접근할 수 있습니다. 배열은 0부터 시작함에 주의해주세요.

## 배열 길이 구하기

length를 통해 배열의 길이를 알 수 있습니다.

```javascript
const arr = [1, 2, 3];
console.log(arr.length); // 3
```

## 요소 추가

배열의 push( ) 메서드를 통해 배열 가장 마지막에 요소를 추가할 수 있습니다.

```JavaScript
const arr = [1, 2, 3];
arr.push(4);
console.log(arr[3]); // 4
```

## 요소 삭제

pop( ) 메서드를 사용하면 배열 가장 마지막 요소를 제거하고 그 값을 반환합니다.

```JavaScript
const arr = [1, 2, 3];
const value = arr.pop();
console.log(value); // 3
console.log(arr.length); // 2
```

# 04-3 함수

자바스크립트에서 함수는 일반적으로 정의하는 것도 가능하지만 일급 객체이자 타입이기도 합니다. 여기서 일급 객체란 함수를 변수에 할당할 수 있음을 의미합니다.

※ 일급 객체는 변수에 할당할 수 있고, 함수의 인자로 전달할 수 있고, 함수에서 반환할 수 있는 객체를 의미합니다. 일급 객체는 자세히 설명하자면 할 이야기가 많은 주제입니다. 다만 이 책에서 설명할 주제는 아니므로 간단히 언급했습니다.

```JavaScript
const f = () => {};
console.log(typeof f); // function
```

위와 같이 코드를 작성하면 typeof f의 출력값이 function 타입임을 확인할 수 있습니다. 이를 통해 함수형 프로그래밍 기법을 코딩 테스트에 활용할 수도 있음을 알 수 있죠. 하지만 함수형 프로그래밍 기법은 코딩 테스트에서 자주 사용하지는 않습니다. 따라서 여기서는 일반적으로 사용되는 내용과 코딩 테스트를 위해 알아야 할 내용만 빠르게 공부하고 넘어가겠습니다.

## 함수 정의

```JavaScript
// 일반적인 함수 정의
function fn1(param1, param2) {
  // 함수의 실행 코드
  // ...
  return result; // 반환값
}

// 화살표 함수(arrow function)를 통한 할당
const fn2 = (param1, param2) => {
  // 함수의 실행 코드
  // ...
```

```
  return result; // 반환값
}
```

자바스크립트에서 함수는 function이라는 예약어를 사용하여 정의합니다. 특이하게도 다른 방법으로 정의할 수도 있는데 변수에 화살표 함수를 통한 할당 방법입니다. 두 방법은 거의 유사하므로 코딩 테스트에선 두 방법 모두 사용할 수 있습니다.

## 함수 호출

함수를 호출할 때 매개 변수가 있는 경우 func(a, b)와 같이 인수를 함께 전달할 수 있습니다.

```JavaScript
function add(a, b) {
  const result = a + b;
  return result;
}

// 함수 호출하여 결과 출력
const result = add(1, 2);
console.log(result); // 3
```

## 익명 함수

익명 함수anonymous function는 앞서 함수 정의할 때 한 번 언급했습니다. 말 그대로 이름이 없는 함수를 말합니다. 이를 통해 함수 매개 변수에 익명 함수를 전달하거나 변수에 익명 함수를 담는 것이 가능합니다. 익명 함수는 다음과 같이 정의합니다.

```JavaScript
// 일반 함수 방식
function (a, b) {
  return a + b;
};
```

```
// 화살표 함수 방식
(a, b) => {
  return a + b;
};
```

여기서도 정의하는 방식이 두 가지 있습니다. 차이점은 앞에서 설명한 함수 범위 외에는 없습니다. 코딩 테스트를 하며 익명 함수를 직접 정의해서 사용하는 일은 거의 없다고 볼 수 있습니다. 다만, 자바스크립트가 제공하는 빌트인 함수 중 인수로 익명 함수를 받는 함수가 있기 때문에 정의하는 방식은 알아두는 것이 좋습니다.

**코딩 테스트 코드 구현 노하우**

자바스크립트는 문법을 더 쉽고 직관적으로 사용할 수 있는 문법 설탕<sup>syntactic sugar</sup> 기능을 제공합니다. 여기에 문법 특징을 이용한 트릭을 더하면 코드를 작성할 때 편하고 더 빠르게 원하는 로직을 구현할 수 있습니다. 여기서는 코딩 테스트에 유용한 코드 구현 노하우를 알아보겠습니다.

## 구조 분해 할당

구조 분해 할당은 ES6에 추가된 문법으로 배열이나 객체에서 요소를 분해하는 기능을 말합니다. 예를 들면 다음과 같이 사용할 수 있습니다.

```javascript
// ❶ 배열을 구조 분해 할당
const arr = ['Hello', 'World', '!'];
const [first, second] = arr;
console.log(first, second); // Hello World

// ❷ 객체를 구조 분해 할당
const obj = { name: '이선협', publisher: '골든래빗' };
const { name, publisher } = obj;
console.log(name, publisher); // 이선협 골든래빗
```

❶ 배열의 구조 분해 할당은 대괄호를 사용합니다. 구조 분해 할당은 인덱스 순서대로 이루어집니다. 지금은 arr의 1, 2번째 인덱스만 first, second에 각각 할당했습니다. 구조 분해 할당을 통해 할당할 변수명은 마음대로 설정할 수 있습니다. 만약 첫 번째 인덱스를 제외하여 구조 분해 할당하고 싶다면 [, second, third]와 같이 작성하면 됩니다.

❷ 객체의 구조 분해 할당은 중괄호를 사용합니다. 필요한 요소를 키로 구조 분해 할당할 수 있습니다. 지금은 name과 publisher를 모두 구조 분해 할당에 사용했습니다.

※ 만약 다른 변수명으로 구조 분해 할당하고 싶다면 const { name : author } = obj;와 같이 작성하면 됩니다. 이렇게 하면 obj의 name이 author에 구조 분해 할당됩니다.

## 값 교환하기

구조 분해 할당을 이용하면 두 변수의 값을 교환하는 swap 로직을 간단히 구현할 수 있습니다. 보통 swap 로직은 다음과 같이 temp 변수를 이용하여 작성합니다.

```JavaScript
let a = 5;
let b = 10;
let temp;

// 교환 로직
temp = a;
a = b;
b = temp;
```

문제가 있는 코드는 아니지만 구조 분해 할당을 이용한다면 다음과 같이 temp 변수 없이 swap 로직을 작성할 수 있습니다.

```JavaScript
let a = 5;
let b = 10;
[a, b] = [b, a];
```

## 비구조화 할당

비구조화 할당은 함수에 객체를 인수로 전달할 때 필요한 것만 꺼내서 사용할 수 있는 문법 기능입니다. 구조 분해 할당과 유사하게 사용할 수 있습니다.

```javascript
const makePerson = ({ familyName, givenName, address }) => {
  return {
    name: `${givenName} ${familyName}`,
    address,
  };
};

const person = makePerson({
  familyName: 'Lee',
  givenName: 'Sunhyoup',
  address: 'Seoul',
  country: 'South Korea',
});
console.log(person);
// {
//   name: 'Sunhyoup Lee',
//   address: 'Seoul'
// }
```

makePerson( ) 함수 정의를 보면 매개변수가 구조 분해 할당을 사용하는 것처럼 생겼습니다. 이렇게 하면 객체를 통해 매개변수를 받을 때 객체에서 familyName, givenName, address 만 받을 수 있습니다. 실제로 makePerson( ) 함수를 실행할 때 코드를 보면 makePerson( )에 전달하는 객체는 familyName, givenName, address, country를 담고 있지만 반환한 값은 country를 제외한 familyName, givenName, address만 있습니다.

## 스프레드 연산자

배열이나 객체 여러 개를 하나로 합쳐야 할 때는 스프레드 연산자를 사용할 수 있습니다. 스프레드 연산자는 다음과 같이 사용합니다.

```javascript
// ❶ 배열 병합
const evenNumbers = [2, 4, 6, 8, 10];
const oddNumbers = [1, 3, 5, 7, 9];
const numbers = [...evenNumbers, ...oddNumbers];
console.log(numbers); // [2, 4, 6, 8, 10, 1, 3, 5, 7, 9]

// ❷ 객체 병합
const person = {
  name: 'Sunhyoup Lee',
  familyName: 'Lee',
  givenName: 'Sunhyoup',
  country : 'USA',
};
const address = {
  country: 'South Korea',
  city: 'Seoul',
};
const merge = { ...person, ...address };
console.log(merge);
// {
//   name: 'Sunhyoup Lee',
//   familyName: 'Lee',
//   givenName: 'Sunhyoup',
//   country: 'South Korea',
//   city: 'Seoul'
// }
```

❶ 스프레드 연산자는 ... 입니다. 배열은 스프레드 연산자를 사용한 순서로 병합합니다.

❷ 객체 병합은 country가 'USA'에서 'South Korea'로 바뀐 것에서 볼 수 있듯이 키가 같은 객체를 병합하면 나중에 스프레드 연산자를 사용한 객체로 덮습니다. 이점을 항상 기억하고 주의하여 사용해야 합니다.

## 배열 내 같은 요소 제거하기

가끔 문제를 풀다보면 배열에서 값이 같은 요소를 제거할 필요가 있습니다. 값이 같은 요소를 제거할 때는 반복문, 조건문을 이용하는 대신 스프레드 연산자와 Set 객체를 이용하면 됩니다.

```javascript
const names = ['Lee', 'Kim', 'Park', 'Lee', 'Kim'];
const uniqueNames = [...new Set(names)];
console.log(uniqueNames); // ['Lee', 'Kim', 'Park']
```

중복 요소 제거!

new Set(names)는 Set 객체를 반환합니다. 여기서는 보기 좋게 출력하기 위해 스프레드 연산자를 활용하여 배열로 변환했습니다.

## &&와 || 연산자로 조건문 대체하기

자바스크립트에서는 논리 연산자인 &&와 ||를 이용하여 조건문을 대체할 수 있습니다. 보통 && 연산자는 앞 요소를 플래그로 사용하여 플래그가 true면 뒤 요소를 실행할 때 사용합니다.

```javascript
// ❶ func 함수는 flag가 true면 실행
flag && func();

// ❷ 객체 병합에도 이용할 수 있음, showAddress가 true면 객체 병합
const makeCompany = (showAddress) => {
  return {
    name: 'GoldenRabbit',
    ...showAddress && { address: 'Seoul' }
    // showAddress가 true면 뒤 객체에 스프레드 연산자 적용
  };
};
console.log(makeCompany(false)); // { name: 'GoldenRabbit' }
console.log(makeCompany(true)); // { name: 'GoldenRabbit', address: 'Seoul' }
```

❶ flag가 true여야 func( )를 실행할 수 있습니다.

❷ showAddress가 true면 { address : 'Seoul' }을 병합할 수 있습니다.

|| 연산자도 && 연산자와 마찬가지로 플래그를 앞에 두고 플래그가 false일 때 뒤 요소를 실행합니다. 원리가 같으므로 별도의 설명은 하지 않겠습니다.

```JavaScript
// participantName이 0, undefined, 빈 문자열, null일 경우 'Guest'로 할당됩니다.
const name = participantName || 'Guest';
```

### 리마인드

**기억 01** 자바스크립트 빌트인 데이터 타입은 원시 타입(숫자, 문자열, 불리언, bigint, null, undefined)과 참조 타입(오브젝트, 함수)이 있습니다.

**기억 02** 원시 타입과 참조 타입은 메모리 참조 방식이 다릅니다. 원시 타입은 값이 변경되면 다른 메모리 주소가 할당되며 참조 타입은 메모리 주소가 변경되지 않습니다.

**기억 03** 함수는 프로그램의 기본 구성 요소로 자바스크립트에서는 function 예약어를 사용하거나 화살표 함수를 이용할 수 있습니다.

**기억 04** 구조 분해 할당, 비구조화 할당 등 언어에서 제공하는 문법 설탕을 이용하면 코드를 더 간단하게 표현할 수 있습니다.

이제 본격적으로 코딩 테스트 공부를 시작하겠습니다. 배열부터 시작하여
그리디까지 코딩 테스트에 필요한 자료구조와 알고리즘 분야의 이론과
몸풀기 문제, 모의 테스트 문제를 풀며 코딩 테스트를 정복해봅시다.

코딩 테스트 완전 정복

## 05 배열

 **공부부터 합격까지**

배열 개념에 대해 이해하고 활용하는 방법을 알 수 있습니다.

코딩 테스트 난이도별로 배열 관련 문제를 풀며 여러 함정을 확인하

고 이를 해결하는 방법에 익숙해집니다.

### 여기서 풀 문제

| No. | LEVEL 1 몸풀기 문제 | 잘 풀었나요? | No. | LEVEL 2 모의 테스트 | 잘 풀었나요? |
|-----|------------------|-----------|-----|------------------|-----------|
| 01 | 배열 정렬하기 | v | 03 | 두 개 뽑아서 더하기 | v |
| 02 | 배열 제어하기 | | 04 | 모의고사 | |
| | | | 05 | 행렬의 곱셈 | |
| | | | 06 | 실패율 | |
| | | | 07 | 방문 길이 | |

## 05-1 ⟩ 배열 개념

배열은 같은 타입의 원소들을 효율적으로 관리할 수 있는 기본 자료형입니다. 같은 타입의 변수가 여러 개 필요한 경우 자주 사용하죠. 예를 들어 학생 1,000명의 점수를 관리해야 한다고 생각해봅시다. 정수형 변수 1,000개를 선언해서 관리할 수도 있지만 선언하는데 시간도 많이 걸리고 각 변수들을 따로 관리해야 하기 때문에 효율적이지 않습니다. 배열은 하나의 변수 이름으로 동일한 타입의 데이터를 그룹화하여 관리할 수 있고, 인덱스라는 것으로 원하는 데이터에 임의 접근할 수 있다는 장점이 있습니다.

### 배열 선언

배열을 선언하는 방법은 다음과 같습니다. 이름이 arr이고 길이가 6인 정수형 배열을 선언하는 3가지 방법을 예제로 알아보겠습니다.

#### 리터럴을 이용하는 방법

```javascript
const arr = [0, 0, 0, 0, 0, 0];
```

#### 배열 생성자를 이용하는 방법

```javascript
const arr1 = new Array(6); // [undefined, undefined, ...]
const arr2 = [...new Array(6)].map((_, i) => i + 1); // [1, 2, 3, 4, 5, 6]
```

## Array.fill() 함수를 이용하는 방법

```javascript
const arr = new Array(6).fill(0); // [0, 0, 0, 0, 0, 0]
```

이렇게 선언한 배열은 컴퓨터에 이런 모습으로 저장됩니다.

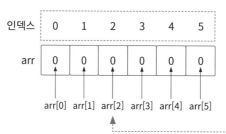

**배열의 인덱스는 0부터 시작합니다.** 즉, 3번째 데이터에 접근하려면 arr[2]와 같이 접근하면 됩니다. 자바스크립트의 Array 객체가 배열과 같은 기능을 지원합니다. 엄밀히 따져서 자바스크립트의 배열은 일반적인 배열과 내부 구현이 다르지만 사용 방법이 크게 다르지는 않습니다.

※ 자바스크립트의 배열은 동적으로 크기를 조절할 수 있도록 구현되어 있습니다. 그래서 자바스크립트의 배열은 다른 언어의 배열 기능을 그대로 사용할 수 있으면서 배열 크기도 가변적이므로 코딩 테스트에서 고려할 사항을 조금 더 줄여줍니다. 또 슬라이싱, 삽입, 삭제, 연결 등의 연산을 제공하므로 더 편리합니다.

## 배열과 차원

배열은 2차원 배열, 3차원 배열과 같이 다차원 배열을 사용할 때도 많습니다. 하지만 컴퓨터 메모리의 구조는 1차원이므로 2차원, 3차원 배열도 실제로는 1차원 공간에 저장합니다. **다시 말해 배열은 차원과는 무관하게 메모리에 연속 할당됩니다.**

## 1차원 배열

1차원 배열은 가장 간단한 배열 형태를 가집니다. "간단하다."라고 말한 이유는 1차원 배열의 모습이 메모리에 할당된 실제 배열의 모습과 같다는 겁니다. 다음 그림을 보면 쉽게 이해할 수 있습니다.

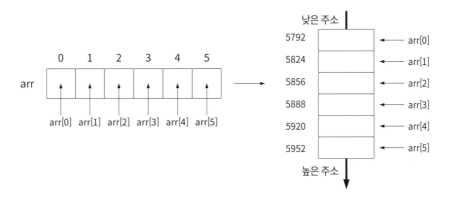

왼쪽 그림이 1차원 배열의 모습이고, 오른쪽 모습이 실제 메모리에 배열이 할당된 모습입니다. 배열의 각 데이터는 메모리의 낮은 주소에서 높은 주소 방향으로 연이어 할당됩니다.

## 2차원 배열

2차원 배열은 1차원 배열을 확장한 겁니다. 2차원 배열은 자바스크립트에서 다음과 같이 선언할 수 있습니다.

```javascript
// 2차원 배열을 리터럴로 표현
const arr = [[1, 2, 3, 4], [5, 6, 7, 8], [9, 10, 11, 12]];
// arr[2][3]에 저장된 값을 출력
console.log(arr[2][3]); // 12
// arr[2][3]에 저장된 값을 15로 변경
arr[2][3] = 15;
// 변경된 값을 출력
console.log(arr[2][3]); // 15
```

다음과 같이 선언할 수도 있습니다.

```javascript
// 크기가 3 * 4인 배열을 선언하는 예
const arr = [...new Array(3)].map((_, i) => new Array(4).fill(i));
// [[0, 0, 0, 0], [1, 1, 1, 1], [2, 2, 2, 2]]
```

2차원 배열 데이터에 접근하는 방법은 1차원 배열과 비슷합니다. 행과 열을 명시해 [ ] 연산자를 2개 연이어 사용한다는 점만 다릅니다.

```javascript
const arr = [[1, 2, 3], [4, 5, 6]]; // 2행 3열 2차원 배열을 표현
```

이를 그림으로 나타내면 다음과 같습니다.

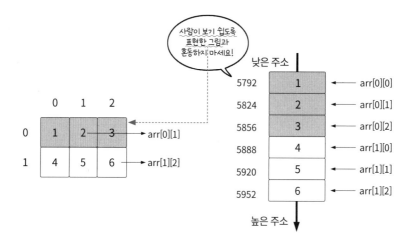

왼쪽은 2차원 배열을 사람이 이해하기 쉽도록 2차원으로 표현한 것이고, 오른쪽은 실제 메모리에 2차원 배열이 저장된 상태를 표현한 겁니다. 사람이 이해하기에는 왼쪽의 형태로 이해하는 것이 편리하므로 2차원 배열을 왼쪽의 행과 열 공간처럼 표현하는 경우가 많지만 실제로는 오른쪽처럼 0행, 1행 순서로 데이터를 할당해 1차원 공간에 저장합니다. 이런 배열의 특성을 잘 기억해두기 바랍니다.

## 05-2 배열의 효율성

이제 배열 연산의 시간 복잡도를 공부하면서 배열의 효율성을 알아보겠습니다.

### 배열 연산의 시간 복잡도

배열 데이터에 접근할 때의 시간 복잡도를 알아봅시다. **배열은 임의 접근이라는 방법으로 배열의 모든 위치에 있는 데이터에 단 한 번에 접근할 수 있습니다. 따라서 데이터에 접근하기 위한 시간 복잡도는 O(1)입니다.** 배열에 데이터를 추가하는 경우는 어떨까요? 배열은 데이터를 어디에 저장하느냐에 따라 추가 연산에 대한 시간 복잡도가 달라집니다.

※ 삭제 연산의 경우도 추가와 마찬가지의 시간 복잡도를 가집니다.

### 맨 뒤에 삽입할 경우

다음과 같은 배열이 있을 때 2를 추가한다고 생각해봅시다. 맨 뒤에 삽입할 때는 arr[3]에 임의 접근을 바로 할 수 있으며 데이터를 삽입해도 다른 데이터 위치에 영향을 주지 않습니다. 따라서 시간 복잡도는 O(1)입니다.

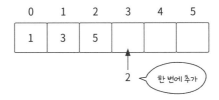

## 맨 앞에 삽입할 경우

데이터를 맨 앞에 삽입한다면 어떨까요? 이 경우 기존 데이터들을 뒤로 한 칸씩 밀어야 합니다. 즉, 미는 연산이 필요합니다. 데이터 개수를 N개로 일반화하면 시간 복잡도는 O(N)이 되겠네요.

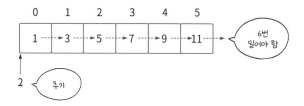

## 중간에 삽입할 경우

중간에 삽입할 경우도 보겠습니다. 5 앞에 데이터를 삽입한다면 5 이후의 데이터를 뒤로 한 칸씩 밀어야 할 겁니다. **다시 말해 현재 삽입한 데이터 뒤에 있는 데이터 개수만큼 미는 연산을 해야 합니다.** 밀어야 하는 데이터 개수가 N개라면 시간 복잡도는 O(N)이겠네요.

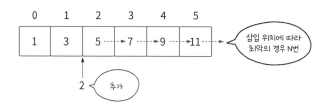

 설명을 보니 배열은 특정한 경우에 데이터 추가나 삭제에 드는 비용이 많을 것 같네요. 하나하나 밀거나 당겨야 하니까요.

맞아요. 그래서 배열로 데이터를 저장하기 전에는 항상 이런 비용을 생각하는 게 좋습니다. 이 다음 설명에서 배열을 선택할 때 고려할 점들을 이야기해줄게요.

## 배열을 선택할 때 고려할 점

데이터에 자주 접근하거나 읽어야 하는 경우 배열을 사용하면 좋은 성능을 낼 수 있습니다. 예를 들어 그래프를 표현할 때 배열을 활용하면 임의 접근을 할 수 있으므로 간선 여부도 시간 복잡도 O(1)로 판단할 수 있습니다. 하지만 배열은 메모리 공간을 충분히 확보해야 하는 단점도 있습니다. 따라서 코딩 테스트에서는 다음 사항을 고려해 배열을 선택해야 합니다.

1 **할당할 수 있는 메모리 크기를 확인해야 합니다.** 배열로 표현하려는 데이터가 너무 많으면 런타임에서 배열 할당에 실패할 수 있습니다. 운영체제마다 배열을 할당할 수 있는 메모리의 한계치는 다르지만 보통은 정수형 1차원 배열은 1000만 개, 2차원 배열은 3000 * 3000 크기를 최대로 생각합니다.

2 **중간에 데이터 삽입이 많은지 확인해야 합니다.** 배열은 선형 자료구조이기 때문에 중간이나 처음에 데이터를 빈번하게 삽입하면 시간 복잡도가 높아져 실제 시험에서 시간 초과가 발생할 수 있습니다.

※ 자바스크립트의 배열은 크기가 변할 수 있으므로 배열을 리스트처럼 사용할 수 있습니다. 이 책에서는 배열을 사용할 때 크기를 고정하여 사용하면 배열로, 가변 크기로 사용할 때는 리스트라고 부르겠습니다.

# 05-3 〈 자주 활용하는 배열 기법

자바스크립트에서 배열 자료구조가 필요할 때는 앞서 언급했듯 Array 객체를 활용합니다. 여기서는 코딩 테스트에서 자주 활용하는 기법을 알아보겠습니다.

## 배열에 데이터 추가

여기서는 배열에 데이터를 삽입하는 방법을 알아보겠습니다.

### push( ) 메서드로 데이터 추가

맨 끝에 데이터를 추가하려면 push( ) 메서드를 이용하면 됩니다.

```JavaScript
// 배열 맨 끝에 데이터 추가
const arr = [1, 2, 3];
arr.push(4); // [1, 2, 3, 4];
```

### concat( ) 메서드로 데이터 추가

concat( ) 메서드로 배열에 든 데이터를 추가할 수도 있습니다. 다음 코드는 기존 arr = [1, 2, 3]에 [4, 5]를 추가해 [1, 2, 3, 4, 5]가 되었습니다.

```JavaScript
let arr = [1, 2, 3];
arr = arr.concat([4, 5]); // [1, 2, 3, 4, 5]
```

## 스프레드 연산자로 데이터 추가

스프레드 연산자 …를 이용하여 데이터를 추가할 수도 있습니다.

```JavaScript
let arr = [1, 2, 3];
arr = [...arr, ...[4, 5]]; // [1, 2, 3, 4, 5]
```

## unshift( ) 메서드로 데이터 추가

배열의 맨 앞에 데이터를 추가하려면 unshift( ) 메서드를 이용하면 됩니다.

```JavaScript
const arr = [1, 2, 3];
arr.unshift(0); // [0, 1, 2, 3];
```

맨 앞에 데이터를 추가하는 시간 복잡도는 O(n)이지만 배열 내 데이터가 적으면 자바스크립트 엔진이 최적화를 하여 이보다 더 적은 시간 복잡도로 처리합니다.

※ 실험에 따르면 대략 15,000개까지는 최적화가 되지만 이후로 급격하게 느려진다고 합니다.

## splice( ) 메서드로 데이터 추가

배열 중간에 데이터를 추가하기 위해서는 splice( ) 메서느를 사용해야 합니다. splice( )는 다음과 같은 매개변수를 받을 수 있습니다.

```JavaScript
array.splice(start[, deleteCount[, item1[, item2[, ...]]]])
```

첫 번째 매개변수 start는 배열 내 시작 지점을 의미합니다. 두 번째 매개변수 deleteCount는 삭제할 데이터의 수를 의미하고 이후로는 추가할 데이터를 받습니다. 이를 이용하여 두 번째 매개변수를 0으로 설정하면 다음과 같이 중간에 데이터를 추가할 수 있습니다.

※ 대괄호로 감싸지 않은 첫 번째 매개변수는 꼭 필요한 값이고, 대괄호로 감싼 매개변수는 선택(optional) 매개변수입니다.
　공식 문서에서 메서드를 설명할 때 자주 사용하는 표현법이므로 알아두면 좋습니다.

```javascript
const arr = [1, 2, 3, 4, 5];
arr.splice(2, 0, 9999); // [1, 2, 9999, 3, 4, 5]
```

# 배열에서 데이터 삭제

이번에는 배열에서 데이터를 삭제하는 방법을 알아봅시다.

## pop( ) 메서드로 마지막 데이터 삭제

pop( ) 메서드는 가장 마지막 데이터를 삭제하고 반환합니다.

```javascript
const arr = [1, 2, 3, 4, 5];
const poppedElement = arr.pop(); // 5
console.log(arr); // [1, 2, 3, 4]
```

pop( )을 호출하면 5를 삭제하면서 반환하므로 poppedElement에는 5가 저장됩니다. 이후 arr
은 [1, 2, 3, 4]가 되었습니다.

## shift( ) 메서드로 맨 앞 데이터 삭제

shift( ) 메서드는 맨 앞 데이터를 삭제하고 반환합니다.

```javascript
const arr = [1, 2, 3, 4, 5];
const shiftedElement = arr.shift(); // 1
console.log(arr); // [2, 3, 4, 5]
```

shift( )를 호출하면 1을 삭제하면서 반환하므로 shiftedElement에는 1이 저장됩니다. 이후 arr
은 [2, 3, 4, 5]가 출력됩니다. 참고로 배열 특성상 맨 앞 데이터를 삭제하면 시간 복잡도가 $O(n)$이

되지만 unshift( ) 메서드와 마찬가지로 배열 내 데이터가 적으면 자바스크립트 엔진이 최적화를 해줍니다.

※ 성능의 차이를 직접 보고 싶다면 www.lonniebest.com/BadShiftPerformance에 접속하여 살펴보세요.

### splice( ) 메서드로 중간 데이터 삭제

앞서 소개한 splice( ) 메서드를 이용하여 중간 데이터를 삭제할 수 있습니다. 첫 번째 매개변수로 시작 지점을 정하고 두 번째 매개변수로 삭제할 데이터의 수를 정하면 됩니다. 데이터를 삭제할 때 는 세 번째 이후 매개변수는 생략합니다.

```JavaScript
const arr = [1, 2, 3, 4, 5];
const removedElements = arr.splice(2, 2); // [3, 4]
console.log(arr); // [1, 2, 5]
```

splice( ) 메서드는 삭제한 데이터를 배열로 반환하므로 removedElements에는 [3, 4]가 저장됩 니다. 이후 arr은 [1, 2, 5]가 출력됩니다.

## 고차 함수를 이용하여 데이터에 특정 연산 적용

자바스크립트는 배열에 map( ), filter( ), reduce( )와 같은 유용한 고차 함수를 기본으로 제공합 니다. 이를 이용하여 기존 배열에 기반하여 새로운 배열을 만드는 것이 가능합니다. 고차 함수를 이용하면 기존 반복문, 조건문을 이용한 복잡한 로직을 대체할 수 있습니다.

### 배열에 제곱 연산 적용 예

예를 들어 배열의 모든 데이터에 제곱 연산을 적용하려면 다음과 같이 코드를 작성합니다.

```JavaScript
const numbers = [1, 2, 3, 4, 5];
const squares = numbers.map(num => num * num); // [1, 4, 9, 16, 25]
```

배열의 map( ) 메서드를 이용하면 배열 내의 각 데이터를 변경할 수 있습니다. map( ), filter( ), reduce( )와 같은 고차함수는 인수로 함수를 받습니다. 위 코드에서는 num => num * num 이라는 익명 함수를 map( ) 메서드의 인수로 전달했습니다. 이렇게 코드를 작성하여 실행하면 numbers의 각 데이터를 순회하며 연산한 결과인 [1, 4, 9, 16, 25]를 반환합니다. 한마디로 원 배열의 각 요소를 제곱한 배열을 얻을 수 있습니다.

여기서 여러분이 주목해야 하는 점은 numbers 배열의 값 변화 유무입니다. numbers 값 자체는 그대로 [1, 2, 3, 4, 5]입니다. map( ) 메서드를 적용했다고 하여 바뀌지 않았습니다. 이처럼 배열의 고차 함수는 연산을 마친 배열을 반환할 뿐이지 연산 대상을 직접 바꾸지 않습니다.

## 짝수 필터링 예

filter( ) 메서드를 이용하면 원하는 조건에 해당하는 값만 남긴 배열을 만들 수 있습니다. 다음과 같이 코드를 작성하면 짝수만 남길 수 있습니다.

```JavaScript
const numbers = [1, 2, 3, 4, 5];
const evens = numbers.filter(num => num % 2 === 0); // [2, 4]
```

사용 방법은 map( ) 메서드와 유사합니다. filter( ) 메서드는 반환값이 참이면 남기고 거짓이라면 거릅니다. 현재 조건은 num % 2 === 0이므로 짝수만 남긴 배열을 반환합니다.

※ map( ) 메서드처럼 filter( ) 메서드도 기존 배열을 바꾸는 것이 아닌 새 배열을 반환합니다.

## 전체 합 예

reduce( ) 메서드를 이용하면 배열의 전체 데이터를 하나로 합칠 수 있습니다. 예를 들어 배열 데이터 전체 합을 구하고 싶다면 다음과 같이 코드를 작성합니다.

```JavaScript
const numbers = [1, 2, 3, 4, 5];
const sum = numbers.reduce((a, b) => a + b); // 15
```

reduce( ) 메서드는 앞서 소개한 map( ), filter( ) 메서드와 조금 다릅니다. map( ), filter( ) 메서드의 익명 함수는 사용해야 하는 인수가 1개였지만 reduce( ) 메서드는 익명 함수가 받아야 하는 인수가 2개입니다. 첫 번째 인자는 이전까지 합쳐진 상태를 의미하고 두 번째 인자는 현재 순회하며 바라보고 있는 데이터를 의미합니다. 순회 과정은 다음과 같습니다.

1 a = 0, b = 1(합쳐진 상태는 없으므로 0, 현재 순회하며 바라보는 데이터 1)

2 a = 1, b = 2(합쳐진 상태 1, 현재 순회하며 바라보는 데이터 2)

3 a = 3, b = 3(합쳐진 상태 3, 현재 순회하며 바라보는 데이터 3)

4 a = 6, b = 4(합쳐진 상태 6, 현재 순회하며 바라보는 데이터 4)

5 a = 10, b = 5(합쳐진 상태 10, 현재 순회하며 바라보는 데이터 5)

6 a = 15(종료)

## 05-4 몸풀기 문제

이제 배열 관련 몸풀기 문제를 풀면서 공부를 마무리하겠습니다.

### 문제 01 배열 정렬하기★

저자 권장 시간 _ 10분 | 권장 시간 복잡도 _ O(NlogN) | 출제 _ 저자 출제

정답 URL https://github.com/kciter/coding-interview-js/blob/main/solution/01.js

정수 배열을 정렬해서 반환하는 solution( ) 함수를 완성하세요.

### 제약 조건

- 정수 배열의 길이는 2 이상 $10^5$ 이하입니다.
- 정수 배열의 각 데이터 값은 -100,000 이상 100,000 이하입니다.

### 입출력의 예

| 입력 | 출력 |
| --- | --- |
| [1, -5, 2, 4, 3] | [-5, 1, 2, 3, 4] |
| [2, 1, 1, 3, 2, 5, 4] | [1, 1, 2, 2, 3, 4, 5] |
| [6, 1, 7] | [1, 6, 7] |

### 문제 분석하고 풀기

**문제만 놓고 보면 간단해 보이지만 제약 조건을 주의 깊게 봐야 합니다.** 제약 조건을 보면 데이터 개수는 최대 $10^5$입니다. 즉, 제한 시간이 3초라면 O(N²) 알고리즘은 사용할 수 없습니다. 만약 정수 배열의 최대 길이가 10이라면 O(N²) 알고리즘을 사용해도 되죠. 제가 이 문제를 제시한 이유는 제약 조건에 따른 알고리즘의 선택을 보여주기 위함입니다. 이렇게 제약 조건에 따라 같은 문제도 난이도가 달라질 수 있습니다. 그리고 이런 때에 초보자가 하기 쉬운 실수는 너무 문제가 쉽다고 생각해서 제약 조건을 고려하지 않는다는 겁니다. 단순히 O(N²) 정렬 알고리즘으로 정렬하면 이 문제는 통과할 수 없습니다. **정답 코드는 다음과 같이 아주 짧습니다.**

```javascript
function solution(arr) {
  arr.sort((a, b) => a - b);
  return arr;
}
```

sort( ) 메서드는 배열을 정해진 규칙에 맞춰 정렬합니다. 이때 정해진 규칙이란 sort( ) 함수에 인수로 전달한 익명 함수입니다. 이 익명 함수를 이해하기 전에 sort( ) 메서드의 기본 동작부터 알아봅시다. **자바스크립트의 sort( ) 메서드는 아무런 조건을 전달하지 않고 실행하면 데이터가 문자열이라 가정하고 정렬합니다.** 이게 무슨 말인지 다음 코드 실행 예를 보며 알아봅시다.

```javascript
[1, 10, 5, 3, 100].sort(); // [1, 10, 100, 3, 5]
[-1, 10, -5, 3].sort(); // [-1, -5, 10, 3]
```

sort( ) 메서드를 그냥 실행한 정렬 결과를 봅시다. 100 다음에 3이 나옵니다. 이상합니다. 이런 결과가 나온 이유는 1, 10, 100, 3, 5를 숫자가 아닌 문자열로 바라보고 오름차순 정렬했기 때문입니다. 100과 3을 문자열 비교하여 오름차순하는 과정은 다음과 같습니다.

맨 앞의 문자 1과 3을 비교하여 3이 더 크므로(아스키 코드값 상 3이 1보다 큽니다) 비교를 종료하고 100을 3 앞에 둡니다. 하지만 우리가 원하는 결과는 이것이 아닙니다. 숫자에 대해 정렬을 하려면 개발자가 sort( ) 함수에 익명 함수로 조건을 전달해야 합니다. 최초의 코드를 다시 봅시다.

```JavaScript
function solution(arr) {
  arr.sort((a, b) => a - b);
  return arr;
}
```

코드를 보면 익명 함수가 인수로 a, b를 받아 a에서 b를 뺀 결과를 반환하고 있습니다. 이렇게 하면 sort( ) 메서드가 오름차순 배열을 반환할 수 있습니다. 하나씩 단계별로 살펴봅시다. 정렬은 첫 번째 인수인 a를 기준으로 다음 규칙으로 진행합니다.

1 첫 번째 인자 a가 두 번째 인자 b보다 앞에 나와야 한다면 음수를 반환한다.
2 첫 번째 인자 a가 두 번째 인자 b보다 뒤에 나와야 한다면 양수를 반환한다.
3 위치 변경을 하지 않는다면 0을 반환한다.

위와 같은 규칙을 기억하고 오름차순 정렬을 어떻게 만들지 생각해봅시다. 먼저 **기준은 첫 번째 인수**라는 점을 이용할 수 있습니다. 따라서 첫 번째 인자를 a, 두 번째 인자를 b라고 부를 때 a에서 b를 빼는 식을 사용한다면 a가 b보다 큰 경우 자연스럽게 양수가 반환되고 작은 경우엔 음수가 반환됩니다. 만약 반대로 내림차순으로 정렬한다면 두 번째 인자에서 첫 번째 인자를 빼도록 만들면 됩니다.

참고로 sort( ) 메서드를 사용하면 기존 배열이 변경됩니다. 원본 배열을 그대로 두고 싶다면 toSorted( ) 메서드를 사용할 수도 있지만 비교적 최근에 추가된 기능이므로 sort( ) 메서드 사용을 추천합니다.

※ toSorted( ) 메서드는 ECMAScript 2023에 추가된 기능입니다. 2023년 6월 경 릴리스됐습니다.

sort( ) 메서드를 사용하지 않고 O(N²) 정렬 알고리즘으로 배열 원소를 정렬하는 연산을 구현하면 시간 차이는 얼마나 벌어질까요? 다음 코드를 봅시다.

```JavaScript
function bubbleSort(arr) { // 버블 정렬을 활용한 방법
  const n = arr.length;
  for (let i = 0; i < n; i++) {
    for (let j = 0; j < n - i - 1; j++) {
      if (arr[j + 1] < arr[j]) {
        const tmp = arr[j + 1];
        arr[j + 1] = arr[j];
        arr[j] = tmp;
      }
    }
  }
  return arr;
}

function doSort(arr) { // sort( ) 함수를 활용한 방법
  arr.sort((a, b) => a - b);
  return arr;
}

function measureTime(callback, arr) {
  const start = Date.now();
  const result = callback(arr);
  const end = Date.now();
  return [end - start, result];
}

let arr = Array.from({ length: 10000 }, (_, k) => 10000 - k);

// 첫 번째 코드 시간 측정
// 첫 번째 코드 실행 시간 : 2081ms
const [bubbleTime, bubbleResult] = measureTime(bubbleSort, arr);
console.log(`첫 번째 코드 실행 시간: ${bubbleTime}ms`);
```

```
// 두 번째 코드 시간 측정
// 두 번째 코드 실행 시간 : 1ms
arr = Array.from({ length: 10000 }, (_, k) => 10000 - k);
const [doSortTime, doSortResult] = measureTime(doSort, arr);
console.log(`두 번째 코드 실행 시간: ${doSortTime}ms`);
```

첫 번째 방법은 O(N²) 정렬 알고리즘인 버블 정렬을 활용한 방법이고, 두 번째 방법은 O(NlogN) 시간 복잡도의 sort( ) 함수를 활용한 방법입니다. 결과를 보면 시간 차가 상당합니다. 데이터 10,000개를 역순으로 정렬하는 데 버블 정렬은 2초가 걸렸지만 sort( ) 함수를 활용한 두 번째 방법은 1밀리초 밖에 걸리지 않았습니다. 실행 환경마다 시간의 차이는 조금 생길 수 있겠지만 압도적으로 sort( ) 함수가 성능이 좋다는 것을 알 수 있습니다. 이것으로 알고리즘의 시간 복잡도가 얼마나 중요한지 알아두기 바랍니다.

### 시간 복잡도 분석하기

N은 arr의 길이이므로 시간 복잡도는 O(NlogN)입니다.

## 문제 02 배열 제어하기★★

저자 권장 시간 _ 10분 | 권장 시간 복잡도 _ O(NlogN) | 출제 _ 저자 출제

정답 URL https://github.com/kciter/coding-interview-js/blob/main/solution/02.js

정수 배열을 하나 받습니다. 배열의 중복값을 제거하고 배열 데이터를 내림차순으로 정렬해서 반환하는 solution( ) 함수를 구현하세요.

### 제약 조건

- 배열 길이는 2 이상 1,000 이하입니다.
- 각 배열의 데이터 값은 -100,000 이상 100,000 이하입니다.

| 입력 | 출력 |
|------|------|
| [4, 2, 2, 1, 3, 4] | [4, 3, 2, 1] |
| [2, 1, 1, 3, 2, 5, 4] | [5, 4, 3, 2, 1] |

## 문제 분석하고 풀기

이런 문제를 보면 직접 코드를 구현하고 싶은 마음이 들 수도 있지만 자바스크립트에는 직접 구현하지 않고도 문제를 해결할 수 있는 방법이 많습니다. 이 문제가 딱 그렇게 풀었을 때 좋은 문제입니다. 코드를 살펴봅시다.

```javascript
function solution(arr) {
  const uniqueArr = [...new Set(arr)]; // ❶ 중복값 제거
  uniqueArr.sort((a, b) => b - a); // ❷ 내림차순 정렬
  return uniqueArr;
}
```

❶에서 Set 객체를 사용해 배열의 중복값을 제거했습니다. Set은 집합을 생성하는 자바스크립트 내장 객체입니다. **집합은 중복값을 허용하지 않으므로 문제에서 요구하는 중복 문제를 한 번에 해결할 수 있습니다.** 그 후 스프레드 연산자를 통해 집합을 다시 배열로 변환해줍니다. 가끔 자바스크립트에 내장된 기능을 통해 해결할 수 있는 문제를 굳이 직접 코드를 작성해서 해결하려는 경우가 있습니다. 이를테면 반복문을 통해 일일이 데이터를 확인해서 중복값을 확인해 제거하는 알고리즘은 시간 복잡도가 O(N²)으로 성능이 좋지 않습니다. 제가 이렇게 간단해 보이는 문제를 굳이 언급한 이유는 **'자바스크립트에는 코딩 테스트에 유용한 기능이 많다. 굳이 직접 작성하려 하지 마라'를 강조하기 위함이었습니다.** 심지어 Set 객체는 해시 알고리즘으로 데이터를 저장하므로 시간 복잡도 O(N)을 보장합니다.

❷의 sort( ) 메서드 활용 부분에서 매개변수로 전달한 익명 함수를 확인해보면 b - a로 넣은 것을 볼 수 있습니다. 앞서 설명한 sort( ) 메서드 규칙을 생각하면 내림차순으로 정렬된다는 것을 알 수 있습니다.

※ 해시 알고리즘 자체는 시간 복잡도가 O(1)입니다만 배열의 원소 개수가 N인 경우 중복값을 제거하기 위해 배열을 한번 순회하고 삽입해야 하므로 시간 복잡도는 O(N)입니다.

### 시간 복잡도 분석하기

N은 arr의 길이입니다. arr의 중복 원소를 제거하는 데 걸리는 시간 복잡도는 O(N)이고, 이를 다시 정렬하는 데 걸리는 시간 복잡도는 O(NlogN)이므로 최종 시간 복잡도는 O(NlogN)입니다.

## 05-5 합격자가 되는 모의 테스트

### 문제 03 두 개 뽑아서 더하기★

프로그래머스
제공 문제입니다.

정답률 _ 68%  |  저자 권장 시간 _ 30분  |  권장 시간 복잡도 _ $O(N^2log(N^2))$  |  출제 _ 월간 코드 챌린지

문제 URL  https://programmers.co.kr/learn/courses/30/lessons/68644
정답 URL  https://github.com/kciter/coding-interview-js/blob/main/solution/03.js

정수 배열 numbers가 주어집니다. numbers에서 서로 다른 인덱스에 있는 2개의 수를 뽑아 더해 만들 수 있는 모든 수를 배열에 오름차순으로 담아 반환하는 solution( ) 함수를 완성하세요.

#### 제약 조건

- numbers의 길이는 2 이상 100 이하입니다.
- numbers의 모든 수는 0 이상 100 이하입니다.

#### 입출력의 예

| numbers | result |
| --- | --- |
| [2, 1, 3, 4, 1] | [2, 3, 4, 5, 6, 7] |
| [5, 0, 2, 7] | [2, 5, 7, 9, 12] |

#### 문제 분석하고 풀기

문제 자체에 요구사항이 그대로 드러나 있는 난이도가 낮은 문제입니다. 숫자 배열에서 서로 다른 두 수를 선택해서 더한 결과를 모두 구하고 오름차순으로 정렬해서 반환하면 됩니다. **하나 놓치기 쉬운 점은 중복값은 허용하지 않는다는 겁니다.** 테스트 케이스를 보면 입력값 [5, 0, 2, 7]에 대해 반환값이 2 + 5, 0 + 7으로 7이 둘이 아니라 하나입니다. 이런 간단한 함정은 여러분이라면 쉽게

피할 수 있을 것이라 생각합니다만 이렇게 입출력값에 대해서는 일부러라도 분석하는 시간을 반드시 가져보기 바랍니다. numbers의 최대 데이터 개수는 100이므로 시간 복잡도는 고려하지 않아도 되겠네요. 그렇다면 이 문제는 다음과 같은 과정으로 풀 수 있습니다.

1 배열에서 두 수를 선택하는 모든 경우의 수를 구합니다.

2 과정 1에서 구한 수를 새로운 배열에 저장하고 중복값을 제거합니다.

3 배열을 오름차순으로 정렬하고 반환합니다.

배열에서 두 수를 선택하는 방법은 다음 그림처럼 각 수에서 자신보다 뒤에 있는 수를 선택하면 됩니다. 빠짐없이 모든 두 수를 선택할 수 있습니다.

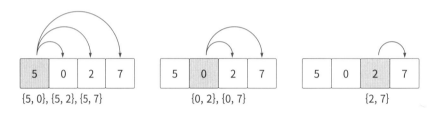

```javascript
function solution(numbers) {
  const ret = []; // ❶ 빈 배열 생성
  // ❷ 두 수를 선택하는 모든 경우의 수를 반복문으로 구함
  for (let i = 0; i < numbers.length; i++) {
    for (let j = 0; j < i; j++) {
      // ❸ 두 수를 더한 결과를 새로운 배열에 추가
      ret.push(numbers[i] + numbers[j]);
    }
  }
  // ❹ 중복된 값을 제거하고, 오름차순으로 정렬 후 반환
  return [...new Set(ret)].sort((a, b) => a - b);
}
```

❶ ret 배열은 값을 추가하기 위한 배열입니다. 초기 상태이므로 아무 데이터도 없습니다.

❷ numbers의 데이터에서 두 수를 선택하는 동작을 구현한 코드입니다. 표를 보면 반복문의 의

미를 쉽게 이해할 수 있습니다. i = 0, j = 2인 경우 {5, 2} => 7이라고 표시했습니다.

| i \ j | 0 | 1 | 2 | 3 |
|---|---|---|---|---|
| 0 | | {5, 0} => 5 | {5, 2} => 7 | {5, 7} => 12 |
| 1 | | | {0, 2} => 2 | {0, 7} => 7 |
| 2 | | | | {2, 7} => 9 |
| 3 | | | | |

❸ 표와 같이 구한 합을 push( ) 메서드로 ret 배열에 추가합니다. 중복값을 제거하기 전이므로 지금은 [5, 7, 12, 2, 7, 9]입니다.

❹ 이후 Set 객체로 중복값을 제거한 후 sort( ) 메서드를 통해 오름차순으로 정렬해 반환하면 문제 풀이는 끝입니다.

### 시간 복잡도 분석하기

N은 numbers의 길이입니다. 모든 조합을 확인하는 과정에서 중복을 체크하는 데 $O(N^2)$이 걸립니다. 그리고 이를 정렬하는 데 $O(N^2 log(N^2))$이 걸리므로 최종 시간 복잡도는 $O(N^2 log(N^2))$입니다. 다만 N = 100이므로 시간 복잡도를 이렇게 해도 문제를 푸는 데는 크게 영향이 없습니다.

## 문제 04 모의고사 ★

정답률 _ 62% | 저자 권장 시간 _ 30분 | 권장 시간 복잡도 _ O(N) | 출제 _ 완전 탐색

문제 URL https://programmers.co.kr/learn/courses/30/lessons/42840
정답 URL https://github.com/kciter/coding-interview-js/blob/main/solution/04.js

수포자는 수학을 포기한 사람을 줄인 표현입니다. 수포자 삼인방은 모의고사에 수학 문제를 전부 찍으려 합니다. 수포자는 1번 문제부터 마지막 문제까지 다음과 같이 찍습니다.

- 1번 수포자가 찍는 방식 : 1, 2, 3, 4, 5, 1, 2, 3, 4, 5, ...
- 2번 수포자가 찍는 방식 : 2, 1, 2, 3, 2, 4, 2, 5, 2, 1, 2, 3, 2, 4, 2, 5, ...

- 3번 수포자가 찍는 방식 : 3, 3, 1, 1, 2, 2, 4, 4, 5, 5, 3, 3, 1, 1, 2, 2, 4, 4, 5, 5, ...

1번 문제부터 마지막 문제까지의 정답이 순서대로 저장된 배열 answers가 주어졌을 때 가장 많은 문제를 맞힌 사람이 누구인지 배열에 담아 반환하도록 solution( ) 함수를 작성하세요.

### 제약 조건

- 시험은 최대 10,000 문제로 구성되어 있습니다.
- 문제의 정답은 1, 2, 3, 4, 5 중 하나입니다.
- 가장 높은 점수를 받은 사람이 여럿이라면 반환하는 값을 오름차순으로 정렬하세요.

### 입출력의 예

| answers | return |
|---|---|
| [1, 2, 3, 4, 5] | [1] |
| [1, 3, 2, 4, 2] | [1, 2, 3] |

### 문제 분석하고 풀기

가장 먼저 해야 할 일은 수포자들의 문제를 찍는 패턴을 분석하는 겁니다. 각 수포자가 문제를 찍는 패턴은 다음 그림과 같습니다.

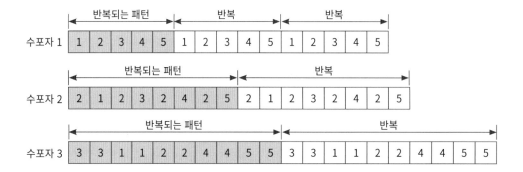

패턴을 찾았으므로 각 패턴으로 문제를 풀 경우 몇 개를 맞출 수 있는지 체크합니다. 문제 번호에 대해 수포자의 답과 실제 답이 일치할 때마다 점수를 획득하는데, 이 점수가 가장 큰 수포자를 찾

습니다. 예를 들어 답이 [1, 4, 2, 4, 2]인 경우 수포자 1, 수포자 2는 2문제를 맞췄고, 수포자 3은 1문제를 맞춥니다. 이 경우 최대 점수를 얻은 수포자는 수포자 1과 수포자 2입니다.

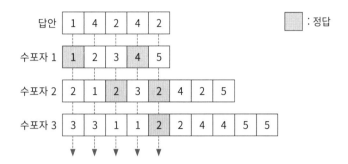

만약 답이 [1, 3, 5, 4, 5, 2, 4, 5]이면 답의 길이가 8이고 수포자 1의 패턴 길이는 5이므로 답의 길이가 수포자 1의 패턴 길이보다 깁니다. 그런 경우 다음 그림과 같이 코드를 설계해야 합니다. 그림을 보면 [1, 3, 5, 4, 5]까지는 기존 방식으로 답안을 매치하면 되고 수포자 1과 같이 패턴 길이를 넘어서는 [2, 4, 5]는 수포자1의 답 패턴 첫 번째부터 매치하면 됩니다.

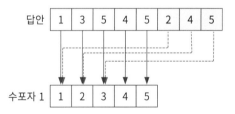

이렇게 하면 모든 수포자의 점수를 구할 수 있습니다. **가장 높은 점수를 획득한 수포자의 번호를 반환할 때 주의할 점은 동점 조건입니다.** 수포자들이 얻은 점수의 최댓값을 먼저 구하고 이 점수와 일치하는 수포자의 번호를 오름차순으로 반환하면 동점 조건을 해결할 수 있습니다.

```javascript
function solution(answers) {
  // ❶ 수포자들의 패턴
  const patterns = [
    [1, 2, 3, 4, 5], // 1번 수포자의 찍기 패턴
    [2, 1, 2, 3, 2, 4, 2, 5], // 2번 수포자의 찍기 패턴
    [3, 3, 1, 1, 2, 2, 4, 4, 5, 5], // 3번 수포자의 찍기 패턴
  ];
```

```javascript
// ❷ 수포자들의 점수를 저장할 배열
const scores = [0, 0, 0];

// ❸ 각 수포자의 패턴과 정답이 얼마나 일치하는지 확인
for (const [i, answer] of answers.entries()) {
  for (const [j, pattern] of patterns.entries()) {
    if (answer === pattern[i % pattern.length]) {
      scores[j] += 1;
    }
  }
}

// ❹ 가장 높은 점수 저장
const maxScore = Math.max(...scores);

// ❺ 가장 높은 점수를 받은 수포자들의 번호를 찾아서 배열에 담음
const highestScores = [];
for (let i = 0; i < scores.length; i++) {
  if (scores[i] === maxScore) {
    highestScores.push(i + 1);
  }
}

return highestScores;
}
```

❶ 수포자들의 패턴을 미리 배열에 저장합니다. 이렇게 특정 패턴이 있으면 배열에 미리 담아도 좋습니다.

❷ 수포자들의 패턴과 답안을 비교해서 일치하는 개수를 저장하는 배열을 선언했습니다. 이때 [0] * 3과 같은 기법은 [0, 0, 0]을 선언하는 것보다 간단해 자주 사용됩니다.

❸ 정답과 수포자들의 패턴을 비교해서 각 수포자들의 점수를 구하는 부분입니다.

반복문에서 of 연산자를 활용하는 형태가 생소할 수 있습니다. 배열의 entries( ) 메서드는 배열 내 데이터를 인덱스와 값으로 묶어서 순회할 수 있는 Iterator 객체를 반환합니다. Iterator는 next( ) 메서드를 이용하여 연속된 데이터를 순회할 수 있게 만드는 객체입니다. of 연산자를 이용하면 처음부터 끝까지 순회하는 것이 가능합니다. 이제 그림을 보며 반복문을 설명하겠습니다. 바깥쪽 반복문을 보면 i와 answer가 있습니다. i는 answer의 인덱스이고, answer는 해당 인덱스의 실젯값입니다. 이때 i는 0부터 증가합니다. 쉽게 말해 answers 배열의 데이터를 0번부터 끝까지 반복하는 반복문입니다. 이렇게 배열 전체를 반복해야 하는 경우 of 연산자를 활용하면 편리하게 반복문을 작성할 수 있습니다.

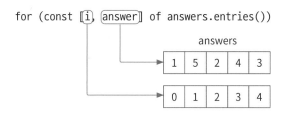

바깥 반복문은 answers, 안쪽 반복문은 patterns의 데이터를 하나씩 가리킵니다. answer의 각 답안과 수포자들의 정답을 하나씩 비교하면서 정답이 일치하는 수포자의 경우 score를 1만큼 더합니다. 정답 패턴의 길이가 수포자의 답안 길이보다 긴 경우 정답 패턴의 처음 데이터와 다시 비교할 수 있도록 나머지 연산자를 사용했습니다.

```JavaScript
answer === pattern[i % pattern.length]
```

❹ 반복문에서 구한 각 수포자들의 점수 중 가장 큰 점수를 찾습니다. 동일 점수가 있을 수도 있으므로 일단 가장 큰 점수를 구하고 이 점수와 같은 수포자들을 찾는 방식을 구현합니다. ❺ 가장 큰 점수를 갖는 수포자들을 찾아서 배열에 담아 반환합니다.

### 시간 복잡도 분석하기

N은 answers의 길이입니다. 각 수포자들의 패턴과 정답을 비교하는 부분은 O(N)입니다. 이후 scores를 순회하면서 가장 높은 점수를 받은 수포자를 추가하는 연산은 O(1)입니다. 따라서 최종 시간 복잡도는 O(N)입니다.

정답률 _ 63% | 저자 권장 시간 _ 40분 | 권장 시간 복잡도 _ O(N³) | 출제 _ 연습문제

문제 URL https://school.programmers.co.kr/learn/courses/30/lessons/12949
정답 URL https://github.com/kciter/coding-interview-js/blob/main/solution/05.js

2차원 행렬 arr1과 arr2를 입력받아 arr1에 arr2를 곱한 결과를 반환하는 solution( ) 함수를 완성하세요.

### 제약 조건

- 행렬 arr1, arr2의 행과 열의 길이는 2 이상 100 이하입니다.
- 행렬 arr1, arr2의 데이터는 -10 이상 20 이하인 자연수입니다.
- 곱할 수 있는 배열만 주어집니다.

### 입출력의 예

| arr1 | arr2 | return |
|------|------|--------|
| [[1, 4], [3, 2], [4, 1]] | [[3, 3], [3, 3]] | [[15, 15], [15, 15], [15, 15]] |
| [[2, 3, 2], [4, 2, 4], [3, 1, 4]] | [[5, 4, 3], [2, 4, 1], [3, 1, 1]] | [[22, 22, 11], [36, 28, 18], [29, 20, 14]] |

### 문제 분석하고 풀기

수학의 행렬 곱셈을 그대로 구현하면 됩니다. 두 배열의 최대 데이터 개수가 100개이므로 시간 복잡도는 신경 쓰지 않아도 됩니다. 또한 곱할 수 있는 배열만 주어지므로 예외 처리도 없습니다.

```javascript
JavaScript
function solution(arr1, arr2) {
  // ❶ 행렬 arr1과 arr2의 행과 열의 수
  const r1 = arr1.length;
  const c1 = arr1[0].length;
```

```javascript
  const r2 = arr2.length;
  const c2 = arr2[0].length;

  // ❷ 결과를 저장할 2차원 배열 초기화
  const ret = [];
  for (let i = 0; i < r1; i++) {
    ret.push(new Array(c2).fill(0));
  }

  // ❸ 첫 번째 행렬 arr1의 각 행과 두 번째 행렬 arr2의 각 열에 대해
  for (let i = 0; i < r1; i++) {
    for (let j = 0; j < c2; j++) {
      // ❹ 두 행렬의 데이터를 곱해 결과 배열에 더해줌
      for (let k = 0; k < c1; k++) {
        ret[i][j] += arr1[i][k] * arr2[k][j];
      }
    }
  }

  return ret;
}
```

여기서는 문제를 나누는 연습을 해보기 좋습니다. 간단한 문제도 막상 한꺼번에 풀려고 하면 잘 안 풀리는 경우가 많습니다. 행렬 곱셈에서 가장 먼저 행렬 곱셈의 결괏값을 어떻게 저장할지 고려해야 합니다. 결괏값을 저장하려면 두 행렬을 곱했을 때 결과 행렬의 크기를 알아야 합니다. 이건 행렬 정의를 안다면 쉽게 해결할 수 있습니다.

❶ 인수로 받은 arr1과 arr2의 행과 열 정보를 변수에 기록합니다. 이후 행렬 정의를 활용해서 결과 행렬을 저장할 수 있는 크기의 새 행렬을 만들고 모든 데이터를 0으로 초기화합니다.

❷ 결과 행렬의 크기는 (r1 * c2)이므로 해당 크기의 배열을 미리 만들어 0으로 초기화합니다. 즉, ret에는 행렬 곱 결과가 저장됩니다.

❸ arr1과 arr2의 행렬을 곱하기 위한 반복문입니다. 행렬을 곱할 땐 첫 번째 행렬의 각 행과 두 번째 행렬의 각 열들을 매치해 연산합니다. 이를 위해 반복문에서 첫 번째 행렬의 행의 크기인 r1과 두 번째 행렬의 열의 크기인 c2를 사용했습니다.

❹에서는 첫 번째 행렬의 i번째 행과 두 번째 행렬의 j번째 열을 곱합니다. 마지막으로 반복문에서 곱 연산을 수행하며 ret 배열에 데이터를 저장하면 행렬 곱이 완성됩니다.

### 시간 복잡도 분석하기

N은 행 혹은 열의 길이입니다. 행과 열의 길이는 같습니다. arr1의 행과 열 수를 r1, c1이라고 하고, arr2의 행과 열 수를 r2, c2라고 했을때 r1*c1*c2만큼 연산합니다. r1, c1, r2, c2 모두 N으로 볼 수 있으므로 최종 시간 복잡도는 $O(N^3)$입니다.

### 합격 조언 ◀ 행렬 곱 리마인드

A 행렬의 크기가 (M * K), B 행렬의 크기가 (K * N)일 때 두 행렬의 곱 연산은 행렬 A의 행 길이(K)와 행렬 B의 열 길이 (K)가 같아야 하며 행렬 곱 결과는 (M * N)입니다.

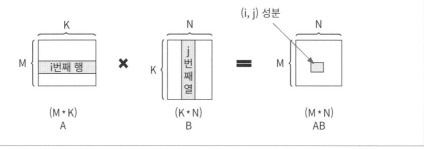

## 문제 06 실패율★★

**정답률 _** 60% | **저자 권장 시간 _** 60분 | **권장 시간 복잡도 _** O(M+NlogN)
**출제 _** 2019 KAKAO BLIND RECRUITMENT

문제 URL https://school.programmers.co.kr/learn/courses/30/lessons/42889
정답 URL https://github.com/kciter/coding-interview-js/blob/main/solution/06.js

슈퍼 게임 개발자 오렐리는 큰 고민에 빠졌습니다. 그녀가 만든 프렌즈 오천성이 대성공을 거뒀지만 최근 신규 사용자 수가 급감했기 때문입니다. 원인은 신규 사용자와 기존 사용자 사이에 스테이지 차이가 너무 큰 것이 문제였습니다. 이 문제를 어떻게 할까 고민한 그녀는 동적으로 게임 시간을 늘려서 난이도를 조절하기로 했습니다. 역시 슈퍼 개발자라 대부분의 로직은 쉽게 구현했지만 실패율을 구하는 부분에서 위기에 빠지고 말았습니다. 오렐리를 위해 실패율을 구하는 코드를 완성하세요.

- 실패율 정의 : 스테이지에 도달했으나 아직 클리어하지 못한 플레이어의 수 / 스테이지에 도달한 플레이어의 수

전체 스테이지 개수가 N, 게임을 이용하는 사용자가 현재 멈춰 있는 스테이지의 번호가 담긴 배열 stages가 주어질 때 실패율이 높은 스테이지부터 내림차순으로 스테이지의 번호가 담겨 있는 배열을 반환하도록 solution( ) 함수를 완성하세요.

### 제약 조건

- 스테이지 개수 N은 1 이상 500 이하의 자연수입니다.
- stages의 길이는 1 이상 200,000 이하입니다.
- stages에는 1 이상 N + 1 이하의 자연수가 있습니다.
  - 각 자연수는 사용자가 현재 도전 중인 스테이지 번호를 나타냅니다.
  - 단, N + 1은 마지막 스테이지, 즉, N까지 클리어한 사용자를 나타냅니다.
- 만약 실패율이 같은 스테이지가 있다면 작은 번호의 스테이지가 먼저 오면 됩니다.
- 스테이지에 도달한 유저가 없는 경우 해당 스테이지의 실패율은 0으로 정의합니다.

| N | stages | result |
|---|--------|--------|
| 5 | [2, 1, 2, 6, 2, 4, 3, 3] | [3, 4, 2, 1, 5] |
| 4 | [4, 4, 4, 4, 4] | [4, 1, 2, 3] |

첫 번째 입출력 예를 보면 1번 스테이지에는 총 8명의 사용자가 도전했으며 이 중 1명의 사용자가 아직 클리어하지 못했습니다. 따라서 1번 스테이지의 실패율은 다음과 같습니다.

- 1번 스테이지 실패율 : 1/8

2번 스테이지에는 총 7명의 사용자가 도전했으며, 이 중 3명의 사용자가 아직 클리어하지 못했습니다. 따라서 2번 스테이지의 실패율은 다음과 같습니다.

- 2번 스테이지 실패율 : 3/7

마찬가지로 나머지 스테이지의 실패율은 다음과 같습니다.

- 3번 스테이지 실패율 : 2/4
- 4번 스테이지 실패율 : 1/2
- 5번 스테이지 실패율 : 0/1

각 스테이지의 번호를 실패율의 내림차순으로 정렬하면 다음과 같습니다.

- [3, 4, 2, 1, 5]

두 번째 입출력 예를 보면 모든 사용자가 마지막 스테이지에 있으므로 4번 스테이지의 실패율은 1이며 나머지 스테이지의 실패율은 0입니다.

- [4, 1, 2, 3]

## 문제 분석하고 풀기

구현 난이도 자체가 높지는 않지만 문제를 풀 때 어떤 식으로 접근해야 하는지 연습하기 좋은 문제입니다. 문제에서 새 용어를 정의하는 부분이 나오면 반드시 이해하고 넘어가야 합니다. 바로 그

부분이 문제의 핵심이 되는 경우가 많기 때문입니다. 이 문제에서는 실패율이라는 용어가 나옵니다. 실패율이란 해당 스테이지에 도달한 적이 있는 사용자 중 아직 클리어하지 못한 사용자의 비율을 말합니다. 실패율을 그림으로 생각해보면 다음과 같습니다.

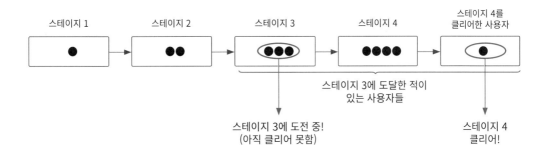

그림은 스테이지가 4까지 있는 경우, 즉, N이 4입니다. 그림에 스테이지 4 이후 1칸을 더 그린 이유는 스테이지 4까지 클리어한 사람을 표시하기 위함입니다. 그리고 스테이지 3의 실패율은 3 / (3 + 4 + 1)이므로 3/8입니다. 이렇게 각 스테이지의 실패율을 구하고 실패율을 기준으로 내림차순으로 사용자 번호를 정렬해서 반환하면 됩니다. stages가 20만까지 입력될 수 있으므로 시간 초과를 방지하려면 정렬 알고리즘의 시간 복잡도는 O(NlogN)이어야 합니다. 만약 시간 복잡도가 O(N²)인 알고리즘을 사용한다면 시간 초과가 발생할 수 있습니다. 참고로 정렬 문제는 정렬 구현을 시간 들여 고민하는 대신 자바스크립트 제공 함수를 바로 사용해보는 것도 좋은 전략입니다.

```JavaScript
function solution(N, stages) {
  // ❶ 스테이지별 도전자 수를 구함
  const challenger = new Array(N + 2).fill(0);
  for (const stage of stages) {
    challenger[stage] += 1;
  }

  // ❷ 스테이지별 실패한 사용자 수 계산
  const fails = {};
  let total = stages.length;

  // ❸ 각 스테이지를 순회하며, 실패율 계산
```

```
for (let i = 1; i <= N; i++) {
  if (challenger[i] === 0) {
    // ❹ 도전한 사람이 없는 경우, 실패율은 0
    fails[i] = 0;
    continue;
  }


  // ❺ 실패율 계산
  fails[i] = challenger[i] / total;


  // ❻ 다음 스테이지 실패율을 구하기 위해 현재 스테이지의 인원을 뺌
  total -= challenger[i];
}


// ❼ 실패율이 높은 스테이지부터 내림차순으로 정렬
const result = Object.entries(fails).sort((a, b) => b[1] - a[1]);


// ❽ 스테이지 번호만 반환
return result.map((v) => Number(v[0]));
}
```

❶ challenger는 각 스테이지에 도전하는 사용자 수를 저장하는 데 사용하는 배열입니다. 배열의 크기를 N + 2로 정한 이유도 나름의 문제를 풀기 위한 전략입니다. 왤까요? N번째 스테이지를 클리어한 사용자는 stage가 N + 1입니다. 그러면 challenger 배열에서 N + 1 위치에 데이터를 저장해야 하는데 배열의 인덱스는 0부터 시작하므로 N + 1 인덱스에 데이터를 저장하려면 N + 2 크기의 배열이 필요하기 때문입니다. 물론 이렇게 하면 0번째 인덱스는 사용하지 않아서 낭비라고 생각할 수 있습니다만, 이렇게 하면 실보다 득이 큽니다. 반복문을 보면 각 stages 데이터의 값을 challenger의 인덱스로 사용할 수 있게 됩니다. 이렇게 하면 값 자체를 인덱스로 활용할 수 있어 매우 편리합니다. 메모리 공간 1칸만 비우고 편리함을 취했다고 할 수 있겠네요.

※ 이와 유사한 정렬 알고리즘은 계수 정렬입니다. 계수 정렬은 이 책의 '13장 정렬'에서 설명합니다.

❷ fails는 실패율을 저장하는 용도이고, total의 값은 총 사용자의 수입니다. 해당 변수들이 어떻게 사용되는지는 아래에 자세히 설명하겠습니다.

❸은 이 문제의 핵심입니다. 즉, 실패율을 구하는 로직입니다. 위에서 구한 challengers값을 활용해서 실패율을 구합니다.

❹ 해당 스테이지에 있는 사용자가 0이라면 문제 정의에 의해 실패율은 0이되므로 계산은 간단합니다.

❺ 해당 스테이지에 사용자가 있다면 실패율 공식을 적용해서 실패율을 구합니다. fails는 배열이 아니고 객체라는 것을 기억해야 합니다. 다시 말해 fails[i] = challenger[i] / total에서 키는 i, 값은 challenger[i] / total이며 이 값들이 쌍을 이뤄 fails 객체 변수에 저장된다고 보면 됩니다. total의 값은 현재 스테이지에 도달한 사용자 값입니다.

❻ N번째 스테이지에 도달한 사용자의 수를 구하려면 N-1번째 스테이지에 있는 사용자의 수를 빼면 됩니다. 예를 들어 3번째 스테이지에 도달한 사용자 수를 구하려면 {1, 2}번째 스테이지에 있는 사용자 수를 제외하면 됩니다. 따라서 총 사용자 수에서 각 스테이지의 인원 수를 빼면 이 값이 다음 스테이지에 도달한 사용자 수가 됩니다. 이러한 이유로 total 값은 초기에는 전체 사용자 수에서 시작해서 각 stage의 실패율을 구할 때마다 현재 stage의 인원을 빼며 코드가 실행됩니다. 설명이 꽤 복잡하지만 다음 그림과 설명을 같이 보면 금방 이해할 수 있습니다.

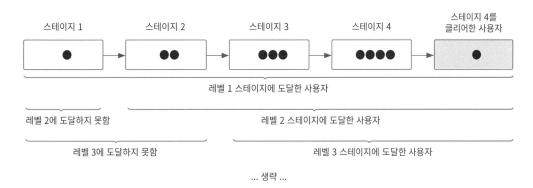

❼ fails는 객체입니다. 키는 각 스테이지를 가리키는 숫자, 값은 실패율을 의미합니다. 객체를 정렬하기 위해선 먼저 배열로 변환해야 합니다. 이때 Object.entries 메서드를 사용하면 키와 값을 쌍으로 묶어서 배열로 만드는 것이 가능합니다. 참고로 배열을 이용하여 묶어줍니다. 0번째 인덱

스가 키, 1번째 인덱스가 값입니다.

❽ 정렬을 했다면 스테이지 번호만 반환해야 하므로 map을 이용하여 스테이지 번호만 추출합니다. 이때 키는 문자열이기 때문에 Number를 통해 숫자로 변환해줍니다.

### 시간 복잡도 분석하기

N은 스테이지의 개수이고, M은 stages의 길이입니다. challenger 배열을 초기화하고, 각 스테이지 도전자 수를 계산할 때 시간 복잡도는 O(N + M)입니다. 이후 스테이지 별로 실패율을 계산하는 데 필요한 시간 복잡도는 O(N)이고, 실패율을 기준으로 스테이지를 정렬할 때의 시간 복잡도는 O(NlogN)입니다. 이 연산들을 모두 고려하면 시간 복잡도는 O(2*N + M + NlogN)이므로 최종 시간 복잡도는 O(M + NlogN)입니다.

## 문제 07 방문 길이 ★★

정답률 _ 57% | 저자 권장 시간 _ 40분 | 권장 시간 복잡도 _ O(N)
출제 _ Summer/Winter Coding(~2018)

문제 URL https://school.programmers.co.kr/learn/courses/30/lessons/49994
정답 URL https://github.com/kciter/coding-interview-js/blob/main/solution/07.js

게임 캐릭터를 4가지 명령어를 통해 움직이려 합니다. 명령어는 다음과 같습니다.

- U : 위쪽으로 한 칸 가기
- D : 아래쪽으로 한 칸 가기
- R : 오른쪽으로 한 칸 가기
- L : 왼쪽으로 한 칸 가기

캐릭터는 좌표평면의 (0, 0) 위치에서 시작합니다. 좌표평면의 경계는 왼쪽 위(-5, 5), 왼쪽 아래(-5, -5), 오른쪽 위(5, 5), 오른쪽 아래(5, -5)로 구성합니다.

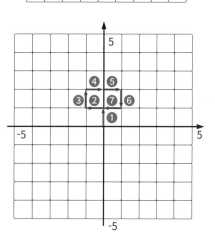

예를 들어 ULURRDLLU라고 명령하면 ❶~❼까지는 이렇게 움직입니다.

| ❶ | ❷ | ❸ | ❹ | ❺ | ❻ | ❼ | ❽ | ❾ |
|---|---|---|---|---|---|---|---|---|
| U | L | U | R | R | D | L | L | U |

❽~❾까지는 다음과 같이 움직입니다.

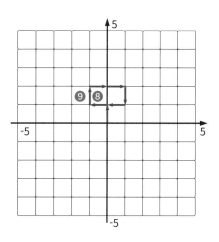

이때 우리는 게임 캐릭터가 지나간 길 중 캐릭터가 처음 걸어본 길의 길이를 구하려고 합니다. 예를 들어 위의 예시에서 게임 캐릭터가 움직인 길이는 9이지만 캐릭터가 처음 걸어본 길의 길이는 7이 됩니다. 다시 말해 8, 9번 명령어에서 움직인 길은 2, 3번 명령어에서 이미 거쳐간 길입니다. 그리고 좌표평면의 경계를 넘어가는 명령어는 무시합니다. 예를 들어 LULLLLLLU로 명령하면 ❶~❻ 명령어대로 움직이고 ❼~❽ 명령어는 무시합니다. 그리고 다시 ❾ 명령어대로 움직입니다.

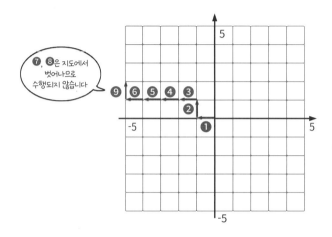

이때는 캐릭터가 처음 걸어본 길의 길이는 7이 됩니다. 명령어가 매개변수 dirs로 주어질 때 게임 캐릭터가 처음 걸어본 길의 길이를 구해 반환하는 solution( ) 함수를 완성하세요.

### 제약 조건

- dirs는 string형으로 주어지며, 'U', 'D', 'R', 'L' 이외의 문자는 주어지지 않습니다.
- dirs의 길이는 500 이하의 자연수입니다.

### 입출력의 예

| dirs | answer |
| --- | --- |
| ULURRDLLU | 7 |
| LULLLLLLU | 7 |

문제 분석하고 풀기

이 문제는 명령어대로 로봇이 이동할 때 중복 경로의 길이를 제외한 움직인 경로의 길이를 반환해야 합니다. 이 문제의 경우 문제 자체가 복잡하진 않지만 구현 시 실수하기가 쉽습니다. 어디에서 실수하기 쉬울까요?

첫 번째, 중복 경로는 최종 길이에 포함하지 않는다는 조건입니다. 이 부분을 어떻게 처리할지 충분히 고민해야 합니다. 중복을 포함하지 않는다는 문장이 나오면 set을 생각해보면 좋습니다. 언급했던 것처럼 중복 처리를 직접하는 것보다 괜찮습니다.

두 번째, 음수 좌표를 포함한다는 점입니다. 문제를 보면 좌표 범위는 –5 <= x, y <= 5입니다. 2차원 배열에서 음수 인덱스를 사용할 수는 없으므로 다른 방법을 생각해야 합니다. **문제의 핵심은 원점에서 출발해 최종 경로의 길이를 구하는 건데, 좌표는 방향에 의해서만 제어된다는 점입니다. 따라서 원점을 (0, 0)에서 (5, 5)로 바꿔 음수 좌표 문제를 해결해도 됩니다.** 이 문제는 구현 문제이므로 별다른 알고리즘 설명은 필요하지 않습니다. 다른 알고리즘 문제도 마찬가지지만 구현 문제는 답안 코드의 길이가 긴 경우가 많으므로 기능별로 함수를 구현하는 게 좋습니다. 처음부터 기능별 구현이 잘 될 수는 없습니다. 그럴 때는 일단 하나의 함수로 전체 동작을 구현해보고 이후 함수로 나누는 연습을 해보기 바랍니다.

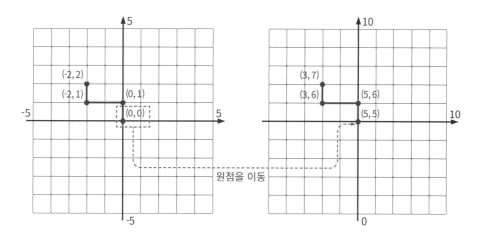

위 2개를 해결했다면 이제 명령어에 따라 좌표의 경로를 추가한 뒤 중복 경로를 제거한 최종 이동 길이를 반환하면 됩니다.

```javascript
function isValidMove(nx, ny) {
  // ❶ 좌표평면을 벗어나는지 체크하는 함수
  return nx >= -5 && nx <= 5 && ny >= -5 && ny <= 5;
}

function updateLocation(x, y, dir) {
  // ❷ 명령어를 통해 다음 좌표 결정
  switch (dir) {
    case "U":
      return [x, y + 1];
    case "D":
      return [x, y - 1];
    case "R":
      return [x + 1, y];
    case "L":
      return [x - 1, y];
  }
}

function solution(dirs) {
  let x = 0;
  let y = 0;

  const visited = new Set(); // ❸ 겹치는 좌표는 1개로 처리하기 위함
  for (const dir of dirs) {
    // ❹ 주어진 명령어로 움직이면서 좌표 저장
    const [nx, ny] = updateLocation(x, y, dir);

    if (!isValidMove(nx, ny)) {
      // ❺ 벗어난 좌표는 인정하지 않음
      continue;
    }

    // ❻ A에서 B로 간 경우 B에서 A도 추가해야 함(총 경로의 개수는 방향성이 없음)
```

```
    visited.add(`${x}${y}${nx}${ny}`);
    visited.add(`${nx}${ny}${x}${y}`);

    [x, y] = [nx, ny]; // ❼ 좌표를 이동했으므로 업데이트
  }

  return visited.size / 2;
}
```

❶ 좌표가 주어진 범위를 초과했는지 체크하는 함수입니다. 해당 함수는 좌표 문제에 단골로 등장합니다. 핵심 알고리즘이랑 분리해 가독성을 높였습니다.

❷ 현재 좌표와 방향을 받아 그다음 좌표를 반환하는 함수입니다.

❸ 중복 좌표를 처리하기 위해 visited는 Set으로 정의합니다.

❹ 주어진 명령어 순서대로 순회하는 코드입니다.

❺ 주어진 명령어를 기준으로 다음 좌표를 구하고 해당 좌표가 유효한지 체크합니다. 유효하지 않으면 visited에 좌표를 추가하지 않습니다.

❻ add(`${x}${y}${nx}${ny}`)는 '(x, y)에서 (nx, ny)까지의 경로를 방문했다'라고 기록하는 것을 의미합니다. 여기서 넣는 값을 문자열로 한 이유는 객체를 넣게 될 경우 중복 체크가 제대로 안되기 때문입니다. 참고로 자바스크립트의 객체는 참조 타입이므로 원시 타입과 다르게 비교할 때 값이 아닌 메모리 주소를 따집니다. 이때 (x, y)에서 (nx, ny)만 저장하는 것이 아니라 그 반대인 (nx, ny)에서 (x, y) 역시 추가하는데 이 부분을 이해해야 코드를 제대로 이해한 것이라 할 수 있습니다.

❼ 현재 좌표를 업데이트합니다.

다음 그림을 보며 이해해봅시다. A → B와 B → A는 이 문제에서는 같은 경로로 취급합니다. 따라서 A → B인 경우 A → B와 B → A를 둘 다 추가하고 나중에 최종 이동 길이를 2로 나눕니다.

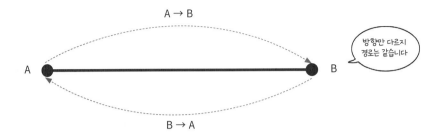

## 시간 복잡도 분석하기

N은 dirs의 길이입니다. dirs의 길이만큼 순회하므로 시간 복잡도는 O(N)입니다.

### 리마인드

기억 01 자바스크립트에서는 Array를 이용해 배열을 사용할 수 있습니다.

기억 02 배열은 임의접근(random access)으로 배열의 모든 위치에 바로 접근할 수 있습니다.

기억 03 중간에 데이터를 삽입할 일이 많다면 배열은 비효율적입니다. 다른 방법을 생각해야 합니다.

### 추천 문제

문제 01 배열의 평균값 : https://school.programmers.co.kr/learn/courses/30/lessons/120817

문제 02 배열 뒤집기 : https://school.programmers.co.kr/learn/courses/30/lessons/120821

문제 03 $n^2$ 배열 자르기 : https://school.programmers.co.kr/learn/courses/30/lessons/87390

문제 04 나누어 떨어지는 숫자 배열 : https://school.programmers.co.kr/learn/courses/30/lessons/12910

## 06 스택

 **공부부터 합격까지**

스택 개념을 이해하고, 이를 바탕으로 스택의 ADT를 작성하고 구현
할 수 있습니다. 스택을 활용해 주어진 문제를 풀 수 있습니다.

### 여기서 풀 문제

| No. | LEVEL 1 몸풀기 문제 | 잘 풀었나요? | No. | LEVEL 2 모의 테스트 | 잘 풀었나요? |
|-----|--------------------|-------------|-----|--------------------|-------------|
| 08 | 괄호 짝 맞추기 | V | 10 | 괄호 회전하기 | V |
| 09 | 10진수를 2진수로 변환하기 | | 11 | 짝지어 제거하기 | |
| | | | 12 | 주식 가격 | |
| | | | 13 | 크레인 인형 뽑기 게임 | |
| | | | 14 | 표 편집 | |

# 06-1 〈 스택 개념

스택stack 어원은 '쌓는다'입니다. 스택은 어원에서 짐작할 수 있듯이 먼저 입력한 데이터를 제일 나중에 꺼낼 수 있는 자료구조입니다. 스택은 우리 주변에서도 쉽게 찾아볼 수 있습니다. 티슈를 생각해봅시다. 티슈를 만들 때는 먼저 넣은 티슈가 가장 아래에 위치합니다. 그래서 티슈를 사용할 때는 가장 위에 있는 티슈부터 사용할 수 있죠. **이렇게 먼저 들어간 것이 마지막에 나오는 규칙을 후입선출 또는 LIFO**Last In First Out**라고 합니다. 이때 스택에 삽입하는 연산을 푸시**push**, 꺼내는 연산을 팝**pop**이라고 합니다.**

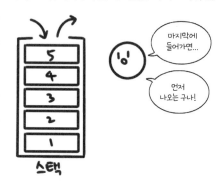

## 스택의 동작 원리 이해하기

다음 그림을 통해 스택에서 원소가 이동하는 과정을 이해해봅시다.

**01단계** 초기에는 빈 스택이 있습니다.

스택

**02단계** 여기에 데이터 '1'을 푸시해봅시다. 그럼 다음과 같을 겁니다.

**03단계** 그럼 여기에 데이터 '2'를 또 푸시하면 어떻게 될까요? '1' 위로

'2'가 올라갑니다.

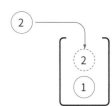

**04단계** 그럼 팝을 하면 어떻게 될까요? 가장 위에 있는 데이터인 '2'가 빠져나옵니다.

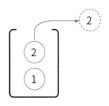

**05단계** 그리고 다시 데이터 '3'을 푸시를 하면? 다시 '1'위에 '3'이 위치하게 되었습니다.

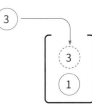

**06단계** 팝을 2번 연속으로 하면 '3', '1' 순서로 데이터가 빠져나올 겁니다.

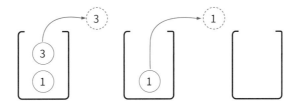

이를 통해 스택에서 데이터가 이동하는 원리를 잘 이해했기 바랍니다.

 스택은 맛있는 팬케이크를 쌓고, 먹는 거랑 비슷한 것 같네요. 쌓을 때는 가장 마지막에 만든 따끈따끈한 팬케이크가 맨 위로, 먹을 때도 맨 위부터...

맞아요(웃음). 스택을 먹을 것에 비유했지만 다른 예도 많아요. 테트리스 게임도 스택과 비슷하죠. 블럭은 아래부터 위로 쌓이고, 블럭을 없앨 때도 맨 위부터 없애죠.

# 06-2 스택의 정의

스택이 어떤 방식으로 동작하는지는 이해했을 겁니다. 이제 스택의 ADT라는 것을 정의해보고 실제 스택이 동작하는 원리를 설명하겠습니다. ADT는 우리말로 추상 자료형abstract data type인데요. 추상 자료형이란 인터페이스만 있고 실제로 구현은 되지 않은 자료형입니다. 일종의 자료형의 설계도라고 생각하면 됩니다. 그렇다면 스택은 어떤 정의가 필요한 자료구조일까요?

※ 언어에 따라 표준 라이브러리에서 스택 제공 여부는 다릅니다. 자바스크립트의 경우 스택을 제공하진 않지만 대안으로 배열 메서드인 push( ) 메서드, pop( ) 메서드로 스택을 대체할 수 있습니다.

## 스택의 ADT

우선 스택에는 ❶ 푸시push, ❷ 팝pop, ❸ 가득 찼는지 확인isFull, ❹ 비었는지 확인isEmpty과 같은 연산을 정의해야 합니다. 그리고 스택은 최근에 삽입한 데이터의 위치를 저장할 변수인 ❺ 탑top도 있어야 합니다. 표와 그림으로 정리하면 다음과 같습니다.

※ 여기서는 스택의 내부 데이터를 배열로 관리하는 모습을 예로 들었습니다. 하지만 스택의 원소는 배열이 아니라 다른 자료구조로 관리할 수도 있습니다.

| 구분 | 정의 | 설명 |
| --- | --- | --- |
| 연산 | boolean isFull( ) | 스택에 들어 있는 데이터 개수가 maxsize인지 확인해 boolean값을 반환합니다. 가득 차 있다면 True, 아니면 false입니다. |
| | boolean isEmpty( ) | 스택에 들어 있는 데이터가 하나도 없는지 확인해 boolean값을 반환합니다. 데이터가 하나라도 있으면 false, 아니면 True입니다. |
| | void push(ItemType item) | 스택에 데이터를 푸시합니다. |
| | ItemType pop( ) | 스택에서 최근에 푸시한 데이터를 팝하고, 그 데이터를 반환합니다. |
| 상태 | Int top | 스택에서 최근에 푸시한 데이터의 위치를 기록합니다. |
| | ItemType data[maxsize] | 스택의 데이터를 관리하는 배열입니다. 최대 maxsize개의 데이터를 관리합니다. |

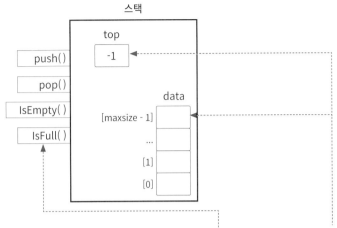

그림은 스택의 ADT를 나타낸 겁니다. 스택 외부와 내부에 네모 모양으로 표현한 연산과 상태가 보입니다. 그림에서는 연산 시 해야 할 동작과 상태가 가지고 있어야 할 값을 정의하고 있기는 하지만 세부 구현 내용, 즉, **프로그래밍 언어는 무엇을 사용해야 하고 데이터는 이렇게 저장해야 한다는 등의 내용은 없습니다.** data 배열을 보면 최대 크기는 maxsize이므로 인덱스의 범위는 0부터 maxsize - 1입니다. top은 가장 최근에 추가한 데이터의 위치를 참조합니다. 지금 그림에서는 아무 데이터도 없으므로 top에 -1이 들어 있습니다. 만약 top이 0이면 데이터가 1개 있는 것이므로 초깃값을 0이 아니라 -1로 했음에 주목하세요.

그렇다면 우리는 스택을 공부를 할 때 ADT만 알면 되고 세부 구현은 몰라도 될까요? 사실은 세부 구현을 알아두면 도움이 됩니다. 왜냐하면 어떤 문제도 '스택으로 푸세요'라고 대놓고 알려주지는 않기 때문입니다. 만약 여러분이 어떤 문제를 보고 '스택으로 푸는 게 좋겠다'라는 생각이 떠오르려면 스택의 세부 동작을 충분히 아는 것이 좋습니다.

---

합격 조언 ▸ **자료구조의 세부 동작을 공부하면 큰 도움이 됩니다**

자료구조의 세부 동작을 이해하면 코딩 테스트뿐 아니라 면접에도 큰 도움이 됩니다. 왜냐하면 자료구조의 세부 동작을 공부하면 그 자료구조의 성능 및 특성을 이해하는 것이고, 이는 효율적인 알고리즘을 떠올릴 수 있게 해주기 때문입니다. 실제로 자료구조의 이해도를 요구하는 문제가 출제되기도 합니다. 꼭 한 번은 자료구조의 세부 동작을 공부하기 바랍니다.

## 스택 세부 동작에 대해 조금 더 자세히 알아보기

스택에 데이터를 추가하는 경우를 생각해봅시다. 이번에 설명할 내용은 이 푸시 연산을 수행할 때 스택 내부에서 일어나는 과정입니다. 그림은 push(3) 연산을 수행하며 데이터 3이 추가되는 모습을 보여줍니다.

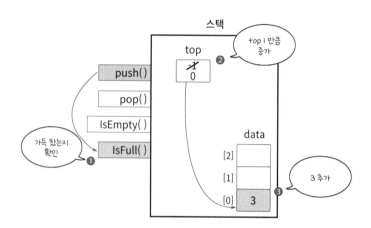

연산 과정은 push(3)을 호출하면 내부적으로 ❶ IsFull( )을 수행해 우선 data 배열에 데이터가 가득 찼는지 확인하고, ❷ 그렇지 않다면 top을 1만큼 증가시킨 후 top이 가리키는 위치 ❸ data[0]에 3을 추가합니다.

반대로 pop( ) 연산을 수행한다면 어떨까요?

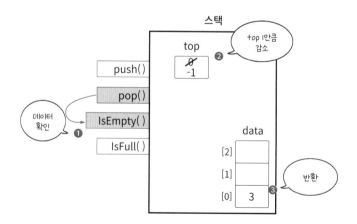

그림에서 보듯 pop( ) 함수를 수행하면 내부적으로 ❶ IsEmpty( ) 함수를 우선 수행해 data 배열에 데이터가 없는 건 아닌지 확인하고, 데이터가 있다면 ❷ top을 1만큼 감소시키고 ❸ 데이터 '3'을 반환합니다. 여기서 '3이 남아 있는데?'라고 생각할 수도 있습니다. 앞서 정의한 스택의 ADT에서 top은 최근에 삽입한 데이터의 위치라고 했습니다. 즉, top이 가리키는 위치는 −1이므로 실제 data 배열에 데이터가 남아 있더라도 스택은 비어 있다고 보아도 됩니다.

## 스택 구현하기

코딩 테스트에서는 문제에 적용할 자료구조 혹은 알고리즘을 파악하는 능력이 중요합니다. 문제에서 의도한 데이터 흐름이 스택에 딱 맞는지 알아차리는 것이 중요하죠. 예를 들어 데이터를 그냥 저장하고 순서와 상관 없이 임의 접근하기만 해도 되면 배열을 사용하면 되지만 최근에 삽입한 데이터를 대상으로 뭔가 연산해야 한다면 스택을 떠올리는 것이 좋습니다. 본격적인 문제를 풀기 전에 앞서 정의한 스택 ADT를 구현하면 다음과 같습니다.

```JavaScript
const stack = []; // 스택 초기화
const maxSize = 10; // 스택의 최대 크기

function isFull(stack) {
  // 스택이 가득 찼는지 확인하는 함수
  return stack.length === maxSize;
}

function isEmpty(stack) {
  // 스택이 비어 있는지 확인하는 함수
  return stack.length === 0;
}

function push(stack, item) {
  // 스택에 데이터를 추가하는 함수
  if (isFull(stack)) {
    console.log('스택이 가득 찼습니다.');
```

```javascript
  } else {
    stack.push(item);
    console.log('데이터가 추가되었습니다.');
  }
}


function pop(stack) {
  // 스택에서 데이터를 꺼내는 함수
  if (isEmpty(stack)) {
    console.log('스택이 비어 있습니다.');
    return null;
  } else {
    return stack.pop();
  }
}
```

그러나 자바스크립트의 배열은 크기를 동적으로 관리하므로 maxSize나 isFull( ) 함수,
isEmpty( ) 함수는 실제 문제를 풀 때 구현할 필요가 없습니다. 실제로 다음 코드를 보면
maxSize, isFull( ) 함수는 사용하지 않고 isEmpty( ) 함수는 stack.length === 0으로 검사합
니다.

```javascript
const stack = []; // 스택 초기화

function push(stack, item) {
  // 스택에 데이터를 추가하는 함수
  stack.push(item);
  console.log('데이터가 추가되었습니다.');
}


function pop(stack) {
  // 스택에서 데이터를 꺼내는 함수
  if (stack.length === 0) {
```

```
    console.log('스택이 비어 있습니다.');
    return null;
  } else {
    return stack.pop();
  }
}
```

그런데 push( ) 함수, pop( ) 함수를 구현한 부분을 보면 실제 이 함수들이 하는 일은 배열의 push( ) 메서드, pop( ) 메서드를 호출하는 것이 전부입니다. 그러므로 push( ) 함수와 pop( ) 함수는 다음과 같이 굳이 구현하지 않아도 됩니다.

```javascript
const stack = []; // 스택 초기화

// 스택에 데이터 추가
stack.push(1);
stack.push(2);
stack.push(3);

// 스택에서 데이터 꺼냄
const topElement = stack.pop();
const nextElement = stack.pop();

// 스택의 크기를 구함
const stackSize = stack.length;

// topElement : 3
// nextElement : 2
```

스택은 개념 자체는 크게 어렵지 않으므로 비교적 쉽게 이해할 수 있습니다. 하지만 실전에 들어가 문제를 풀다 보면 스택을 몰라서 풀지 못하는 것이 아니라 '이 문제는 스택을 활용해야 풀 수 있다' 라는 생각 자체를 못해서 풀지 못하는 경우가 대부분입니다. **따라서 스택 관련 문제를 많이 풀어보 며 '이 문제는 스택을 사용하는 게 좋겠다'라는 감을 익히기를 권합니다.**

지금까지 배운 내용을 활용해서 문제 2개를 풀어보겠습니다. 여기서는 왜 스택을 사용하는지, 스택을 어떤 식으로 활용하는지에 집중하며 학습하기 바랍니다.

## 문제 08 괄호 짝 맞추기★★

저자 권장 시간 _ 30분  |  권장 시간 복잡도 _ O(N)  |  출제 _ 저자 출제

정답 URL https://github.com/kciter/coding-interview-js/blob/main/solution/08.js

소괄호는 짝을 맞춘 열린 괄호 '('와 닫힌 괄호 ')'로 구성합니다. 문제에서는 열린 괄호나 닫힌 괄호가 마구 뒤섞인 문자열을 줍니다. 이때 소괄호가 정상으로 열고 닫혔는지 판별하는 solution( ) 함수를 구현하세요. 만약 소괄호가 정상적으로 열고 닫혔다면 true를, 그렇지 않다면 false를 반환하면 됩니다.

### 제약 조건

- 열린 괄호는 자신과 가장 가까운 닫힌 괄호를 만나면 상쇄됩니다.
- 상쇄 조건은 열린 괄호가 먼저 와야 하고, 열린 괄호와 닫힌 괄호 사이에 아무것도 없어야 합니다.
- 더 상쇄할 괄호가 없을 때까지 상쇄를 반복합니다.

### 입출력의 예

| s | 반환값 |
|---|---|
| ( ( ) ) ( ) | True |
| ( ( ( ) ) ( ) | false |

**01단계** 다음은 짝이 맞지 않는 괄호의 예입니다. 한눈에 봐도 괄호의 짝이 맞지 않습니다. 닫힌 괄호가 먼저 왔으므로 더 이상 상쇄가 되지 않으며, 결과적으로 괄호가 전부 없어지지 않습니다.

**02단계** 다른 예도 봅시다. 이 역시도 괄호의 짝이 맞지 않습니다. 첫 괄호의 짝은 맞아 상쇄할 수 있지만 마지막 괄호는 짝이 없으므로 상쇄할 수 없습니다.

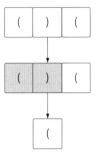

**03단계** 그러면 이번에는 괄호의 짝이 맞아 모두 상쇄되는 예를 봅시다. 다음의 경우 괄호의 짝이 맞아서 상쇄되어 모두 사라졌습니다.

**04단계** 이 경우도 괄호의 짝이 맞는 경우입니다. 그림에서 보듯 항상 첫 번째 짝만 괄호가 맞아야 할 필요는 없습니다.

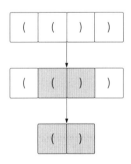

### 문제 분석하고 풀기

이런 괄호 짝 맞추기를 해결하려면 어떻게 해야 할까요? 바로 스택을 사용하면 됩니다. 스택을 어떻게 적용할 수 있는지 알아보겠습니다. 여러분이 문제 조건에서 주목해야 할 내용은 **닫힌 괄호가 임의 위치의 열린 괄호와 상쇄되는 것이 아니라 닫힌 괄호가 나오기 바로 전의, 즉, 가장 가까운 (최근) 열린 괄호와 상쇄된다는 겁니다. 가장 가까운(최근)**이라는 키워드를 보고 **스택**을 떠올리는 감각이 있어야 합니다. 스택과 함께 이 문제를 풀려면 다음과 같은 과정으로 괄호를 상쇄하면 됩니다.

1 문자열을 앞에서 하나씩 보며 열린 괄호가 나오면 **푸시**

2 닫힌 괄호가 나오면 팝 연산을 통해 문자열에서 열린 괄호, 닫힌 괄호 한 쌍을 상쇄

3 **1~2**를 마지막 문자열까지 반복해 스택에 열린 **괄호가 남아 있다면** 짝이 맞지 않은 것(false)
  이고, **괄호가 남아 있지 않다면** 짝이 맞은 것(true)으로 판단

실제 데이터와 함께 위 과정을 연습해봅시다.

### 괄호의 짝이 맞는 경우

**01단계** 우선은 짝이 맞는 경우를 봅시다. ❶ 크기가 6인 배열에 괄호를 배치하고 스택을 준비합니다. ❷ 그런 다음 인덱스 0은 열린 괄호이므로 스택에 푸시하고 다음을 봅니다. ❸ 다음의 값은 닫힌 괄호이므로 스택에서 팝하고 다음을 봅니다. 이 단계를 마치면 스택에는 아무것도 없으므로 지금까지 본 인덱스 0~1에 한해서는 괄호를 상쇄했다고 보아도 됩니다.

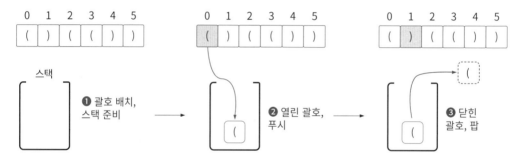

**02단계** ❶ 인덱스 2는 열린 괄호이므로 푸시하고 다음을 봅니다. ❷ 인덱스 3은 열린 괄호이므로 다시 푸시하고 다음을 봅니다. ❸ 이번엔 닫힌 괄호이므로 스택에서 팝하고 다음을 봅니다. ❹ 인덱스 5는 닫힌 괄호이므로 팝하고 연산을 마칩니다. 모든 탐색을 끝냈을 때 스택이 비어 있으므로 배열의 괄호는 모두 짝이 맞습니다.

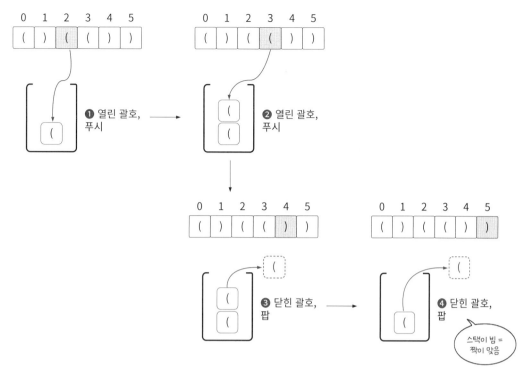

## 괄호의 짝이 맞지 않는 경우

**01단계** 이번엔 짝이 맞지 않은 경우를 봅니다. ❶ (, ), ( 순서로 괄호가 배치되어 있습니다. ❷ 처음은 열린 괄호이므로 푸시하고 그다음을 봅니다.

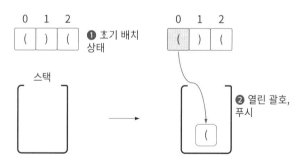

**02단계 ❸** 인덱스 1은 닫힌 괄호이므로 팝하고 다음을 봅니다. **❹** 인덱스 2는 열린 괄호이므로 푸시합니다. 이렇게 하고 보면 모든 데이터를 탐색했으므로 스택에는 열린 괄호가 남아 있습니다. 즉, 짝이 맞지 않습니다.

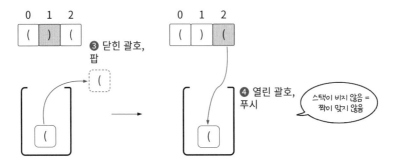

이제 코드로 문제를 풀어봅니다. 코드는 아주 간단합니다.

```javascript
function solution(s) {
  const stack = [];
  for (const c of s) {
    if (c === "(") {
      stack.push(c);
    } else if (c === ")") {
      if (stack.length === 0) {
        return false;
      } else {
        stack.pop();
      }
    }
  }

  return stack.length === 0;
}
```

N은 s의 길이입니다. s를 순회하며 괄호의 쌍을 확인하므로 시간 복잡도는 O(N)입니다. 참고로 괄호 쌍을 확인할 때 push( ) 메서드와 pop( ) 메서드의 시간 복잡도는 O(1)입니다.

## 문제 09  10진수를 2진수로 변환하기★

저자 권장 시간 _ 30분  |  권장 시간 복잡도 _ O(logN)  |  출제 _ 저자 출제

정답 URL https://github.com/kciter/coding-interview-js/blob/main/solution/09.js

10진수를 입력받아 2진수로 변환해 반환하는 solution( ) 함수를 구현하세요.

### 제약 조건

decimal은 1 이상 10억 미만의 자연수

### 입출력의 예

| decimal | 반환값 |
|---------|--------|
| 10 | 1010 |
| 27 | 11011 |
| 12345 | 11000000111001 |

### 문제 분석하고 풀기

우선 10진수를 2진수로 표현하는 과정을 봅시다. 10진수를 2진수로 표현하는 과정은 다음과 같으며, 이 과정은 이미 수학적으로 증명된 것이므로 별도로 설명하지 않겠습니다.

1  10진수 N을 2로 나눈 나머지, 즉, %2 연산을 한 값을 저장하고, N은 2로 나눔

2  몫이 0이 아니라면 나머지를 버리고 다시 1을 수행

3  모든 과정이 끝나고 1에서 저장한 수를 뒤부터 순서대로 가져와 붙이기

### 십진수를 2진수로 변환하는 과정

십진수 13을 위 과정대로 변경하는 모습은 다음과 같습니다. 13을 2로 나누면서 나눈 나머지를 순서대로 저장합니다. 이 과정을 0이 될 때까지 반복합니다. 몫이 0이 되면 저장한 값을 뒤부터 순서대로 읽으면 1101으로 이진수 변환이 완료됩니다.

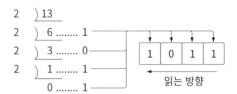

이 문제도 스택으로 쉽게 풀 수 있습니다. 스택에 저장할 데이터가 무엇인지 정의하면 됩니다. 그림의 왼쪽을 보면 10진수 N을 2로 나누며 나머지를 표시했는데 스택의 LIFO처럼 이 나머지를 뒤에서부터 읽으면 우리가 원하는 2진수가 됩니다. 즉, 나머지를 스택에 쌓고, 하나씩 꺼내면 답이 나옵니다.

**01단계** 다음 그림을 보며 이해해봅시다. 초기에는 13으로 시작합니다. 이것을 2로 나누고 나머지를 스택에 푸시합니다. 13을 2로 나눈 나머지가 1이므로 1을 푸시했습니다.

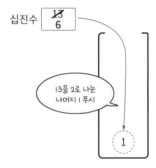

**02단계** 그다음도 같은 작업을 계속합니다. 6을 2로 나눈 나머지는 0이므로 0을 푸시하고, 3을 2로 나눈 나머지는 1이므로 1을 푸시합니다.

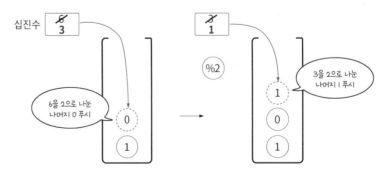

**03단계** 십진수 13을 몫이 0이 될 때까지 나눈 결과로 스택에는 1, 0, 1, 1이 쌓였습니다.

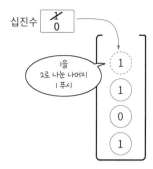

**04단계** 연산이 끝난 후 스택에서 팝한 값을 나열하면 13을 이진 수로 변환한 1101이 됩니다.

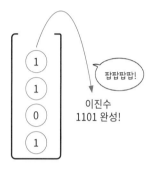

지금까지 설명한 내용을 바탕으로 코드를 작성하면 다음과 같습니다.

```JavaScript
function solution(decimal) {
  const stack = [];

  while (decimal > 0) {
    const remainder = decimal % 2;
    stack.push(remainder);
    decimal = Math.floor(decimal / 2);
  }

  let binary = "";
  while (stack.length > 0) {
    binary += stack.pop(); // 이 문제에서는 스택 활용을 보여주기 위해 pop( )을 사용했지
                           //  만 join( ) 메서드로 쉽게 문자열을 합칠 수도 있습니다.

  }
```

```
    return binary;
}
```

## 시간 복잡도 분석하기

N은 2진수로 변환할 숫자입니다. N을 2진수로 변환하는 과정은 N이 1이 될 때까지 2로 계속 나누므로 연산 횟수는 O(logN)입니다. 최종 시간 복잡도는 O(logN)이 됩니다.

## 문제 10 괄호 회전하기★

정답률 _ 64%  |  저자 권장 시간 _ 30분  |  권장 시간 복잡도 _ $O(N^2)$  |  출제 _ 월간 코드 챌린지

문제 URL https://programmers.co.kr/learn/courses/30/lessons/76502
정답 URL https://github.com/kciter/coding-interview-js/blob/main/solution/10.js

다음 규칙을 지키는 문자열을 올바른 괄호 문자열이라고 정의합니다.

- "()", "[ ]", "{ }"는 모두 올바른 괄호 문자열입니다.
- 만약 A가 올바른 괄호 문자열이라면, "(A)", "[A]", "{A}"도 올바른 괄호 문자열입니다. 예를 들어 "[ ]"가 올바른 괄호 문자열이므로, "( [ ] )"도 올바른 괄호 문자열입니다.
- 만약 A, B가 올바른 괄호 문자열이라면, AB도 올바른 괄호 문자열입니다. 예를 들어 "{ }"와 "( [ ] )"가 올바른 괄호 문자열이므로, "{ } ( [ ] )"도 올바른 괄호 문자열입니다.

대괄호, 중괄호, 그리고 소괄호로 이루어진 문자열 s가 매개변수로 주어집니다. 이 s를 왼쪽으로 x (0 ≤ x < (s의 길이)) 칸만큼 회전시켰을 때 s가 올바른 괄호 문자열이 되게 하는 x의 개수를 반환하는 solution( ) 함수를 완성하세요.

### 제약 조건

- s의 길이는 1 이상 1,000 이하입니다.

### 입출력의 예

| s | result |
|:---:|:---:|
| "[ ] ( ) { }" | 3 |
| "} ] ( ) [ {" | 2 |
| "[ ) ( ]" | 0 |
| "} } }" | 0 |

다음 표는 "[ ] ( ) { }"를 회전시킨 모습을 나타낸 겁니다. 올바른 괄호 문자열이 되는 x가 3개이므로, 3을 반환해야 합니다.

| | s를 왼쪽으로 x칸만큼 회전 | 올바른 괄호 문자열? |
|---|---|---|
| 0 | "[ ] ( ) { }" | O |
| 1 | "] ( ) { } [" | X |
| 2 | "( ) { } [ ]" | O |
| 3 | ") { } [ ] (" | X |
| 4 | "{ } [ ] ( )" | O |
| 5 | "} [ ] ( ) {" | X |

다음 표는 "} ] ( ) [ {"를 회전 시킨 모습을 나타낸 겁니다. 올바른 괄호 문자열이 되는 x가 2개이므로, 2를 반환해야 합니다.

| | s를 왼쪽으로 x칸만큼 회전 | 올바른 괄호 문자열? |
|---|---|---|
| 0 | "} ] ( ) [ {" | X |
| 1 | "] ( ) [ { }" | X |
| 2 | "( ) [ { } ]" | O |
| 3 | ") [ { } ] (" | X |
| 4 | "[ { } ] ( )" | O |
| 5 | "{ } ] ( ) [" | X |

### 문제 분석하고 풀기

몸풀기 문제의 괄호 짝 맞추기와 유사하지만 괄호가 세 종류나 있으며, 문자열을 회전하는 동작까지 고려해야 합니다. 문자열을 회전하는 방법을 먼저 설명한 다음, 괄호의 짝 맞추는 방법을 설명하겠습니다.

#### 문자열 회전 생각해보기

문자열 회전은 각각의 괄호 문자를 왼쪽으로 한 칸씩 밀고, 맨 앞의 괄호 문자를 맨 뒤로 보내면 됩니다. 이를 그림으로 나타내면 아래와 같습니다.

※ 참고로 이렇게 책에 있는 그림을 보고 이해하는 것뿐 아니라 실제로 그림을 그리는 연습도 하기 바랍니다. 그림을 빨리 그릴 수 있으면 코딩 테스트 결과는 더 좋아질 겁니다.

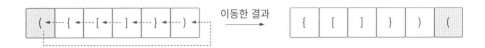

### 괄호의 짝 맞추는 과정 생각해보기

이제 괄호의 짝을 맞추는 방법을 설명해보겠습니다. 몸풀기 문제로 괄호 짝 맞추기를 스택으로 해결했습니다. 여기서도 당연히 스택을 사용해 풀 수 있습니다. **그런데 '스택을 사용해야겠군'이라는 아이디어가 바로 떠오르지 않으면 간단한 입력값을 놓고 출력값이 어떻게 나오는지 손으로 그려가면서 스택에 대한 힌트를 얻는 방법도 있습니다.** 그렇게 한 번 해봅시다. 이런 배열을 직접 그려놓고 생각해봅니다.

| 0 | 1 | 2 | 3 | 4 | 5 |
|---|---|---|---|---|---|
| ( | { | [ | ] | } | ) |

**여기서 핵심은 닫힌 괄호를 처음 보는 순간 가장 마지막에 찾았던 같은 모양의 열린 괄호를 찾을 수 있어야 한다는 겁니다.** 지금의 경우 인덱스 3의 대괄호가 처음 보는 닫힌 괄호이고, 마지막에 찾았던 열린 대괄호는 인덱스 2에 있습니다. 그다음에는 해당 열린 괄호 바로 직전에 찾았던 열린 괄호를 찾을 수 있어야 합니다. 즉, 열린 괄호를 관리하는 방법은 스택이 가장 적합하다는 걸 알 수 있습니다. 그럼 코드로 문제를 풀어봅시다.

```javascript
function solution(s) {
  const n = s.length;
  let answer = 0;

  for (let i = 0; i < s.length; i++) {
    const stack = [];
```

```javascript
let isCorrect = true;
for (let j = 0; j < n; j++) {
  // ❶ 괄호 문자열을 회전시키면서 참조
  const c = s[(i + j) % n];

  if (c === "[" || c === "(" || c === "{") {
    // ❷ 열린 괄호는 푸시
    stack.push(c);
  } else {
    if (stack.length === 0) {
      // ❸ 여는 괄호가 없는 경우
      isCorrect = false;
      break;
    }

    // ❹ 닫힌 괄호는 스택의 top과 짝이 맞는지 비교
    const top = stack[stack.length - 1];
    if (c === "]" && top === "[") {
      stack.pop();
    } else if (c === ")" && top === "(") {
      stack.pop();
    } else if (c === "}" && top === "{") {
      stack.pop();
    } else {
      isCorrect = false;
      break;
    }
  }
}

// ❺ 모든 괄호의 짝이 맞는 경우
if (isCorrect && stack.length === 0) {
  answer += 1;
```

```
        }
    }

    return answer;
}
```

❶ 문자열을 회전하며 참조하는 반복문입니다. 회전을 어떻게 구현했는지 알아보겠습니다. 문제에
서 문자열의 문자를 왼쪽으로 밀면서 이동한다고 했습니다. 이는 맨 앞에 있는 문자는 맨 뒤로 가
는 것과 같습니다. 다만 구현 부분에서는 진짜 문자열을 회전시키면 연산 비용이 많이 드므로 인덱
스를 활용했습니다. 즉, i를 첫 번째 문자의 위치를 가리키는 값이라 생각해 회전을 간단히 구현했
습니다. j는 i 이후 등장하는 문자를 가리키는 인덱스입니다. 예를 들어 볼까요? 다음 그림은 i = 2
입니다. 즉, 3번째 문자를 첫 번째 문자라고 칩니다.

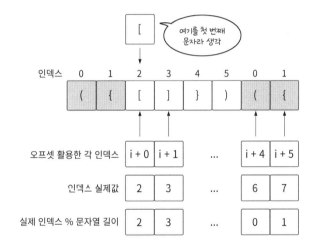

i를 기준으로 다음 문자를 하나씩 가리킵니다. 이때 다음 문자를 계산하기 위한 값을 오프셋이라
부르고, 이 오프셋 역할을 하는 것이 j입니다. 즉, i + j와 같은 방법으로 첫 번째(j = 0), 두 번째(j =
1) 값을 표현합니다. 그리고 회전 시킨 배열에서의 j 번째 값의 위치를 표현하기 위해 (i + j) % n과
같이 모듈러 연산을 해줍니다. 예를 들어 i = 2, j = 4라면 논리상으로는 4번째 값인 (, 실제 배열에
서는 인덱스 0을 가리켜야 합니다. 이렇게 하면 회전 구현은 끝입니다.

이제 괄호 짝만 고민하면 됩니다.

❷ 여는 괄호가 있으면 스택에 푸시합니다. push( ) 메서드는 배열 맨 뒤에 데이터를 추가하므로 스택의 푸시 동작과 일치합니다.

❸ c는 현재 참조하는 문자입니다. 닫는 괄호를 참조할 때 스택에 아무 값도 없으면 닫는 괄호와 짝을 맞출 여는 괄호가 아예 없다는 뜻입니다. 그러면 검색을 중단하고 다음 회전 문자열을 확인하기 위해 for문을 빠져나갑니다.

❹는 c가 참조한 닫힌 괄호가 있을 때 스택에 여는 괄호가 있는 경우입니다. 이 경우 최근 여는 괄호, 즉, 스택의 top 위치(stack[stack.length - 1])의 괄호와 짝이 맞는지 비교합니다. 짝이 맞으면 팝 연산을 수행합니다.

❺는 모든 괄호의 짝이 올바른 경우에 실행합니다. isCorrect 변수는 처음에 true로 초기화한 후 짝이 맞지 않는 경우 break를 하기 전에 값을 false로 바뀌게 됩니다. 그리고 여는 괄호만 있어서 isCorrect 값이 바뀌지 않는 경우가 있을 수 있기 때문에 stack이 비어 있는지를 확인해야 합니다. 따라서 isCorrect 값이 바뀌지 않고 stack이 비어 있는 경우엔 모든 괄호의 짝이 올바른 경우기 때문에 answer를 1만큼 증가시킵니다.

### 시간 복잡도 분석하기

N은 s의 길이입니다. 회전한 괄호 문자열의 유효성을 체크할 때 이중 반복문을 활용하므로 시간 복잡도는 $O(N^2)$입니다. 참고로 괄호 쌍을 확인할 때 append( ) 메서드와 pop( ) 메서드의 시간 복잡도는 $O(1)$입니다.

## 문제 11 짝지어 제거하기★

정답률 _ 71% | 저자 권장 시간 _ 30분 | 권장 시간 복잡도 _ O(N) | 출제 _ 2017 팁스타운

문제 URL https://programmers.co.kr/learn/courses/30/lessons/12973
정답 URL https://github.com/kciter/coding-interview-js/blob/main/solution/11.js

알파벳 소문자로 구성된 문자열에서 같은 알파벳이 2개 붙어 있는 짝을 찾습니다. 짝을 찾은 다음에는 그 둘을 제거한 뒤 앞뒤로 문자열을 이어붙입니다. 이 과정을 반복해서 문자열을 모두 제거한다면 짝지어 제거하기가 종료됩니다. 문자열 S가 주어졌을 때 짝지어 제거하기를 성공적으로 수행할 수 있는지 반환하는 함수를 완성하세요. 성공적으로 수행할 수 있으면 1을, 아니면 0을 반환해주면 됩니다. 예를 들어 문자열 S가 baabaa라면

- baabaa → bbaa → aa

순서로 문자열을 모두 제거할 수 있으므로 1을 반환합니다.

### 제약 조건

- 문자열의 길이 : 1,000,000 이하의 자연수
- 문자열은 모두 소문자로 이루어져 있습니다.

### 입출력의 예

| s | result |
|---|---|
| "baabaa" | 1 |
| "cdcd" | 0 |

### 문제 분석하고 풀기

문자열 문제를 처음 보는 많은 사람이 이중 반복문으로 문제를 해결하려는 경우가 많습니다. 하지만 우리는 문자열의 길이를 봐야 합니다. 문자열의 길이는 최대 100만이므로 이중 반복문, 즉, 시간 복잡도가 O(N²)인 알고리즘으로 접근하면 무조건 시간 초과가 발생합니다. 이 문제는 시간

복잡도가 O(N)인 알고리즘을 적용해야 합니다.

### 문자열 제거 과정 생각해보기

슬프게도 이 문제도 바로 스택을 떠올리기 쉽지 않습니다. 정답 코드를 보면 알겠지만 코드는 꽤장히 간단합니다. 알고리즘을 떠올리기 어려울 뿐이죠. 이 문제의 정답률이 꽤장히 낮은 이유입니다. 앞서 이야기한 것처럼 알고리즘이 바로 떠오르지 않으면 일단 문제를 이해하고 간단한 입력값, 출력값으로 문제가 해결되는 과정을 직접 그려보는 것이 좋습니다.

**01단계** 다음과 같이 문자열이 있다고 생각해봅시다.

**02단계** 그러면 가장 왼쪽부터 탐색해 AA를 찾아 제거합니다.

**03단계** 문자열을 제거한 다음에는 BB가 붙으므로 BB를 제거하고, 이어서 AA를 제거합니다.

**04단계** 이 과정을 모두 마치면 모든 문자열이 제거되므로 이 문자열은 짝이 맞습니다.

이제 두 문자가 만나서 문자를 삭제하고, 붙이는 과정을 수학적으로 접근해봅시다. 현재 가리키고 있는 문자가 i번째면 다음 문자는 i + 1번째이므로 이 둘을 비교합니다. 이를 거꾸로 생각해 i + 1 번째 문자 입장으로 이야기하면 바로 직전 문자, 즉, 최근 문자와 비교한다고 생각할 수 있습니다. 좀 더 그럴듯하게 말해서 가장 최근에 탐색한 데이터를 먼저 비교한다고 할 수 있겠네요. 이는 스택의 구조와 맞아 떨어집니다. 그리고 문제 요구사항인 짝이 맞는 문자를 제거한 다음 **문자열을 붙이는 연산은 팝 연산으로 자연스럽게 해결할 수 있으므로 구현 시 고려할 필요가 없습니다.** 이 내용은 코드 작성 후 다시 설명하겠습니다.

※ 처음에는 이런 생각이 쉽게 들지 않을 겁니다. 필자도 온종일 생각해도 문제를 풀 방법이 떠오르지 않았던 때가 있습니다.
   그럴 때는 더 시간을 쏟지 말고 정답을 보는 것도 방법입니다. 다만 정답을 본 후에 정답에 적용한 알고리즘이 어떻게 나온
   것인지 생각하는 시간을 꼭 가져보세요.

그럼 코드로 구현해봅시다. 앞서 언급했듯이 스택을 사용한 아주 간단한 코드입니다.

```javascript
function solution(s) {
  const stack = []; // 스택 초기화

  for (const c of s) {
    // ❶ 스택이 비어 있지 않고, 현재 문자와 스택의 맨 위 문자가 같으면
    if (stack.length > 0 && stack[stack.length - 1] === c) {
      stack.pop(); // ❷ 스택의 맨 위 문자 제거
    } else {
      stack.push(c); // ❸ 스택에 현재 문자 추가
    }
  }

  // ❹ 스택이 비어 있으면 1, 그렇지 않으면 0 반환
  return stack.length === 0 ? 1 : 0;
}
```

사실 실제 문자열을 이어붙일 필요는 없습니다. 문제의 핵심은 문자열의 짝을 전부 제거할 수 있는 지 체크하는 겁니다. 이 부분을 충분히 고려하면서 실제 구현된 코드를 해석하겠습니다.

❶ stack[stack.length - 1]을 통해 stack의 top에 해당하는 데이터를 알 수 있습니다. 스택이 빈 경우도 고려해야 하므로 top 위치의 원소값부터 체크하지 말고 먼저 stack이 비었는지 체크해야 합니다.

❷ 현재 문자 c와 스택의 맨 위 문자가 같다면 팝합니다.

❸ 스택에 원소가 없다면 푸시합니다.

❹ 모든 문자열을 순회했을 때 스택이 비어 있다면 짝지어 제거하기가 완료된 겁니다. 따라서 스택이 비어 있으면 1을, 그렇지 않으면 0을 반환합니다.

### 시간 복잡도 분석하기

N은 s의 길이입니다. 문자열의 모든 문자를 한 번씩 순회하므로 시간 복잡도는 O(N)입니다.

## 문제 12 주식 가격★★

정답률 _ 57% | 저자 권장 시간 _ 40분 | 권장 시간 복잡도 _ O(N) | 출제 _ 스택/큐

문제 URL https://programmers.co.kr/learn/courses/30/lessons/42584
정답 URL https://github.com/kciter/coding-interview-js/blob/main/solution/12.js

n초 간의 주가를 초 단위로 기록한 배열 prices가 매개변수로 주어질 때, 각 초의 주가를 기준으로 해당 초부터 n초 사이에 가격이 떨어지지 않은 시간은 몇 초인지 배열에 담아 반환하는 solution( ) 함수를 완성하세요.

### 제약 조건

- prices의 각 가격은 1 이상 10,000 이하인 자연수입니다.
- prices의 길이는 2 이상 100,000 이하입니다.

### 입출력의 예

| prices | return |
| --- | --- |
| [1, 2, 3, 2, 3] | [4, 3, 1, 1, 0] |

- 1초의 주가는 1이며 1초부터 5초까지 총 4초 동안 주가를 유지했습니다.
- 2초의 주가는 2이며 2초부터 5초까지 총 3초 동안 주가를 유지했습니다.
- 3초의 주가는 3이며 4초의 주가는 2로 주가가 떨어졌습니다. 3초에서 4초가 되기 직전까지, 즉, 1초 동안 주가가 유지된 것으로 봅니다. 따라서 5초까지 총 1초 동안 주가를 유지했습니다.
- 4초의 주가는 2이며 4초부터 5초까지 총 1초 동안 주가를 유지했습니다.

- 5초의 주가는 3이며 5초 이후의 데이터는 없으므로 총 1초 동안 주가를 유지했습니다.

**문제 분석하고 풀기**

이 문제는 정확성 테스트와 효율성 테스트가 있어서 전략적인 접근이 필요합니다. 문제를 보자마자 바로 파악할 수 있는 건 prices의 길이가 최대 10만이므로 O(N) 알고리즘이 필요하다는 것이지만, 만약 별다른 알고리즘이 떠오르지 않는다면 일단 O(N²) 알고리즘으로 코드를 구현해 정확성 테스트 점수를 확보하세요. 그런 다음 효율성 테스트를 위한 생각을 해도 됩니다.

### O(N²) 알고리즘으로 풀기

그런 상황을 가정해 O(N²) 알고리즘을 생각해보면 다음과 같습니다.

"각 원소 기준으로 현재 가격보다 더 낮은 가격이 되기 바로 직전까지의 길이"

입출력 예와 동일하게 [1, 2, 3, 2, 3]에 대해 '가격이 떨어지지 않는 기간'을 다음과 같은 방법으로 구할 수 있습니다.

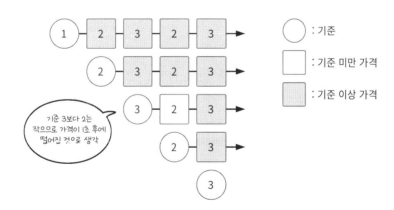

그림에서 보듯 동그란 원으로 표현한 기준 주식 가격과 색칠한 네모로 표현한 주식 가격을 비교해 **기준 주식 가격보다 높은 주식의 개수를 세면** 가격이 떨어지지 않는 동안의 초가 됩니다. 주의할 점은 가격이 떨어지는 과정을 1초로 생각한다는 겁니다. 예를 들어 세 번째 그림은 기준 주식 가격이 3, 바로 다음 가격은 2입니다. 이때 색칠된 네모가 없으니 0초로 계산하는 것이 아니라 **1초가 지나 주식의 가격이 2가 된 것으로 보고 계산은 0초가 아니라 1초로 합니다.**

이렇게 계산하면 위부터 차례로 [4, 3, 1, 1, 0]이라는 결과를 얻을 수 있고, 이 과정을 코드로 작성하면 정답입니다. 다만, 우리가 지금까지 떠올린 알고리즘은 최악의 경우 O(N²)입니다. 다시 말해 이 알고리즘은 입력값 10만 개에 대해서는 사용할 수 없습니다. 예를 들어 다음과 같이 오름차순으로 price가 주어지면 모든 원소를 탐색해야 하므로 답은 맞겠지만 시간 안에 문제를 풀지는 못합니다. 이를 개선해봅시다.

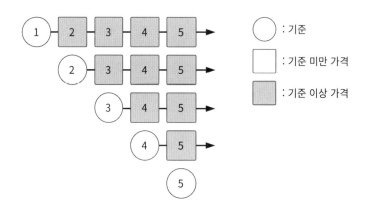

### O(N) 알고리즘으로 풀기

우리의 목표는 효율성 테스트까지 통과하는 겁니다. 알고리즘의 효율을 높이기 위해 연산 횟수를 줄여봅시다. 연산 횟수를 줄이기 위한 방법 중 쉽게 떠올릴 수 있는 방법은 **불필요한 연산을 줄이는 겁니다.** 여기서는 주식 가격이 처음으로 떨어지는 지점을 이용해 다른 지점의 길이를 효율적으로 계산할 겁니다. 다음 그림을 봅시다.

※ 설명을 위해 완전히 새로운 배열을 제시했습니다.

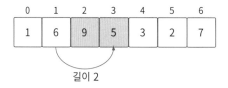

처음으로 가격이 떨어지는 부분을 색칠해두었습니다. 9 → 5에서 주식 가격이 처음 떨어졌으므로 9는 길이가 1입니다. 그리고 그 앞의 가격 중 5보다 가격이 높은 원소의 길이는 이때 모두 확정할 수 있습니다.

- 6의 길이는 2로 확정

다만 5보다 가격이 낮은 1은 확정할 수 없습니다. 여기서 주목할 점은 주식 가격이 처음 떨어진 주식의 뒤가 아니라 앞의 주식 가격을 보며 길이를 구하고 있다는 겁니다. 이를 정리하면 다음과 같습니다.

1 현재 주식보다 이전 주식의 가격이 높으면 이전 주식의 길이를 확정합니다(9 → 5에서 9의 길이 확정).
2 이전 주식들을 하나씩 보고(9 이전) 현재 주식 가격(5)보다 큰 주식 가격이 있다면 그 주식의 길이를 확정합니다.
3 길이를 확정한 주식은 이후 계산에서 제외합니다.

**'길이를 확정한 주식은 이후 계산에서 제외하기'가 연산 줄이기의 핵심입니다.** 지금부터는 어떤 자료구조 또는 어떤 알고리즘을 사용할지 생각해볼 시간입니다. 최근 주식부터 그 이전으로 거슬러 올라가며 비교하므로 스택을 사용하면 됩니다. 그러면서 더 이상 고려하지 않을 주식은 팝하면 될 것 같네요. **결국 스택에 남는 원소는 길이를 확정하지 않은, 다시 말해 가격이 끝까지 떨어지지 않은 주식일 겁니다.** 이를 그림으로 정리하면 다음과 같습니다.

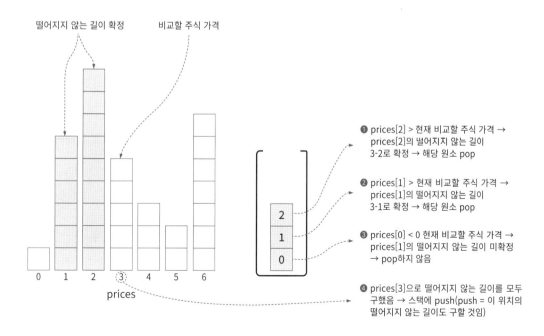

**01단계** 문제에서 언급한 prices 중 [1, 6, 9, 5]를 구하는 과정을 그림과 함께 알아봅시다. 최초에는 비교 대상이 없으므로 초깃값 0을 스택에 푸시합니다. 스택의 값은 prices의 인덱스라고 생각하면 됩니다.

※ 스택에 푸시하는 값은 주식의 가격이 아니라 인덱스입니다. 이 문제에서 최종으로 구해야 할 값은 '가격이 떨어지지 않은 기간'이기 때문입니다.

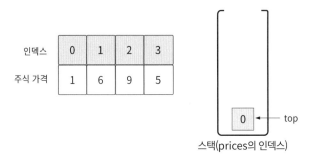

스택(prices의 인덱스)

**02단계** ❶ prices[top]의 주식 가격과 prices[1]의 주식 가격을 비교합니다. prices[1]이 더 크므로 1을 푸시합니다. 푸시를 한다는 의미는 길이가 확정되지 않았다는 뜻입니다. ❷ 같은 방법으로 다음도 비교합니다. prices[top] < prices[2]이므로 2를 푸시합니다.

※ 이전 단계에서 prices[top]은 1이었지만 새로 푸시했으므로 지금 단계에서는 6입니다.

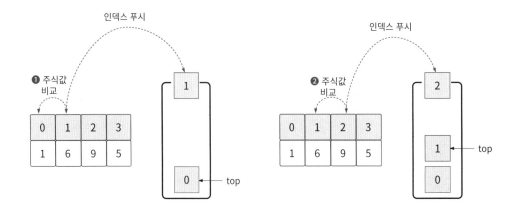

**03단계** ❶ 계속해서 price[top]과 price[3]을 비교합니다. prices[top] 〉 prices[3]입니다. 이를 통해 우리는 2가지를 알 수 있습니다. 첫 번째는 prices[top]은 이전 주식 가격이고, 지금은 이전 주식 가격이 현재 주식 가격보다 더 크므로 주식이 떨어진 상황이라는 겁니다. 두 번째는 prices[top]을 팝하지 않으면서 순차적으로 현재 주식 가격까지 비교한 것은 이전까지는 주식 가격이 떨어지지 않았다는 겁니다. **그리고 이것들을 종합하면 top부터 현재 주식 가격 바로 직전 인덱스까지를 prices[top]의 길이로 특정할 수 있습니다.** 따라서 현재 확인하는 인덱스 2는 길이를 1로 확정할 수 있습니다. 확정 후에는 인덱스 2를 팝하고 계속해서 그 앞을 비교합니다. ❷ prices[top] 〉 prices[3]이므로 인덱스 1의 길이를 2로 확정하고 팝합니다.

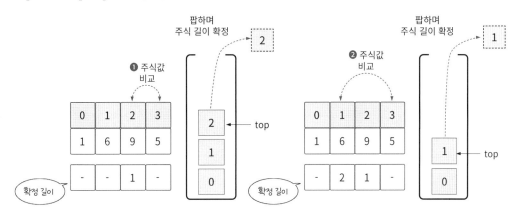

**04단계** 마지막 price[top]은 price[3] 〉 price[top]이므로 스택에 유지하고 인덱스 3을 푸시합니다.

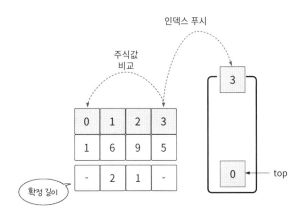

**05단계** 이렇게 하면 인덱스 끝까지 본 것이므로 순회를 종료하고 스택에 남은 인덱스를 봅니다. 앞서 설명했듯이 스택에 남은 인덱스는 가격이 한 번도 떨어지지 않은 주식을 의미합니다. 여기 있는 원소들을 팝하며 길이를 계산하면 모든 주식의 길이를 계산할 수 있습니다. 인덱스 3은 마지막이므로 길이는 0입니다. 그다음의 인덱스 0은 인덱스 3까지는 한 번도 가격이 떨어지지 않았으므로 3-0과 같이 계산해 길이를 3으로 계산합니다.

※ 이 문제가 어렵다고 생각했나요? 그렇다면 그 이유는 문제를 보자마자 스택을 떠올리기 쉽지 않기 때문입니다. 제가 스택을 떠올린 이유는 문제를 분석하는 과정에서 '어떻게 하면 불필요한 연산을 줄일까'라는 고민했기 때문입니다. 이 포인트를 잘 기억해두면 도움이 될거라 생각합니다.

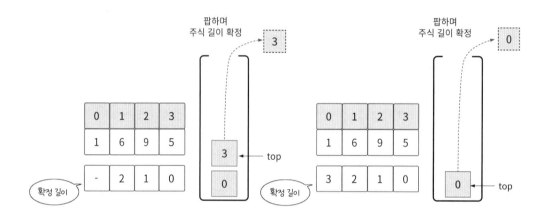

이제 문제를 푸는 방법을 알았으니 코드를 작성해보겠습니다.

```javascript
function solution(prices) {
  const n = prices.length;
  const answer = new Array(n).fill(0); // ❶ 가격이 떨어지지 않은 기간을 저장할 배열

  // 스택(stack)을 사용해 이전 가격과 현재 가격을 비교
  const stack = [0]; // ❷ 스택 초기화
  for (let i = 1; i < n; i++) {
    while (stack.length > 0 && prices[i] < prices[stack[stack.length - 1]]) {
      // ❸ 가격이 떨어졌으므로 이전 가격의 기간을 계산
      const j = stack.pop();
      answer[j] = i - j;
```

```
    }
    stack.push(i);
  }

  // ❹ 스택에 남아 있는 가격들은 가격이 떨어지지 않은 경우
  while (stack.length > 0) {
    const j = stack.pop();
    answer[j] = n - 1 - j;
  }

  return answer;
}
```

❶ 가격이 떨어지지 않는 기간을 저장할 배열 answer를 선언합니다.

❷ 인덱스를 저장할 스택을 선언합니다. 보통 스택은 빈 스택을 선언하는 것이 일반적이지만 0을 넣어 선언했습니다. 물론 0을 넣지 않고 다음과 같이 구현해도 되지만 코드 길이를 조금이라도 줄이기 위해 선언과 동시에 0을 넣었습니다.

```js JavaScript
const stack = [];
stack.push(0);
```

❸ 각 prices[i]에 대해 prices[stack[stack.length - 1]]과 비교합니다. 비교 결과 prices[i]가 더 작은 경우가 주식 가격이 떨어지는 순간입니다. 이때 스택이 비어 있지 않다면 팝하고 기간을 계산합니다. 이후에도 동일한 조건으로 비교해서 true면 팝합니다.

❹ 모든 과정이 끝났을 때 stack에 끝까지 남은 인덱스에 해당하는 가격들은 끝까지 가격이 떨어지지 않는다고 볼 수 있습니다. 따라서 가격을 한 번에 구할 수 있습니다.

※ stack.length - 1은 최근 푸시한 prices의 인덱스입니다.

N은 prices의 길이입니다. 최악의 경우 각 prices의 원소들은 한 번씩 푸시/팝하므로 시간 복잡도는 O(N)입니다.

## 문제 13 크레인 인형 뽑기 게임★★

**정답률 _** 51% **| 저자 권장 시간 _** 60분 **| 권장 시간 복잡도 _** $O(N^2 + M)$
**출제 _** 2019 카카오 개발자 겨울 인턴십

문제 URL https://programmers.co.kr/learn/courses/30/lessons/64061
정답 URL https://github.com/kciter/coding-interview-js/blob/main/solution/13.js

게임 개발자인 죠르디는 크레인 인형 뽑기 기계를 모바일 게임으로 만들려고 합니다. 죠르디는 게임의 재미를 높이기 위해 화면 구성과 규칙을 다음과 같이 게임 로직에 반영하려고 합니다.

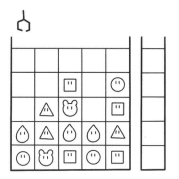

게임 화면은 1 × 1 크기의 격자로 구성된 N × N 크기의 격자이며 위쪽에는 크레인이 있고 오른쪽에는 바구니가 있습니다. 여러분이 보고 있는 화면은 5 × 5 크기의 격자 예입니다. 각 격자 칸에는 다양한 인형이 들어 있으며 인형이 없는 칸은 빈 칸입니다. 인형은 격자 한 칸을 차지하며 격자의 가장 아래 칸부터 차곡차곡 쌓입니다. 플레이어는 크레인을 좌우로 움직일 수 있고 크레인을 멈춘 위치에서 가장 위에 있는 인형을 집어 올릴 수 있습니다. 집어 올린 인형은 바구니에 쌓입니다.

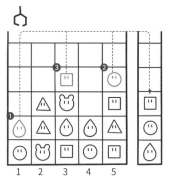

이때 바구니의 가장 아래 칸부터 인형이 순서대로 쌓입니다. 다음은 ❶, ❷, ❸ [1번, 5번, 3번] 위치에서 순서대로 인형을 집어올려 바구니에 담은 모습입니다.

이 상태에서 ❹ 네모 인형이 1개 더 들어가면 어떻게 될까요? 같은 모양의 인형 2개가 바구니에 연속해 쌓이면 두 인형은 펑하고 터지며 사라집니다. 만약 인형이 없는 곳에서 크레인을 작동시키면 아무 일도 일어나지 않습니다. 또 바구니는 모든 인형이 들어갈 수 있을 만큼 충분히 큽니다. 2차원 배열 board와 인형을 집는 크레인을 작동시킨 위치가 담긴 배열 moves가 주어질 때, 크레인을 모두 작동시킨 후 사라진 인형 개수를 반환하는 solution( ) 함수를 완성하세요.

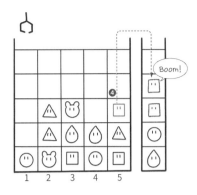

### 제약 조건

- board는 2차원 배열, 크기는 5 × 5 이상 30 × 30 이하입니다.
- board의 각 칸에는 0 이상 100 이하인 정수가 담겨 있습니다.
  - 0은 빈 칸을 나타냅니다.
  - 1 ~ 100의 각 숫자는 각기 다른 인형의 모양을 의미하며 같은 숫자는 같은 모양의 인형을 나타냅니다.
- moves 배열 크기는 1 이상 1,000 이하입니다.
- moves 배열 각 원소들의 값은 1 이상이며 board 배열의 가로 크기 이하인 자연수입니다.

### 입출력의 예

| board | moves | result |
|---|---|---|
| [[0, 0, 0, 0, 0], [0, 0, 1, 0, 3], [0, 2, 5, 0, 1], [4, 2, 4, 4, 2], [3, 5, 1, 3, 1]] | [1, 5, 3, 5, 1, 2, 1, 4] | 4 |

위와 같이 입출력이 주어지면 크레인이 [1, 5, 3, 5, 1, 2, 1, 4]번 위치에서 차례대로 인형을 집어서 바구니에 옮겨 담고, 최종으로 다음과 같은 상태가 됩니다.

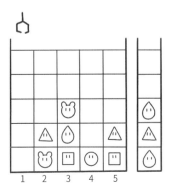

## 문제 분석하고 풀기

스택 문제의 가장 어려운 지점은 스택을 적용해야 하는 문제인지 인식조차 하지 못하는 경우입니다. 다행히 이 문제는 스택을 사용해도 될 것 같은 그림을 제시해줍니다. 키워드의 경우도 다음과 같이 은근히 스택을 사용해야 하는 문제임을 드러내고 있습니다.

**"격자의 가장 아래 칸부터 차곡차곡 쌓여 있고 가장 위에 있는 인형을 집어올릴 수 있다"**

바구니의 동작을 설명할 때도 스택을 암시하는 키워드가 있습니다.

**"집어올린 인형은 바구니에 쌓이는데,
바구니의 가장 아래 칸부터 인형이 순서대로 쌓인다."**

게임 화면과 바구니를 스택으로 관리하면 이 문제는 더 생각할 내용이 없습니다. 오히려 입력값인 board로 스택을 구현하는 부분이 어렵습니다. 우선 그림으로 생각해보면 다음 그림을 떠올려 볼 수 있습니다.

※ 매번 강조하지만 그림을 이해하는 데 그치지 말고, 스스로 다시 그릴 수 있어야 진짜 내 실력이 됩니다.

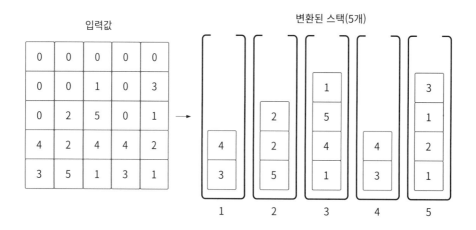

그림과 같이 board 배열을 스택으로 변환시켜야 합니다. 이때 값이 0이면 공백이므로 스택에 푸시하지 않습니다. 크레인이 인형을 꺼내는 과정은 팝으로 시뮬레이션할 수 있습니다. 스택 아래에 표현한 숫자들은 moves와 일대일 대응하는 스택 번호입니다. 크레인에서 바구니에 넣는 동작은 다음과 같이 스택으로 구현할 수 있습니다.

**1** 바구니가 빈 경우

   **1-1** 무조건 푸시합니다.

**2** 바구니가 비지 않은 경우

   **2-1** 바구니에 가장 최근에 넣은 인형과 지금 넣으려고 하는 인형이 같은지 비교합니다.

      **2-1-1** 같다면 스택에 있는 원소를 팝하고, 사라진 인형을 셉니다.

      **2-1-2** 같지 않다면 인형을 넣습니다.

**3** 마지막에 스택의 길이를 출력합니다.

### 스택과 함께 인형 뽑기 게임 시뮬레이션하기

**01단계** 그럼 앞서 알아본 내용을 바탕으로 인형 뽑기 게임을 시뮬레이션하겠습니다. 스택으로 변환한 상태부터 시작합니다. 스택의 번호는 이전 보드의 열 번호와 동일합니다. 이후 본문에서는 이 스택들을 '스택 N'과 같이 부르겠습니다. 아직 크레인이 동작하지 않았으므로 바구니는 비어 있습니다.

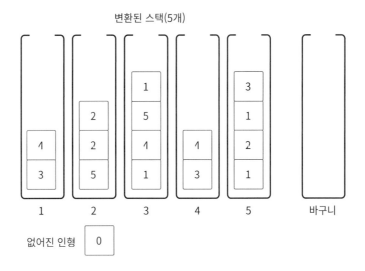

변환된 스택(5개)

06 스택　**175**

**02단계** ① 바구니가 비었으므로 크레인이 스택 1에서 인형 4를 집어 바구니에 푸시합니다. ② 계속해서 바구니 5에서 인형 3을 집어 바구니에 푸시하되 바구니에 최근 푸시한 인형과 비교합니다. 인형이 같지 않으므로 그대로 푸시합니다.

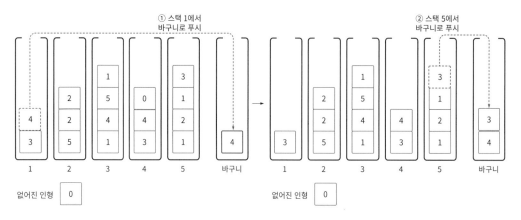

**03단계** ① 스택 3에서 인형을 집어 바구니에 푸시하되 최근 인형과 비교합니다. 같지 않으므로 푸시합니다. ② 또 스택 5에서 인형을 집어 옮기며 같은 작업을 합니다. 이번에는 인형이 같습니다. 비교한 인형을 팝합니다. ③ 바구니의 인형을 팝했고, 스택 5에서 집은 인형은 사라지므로 2개의 인형이 사라졌습니다. 없어진 인형에 2를 더합니다.

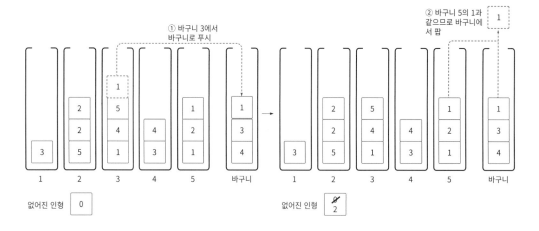

**04단계** ① 스택 1에서 인형을 집고 연산을 진행합니다. 이번에도 같으므로 바구니에서 팝하고, 집은 인형을 지웁니다. ② 없어진 인형은 2를 더해 4가 됩니다.

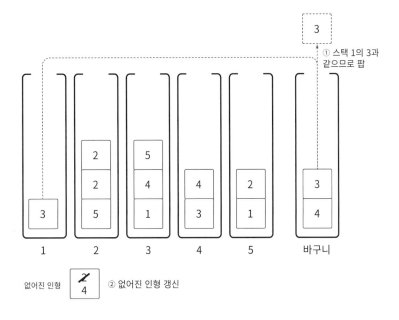

이로써 크레인의 모든 동작을 완료했습니다. 이제 없어진 인형의 총 개수를 반환하면 정답입니다. 이제 코드를 작성해보겠습니다.

```javascript
function solution(board, moves) {
  // ❶ 각 열에 대한 스택을 생성
  const lanes = [...Array(board[0].length)].map(() => []);

  // ❷ board를 역순으로 탐색하며, 각 열의 인형을 lanes에 추가
  for (let i = board.length - 1; i >= 0; i--) {
    for (let j = 0; j < board[0].length; j++) {
      if (board[i][j]) {
        lanes[j].push(board[i][j]);
      }
    }
  }
```

```
// ❸ 인형을 담을 bucket을 생성
const bucket = [];

// ❹ 사라진 인형의 총 개수를 저장할 변수 초기화
let answer = 0;

// ❺ moves를 순회하며, 각 열에서 인형을 뽑아 bucket에 추가
for (const m of moves) {
  if (lanes[m - 1].length > 0) {
    // 해당 열에 인형이 있는 경우
    const doll = lanes[m - 1].pop();

    if (bucket.length > 0 && bucket[bucket.length - 1] === doll) {
      // ❻ 바구니에 인형이 있고, 가장 위에 있는 인형과 같은 경우
      bucket.pop();
      answer += 2;
    } else {
      // ❼ 바구니에 인형이 없거나, 가장 위에 있는 인형과 다른 경우
      bucket.push(doll);
    }
  }
}

return answer;
}
```

❶ 입력값의 크기에 해당하는 스택을 만듭니다. 게임 화면은 N × N이므로 행과 열의 크기가 같습니다. 예를 들어 화면의 크기가 5 × 5라면 lanes는 [ [ ], [ ], [ ], [ ], [ ] ]과 같이 생성합니다.

❷ 문제를 해설하며 설명한 대로 크레인으로 인형을 뽑는 동작을 시뮬레이션하기 위해 스택을 활용할 것입니다. 문제 예로 주어진 배열을 그림으로 나타내면 다음과 같습니다.

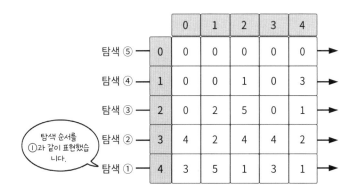

배열에서 행이 의미하는 것은 인형의 상하관계입니다. 행 번호가 높을수록 인형은 아래에 위치하며, 아래에 위치한 인형은 위에 있는 인형을 꺼낸 이후에 꺼낼 수 있습니다. 그리고 이 상하관계는 같은 열에서만 생각합니다. 서로 다른 열에 있는 인형은 서로 꺼내는 순서에 영향을 주지 않습니다. 따라서 이 배열을 스택으로 변환하려면 다음 2가지를 고민해야 합니다.

1  각 열은 독립적인 스택으로 관리해야 합니다.
2  스택은 LIFO이므로 가장 밑에 있는 인형부터 스택에 푸시해야 합니다.
3  배열의 값이 0인 경우는 인형이 없는 빈칸이므로 스택에 푸시하지 않습니다.

※ 예를 들어 첫 번째 열에 해당하는 스택에서 크레인이 인형을 하나 뽑는다면 당연히 board 기준으로는 첫 번째 열에서 가장 위에 있는 인형이 뽑혀야 하는데, 스택은 이 과정과 딱 맞습니다.

탐색 ① 을 좀 더 알아보겠습니다. 3, 5, 1, 3, 1을 순회하며 바구니 1~5에 차례대로 푸시해 다음과 같이 됩니다.

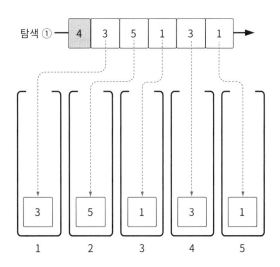

❸ bucket을 만듭니다. 이름에서 짐작했겠지만 이 변수는 크레인이 인형을 넣을 바구니입니다.

❹ 최종 결과를 저장할 변수입니다.

❺ moves는 문제에서 제공한 크레인이 화면에서 어떤 순서로 인형을 뽑을지 적은 값입니다.

❻ 스택이 비어 있지 않으면 인형을 크레인으로 집습니다. 즉, 팝합니다. 그런 다음 최근에 bucket 에 들어온 인형과 값이 같은지 비교해 연산을 진행합니다.

※ 바구니에 넣을 인형을 크레인으로 집는 동작에서 실수하기 쉬운 내용이 있습니다. 인형이 없는 때에도 크레인이 인형을 집으려고 하는 경우입니다. 이 예외는 잘 처리해야 합니다. moves의 스택이 비었을 때는 아무 동작도 하지 않아야 합니다.

**시간 복잡도 분석하기**

N은 board의 행 혹은 열의 길이이고, M은 moves의 길이입니다. board를 순회하는 과정은 $O(N^2)$, moves를 순회하는 과정은 $O(M)$이므로 시간 복잡도는 $O(N^2 + M)$입니다. 하지만 N은 최대 30이고 M은 최대 1,000이므로 $O(M)$ 혹은 $O(N^2)$으로 봐도 문제가 없습니다. 최악의 경우에도 연산 횟수는 대략 $30^2 + 1,000$이므로 1,900번 정도겠네요. 시간 복잡도가 딱히 의미가 없는 문제입니다.

고난이도 문제!

**문제 14 표 편집**★★★★★

정답률 _ 36% | 저자 권장 시간 _ 80분 | 권장 시간 복잡도 _ O(N)
출제 _ 2021 카카오 채택연계형 인턴십

문제 URL https://programmers.co.kr/learn/courses/30/lessons/81303
정답 URL https://github.com/kciter/coding-interview-js/blob/main/solution/14.js

업무용 소프트웨어를 개발하는 니니즈웍스의 인턴인 앙몬드는 명령어 기반으로 표의 행을 선택, 삭제, 복구하는 프로그램을 작성하는 과제를 맡았습니다. 세부 요구사항은 다음과 같습니다.

| 행 번호 | 이름 |
| --- | --- |
| 0 | 무지 |
| 1 | 콘 |
| **2** | **어피치** |
| 3 | 제이지 |
| 4 | 프로도 |
| 5 | 네오 |
| 6 | 튜브 |
| 7 | 라이언 |

표에서 진하게 칠한 칸은 선택한 행입니다. 한 번에 한 행만 선택할 수 있으며 표의 범위를 벗어날 수 없습니다. 이때 다음과 같은 명령어를 이용해 표를 편집합니다.

- "U X" : 현재 선택한 행에서 X칸 위에 있는 행을 선택합니다.
- "D X" : 현재 선택한 행에서 X칸 아래에 있는 행을 선택합니다.
- "C" : 현재 선택한 행을 삭제한 후, 바로 아래 행을 선택합니다. 단, 삭제된 행이 가장 마지막 행인 경우 바로 윗 행을 선택합니다.
- "Z" : 가장 최근에 삭제한 행을 원래대로 복구합니다. 단, 현재 선택한 행은 바뀌지 않습니다.

예를 들어 위 표에서 "D 2"를 수행하면 다음 그림의 왼쪽처럼 4행이 선택되며 "C"를 수행하면 선택된 행을 삭제하고 바로 아래 행이었던 "네오"가 적힌 행을 선택합니다.

| 행 번호 | 이름 |
| --- | --- |
| 0 | 무지 |
| 1 | 콘 |
| 2 | 어피치 |
| 3 | 제이지 |
| **4** | **프로도** |
| 5 | 네오 |
| 6 | 튜브 |
| 7 | 라이언 |

D 2

→

| 행 번호 | 이름 |
| --- | --- |
| 0 | 무지 |
| 1 | 콘 |
| 2 | 어피치 |
| 3 | 제이지 |
| **4** | **네오** |
| 5 | 튜브 |
| 6 | 라이언 |

C

다시 "U 3"을 수행한 다음 "C"를 수행한 후의 표 상태는 다음 그림과 같습니다.

| 행 번호 | 이름 |
|---|---|
| (U 3) 0 | 무지 |
| **1** | **콘** |
| 2 | 어피치 |
| 3 | 제이지 |
| 4 | 네오 |
| 5 | 튜브 |

→

| 행 번호 | 이름 |
|---|---|
| (C) 0 | 무지 |
| **1** | **어피치** |
| 2 | 제이지 |
| 3 | 네오 |
| 4 | 튜브 |
| 5 | 라이언 |

다음으로 "D 4"를 수행한 다음 "C"를 수행한 후의 표 상태는 다음 그림과 같습니다. 5행이 표의 마지막 행이므로, 이 경우 바로 윗 행을 선택하는 점에 주의합니다.

| 행 번호 | 이름 |
|---|---|
| 0 | 무지 |
| 1 | 어피치 |
| 2 | 제이지 |
| 3 | 네오 |
| (D 4) 4 | 튜브 |
| **5** | **라이언** |

→

| 행 번호 | 이름 |
|---|---|
| 0 | 무지 |
| 1 | 어피치 |
| 2 | 제이지 |
| (C) 3 | 네오 |
| **4** | **튜브** |

"U 2"를 수행하면 현재 선택한 행은 2행이 됩니다.

| 행 번호 | 이름 |
|---|---|
| 0 | 무지 |
| (U 2) 1 | 어피치 |
| **2** | **제이지** |
| 3 | 네오 |
| 4 | 튜브 |

위 상태에서 "Z"를 수행하면 가장 최근에 제거한 "라이언"이 적힌 행이 복구됩니다.

| 행 번호 | 이름 |
|---|---|
| 0 | 무지 |
| 1 | 어피치 |
| **2** | **제이지** |
| 3 | 네오 |
| 4 | 튜브 |
| 5 | 라이언 |

다시 한번 "Z"를 수행하면 그다음으로 제거한 "콘"이 적힌 행이 복구됩니다. **현재 선택된 행은 바뀌지 않는 점에 주의하세요.**

| 행 번호 | 이름 |
|---|---|
| 0 | 무지 |
| 1 | 콘 |
| 2 | 어피치 |
| **3** | **제이지** |
| 4 | 네오 |
| 5 | 튜브 |
| 6 | 라이언 |

최종 표의 상태와 처음 표의 상태를 비교해 삭제되지 않은 행은 "O", 삭제된 행은 "X"로 표시하면 다음과 같습니다.

| 행 번호 | 이름 | 비교 |
|---|---|---|
| 0 | 무지 | O |
| 1 | 콘 | O |
| 2 | 어피치 | O |
| 3 | 제이지 | O |
| 4 | 프로도 | X |
| 5 | 네오 | O |
| 6 | 튜브 | O |
| 7 | 라이언 | O |

처음 표의 행 개수를 나타내는 정수 n, 처음에 선택한 행의 위치를 나타내는 정수 k, 수행한 명령

어들이 담긴 문자열 배열 cmd가 주어질 때, 모든 명령어를 수행한 후의 표의 상태와 처음 표의 상태를 비교해 삭제되지 않은 행은 O, 삭제된 행은 X로 표시해 문자열 형태로 반환하는 solution() 함수를 완성하세요.

- $5 \leq n \leq 1,000,000$
- $0 \leq k < n$
- $1 \leq$ cmd의 원소 개수 $\leq 200,000$
    - cmd의 각 원소는 "U X", "D X", "C", "Z" 중 하나입니다.
    - X는 1 이상 300,000 이하인 자연수이며 0으로 시작하지 않습니다.
    - X가 나타내는 자연수에 쉼표는 없습니다. 예를 들어 123,456가 아니라 123456과 같이 자연수가 주어집니다.
    - cmd에 등장하는 모든 X들의 값을 합친 결과가 1,000,000 이하인 경우만 입력으로 주어집니다.
    - 표의 모든 행을 제거해 행이 하나도 남지 않는 경우는 입력으로 주어지지 않습니다.
    - 문제에서 각 행이 제거되고 복구되는 과정을 자연스럽게 보여주기 위해 "이름"이라는 열을 사용했으나, 실제 문제를 푸는 과정에는 필요하지 않습니다. "이름" 열에는 서로 다른 이름들이 중복 없이 채워져 있다고 가정하고 문제를 해결하세요.
- 표의 범위를 벗어나는 이동은 입력으로 주어지지 않습니다.
- 원래대로 복구할 행이 없을 때, 즉, 삭제한 행이 없을 때 "Z"가 명령어로 주어지는 경우는 없습니다.
- 정답은 표의 0행부터 n − 1행까지에 해당되는 O, X를 순서대로 이어붙인 문자열 형태로 반환해주세요.

### 정확성 테스트 케이스 제약 조건

- 정확성 테스트 : 10초
- $5 \leq n \leq 1,000$
- $1 \leq$ cmd의 원소 개수 $\leq 1,000$

- 효율성 테스트 : 언어별로 작성된 정답 코드의 실행 시간의 적정 배수
- 주어진 조건 외 추가 제약 조건 없습니다.

## 입출력의 예

| n | k | cmd | result |
|---|---|---|---|
| 8 | 2 | ["D 2", "C", "U 3", "C", "D 4", "C", "U 2", "Z", "Z"] | "OOOOXOOO" |
| 8 | 2 | ["D 2", "C", "U 3", "C", "D 4", "C", "U 2", "Z", "Z", "U 1", "C"] | "OOXOXOOO" |

## 문제 분석하고 풀기

문제를 보자마자 생각할 수 있는 아이디어는 배열을 그대로 사용하는 겁니다. 입력받은 n에 해당하는 배열을 만들고 cmd에 있는 명령어를 직접 수행하면서 최종 결과를 확인하면 됩니다. 하지만 이 방법은 삽입과 삭제 시 굉장히 비효율적입니다. 다른 생각을 해봅시다. 문제에서 반환해야 하는 정보는 cmd가 전부 수행되었을 때 처음과 비교해서 각 행이 삭제되었는지 여부입니다. **여기서 사용할 방법은 실제 배열을 선언하고 삽입과 삭제 연산을 하는 대신, 인덱스만으로 연산하는 겁니다.**

### 인덱스만으로 연산하기

예를 들어 N = 4인 경우 다음과 같이 각 행의 위와 아래에 위치한 행 번호로 초기화합니다. 이후 cmd에 있는 명령어를 수행할 때마다 해당 행의 위와 아래에 위치한 행의 번호를 계속 업데이트합니다. 즉, 실제 배열을 삽입, 삭제 연산을 하는 대신 인접한 행의 정보를 활용합니다.

※ 그림에서는 설명을 위해 이름을 표기했지만 실제 코드에서는 행 번호만 활용한다는 점도 알아두기 바랍니다.

| 행 번호 | 이름 | | up | down |
|---|---|---|---|---|
| 0 | 무지 | | -1 | 1 |
| 1 | 콘 | 상대적 위치 표시 | 0 | 2 |
| 2 | 어피치 | | 1 | 3 |
| 3 | 제이지 | | 2 | 4 |

**up이나 down은 각 행을 기준으로 연산이 수행된 후의 위치를 표시하기 위한 겁니다.** 예를 들어 현재 무지의 경우 위는 -1, 아래는 1입니다. 콘의 경우 위는 0, 아래는 2입니다. 행이 이동하면서 배열의 길이가 달라지는 부분은 구현하며 설명하겠습니다.

 오, 이렇게 하면 실제로 배열 연산을 하지 않으면서 행 삭제나 추가 등을 표시할 수 있겠어요. 무지의 위치는 지금 0이군요. 그러면...

음... 지금 무지는 그 위라고 할 만한 것이 없네요. 0보다 더 앞선 수 -1을 이용해 표시하겠습니다. 그렇다면 무지의 위는 -1 아래는 1로 표시할 수 있어요.

### 삭제하는 경우 생각해보기

삭제하는 경우를 생각해봅시다. 즉, 명령어 C를 받은 경우입니다. 삭제는 다음 세 가지를 고민해야 합니다.

1 삭제된 행을 저장하는 방법

2 마지막 행이 삭제되었을 때, 바로 위의 행을 선택하는 방법

3 배열을 삭제하지 않고도 인덱스를 활용해서 삭제가 된 것처럼 만드는 방법

2행을 삭제하면 표는 다음과 같이 동작해야 합니다.

| 행 번호 | 이름 |
| --- | --- |
| 0 | 무지 |
| 1 | 콘 |
| 2 | 아파치 |
| 3 | 제이지 |

삭제

→

| 행 번호 | 이름 |
| --- | --- |
| 0 | 무지 |
| 1 | 콘 |
| 2 | 제이지 |

2로 바뀜

그러면 up, down은 어떻게 변해야 할까요? 현재 위치가 k면 다음과 같이 2개가 변경되어야 할 겁니다.

1 k의 아래에 있는 행의 윗부분은, k의 윗부분이 되어야 합니다. 즉, 제이지의 위는 콘이 되어야 합니다.

**1-1** up[down[k]] = up[k]

**2** k의 윗부분에 있는 행의 아랫부분은, k의 아랫부분이 되어야 합니다. 즉, 콘의 아래는 제이지가 되어야 합니다.

**2-1** down[up[k]] = down[k]

이를 종합하면 앞의 삭제 동작은 다음과 같이 진행된 겁니다.

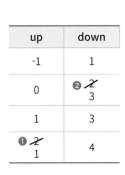
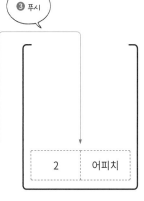

deleted

행 삭제가 완료된 이후 현재 선택한 행 k의 위, 아래 행이 서로 붙도록 ❶ up, ❷ down 배열을 수정합니다. ❸ 이후 deleted라는 스택을 만들어 삭제 행을 푸시합니다.

※ 참고로 복구 동작은 최근 삭제 행부터 복구하므로 스택이 딱 맞습니다.

### 복구하는 경우 생각해보기

다음은 복구 명령어가 어떻게 동작하는지 알아보겠습니다. 복구 동작의 핵심은 기존 삭제 위치에 행을 삽입해야 한다는 겁니다. 이전 설명에서 2행을 삭제했습니다. 이 행을 복구하는 동작을 시뮬레이션해봅시다.

**1** 스택에서 최근에 삭제한 행을 팝하고, 삭제한 원소를 restore에 보관합니다.

**2** 행 번호 restore를 기준으로 윗행의 다음과 아래행의 이전은 restore가 되어야 합니다. 즉, down[up[restore]]와 up[down[restore]]가 restore여야 합니다.

restore는 복구할 때 팝하는 동작 외에는 아무 동작도 하지 않습니다. 그 이유는 해당 데이터를 삭제하지 않고 up, down 이동 값만 변경했기 때문입니다. 이 내용을 그림으로 보면 다음과 같습니다.

deleted

명령어 U와 D는 up, down으로 쉽게 구현할 수 있으므로 코드를 입력한 다음 설명하겠습니다. 삭제된 행에 대한 정보는 deleted에 있으므로 이를 활용하면 됩니다.

### 테이블 양 끝에서 연산하는 경우 생각해보기

테이블 양 끝에서도 추가와 삭제를 할 수 있습니다. 그러니 앞서 정의한 삭제 연산과 복구 연산은 양 끝에서도 정상 동작해야 합니다. 맨 위의 행이 삭제된다고 가정하면 다음 식을 그대로 적용할 수 있어야 합니다.

- up[down[0]] = up[0]이므로, up[1] = -1
- down[up[0]] = down[k]이므로, down[-1] = down[0]

개념상 up, down 배열을 적용해 상대 인덱스를 활용하는 건 좋은 생각이지만 맨 위의 위는 지금까지 생각한 테이블 상에는 없었습니다. 그래서 식을 적용하자니 이상합니다. 그렇다고 이 좋은 생각을 버리기에는 너무 아깝습니다. 해결책은 간단합니다. 양 끝에서 명령어를 수행할 때도 정상적으로 위 식이 적용되게 가상의 공간을 도입하면 됩니다.

| 행 번호 | 이름 |
|:---:|:---:|
| 0 | 무지 |
| 1 | 콘 |
| 2 | 어피치 |
| 3 | 제이지 |

| up | down |
|:---:|:---:|
| -1 | 1 |
| 0 | 2 |
| 1 | 3 |
| 2 | 4 |
| 3 | 5 |
| 4 | 6 |

가상 공간

가상 공간

실제 표보다 위 아래에 1씩 공간을 확보해 필요한 배열보다 +2만큼 큰 배열을 만들어 관리하는 모습입니다. 기존 테이블의 첫 번째 행은 임시 공간이 생긴 새로운 테이블의 두 번째에 해당하는 셈이죠. 그러니 문제에 주어진 초기 위치에는 1을 더해야 합니다. 이 내용을 바탕으로 코드를 작성해 봅시다.

```JavaScript
function solution(n, k, cmd) {
  // ❶ 삭제된 행의 인덱스를 저장하는 배열
  const deleted = [];

  // ❷ 연결 리스트에서 각 행 위아래의 행의 인덱스를 저장하는 배열
  const up = [...new Array(n + 2)].map((_, i) => i - 1);
  const down = [...new Array(n + 1)].map((_, i) => i + 1);

  // ❸ 현재 위치를 나타내는 인덱스
  k += 1;

  // ❹ 주어진 명령어(cmd) 배열 요소를 하나씩 처리
  for (const item of cmd) {
    // ❺ 현재 위치를 삭제하고 그다음 위치로 이동
    if (item[0] === "C") {
      deleted.push(k);
      up[down[k]] = up[k];
      down[up[k]] = down[k];
```

```javascript
      k = n < down[k] ? up[k] : down[k];
    }


    // ❻ 가장 최근에 삭제된 행을 복원
    else if (item[0] === "Z") {
      const restore = deleted.pop();
      down[up[restore]] = restore;
      up[down[restore]] = restore;
    }


    // ❼ U 또는 D를 사용해 현재 위치를 위아래로 이동
    else {
      const [action, num] = item.split(" ");
      if (action === "U") {
        for (let i = 0; i < num; i++) {
          k = up[k];
        }
      } else {
        for (let i = 0; i < num; i++) {
          k = down[k];
        }
      }
    }
  }


  // ❽ 삭제된 행의 위치에 'X'를, 그렇지 않은 행의 위치에 'O'를 포함하는 문자열 반환
  const answer = new Array(n).fill("O");
  for (const i of deleted) {
    answer[i - 1] = "X";
  }
  return answer.join("");
}
```

❶ 삭제된 행들의 행 번호를 저장할 스택을 선언합니다.

❷ 각 행을 기준으로 위, 아래의 행 인덱스 값을 저장할 벡터입니다. 행은 맨 처음에 삽입될 수도 있고, 맨 마지막에 삽입될 수도 있으므로, 실제 구현 시에는 테이블이 N행을 가지고 있을 때 다음과 같이 임시 공간을 포함해서 N+2개의 행을 갖습니다.

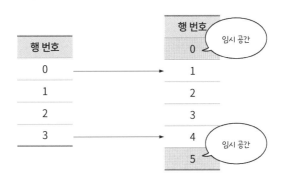

❸ 현재 위치를 의미하는 인덱스에 1을 더합니다. 이유는 위의 그림과 같이 가상 공간이 있기 때문입니다. ❹ 명령어를 순회하며 연산을 처리합니다.

❺ 삭제 명령어를 수행합니다. 삭제된 행 k를 기준으로 위 행은 k 밑의 행의 정보를, 아래 행은 k 위의 정보를 저장합니다. 그다음에 보이는 코드는 실수하기 쉬운 부분입니다. 보통 핵심 동작 구현에 집중하면 세부 동작 구현을 빼먹는 경우가 많습니다. 행을 삭제하면 k의 정보를 업데이트해야 하며 k가 마지막 행이면 k 위 행의 정보를 가지고 있어야 합니다. 마지막 행의 여부는 문제에서 주어진 표 크기 n을 기준으로 확인하면 됩니다.

❻ 최근 삭제한 행을 복구합니다. 최근 삭제한 행은 deleted에 있으므로 팝으로 가져오면 되고, 이후 up, down 배열을 업데이트하면 됩니다. 이때 중요한 것은 restore는 신경쓰지 않아도 된다는 겁니다. 삭제 구현부를 보면 k를 삭제할 때 up[k]나 down[k]를 제어하는 부분이 없습니다. 즉, k에 대한 정보는 보존되어 있으므로 복원 시에도 유지합니다.

❼ up, down을 통해 현재 위치를 이동하는 명령어입니다. 현재 위치를 기준으로 위, 아래 행에 대한 정보가 있으므로 이 부분도 주어진 위치에 up, down 배열을 적용하면서 위치를 옮기면 됩니다.

❽ 삭제한 행과 삭제하지 않은 행을 구분합니다. answer에는 모두 O 표시를 하고, 삭제된 행만 X로 표시하면 됩니다. 삭제 행 정보는 deleted가 가지고 있습니다. 그리고 deleted 삭제 행 데이

터는 임시공간 때문에 1씩 추가했으므로 answer에 저장할 때는 삭제 행 데이터에서 1을 뺀 인덱스를 사용합니다.

### 시간 복잡도 분석하기

N은 표의 행 길이입니다. 초기에 배열을 초기화할 때 시간 복잡도는 O(N)입니다. 그리고 제약 사항을 보면 명령어 뒤의 X의 모든 합이 100만을 넘지 않는다고 했으므로 명령어를 처리할 때 시간 복잡도는 O(1,000,000)이라고 할 수 있습니다. 그러니 최종 시간 복잡도는 O(N)입니다.

### 리마인드

기억 01 스택은 후입선출(LIFO) 방식으로 데이터를 관리하는 자료구조입니다.

기억 02 자바스크립트의 배열은 push( ), pop( ) 메서드로 요소를 추가, 제거할 수 있습니다. 이를 사용하면 배열을 스택처럼 사용할 수 있습니다.

### 추천 문제

문제 01 같은 숫자는 싫어 : https://school.programmers.co.kr/learn/courses/30/lessons/12906

문제 02 올바른 괄호 : https://school.programmers.co.kr/learn/courses/30/lessons/12909

문제 03 컨트롤 제트 : https://school.programmers.co.kr/learn/courses/30/lessons/120853

# 07 큐

 **공부부터 합격까지**

큐 개념을 이해하고, 이를 바탕으로 ADT를 작성할 수 있습니다.

## 여기서 풀 문제

| No. | LEVEL 1 몸풀기 문제 | 잘 풀었나요? | No. | LEVEL 2 모의 테스트 | 잘 풀었나요? |
|---|---|---|---|---|---|
| 15 | 요세푸스 문제 | ∨ | 16 | 기능 개발 | ∨ |
|  |  |  | 17 | 카드 뭉치 |  |

큐$^{queue}$는 '줄을 서다'라는 뜻을 가지고 있습니다. 큐는 먼저 들어간 데이터가 먼저 나오는 자료구조입니다. 역시 스택과 마찬가지로 생활 속에서 쉽게 예를 찾아볼 수 있습니다. 맛집에서 줄을 선 순서대로 식당에 입장할 때를 생각해보면 됩니다. 먼저 줄을 선 사람이 먼저 입장합니다. **이런 큐의 특징을 선입선출 또는 FIFO**$^{first\ in\ first\ out}$**이라고 합니다. 그리고 스택과 마찬가지로 큐도 삽입하는 연산을 푸시, 꺼내는 연산을 팝이라고 합니다.**

## 큐에서 데이터가 이동하는 과정 살펴보기

그림을 통해 큐에서 원소가 이동하는 과정을 이해해봅시다.

**01단계** 빈 큐를 하나 선언했습니다.

**02단계** 원소를 삽입합니다. 빈 큐이므로 제일 앞에 삽입합니다. 이어서 5를 삽입합니다. 5는 2 다음으로 삽입했으니 2보다는 뒤에 있습니다.

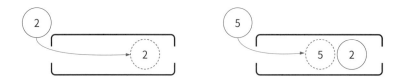

**03단계** 팝을 하면 5가 아니라 2가 먼저 나옵니다. 이어서 팝을 한 번 더 진행하면 5가 빠져나옵니다. 스택을 공부했다면 큐에서 데이터가 이동하는 과정은 이 정도 설명이면 쉽게 이해할 수 있을 겁니다.

## 큐의 특성을 활용하는 분야

먼저 들어온 것을 먼저 처리하는 큐의 동작 방식은 프로그래밍 언어에서 많이 활용되고 있습니다. 대표적으로 여러 이벤트가 발생했을 때 발생한 순서대로 처리할 때 큐가 활용됩니다. 실생활에서도 큐의 특성은 자연스럽게 사용되고 있습니다. 영화관에서 줄을 서는 사람들을 처리해야 할 때 먼저 줄을 선 사람을 먼저 처리하는 것이 그 예죠. 그 밖의 큐의 특성을 활용하는 분야는 다음과 같습니다.

- 작업 대기열 : 네트워크 통신을 할 때 다수의 클라이언트에서 서버에 작업을 요청하면 서버는 요청이 들어온 순서대로 작업을 처리합니다. 이때 큐를 활용할 수 있습니다.
- 이벤트 처리 : 어떤 애플리케이션이나 시스템에서 사용자의 이벤트, 예를 들어 키보드 입력이나 마우스 움직임을 처리할 때 큐를 활용할 수 있습니다.

## 큐의 ADT

여기서도 스택과 마찬가지로 큐의 ADT를 정의해보고 큐가 실제로 동작하는 원리를 살펴보겠습니다.

큐의 ADT는 다음과 같습니다. 여기서도 표와 그림으로 설명하겠습니다.

| 구분 | 정의 | 설명 |
|------|------|------|
| 연산 | boolean isFull( ) | 큐에 들어 있는 데이터 개수가 maxsize인지 확인해 boolean값을 반환합니다. |
| | boolean isEmpty( ) | 큐에 들어 있는 데이터가 하나도 없는지 확인해 boolean값을 반환합니다. |
| | void push(ItemType item) | 큐에 데이터를 푸시합니다. |
| | ItemType pop( ) | 큐에서 처음에 푸시한 데이터를 팝하고, 그 데이터를 반환합니다. |
| 상태 | int front | 큐에서 가장 처음에 팝한 위치를 기록합니다. |
| | int rear | 큐에서 최근에 푸시한 데이터의 위치를 기록합니다. |
| | ItemType data[maxsize] | 큐의 데이터를 관리하는 배열입니다. 최대 maxsize개의 데이터를 관리합니다. |

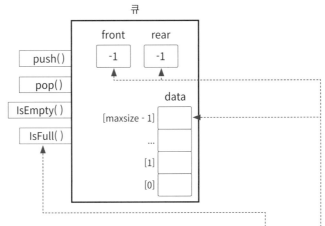

그림은 큐의 ADT를 나타낸 겁니다. 큐의 외부와 내부에 네모 모양으로 표현한 연산과 데이터 상태가 보입니다. 이 그림은 스택에서 제시했던 그림이므로 쉽게 이해할 수 있을 겁니다. 달라진 점은 스택의 top이 front와 rear로 바뀐 겁니다. front는 큐의 앞, rear는 큐의 뒤를 의미합니다. 큐는 앞에서 데이터를 빼고(팝), 뒤에서 데이터를 넣으므로(푸시) 이렇게 앞과 뒤의 데이터 최종 위치를 기억할 변수가 필요합니다. 지금의 경우 아무런 데이터도 넣은 상태가 아니므로 front와 rear 모두 -1입니다.

※ 배열의 인덱스는 0부터 시작하므로 아무것도 넣지 않은 상황을 표현하기 위해 초깃값을 -1로 했습니다.

## 큐의 세부 동작에 대해 조금 더 자세히 알아보기

구체적인 예와 함께 큐에서 연산이 수행되면 어떻게 되는지 알아보겠습니다.

**01단계** 다음은 isFull( ) 연산으로 ❶ 현재 큐가 가득 찼는지 확인하고 큐가 가득 차지 않았으므로 (isFull이 false) ❷ rear를 +1한 다음 rear가 가리키는 위치에 ❸ 3을 푸시하는 모습입니다.

※ 반대로 isFull 연산이 true이면 데이터를 푸시하지 않습니다.

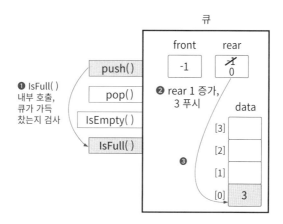

**02단계** 이 상태에서 팝을 하면 어떻게 될까요? ❶ 우선 isEmpty( ) 연산을 통해 큐가 비었는지 확인합니다. isEmpty( ) 연산은 front, rear의 값이 같은지 확인해서 큐에 원소가 없는데 팝하는 동작을 방지합니다. ❷ 만약 비어 있지 않다면(isEmpty가 false) front를 +1합니다. 이렇게 하면 front, rear가 0으로 같아지므로 ❸ isEmpty( ) 연산 시 큐가 빈 것(isEmpty( )가 true)으로 처리되어 실제 배열의 데이터를 삭제하지 않고도 데이터를 삭제한 것처럼 관리할 수 있습니다.

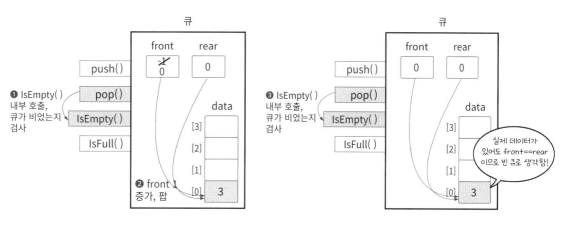

**03단계** 계속해서 푸시를 해봅시다. ❶ 5를 푸시하면 IsFull( ) 연산을 수행해 큐가 가득 찼는지 검사하고, 가득 차지 않았다면 푸시합니다. ❷ 연거푸 6과 8을 푸시하면 다음과 같이 front는 0, rear는 3일 겁니다.

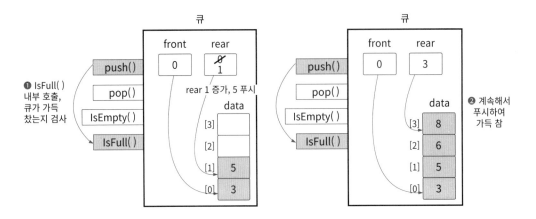

**04단계** 이제 큐가 가득 찼을 때 푸시하면 어떻게 되는지 봅시다. ❶ rear가 3이므로 maximize - 1과 같습니다. 다시 말해 ❷ isFull( ) 연산은 true이므로 푸시하지 못합니다.

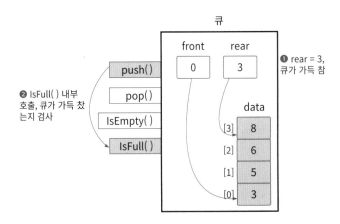

큐가 가득 찬 상태에서 하나 생각해볼 내용이 있습니다. 마지막 푸시에서 실제 data에 저장한 데이터는 3, 5, 6, 8로 4개지만 큐는 5, 6, 8로 3개입니다. **다시 말해 큐는 front의 다음부터 rear 까지를 큐가 관리하는 데이터로 생각해야 합니다.** 그런데 가만히 생각해보면 실제 data의 공간은 4개인데 큐가 관리하는 데이터는 3개이므로 실질적으로는 메모리 공간을 낭비한 상황입니다. 이렇게 된 이유는 큐를 한 방향으로 관리하고 있기 때문입니다. 이렇게 하면 front 이전의 공간을 활용하지 못합니다. 다시 말해 front 이전을 기준으로 큐의 사용할 수 있는 부분과, 사용할 수 없는 부분이 나뉘었습니다.

## 큐 구현하기

자바스크립트에서 큐를 구현하는 방법은 크게 3가지 방식이 있습니다. 자바스크립트는 언어에서 큐를 제공하지 않기 때문에 배열의 push()와 shift() 메서드를 이용하여 큐를 흉내내는 방식이나 배열을 이용하여 큐를 구현하는 방식, 연결 리스트를 이용하여 큐를 구현하는 방식을 사용해야 합니다.

# shift() 메서드 사용하기

앞서 배열에서 데이터 삭제 부분에서 다룬 것처럼 push() 메서드는 배열의 가장 마지막에 요소를 추가하고 shift() 메서드는 배열의 가장 첫 번째 요소를 삭제하는 메서드입니다. 이 두 메서드를 이용하면 큐의 선입선출$^{FIFO}$을 흉내낼 수 있지만 shift() 메서드의 시간 복잡도가 O(1)이 아니기 때문에 진짜 큐는 아닙니다.

```javascript
const queue = [];

// 큐에 데이터 추가
queue.push(1);
queue.push(2);
queue.push(3);

// 큐의 맨 앞 데이터 제거
let firstItem = queue.shift();
console.log(firstItem); // 출력: 1

// 큐에 데이터 추가
queue.push(4);
queue.push(5);

// 큐의 맨 앞 데이터 제거
firstItem = queue.shift();
console.log(firstItem); // 출력: 2
```

## 배열을 이용하는 방식

앞서 push()와 shift( ) 메서드를 이용하여 큐를 흉내낼 수 있지만 아무리 최적화가 된다고 해도 진짜 큐의 성능을 따라갈 수는 없습니다. 만약 많은 요소를 다뤄야하는 문제라면 shift( ) 메서드를 사용하는 경우 문제가 될 수 있기 때문에 직접 큐를 구현하는 방식도 알아야 합니다. 먼저 배열을 이용한 방식을 살펴보겠습니다.

```javascript
class Queue {
  items = [];
  front = 0;
  rear = 0;
```

```
  push(item) {
    this.items.push(item);
    this.rear++;
  }

  pop() {
    return this.items[this.front++];
  }

  isEmpty() {
    return this.front === this.rear;
  }
}
```

이렇게 구현하는 방식은 간단하고 쓸만하지만 rear와 front가 계속해서 증가한다는 문제가 있습니다. 물론 대부분의 문제에서 문제되는 경우가 없지만 배열 메모리가 계속해서 증가하므로 신경이 쓰일 수 있습니다. 그렇지만 시간 내에 빨리 풀어야하는 코딩 테스트에서 온전한 큐를 구현하기 위해 시간을 많이 쓰는 것은 아깝게 느껴질 수 있습니다. 그렇기 때문에 위와 같은 방식으로 구현하는 것이 나쁜 것은 아닙니다.

## 연결 리스트를 이용하는 방식

다음은 연결 리스트를 이용하여 큐를 구현하는 방법입니다. 아쉽게도 연결 리스트도 자바스크립트에선 기본적으로 제공되지 않는 자료구조입니다. 따라서 직접 구현해서 사용할 필요가 있습니다.

```JavaScript
class Node {
  constructor(data) {
    this.data = data; // 요소의 값
    this.next = null; // 다음 요소를 참조
```

```javascript
    }
  }

  class Queue {
    constructor() {
      this.head = null; // 첫 번째 요소 참조
      this.tail = null; // 마지막 요소 참조
      this.size = 0; // 큐의 길이
    }

    push(data) {
      // 새로운 요소를 생성
      const newNode = new Node(data);

      if (!this.head) { // 큐가 비어 있다면 head와 tail을 모두 새로 생성한 요소로 설정
        this.head = newNode;
        this.tail = newNode;
      // 아니면 현재 tail의 next 속성을 새로운 요소로 설정 후 tail이 새로운 요소를 참조하도
      //   록 변경
      } else {
        this.tail.next = newNode;
        this.tail = newNode;
      }

      this.size++; // 큐 길이 증가
    }

    pop() {
      // head가 null이라면 비어 있다는 뜻
      if (!this.head) {
        return null;
      }
```

```
    // 두 번째 요소를 head의 참조로 변경하면
    // 자연스럽게 첫 번째 요소가 사라짐
    const removeNode = this.head;
    this.head = this.head.next;

    // 만약 두 번째 요소가 없었다면
    // 큐가 비어 있다는 뜻이니 tail도 null로 설정
    if (!this.head) {
      this.tail = null;
    }

    this.size--; // 큐 길이 감소

    // 삭제된 요소의 값을 반환
    return removeNode.data;
  }

  isEmpty() {
    return this.size === 0;
  }
}
```

위와 같이 작성하는 것이 많이 익숙하다면 배열을 이용하는 것보다 위 방식을 사용하는 것이 메모리 사용 측면에서 더 효율적입니다. 다만, 실전 상황에서 갑자기 기억이 안난다면 우선 shift( ) 함수로 큐를 대체하거나 배열을 이용한 방법을 사용하는 것이 좋습니다.

# 07-2 〈 몸풀기 문제

## 문제 15 요세푸스 문제★★

저자 권장 시간 _ 30분 | 권장 시간 복잡도 _ O(N*K) | 출제 _ 저자 출제

정답 URL https://github.com/kciter/coding-interview-js/blob/main/solution/15.js

N명의 사람이 원 형태로 서 있습니다. 각 사람은 1부터 N까지 번호표를 갖고 있습니다. 그리고 임의의 숫자 K가 주어졌을 때 다음과 같이 사람을 없앱니다.

※ 이 문제는 유대인 역사가인 플라비우스 요세푸스가 만든 문제입니다.

- 1번 번호표를 가진 사람을 기준으로 K번째 사람을 없앱니다.
- 없앤 사람 다음 사람을 기준으로 하고 다시 K번째 사람을 없앱니다.

N과 K가 주어질 때 마지막에 살아있는 사람의 번호를 반환하는 solution( ) 함수를 구현해주세요.

### 제약 조건

- N과 K는 1이상 1000이하의 자연수입니다.

### 입출력의 예

| N | K | return |
|---|---|--------|
| 5 | 2 | 3 |

**01단계** N과 K에 실제 값을 넣고 요세푸스 문제를 손으로 풀어봅시다. N = 5, K = 2, 기준이 1인 경우를 예로 설명하겠습니다. N = 5이므로 이름표를 1~5로 붙이고 사람을 원형으로 배치합니다.

그리고 기준은 1입니다. 기준이 1이므로 ❶ K번째 사람은 2번 번호표를 가진 사람입니다. ❷ 이 사람을 제거하고 ❸ 다음 위치를 3으로 합니다.

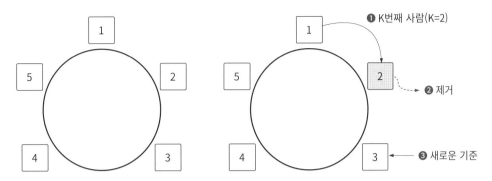

**02단계** 같은 방식으로 ❹ 4번 번호표를 가진 사람을 제거하고 ❺ 다음 위치를 5로, ❻ 1번 번호표를 가진 사람을 제거하고 다음 위치를 3으로 합니다.

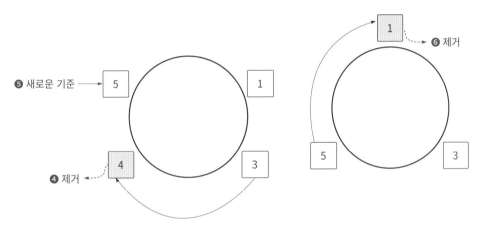

**03단계** 3 다음은 ❻ 다시 5이고, 이를 제거하면 3만 남습니다. ❼ 마지막은 3을 제거합니다.

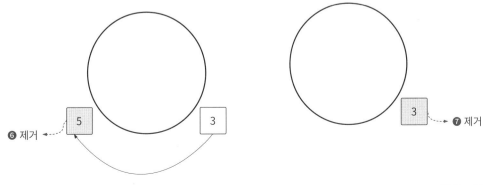

## 문제 분석하고 풀기

문제를 다시 분석해봅시다. 사람들이 원형 테이블에 앉아 있다고 생각하고 1번부터 일정한 방향으로 한 사람씩 지목합니다. 사람이 사라진 후에도 지목 방향은 바뀌지 않습니다. 그리고 맨 마지막 사람을 지목한 다음에는 다시 처음으로 돌아갑니다. 선형 큐를 이용해 이 문제를 푸는 과정을 정리하면 다음과 같습니다. 여기서 다룰 예는 N이 5이고 K가 3인 경우입니다.

※ 요세푸스 문제를 그림으로 나타낸 것을 보고 '원형 큐로 풀어야 되는 것 아닐까?'라고 생각하는 사람도 있을 것입니다. 하지만 코딩 테스트에서는 자바스크립트의 배열을 사용해도 메모리를 크게 낭비하지 않으므로 원형 큐를 사용하지 않아도 됩니다.

1 첫 번째 데이터부터 마지막 데이터까지 큐에 푸시합니다.

2 큐에서 k - 1번째까지의 데이터를 각각 front에서 팝하고 rear에 푸시합니다.

3 k번째 데이터를 팝하고 출력합니다.

4 과정 2~3을 큐에 더는 원소가 없을 때까지 반복합니다.

과정 2가 조금 이상하게 보일 수 있지만 그림으로 보면 왜 그렇게 하는지 쉽게 이해될 겁니다.

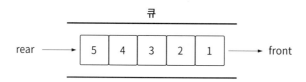

**01단계** 여기서 과정 2를 봅시다. k - 1번째 원소까지 팝하고 푸시하면 1, 2를 각각 팝하고 푸시하므로 큐 상으로는 2, 1, 5, 4, 3과 같이 2가 맨 뒤에 위치하게 됩니다. 그리고 이 과정을 통해 자연스럽게 팝할 데이터는 3이 됩니다. 제거해야 할 k번째 원소가 맨 앞으로 오게 되는 것이죠.

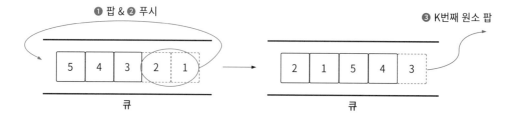

**02단계** 또 다시 4, 5를 각각 팝하고 푸시합니다. 마지막 데이터는 5가 되며, 팝할 데이터는 1이됩니다.

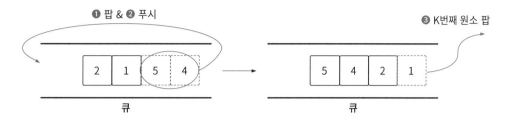

같은 방법으로 계속해서 팝, 푸시를 진행합니다. 설명은 같으므로 그림만 첨부하겠습니다.

**03단계**

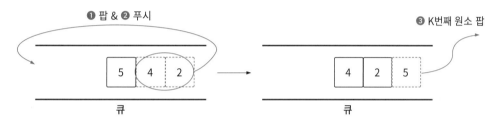

**04단계**

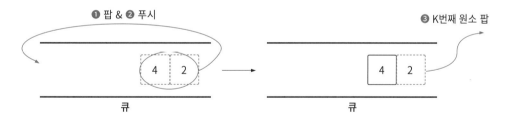

**05단계**

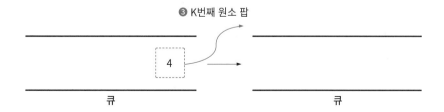

```javascript
class Queue {
  items = [];
  front = 0;
  rear = 0;

  push(item) {
    this.items.push(item);
    this.rear++;
  }

  // 이 문제에서는 큐의 크기를 알아야 합니다
  size() {
    return this.rear - this.front;
  }

  pop() {
    return this.items[this.front++];
  }
}

function solution(N, K) {
  const queue = new Queue();

  // ❶ 1부터 N까지의 번호를 deque에 추가
  for (let i = 1; i <= N; i++) {
    queue.push(i);
  }

  while (queue.size() > 1) {
    // ❷ deque에 하나의 요소가 남을 때까지
    for (let i = 0; i < K - 1; i++) {
      queue.push(queue.pop()); // ❸ K번째 요소를 찾기 위해
                               // 앞에서부터 제거하고 뒤에 추가
```

```
    }
    queue.pop(); // ❹ K번째 요소 제거
  }

  return queue.pop(); // ❺ 마지막으로 남은 요소 반환
}

console.log(solution(5, 2)); // 3
```

문제에 대한 로직을 작성하기 전에 먼저 큐를 구현할 필요가 있습니다. 큐를 구현한다면 문제에 대한 로직을 작성할 수 있습니다.

❶ 사람 번호에 해당하는 1~N을 큐의 초깃값으로 넣습니다.

❷ 마지막 남은 사람의 번호를 알아야 하므로 큐의 원소가 1개일 때까지 반복문을 반복합니다.

❸ K - 1번째까지는 팝한 사람의 번호를 푸시하는 동작을 반복합니다. 왜냐하면 우리는 K번째 사람 번호를 제거해야 하기 때문입니다.

❹ K번째 사람 번호를 제거합니다.

❺ 마지막 남은 사람의 번호를 반환합니다.

### 시간 복잡도 분석하기

N은 전체 사람수 K는 제거된 사람의 번호입니다. K - 1번 팝하고 1번 푸시하는 동작을 N번 반복하므로 최종 시간 복잡도는 O(N * K)입니다.

※ 이 문제는 세그먼트 트리라는 자료구조를 사용하여 풀면 O(NlogN)으로 시간 복잡도를 개선할 수 있습니다만 큐를 공부하는 차원에서 요세푸스 문제를 소개한 것이므로 큐를 사용하여 풀었습니다.

## 07-3 합격자가 되는 모의 테스트

### 문제 16 기능 개발★★

정답률 _ 62% | 저자 권장 시간 _ 40분 | 권장 시간 복잡도 _ O(N) | 출제 _ 스택/큐

문제 URL https://programmers.co.kr/learn/courses/30/lessons/42586
정답 URL https://github.com/kciter/coding-interview-js/blob/main/solution/16.js

프로그래머스팀에서는 기능 개선 작업을 수행 중입니다. 각 기능은 진도가 100%일 때 서비스에 반영할 수 있습니다. 또, 각 기능의 개발 속도는 모두 다르므로 뒤의 기능이 앞의 기능보다 먼저 개발될 수도 있습니다. 이때, 뒤의 기능은 앞의 기능이 배포될 때 함께 배포되어야 합니다. 배포 순서대로 작업 진도가 적힌 정수 배열 progresses와 각 작업의 개발 속도가 적힌 정수 배열 speeds가 주어질 때 각 배포마다 몇 개의 기능이 배포되는지를 반환하도록 solution( ) 함수를 완성하세요.

### 제약 조건

- 작업 개수(progresses, speeds의 배열 길이)는 100개 이하입니다.
- 작업 진도는 100 미만의 자연수입니다.
- 작업 속도는 100 이하의 자연수입니다.
- 배포는 하루에 한 번만 할 수 있으며, 하루의 끝에 이루어진다고 가정합니다. 예를 들어 진도율이 95%인 작업의 개발 속도가 하루에 4%라면 배포는 2일 뒤에 이루어집니다.

### 입출력의 예

| progresses | speeds | return |
|---|---|---|
| [93, 30, 55] | [1, 30, 5] | [2, 1] |
| [95, 90, 99, 99, 80, 99] | [1, 1, 1, 1, 1, 1] | [1, 3, 2] |

입출력 첫 번째를 봅시다. 첫 번째 기능은 93% 완료되어 있고 하루에 1%씩 작업할 수 있으므로 7일 작업 후 배포할 수 있습니다. 두 번째 기능은 30%가 완료되어 있고 하루에 30%씩 작업할 수 있으므로 3일 작업 후 배포할 수 있습니다. 이때 3일 후에는 첫 번째 기능이 완성된 상태가 아니므로 두 번째 기능은 첫 번째 기능이 배포되는 7일차에 배포됩니다. 세 번째 기능은 55%가 완료되어 있고 하루에 5%씩 작업할 수 있으므로 9일 작업 후 배포합니다. 정리하자면 7일차에 2개의 기능, 9일차에 1개의 기능을 배포합니다.

입출력 두 번째는 어떨까요? 모든 기능은 하루에 1%씩 작업할 수 있으므로 각 기능의 작업 일수는 5, 10, 1, 1, 20, 1일입니다. 다만 선행 기능 작업이 완료되지 않으면 배포할 수는 없으므로 5일차에 1개, 10일차에 3개, 20일차에 2개의 기능을 배포할 수 있습니다.

### 문제 분석하고 풀기

문제에 주어진 기능의 개발 속도는 모두 다르며, 뒤의 기능은 앞의 기능이 배포될 때 함께 배포되어야 한다는 조건이 있습니다. 작업 순서는 유지하되, 앞의 기능이 뒤의 기능보다 먼저 완료되어야 한다는 거네요. 이 힌트를 보면 큐를 떠올릴 수 있어야 합니다. 왜 그런지 그림과 함께 봅시다.

**01단계** 우선은 각 기능의 진행 상태를 큐에 푸시합니다. 왼쪽의 구멍이 rear, 오른쪽의 구멍은 front를 의미합니다. 93, 30, 55를 순서대로 푸시했으므로 다음과 같은 상태가 될 겁니다.

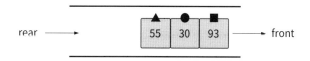

**02단계** 여기서부터 작업 속도를 고려해 큐에서 팝, 푸시를 진행하면 됩니다. 팝한 후에 작업이 완료되었는지 검사하고 그렇지 않으면 다시 푸시합니다. 93의 경우 작업 속도가 1이므로 팝한 후에 진행 상황을 +1해 94가 됩니다. 아직 100이 아니므로 94를 다시 큐에 푸시합니다. 30, 55도 마찬가지입니다. 60, 60을 푸시합니다.

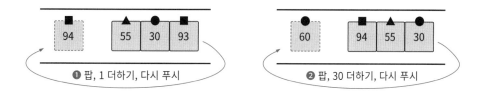

❶ 팝, 1 더하기, 다시 푸시   ❷ 팝, 30 더하기, 다시 푸시

**03단계** 다시 94입니다. 94를 팝해 95로 만들고 아직 100이 아니므로 다시 푸시합니다. 이 과정을 반복하면 다음과 같습니다. 아직 작업이 끝난 기능은 없습니다.

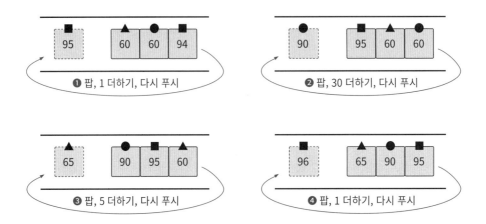

**04단계** 이제 작업 속도가 30인 90 차례가 됩니다. 팝한 후에 30을 더하면 120이 되므로 작업은 끝납니다. 하지만 선행 기능의 작업을 배포한 상태는 아니므로 아직 이 기능을 배포할 순 없습니다. 중간 과정을 생략해 첫 번째 기능이 100이 되면 그때 두 번째 기능과 함께 배포합니다. 이후 나머지 기능도 배포합니다.

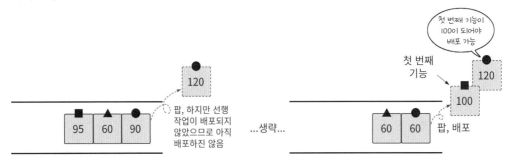

**그림에서 보듯 선행 작업의 배포 일이 중요합니다.** 앞에서처럼 선행 작업이 완료되지 않았을 때 먼저 완료된 후 작업을 따로 보관하면 문제를 풀 수 있겠지만 실제 효율성 및 구현을 생각했을 때는

조금 다른 방법이 필요할 것 같습니다. 예를 들어 하루 작업량이 1처럼 낮은 숫자이면 연산 횟수가 상당히 많아지기 때문입니다. 필자가 제시하는 방법은 각 기능의 배포 예정일을 미리 구했다가 배포일이 되었을 때 몇 개의 작업이 완료되었는지 보는 겁니다.

1 각 작업의 배포 가능일을 구합니다.

2 작업을 진행하며 배포 가능일이 첫 번째 작업일보다 빠른 작업들은 함께 배포합니다.

3 첫 번째 작업의 배포 가능일보다 늦은 작업이 나오면, 2단계와 유사하게 해당 작업의 배포일을 기준으로 뒤의 작업들을 배포합니다. 이를 모든 작업이 완료될 때까지 반복합니다.

각 기능의 배포 가능일은 7, 3, 9일입니다. 하지만 문제에 의해 기능 2가 3일 만에 완료되어도 기능 1이 배포 가능한 시점에 배포가 되어야 하므로 기능 1의 개발이 완료되는 시점에 기능 3을 같이 배포해야 합니다.

※ 기능 3은 배포 가능일이 9일이고 이때는 이미 기능 개발 진행 정도가 55이므로 9일에 따로 배포합니다.

이제 코드로 위 문제를 풀어봅시다.

```JavaScript
function solution(progresses, speeds) {
  const answer = [];
  const n = progresses.length;
  // ❶ 각 작업의 배포 가능일 계산
  const daysLeft = progresses.map((progress, index) => Math.ceil((100 - progress)
/ speeds[index]));

  let count = 0; // ❷ 배포될 작업의 수 카운트
  let maxDay = daysLeft[0]; // ❸ 현재 배포될 작업 중 가장 늦게 배포될 작업의 가능일

  for (let i = 0; i < n; i++) {
    if (daysLeft[i] <= maxDay) { // ❹ 배포 가능일이 가장 늦은 배포일보다 빠르면
      count++;
    } else { // ❺ 배포 예정일이 기준 배포일보다 느리면
```

```
      answer.push(count);
      count = 1;
      maxDay = daysLeft[i];
    }
  }


  answer.push(count); // ❻ 마지막으로 카운트된 작업들을 함께 배포
  return answer;
}
```

❶ 각 기능의 배포 예정일을 계산합니다. Math.ceil( ) 함수는 소수점을 올림 연산하는 함수입니다. 문제를 보면 작업량이 100이 되는 시점이 배포 예정일인데, 나눗셈 연산을 하면 배포 예정일이 생각한 것과 다르게 계산될 수 있습니다. 예를 들어 progress가 30이고 speed가 30이면 (100 - 30) / 30 = 2.xx이므로 Math.ceil( ) 함수를 적용하지 않으면 우리가 원하는 배포 예정일 계산값은 3이지만 2로 잘못 계산할 수 있습니다.

❷ 한 번에 배포할 작업을 카운트합니다.

❸ maxDay에 기준 배포일을 저장합니다.

❹ 코드를 보면 기준 배포일보다 배포일이 빠르거나 같은 기능은 기준 배포일과 같이 배포할 것이므로 count를 +1합니다.

❺ 기능의 배포 가능일이 기준 기능 배포일보다 늦으면 같이 배포하면 안 되므로 한 번에 배포할 수 있는 기능의 수가 저장된 count를 answer에 push( ) 함수로 추가합니다. 이후 나머지 작업의 배포일도 구해야하므로 count는 다시 1로 초기화합니다.

❻ 실수하기 쉬운 부분입니다. 반복문을 나오기 바로 직전에 count한 값은 answer에 push( ) 메서드로 추가하지 않습니다. 따라서 반복문 바깥에서 push( ) 메서드를 한 번 더 실행해야 합니다.

### 시간 복잡도 분석하기

N은 progresses의 길이입니다. daysLeft 배열을 생성하기 위한 시간 복잡도는 O(N), daysLeft의 각 요소를 한 번씩 순회할 때의 시간 복잡도는 O(N)이므로 최종 시간 복잡도는 O(N)입니다.

## 문제 17 카드 뭉치★★

정답률 _ 64% | 저자 권장 시간 _ 40분 | 권장 시간 복잡도 _ O(N+M) | 출제 _ 연습문제

문제 URL https://school.programmers.co.kr/learn/courses/30/lessons/159994
정답 URL https://github.com/kciter/coding-interview-js/blob/main/solution/17.js

코니는 영어 단어가 적힌 카드 뭉치 2개를 선물로 받았습니다. 코니는 다음과 같은 규칙으로 카드에 적힌 단어들을 사용해 원하는 순서의 단어 배열을 만들 수 있는지 알고 싶습니다.

- 원하는 카드 뭉치에서 카드를 순서대로 한 장씩 사용합니다.
- 한 번 사용한 카드는 다시 사용할 수 없습니다.
- 카드를 사용하지 않고 다음 카드로 넘어갈 수 없습니다.
- 기존에 주어진 카드 뭉치의 단어 순서는 바꿀 수 없습니다.

예를 들어 첫 번째 카드 뭉치에 ["i", "drink", "water"], 두 번째 카드 뭉치에 ["want", "to"]가 적혀있을 때 ["i", "want", "to", "drink", "water"] 순서의 단어 배열을 만들려고 합니다. 첫 번째 카드 뭉치에서 "i"를 사용한 후 두 번째 카드 뭉치에서 "want"와 "to"를 사용하고 첫 번째 카드 뭉치에 "drink"와 "water"를 차례대로 사용하면 원하는 순서의 단어 배열을 만들 수 있습니다. 문자열로 이루어진 배열 cards1, cards2와 원하는 단어 배열 goal이 매개변수로 주어질 때 cards1과 cards2에 적힌 단어들로 goal를 만들 수 있다면 "Yes"를, 만들 수 없다면 "No"를 반환하는 solution() 함수를 완성하세요.

### 제약 조건

- 1 ≤ cards1의 길이, cards2의 길이 ≤ 10
  - 1 ≤ cards1[i]의 길이, cards2[i]의 길이 ≤ 10
  - cards1과 cards2에는 서로 다른 단어만 있음
- 2 ≤ goal의 길이 ≤ cards1의 길이 + cards2의 길이
  - 1 ≤ goal[i]의 길이 ≤ 10
  - goal의 원소는 cards1과 cards2의 원소들로만 이루어져 있음
- cards1, cards2, goal의 문자열들은 모두 알파벳 소문자로만 이루어져 있음

| cards1 | cards2 | goal | result |
|---|---|---|---|
| ["i", "drink", "water"] | ["want", "to"] | ["i", "want", "to", "drink", "water"] | "Yes" |
| ["i", "water", "drink"] | ["want", "to"] | ["i", "want", "to", "drink", "water"] | "No" |

첫 번째 입출력 예는 문제 본문과 같으므로 생략하겠습니다. 두 번째 입출력 예는 cards1에서 "i"를 사용하고 cards2에서 "want"와 "to"를 사용해 "i want to"까지는 만들 수 있습니다. 하지만 "water"가 "drink"보다 먼저 사용되어야 하므로 문장을 완성할 수 없습니다. 따라서 "No"를 반환합니다.

## 문제 분석하고 풀기

문제의 어떤 키워드에서 큐를 생각할 수 있을까요? 필자는 다음 두 문장으로 큐를 떠올렸습니다.

- card1과 card2는 무조건 앞부터 사용해야 함
- 순서를 뒤바꿀 수 없음

이 두 문장은 큐의 FIFO와 같습니다. 따라서 card1, card2, goal은 큐를 사용해서 관리하겠습니다. 그리고 다음 규칙을 적용하면 cards1, cards2를 활용해서 goal을 만들 수 있는지 알아볼 수 있습니다.

1 goal의 front와 cards1 혹은 cards2의 front의 값과 비교해
   **1-1** 사용할 수 있는 카드가 있다면 해당 큐와 goal에서 각각 팝
   **1-2** 사용할 수 있는 카드가 없다면 아무 동작도 하지 않음
   **1-3** card1, card2 중 빈 곳은 체크하지 않음

위 과정을 goal의 문자열 개수만큼 반복하고, goal에서 모든 데이터를 팝해 비어 있으면 Yes를, 그렇지 않으면 No를 반환합니다. 이 설명만으로는 조금 부족할 겁니다. 간단한 그림과 함께 설명해보겠습니다.

**01단계** 초기 상태는 다음과 같습니다.

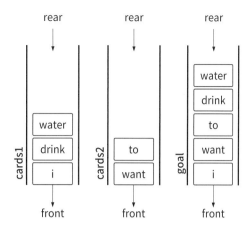

**02단계** cards1의 front, goal의 front가 같으므로 둘 다 팝합니다.

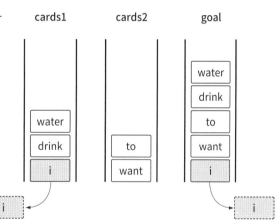

**03단계** 계속해서 같은 방법으로 cards1, cards2, goal의 front를 비교합니다. cards2와 goal이 같으므로 팝합니다.

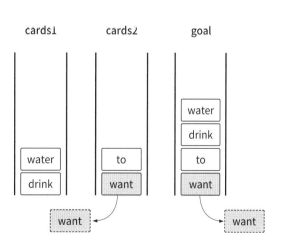

**04단계** 그다음도 cards와 goal이 같습니다. 팝합니다.

**05단계** cards2는 비었으니 이제 비교 대상에서 제외합니다. cards1과 goal을 비교하면 같으므로 팝합니다.

**06단계** 그다음도 같습니다. 팝합니다.

**07단계** 최종 결과를 보니 goal이 비어 있습니다. 원하는 문장이 만들어졌으므로 "Yes"를 출력합니다.

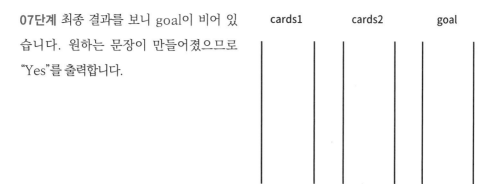

cards1    cards2    goal

```javascript
class Queue {
  items = [];
  front = 0;
  rear = 0;

  // 생성자를 이용해 편하게 초기화
  constructor(array) {
    this.items = array;
    this.rear = array.length;
  }

  push(item) {
    this.items.push(item);
    this.rear++;
  }

  pop() {
    return this.items[this.front++];
  }

  // front에 해당하는 값 반환
  first() {
    return this.items[this.front];
```

```javascript
  }

  isEmpty() {
    return this.front === this.rear;
  }
}


function solution(cards1, cards2, goal) {
  // cards와 goal을 Queue로 변환
  cards1 = new Queue(cards1);
  cards2 = new Queue(cards2);
  goal = new Queue(goal);

  // ❶ goal의 문자열을 순차적으로 순회
  while (!goal.isEmpty()) {
    // ❷ card1의 front와 일치하는 경우
    if (!cards1.isEmpty() && cards1.first() === goal.first()) {
      cards1.pop();
      goal.pop();
    // ❸ card2의 front와 일치하는 경우
    } else if (!cards2.isEmpty() && cards2.first() === goal.first()) {
      cards2.pop();
      goal.pop();
    } else {
      break;
    }
  }

  return goal.isEmpty() ? "Yes" : "No"; // ❹ goal이 비었으면 "Yes" 아니면 "No"를 반환
}
```

이 문제도 직접 큐를 구현해야 합니다. 여기서는 편의를 위해 클래스 생성자를 이용하여 편하게 초기화 할 수 있게 구현하고 front에 해당하는 값을 알아야 하므로 미리 first( ) 메서드를 만들었습니다.

문제 로직을 설명하자면 ❶ goal의 데이터를 차례대로 순회합니다.

❷ cards1가 빈 상태가 아니고 cards1, goal의 front가 같으면 둘 다 팝합니다.

❸ cards2가 빈 상태가 아니고 cards2, goal의 front가 같으면 둘 다 팝합니다.

❹ 반복문이 끝난 후 goal이 비어 있으면 모든 문자열이 규칙에 맞게 cards1과 cards2로 만들 수 있다는 겁니다. 따라서 Yes를 반환하고, 그렇지 않은 경우 No를 반환합니다.

### 시간 복잡도 분석하기

cards1과 card2의 길이는 N이고, goal의 길이는 M입니다. 해당 배열을 큐로 변환하는 것은 메모리 참조를 이용하므로 시간 복잡도가 O(1)만 소요됩니다. 반복문에서 goal의 각 원소를 순회하는 시간 복잡도는 O(M)입니다. 따라서 최종 시간 복잡도는 O(M)입니다.

### 리마인드

기억 01  큐는 선입선출(FIFO) 방식으로 데이터를 관리하는 자료구조입니다.

기억 02  자바스크립트에선 큐를 제공하지 않습니다. 배열의 shift( ) 메서드를 이용하여 흉내낼 수는 있지만 이 방법은 O(1) 시간 복잡도가 아니므로 가급적이면 직접 만들어서 사용하는 것이 좋습니다.

### 추천 문제

문제 01  다리를 지나는 트럭 : https://school.programmers.co.kr/learn/courses/30/lessons/42583

# 08 해시

 **공부부터 합격까지**

해시의 원리를 이해하고 문제에서 요구하는
해시 함수를 구현할 수 있습니다.


## 여기서 풀 문제

| No. | LEVEL 1 몸풀기 문제 | 잘 풀었나요? | No. | LEVEL 2 모의 테스트 | 잘 풀었나요? |
|-----|---------------------|--------------|-----|---------------------|--------------|
| 18 | 두 개의 수로 특정 값 만들기 | v | 20 | 완주하지 못한 선수 | v |
| 19 | 문자열 해싱을 이용한 검색 함수 만들기 | | 21 | 할인 행사 | |
| | | | 22 | 오픈 채팅방 | |
| | | | 23 | 베스트 앨범 | |
| | | | 24 | 신고 결과 받기 | |
| | | | 25 | 메뉴 리뉴얼 | |

# 08-1 해시의 개념

날마다 엄청난 데이터가 생기고 있고 현대 사회에서 이런 데이터를 효율적으로 저장하거나 탐색하는 건 중요한 문제입니다. 어떤 데이터를 찾는다고 했을 때 쉽게 떠올려볼 수 있는 방법은 처음부터 끝까지 순차 탐색하는 방법입니다. 이 방법을 사용하면 가장 확실하게 원하는 데이터를 찾을 수 있습니다. 하지만 최악의 경우 탐색을 할 때마다 모든 데이터를 살펴봐야 할 수 있으므로 효율적이지 않죠. 이 방법을 개선하려면 찾아야 할 값이 어디에 있는지 알아낼 방법이 필요합니다. 즉, 어떠한 값이 저장되는 위치를 어떤 규칙으로 정할 수 있다면 굳이 탐색을 할 필요 없이 바로 데이터를 찾아낼 수 있을 겁니다. 이런 생각을 바탕으로 만든 자료구조가 해시hash입니다. **해시는 해시 함수를 사용해서 변환한 값을 인덱스로 삼아 키와 값을 저장해서 빠른 데이터 탐색을 제공하는 자료구조입니다. 어떻게 탐색을 빠르게 만들까요? 보통은 인덱스를 활용해서 탐색을 빠르게 만들지만 해시는 키key를 활용해 데이터 탐색을 빠르게 합니다.**

※ 해시는 키와 데이터를 일대일 대응하여 저장하므로 키를 통해 데이터에 바로 접근할 수 있습니다. 사람에게는 숫자(인덱스)로 데이터를 관리하는 배열보다 조금 더 접근성이 좋은 자료구조라 할 수 있습니다.

## 해시 자세히 알아보기

사실 우리 생활에도 해시를 많이 활용합니다. 가장 쉽게 볼 수 있는 해시의 예는 연락처입니다. 연락처는 다음과 같은 그림으로 그려볼 수 있습니다.

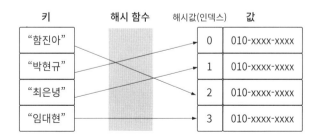

그림을 보면 내가 최종으로 얻고자 하는 정보, 즉, 전화번호는 **값**value이고, 값을 검색하기 위해 활용하는 정보는 **키**key입니다. 그리고 그 사이에 키를 이용해 해시값 또는 인덱스로 변환하는 해시 함수가 있습니다. 해시 함수는 이렇게 키를 일정한 해시값으로 변환시켜 값을 찾을 수 있게 해줍니다. 해시 함수는 설명할 내용이 많으므로 우선 해시가 이런 식으로 동작한다는 콘셉트만 머릿속에 넣어두고 큰 범위에서 동작만 살펴보겠습니다.

※ 자세한 내용은 '08.2절 해시 함수'에서 설명하겠습니다.

## 해시의 특징

첫 번째, 해시는 단방향으로 동작합니다. 즉, 키를 통해 값을 찾을 수 있지만 값을 통해 키를 찾을 수는 없습니다. 두 번째, 찾고자 하는 값을 O(1)에서 바로 찾을 수 있습니다. **키 자체가 해시 함수에 의해 값이 있는 인덱스가 되므로 값을 찾기 위한 탐색 과정이 필요 없습니다.** 세 번째, 값을 인덱스로 활용하려면 적절한 변환 과정을 거쳐야 합니다.

※ 단방향으로만 동작하는 해시의 특성은 외부에 정보를 안전하게 제공한다는 특징이 있어 네트워크 보안에서 많이 활용됩니다.

### 해시를 사용하지 않는다면 어떻게 될까?

만약 해시를 사용하지 않는다면 우리는 값의 위치에 대한 어떤 정보도 알 수 없을 겁니다. 그래서 어떤 데이터를 찾으려면 전체 데이터를 확인해보는 방법밖에는 없을 겁니다. 예를 들면 다음과 같이 전체 전화번호를 순차 탐색해 이름에 맞는 전화번호를 찾아야 할 겁니다. 그림으로만 봐도 탐색 효율이 떨어집니다.

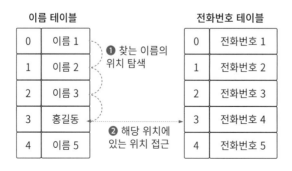

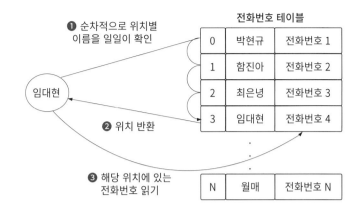

① 순차적으로 위치별
이름을 일일이 확인

② 위치 반환

③ 해당 위치에 있는
전화번호 읽기

임대현

전화번호 테이블

| 0 | 박현규 | 전화번호 1 |
| 1 | 함진아 | 전화번호 2 |
| 2 | 최은녕 | 전화번호 3 |
| 3 | 임대현 | 전화번호 4 |
| N | 월매 | 전화번호 N |

반면 해시를 사용하면, 순차 탐색할 필요 없이 해시 함수를 활용해서 특정 값이 있는 위치를 바로 찾을 수 있어 탐색 효율이 좋습니다. 그림에서 **해시 테이블**<sup>hash table</sup>은 키와 대응한 값이 저장되어 있는 공간이고, 해시 테이블의 각 데이터를 **버킷**<sup>bucket</sup>이라고 부릅니다. 이 책에서도 해시 테이블, 버킷이라는 말을 사용하겠습니다.

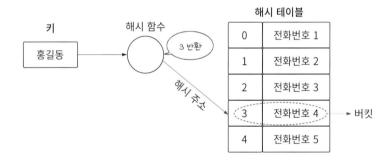

키

홍길동

해시 함수

3 반환

해시 주소

해시 테이블

| 0 | 전화번호 1 |
| 1 | 전화번호 2 |
| 2 | 전화번호 3 |
| 3 | 전화번호 4 |
| 4 | 전화번호 5 |

▶ 버킷

 해시를 사용하면 주소록처럼 데이터를 찾아 쓸 수 있어서 좋은 것이군요. 배열은 인덱스를 기억하기 어려우니 일일이 찾아야 했고요.

맞아요. 해시는 해시 함수가 중간에서 값이 있는 위치를 찾는 데 도움을 주니까요. 데이터를 쉽게 찾을 수 있어 좋아요.

## 해시의 특성을 활용하는 분야

해시는 단방향으로만 검색할 수 있는 대신 빠르게 원하는 값을 검색할 수 있습니다. 이런 해시의 특성은 데이터를 저장하고 검색하거나, 보안이 필요한 때에 활용됩니다. 코딩 테스트에서는 특정 데이터를 탐색하는 횟수가 많을 경우 해시를 고려하면 좋습니다. 다음은 해시가 활용되는 실제 사례입니다.

- 비밀번호 관리 : 사용자의 비밀번호를 그대로 노출해 저장하는 것은 위험하므로 해시 함수를 활용해 해싱한 비밀번호를 저장합니다. 비밀번호가 맞는지 확인할 때도 마찬가지입니다. 사용자가 입력한 비밀번호를 해싱해 확인합니다.
- 데이터베이스 인덱싱 : 데이터베이스에 저장된 데이터를 효율적으로 검색할 때 해시를 활용합니다.
- 블록체인 : 블록체인에서 해시 함수는 핵심 역할을 합니다. 각 블록은 이전 블록의 해시값을 포함하고 있으며, 이를 통해 데이터 무결성을 확인할 수 있습니다.

## 08-2 해시 함수

앞서 언급했던 해시 함수는 어떻게 구현할까요? 이것을 알기 위해서는 해시 함수를 구현할 때 고려할 것들을 알아야 합니다. 사실 코딩 테스트에서 해시 함수를 직접 구현하라는 문제가 나오는 경우는 거의 없습니다. **그리고 자바스크립트에는 오브젝트라는 자료형을 제공하는데 이 자료형은 해시와 거의 동일하게 동작하므로 해시를 쉽게 사용할 수 있습니다.** 하지만 해시의 원리를 이해하고 오브젝트를 사용하면 좀 더 효율적으로 오브젝트를 사용할 수 있으므로 한 번쯤은 해시 개념을 공부하기를 추천합니다.

### 해시 함수를 구현할 때 고려할 내용

첫 번째, 해시 함수가 변환한 값은 인덱스로 활용해야 하므로 해시 테이블의 크기를 넘으면 안 됩니다. 다음 그림으로 예를 들겠습니다. 현재 해시 함수의 결과는 해시 테이블이 크기가 N이므로 인덱스에 해당하는 0과 N – 1 사이의 값을 내야 합니다.

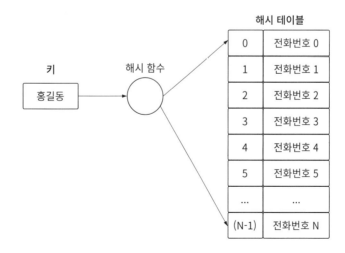

두 번째, 해시 함수가 변환한 값의 충돌은 최대한 적게 발생해야 합니다. **충돌의 의미는 서로 다른 두 키에 대해 해싱 함수를 적용한 결과가 동일한 것을 의미합니다.** 다음과 같이 홍길동과 홍길서를 해시 함수에 넣었을 때 둘 다 결괏값이 1이면 저장 위치가 같습니다. 즉, 충돌이 발생합니다.

※ 필자가 충돌이 최대한 적어야 한다라고 이야기한 이유는 충돌이 아예 발생하지 않는 해시 함수는 없기 때문입니다.

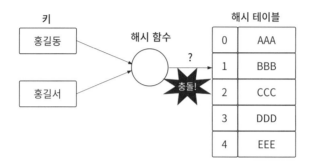

 아 해시도 충돌이라는 문제를 가지고 있네요. 해시 함수가 계속해서 같은 위치에 데이터를 저장하면 문제가 되겠어요.

그렇죠. 그래서 해시 함수를 만드는 다양한 전략이 준비되어 있습니다. 최대한 충돌을 방지하면서도 메모리를 효율적으로 쓰기 위한 해시 함수들이 많아요. 곧 그 내용도 배울 거에요.

## 자주 사용하는 해시 함수 알아보기

그러면 이제 실제로 자주 사용하는 해시 함수를 알아보겠습니다.

### 나눗셈법

나눗셈법은 가장 떠올리기 쉬운 단순한 해시 함수입니다. 나눗셈법division method은 키를 소수로 나눈 나머지를 활용합니다. 이처럼 나머지를 취하는 연산을 모듈러 연산이라고 하며 연산자는 %로 표시합니다. 예를 들어 7%2 = 1입니다. 앞으로 나머지를 취하는 연산은 모듈러 연산이라고 하겠습니다. 나눗셈법을 수식으로 작성하면 다음과 같습니다.

$$h(x) = x \bmod k$$

x는 키, k는 소수입니다. 아주 간단하죠. 키를 소수로 나눈 나머지를 인덱스로 사용하는 겁니다. 나눗셈법을 그림으로 나타내면 다음과 같습니다.

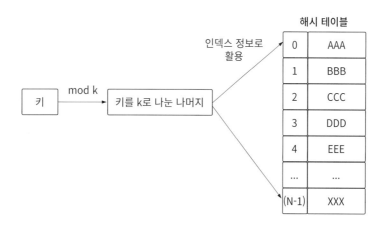

### 나눗셈법에 소수가 아닌 15를 사용하면 어떻게 될까?

그런데 왜 소수로 나눌까요? 소수를 사용하는 이유는 다른 수를 사용할 때보다 충돌이 적기 때문입니다. 예를 들어 소수가 아닌 15를 나눗셈법에 적용했다고 해봅시다. 나눗셈법에 적용했다는 의미는 위 식에서 k에 15를 적용한다는 의미입니다. 이때 x가 3의 배수인 경우를 한번 보겠습니다. 다음 그림을 보면 규칙적으로 계속 같은 해시값이 반복되는 것을 알 수 있습니다.

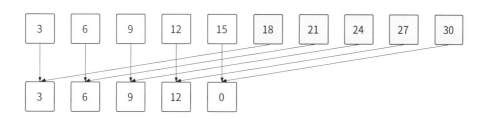

그림을 보면 나눗셈법을 적용하면, x는 3의 배수, k는 15를 적용하면 수식은 $h(x) = x \bmod 15$(단, x는 3의 배수)가 됩니다. 이 식을 활용하면 해시값은 3, 6, 9, 12, 0이 반복됩니다. 해시값을 보면 동일한 값들이 계속 반복되며, 이를 해시값이 충돌되었다고 표현합니다. 왜 그럴까요? x가 k의 약수 중 하나인 3의 배수이기 때문입니다. x를 5의 배수로 생각해도 충돌이 많이 발생합니다.

### 왜 충돌이 많이 발생할까?

이유는 생각보다 간단합니다. N의 약수 중 하나를 M이라고 한다면 임의의 수 K에 대해 M * K = N이 되는 수가 반드시 있습니다. 위 그림에서는 N이 15이고, M이 3인 경우입니다. 3 * 5 = 15이므로 K = 5가 됩니다. 그리고 그림은 K를 주기로 같은 해시값이 반복됨을 알 수 있습니다. 따라서 K는 1과 자신 빼고는 약수가 없는 수, 즉, 소수를 사용하는 것이 좋습니다.

### 나눗셈법의 해시 테이블 크기는 K

그리고 나눗셈법은 해시 테이블의 크기가 자연스럽게 K가 됩니다. 왜냐하면 K에 대해 모듈러 연산을 했을 때 나올 수 있는 값은 0 ~ (K - 1)이기 때문입니다. 즉, 상황에 따라 아주 많은 데이터를 저장해야 한다면 굉장히 큰 소수가 필요할 수도 있습니다. 아쉽게도 매우 큰 소수를 구하는 효율적인 방법은 아직은 없으며 필요한 경우 기계적인 방법으로 구해야 합니다. 나눗셈법의 단점 중 하나입니다.

## 곱셈법

이번에는 곱셈법<sup>multiplication method</sup>을 알아보겠습니다. 나눗셈법은 때에 따라 큰 소수를 사용해야 하는데 큰 소수를 구하기가 쉽지 않다는 단점이 있었습니다. 곱셈법은 나눗셈법과 비슷하게 모듈러 연산을 활용하지만 소수는 활용하지 않습니다. 곱셈법의 공식은 다음과 같습니다.

$$h(x) = (((x * A) \bmod 1) * m)$$

m은 최대 버킷의 개수, A는 **황금비**<sup>golden ratio number</sup>입니다. 황금비는 무한소수로 대략 1.6180339887...이며 이 책에서 계산에는 황금비의 소수부의 일부인 0.618033만 사용했습니다.

※ 황금비는 수학적으로 임의의 길이를 두 부분으로 나누었을 때, 전체와 긴 부분의 비율이 긴 부분과 짧은 부분의 비율과 같은 비율을 뜻합니다.

**01단계** 키에 황금비를 곱합니다.

**02단계 01단계**에서 구한 값의 모듈러 1을 취합니다. 쉽게 말해 정수 부분을 버리고 소수 부분만 취합니다. 예를 들어 모듈러 1의 결과가 3.1523이면 0.1523만 취합니다. 소수 부분만 취하기 때문에 0.xxx 형태의 값이 나오게 됩니다.

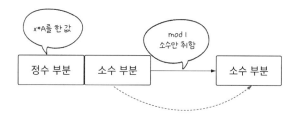

**03단계 02단계**에서 구한 값을 가지고 실제 해시 테이블에 매핑합니다. 테이블의 크기가 m이면 **02단계**에서 구한 수에 m을 곱한 후 정수 부분을 취하는 연산을 통해 해시 테이블에 매핑할 수 있습니다. **02단계**에서 구했던 값은 0.xxx의 값이므로 매핑할 테이블의 크기인 m을 곱하면 테이블의 인덱스인 0 ~ (m − 1)에 매치할 수 있습니다.

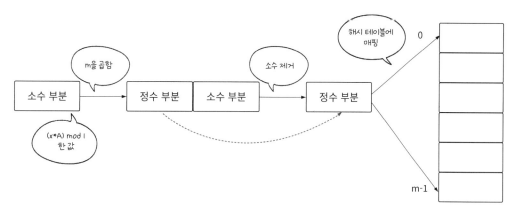

이처럼 곱셈법은 황금비를 사용하므로 나눗셈법처럼 소수가 필요 없다는 장점이 있습니다. 따라서 해시 테이블의 크기가 커져도 추가 작업이 필요 없습니다.

## 문자열 해싱

지금까지 알아본 해시 함수는 키의 자료형이 숫자였습니다. 이번에는 키의 자료형이 문자열일 때도 사용할 수 있는 해시 함수인 문자열 해싱을 알아보겠습니다. 문자열 해싱은 문자열의 문자를 숫자로 변환하고 이 숫자들을 다항식의 값으로 변환해서 해싱합니다. 공식은 다음과 같습니다.

※ 다음 함수는 문자열 해싱을 하기 위해 사용하는 polynomial rolling method입니다.

$$hash(s) = (s[0] + s[1] * p + s[2] * p^2 + ... + s[n-1] * p^{n-1}) \bmod m$$

p는 31이고, m은 해시 테이블 최대 크기입니다. 이 수식이 실제 적용되는 과정을 그림과 함께 알아봅시다.

※ p를 31로 정한 이유는 홀수이면서 메르센 소수이기 때문입니다.

※ 메르센 소수는 일반적으로 $2^N$-1 형식으로 표시할 수 있는 숫자 중 소수인 수를 말합니다. 메르센 소수는 해시에서 충돌을 줄이는데 효과적이라는 연구 결과가 있습니다.

**01단계** 다음 그림은 알파벳 a부터 z까지 숫자와 매치한 표와 키입니다.

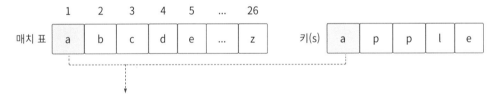

**02단계** "a"는 매치 표를 보면 1입니다. 따라서 "apple"의 "a"는 1입니다. 그러므로 수식의 s[0] * $p^0$는 1 * 1이므로(31의 0승은 1입니다) 1입니다.

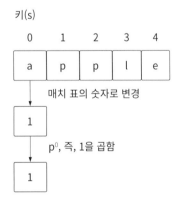

**03단계** 두 번째 문자열 "p"에 대해 연산을 진행합니다. "p"는 16입니다. 여기에 $p^1$을 곱하면 496입니다.

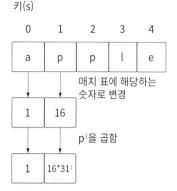

**04단계** 이렇게 곱한 값들을 더하면 최종값은 4,990,970입니다. 이를 해시 테이블의 크기 m으로 모듈러 연산해 활용하면 됩니다.

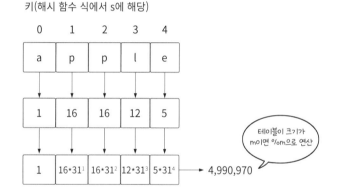

기존에는 키 자체가 숫자였으므로 바로 해시 함수를 적용했지만 키가 문자열이면 각 문자열의 문자들을 적절한 숫자로 변경한 다음 해시 함수를 적용해야 합니다. 이런 변환 과정을 통해 문자열이 키인 데이터에도 해시를 사용할 수 있습니다. 하지만 해시 함수를 적용할 때 중요한 점이 있습니다. 해시 함수를 적용한 값이 해시 테이블 크기에 비해 너무 클 수 있다는 겁니다. 그래서 해시 함수가 내는 결과의 크기를 해시 테이블 크기에 맞도록 하는 작업이 필요합니다. 그림을 보면 "apple"이라는 간단한 문자열을 해싱했는데도 결괏값은 4,990,970으로 굉장히 큽니다. 오버플로가 발생시킬 여지가 있으므로 다음 연산 법칙을 활용해 문자열 해시 함수를 수정할 수 있습니다.

### 문자열 해시 함수 수정하기

덧셈을 전부한 다음 모듈러 연산을 하는 왼쪽 수식 대신, 오른쪽 수식처럼 중간 중간 모듈러 연산을 해 더한 값을 모듈러 연산하면 오버플로를 최대한 방지할 수 있습니다.

※ 두 수식의 실제 결과는 같습니다.

$$(a+b)\%c = (a\%c + b\%c)\%c$$

이를 활용해서 앞서 본 문자열 해싱 공식을 수정하면 다음과 같습니다.

$$hash(s) = (s[0]\%m + s[1] * p\%m + s[2] * p^2 \%m \;......\; s[n-1] * p^{(n-1)}\%m)\%m$$

해시 함수뿐 아니라 보통 수식에 모듈러 연산이 있는 문제 중 큰 수를 다루는 문제는 이런 오버플로 함정이 있는 경우가 많습니다. 난이도가 높은 문제는 대부분 이런 함정을 포함하고 있으니 이번 기회에 제대로 기억해두기 바랍니다.

# 08-3 충돌 처리

앞서 자주 언급했던 것처럼 서로 다른 키에 대해서 해시 함수의 결괏값이 같으면 **충돌**collision이라고 합니다. 하나의 버킷에 2개의 값을 넣을 수는 없으므로 해시 테이블을 관리할 때는 반드시 충돌 처리를 해야 합니다.

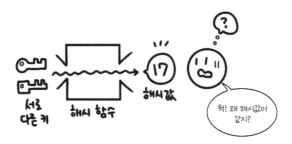

그림을 보면 두 키는 서로 다르지만 해시 함수를 적용해 해시값이 17이 나왔습니다. 이렇게 되면 해시 테이블의 같은 위치를 나타내므로 충돌이 발생합니다. 여기서는 이런 충돌이 발생하면 어떻게 처리해야 하는지 알아보겠습니다.

## 체이닝으로 처리하기

체이닝은 해시 테이블에 데이터를 저장할 때 해싱한 값이 같은 경우 충돌을 해결하는 간단한 방법입니다. 체이닝은 충돌이 발생하면 해당 버킷에 연결 리스트로 같은 해시값을 가지는 데이터를 연결합니다.

※ 연결 리스트(linked list)는 데이터 요소들을 연결하여 구성한 선형 데이터 구조입니다.

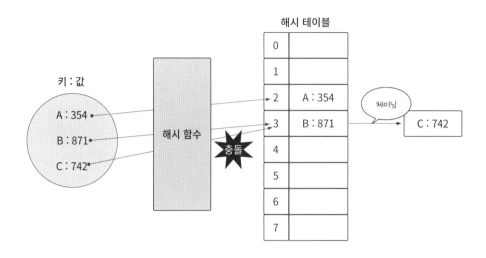

그림을 보면 키 B와 C를 해싱했을 때 3입니다. 즉, 해시 테이블의 같은 위치를 가리키므로 데이터를 저장할 때 충돌이 발생합니다. 이때 체이닝은 연결 리스트로 충돌한 데이터를 연결하는 방식으로 충돌을 해결합니다. 이후 어떤 데이터가 해시 테이블 상 같은 위치에 저장되어야 하면 이런 방식으로 데이터를 저장합니다. 이처럼 체이닝은 충돌을 연결 리스트로 간단히 해결한다는 장점이 있지만 2가지 단점이 있습니다.

## 해시 테이블 공간 활용성이 떨어짐

충돌이 많아지면 그만큼 연결 리스트의 길이가 길어지고, 다른 해시 테이블의 공간은 덜 사용하므로 공간 활용성이 떨어집니다.

## 검색 성능이 떨어짐

충돌이 많으면 연결 리스트 자체의 한계 때문에 검색 성능이 떨어집니다. 연결 리스트로 연결한 값을 찾으려면 연결 리스트의 맨 앞 데이터부터 검색해야 하기 때문입니다. 다음 그림을 보면 맨 뒤의 키 K에 해당하는 값을 검색하려면 B, C, K를 거쳐 확인해야 합니다. 만약 N개의 키가 있고 모든 키가 충돌하여 체이닝되었다면 마지막 버킷을 검색하는 경우 시간 복잡도는 O(N)입니다.

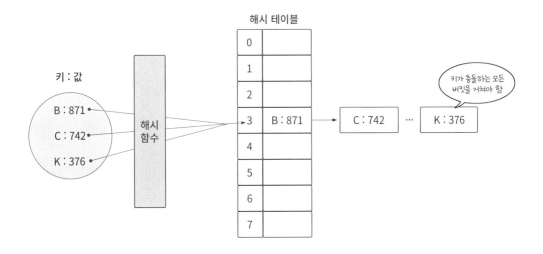

## 개방 주소법으로 처리하기

개방 주소법open addressing은 체이닝에서 연결 리스트로 충돌값을 연결한 것과 다르게 빈 버킷을 찾아 충돌값을 삽입합니다. 이 방법은 해시 테이블을 최대한 활용하므로 체이닝보다 메모리를 더 효율적으로 사용합니다.

### 선형 탐사 방식

선형 탐사linear probing 방식은 충돌이 발생하면 다른 빈 버킷을 찾을 때까지 일정한 간격으로 이동합니다. 수식은 다음과 같습니다.

※ 보통 간격은 1로 하는 것이 일반적입니다.

$$h(k,i) = (h(k)+i) \bmod m$$

m은 수용할 수 있는 최대 버킷입니다. 선형 탐사 시 테이블의 범위를 넘으면 안 되므로 모듈러 연산을 적용한 겁니다. 수식을 그림으로 표현하면 다음과 같습니다.

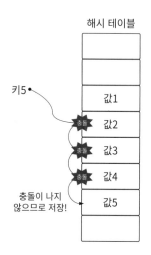

해시 테이블

키5에 해시 함수를 적용하면 값2가 있는 위치 정보를 참조하므로 충돌이지만 선형 탐사 방법으로 1칸씩 아래로 내려갑니다. 값3, 값4를 지나 그다음 위치에 값5를 넣습니다. 하지만 이 방법도 단점이 있습니다. 충돌 발생 시 1칸씩 이동하며 해시 테이블 빈 곳에 값을 넣으면 해시 충돌이 발생한 값끼리 모이는 영역이 생깁니다. 이를 클러스터^cluster를 형성한다고 하는데요, 이런 군집이 생기면 해시값은 겹칠 확률이 더 올라갑니다.

※ 그래서 이를 방지하기 위해 제곱수만큼 이동하며 탐사하는 방법도 있습니다.


## 이중 해싱 방식

이중 해싱 방식은 말 그대로 해시 함수를 2개 사용합니다. 때에 따라 해시 함수를 N개로 늘리기도 합니다. 두 번째 해시 함수의 역할은 첫 번째 해시 함수로 충돌이 발생하면 해당 위치를 기준으로 어떻게 위치를 정할지 결정하는 역할을 합니다. 예를 들어 보겠습니다. $h_1$이 1차 해시 함수, $h_2$가 2차 해시 함수입니다.

$$h(k, i) = (h_1(k) + i * h_2(k)) \bmod m$$

수식을 보면 선형 탐사와 비슷하게 더하는 방식으로 데이터의 위치를 정하지만 클러스터를 줄이기 위해 m을 제곱수로 하거나 소수로 합니다. 이는 주어지는 키마다 점프하는 위치를 해시 함수로 다르게 해서 클러스터 형성을 최대한 피하기 위함입니다.

지금까지 해시에 대해 알아봤습니다. 솔직히 말하자면 해시 함수 자체를 구현하라는 문제는 나오지 않을 가능성이 높습니다. 그렇다고 지금까지 공부한 개념이 중요하지 않은 건 아닙니다. 해시는 IT 기업에 입사하려면 당연히 알고 있어야 할 기본 지식이므로 이참에 한번 정리하기 바랍니다. 면접에서 해시 관련 질문이 나와도 이 정도 수준으로 공부하면 충분히 대답할 수 있을 겁니다. **실제 코딩 테스트 문제에서 해시 문제의 핵심은 키와 값을 매핑하는 과정입니다.** 특정 값이나 정보를 기준으로 빈번한 검색을 해야 하거나 특정 정보와 매핑하는 값의 관계를 확인해야 하는 작업이 문제에 있으면 해시를 고려해야 합니다.

## 문제 18 두 개의 수로 특정 값 만들기★

**저자 권장 시간 _** 30분 | **권장 시간 복잡도 _** O(N+K) | **출제 _** 저자 출제

정답 URL https://github.com/kciter/coding-interview-js/blob/main/solution/18.js

n개의 양의 정수로 이루어진 리스트 arr와 정수 target이 주어졌을 때 이 중에서 합이 target인 두 수가 arr에 있는지 찾고, 있으면 true, 없으면 false를 반환하는 solution( ) 함수를 작성하세요.

### 제약 조건

- n은 2 이상 10,000 이하의 자연수입니다.
- arr의 각 원소는 1 이상 10,000 이하의 자연수입니다.
- arr의 원소 중 중복되는 원소는 없습니다.
- target은 1 이상 20,000 이하의 자연수입니다.

### 입출력의 예

| arr | target | return |
|:---:|:---:|:---:|
| [1, 2, 3, 4, 8] | 6 | True |
| [2, 3, 5, 9] | 10 | false |

### 문제 분석하고 풀기

arr에서 특정 원소 두 개를 뽑아 두 수의 합이 target과 같을 수 있는지 확인하는 문제입니다. 첫 번째 입출력을 보겠습니다. arr이 [1, 2, 3, 4, 8]이고 target이 6입니다. 여기서는 두 가지 방법을

알아볼 겁니다. 첫 번째 방법은 무작정 가능한 모든 경우의 합을 확인하고, 두 수의 합이 되는지 확인하는 방법입니다. 두 번째 방법은 해시를 활용하는 방법입니다.

### 무작정 더하며 찾기

가장 간단한 방법은 각 원소에 대해 자신을 제외한 나머지 원소를 전부 더하면서 두 수의 합이 6인 경우를 찾는 겁니다. 이렇게 하면 정답은 당연히 나오겠지만 시간 복잡도는 $O(N^2)$이므로 데이터가 최대 10,000개까지 들어오는 것을 가정하면 대략 1억 번의 연산이 수행될 수 있으므로 효율이 떨어집니다. 뭔가 개선이 필요합니다.

### 해시를 활용해 찾기

어떻게 개선할 수 있을까요? 코드를 구현하기 전에 별 아이디어가 떠오르지 않다면 직접 이 문제를 풀어보는 것도 방법입니다. 만약 여러분이 이 문제를 직접 푼다면 하나의 숫자를 고른 다음 그 숫자를 더했을 때 target이 되는 수가 arr에 있는지 확인해볼 겁니다. 그러니 다음과 같은 관점으로 문제에 접근할 수도 있을 겁니다.

"arr에서 임의의 원소 x에 대해 x + k = target이 되는 원소 k가 arr에 있는지 확인하기"

**여기서 핵심은 k를 확인하는 동작의 효율입니다.** 문제에서는 x, k는 모두 arr의 원소라고 했으므로 원소의 유무를 표시할 수 있는 해시 테이블 hash table을 마련해 활용하면 O(1) 안에 찾을 수 있습니다. 그림으로 표현하면 다음과 같습니다.

왼쪽이 arr, 오른쪽이 arr을 보고 각 원소의 유무를 표현한 해시 테이블입니다. 해시 테이블의 크기는 arr의 원소 중 가장 큰 원소의 값 8과 같습니다. 1, 2, 3, 4, 8에 대해서는 1을, 나머지 수에 대해서는 0을 매치했습니다. 이렇게 해시 테이블을 준비하고 각 원소에 대해 hashtable(target - 원소)가 1이면 합을 통해 target을 만들 수 있는 두 수가 arr에 있다고 봐도 됩니다.

다음 코드는 계수 정렬<sup>counting sort</sup> 알고리즘을 사용해 배열 arr에서 문제에서 요구한 target을 찾는 함수를 구현한 겁니다. 계수 정렬 알고리즘은 입력 배열을 순회하며 각 원소의 등장 횟수를 세는 작업을 수행합니다. 코드를 보면 arr의 각 원소를 순회하면서 현재 원소의 값이 k 이하일 때 순회 대상 원소를 인덱스로 하는 해시 테이블의 값을 1로 설정합니다.

※ 계수 정렬은 '13장 정렬'에서 자세히 설명하므로 궁금하다면 잠깐 넘어가 공부하고 오기 바랍니다.

```javascript
function countSort(arr, k) {
  // ❶ 해시 테이블 생성 및 초기화
  const hashtable = new Array(k + 1).fill(0);
  for (const num of arr) {
    // 현재 원소의 값이 k 이하인 때에만 처리
    if (num <= k) {
      // 현재 원소의 값을 인덱스로 해 해당 인덱스의 해시 테이블 값을 1로 설정
      hashtable[num] = 1;
    }
  }

  return hashtable;
}

function solution(arr, target) {
  const hashtable = countSort(arr, target);
  for (const num of arr) {
    const complement = target - num;
    // ❷ target에서 현재 원소를 뺀 값이 해시 테이블에 있는지 확인
    if (
      complement !== num &&
      complement >= 0 &&
      complement <= target &&
      hashtable[complement] === 1
    ) {
      return true;
```

```
        }
    }

    return false;
}

console.log(solution([1, 2, 3, 4, 8], 6)); // true
console.log(solution([2, 3, 5, 9], 10)); // false
```

❶ solution( ) 함수는 countSort( ) 함수를 호출해 해시 테이블을 생성한 후 배열 arr을 순회하며 다음 작업을 수행합니다.

❷ 현재 원소 num에 대해서 target - num을 계산해 그 값이 해시 테이블에 있는지 확인합니다. 이때 target에서 현재 원소를 뺀 값이 현재 원소와 다르고, 0 이상이며 target 이하인지 확인하고, 해시 테이블의 값이 1인지 확인합니다. 이 조건을 만족하면 true를 반환하고 모든 원소에 대해 검사를 완료한 후에도 찾지 못하면 false를 반환합니다.

### 시간 복잡도 분석하기

N은 arr의 길이이고, K는 target의 길이입니다. countSort( ) 함수의 시간 복잡도는 해시 테이블을 초기화할 때 시간 복잡도는 O(K), 배열 arr을 순회할 때 시간 복잡도는 O(N)이므로 O(N + K)입니다. solution( ) 함수의 시간 복잡도는 countSort( ) 함수를 호출하면서 arr을 O(N)으로 순회하므로 최종 시간 복잡도는 O(N + K)이 됩니다.

저자 권장 시간 _ 40분 | 권장 시간 복잡도 _ O(N+K) | 출제 _ 저자 출제

정답 URL https://github.com/kciter/coding-interview-js/blob/main/solution/19.js

문자열 리스트 stringList와 쿼리 리스트 queryList가 있을 때 각 쿼리 리스트에 있는 문자열이 stringList의 문자열 리스트에 있는지 여부를 확인해야 합니다. 문자열이 있으면 true, 없으면 false가 됩니다. 각 문자열에 대해서 문자열의 존재 여부를 리스트 형태로 반환하는 solution( ) 함수를 작성해주세요.

### 제약 조건

- 입력 문자열은 영어 소문자로만 이루어져 있습니다.
- 문자열의 최대 길이는 $10^6$입니다.
- 해시 충돌은 없습니다.
- 아래와 같은 문자열 해싱 방법을 활용해서 해싱 함수를 구현하세요.
- 다음 식에서 p는 31, m은 1,000,000,007로 합니다.
  - $hash(s) = (s[0] + s[1]*p + s[2]*p^2 ........ s[n-1]*p^{n-1}) \bmod m$

### 입출력의 예

| stringList | queryList | return |
|---|---|---|
| ["apple", "banana", "cherry"] | ["banana", "kiwi", "melon", "apple"] | [True, false, false, True] |

### 문제 분석하고 풀기

문자열 해싱에 대한 개념은 앞서 자세히 설명했으므로 여기서 설명하지 않아도 될 것 같네요. 바로 문제를 풀어봅시다. stringList의 각 문자열들을 아스키코드값과 문자열 해싱으로 생성한 해시 값을 활용해서 해시에 저장합니다. 이후 queryList의 각 문자열들도 해싱한 후 해당 값이 해시에 있으면 true, 아니면 false를 반환합니다.

```JavaScript
// ① polynomial hash를 구현한 부분
function polynomialHash(str) {
  const p = 31; // 소수
  const m = 1_000_000_007; // 버킷 크기
  let hashValue = 0;
  for (let i = 0; i < str.length; i++) {
    hashValue = (hashValue * p + str.charCodeAt(i)) % m;
  }
  return hashValue;
}


function solution(stringList, queryList) {
  // ② stringList의 각 문자열에 대해 다항 해시값을 계산
  const hashList = stringList.map((str) => polynomialHash(str));

  // ③ queryList의 각 문자열이 stringList에 있는지 확인
  const result = [];
  for (const query of queryList) {
    const queryHash = polynomialHash(query);
    if (hashList.includes(queryHash)) {
      result.push(true);
    } else {
      result.push(false);
    }
  }

  return result;
}

console.log(solution(['apple', 'banana', 'cherry'], ['banana', 'kiwi', 'melon',
'apple']));
```

❶ 문자열 해싱을 구현한 부분입니다. 문자열 해싱을 하려면 각 문자의 아스키코드값이 필요합니다. 문자열의 charCodeAt( ) 메서드는 특정 문자의 아스키코드값을 반환합니다.

❷ 각 stringList의 문자열들을 해싱하고 이를 기준으로 해시 테이블을 완성합니다.

❸ queryList의 각 문자열 해싱값이 해시 테이블에 있으면 true, 아니면 false를 result에 추가합니다.

### 시간 복잡도 분석하기

N은 stringList의 길이이고, K는 queryList의 길이입니다. polynomialHash( ) 함수를 보면 충돌이 없다고 가정했으므로 시간 복잡도는 $O(1)$입니다. 다음으로 solution( ) 함수를 보면 stringList의 각 문자열에 대해 해시값을 계산하여 $O(N)$, queryList의 각 문자열이 stringLlist에 있는지 확인하여 $O(K)$입니다. 따라서 최종 시간 복잡도는 $O(N + K)$입니다.

합격자가 되는 모의 테스트

## 문제 20 완주하지 못한 선수★

정답률 _ 54% | 저자 권장 시간 _ 30분 | 권장 시간 복잡도 _ O(N) | 출제 _ 해시

문제 URL https://programmers.co.kr/learn/courses/30/lessons/42576
정답 URL https://github.com/kciter/coding-interview-js/blob/main/solution/20.js

많은 선수 중 단 한 명의 선수를 제외하고 모든 선수가 마라톤을 완주하였습니다. 마라톤에 참여한 선수들의 이름이 담긴 배열 participant와 완주한 선수들의 이름이 담긴 배열 completion이 있을 때 완주하지 못한 선수의 이름을 반환하는 solution( ) 함수를 작성하세요.

### 제약 조건

- 마라톤 경기에 참여한 선수 수는 1명 이상 100,000명 이하입니다.
- completion 길이는 participant 길이보다 1 작습니다.
- 참가자 이름은 1개 이상 20개 이하의 알파벳 소문자로 이루어져 있습니다.
- 참가자 중에는 동명이인이 있을 수 있습니다.

### 입출력의 예

| participant | completion | return |
|---|---|---|
| ["leo", "kiki", "eden"] | ["eden", "kiki"] | "leo" |
| ["marina", "josipa", "nikola", "vinko", "filipa"] | ["josipa", "filipa", "marina", "nikola"] | "vinko" |
| ["mislav", "stanko", "mislav", "ana"] | ["stanko", "ana", "mislav"] | "mislav" |

각 입출력 예는 다양한 상황에서의 완주하지 못한 사람을 걸러내는 모습을 보여줍니다. 입출력 예 1번에서 "leo"는 참여자 명단에는 있지만 완주자 명단에는 없으므로 완주하지 못했습니다. 입출력

예 2번에서 "vinko"는 참여자 명단에는 있지만 완주자 명단에는 없으므로 완주하지 못했습니다. 입출력 예 3번에서 "mislav"는 참여자 명단에는 2명이 있지만 완주자 명단에는 한 명밖에 없으므로 한 명은 완주하지 못했습니다.

## 문제 해설

문제의 요구사항은 완주하지 못한 선수 이름을 찾는 겁니다.

### *하나하나 대조하며 완주하지 못한 사람 찾기*

가장 간단한 알고리즘을 생각해봅시다. 참가자 목록에 있는 이름을 왼쪽부터 하나씩 대조해 가며 완료한 목록에 있는지 찾습니다. 만약에 완료한 목록에 참가자 이름이 있다면 참가자 목록에서 이름을 삭제합니다. 이 과정을 반복한 다음 참가자 목록에서 이름을 반환합니다. 그림으로 보면 다음과 같습니다.

**01단계** 초기 상태는 왼쪽과 같습니다.

**02단계** eden부터 대조합니다. 참가자 목록에 이름이 있는지 검색하고, 이름이 있으므로 삭제합니다.

**03단계** kiki도 대조합니다. 이 역시도 이름이 있으므로 삭제합니다.

**04단계** 대조 작업이 끝났습니다. 참가자 목록에 남아 있는 이름을 반환합니다.

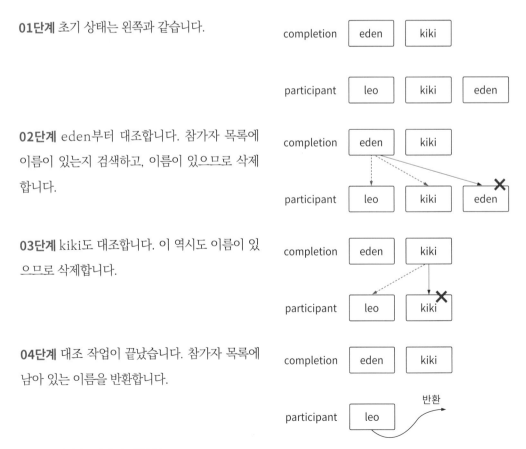

이렇게 문제를 풀면 답은 잘 나오겠지만 실제 테스트 케이스는 통과하지 못할 겁니다. 왜냐하면 이 알고리즘의 시간 복잡도는 O(N²)인데 마라톤 경기에 참여한 선수는 최대 10만 명으로 가정했기 때문입니다. 이보다는 더 나은 O(NlogN) 또는 O(N) 알고리즘을 찾아야 합니다.

### 알고리즘 개선하기

앞서 생각한 알고리즘의 어느 부분을 개선할 수 있을까요? 완주자의 이름을 참여자에서 바로 찾을 수 있다면 알고리즘의 시간 복잡도를 많이 낮출 수 있을 것 같습니다. 배열 인덱스와 같은 방식으로 특정 데이터에 바로 접근할 수는 없을까요? 이를테면 마라톤 참가자 이름 자체를 인덱스처럼 쓰면 좋을 것 같습니다. 아하, 문자열 해싱을 사용하면 될 것 같네요. 다만 문자열 해싱은 '10-2 해싱 함수'에서 배운 방법을 사용해 구현해도 좋지만 사실 대부분의 문제는 그렇지 않습니다. 자바스크립트는 오브젝트로 해시를 표현할 수 있거든요.

키는 마라톤 참여자 이름으로 하면 됩니다. 그럼 키-값에 해당하는 값은 무엇으로 해야 할까요? 답은 간단합니다. 해당 이름을 가진 마라토너가 몇 명인지를 값으로 하면 됩니다. 이 문제는 동명이인까지 고려해야 하는데 키-값을 해당 이름(키)을 가진 마라토너의 수로 표시하면 자연스럽게 해결됩니다. 지금까지의 아이디어를 통해 문제를 푸는 과정을 정리하면 다음과 같습니다.

1 참가자들의 이름을 해시 테이블에 추가하되, **키-값은 이름-이름 개수로 합니다.**
2 완주한 선수들의 이름을 해시 테이블에서 찾아 값을 1씩 줄입니다.
3 1번에서 만든 해시를 순회해 값이 0이 아닌 키(이름)를 반환합니다.

과정을 그림으로 보면 더 쉽게 이해할 수 있을 겁니다. 다음 그림을 봅시다.

**01단계** 초기 상태입니다.

**02단계** participant를 순회하며 participantHash를 만듭니다. 키는 이름, 값은 이름 개수입니다.

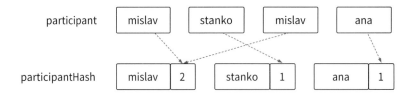

**03단계** completion을 순회하며 participantHash의 값을 1씩 줄입니다. 순회가 끝난 다음에는 participantHash에서 값이 0이 아닌 이름을 반환합니다.

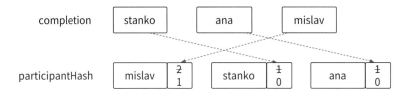

```javascript
function solution(participant, completion) {
  // ❶ 해시 테이블 생성
  const obj = {};

  // ❷ 참가자들의 이름을 해시 테이블에 추가
  for (const p of participant) {
    if (obj[p]) {
      obj[p] += 1;
    } else {
      obj[p] = 1;
    }
  }

  // ❸ 완주한 선수들의 이름을 키로 하는 값을 1씩 감소
  for (const c of completion) {
    obj[c] -= 1;
  }

  // ❹ 해시 테이블에 남아 있는 선수가 완주하지 못한 선수
```

```
    for (const key in obj) {
      if (obj[key] > 0) {
        return key;
      }
    }
  }
```

❶ dic은 참가자 이름과 이름 개수를 저장하기 위해 사용하는 오브젝트입니다.

❷ participant를 순회하며 참가자 이름을 오브젝트에 추가합니다. 처음 등장하는 이름은 1, 그렇지 않은 경우 기존 이름 개수를 +1합니다.

❸ obj의 키를 completion에서 찾으면 이름 개수를 -1합니다.

❹ 순회가 끝난 후 obj에서 값이 0보다 큰 키를 반환합니다. 완주를 못한 선수는 단 1명이라고 했으므로 찾는 즉시 해당 값을 반환하며 반복문을 종료합니다.

### 시간 복잡도 분석하기

N은 participant의 길이이고, K는 completion의 길이입니다. 참가자의 이름을 해시 테이블에 추가하는 연산의 시간 복잡도는 O(N)이고, 완주한 선수들의 이름을 해시 테이블에서 제외하는 연산의 시간 복잡도는 O(K)입니다. 추가로 completion의 최대 길이는 N - 1이므로 K 대신 N - 1로 대체하면 시간 복잡도는 O(2 * (N - 1))입니다. 최종 시간 복잡도는 O(N)가 됩니다.

### 문제 21 할인 행사★★

정답률 _ 34% | 저자 권장 시간 _ 60분 | 권장 시간 복잡도 _ O(N) | 출제 _ 연습문제

문제 URL https://school.programmers.co.kr/learn/courses/30/lessons/131127
정답 URL https://github.com/kciter/coding-interview-js/blob/main/solution/21.js

XYZ 마트는 일정 금액을 지불하면 10일 동안 회원 자격을 부여합니다. XYZ 마트에서는 회원을 대상으로 매일 1가지 제품을 할인하는 행사를 합니다. 할인 제품은 하루에 하나만 구매할 수 있습니다. 알뜰한 정현이는 자신이 원하는 제품과 수량이 할인하는 날짜와 10일 연속으로 일치할 때에

맞춰서 회원가입을 하려 합니다.

예를 들어 정현이가 원하는 제품이 바나나 3개, 사과 2개, 쌀 2개, 돼지고기 2개, 냄비 1개이고, XYZ 마트에서 14일간 회원을 대상으로 할인하는 제품이 날짜 순서대로 치킨, 사과, 사과, 바나나, 쌀, 사과, 돼지고기, 바나나, 돼지고기, 쌀, 냄비, 바나나, 사과, 바나나면 첫째 날부터 열흘 동안은 냄비는 할인하지 않으므로 첫째 날에는 회원가입을 하지 않습니다. 둘째 날부터 열흘 동안은 바나나를 원하는 만큼 할인 구매할 수 없으므로 둘째 날에도 회원가입을 하지 않습니다. 셋째, 넷째, 다섯째 날부터 각각 열흘 동안은 원하는 제품과 수량이 일치하므로 셋 중 하루에 회원가입을 합니다.

정현이가 원하는 제품을 나타내는 문자열 배열 want와 정현이가 원하는 제품의 수량을 나타내는 정수 배열 number, XYZ 마트에서 할인하는 제품을 나타내는 문자열 배열 discount가 있을 때 회원가입 시 정현이가 원하는 제품을 모두 할인받을 수 있는 회원 등록 날짜의 총 일수를 반환하는 solution( ) 함수를 완성하세요. 가능한 날이 없으면 0을 return합니다.

### 제약 조건

- 1 ≤ want의 길이 = number의 길이 ≤ 10
  - 1 ≤ number의 원소 ≤ 10
  - number[i]는 want[i]의 수량
  - number의 총합 10
- 10 ≤ discount의 길이 ≤ 100,000
- want와 discount의 원소들은 알파벳 소문자로 이루어진 문자열
  - 1 ≤ want의 원소의 길이, discount의 원소의 길이 ≤ 12

### 입출력의 예

| want | number | discount | result |
|---|---|---|---|
| ["banana", "apple", "rice", "pork", "pot"] | [3, 2, 2, 2, 1] | ["chicken", "apple", "apple", "banana", "rice", "apple", "pork", "banana", "pork", "rice", "pot", "banana", "apple", "banana"] | 3 |

| | | | |
|---|---|---|---|
| ["apple"] | [10] | ["banana", "banana", "banana", "banana", "banana", "banana", "banana", "banana", "banana", "banana"] | 0 |

문제를 요약하면 특정일에 회원 가입을 해 그날부터 10일간 쇼핑을 할 때 구매하려는 제품을 모두 할인받아 살 수 있는지 확인하고 특정일을 세어 반환하면 됩니다. 문제를 풀기 전에 입력값부터 분석해봅시다.

### 입력값 분석하기

want는 구매하고자 하는 제품, number는 want를 얼마나 사고 싶은지 나타냅니다. discount에는 마트에서 각 날짜마다 할인하는 제품 정보가 들어 있습니다. want와 number는 서로 깊은 연관이 있어 보입니다. 첫 번째 입출력 예를 보면

- want[0] = "banana"
- number[0] = 3

이므로 **이를 연결 지어 생각하면 number[want[0]] = 3, 즉, 바나나를 3개 사고 싶음으로 볼 수 있습니다.** 다시 말해 다음과 같은 오브젝트로 표현할 수 있습니다.

| banana | 3 | apple | 2 | rice | 2 | pork | 2 | port | 1 |
|---|---|---|---|---|---|---|---|---|---|

이렇게 입력값의 관계를 보고 그림을 그리면서 어떤 자료구조를 떠올릴 수 있어야 합니다. 머릿속으로만 고민하지 말고 필자가 보여준 것처럼 종이나 디지털 노트에 직접 써가며 정리하는 연습을 해보기 바랍니다. 다시 문제로 돌아갑시다.

### 특정 일에 회원가입을 하면 할인받을 수 있는 품목과 품목의 개수를 오브젝트로 만들기

문제를 풀려면 특정 일에 회원가입 시 할인받을 수 있는 제품과 제품의 개수가 필요합니다. 첫 번째 입출력 예를 기준으로 첫 번째, 두 번째 날 할인받을 수 있는 품목과 품목의 개수를 오브젝트로 만들면 다음과 같습니다.

| 첫 번째 날 | chicken | 1 | apple | 3 | banana | 2 | rice | 2 | pork | 2 |
| 두 번째 날 | pot | 1 | apple | 3 | banana | 2 | rice | 2 | pork | 2 |

.
.
.

이제 우리가 오브젝트로 표현한 것은 다음 두 가지 항목입니다.

- 내가 사려고 하는 품목과 품목의 개수
- n일 차에 회원가입을 하면 할인받아 살 수 있는 품목과 품목의 개수

참고로 자바스크립트에서 두 오브젝트가 서로 일치하는 지 확인하기 위해선 별도 작업이 필요합니다. 다음과 같이 코드를 작성할 수 있습니다.

```javascript
function isShallowEqual(object1, object2) {
  const objKeys1 = Object.keys(object1);
  const objKeys2 = Object.keys(object2);

  // 만약 두 오브젝트에 등록된 값이 다르다면 false
  if (objKeys1.length !== objKeys2.length) return false;

  for (const key of objKeys1) {
    const value1 = object1[key];
    const value2 = object2[key];

    // 키에 해당하는 값이 다르다면 false
    if (value1 !== value2) {
      return false;
    }
  }

  // 모든 키 값이 일치한다면 true
  return true;
};
```

생각보다 코드가 단순하지 않습니다. 하지만 두 오브젝트가 동일한지 확인하는 방법을 자바스크립트에서 기본 제공하지 않으므로 만약 비교해야 하는 로직이 필요하다면 위와 같은 함수를 만들어야 합니다.

이제 코드를 작성하며 문제를 풀어봅시다.

```JavaScript
function isShallowEqual(object1, object2) {
  const objKeys1 = Object.keys(object1);
  const objKeys2 = Object.keys(object2);

  if (objKeys1.length !== objKeys2.length) return false;

  for (const key of objKeys1) {
    const value1 = object1[key];
    const value2 = object2[key];

    if (value1 !== value2) {
      return false;
    }
  }
  return true;
};

function solution(want, number, discount) {
  // ❶ want 배열을 오브젝트로 변환
  const wantObj = {}
  for (let i = 0; i < want.length; i++) {
    wantObj[want[i]] = number[i];
  }

  let answer = 0; // ❷ 총 일수를 계산할 변수 초기화

  // ❸ 특정일 i에 회원가입 시 할인받을 수 있는 품목 체크
```

```
  for (let i = 0; i < discount.length - 9; i++) {
    const discount10d = {}; // ❹ i일 회원가입 시 할인받는 제품 및 개수를 담을 오브젝트

    // ❺ i일 회원가입 시 할인받는 제품 및 개수로 오브젝트 구성
    for (let j = i; j < i + 10; j++) {
      if (wantObj[discount[j]]) {
        // discount10d[discount[j]]가 비어 있다면 0으로 기본값 설정
        discount10d[discount[j]] = (discount10d[discount[j]] || 0) + 1;
      }
    }

    // ❻ 할인하는 상품의 개수가 원하는 수량과 일치하면 정답 변수에 1 추가
    if (isShallowEqual(discount10d, wantObj)) {
      answer += 1;
    }
  }

  return answer;
}
```

❶ wantObj는 want 배열의 원소를 키로, number 배열의 원소를 값으로 하는 오브젝트입니다. 본문에서 설명했던 대로 할인받고자 하는 품목과 품목 개수를 오브젝트로 만든 겁니다.

❷ answer는 정답으로 쓸 변수입니다.

❸ discount를 순회합니다. i는 회원가입을 한 날입니다. range를 잠깐 주목하면 discount가 아닌 (discount - 9)입니다. 그 이유는 특정일 기준으로 10일간 쇼핑을 해야 하기 때문입니다.

❹ discount10d는 i일에 회원가입을 하면 그 이후 10일간 할인받을 수 있는 품목과 품목 개수를 표현할 오브젝트입니다.

❺ i일에 회원가입을 했다 생각하고 10일간 discount에 해당되는 제품을 순회하며 discount10d 오브젝트를 업데이트합니다. 이미 discount10d에 있는 제품은 개수를 늘리고 아니면 값을 1로 설정합니다.

❻ 마지막으로 discount10d와 wantObj를 비교해 같으면 answer를 +1하고, 마지막에 answer를 반환합니다.

**시간 복잡도 분석하기**

N은 discount 배열의 길이입니다. 주어진 want 배열에 기반하여 10일 동안 할인 상품이 원하는 제품과 일치하는지 확인하므로 시간 복잡도는 O(N)입니다.

## 문제 22 오픈 채팅방★★

정답률 _ 57% | 저자 권장 시간 _ 60분 | 권장 시간 복잡도 _ O(N)
출제 _ 2019 KAKAO BLIND RECRUITMENT

문제 URL https://programmers.co.kr/learn/courses/30/lessons/42888
정답 URL URL https://github.com/kciter/coding-interview-js/blob/main/solution/22.js

카카오톡 오픈 채팅방에서는 친구가 아닌 사람들과 대화를 할 수 있는데 본래 닉네임이 아닌 가상의 닉네임을 사용해 채팅방에 들어갈 수 있습니다. 신입사원인 김크루는 카카오톡 오픈 채팅방을 개설한 사람을 위해 다양한 사람들이 들어오고 나가는 것을 지켜볼 수 있는 관리자 창을 만들기로 했습니다.

예를 들어 채팅방에 누군가 들어오면 다음 메시지가 출력됩니다.

- "[닉네임]님이 들어왔습니다."

채팅방에서 누군가 나가면 다음 메시지가 출력됩니다.

- "[닉네임]님이 나갔습니다."

채팅방에서 닉네임을 변경하는 방법은 다음과 같이 두 가지입니다.

- 채팅방을 나간 후, 새로운 닉네임으로 다시 들어갑니다.
- 채팅방에서 닉네임을 변경합니다.

닉네임을 변경할 때는 기존에 채팅방에 출력되어 있던 메시지의 닉네임도 전부 바뀝니다. 예를 들어 채팅방에 Muzi와 Prodo라는 닉네임을 사용하는 사람이 순서대로 들어오면 채팅방에는 다음과 같이 메시지가 출력됩니다.

- "Muzi님이 들어왔습니다."
- "Prodo님이 들어왔습니다."

채팅방에 있던 사람이 나가면 채팅방에는 다음과 같이 메시지가 남습니다.

- "Muzi님이 들어왔습니다."
- "Prodo님이 들어왔습니다."
- "Muzi님이 나갔습니다."

Muzi가 나간 후 다시 들어올 때, Prodo라는 닉네임으로 들어올 경우 기존에 채팅방에 남아 있던 Muzi도 Prodo로 다음과 같이 변경됩니다.

- "Prodo님이 들어왔습니다."
- "Prodo님이 들어왔습니다."
- "Prodo님이 나갔습니다."
- "Prodo님이 들어왔습니다."

채팅방은 중복 닉네임을 허용하므로 현재 채팅방에는 Prodo라는 닉네임을 사용하는 사람이 두 명입니다. 이제 맨 처음 채팅방에 두 번째로 들어왔던 Prodo가 Ryan으로 닉네임을 변경하면 채팅방 메시지는 다음과 같이 변경됩니다.

- "Prodo님이 들어왔습니다."
- "Ryan님이 들어왔습니다."
- "Prodo님이 나갔습니다."
- "Prodo님이 들어왔습니다."

채팅방에 들어오고 나가거나 닉네임을 변경한 기록이 담긴 문자열 배열 record가 매개변수로 주어질 때 모든 기록이 처리된 다음 최종으로 방을 개설한 사람이 보는 메시지를 문자열 배열 형태로 반환하는 solution( ) 함수를 완성하세요.

- record는 다음과 같은 문자열이 담긴 배열이며 길이는 1 이상 100,000 이하

다음은 record에 담긴 문자열에 대한 설명입니다.

- 모든 유저는 [유저 아이디]로 구분
- [유저 아이디] 사용자가 [닉네임]으로 채팅방에 입장
  - "Enter [유저 아이디] [닉네임]" (예 : "Enter uid1234 Muzi")
- [유저 아이디] 사용자가 채팅방에서 퇴장
  - "Leave [유저 아이디]" (예 : "Leave uid1234")
- [유저 아이디] 사용자가 닉네임을 [닉네임]으로 변경
  - "Change [유저 아이디] [닉네임]" (예 : "Change uid1234 Muzi")
- 첫 단어는 Enter, Leave, Change 중 하나임
- 각 단어는 공백으로 구분되어 있으며, 알파벳 대문자, 소문자, 숫자로만 이루어짐
- 유저 아이디와 닉네임은 알파벳 대문자, 소문자를 구별
- 유저 아이디와 닉네임의 길이는 1 이상 10 이하
- 채팅방에서 나간 유저가 닉네임을 변경하는 등 잘못된 입력은 주어지지 않음

## 입출력의 예

| record | result |
| --- | --- |
| ["Enter uid1234 Muzi", "Enter uid4567 Prodo", "Leave uid1234", "Enter uid1234 Prodo", "Change uid4567 Ryan"] | ["Prodo님이 들어왔습니다.", "Ryan님이 들어왔습니다.", "Prodo님이 나갔습니다.", "Prodo님이 들어왔습니다."] |

## 문제 분석하고 풀기

방 개설자 기준으로 최종으로 채팅방에서 보일 메시지를 반환하는 문제입니다. 우리가 해결해야할 내용은 중간에 유저 닉네임이 변경될 수 있는데, 그러면 기존 대화 내용에 있는 닉네임도 새로 수정한 닉네임으로 바뀌어야 한다는 겁니다.

### 닉네임이 변경되는 경우 살펴보기

닉네임이 변경되는 경우는 총 2가지입니다.

- 기존 방에 있던 회원이 나갔다가 다시 들어옴
- 닉네임 변경

이 조건을 처리하려면 어떻게 해야 할까요? 우선 간단히 생각해봅시다. 닉네임을 변경하면 이전 닉네임으로 입력한 메시지를 모두 수정하는 겁니다. 단, 이렇게 하면 시간 복잡도가 $O(N^2)$입니다. record의 개수가 최대 10만 개이므로 이 방법은 좋지 않겠네요. 좀 더 효율적인 방법을 생각해봅시다.

### 조금 더 효율적으로 해결하기

곰곰이 생각해보면 다음 3가지를 알 수 있습니다.

- 문제에서 요구하는 것은 **최종으로 보는** 메시지이다.
- 유저 아이디는 **유일**하다.
- 닉네임은 유저의 상태가 **Enter와 Change인 때**에만 바뀔 수 있다.

필자가 이 3가지를 알게 된 이유는 다음의 3가지 질문을 스스로 했기 때문입니다.

1 최종으로 구하고자 하는 건 뭐지? → 최종으로 보는 메시지
2 입력값 중 수정되지 않는 건 뭐지? → 유저 아이디
3 입력값 중 수정되는 건 뭐지? → 닉네임
   **3-1** 입력값이 수정될 때 어디가 영향받지? → 오픈 채팅방의 내용 변경
   **3-2** 입력값은 어느 조건에서 수정되지? → Enter와 Change인 경우

궁극적으로 코딩 테스트를 잘하려면 이렇게 필요한 질문을 하고 스스로 답하는 것이 중요합니다. 다른 문제를 분석할 때도 이런 과정은 매우 중요합니다. 필자의 경험상 코딩 테스트 성과가 좋은 분들은 대부분 이런 과정을 자연스럽게, 잘하는 경우가 많았습니다. 그리고 나서 입력값을 활용해서 문제를 풀기 알맞은 자료구조를 골라야 합니다. 입력값 중에 고정된 값과 그렇지 않은 값이 있다고 합시다. 이럴 때는 고정된 값을 오브젝트의 키로 지정하면 예외 처리를 줄일 수 있습니다. 그리고 수정되는 값이 무엇인지 알고 있으면 데이터의 상관관계 및 흐름을 파악하고, 예외사항을 미

리 검토할 수 있습니다. 조금 선문답 같은 이야기였지만 문제의 본질을 빠르게 파악하는 능력을 키우려면 이런 훈련을 적극적으로 해봐야 합니다. 다시 문제로 돌아갑시다.

**문제에서 요구하는 건 앞서 언급했던 것처럼 최종으로 보는 메시지**는 {유저 상태, 유저 아이디, 닉네임}과 같은 구성입니다. 그리고 여기서 유일한 값은 유저 아이디입니다. 즉, 유저 아이디를 기준으로 각 메시지를 확인해서 유저 상태가 Change, Enter일 때 닉네임을 변경하면 됩니다. 분석이 끝나니 문제가 매우 단순해졌습니다. 각 메시지의 연관 관계를 생각하지 않고, 각 메시지의 상태만 확인하면 됩니다. 이를 위해 유저 아이디를 키, 닉네임을 값으로 하는 오브젝트를 생각합니다. 이 콘셉트를 기억하면서 다음 과정을 봅시다.

**01단계** 입출력에 있는 record의 모습입니다.

**02단계** 첫 입력이 "Enter"이므로 유저 아이디와 닉네임을 오브젝트에 저장합니다.

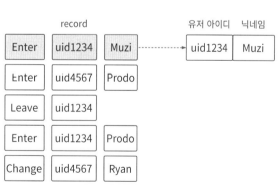

**03단계** 첫 입력이 "Enter"이므로 유저 아이디와 닉네임을 오브젝트에 저장합니다. 기존에 없는 데이터이므로 새로 추가합니다.

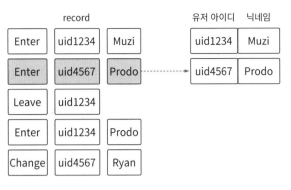

**04단계** 첫 입력이 "Leave"입니다. 실제 메시지를 수정하는 것이 아니라 유저 아이디에 대한 닉네임을 구하는 작업이므로 "Leave"에서는 추가할 게 없습니다.

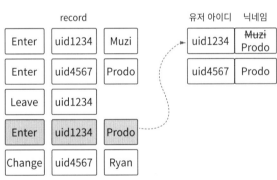

**05단계** 첫 입력이 "Enter"이므로 유저 아이디와 닉네임을 오브젝트에 저장합니다. 그러나 지금 저장하려는 데이터는 이미 오브젝트에 있는 유저 아이디입니다. 따라서 값만, 즉, 닉네임만 수정합니다.

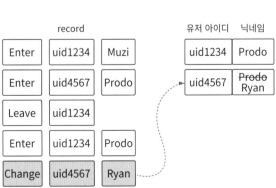

**06단계** 첫 입력이 "Change"이므로 유저 아이디는 이미 오브젝트에 있습니다. 따라서 **05단계**와 같은 방식으로 닉네임만 수정합니다.

위 작업으로 **{유저 아이디, 닉네임}** 형태의 원소를 갖는 오브젝트가 생성되었습니다. 이 오브젝트를 보면 유저 아이디가 최종으로 갖는 닉네임을 알 수 있습니다. 정리하자면 입력값 record는 변경된 것이 없습니다. 하지만 최종 메시지를 기준으로 **각 유저 아이디 – 닉네임 정보** 쌍이 있는 오브젝트가 하나 만들어졌습니다. 채팅창에 드나든 기록이 있는 record를 사용해 유저별 최종 닉네임을 저장한 오브젝트를 완성했습니다. 이제 이 둘을 조합해 출력 메시지 양식을 맞추면 됩니다.

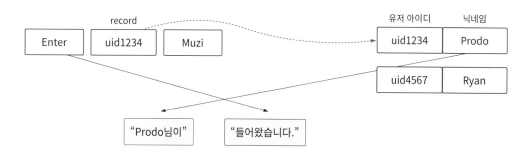

모든 record에 대해 이렇게 만든 결과를 출력하면 됩니다. 그럼 이제 문제를 풀어봅시다.

```javascript
function solution(record) {
  answer = [];
  uid = {};

  for (line in record) { // ❶ record의 각 줄을 하나씩 처리
    cmd = record[line].split(" ");
    if (cmd[0] != "Leave") { // ❷ Enter 또는 Change인 경우
      uid[cmd[1]] = cmd[2];
    }
  }

  for (line in record) { // ❸ record의 각 줄을 하나씩 처리
    cmd = record[line].split(" ");
    // ❹ 각 상태에 맞는 메시지를 answer에 저장
    if (cmd[0] == "Enter") {
      answer.push(uid[cmd[1]] + "님이 들어왔습니다.");
    } else if (cmd[0] == "Leave") {
      answer.push(uid[cmd[1]] + "님이 나갔습니다.");
```

```
        }
    }

    return answer;
}
```

answer는 최종 메시지들을 담고 있는 반환용 배열이고 uid는 앞서 설명한 오브젝트입니다. uid 는 최종으로 유저 아이디가 가질 닉네임을 저장합니다. ❶ 메시지 기록을 포함하는 record를 순회 합니다. cmd는 각 메시지를 공백 단위로 구분한 원소를 담고 있는 배열입니다. 그림을 보면 이해 하기 쉽습니다.

※ record의 각 메시지를 의미하는 line과 split으로 분리한 cmd를 나타낸 그림입니다.

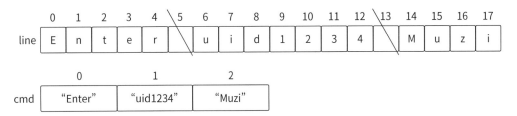

record를 순회하면서 최종으로 유저 아이디와 일대일대응하는 닉네임을 찾습니다. **왜냐하면 우 리가 반환할 메시지는 최종으로 방을 개설한 사람이 보게 될 메시지이기 때문입니다.** ❷ 상태가 Leave가 아니면 해당 유저 아이디에 일대일대응하는 uid의 값을 변경합니다. 이 과정이 끝나 면 **최종 유저 아이디 - 최종 닉네임** 쌍을 알 수 있습니다. ❸ 다시 record를 순회하며 공백을 기 준으로 메시지를 분리합니다. 메시지의 맨 처음에는 상태가 오므로 cmd[0]은 상태가 됩니다. 이 어서 cmd[1]은 유저 아이디가 되고 cmd[2]는 닉네임이 될 겁니다. ❹ 각 상태에 맞는 메시지를 answer에 추가합니다. 우리가 결정해야 할 것은 현재 cmd의 유저 아이디에 해당하는 최종 닉네 임인데 이것은 이전에 만든 uid 오브젝트를 활용하면 됩니다.

### 시간 복잡도 분석하기

N은 record의 길이입니다. 첫 번째 반복문에서 record의 모든 항목을 순회하므로 시간 복잡도는 O(N)이고, 두 번째 반복문의 시간 복잡도는 O(N)입니다. 따라서 최종 시간 복잡도는 O(N)입니다.

# 문제 23 베스트 앨범 ★★

정답률 _ 51% | 저자 권장 시간 _ 60분 | 권장 시간 복잡도 _ O(NlogN) | 출제 _ 해시

문제 URL https://programmers.co.kr/learn/courses/30/lessons/42579
정답 URL https://github.com/kciter/coding-interview-js/blob/main/solution/23.js

스트리밍 사이트에서 장르별로 가장 많이 재생된 노래를 2개씩 모아 베스트 앨범을 출시하려 합니다. 노래는 고유 번호로 구분하며, 노래 수록 기준은 다음과 같습니다.

- 속한 노래가 많이 재생된 장르를 먼저 수록합니다.
- 장르 내에서 많이 재생된 노래를 먼저 수록합니다.
- 장르 내에서 재생 횟수가 같은 노래 중에서는 고유 번호가 낮은 노래를 먼저 수록합니다.

노래의 장르를 나타내는 문자열 배열 genres와 노래별 재생 횟수를 나타내는 정수 배열 plays가 주어질 때, 베스트 앨범에 들어갈 노래의 고유 번호를 순서대로 반환하는 solution( ) 함수를 완성하세요.

### 제약 조건

- genres[i]는 고유 번호가 i인 노래의 장르입니다.
- plays[i]는 고유 번호가 i인 노래가 재생된 횟수입니다.
- genres와 plays의 길이는 같으며, 이는 1 이상 10,000 이하입니다.
- 장르 종류는 100가지 미만입니다.
- 장르에 속한 곡이 하나라면, 하나의 곡만 선택합니다.
- 모든 장르는 재생된 횟수가 다릅니다.

### 입출력의 예

| genres | plays | return |
|---|---|---|
| ["classic", "pop", "classic", "classic", "pop"] | [500, 600, 150, 800, 2500] | [4, 1, 3, 0] |

classic 장르는 1,450회 재생되었으며 각 노래의 재생 횟수는 다음과 같습니다.

- 고유 번호 3 : 800회 재생
- 고유 번호 0 : 500회 재생
- 고유 번호 2 : 150회 재생

pop 장르는 3,100회 재생되었으며 각 노래의 재생 횟수는 다음과 같습니다.

- 고유 번호 4: 2,500회 재생
- 고유 번호 1: 600회 재생

따라서 pop 장르의 [4, 1]번 노래를 먼저, classic 장르의 [3, 0]번 노래를 그다음에 수록합니다. 장르별로 가장 많이 재생한 노래를 최대 2개까지 모아 베스트 앨범을 출시하므로 2번 노래는 수록되지 않습니다.

### 문제 분석하고 풀기

여기서는 문제를 간략하게 만들어 문제를 푸는 데 필요한 부분만 남겨보겠습니다. 가끔 문제를 간략하게 만들면 데이터의 흐름이 눈에 더 잘보여 문제의 본질에 좀 더 집중하기 쉬울 때가 있습니다. 문제를 요약하면 다음과 같습니다.

- 총 재생 횟수를 기준으로 장르를 내림차순으로 정렬
- 각 장르별로 2곡씩 선정해서 플레이리스트 만들기

문제를 요약했으니 입출력을 분석해봅시다. 먼저 genres입니다. genres는 배열입니다. 인덱스는 노래의 고유 번호이고 배열의 값들은 해당 노래의 장르입니다. 그림을 보면 genres의 구성을 쉽게 이해할 수 있을 겁니다.

genres

| 고유 번호 | 0 | 1 | 2 | 3 | 4 |
|---|---|---|---|---|---|
| 곡의 장르 | "classic" | "pop" | "classic" | "classic" | "pop" |

plays는 genres의 각 곡을 재생한 횟수입니다. plays는 genres와 밀접한 관련이 있어 보이네요. 이를 그림으로 나타내면 다음과 같습니다.

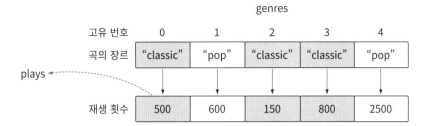

그림을 보면 classic 장르는 고유 번호 {0, 2, 3}으로 3곡이 있고 각 곡의 재생 횟수는 500 + 150 + 800이므로 총 재생 횟수는 1,450회임을 알 수 있습니다. 문제에서 많이 재생된 장르를 우선해 베스트 앨범에 수록한다고 했으므로 그에 맞게 정렬해봅시다. 그림을 보면 pop은 3,100회,

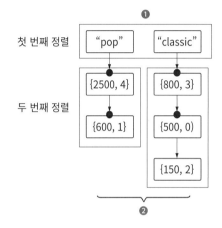

classic은 1,450회 재생되었으므로 pop이 우선순위가 더 높으므로 pop 장르부터 재생 횟수가 많은 노래순으로 정렬하고 이 장르에서 노래를 2개 뽑습니다. 만약 재생 횟수가 같다면 고유 번호가 낮은 노래를 뽑습니다. 이 과정도 그림으로 봅시다.

❶ 총 재생 횟수를 기준으로 장르를 정렬합니다. 가장 많이 재생된 pop 장르가 맨 앞입니다. ❷ 각 장르에서 많이 재생된 곡 순서로 정렬하는 모습입니다. 곡 정보는 **{재생 횟수, 고유 번호}**로 나타냈습니다. 예를 들어 {2500, 4}는 2500번 재생된 고유 번호 4번 곡을 의미합니다.

※ 재생 횟수가 같은 경우 고유 번호순으로 정렬하겠다고 했으나 지금 입출력 예에는 이런 부분이 없습니다. 입출력 예만 보면서 구현하다 보면 이런 부분을 놓치기 쉬우므로 주의하기 바랍니다.

정렬이 끝난 상태에서 우선순위가 높은 장르부터 2곡씩 뽑으면 됩니다. 반환값은 고유 번호이므로 [4, 1, 3, 0]을 반환하면 됩니다.

```javascript
function solution(genres, plays) {
  let answer = [];
```

```
const genresObj = {};
const playObj = {};

// ❶ 장르별 총 재생 횟수와 각 곡의 재생 횟수 저장
for (let i = 0; i < genres.length; i++) {
  genre = genres[i];
  play = plays[i];

  if (!(genre in genresObj)) {
    genresObj[genre] = [];
    playObj[genre] = 0;
  }

  genresObj[genre].push([i, play]);
  playObj[genre] += play;
}

// ❷ 총 재생 횟수가 많은 장르순으로 정렬
sortedGenres = Object.keys(playObj).sort((a, b) => {
  return playObj[b] - playObj[a];
});

// ❸ 각 장르 내에서 노래를 재생 횟수 순으로 정렬해 최대 2곡까지 선택
for (const genre of sortedGenres) {
  sortedSongs = genresObj[genre].sort((a, b) => {
    return a[1] === b[1] ? a[0] - b[0] : b[1] - a[1];
  });

  answer.push(...sortedSongs.slice(0, 2).map((song) => song[0]));
}

return answer;
}
```

❶ 정렬에 사용할 오브젝트를 구성하는 과정입니다. 각 장르에 속한 노래의 총 재생 횟수를 계산하는 데 사용할 playObj를 만들었습니다. playObj를 보면 키는 장르이고 값은 재생 횟수입니다. 이후 장르 내에서 가장 많이 재생한 곡, 고유 번호가 낮은 곡을 기준으로 정렬하는 데 genresObj 오브젝트를 사용합니다. 키는 장르이고 값은 (고유 번호, 재생 횟수) 튜플입니다. 참고로 자바스크립트에서 오브젝트는 키에 해당하는 값이 없는 경우 undefined가 출력됩니다. 따라서 여기서는 genresObj[genre]의 값을 빈 배열로 초기화했습니다. 이렇게 하면 이후 등장하는 키들을 다음과 같이 배열로 관리할 수 있습니다. playObj[genre]는 0으로 초기화했습니다.

```javascript
const genre = {};
genre["dance"] = [];
genre["dance"].push([5, 3200]);
genre["dance"].push([4, 10]);
console.log(genre["dance"]); // 출력값 : [[5, 3200], [4, 10]]
```

만약 이렇게 오브젝트의 키를 초기화하지 않으면 undefined가 출력됩니다.

```javascript
const price = {};
price["banana"] = 5;
console.log(price["apple"]); // undefined
```

❷ 총 재생 횟수를 기준으로 정렬하는 부분입니다. playObj의 키는 장르이고 값은 총 재생 횟수인 오브젝트입니다. Object.keys( ) 함수를 통해 playObj의 키인 장르만 뽑아내고 sort( ) 함수를 통해 재생 횟수 순으로 정렬합니다. 이때 playObj[b] - playObj[a]이므로 내림차순으로 정렬합니다. 다시 정리하면 sortedGenres는 총 재생 횟수가 높은 장르의 음악순으로 정렬한 배열을 참조합니다.

❸ 각 장르에서 재생 횟수가 가장 많은 노래를 우선으로 하여 정렬하고, 재생 횟수가 같다면 고유 번호가 낮은 노래로 정렬합니다. 정렬할 때 a[1]과 b[1]이 같다면 재생 횟수가 같다는 의미이므로 순서를 기준으로 오름차순 정렬합니다. 같지 않다면 재생 횟수를 기준으로 내림차순 정렬합니다. 이렇게 구현하는 이유는 '장르 내에서 재생 횟수가 같다면 고유 번호가 낮은 노래를 먼저 수록하

라'고 했기 때문입니다. 재생 횟수는 높을수록, 고유번호는 낮을수록 우선순위가 높으므로 이를 표현한 겁니다.

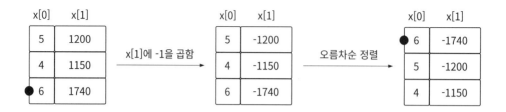

push( ) 함수에서 배열에 스프레드 연산자를 적용하여 넣는 경우 삽입할 배열의 요소들이 각각 들어갑니다. 결괏값을 만 들어가는 과정은 다음과 같습니다.

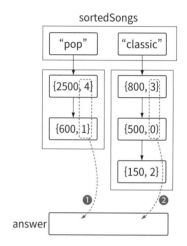

### 시간 복잡도 분석하기

N은 plays와 genres의 길이이고, G는 장르의 수입니다. 각 노래의 장르와 재생 횟수를 오브젝트에 저장하는 시간 복잡도는 O(N)입니다. 이때 장르별 총 재생 횟수를 기준으로 정렬하기 위한 시간 복잡도는 O(GlogG)이지만 G는 최대 100이므로 이는 상수로 고려하고 무시합니다. 그 다음 각 장르 내에서 노래를 재생 횟수 순으로 정렬하기 위한 시간 복잡도는 O(NlogN)이므로 최종 시간 복잡도는 O(NlogN)입니다.

## 문제 24 신고 결과 받기★★

**정답률 _** 36% | **저자 권장 시간 _** 80분 | **권장 시간 복잡도 _** O(N)
**출제 _** 2022 KAKAO BLIND RECRUITMENT

**문제 URL** https://programmers.co.kr/learn/courses/30/lessons/92334
**정답 URL** https://github.com/kciter/coding-interview-js/blob/main/solution/24.js

신입사원 무지는 게시판 불량 이용자를 신고하고 처리 결과를 메일로 발송하는 시스템을 개발하려 합니다. 무지가 개발하려는 시스템은 다음과 같습니다.

- 각 유저는 한 번에 한 명의 유저를 신고할 수 있습니다.
  - 신고 횟수에 제한은 없습니다. 서로 다른 유저를 계속해서 신고할 수 있습니다.
  - 한 유저를 여러 번 신고할 수도 있지만 동일한 유저에 대한 신고 횟수는 1회로 처리됩니다.
- k번 이상 신고된 유저는 게시판 이용이 정지되며 해당 유저를 신고한 모든 유저에게 정지 사실을 메일로 발송합니다.
  - 유저가 신고한 모든 내용을 취합해 마지막에 한꺼번에 게시판 이용 정지를 시키면서 정지 메일을 발송합니다.

다음은 전체 유저 목록이 ["muzi", "frodo", "apeach", "neo"]이고 k = 2, 즉, 2번 이상 신고당하면 이용 정지를 보여주는 예입니다.

| 유저 ID | 유저가 신고한 ID | 설명 |
|---|---|---|
| "muzi" | "frodo" | "muzi"가 "frodo"를 신고했습니다. |
| "apeach" | "frodo" | "apeach"가 "frodo"를 신고했습니다. |
| "frodo" | "neo" | "frodo"가 "neo"를 신고했습니다. |
| "muzi" | "neo" | "muzi"가 "neo"를 신고했습니다. |
| "apeach" | "muzi" | "apeach"가 "muzi"를 신고했습니다. |

각 유저별로 신고당한 횟수는 다음과 같습니다.

| 유저 ID | 신고당한 횟수 |
|---|---|
| "muzi" | 1 |
| "frodo" | 2 |

| | |
|---|---|
| "apeach" | 0 |
| "neo" | 2 |

위 예시에서는 2번 이상 신고당한 "frodo"와 "neo"의 게시판 이용이 정지됩니다. 이때 각 유저별로 신고한 아이디와 정지된 아이디를 정리하면 다음과 같습니다.

| 유저 ID | 유저가 신고한 ID | 정지된 ID |
|---|---|---|
| "muzi" | ["frodo", "neo"] | ["frodo", "neo"] |
| "frodo" | ["neo"] | ["neo"] |
| "apeach" | ["muzi", "frodo"] | ["frodo"] |
| "neo" | 없음 | 없음 |

따라서 "muzi"는 처리 결과 메일을 2회, "frodo"와 "apeach"는 각각 처리 결과 메일을 1회 받게 됩니다. 이용자의 ID가 담긴 문자열 배열 id_list, 각 이용자가 신고한 이용자의 ID 정보가 담긴 문자열 배열 report, 정지 기준이 되는 신고 횟수 k가 매개변수로 주어질 때, 각 유저별로 처리 결과 메일을 받은 횟수를 배열에 담아 반환하는 solution( ) 함수를 완성해주세요.

### 제약 조건

- 2 ≤ id_list의 길이 ≤ 1,000
  - 1 ≤ id_list의 원소 길이 ≤ 10
  - id_list의 원소는 이용자의 id를 나타내는 문자열이며 알파벳 소문자로만 이루어져 있습니다.
  - id_list에는 같은 아이디가 중복해서 들어 있지 않습니다.
- 1 ≤ report의 길이 ≤ 200,000
  - 3 ≤ report의 원소 길이 ≤ 21
  - report의 원소는 "이용자ID 신고한ID" 형태의 문자열입니다.
  - 예를 들어 "muzi frodo"는 "muzi"가 "frodo"를 신고했다는 의미입니다.
  - id는 알파벳 소문자로만 이루어져 있습니다.
  - 이용자ID와 신고한ID는 공백(스페이스) 하나로 구분되어 있습니다.

- 자기 자신을 신고하는 경우는 없습니다.

- $1 \leq k \leq 200$, k는 자연수입니다.

- 반환하는 배열은 id_list에 담긴 ID 순서대로 각 유저가 받은 결과 메일 수를 담으면 됩니다.

### 입출력의 예

| id_list | report | k | result |
|---|---|---|---|
| ["muzi", "frodo", "apeach", "neo"] | ["muzi frodo", "apeach frodo", "frodo neo", "muzi neo", "apeach muzi"] | 2 | [2,1,1,0] |
| ["con", "ryan"] | ["ryan con", "ryan con", "ryan con", "ryan con"] | 3 | [0,0] |

### 문제 분석하고 풀기

코드를 구현하기에 앞서 문제를 분석하면서 자료구조를 결정하는 일은 매우 중요합니다. 왜냐하면 문제에 맞는 자료구조를 선택하면 코드를 쉽고 깨끗하게 작성할 수 있기 때문입니다. 기출 문제를 분석하고 자료구조를 선택하는 과정을 연습하면서 정말 그렇게 되는지 확인해봅시다.

※ 물론 한번에 '이 자료구조다!'라는 느낌이 바로 오긴 힘듭니다. 하지만 이 책에 있는 문제를 모두 풀 때쯤이면 어느 정도 감을 잡을 수 있을 겁니다.

일단 자료구조를 정하기 전에 문제를 풀기 위해 우리가 알아야 할 정보를 확인해봅시다. 문제를 분석하면 신고 유저와 신고당한 유저가 있는데, 신고를 특정 횟수 이상 당하면 결과 메일을 신고한 유저에게 보내줍니다. 첫 번째 입출력 예를 통해 이 말을 자세히 설명해보겠습니다. 첫 번째 입출력 예의 report를 보면 신고 유저와 신고당한 유저가 있고 이를 그림으로 그리면 다음과 같습니다.

그림으로 보면 문제에서 입력으로 주어진 메일 정지 경고 횟수인 k값, 즉, 2번 이상 신고당한 유저를 쉽게 파악할 수 있습니다. frodo와 neo입니다. 유저의 신고 항목을 정리하면 다음과 같습니다.

- muzi를 신고한 사람 : apeach

- **frodo를 신고한 사람 :** muzi, apeach

- apeach를 신고한 사람 : 없음

- **neo를 신고한 사람 :** muzi, frodo

결과를 보니 2번 이상 신고당한 유저는 frodo와 neo입니다. 그러면 이 신고한 유저들에게 메일을 보내주면 되겠네요. id_list 순서대로 메일을 보내는 횟수를 나열하면 muzi부터 neo까지 각각 [2, 1, 1, 0]회의 메일을 보내주면 됩니다. 이제 문제 분석이 완료되었습니다.

분석 과정에서 신고당한 유저에 신고를 한 유저를 나열했습니다. 이는 키를 신고당한 유저, 값을 신고한 유저로 하는 오브젝트를 구성하면 쉽게 해결할 수 있습니다. 다음 그림을 봅시다.

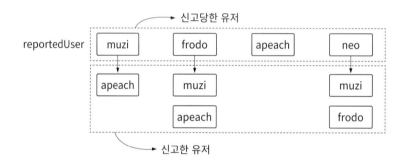

신고당한 유저에 신고한 유저를 줄줄이 매단 모습입니다. 여기서 핵심은 신고한 유저를 어떻게 표현할 것인가입니다. 문제에서는 '한 유저를 여러 번 신고해도 신고 횟수는 1회로 처리한다'라는 조건이 더 있었습니다. 예를 들어 frodo를 신고한 유저가 muzi, muzi, muzi면 이것은 muzi 하나로 처리해야 합니다. 오브젝트의 값에 중복이 있으면 안 된다는 뜻입니다. 그러므로 오브젝트의 값은 집합을 사용해야 합니다.

여기까지 하면 어떤 유저가 누구에게 신고당했는지 알 수 있습니다. 하지만 문제가 요구하는 건 '누가 누구에게 신고당했는지'가 아니라 '정지당한 유저가 있을 때 이를 신고한 유저에게 알린 횟수'입니다. 우리가 앞서 만든 오브젝트 reportedUser는 신고당한 유저를 기준으로 만든 것이므로 reportedUser만으로 문제에서 요구하는 정답을 출력하려면 코드가 부자연스러워집니다. 정답을 출력하기 위한 오브젝트 count를 하나 더 만듭시다. 키는 신고한 유저, 값은 처리 결과 메일을 받은 횟수입니다. count는 다음과 같은 과정으로 만듭니다.

1  reportedUser를 순회하면서 신고자가 k명 이상인지 확인

2  신고자가 k명 이상이면 정지된 것이므로, 신고자의 결과 통보 메일 수신 횟수 +1

**01단계** reportedUser를 순회합니다. muzi를 신고한 유저는 1명이므로 아무것도 하지 않습니다.

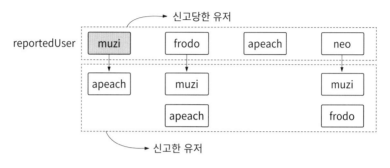

**02단계** frodo를 신고한 유저는 2명입니다. 순회하면서 muzi, apeach에 대한 count를 +1합니다.

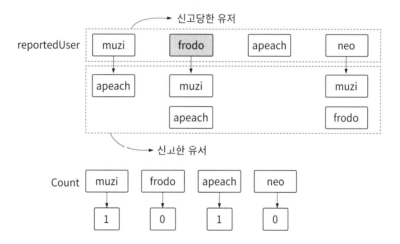

**03단계** apeach는 신고한 사람이 없으므로 아무것도 하지 않습니다.

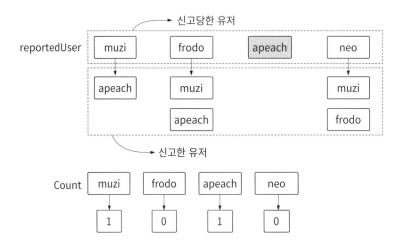

**04단계** neo를 신고한 유저는 2명이므로 순회하며 각 이름에 대한 count를 +1합니다. 모두 순회한 다음 count를 보면 muzi : 2, apeach : 1, frodo : 1, neo : 0입니다.

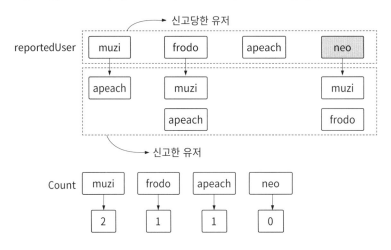

위 단계에서 얻은 count를 그대로 반환하면 답이 되겠네요. [2, 1, 1, 0]을 반환하면 됩니다.

```js
JavaScript

function solution(id_list, report, k) {
  const reportedUser = {} // 신고당한 유저 - 신고 유저 집합을 저장할 오브젝트
  const count = {} // 처리 결과 메일을 받은 유저 - 받은 횟수를 저장할 오브젝트
```

```javascript
  // ❶ 신고 기록 순회
  for (const r of report) {
    const [userId, reportedId] = r.split(' ');
    if (reportedUser[reportedId] === undefined) { // ❷ 신고당한 기록이 없다면
      reportedUser[reportedId] = new Set();
    }
    reportedUser[reportedId].add(userId); // ❸ 신고한 사람의 아이디를 집합에 담아
                                          // 오브젝트에 연결
  }


  // ❹ 신고당한 유저별로 신고당한 횟수를 확인
  for (const reportedId of Object.keys(reportedUser)) {
    if (reportedUser[reportedId].size >= k) { // ❺ 정지 기준에 만족하는지 확인
      for (const uid of reportedUser[reportedId]) {
        count[uid] = (count[uid] || 0) + 1
      }
    }
  }


  const answer = [];
  // ❻ 각 아이디별 메일을 받은 횟수를 순서대로 정리
  for (let i = 0; i < id_list.length; i++) {
    answer.push(count[id_list[i]] || 0);
  }


  return answer;
}
```

❶ 각 신고 기록을 순회합니다. 각 신고 기록은 신고 유저와 신고당한 유저로 구성되어 있습니다. 신고 유저는 userId, 신고당한 유저는 reportedId로 받습니다.

❷ 아직 신고당한 기록이 없어 키에 대한 값이 없으면 빈 집합으로 초기화합니다.

❸ reportedId의 신고당한 사람의 아이디가 키, 신고자가 값입니다. 중복 신고는 집합이기 때문

에 자연스럽게 처리됩니다. reportedUser에 신고당한 유저에 신고 유저를 반복문을 돌 때마다 추가합니다.

❹ reportedUser를 순회하며 신고당한 유저가 정지 기준을 만족하는지 체크합니다.

❺ 신고당한 유저가 기준에 부합하면 신고한 유저를 순회하며 count를 계산합니다. 이때 아직 초기화되지 않았을 때를 대비하여 로직을 작성합니다.

❻ 문제에서 요구하는 결과인 처리 결과 메일을 받은 횟수를 담은 배열을 만듭니다.

### 시간 복잡도 분석하기

N은 report의 길이, M은 id_list의 길이입니다. report를 순회하는 반복문은 최대 N번 순회하고, 문자열 길이가 상수이므로 split( ) 연산에 필요한 시간 복잡도는 O(1)입니다. 따라서 시간 복잡도는 O(N)이 됩니다. 다음으로 신고당한 사람을 오브젝트에 저장하거나 업데이트하기 위한 시간 복잡도는 O(1)입니다. 이후 오브젝트를 순회하면서 각 신고당한 유저의 신고 횟수를 검사한 다음 그 결과를 count 오브젝트에 저장하기 위한 시간 복잡도는 O(N)입니다. 마지막으로 id_list를 순회하면서 결과를 answer에 저장하는 시간 복잡도는 O(M)입니다. 총 연산은 O(2*N + M)이 되고 이를 정리하면 최종 시간 복잡도는 O(N + M)입니다. 다만 M은 최대 1,000이므로 N에 비해 현저히 작으므로 시간 복잡도는 O(N)으로 표시해도 됩니다.

## 문제 25 메뉴 리뉴얼★★★

**정답률 _** 48% | **저자 권장 시간 _** 80분 | **권장 시간 복잡도 _** O(N*2$^M$)
**출제 _** 2021 KAKAO BLIND RECRUITMENT

**문제 URL** https://programmers.co.kr/learn/courses/30/lessons/72411
**정답 URL** https://github.com/kciter/coding-interview-js/blob/main/solution/25.js

레스토랑을 운영하던 스카피는 코로나19로 인한 불경기를 극복하고자 메뉴를 새로 구성하려고 고민하고 있습니다. 기존에는 단품으로만 제공하던 메뉴를 조합해서 코스 요리 형태로 재구성해서 새로운 메뉴를 제공하기로 결정했습니다. 어떤 단품 메뉴들을 조합해서 코스 요리 메뉴로 구성하면 좋을지 고민하던 '스카피'는 이전에 각 손님들이 주문할 때 가장 많이 함께 주문한 단품 메뉴들을 코스 요리 메뉴로 구성하기로 했습니다. 단, 코스 요리 메뉴는 최소 2가지 이상의 단품 메뉴로 구성하려고 합니다. 또한, 최소 2명 이상의 손님으로부터 주문된 단품 메뉴 조합에 대해서만 코스 요리 메뉴 후보에 포함하기로 했습니다. 예를 들어, 손님 6명이 주문한 단품 메뉴들의 조합이 다음과 같다고 합시다. 이때 각 손님은 단품 메뉴를 2개 이상 주문해야 하며, 각 단품 메뉴는 A ~ Z의 알파벳 대문자로 표기합니다.

| 손님 번호 | 단품 메뉴 조합 |
|---|---|
| 1번 손님 | A, B, C, F, G |
| 2번 손님 | A, C |
| 3번 손님 | C, D, E |
| 4번 손님 | A, C, D, E |
| 5번 손님 | B, C, F, G |
| 6번 손님 | A, C, D, E, H |

가장 많이 함께 주문된 단품 메뉴 조합에 따라 '스카피'가 만들게 될 코스 요리 메뉴 구성 후보는 다음과 같습니다.

| 코스 종류 | 메뉴 구성 | 설명 |
|---|---|---|
| 요리 2개 코스 | A, C | 1번, 2번, 4번, 6번 손님으로부터 총 4번 주문됐습니다. |
| 요리 3개 코스 | C, D, E | 3번, 4번, 6번 손님으로부터 총 3번 주문됐습니다. |
| 요리 4개 코스 | B, C, F, G | 1번, 5번 손님으로부터 총 2번 주문됐습니다. |
| 요리 4개 코스 | A, C, D, E | 4번, 6번 손님으로부더 총 2번 주문됐습니다. |

각 손님들이 주문한 단품 메뉴들이 문자열 형식으로 담긴 배열 orders, '스카피'가 추가하고 싶어하는 코스 요리를 구성하는 단품 메뉴들의 개수가 담긴 배열 course가 매개변수로 주어질 때, '스카피'가 새로 추가하게 될 코스 요리의 메뉴 구성을 문자열 형태로 배열에 담아 반환하도록 solution( ) 함수를 완성해주세요.

- orders 배열의 크기는 2 이상 20 이하입니다.
- orders 배열의 각 원소는 크기가 2 이상 10 이하인 문자열입니다.
  - 각 문자열은 알파벳 대문자로만 이루어져 있습니다.
  - 각 문자열에는 같은 알파벳이 중복해서 들어 있지 않습니다.
- course 배열의 크기는 1 이상 10 이하입니다.
  - course 배열의 각 원소는 2 이상 10 이하인 자연수가 오름차순으로 정렬되어 있습니다.
  - course 배열에는 같은 값이 중복해서 들어 있지 않습니다.
- 정답은 각 코스의 메뉴의 구성을 문자열 형식으로 배열에 담아 사전순으로 오름차순 정렬해서 반환해주세요.
  - 배열의 각 원소에 저장된 문자열 또한 알파벳 오름차순으로 정렬되어야 합니다.
  - 만약 가장 많이 함께 주문된 메뉴 구성이 여러 개라면, 모두 배열에 담아 반환하면 됩니다.
  - orders와 course 매개변수는 반환하는 배열의 길이가 1 이상이 되도록 주어집니다.

**입출력의 예**

| orders | course | result |
|---|---|---|
| ["ABCFG", "AC", "CDE", "ACDE", "BCFG", "ACDEH"] | [2, 3, 4] | ["AC", "ACDE", "BCFG", "CDE"] |
| ["ABCDE", "AB", "CD", "ADE", "XYZ", "XYZ", "ACD"] | [2, 3, 5] | ["ACD", "AD", "ADE", "CD", "XYZ"] |
| ["XYZ", "XWY", "WXA"] | [2, 3, 4] | ["WX", "XY"] |

**문제 분석하고 풀기**

각 손님이 주문한 메뉴 중 course에 있는 개수로 조합할 수 있는 코스 요리를 구성해야 합니다. 첫 번째 입출력 예를 그림과 함께 봅시다.

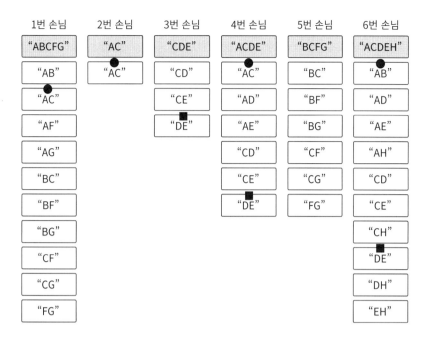

그림은 course[0] = 2를 파악하기 위한, 즉, 2가지 메뉴 구성을 보기 위해 각 손님이 주문한 메뉴들을 조합해서 2가지를 뽑는 경우를 정리한 겁니다. 전체를 보면 AC 메뉴 조합은 1번, 2번, 4번, 6번 손님이 주문했으므로 course[0] = 2에 적합한 코스 요리가 됩니다.

※ DE 메뉴 조합은 3번, 4번, 6번 손님이 주문했지만 AC 메뉴 조합보다는 손님 수가 적으므로 적합하지 않습니다.

손님이 메뉴 4가지를 뽑는 경우도 봅시다.

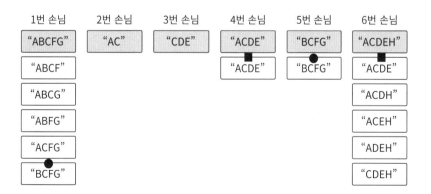

여기서는 BCFG 메뉴와 ACDE 메뉴가 모두 2번으로 같습니다. 이 경우 두 메뉴 조합을 모두 코스 요리에 포함시킵니다. 사실 여기까지 설명을 읽다 보면 이 문제는 '조합'과 관련되어 있습니다. 따라서 조합을 직접 구현할 필요가 있습니다.

```javascript
function combinations(arr, n) {
  // 1개만 뽑는다면 그대로 조합을 반환하며 탈출 조건으로도 사용
  if (n === 1) return arr.map((v) => [v]);
  const result = [];

  // 요소를 순환
  arr.forEach((fixed, idx, arr) => {
    // 현재 index 이후 요소를 추출
    // index번째는 선택된 요소
    const rest = arr.slice(idx + 1);
    // 선택된 요소 이전 요소들을 제외하고 재귀 호출
    const combis = combinations(rest, n - 1);
    // 선택된 요소와 재귀 호출을 통해 구한 조합을 합침
    const combine = combis.map((v) => [fixed, ...v]);
    // 결과 값을 추가
    result.push(...combine);
  });

  // 결과 반환
  return result;
}
```

**위 코드는 재귀 호출이 사용되므로 어렵게 느껴질 수 있지만 배열에서 선택한 요소를 제거하면서 n개 만큼 뽑았다면 그 값을 반환한다는 것만 이해하면 됩니다.**

손님이 주문했던 메뉴에서 n가지를 뽑아 메뉴 조합을 구성하는 건 앞서 구현한 combinations( ) 함수로 쉽게 처리할 수 있게 되었습니다. 이제 각 메뉴 조합의 빈도를 세어 가장 많이 주문한 메뉴 조합을 가려내면 됩니다.

```javascript
function combinations(arr, n) {
  if (n === 1) return arr.map((v) => [v]);
  const result = [];

  arr.forEach((fixed, idx, arr) => {
    const rest = arr.slice(idx + 1);
    const combis = combinations(rest, n - 1);
    const combine = combis.map((v) => [fixed, ...v]);
    result.push(...combine);
  });

  return result;
}

function solution(orders, course) {
  const answer = [];

  for (const c of course) { // ❶ 각 코스 요리 길이에 대해
    const menu = [];
    for (const order of orders) { // 모든 주문에 대해
      const orderArr = order.split("").sort(); // 주문을 배열로 만든 후 정렬
      // ❷ combinations( )로 메뉴 구성을 모두 구함
      const comb = combinations(orderArr, c);
      menu.push(...comb);
    }

    // ❸ 각 메뉴 구성이 몇 번 주문되었는지 세어줌
    const counter = {};
    for (const m of menu) {
      const key = m.join(''); // 배열을 문자열로 변환
      counter[key] = (counter[key] || 0) + 1;
    }
```

```javascript
    const max = Math.max(...Object.values(counter));
    if (max > 1) { // ❹ 가장 많이 주문된 구성이 1번 이상 주문된 경우
      for (const [key, value] of Object.entries(counter)) {
        if (value === max) { // 가장 많이 주문된 구성을 찾아서
          answer.push(key); // ❻ 정답 배열에 추가
        }
      }
    }
  }


  // ❼ 오름차순 정렬 후 반환
  return answer.sort();
}
```

❶ course를 순회합니다.

❷ 손님이 주문한 메뉴에서 c개의 메뉴를 뽑아 조합합니다. 이때 손님이 주문한 메뉴 구성은 같지만 순서가 다른 경우, 즉, 1번 손님이 bc, 2번 손님이 cb를 주문한 때에는 두 경우 모두 같은 메뉴 구성을 주문한 것으로 처리해야 합니다. 왜냐하면 combinations( ) 함수는 문자열 순서도 따지기 때문입니다. 다음 예를 보면 무슨 말인지 쉽게 이해할 수 있을 겁니다.

```javascript
function combinations(arr, n) {
  if (n === 1) return arr.map((v) => [v]);
  const result = [];

  arr.forEach((fixed, idx, arr) => {
    const rest = arr.slice(idx + 1);
    const combis = combinations(rest, n - 1);
    const combine = combis.map((v) => [fixed, ...v]);
    result.push(...combine);
  });
```

```
  return result;
}

const str1 = "abc";
const str2 = "cba";

console.log(combinations(str1.split(''), 2)); // [['a', 'b'], ['a', 'c'], ['b', 'c']]
console.log(combinations(str2.split(''), 2)); // [['c', 'b'], ['c', 'a'], ['b', 'a']]
```

str1, str2는 순서는 다르지만 같은 문자를 담고 있습니다. 따라서 조합의 수는 같지만 combinations( ) 함수는 입력 문자열의 순서를 유지한 채로 조합을 뽑으므로 엄밀히 따져 결과는 다르게 나옵니다. combinations( ) 함수의 이런 특징을 잘 이해해두기 바랍니다.

❸ counter 오브젝트에 각 메뉴 구성이 몇 번 주문되었는지 확인합니다.

❹ 문제의 조건대로 2번 이상 주문한 메뉴 조합이 코스 요리의 후보가 됩니다.

❺ 코스 요리 후보 중 가장 많이 주문한 메뉴 조합을 찾습니다.

❻ 찾았다면 answer에 추가합니다.

❼ 문제 조건을 따라 오름차순으로 answer를 정렬해 반환합니다.

### 시간 복잡도 분석하기

N은 orders의 길이, K는 course의 최대 크기, M은 orders 원소 하나의 최대 길이입니다. 이 값과 함께 이중 반복문을 돌면서 orders의 각 원소를 정렬하고 combinations()를 실행하기 위한 시간 복잡도는 $O(K * N * (M\log M + 2M))$입니다. 다음으로 counter 오브젝트를 통해 최댓값을 갖는 작업은 $O(N * 2M)$이며 같은 값을 갖는 키를 찾는 작업 역시 $O(N * 2M)$입니다. 이것들을 모두 더하면 $O(K * N * (M\log M + 2M) + 2 * N * 2M)$이므로 식을 정리하여 $O(K * N * M\log M + K * N * 2M)$이겠네요. 그러면 최종 시간 복잡도는 $O(N * 2M)$으로 쓸 수 있습니다.

## 리마인드

**기억 01** 해시는 키와 값의 쌍으로 이루어진 자료구조입니다. 해시의 키는 해시 함수로 인덱스 변환을 하여 값과 쌍을 맞춥니다. 따라서 해시의 키만 알고 있으면 값에 빠르게 접근할 수 있습니다.

**기억 02** 해시 함수를 만드는 방식에는 나눗셈법, 곱셈법이 있습니다.

**기억 03** 해시 함수를 적용한 값이 겹치는 것을 충돌이라고 합니다. 이를 처리하는 방법에는 체이닝, 개방 주소법이 있습니다.

**기억 04** 실제 코딩 테스트에서 해시 관련 문제는 자바스크립트의 오브젝트를 활용합니다.


## 추천 문제

**문제 01** 의상 : https://school.programmers.co.kr/learn/courses/30/lessons/42578

**문제 02** 압축 : https://school.programmers.co.kr/learn/courses/30/lessons/17684

# 09 트리

 **공부부터 합격까지**

트리의 개념을 이해하고 설명할 수 있습니다. 트리를 구현하고
이를 순회 및 탐색하는 알고리즘을 구현할 수 있습니다.

## 여기서 풀 문제

| No. | LEVEL 1 몸풀기 문제 | 잘 풀었나요? | No. | LEVEL 2 모의 테스트 | 잘 풀었나요? |
|-----|-----------------|-----------|-----|-----------------|-----------|
| 26 | 트리 순회 | V | 28 | 예상 대진표 | V |
| 27 | 이진 탐색 트리 구현 | | 29 | 다단계 칫솔 판매 | |
| | | | 30 | 미로 탈출 | |
| | | | 31 | 양과 늑대 | |
| | | | 32 | 길 찾기 게임 | |

## 09-1 〈 트리 개념

트리tree는 데이터를 저장하고 탐색하기에 유용한 구조를 갖고 있습니다. 여기서는 트리가 데이터를 어떤 방식으로 저장하고 탐색하는지 알아봅니다.

### 트리의 특성을 활용하는 분야

프로그래밍 분야에서 트리는 계층 구조를 표현하는 용도로 많이 사용합니다. 예를 들어 파일 시스템이나 디렉터리 구조 등을 트리로 구성하거나 관리할 수 있습니다.

- 인공지능 : 인공지능의 판단 기준을 만들 때 의사 결정 트리를 사용합니다. 이를 통해 외부에서 입력된 데이터를 분류하거나 상황을 예측하는 모델을 만들 수 있습니다.
- 자동 완성 기능 : 트리는 문자열 처리에도 많이 활용됩니다. 예를 들어 검색 엔진에서 자동 검색어 추천 기능도 트라이trie라는 독특한 트리 구조를 활용한 것입니다. 이를 활용하면 접두사나 패턴 검색을 쉽게 할 수 있습니다.
- 데이터베이스 : 데이터를 쉽게 검색, 삽입, 삭제를 할 수 있도록 트리를 활용해서 데이터를 구조화하고 인덱싱합니다. 이때 B-트리나 B+트리를 많이 사용합니다.

### 나무를 거꾸로 뒤집어 놓은 모양의 트리

트리tree는 나무 기둥에서 가지가 뻗어나가는 모습을 거꾸로 뒤집어 놓은 모양입니다. 따라서 나무 밑둥root이 맨 위에 있습니다. 다음 그림은 트리 구조를 표현한 것입니다. 트리 구조를 표현하는 데 사용하는 새로운 용어가 많이 등장합니다. 그림과 함께 용어를 꼼꼼하게 보기 바랍니다.

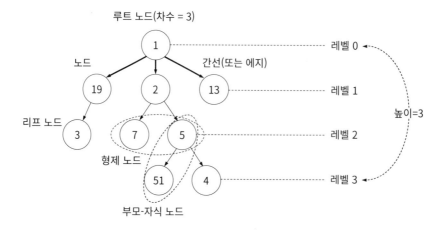

## 트리를 구성하는 노드

노드는 트리를 구성하는 요소입니다. 노드 중 가장 위에 있는 노드를 **루트 노드**root node라고 합니다. 앞의 그림에서는 맨 위에 있는 값 1이 들어 있는 노드가 루트 노드입니다.

## 노드를 연결하는 에지

노드와 노드 사이에는 이어주는 선이 있습니다. 이를 **간선** 또는 **에지**edge라고 합니다. 그리고 트리는 노드와 노드가 단방향 간선으로 연결되어 있고, 루트 노드에서 각 노드까지 경로는 유일합니다. 루트 노드로부터 특정 노드까지 거쳐가는 최소한의 간선 수를 레벨로 표현합니다. 예를 들어 루트 노드는 레벨 0, 노드 19, 2, 13은 레벨 1입니다.

## 부모-자식, 형제 관계를 가지는 노드

간선으로 연결된 노드들은 서로 **부모-자식 관계**가 있다고 표현합니다. 간선으로 직접 연결된 노드 중 상대적으로 위에 있는 노드를 **부모 노드**parent node, 아래에 있는 노드를 **자식 노드**child node라고 합니다. 그림에는 표현하지 않았지만 2, 7, 5의 관계를 보면 2가 상대적으로 7, 5의 부모 노드인 셈입니다. 그리고 7, 5처럼 같은 부모 노드를 갖는 노드를 **형제 노드**sibling node라고 합니다.

## 자식이 없는 말단 노드

자식이 없는 노드는 **리프 노드**<sup>leaf node</sup>라고 합니다.

※ 리프 노드는 우리말로는 말단 노드라고도 합니다.

## 아래로 향하는 간선의 개수, 차수

**차수**<sup>degree</sup>란 특정 노드에서 아래로 향하는 간선의 개수입니다. 예를 들어 노드 1은 차수가 3입니다. 왜냐하면 아래로 향하는 간선이 3개이기 때문입니다.

 트리 구조는 나무를 닮았다고 했지만 족보를 보는 것 같기도 하네요. 흥미로워요.

대부분의 트리 용어는 족보나 실제 나무에서 따온 것이 많습니다. 아마 이해하는 데 큰 어려움은 없을 거에요.

 **합격 조언** **원소, 노드, 가지, 간선, 가중치... 뭐가 뭔지 헷갈릴 거예요**

많은 전문가는 트리나 그래프를 이야기할 때 원소/노드/버텍스, 가지/간선/에지, 가중치/웨이트 등 다양한 용어를 자연스럽게 혼용합니다. 그러다 보니 저도 이 용어들을 이 책에서 어떻게 통일하여 부를지 많은 고민을 했습니다. **이 책에서는 트리, 그래프 모두에서 노드, 간선, 가중치라는 용어로 통일해 사용했습니다.** 음차나 번역 용어 사용에 대한 절대 규칙이 없는 상황에서 현업에서 보편적으로 사용하는 용어가 무엇인가에 대해 고민했고, 규칙성은 없으나 책 내에서 통일성 있게 사용하자고 결론을 내렸습니다.

 **합격 조언** **코딩 테스트에서는 이진 트리만 알면 됩니다**

트리 종류는 굉장히 다양하지만 코딩 테스트에서는 **이진 트리**<sup>binary tree</sup>만 제대로 알고 있으면 충분합니다. 이진 트리란 모든 노드의 최대 차수가 2를 넘지 않는 트리를 말합니다(간선이 최대 2개인 트리입니다).

이진 트리는 배열이나 포인터로 구현할 수 있습니다. 이 책에서는 배열로 이진 트리를 구현하는 방법을 알아본 후, 포인터로 구현하는 방법을 알아봅니다. 이진 트리는 다음과 같이 노드 하나가 최대 2개의 자식 노드를 갖습니다.

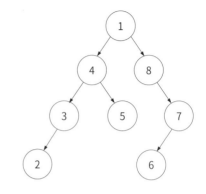

## 배열로 표현하기

배열은 선형 자료구조이고 트리는 계층 자료구조입니다. 따라서 배열로 트리를 표현하려면 다음 3가지 규칙이 필요합니다. 참고로 이 규칙은 루트 노드를 배열 인덱스 1번이라고 생각하여 작성한 규칙입니다.

- 루트 노드는 배열 인덱스 1번에 저장합니다.
- 왼쪽 자식 노드의 배열 인덱스는 **부모 노드의 배열 인덱스 × 2입니다.**
- 오른쪽 자식 노드의 배열 인덱스는 **부모 노드의 배열 인덱스 × 2 + 1입니다.**

위 규칙에 맞게 인덱스를 붙이면 다음과 같을 것입니다.

정말 규칙에 맞게 되었는지 역으로 확인해봅시다. 실선 화살표를 따라가며 인덱스를 확인해보면 1 → 2 → 4 → 8입니다. **인덱스가 부모 × 2로 증가합니다.** 점선 화살표를 따라가며 인덱스를 확인해보면 1 → 3 → 7입니다. **인덱스가 부모 인덱스 × 2 + 1로 증가합니다.** 실제 배열에 이진 트리를 저장하면 다음과 같습니다.

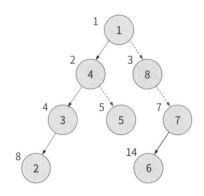

| 인덱스 | 0 | 1 | 2 | 3 | 4 | 5 | 6 | 7 | 8 | 9 | 10 | 11 | 12 | 13 | 14 |
|---|---|---|---|---|---|---|---|---|---|---|---|---|---|---|---|
| 값 | | 1 | 4 | 8 | 3 | 5 | | 7 | 2 | | | | | | 6 |

루트 노드를 인덱스 0으로 하면 왼쪽 자식 노드는 **부모 노드의 배열 인덱스 × 2 + 1이 되고, 오른쪽 자식 노드는 부모 노드의 배열 인덱스 × 2 + 2가 됩니다.** 입력값에 따라 루트 노드를 0 혹은 1로 정해야 하는 경우가 있으므로 알아두시면 편합니다.

 인덱스를 0으로 했을 때와 1로 했을 때의 차이는 무엇인가요?

인덱스를 0으로 하면 인덱스를 1로 정했을 때와 특정 노드의 인덱스 계산식이 달라집니다. 인덱스를 반드시 1로 해야 하는 건 아니므로 필요하다면 인덱스를 0으로 해도 좋습니다.

트리를 표현한 배열을 보면 빈 값이 꽤 많이 보입니다. 노드들의 부모-자식 관계를 곱셈 연산하여 배열의 인덱스로 사용하기 때문에 실제 노드 개수보다 많은 공간을 사용할 수밖에 없습니다. 즉, 배열로 트리를 표현하면 자식이 없거나 쓰지 않는 인덱스들은 모두 빈 값이므로 메모리가 낭비된다는 단점이 있습니다. **그렇다고 해서 배열 표현 방법이 나쁘다는 건 아닙니다. 이진 트리를 배열로 표현하는 방식은 굉장히 구현 난이도가 쉬우므로, 메모리만 넉넉하다면 구현 시간을 단축하는 용도로 좋습니다.** 다행히도 대부분 코딩 테스트에서는 배열로 이진 트리를 구현해도 괜찮은 경우가 많습니다.

※ 참고로 이진 트리의 노드가 N개일 때, 배열로 이진 트리를 생성하면 O(N)이 걸립니다.

## 이진 트리 순회하기

이진 트리 구현 방법을 알았으니 이제는 이진 트리에서 순회하는 방법을 알아봅시다. 순회란 어떤 데이터가 있을 때 그 데이터를 빠짐 없이 방문하는 것을 의미합니다. 트리에서 데이터를 검색하려면 트리를 순회할 수 있어야겠지요. 배열에서 인덱스로 데이터를 검색할 때 순회하는 것처럼 트리도 순회할 방법이 필요합니다. 이진 트리에서의 순회는 아래와 같이 총 3가지 방법이 있습니다.

- 전위 순회preorder : **현재 노드를 부모 노드로 생각했을 때** 부모 노드 → 왼쪽 자식 노드 → 오른쪽 자식 노드 순서로 방문합니다.
- 중위 순회inorder : **현재 노드를 부모 노드로 생각했을 때** 왼쪽 자식 노드 → 부모 노드 → 오른쪽 자식 노드 순서로 방문합니다.
- 후위 순회postorder : **현재 노드를 부모 노드로 생각했을 때** 왼쪽 자식 노드 → 오른쪽 자식 노드 → 부모 노드 순서로 방문합니다.

순회에서 주목해야 할 표현은 '현재 노드를 부모 노드로 생각했을 때'입니다. 이 콘셉트를 이해해야 순회를 쉽게 이해할 수 있습니다. 우선은 이 표현에 주목해야 한다는 것만 기억해두고 각 순회 과정의 설명을 보면서 더 깊게 이해해봅시다.

## 전위 순회 과정 살펴보기

그럼 전위 순회부터 봅시다. 전위 순회는 현재 노드를 부모 노드로 생각했을 때 부모 노드 → 왼쪽 자식 노드 → 오른쪽 자식 노드 순서로 방문합니다.

**01단계** 루트 노드에서 시작합니다. 현재 노드를 부모로 생각하면 방문 순서는 1 → 4 → 8입니다. 그러니 노드 1(자신, 현재 부모)을 방문한 다음 왼쪽 자식인 노드 4로 이동합니다.

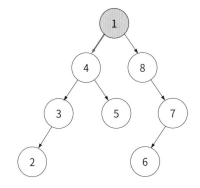

**02단계** 노드 4로 이동했습니다. 방문 순서는 4 → 3 → 5이므로 자신을 방문하고 3으로 이동합니다.

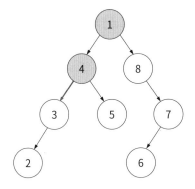

**03단계** 노드 3으로 이동했습니다. 방문 순서는 3 → 2 → (오른쪽 자식 없음)이므로 자신을 방문하고 2로 이동합니다.

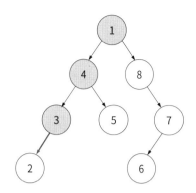

**04단계** 노드 2로 이동했습니다. 2 → (왼쪽 자식 없음) → (오른쪽 자식 없음)이므로 자신을 방문하고, 더 방문할 자식이 없으므로 3으로 거슬러 올라갑니다.

노드 3은 3 → 2 → (오른쪽 자식 없음)입니다. 자신과 왼쪽 자식은 이미 방문했고 더 방문할 자식도 없습니다. 부모로 거슬러 올라갑니다.

노드 4에서는 4 → 3 → 5입니다. 5로 이동합니다.

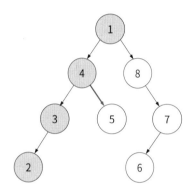

**05단계** 마찬가지로 노드 5는 본인을 출력하고 방문할 자식이 없으므로 거슬러 올라가 노드 1까지 갑니다. 노드 1은 오른쪽 자식만 남았으므로 노드 8로 이동합니다.

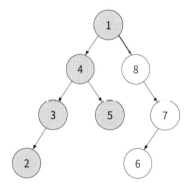

**06단계** 이런 방식으로 출력하면 1 → 4 → 3 → 2 → 5 → 8 → 7 → 6 순서로 트리를 순회하게 됩니다.

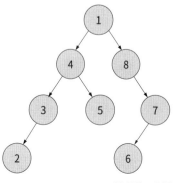

전위 순회는 이렇게 거치는 노드를 우선 방문(출력)하므로 직관적으로 이해하기 쉽습니다. 전위 순회는 트리를 복사할 때 많이 사용합니다.

※ 전위 순회가 직관적으로 이해하기 쉬운 이유는 거치는 노드를 방문하기 때문입니다. 중위 순회와 후위 순회를 공부하면 이 의미를 알게 될 겁니다.

## 중위 순회 과정 살펴보기

**중위 순회는 현재 노드를 부모 노드로 생각했을 때 방문 우선 순위가 왼쪽 자식 노드 → 부모 노드 → 오른쪽 자식 노드입니다.** 다시 말해 중위 순회는 거쳐가는 노드, 즉, 현재 노드를 거치기만 할 뿐 '방문'하지 않습니다. 바로 이 지점이 처음 공부하는 사람에게 '중위 순회는 난해하다'라고 여기게 만듭니다. 집중해서 중위 순회 과정을 읽어봅시다.

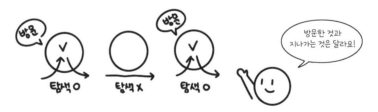

**합격 조언** ▶ **방문이란?**

방문이라는 표현을 자주 사용하고 있습니다. 탐색에서 방문이란 탐색을 마친 상태를 말합니다. 탐색 과정에서 지나치는 것과 그렇지 않은 것을 구분하기 위해 방문이라는 용어를 사용합니다. 다음 그림을 보면 한 집은 집 앞을 지나가기만 했고, 나머지 두 집은 방문을 완료했습니다.

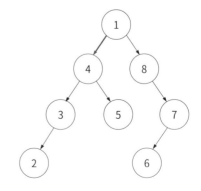

**01단계** 1에서 방문 우선 순위는 4 → 1 → 8이므로 우선 4로 이동합니다. 이렇게 중위 순회는 현재 자신을 부모 노드로 생각했을 때 왼쪽 자식 노드를 우선해야 하므로 부모 노드는 지나갈 뿐 방문하지는 않습니다.

**02단계** 노드 4에 와서도 마찬가지입니다. 자신을 부모 노드로 생각했을 때 방문 우선 순위는 3 → 4 → 5이므로 노드 3으로 이동합니다.

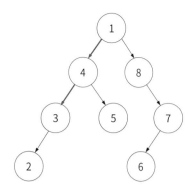

**03단계** 노드 3은 2 → 3 → (오른쪽 자식 없음)입니다. 2로 이동합니다.

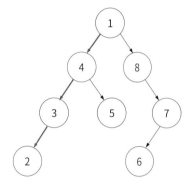

**04단계** 노드 2는 (왼쪽 자식 없음) → 2 → (오른쪽 자식 없음)입니다. 자신을 방문하고 거슬러 올라갑니다.

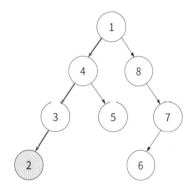

**05단계** 노드 3은 2 → 3 → (오른쪽 자식 없음)입니다. 즉, 방문 순서가 이제 자신입니다. 자신을 방문하고, 오른쪽 자식이 없으므로 거슬러 올라갑니다.

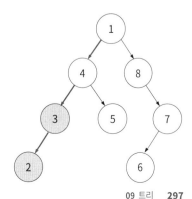

**06단계** 노드 4는 3 → 4 → 5입니다. 자신을 방문하고 오른쪽 자식 5로 갑니다.

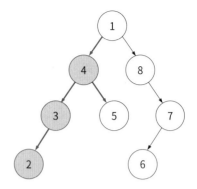

**07단계** 노드 5는 (왼쪽 자식 없음) → 5 → (오른쪽 자식 없음)입니다. 자신을 방문하고 거슬러 올라갑니다. 노드 4는 모든 노드를 방문했습니다. 1로 거슬러 올라갑니다.

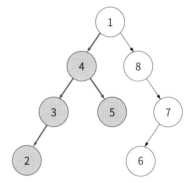

**08단계** 노드 1은 4 → 1 → 8입니다. 자신을 방문하고 오른쪽으로 이동합니다.

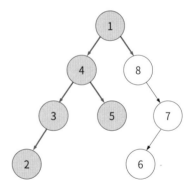

**09단계** 노드 8은 (왼쪽 자식 없음) → 8 → 7입니다. 자신을 방문하고 오른쪽으로 이동합니다.

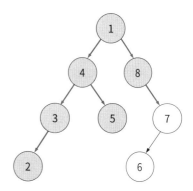

**10단계** 노드 7은 6 → 7 → (오른쪽 자식 없음)입니다. 6으로 이동한 다음 6은 자식이 없으므로 방문합니다.

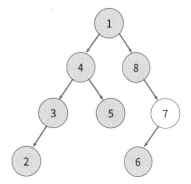

**11단계** 마지막 노드 7을 방문합니다. 중위 순회는 2 → 3 → 4 → 5 → 1 → 8 → 6 → 7 순서로 노드를 방문합니다.

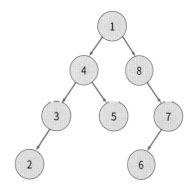

중위 순회 방문 과정을 살펴보았습니다. 이를 통해 현재 자신을 부모로 생각했을 때 방문 우선 순위를 따지는 방법을 알았기 바랍니다. 중위 순회는 이진 탐색 트리에서 정렬된 순서대로 값을 가져올 때 사용됩니다.

## 후위 순회 과정 살펴보기

후위 순회는 **현재 노드를 부모 노드로 생각했을 때 왼쪽 자식 → 오른쪽 자식 → 부모 순서로 방문합니다.** 여기도 그림과 함께 방문 순서를 봅시다.

**01단계** 노드 1부터 시작합니다. 4 → 8 → 1이므로 일단 4로 이동합니다.

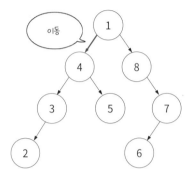

**02단계** 노드 4도 마찬가지입니다. 3 → 5 → 4이므로 3으로 이동합니다.

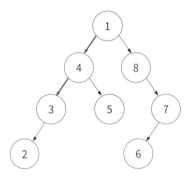

**03단계** 노드 3은 2 → (오른쪽 자식 없음) → 3이므로 2로 이동합니다.

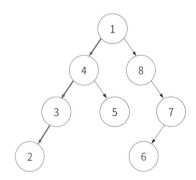

**04단계** 노드 2는 (왼쪽 자식 없음) → (오른쪽 자식 없음) → 2이므로 자신을 방문하고 3으로 거슬러 올라갑니다. 아마 중위 순회를 이해했다면 이후 과정도 쉽게 상상할 수 있을 것입니다. 하나만 더 봅시다.

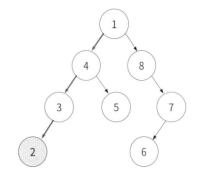

**05단계** 노드 3은 2 → (오른쪽 자식 없음) → 3입니다. 2는 이미 방문했고, 오른쪽 자식이 없으니 자신을 출력하고 거슬러 올라갑니다.

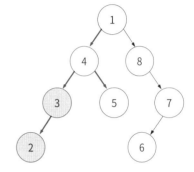

**06단계** 이런 식으로 방문하면 2 → 3 → 5 → 4 → 6 → 7 → 8 → 1 순서로 방문합니다.

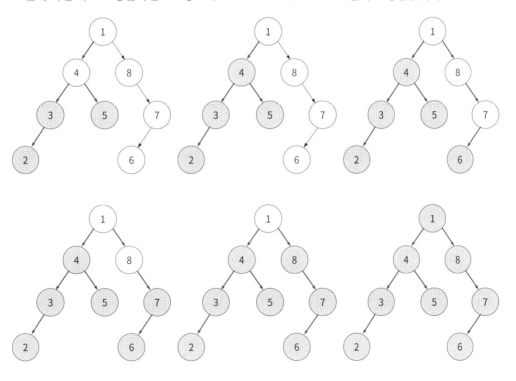

지금은 이해가 잘 되지 않겠지만 노드를 삭제할 때는 부모를 먼저 삭제하면 안 됩니다. 자식 노드부터 삭제해야 트리를 유지하며 재귀로 루트 노드까지 삭제할 수 있기 때문입니다. 그래서 자식 노드부터 방문한다는 특성이 있는 후위 순회는 트리 삭제에 자주 활용합니다.

## 포인터로 표현하기

이번에는 포인터로 트리를 표현하는 방법을 알아보겠습니다. 포인터로 트리를 표현하려면 노드부터 정의해야 합니다. 다음 그림처럼 노드는 노드의 값, 왼쪽 자식 노드와 오른쪽 자식 노드를 가집니다.

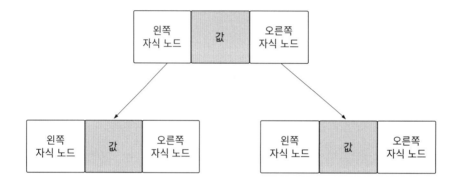

이 노드 구성을 트리에 적용하면 다음과 같습니다.

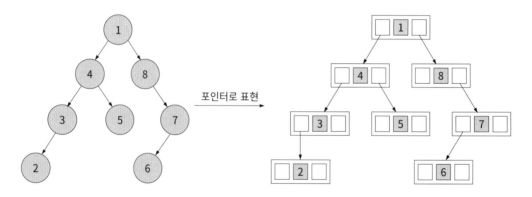

포인터로 표현한 트리는 배열과 달리 인덱스 연산을 하지 않으므로 메모리 공간을 낭비하지 않습니다만 실제 노드를 따라가도록 구현해야 하므로 구현 난이도는 배열로 표현한 트리에 비해 조금 높습니다.

## 09-3 이진 트리 탐색하기

이진 트리에서 가장 중요한 것은 바로 탐색을 효율적으로 할 수 있도록 트리를 구축하는 것입니다.
물건을 잘 정리해두면 쉽게 찾을 수 있는 것과 같죠. 이진 트리는 자식 노드가 최대 2개인 트리를
말하며 목적에 따라 여러 종류가 있습니다. 여기서는 이진 탐색 트리binary search tree를 만들고, 이를
활용해 원하는 노드를 효율적으로 찾는 방법을 알아봅니다.

### 이진 탐색 트리 구축하기

이진 탐색 트리의 대상 데이터가 3 → 4 → 2 → 8 → 9 → 7 → 1 순서로 들어온다고 생각하고 이
진 탐색 트리부터 구축합시다. **이진 탐색 트리는 데이터 크기를 따져 현재 노드보다 값이 작으면
왼쪽 자식 위치에, 크거나 같으면 오른쪽 자식 위치에 배치하는 독특한 정렬 방식을 갖고 있습니
다.** 다음을 보면 데이터를 전부 삽입한 다음 정렬하는 것이 아니라 데이터를 하나씩 삽입하면서 이
진 탐색 트리를 구축합니다. 즉, 삽입과 동시에 정렬을 합니다. 함께 봅시다.

**01단계** 최초의 데이터는 루트 노드가 됩니다. 3을 이진 탐색
트리에 루트 노드로 추가합니다.

**02단계** 현재 삽입하려는 데이터는 4입니다. 3보다 크므로
오른쪽 자식 위치에 배치합니다.

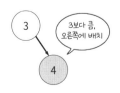

**03단계** 현재 삽입하려는 데이터는 2입니다. 2는 3보다 작으므로 왼쪽 자식 위치에 삽입합니다.

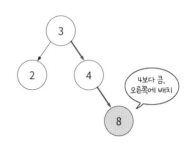

**04단계** 현재 삽입하려는 데이터는 8입니다. 8은 3보다 크므로 오른쪽 자식 위치를 봅니다. 이미 자식이 있는 경우 값을 비교합니다. 8은 4보다 크므로 오른쪽 자식 위치를 봅니다. 위치가 비어 있으므로 8을 배치합니다. 이런 식으로 이진 탐색 트리를 구축할 때는 넣으려는 대상 데이터의 값이 크거나 같으면 오른쪽 자식으로, 작으면 왼쪽 자식으로 배치합니다.

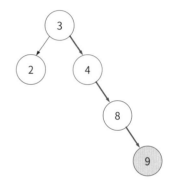

**05단계** 9는 3보다 크므로 오른쪽을 봅니다. 4보다도 크므로 다시 오른쪽을 봅니다. 8보다도 큽니다. 오른쪽에 배치합니다.

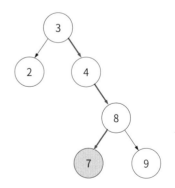

**06단계** 7은 3보다 크고, 4보다 크고, 8보다는 작으므로 8의 왼쪽 자식에 배치합니다.

**07단계** 1은 3보다 작고, 2보다 작으니 2의 왼쪽 자식에 배치합니다.

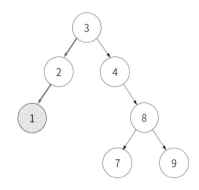

## 이진 탐색 트리 탐색하기

이제 탐색하겠습니다. 이진 탐색 트리를 탐색하는 방법은 다음과 같습니다.

1  찾으려는 값이 현재 노드의 값과 같으면 탐색을 종료하고 크면 오른쪽 노드를 탐색합니다.

2  본인이 찾으려는 값이 현재 노드의 값보다 작으면 왼쪽 노드를 탐색합니다.

3  값을 찾으면 종료합니다. 노드가 없을 때까지 계속 탐색했는데 값이 없으면 현재 트리에 값이 없는 겁니다.

검색 대상 트리는 다음과 같습니다. 여기서 5를 찾는다고 생각해봅시다.

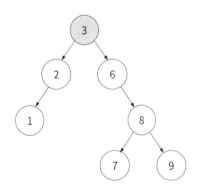

3보다 크니 우선 오른쪽을 봅니다. 6보다는 작으니 왼쪽을 봅니다. 왼쪽에는 아무것도 없습니다. 이진 탐색 트리를 구축한 방식대로 찾았을 때 5가 없으므로 이 트리에는 5가 없다고 판단해도 됩니다.

### 배열 탐색과 비교하면 어떨까?

이진 탐색 트리의 탐색 과정은 쉽게 이해했을 겁니다. 그런데 왜 군이 이렇게 탐색할까요? 그건 배열 탐색과 비교해보면 금방 알 수 있습니다. 배열에서는 (아마 다 알고 있겠지만) 다음과 같이 순차적으로 5를 찾습니다.

5가 없다는 것을 알아내기 위해 7번의 비교 연산을 진행했습니다. 그에 반해 이진 탐색 트리는 단 2번만 비교 연산을 진행하여 알아냈죠. 이런 점에서 배열 탐색보다 이진 탐색 트리의 탐색이 훨씬 빠르다고 할 수 있습니다. 그럴 수 있는 이유는 이진 탐색 트리의 구축 방식에 있습니다.

### 이진 탐색 트리는 크면 오른쪽, 작으면 왼쪽

모든 탐색 알고리즘에서 탐색 효율을 개선하는 방법은 같습니다. 탐색 대상이 아닌 노드를 한 번에 많이 제외할 수 있으면 됩니다. 방에서 핸드폰을 찾는다고 가정해볼까요? 모든 물건을 방 하나에 몰아 놓으면 방에 있는 물건을 전부 확인하며 핸드폰을 찾아야 합니다. 하지만 전자기기만 따로 분류해서 정리해 놓았다면 다른 곳은 아예 찾을 필요가 없겠죠. 이렇게 탐색 대상이 아닌 것들을 빠르게 제외하면 원하는 것을 빠르게 찾을 수 있습니다. 이진 탐색 트리의 원리도 동일합니다. 이진 탐색 트리의 구축 방식 자체가 갖는 특성은 **데이터 크기에 따라 하위 데이터 중 한 방향을 검색 대상에서 제외하므로** 검색을 빠르게 만들어줍니다. 앞서 5를 찾을 때를 다시 생각해봅시다. 루트 노드 3보다 크다는 판단을 내리면서 하위의 왼쪽 데이터는 검색 대상에서 제외해버렸습니다.

### 이진 탐색 트리의 시간 복잡도

이진 탐색 트리의 시간 복잡도는 트리 균형에 의존합니다. 트리의 균형이 잡혔다는 건 각 노드의 차수가 비슷하게 유지되면서 각 노드의 자식 노드 수가 비슷하게 유지되는 것을 말합니다. 균형이 유지되었다고 가정했을 때 삽입과 탐색 연산 시 이진 탐색 트리에 저장된 노드가 N개라고 하면 시간 복잡도는 $O(logN)$입니다. 하지만 균형이 맞지 않을 때는 시간 복잡도가 배열과 비슷합니다. 왜 그런지 바로 이어서 알아보겠습니다.

※ 균형이 잡혀 있다는 건 왼쪽과 오른쪽 서브 트리의 높이 차가 1 이하인 경우를 말합니다. 그렇지 않을 때 균형이 잡혀 있지 않다라고 표현합니다.

# 이진 탐색 트리와 배열 탐색의 효율 비교

지금까지의 설명을 읽으면 이런 생각을 할 수 있습니다.

'이진 탐색 트리에서 탐색하는 것이 배열에서 탐색하는 것보다 효율이 좋은 것 같네!'

하지만 두 자료구조의 삽입과 탐색 시간 복잡도는 이진 탐색 트리의 균형이 맞지 않으면, 다시 말해 최악의 경우 "O(N)으로 같다"라고 이야기합니다. 약간의 전제가 필요하긴 하지만요. 그 이야기를 잠깐 하고 넘어가겠습니다.

## 치우쳐진 형태의 트리

이진 탐색 트리가 만약 이런 형태를 하고 있다면 어떨까요?

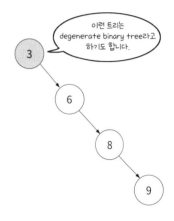

이진 트리는 왼쪽 혹은 오른쪽 자식 노드만 있어야 합니다. 그런데 오른쪽 자식만 있는 겁니다. 모든 노드가 루트 노드인 3보다 커서 오른쪽으로 치우쳐졌습니다. 이런 트리에서 9를 찾는다면 모든 노드를 다 탐색해야 하므로 O(N)의 시간 복잡도가 필요합니다. 다만 이렇게 극단적으로 치우친 경우는 지극히 예외 상황입니다. 사실 대부분의 상황에서는 이진 탐색 트리의 탐색 성능이 더 좋습니다. 다만 이렇게 치우쳐지지 않도록 균형을 유지하는 이진 탐색 트리가 있습니다.

### *균형 이진 탐색 트리*

그런 이진 탐색 트리들을 균형 이진 탐색 트리balanced binary search tree라고 합니다. 균형 이진 탐색 트리는 또 세부적으로 AVL 트리, 레드-블랙 트리 등으로 구분하여 부릅니다. 균형 이진 탐색 트리를 활용하면 이진 트리의 탐색 연산 횟수가 트리 높이에 비례하고 트리의 높이는 logN이므로 탐색 시간 복잡도를 O(logN)으로 유지할 수 있습니다. 다만 균형 이진 탐색 트리 구현은 난이도가 너무 높아서 여러분이 보게 될 코딩 테스트에는 나오지 않을 가능성이 매우 높습니다. 트리를 더 공부하고 싶다면 자료구조 책 등을 이용하여 깊이 공부하기 바랍니다.

# 09-4 › 몸풀기 문제

## 문제 26 트리 순회★

저자 권장 시간 _ 40분 | 권장 시간 복잡도 _ O(N) | 출제 _ 저자 출제

정답 URL https://github.com/kciter/coding-interview-js/blob/main/solution/26.js

이진 트리를 표현한 배열 nodes를 인자로 받습니다. 예를 들어서 nodes가 [1, 2, 3, 4, 5, 6, 7]이면 다음과 같은 트리를 표현한 것입니다. 해당 이진 트리에 대하여 전위 순회, 중위 순회, 후위 순회 결과를 반환하는 solution( ) 함수를 구현하세요.

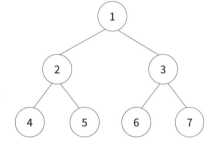

### 제약 조건

• 입력 노드값의 개수는 1개 이상 1,000개 이하이다.
• 노드값은 정수형이며, 중복되지 않는다.

### 입출력의 예

| nodes | return |
| --- | --- |
| [1, 2, 3, 4, 5, 6, 7] | ["1 2 4 5 3 6 7", "4 2 5 1 6 3 7", "4 5 2 6 7 3 1"] |

### 문제 분석하고 풀기

말 그대로 전위, 중위, 후위 순회를 반환하면 되는 문제입니다.

```javascript
function preorder(nodes, idx) {
  // idx가 노드 배열의 길이보다 작을 때
  if (idx < nodes.length) {
    // 루트 노드를 출력한 다음, 왼쪽, 오른쪽 서브 트리를 재귀 호출하여 출력 순서대로 이어붙임
    let ret = `${nodes[idx]} `;
    ret += preorder(nodes, idx * 2 + 1);
    ret += preorder(nodes, idx * 2 + 2);
    return ret;
  }


  // idx >= nodes.length일 때는 빈 문자열 반환
  return "";
}


function inorder(nodes, idx) {
  // idx가 노드 배열의 길이보다 작을 때
  if (idx < nodes.length) {
    // 왼쪽 서브 트리를 먼저 재귀 호출하여 출력 순서대로 이어붙임
    let ret = inorder(nodes, idx * 2 + 1);
    // 루트 노드를 출력한 다음, 오른쪽 서브 트리를 재귀 호출하여 출력 순서대로 이어붙임
    ret += `${nodes[idx]} `;
    ret += inorder(nodes, idx * 2 + 2);
    return ret;
  }


  // idx >= nodes.length일 때는 빈 문자열 반환
  return "";
}


function postorder(nodes, idx) {
  // idx가 노드 배열의 길이보다 작을 때
  if (idx < nodes.length) {
```

```
      // 왼쪽 서브 트리와 오른쪽 서브 트리를 재귀 호출하여 출력 순서대로 이어붙임
      let ret = postorder(nodes, idx * 2 + 1);
      ret += postorder(nodes, idx * 2 + 2);
      // 루트 노드를 출력함
      ret += `${nodes[idx]} `;
      return ret;
    }

    // idx >= nodes.length일 때는 빈 문자열 반환
    return "";
}

function solution(nodes) {
    // 전위 순회, 중위 순회, 후위 순회 결과 계산
    // 노드 배열과 루트 노드의 인덱스를 매개변수로 각각 호출
    return [
      preorder(nodes, 0).slice(0, -1), // 마지막 공백 제거
      inorder(nodes, 0).slice(0, -1), // 마지막 공백 제거
      postorder(nodes, 0).slice(0, -1), // 마지막 공백 제거
    ];
}

console.log(solution([1, 2, 3, 4, 5, 6, 7]));
// ['1 2 4 5 3 6 7', '4 2 5 1 6 3 7', '4 5 2 6 7 3 1']
```

위 코드에서 nodes는 노드 배열을 의미하며 solution( ) 함수에서는 이 nodes 배열과 루트 노드의 인덱스를 preorder( ), inorder( ), postorder( ) 함수에 인수로 전달하여 전위 순회, 중위 순회, 후위 순회 결과를 각각 계산하고 이를 배열로 반환합니다. preorder( ), inorder( ), postorder( ) 함수에서는 idx가 노드 배열의 길이보다 작을 때만 재귀 호출하도록 하며 idx가 노드 배열의 길이와 같거나 크면 빈 문자열을 반환합니다. solution( ) 함수에서는 반환된 결과 문자열에서 마지막 공백을 제거한 뒤 배열로 반환합니다.

※ 이 문제의 핵심은 '배열로 표현한 이진 트리를 순회하는 코드를 구현하라'입니다. 앞서 배열로 트리를 표현할 때 루트 노드가 인덱스 0이 될 수도, 인덱스 1이 될 수도 있지만 1을 자주 쓴다고 했습니다. 여기서는 1이 아닌 0을 쓰는 경우를 보여주기 위해 루트 노드의 인덱스를 0으로 하였습니다.

### 시간 복잡도 분석하기

N은 노드의 개수입니다. 전위, 중위, 후위 연산 모두 각 노드를 한 번씩 방문하므로 시간 복잡도는 O(N)입니다.

## 문제 27 이진 탐색 트리 구현★

저자 권장 시간 _ 60분  |  권장 시간 복잡도 _ O(N²)  |  출제 _ 저자 출제

정답 URL https://github.com/kciter/coding-interview-js/blob/main/solution/27.js

첫 번째 인수 lst를 이용하여 이진 탐색 트리를 생성하고, 두 번째 인수 searchList에 있는 각 노드를 이진 탐색 트리에서 찾을 수 있는지 확인하여 true 또는 false를 담은 배열 result를 반환하는 함수 solution( )을 작성하세요.

### 제약 조건

- lst의 노드는 정수로 이루어져 있으며 1,000,000개를 초과하지 않습니다.
- 이진 탐색 트리의 삽입과 탐색 기능을 구현해야 합니다.
- searchList의 길이는 10이하입니다.

### 입출력의 예

| lst | searchList | answer |
|---|---|---|
| [5, 3, 8, 4, 2, 1, 7, 10] | [1, 2, 5, 6] | [true, true, true, false] |
| [1, 3, 5, 7, 9] | [2, 4, 6, 8, 10] | [false, false, false, false, false] |

## 문제 분석하고 풀기

이진 탐색 트리는 앞서 자세히 배웠으므로 문제에서 요구하는 이진 탐색 트리에서의 탐색 방식만 다시 되새기겠습니다. 이진 탐색 트리의 탐색은 루트 노드부터 시작하여 검색하려는 값과 노드의 값을 비교하여 다음과 같이 진행합니다.

1 검색하려는 값과 현재 노드의 값이 같으면 검색을 완료합니다.

2 검색하려는 값이 현재 노드의 값보다 작으면, 왼쪽 서브 트리에서 검색합니다.

3 검색하려는 값이 현재 노드의 값보다 크거나 같으면, 오른쪽 서브 트리에서 검색합니다.

바로 코드로 작성해봅시다.

```JavaScript
// ❶ 노드 클래스 정의
class Node {
  // ❷ 노드 클래스 생성자
  constructor(key) {
    this.left = null;
    this.right = null;
    this.val = key;
  }
}


// ❸ 이진 탐색 트리 클래스
class BST {
  // ❹ 초기에 아무 노드도 없는 상태
  constructor() {
    this.root = null;
  }

  // ❺ 루트 노드부터 시작해서 이진 탐색 트리 규칙에 맞는 위치에 새 노드 삽입
  insert(key) {
    // 루트 노드가 없는 경우 새로운 노드를 루트 노드로 추가
    if (!this.root) {
```

```
      this.root = new Node(key);
  } else {
    let curr = this.root;
    while (true) {
      // 삽입하려는 값이 현재 노드의 값보다 작은 경우 왼쪽 자식 노드로 이동
      if (key < curr.val) {
        if (curr.left) {
          curr = curr.left;
        } else {
          // 현재 노드의 왼쪽 자식 노드가 없는 경우 새로운 노드 추가
          curr.left = new Node(key);
          break;
        }
      } else {
        // 삽입하려는 값이 현재 노드의 값보다 큰 경우 오른쪽 자식 노드로 이동
        if (curr.right) {
          curr = curr.right;
        } else {
          // 현재 노드의 오른쪽 자식 노드가 없는 경우 새로운 노드 추가
          curr.right = new Node(key);
          break;
        }
      }
    }
  }
}

// ❻ 이진 탐색 규칙에 따라 특정 값이 있는지 확인(루트 노드부터 시작)
search(key) {
  let curr = this.root;
  // 현재 노드가 존재하고, 찾으려는 값과 현재 노드의 값이 같지 않은 경우 반복
  while (curr && curr.val !== key) {
    // 찾으려는 값이 현재 노드의 값보다 작은 경우 왼쪽 자식 노드로 이동
```

```
      if (key < curr.val) {
        curr = curr.left;
      } else {
        // 찾으려는 값이 현재 노드의 값보다 큰 경우 오른쪽 자식 노드로 이동
        curr = curr.right;
      }
    }
    return curr;
  }
}

// ❼ list에 있는 데이터를 활용해서 이진 탐색 트리 생성, searchList 원소 탐색
function solution(list, searchList) {
  const bst = new BST();
  // 배열의 각 요소를 이용하여 이진 탐색 트리 생성
  for (const key of list) {
    bst.insert(key);
  }
  const result = [];
  // 검색 배열의 각 요소를 이진 탐색 트리에서 검색하고, 검색 결과를 배열에 추가
  for (const searchVal of searchList) {
    if (bst.search(searchVal)) {
      result.push(true);
    } else {
      result.push(false);
    }
  }
  return result;
}
```

❶ Node 클래스는 이진 탐색 트리에서 사용할 노드를 생성하는 클래스입니다.

❷ 생성자에서는 노드의 왼쪽 자식 노드와 오른쪽 자식 노드를 null로 초기화하며 노드의 값을 설

정합니다.

❸ BST 클래스는 이진 탐색 트리를 생성하는 클래스입니다. 이진 탐색 트리를 연결 리스트로 구현했습니다.

❹ 생성자에서는 루트 노드를 null로 초기화합니다.

❺ insert( ) 메서드에서는 새 노드를 삽입합니다. 이때 루트 노드부터 시작하여 앞서 설명한 규칙에 맞도록 노드를 삽입합니다.

❻ search( ) 메서드에서는 이진 탐색 트리에서 값을 찾습니다. 루트 노드부터 시작하여 찾으려는 노드를 찾을 때까지 왼쪽 자식 노드 또는 오른쪽 자식 노드로 이동합니다. 노드를 찾으면 해당 노드를 반환하고 찾지 못하면 null을 반환합니다.

❼ solution( ) 함수는 list와 searchList를 인수로 받습니다. 먼저 list의 각 요소를 이용하여 이진 탐색 트리를 생성하고 searchList의 각 요소를 이진 탐색 트리에서 검색하여 검색 결과를 배열에 추가합니다.

### 시간 복잡도 분석하기

N은 노드의 개수이고, M은 searchList의 길이입니다. 최악의 경우 이진 탐색 트리의 삽입 및 탐색 연산 시간 복잡도는 $O(N)$입니다. 이후 list의 길이만큼 삽입하고, searchList의 길이만큼 탐색하므로 시간 복잡도는 $O(N * (N + M))$입니다. 이때 N이 M보다 훨씬 크므로 M은 무시할 수 있습니다. 따라서 최종 시간 복잡도는 $O(N^2)$입니다.

### 문제 28 예상 대진표 ★

정답률 _ 68%  |  저자 권장 시간 _ 30분  |  권장 시간 복잡도 _ O(logN)  |  출제 _ 2017 팁스타운

문제 URL https://programmers.co.kr/learn/courses/30/lessons/12985
정답 URL https://github.com/kciter/coding-interview-js/blob/main/solution/28.js

게임 대회가 개최되었습니다. 이 대회는 N명이 참가하고 토너먼트 형식으로 진행합니다. N명의 참가자에게 1부터 N번의 번호를 차례로 배정하고, 1번↔2번, 3번↔4번, … , N − 1번↔N번 번호를 부여한 참가자끼리 게임을 진행합니다. 각 게임에서 이긴 사람은 다음 라운드에 진출합니다. 이 때 다음 라운드에 진출할 참가자의 번호는 다시 1번부터 N/2번과 같이 차례로 배정합니다. 만약 1번↔2번끼리 겨루는 게임에서 2번이 승리하면 다음 라운드에서 2번은 1번으로 번호를 부여받습니다. 3번↔4번끼리 겨루는 게임에서 3번이 승리하면 다음 라운드에서 3번은 2번을 부여받습니다. 게임은 최종 한 명이 남을 때까지 진행됩니다.

이때 첫 라운드에서 A번을 가진 참가자는 경쟁자로 생각하는 B번 참가자와 몇 번째 라운드에서 만나는지 궁금해졌습니다. 게임 참가자 수 N, 참가자 번호 A, 경쟁자 번호 B가 함수 solution( )의 인수로 주어질 때 첫 라운드에서 A번을 가진 참가자는 경쟁자로 생각하는 B번 참가자와 몇 번째 라운드에서 만나는지를 반환하는 solution( ) 함수를 완성하세요. 단, A번 참가자와 B번 참가자는 서로 만나기 전까지 항상 이긴다고 가정합니다.

### 제약 조건

- N : $2^1$ 이상 $2^{20}$ 이하인 자연수(2의 지수로 주어지므로 부전승은 없음)
- A, B : N 이하인 자연수(단, A ≠ B)

| N | A | B | answer |
|---|---|---|--------|
| 8 | 4 | 7 | 3 |

## 문제 분석하고 풀기

토너먼트 게임을 진행할 때 특정한 두 참가자가 만날 때까지 경기한 횟수를 구하는 문제입니다. 처음에 참가자들은 1부터 N까지의 번호를 받고 다음 라운드에 진출한 참가자들은 다시 1부터 N/2까지의 번호를 받습니다. 첫 번째 입출력 예를 보면 N = 8, A = 4, B = 7입니다. 8명의 참가자가 토너먼트 경기를 할 때 두 참가자 4, 7이 만날 때까지 경기 횟수를 구해야 합니다. 그림을 그려보면 아래와 같습니다.

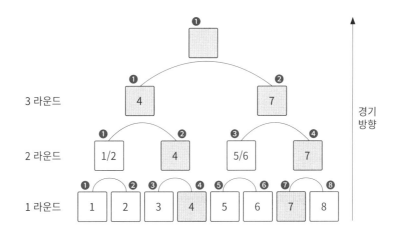

- 참가자 4와 참가자 7은 계속 이깁니다.
- 참가자 4는 참가자 3번과 참가자 2번을 이기고 올라옵니다. 즉, 2번 경기했습니다.
- 참가자 7은 참가자 8번과 참가자 6번을 이기고 올라옵니다. 즉, 2번 경기했습니다.

이렇게 계산하면 두 참가자는 세 번째 경기 때 만납니다. 이제 다음 라운드로 진출할 때 번호가 어떻게 바뀌는지 살펴봅시다. 그림을 보면 네모 안에 라운드마다 참가자가 받을 번호를 적었습니다. 참가자 1/2나 5/6은 이전 라운드에서 둘 중 누가 이겨도 상관없다는 뜻입니다.

네모 안의 숫자는 라운드를 기준으로 했을 때 참가자의 번호이고 ❶부터 ❽으로 표현한 것은 각 라운드에서 참가자가 새로 할당받을 번호입니다. 그림을 이해한 상태에서 다음 라운드의 참가자가 받을 번호를 어떻게 계산하는지 알아봅시다. 오른쪽 참가자의 번호를 N이라고 한다면 다음과 같이 그림으로 생각해볼 수 있습니다.

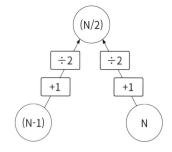

오른쪽 참가자의 번호가 N이므로 왼쪽 참가자의 번호는 N - 1입니다. 그러면 승자가 다음 라운드에서 받는 번호는 N/2입니다. 왜냐하면 각 라운드의 경쟁자는 두 명씩 쌍을 이루기 때문이죠. **다음 라운드에서 받을 번호는 이전 라운드를 반으로 나눴다고 생각하면 됩니다. 그리고 문제의 핵심이 바로 이것입니다.** 이 계산 방식을 이용해서 문제에서 제시한 두 참가자의 번호가 같을 때까지 계산을 반복합니다. 그리고 다음 라운드에 받을 번호가 같다는 건 두 참가자가 만났다는 의미입니다. 두 참가자가 만날 때까지 경기 횟수를 카운트하면 답이 됩니다.

※ 오른쪽 참가자를 N으로 설정해야 다음 라운드로 진출한 두 참가자의 번호 계산식을 그림과 같이 하나로 통일하여 단순하게 만들 수 있습니다.

```javascript
function solution(n, a, b) {
  let answer = 0;
  while (a != b) {
    a = Math.ceil(a / 2);
    b = Math.ceil(b / 2);
    answer += 1;
  }
  return answer;
}
```

코드에서 실수하기 쉬운 부분은 Math.ceil( ) 함수를 사용해야 한다는 것입니다. 만약 / 연산자를 사용하면 a와 b의 결과가 부동 소수점으로 계산되므로 의도한 번호표 계산 방식이 적용되지 않습니다. a, b의 번호표가 같을 때까지 answer를 증가시켜 이를 반환하면 답입니다.

N은 참가한 인원 수입니다. 같은 번호가 될 때까지 계속해서 2로 나누는 연산을 하므로 시간 복잡도는 O(logN)입니다.

## 문제 29 다단계 칫솔 판매★★

정답률 _ 39% | 저자 권장 시간 _ 60분 | 권장 시간 복잡도 _ O(N*M)
출제 _ 2021 Dev-Matching: 웹 백엔드 개발자(상반기)

문제 URL https://programmers.co.kr/learn/courses/30/lessons/77486
정답 URL https://github.com/kciter/coding-interview-js/blob/main/solution/29.js

민호는 다단계 조직을 이용해 칫솔을 판매합니다. 판매원이 칫솔을 판매하면 그 이익이 피라미드 조직을 타고 조금씩 분배되는 형태의 판매망입니다. 어느 정도 판매가 이루어진 후 조직을 운영하던 민호는 조직 내 누가 얼마만큼의 이득을 가져갔는지 궁금해졌습니다. 예를 들어 민호가 운영하는 다단계 칫솔 판매 조직이 다음 그림과 같다고 합시다.

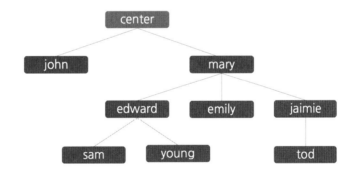

민호는 center이고 그 아래에 표시한 것은 여덟 명의 판매원입니다. 조직의 이익 분배 규칙은 간단합니다. 모든 판매원은 칫솔 판매로 생기는 이익에서 10%를 계산해 자신을 조직에 참여시킨 추천인에게 배분하고 나머지는 자신이 가집니다. 그리고 모든 판매원은 자신이 칫솔 판매에서 발생한 이익뿐만 아니라 자신이 조직에 추천하여 가입시킨 판매원의 이익금의 10%를 자신이 갖습니다. 자신에게 발생하는 이익 또한 마찬가지의 규칙으로 자신의 추천인에게 분배됩니다. 단, 10%를 계산할 때는 원 단위에서 자르고, 10%를 계산한 금액이 1원 미만이면 이득을 분배하지 않고 자신이 모두 가집니다. 예를 들어 다음과 같은 판매 기록이 있을 때 칫솔 판매에서 발생하는 이익은 개당 100원으로 정해져 있습니다.

| 판매원 | 판매 수량 | 이익금 |
|---|---|---|
| young | 12 | 1,200원 |
| john | 4 | 400원 |
| tod | 2 | 200원 |
| emily | 5 | 500원 |
| mary | 10 | 1,000원 |

판매원 young에 의해 1,200원의 이익이 발생했습니다. young은 이 중 10%에 해당하는 120원을 추천인 edward에게 배분하고 자신은 나머지인 1,080원을 가집니다. 그리고 edward는 young에게 받은 120원 중 10%인 12원을 mary에게 배분하고 자신은 나머지인 108원을 가집니다. 12원을 edward로부터 받은 mary는 10%인 1원을 센터(민호)에 배분하고 자신은 나머지인 11원을 가집니다.

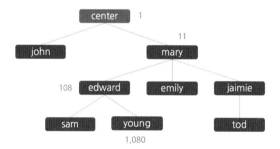

하나만 더 봅시다. 판매원 john에 의해 400원의 이익이 발생하면 다음과 같이 center에 이익금이 돌아옵니다.

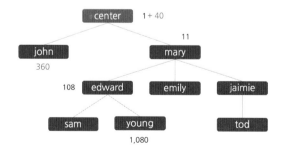

이런 식으로 center에 돌아올 수익금을 보면 다음과 같습니다.

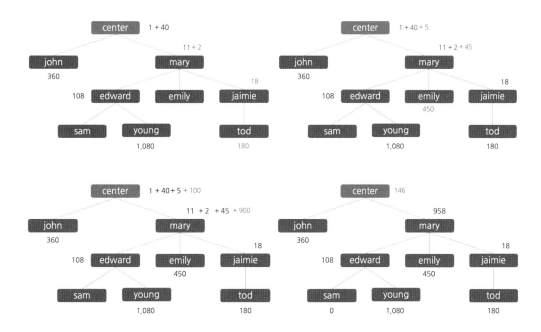

각 판매원의 이름을 담은 배열 enroll, 각 판매원을 다단계 조직에 참여시킨 다른 판매원의 이름을 담은 배열 referral, 판매량 집계 데이터의 판매원 이름을 나열한 배열 seller, 판매량 집계 데이터의 판매 수량을 나열한 배열 amount가 주어질 때 각 판매원이 얻은 이익금을 나열한 배열을 반환하는 solution( ) 함수를 작성하세요. 판매원에게 배분된 이익금의 총합을 정수형으로 계산해 입력으로 주어진 enroll에 이름이 포함된 순서에 따라 나열하면 됩니다.

### 제약 조건

- enroll의 길이는 1 이상 10,000 이하입니다.
  - enroll에 민호의 이름은 없습니다. 따라서 enroll의 길이는 민호를 제외한 조직 구성원의 총 수입니다.
- referral의 길이는 enroll의 길이와 같습니다.
  - referral 내에서 i번째에 있는 이름은 배열 enroll 내에서 i번째에 있는 판매원을 조직에 참여시킨 사람의 이름입니다.

- 어느 누구의 추천도 없이 조직에 참여한 사람에 대해서는 referral 배열 내에 추천인의 이름을 기입하지 않고 –를 기입합니다. 위 예제에서는 john과 mary가 이러한 예에 해당합니다.
- enroll에 등장하는 이름은 조직에 참여한 순서에 따릅니다.
- 즉, 어느 판매원의 이름이 enroll의 i번째에 등장한다면, 이 판매원을 조직에 참여시킨 사람의 이름, 즉 referral의 i번째 노드는 이미 배열 enroll의 j 번째 (j < i)에 등장했음이 보장됩니다.
- seller의 길이는 1 이상 100,000 이하입니다.
  - seller 내의 i번째에 있는 이름은 i번째 판매 집계 데이터가 어느 판매원에 의한 것인지를 나타냅니다.
  - seller에는 같은 이름이 중복해서 들어 있을 수 있습니다.
- amount의 길이는 seller의 길이와 같습니다.
  - amount 내의 i번째에 있는 수는 i번째 판매 집계 데이터의 판매량을 나타냅니다.
  - 판매량의 범위, 즉, amount의 노드들의 범위는 1 이상 100 이하인 자연수입니다.
- 칫솔 1개를 판매한 이익금은 100원으로 정해져 있습니다.
- 모든 조직 구성원들의 이름은 10 글자 이내의 영문 알파벳 소문자들로만 이루어져 있습니다.

## 입출력의 예

| enroll | referral | seller | amount | result |
|---|---|---|---|---|
| ["john", "mary", "edward", "sam", "emily", "jaimie", "tod", "young"] | ["-", "-", "mary", "edward", "mary", "mary", "jaimie", "edward"] | ["young", "john", "tod", "emily", "mary"] | [12, 4, 2, 5, 10] | [360, 958, 108,0, 450, 18, 180, 1080] |
| ["john", "mary", "edward", "sam", "emily", "jaimie", "tod", "young"] | ["-", "-", "mary", "edward", "mary", "mary", "jaimie", "edward"] | ["sam", "emily", "jaimie", "edward"] | [2, 3, 5, 4] | [0, 110, 378, 180, 270, 450,0,0] |

판매자의 관계에 부모-자식 관계가 보입니다. 트리가 떠오르네요. 부모 노드가 자신을 추천한 판매원(referral)으로 보면 됩니다. 예를 들어 첫 번째 입력에서 referral의 3번째 인덱스에 있는 mary는 enroll의 3번째 인덱스에 있는 edward를 추천한 조직원입니다. mary가 edward의 부모 노드인 셈이죠. 따라서 edward가 물건을 판매하면 이익금의 10%를 mary가 받습니다. 현재 판매원(enroll)을 기준으로 자신을 추천한 판매원(referral)에게 이익금을 주는 연산이 반복되므로 자신을 추천한 판매원 정보를 가지고 있으면 문제를 쉽게 풀 수 있습니다. 오브젝트를 만들어서 enroll을 키, referral을 값으로 하면 됩니다. 이에 맞게 정리한 표는 다음과 같습니다.

| enroll | referral |
|--------|----------|
| "john" | "-" |
| "mary" | "-" |
| "edward" | "mary" |
| "sam" | "edward" |
| "emily" | "mary" |
| "jaimie" | "mary" |
| "tod" | "jaimie" |
| "young" | "edward" |

mary가 edward를 추천

이 표를 놓고 sam이 칫솔을 팔았을 때의 수익금 배분 과정은 다음과 같습니다.

**01단계** 오브젝트로 판매자의 추천자를 찾습니다. 그림에서는 sam의 추천자가 edward이고, edward의 추천자는 mary입니다. mary의 추천자는 없으므로 여기서 추천자 찾기를 멈춥니다.

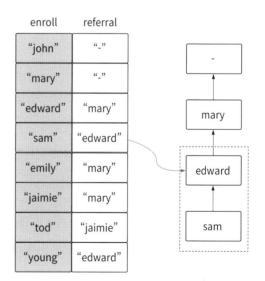

**02단계** 01단계를 통해 sam의 추천자 관계는 이렇게 요약할 수 있습니다. 그리고 sam은 칫솔 5개를 팔아 500원의 수익이 생겼습니다. 이 것을 추천자에게 수익금의 10%씩 거슬러가며 분배합니다.

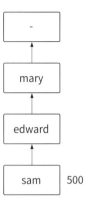

**03단계** sam은 추천자 edward에게 10%를 나눕니다. sam은 edward에게 50원의 수익금을 줘야하므로 남은 돈은 450원이 됩니다.

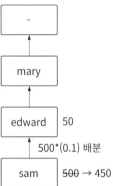

**04단계** 같은 방식으로 edward은 50원의 10%인 5원을 mary에게 나누고 edward에게 실질적으로 떨어지는 수익금은 45원이 됩니다.

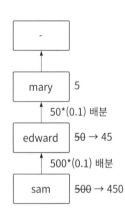

문제에서 요구한 것은 각 판매자의 수익 총액이므로 수익들의 누적값이 필요합니다. 이는 판매자들의 이름을 키로 하고 판매 수익을 값으로 하는 오브젝트를 만들어 쉽게 해결할 수 있습니다.

```JavaScript
function solution(enroll, referral, seller, amount) {
  // ❶ parent 오브젝트 key는 enroll의 노드, value는 referral의 노드로 구성됨
  let parent = {};
```

```javascript
    for(let i = 0; i < enroll.length; i++) {
      parent[enroll[i]] = referral[i];
    }


    // ❷ total 오브젝트 생성 및 초기화
    let total = {};
    for(let name of enroll) {
      total[name] = 0;
    }


    // ❸ seller 배열과 amount 배열을 이용하여 이익 분배
    for(let i = 0; i < seller.length; i++) {
      // ❹ 판매자가 판매한 총 금액 계산
      let money = amount[i] * 100;
      let curName = seller[i];


      // ❺ 판매자부터 차례대로 상위 노드로 이동하며 이익 분배
      while(money > 0 && curName != "-") {
        // ❻ 현재 판매자가 받을 금액 계산(10%를 제외한 금액)
        total[curName] += money - Math.floor(money / 10);
        curName = parent[curName];


        // ❼ 10%를 제외한 금액 계산
        money = Math.floor(money / 10);
      }
    }


    // ❽ enroll 배열의 모든 노드에 대해 해당하는 이익을 배열로 반환
    return enroll.map(name => total[name]);
}
```

❶ parent는 판매자를 키, 추천자를 값으로 하는 오브젝트입니다. 반복문을 통해 parent를 구성
해줍니다.

❷ total은 각 판매자들의 수익입니다. 이 역시도 오브젝트로 선언합니다. 키는 각 판매자의 이름, 값은 수익입니다. 초기 수익은 0입니다.

❸ 판매자(seller) 배열을 순회합니다.

❹ amount[i]는 seller[i]가 판매한 칫솔의 개수입니다. 칫솔 하나당 100원이므로 판매자가 번 수익은 amount[i] * 100입니다. curName은 현재 판매자의 이름을 참조하고 있습니다.

❺ 현재 판매자의 추천자에게 10%의 수익금을 분배합니다. 재귀로 구현하여 거슬러 올라갔을 때 추천자가 없을 때까지 반복합니다.

❻ 현재 판매자는 현재 수익에서 수익금의 10%를 추천인에게 분배하고 나머지를 수익금으로 생각합니다.

❼ Math.floor(money / 10)은 money를 10으로 나눈 몫입니다.

❽ 각 사용자에 대한 수익을 갖는 배열을 반환합니다.

| total | |
|---|---|
| "john" | 0 |
| "mary" | 0 |
| "edward" | 0 |
| "sam" | 0 |
| "emily" | 0 |
| "jaimie" | 0 |
| "tod" | 0 |
| "young" | 0 |

### 시간 복잡도 분석하기

N은 enroll의 길이, M은 seller의 길이라고 했을 때 seller와 enroll의 길이는 같고 각각 한 번씩 순회하므로 시간 복잡도는 O(N)입니다.

## 문제 30 미로 탈출★★

정답률 _ 42% | 저자 권장 시간 _ 80분 | 권장 시간 복잡도 _ O(N²) | 출제 _ 연습문제

문제 URL https://school.programmers.co.kr/learn/courses/30/lessons/159993
정답 URL https://github.com/kciter/coding-interview-js/blob/main/solution/30.js

1 x 1 크기의 직사각형들로 이루어진 격자 형태의 미로에서 탈출하려고 합니다. 각 칸은 통로 또는 벽으로 구성되어 있으며 벽으로 된 칸은 지나갈 수 없고 통로로 된 칸으로만 이동할 수 있습니다. 통로 중 한 칸에는 미로를 빠져나가는 문이 있는데 이 문은 레버를 당겨서만 열 수 있습니다. 레버 또한 통로 중 한 칸에 있습니다. 따라서 출발 지점에서 먼저 레버가 있는 칸으로 이동해 레버

를 당긴 후 미로를 빠져나가는 문이 있는 칸으로 이동하면 됩니다. 이때 아직 레버를 당기지 않았더라도 출구가 있는 칸을 지나갈 수 있습니다. 미로에서 한 칸을 이동하는 데 1초가 걸린다고 할 때 최대한 빠르게 미로를 빠져나가는 데 걸리는 시간을 구하려 합니다. 미로를 나타낸 문자열 배열 maps가 매개변수로 주어질 때 미로를 탈출하는 데 필요한 최소 시간을 반환하는 solution( ) 함수를 완성하세요. 만약 탈출할 수 없다면 –1을 반환하세요.

### 제약 조건

- 5 ≤ maps의 길이 ≤ 100
  - 5 ≤ maps[i]의 길이 ≤ 100
  - maps[i]는 다음 5개의 문자로 구성
    - S : 시작 지점
    - E : 출구
    - L : 레버
    - O : 통로
    - X : 벽
  - 시작 지점과 출구, 레버는 항상 다른 곳에 있으며 1개씩만 있음
  - 출구는 레버가 당겨지지 않아도 지나갈 수 있음
  - 모든 통로, 출구, 레버, 시작점은 여러 번 지나갈 수 있음

### 입출력의 예

| maps | result |
|---|---|
| ["SOOOL", "XXXXO", "OOOOO", "OXXXX", "OOOOE"] | 16 |
| ["LOOXS", "OOOOX", "OOOOO", "OOOOO", "EOOOO"] | -1 |

첫 번째 입출력 예에 주어진 문자열을 그림으로 그리면 다음과 같습니다. 이 미로는 다음과 같이 4번 이동해 레버를 당기고 출구까지 이동하면 총 16초의 시간이 걸리며, 이 시간이 가장 빠른 시간입니다.

| START | ○ | ○ | ○ | 🥄 |
|---|---|---|---|---|
| × | × | × | × | ○ |
| ○ | ○ | ○ | ○ | ○ |
| ○ | × | × | × | × |
| ○ | ○ | ○ | ○ | EXIT |

| 0 | 1 | 2 | 3 | 4 |
|---|---|---|---|---|
| × | × | × | × | 5 |
| 10 | 9 | 8 | 7 | 6 |
| 11 | × | × | × | × |
| 12 | 13 | 14 | 15 | 16 |

두 번째 입출력 예에 주어진 문자열을 그림으로 그리면 다음과 같습니다. 시작 지점에서 이동할 수 있는 공간이 없어서 탈출할 수 없으므로 −1을 반환합니다.

| 🥄 | ○ | ○ | × | START |
|---|---|---|---|---|
| ○ | ○ | ○ | ○ | × |
| ○ | ○ | ○ | ○ | ○ |
| ○ | ○ | ○ | ○ | ○ |
| EXIT | ○ | ○ | ○ | ○ |

### 문제 분석하고 풀기

최소 시간, 최소 경로라는 키워드를 보면 너비 우선 탐색과 최소 경로 알고리즘, 예를 들면 다익스트라 알고리즘을 생각해볼 수 있습니다. 하지만 이 문제는 가중치가 있는 간선이 없고, 너비 우선 탐색은 항상 최단 경로를 보장하므로 너비 우선 탐색을 사용하면 문제를 풀 수 있습니다. **그나저나 너비 우선 탐색은 왜 항상 최단 경로를 보장할까요?**

#### 너비 우선 탐색이 항상 최단 경로를 보장하는 이유

너비 우선 탐색은 현재 지점에서 갈 수 있는 모든 경로로 뻗어나가는 방식입니다. 깊이 우선 탐색은 경로 중 한 방향의 경로만 선택해서 끝까지 뻗어나가는 방식이죠. 그림을 보면 너비 우선 탐색은 깊이 순서대로 뻗어나가지만 깊이 우선 탐색은 한 방향을 정해서 가장 깊이 들어가는 모습을 보여줍니다.

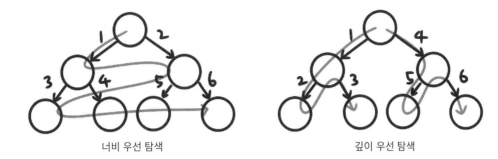

너비 우선 탐색　　　　　　　　　　　깊이 우선 탐색

미로에서도 마찬가지입니다. 미로에서 너비 우선 탐색을 하는 모습을 확인하겠습니다. 각 지점에서 갈 수 있는 모든 방향으로 뻗어나갑니다. **다시 말해 너비 우선 탐색은 각 지점의 단계별 탐색 길이가 같으므로 도착 지점까지의 최단 거리를 찾을 수 있습니다.**

1단계　　　　　　　　　　2단계

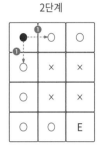

3단계　　　　　4단계　　　　　5단계　　　　　6단계

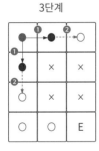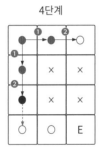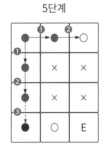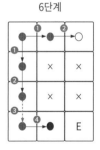

### 간 길 또 가지 않기

고려할 점이 하나 있습니다. 2단계를 보면 검정색으로 표시한 지점에서 갈 수 있는 모든 방향으로 진행합니다. 그런데 3단계, 4단계에서는 뒤로 가진 않습니다. 상식적으로 최단 경로를 찾는 데 뒤로 돌아가는 건 매우 비효율적이므로 그래서는 안 됩니다. 만약 돌아가면 해당 위치는 +1번 추가로 시간을 들여 가는 것과 마찬가지이기 때문이죠. **너비 우선 탐색은 각 과정마다 최선의 탐색을 하므로 이미 거쳐온 경로는 다시 탐색하지 않아도 됩니다.** 실제 구현 시에는 visited라는 이름의 배열로 지금 이 길이 지나갔던 길인지 체크합니다. 더 자세한 설명은 구현하면서 이야기하겠습니다.

## 레버 당긴 다음 출구로 가기

이 문제가 어려운 이유는 조건이 하나 더 있기 때문입니다. 바로 레버죠. **레버 당김 여부와 함께 해당 지점에 방문했는지를 기록해야 합니다.** 다시 말해 레버를 당긴 상태로 특정 지점에 방문한 경우와 레버를 당기지 않은 상태로 특정 지점에 방문한 것은 다릅니다. 이것도 구현에 반드시 적용해야 합니다.

```javascript
class Queue {
  items = [];
  front = 0;
  rear = 0;

  push(item) {
    this.items.push(item);
    this.rear++;
  }

  pop() {
    return this.items[this.front++];
  }

  isEmpty() {
    return this.front === this.rear;
  }
}

// ❶ 이동 가능한 좌표인지 판단하는 함수
function isValidMove(ny, nx, n, m, maps) {
  return 0 <= ny && ny < n && 0 <= nx && nx < m && maps[ny][nx] !== 'X';
}

// ❷ 방문한 적이 없으면 큐에 넣고 방문 여부 표시
function appendToQueue(ny, nx, k, time, visited, q) {
```

```
      if (!visited[ny][nx][k]) {
        visited[ny][nx][k] = true;
        q.push([ny, nx, k, time + 1]);
      }
    }
  }


function solution(maps) {
  const n = maps.length;
  const m = maps[0].length;
  const visited = Array.from(Array(n), () => Array(m).fill(false).map(() =>
Array(2).fill(false)));

  // ❸ 위, 아래, 왼쪽, 오른쪽 이동 방향
  const dy = [-1, 1, 0, 0];
  const dx = [0, 0, -1, 1];
  const q = new Queue();
  let endY = -1;
  let endX = -1;

  // ❹ 시작점과 도착점을 찾아 큐에 넣고 방문 여부 표시
  for (let i = 0; i < n; i++) {
    for (let j = 0; j < m; j++) {
      if (maps[i][j] === 'S') { // 시작점
        q.push([i, j, 0, 0]);
        visited[i][j][0] = true;
      }
      if (maps[i][j] === 'E') { // 도착점
        endY = i;
        endX = j;
      }
    }
  }
```

```javascript
  while (!q.isEmpty()) {
    const [y, x, k, time] = q.pop(); // ❺ 큐에서 좌표와 이동 횟수를 꺼냄

    // ❻ 도착점에 도달하면 결과 반환
    if (y === endY && x === endX && k === 1) {
      return time;
    }

    // ❼ 네 방향으로 이동
    for (let i = 0; i < 4; i++) {
      const ny = y + dy[i];
      const nx = x + dx[i];

      // ❽ 이동 가능한 좌표인 때에만 큐에 넣음
      if (!isValidMove(ny, nx, n, m, maps)) {
        continue;
      }

      // ❾ 다음 이동 지점이 레버인 경우
      if (maps[ny][nx] === 'L') {
        appendToQueue(ny, nx, 1, time, visited, q);
      } else { // ❿ 다음 이동 지점이 레버가 아닌 경우
        appendToQueue(ny, nx, k, time, visited, q);
      }
    }
  }

  // ⓫ 도착점에 도달하지 못한 경우
  return -1;
}
```

너비 우선 탐색은 큐를 사용하므로 먼저 큐를 구현해야 합니다. 이 문제는 입력으로 주어진 수치가 작아 배열을 사용하여도 문제를 풀 수 있지만 큐를 구현하는 연습을 하면 좋습니다.

❶ isValidMove( ) 함수는 좌표로 이동할 수 있는지 여부를 체크하는 함수입니다. 문제에서 주어진 좌표 범위를 벗어나지 않는지, 그리고 해당 좌표 위치가 벽이 아닌지 체크합니다.

※ 이런 예외 처리 함수를 자주 사용하겠습니다. 예외 처리와 본 기능을 분리하면 코드의 가독성이 좋아지고 디버깅도 쉬워지므로 습관을 들이도록 합시다.

❷ appendToQueue( ) 함수는 해당 좌표의 방문 여부를 체크하고, 방문하지 않은 때에만 방문하도록 하는 함수입니다. 이미 방문했다면 해당 좌표의 최단 경로는 이미 구한 것과 같습니다. 방문하지 않은 좌표는 visited 배열에 체크하고 큐에 푸시합니다. 레버 동작 여부도 visited에서 구분해 관리합니다.

❸ 현재 좌표를 기준으로 상하좌우를 쉽게 이동하기 위해 만든 배열입니다. dy와 dx는 일종의 오프셋이라고 생각하면 됩니다. 현재 좌표 + 오프셋 형태로 상하좌우 좌표를 얻습니다. 이처럼 dy와 dx좌표를 미리 배열 형태로 하드코딩해두면 상하좌우 if 문을 4번 작성하는 대신 반복문 하나로 상하좌우를 체크할 수 있습니다.

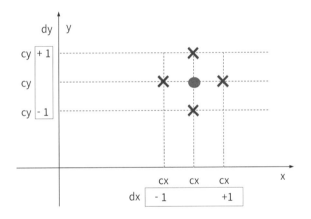

❹ 주어진 map에서 시작 지점은 큐에 넣고 도착 지점은 endY, endX에 저장합니다. 큐에 넣는 이유는 해당 지점부터 너비 우선 탐색을 수행하기 위함입니다.

❺ 큐에서 먼저 푸시한 정보를 가져옵니다. 해당 정보엔 좌표와 레버 동작 여부 그리고 시작 지점부터 해당 좌표까지 가는 데 걸린 시간이 포함되어 있습니다.

❻ 큐에서 가져온 정보가 끝 좌표라면, 미로의 끝까지 도달한 겁니다. 만약 도달한 시점에 라벨이

당겨져 있다면 걸린 시간을 반환합니다.

❼ 현재 좌표 기준으로 상하좌우를 봅니다. 이걸 다음 좌표라고 하겠습니다.

❾ 다음 좌표가 이동할 수 없는 곳이면 ❺로 갑니다.

❿ 다음 지점이 레버면 visited 배열과 큐에 정보를 추가할 때 1로 표시합니다. 그렇지 않은 경우 현재좌표의 라벨 상태를 유지합니다.

⓫ 큐가 비었는데도 레버가 당겨진 상태에서 도착 지점에 도달하지 못했다면 해당 경로를 무시합니다.

### 시간 복잡도 분석하기

N은 지도 한변의 길이입니다. isValidMove( )와 appendToQueue( )는 시간 복잡도가 O(1)입니다. 이동 과정은 최악의 경우 지도의 크기가 N * N, 네 방향으로 이동하므로 시간 복잡도는 $O(4 * N^2)$이 되므로 이를 정리하면 최종 시간 복잡도는 $O(N^2)$입니다.

고난이도 문제!

## 문제 31  양과 늑대★★★★★

정답률 _ 33% | 저자 권장 시간 _ 80분 | 권장 시간 복잡도 _ $O(N^2)$
출제 _ 2022 KAKAO BLIND RECRUITMENT

문제 URL https://programmers.co.kr/learn/courses/30/lessons/92343
정답 URL https://github.com/kciter/coding-interview-js/blob/main/solution/31.js

2진 트리 모양 초원의 각 노드에 늑대와 양이 한 마리씩 놓여 있습니다. 이 초원의 루트 노드에서 출발해 각 노드를 돌아다니며 양을 모으려 합니다. 각 노드를 방문할 때마다 해당 노드에 있던 양과 늑대가 당신을 따라옵니다. 이때 늑대는 양을 잡아먹을 기회를 노리고 있습니다. 당신이 모은 양의 수보다 늑대의 수가 같거나 더 많으면 늑대는 바로 모든 양을 잡아먹어 버립니다. 당신은 중간에 양이 늑대에게 잡아먹히지 않도록 하면서 최대한 많은 수의 양을 모아서 다시 루트 노드로 돌아오려 합니다.

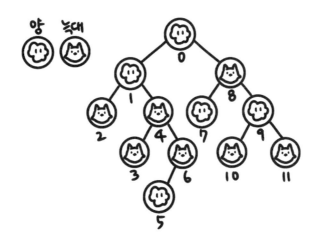

그림에서 보듯 루트 노드에는 항상 양이 있습니다. 루트 노드에서 출발하면 양을 한 마리 모을 수 있습니다. 다음으로 1번 노드로 이동하면 당신이 모은 양은 두 마리가 됩니다. 이때 바로 4번 노드로 이동하면 늑대 한 마리가 당신을 따라옵니다. 아직은 양 2마리, 늑대 1마리이므로 양이 잡아먹히지는 않습니다만 이후에 갈 수 있는 모든 노드에는 늑대가 있으므로 양이 모두 잡아먹힙니다.

여기서는 0번, 1번 노드를 방문해 양을 2마리 모은 다음 8번 노드로 이동하여 늑대를 만나고(양 2, 늑대 1) 이어서 7번, 9번 노드를 방문하여 양 4마리, 늑대 1마리를 모읍니다. 계속해서 4번, 6번 노드로 이동하면 양 4마리, 늑대 3마리를 모으고 5번 노드로 이동하여 최대 5마리 양을 모을 수 있습니다.

각 노드에 있는 양 또는 늑대에 대한 정보가 담긴 배열 info, 이진 트리의 각 노드들의 연결 관계를 담은 2차원 배열 edges가 주어질 때 문제 조건에 따라 각 노드를 방문하면서 모을 수 있는 양은 최대 몇 마리인지 반환하는 solution( ) 함수를 완성하세요.

**제약 조건**

- 2 ≤ info의 길이 ≤ 17
  - info의 원소는 0 또는 1입니다.
  - info[i]는 i번 노드에 있는 양 또는 늑대를 나타냅니다.
  - 0은 양, 1은 늑대를 의미합니다.
  - info[0]의 값은 항상 0입니다. 즉, 0번 노드(루트 노드)에는 항상 양이 있습니다.

- edges의 세로(행) 길이 = info의 길이 - 1
  - edges의 가로(열) 길이 = 2
  - edges의 각 행은 [부모 노드 번호, 자식 노드 번호] 형태로, 서로 연결된 두 노드를 나타냅니다.
  - 동일한 간선에 대한 정보가 중복해서 주어지지 않습니다.
  - 항상 하나의 이진 트리 형태로 입력이 주어지며, 잘못된 데이터가 주어지는 경우는 없습니다.
  - 0번 노드는 항상 루트 노드입니다.

**입출력의 예**

| info | edges | result |
|---|---|---|
| [0, 0, 1, 1, 1, 0, 1, 0, 1, 0, 1, 1] | [[0, 1], [1, 2], [1, 4], [0, 8], [8, 7], [9, 10], [9, 11], [4, 3], [6, 5], [4, 6], [8, 9]] | 5 |
| [0, 1, 0, 1, 1, 0, 1, 0, 0, 1, 0] | [[0, 1], [0, 2], [1, 3], [1, 4], [2, 5], [2, 6], [3, 7], [4, 8], [6, 9], [9, 10]] | 5 |

두 번째 입출력 예는 다음과 같은 트리를 생각하면 됩니다. 여기서 0 → 2 → 5 → 1 → 4 → 8 → 3 → 7 순서로 이동하면 양 5마리 늑대 3마리가 됩니다. 여기서 6 → 9 순서로 이동하면 양 5마리, 늑대 5마리이므로 양이 모두 잡아먹히게 됩니다. 따라서 최대로 모을 수 있는 양은 5마리입니다.

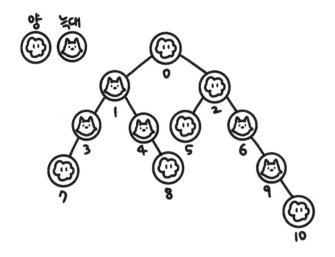

주어진 값을 보고 이진 트리를 구성하기 전에 그림으로 먼저 그려봅시다. info의 0은 동그라미(양)로, 1은 네모(늑대)로 표현했습니다. 숫자는 노드의 번호입니다.

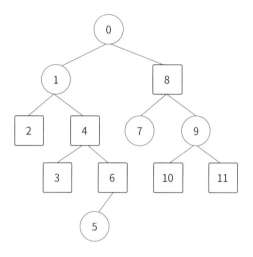

0번에서 출발하여 1번, 4번 노드까지 이동한 상황을 봅시다. 인접한 노드로 이동해야 하므로 다음 그림과 같이 2, 3, 6, 8으로 갈 수 있습니다.

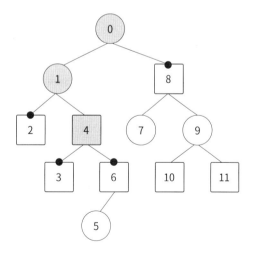

이 문제에서 주목할 포인트는 두 가지입니다. 이를 통해 너비 우선 탐색<sup>breadth first search</sup>으로 해결할 수 있다는 것을 알 수 있습니다.

※ 너비 우선 탐색은 트리나 그래프의 탐색 알고리즘 중 하나입니다. 루트 노드부터 시작하여 각 레벨의 노드를 모두 방문하고, 다음 레벨의 노드를 방문하는 방식으로 동작합니다.

**1** 현재 방문한 노드의 인접한 모든 노드가 방문 대상입니다.

**2** 최적의 해를 구해야 합니다.

이에 맞게 코드를 작성하면 다음과 같습니다.

```JavaScript
class Queue {
  items = [];
  front = 0;
  rear = 0;

  push(item) {
    this.items.push(item);
    this.rear++;
  }

  pop() {
    return this.items[this.front++];
  }

  isEmpty() {
    return this.front === this.rear;
  }
}

// ❶ 트리 구축 함수
function buildTree(info, edges) {
  const tree = Array.from({ length: info.length }, () => []);
  for (const [from, to] of edges) {
    tree[from].push(to);
  }
```

```javascript
    return tree;
}

function solution(info, edges) {
  const tree = buildTree(info, edges); // ❷ 트리 생성
  let maxSheep = 0; // ❸ 최대 양의 수를 저장할 변수 초기화

  // ❹ BFS를 위한 큐 생성 및 초기 상태 설정
  const q = new Queue();
  q.push([0, 1, 0, new Set()]); // (현재 위치, 양의 수, 늑대의 수, 방문한 노드 집합)

  // BFS 시작
  while (!q.isEmpty()) {
    // ❺ 큐에서 상태 가져오기
    const [current, sheepCount, wolfCount, visited] = q.pop();
    // ❻ 최대 양의 수 업데이트
    maxSheep = Math.max(maxSheep, sheepCount);
    // ❼ 방문한 노드 집합에 현재 노드의 이웃 노드 추가
    for (const next of tree[current]) {
      visited.add(next);
    }
    // ❽ 인접한 노드들에 대해 탐색
    for (const next of visited) {
      if (info[next]) { // ❾ 늑대일 경우
        if (sheepCount !== wolfCount + 1) {
          const newVisited = new Set(visited)
          newVisited.delete(next)
          q.push([next, sheepCount, wolfCount + 1, newVisited]);
        }
      } else { // ❿ 양일 경우
        const newVisited = new Set(visited)
        newVisited.delete(next)
        q.push([next, sheepCount + 1, wolfCount, newVisited]);
```

```
      }
    }
  }

  return maxSheep;
}
```

❶ 트리를 구현하는 buildTree( ) 함수를 분석해봅시다. info는 현재 노드가 양인지 여우인지 구분하는 정보가 들어 있습니다. 그리고 info의 길이는 노드 개수라고 볼 수 있으므로 info의 길이만큼의 빈 배열을 만듭니다. 이후 각 부모 노드에 연결된 자식 노드를 추가합니다. 첫 번째 입력 예를 기준으로 buildTree( ) 함수를 호출하였을 때 info와 tree를 그림으로 나타내면 다음과 같습니다.

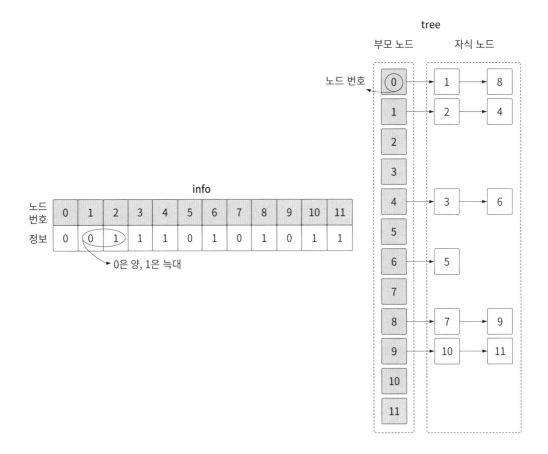

❷ buildTree( ) 함수를 호출하여 트리를 구축합니다.

❸ maxSheep은 정답을 담을 변수입니다. 탐색을 진행하며 최대 양의 마릿수를 갱신합니다.

❹ 최적의 해를 구해야 하므로 너비 우선 탐색을 진행합니다. 너비 우선 탐색을 위해 미리 큐를 구현해야 합니다. 큐의 각 원소는 배열이며 배열은 다음과 같은 구성으로 되어 있습니다.

```
배열 구성 = [
  현재 탐색 위치,
  현재 탐색한 경로 기준 양의 수,
  현재 탐색한 경로 기준 늑대의 수,
  방문한 노드의 집합
]
```

루트 노드는 양이고 노드 번호는 0입니다. 너비 우선 탐색은 큐에 원소가 없을 때까지 진행하므로 탐색을 수행하기 전에 처음 방문할 노드를 넣어야 합니다.

❺ 큐에는 방문할 노드들이 담겨 있습니다. 우리가 루트 노드를 여기에 넣은 이유입니다. 큐에서 팝한 값들(current, sheepCount, wolfCount, visited)을 참조합니다. 마지막으로 visited는 현재까지 방문한 노드의 집합입니다.

❻ 현재까지 구한 최대 양의 수와 큐에서 팝한 경로를 탐색했을 때 양의 수와 비교하여 큰 값을 maxSheep으로 합니다.

❼ 현재 방문한 노드의 이웃 노드를 visited에 추가합니다. tree[current]는 부모 노드가 current 일 때 탐색할 수 있는 자식 노드를 원소로 가지는 배열입니다. visited에는 tree[current]를 순회하여 데이터를 집합에 추가합니다.

❽ visited에는 방문한 노드들을 기준으로 다음에 방문할 수 있는 노드들이 들어 있습니다. 반복문으로 이 노드들을 하나씩 순회합니다.

❾ 노드가 늑대인 경우 방문할 수 있는 노드인지 체크합니다. 방문하는 순간에는 양이 늑대보다 많은지 확인해야 합니다. 이전 노드까지는 양이 늑대보다 많은 경로만 탐색했으므로 양이 늑대보다 1마리 더 많은지만 체크하여 다음 탐색할 노드를 추가합니다.

⑩ 해당 노드가 양이면 무조건 방문합니다.

### 시간 복잡도 분석하기

N은 info의 길이입니다. edges 배열을 순회하면서 트리를 생성하는 동작의 시간 복잡도는 $O(N)$입니다. 이후 너비 우선 탐색을 할 때의 시간 복잡도는 $O(N^2)$입니다. 따라서 최종 시간 복잡도는 $O(N^2)$입니다.

## 문제 32 길 찾기 게임★★★★

정답률 _ 36% | 저자 권장 시간 _ 100분 | 권장 시간 복잡도 _ $O(N^2)$
출제 _ 2019 KAKAO BLIND RECRUITMENT

문제 URL https://programmers.co.kr/learn/courses/30/lessons/42892
정답 URL https://github.com/kciter/coding-interview-js/blob/main/solution/32.js

전무로 승진한 라이언은 기분이 너무 좋아 프렌즈를 이끌고 특별 휴가를 가기로 합니다. 내친김에 여행 계획까지 구상하던 라이언은 재미있는 게임을 생각해냈고 역시 전무로 승진할 만한 인재라고 스스로에게 감탄했습니다. 라이언이 구상한 게임은 프렌즈를 두 팀으로 나누고 각 팀이 같은 곳을 다른 순서로 방문하도록 해서 먼저 순회를 마친 팀이 승리하는 것입니다. 그냥 지도를 주고 게임을 시작하면 재미가 덜하므로 라이언은 방문할 곳의 2차원 좌표 값을 구하고 각 장소를 이진 트리의 노드가 되도록 구성한 후 순회 방법을 힌트로 주어 각 팀이 스스로 경로를 찾도록 할 계획입니다. 라이언은 아래와 같은 특별한 규칙으로 트리 노드들을 구성합니다.

- 트리를 구성하는 모든 노드의 x, y좌표 값은 정수이다.
- 모든 노드는 서로 다른 x값을 가진다.
- 같은 레벨에 있는 노드는 같은 y좌표를 가진다.
- 자식 노드의 y 값은 항상 부모 노드보다 작다.
- 임의의 노드 V의 왼쪽 하위 트리(left subtree)에 있는 모든 노드의 x값은 V의 x값보다 작다.
- 임의의 노드 V의 오른쪽 하위 트리(right subtree)에 있는 모든 노드의 x값은 V의 x값보다 크다.

다음 예를 확인해보겠습니다. 라이언의 규칙에 맞게 이진 트리의 노드만 좌표평면에 그리면 다음과 같습니다. 이진 트리의 각 노드에는 1부터 N까지 번호가 붙어 있습니다.

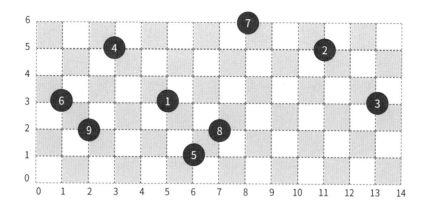

이제 노드를 잇는 간선edge을 모두 그리면 다음과 같은 모양이 됩니다.

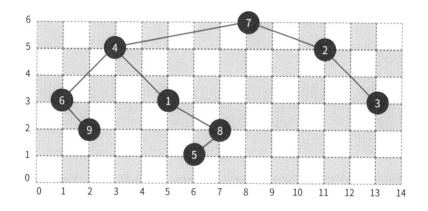

위 이진 트리에서 전위 순회, 후위 순회를 한 결과는 다음과 같고, 이것은 각 팀이 방문할 순서를 의미합니다.

- 전위 순회 : 7, 4, 6, 9, 1, 8, 5, 2, 3
- 후위 순회 : 9, 6, 5, 8, 1, 4, 3, 2, 7

다행히 두 팀 모두 머리를 모아 분석한 끝에 라이언의 의도를 간신히 알아차렸습니다. 그러나 여전히 문제는 남아 있습니다. 노드의 수가 예시처럼 적다면 쉽게 해결할 수 있겠지만 예상대로 라이언은 그렇게 할 생각이 전혀 없었습니다. 이제 당신이 나설 때가 되었습니다. 곤경에 빠진 프렌즈를 위해 이진 트리를 구성하는 노드들의 좌표가 담긴 배열 nodeinfo가 매개변수로 주어질 때 노드들로 구성된 이진 트리를 전위 순회, 후위 순회한 결과를 2차원 배열에 순서대로 담아 반환하는 solution() 함수를 완성합시다.

### 제약 조건

- nodeinfo는 이진 트리를 구성하는 각 노드의 좌표가 1번 노드부터 순서대로 들어 있는 2차원 배열이다.
  - nodeinfo의 길이는 1 이상 10,000 이하이다.
  - nodeinfo[i]는 i + 1번 노드의 좌표이며, [x축 좌표, y축 좌표] 순으로 들어 있다.
  - 모든 노드의 좌표 값은 0 이상 100,000 이하인 정수이다.
  - 트리의 깊이가 1,000 이하인 경우만 입력으로 주어진다.
  - 모든 노드의 좌표는 문제에 주어진 규칙을 따르며, 잘못된 노드 위치가 주어지는 경우는 없다.

### 입출력의 예

| nodeinfo | result |
|---|---|
| [[5, 3], [11, 5], [13, 3], [3, 5], [6, 1], [1, 3], [8, 6], [7, 2], [2, 2]] | [[7, 4, 6, 9, 1, 8, 5, 2, 3], [9, 6, 5, 8, 1, 4, 3, 2, 7]] |

### 문제 분석하고 풀기

이진 트리를 구현하고 순회까지 해야 하는 쉽지 않은 문제입니다. 보통 이진 탐색 트리는 값을 가지고 비교하는데 이 문제에서는 값 대신 좌표를 가지고 이진 트리를 구축해야 합니다. 평소 자료구조나 알고리즘을 직접 구현해보지 않았다면 이 문제가 어려울 겁니다.

이진트리를 먼저 구축해보겠습니다. nodeinfo를 보면 각 노드의 좌표가 주어집니다. 이 정보를 활용해서 이진 트리를 구축합니다. 문제 그림을 보면 각 노드를 좌표에 배치하고 간선을 그으면 되는 것처럼 보입니다. 그림으로 봤을 때는 쉬워 보입니다! 그렇게 보이는 이유는 그림에서는 루트 노드가 명확하기 때문입니다. 루트에서 다음으로 연결해야 할 노드가 바로 밑에 있지만 이것은 그림일 뿐입니다. 실제 입력받는 값은 무작위이므로 우리는 루트 노드부터 시작해서 적절한 자식 노드를 재귀로 찾아 트리를 구축해야 합니다. 이를 위해 무작위로 노드 좌표들이 있는 nodeinfo를 원하는 기준으로 정렬합니다.

1 y좌표가 크면 무조건 우선순위가 높다.

2 y좌표가 같다면, x좌표가 적은게 우선순위가 높다.

이 기준으로 nodeinfo를 정렬하면 다음과 같이 됩니다.

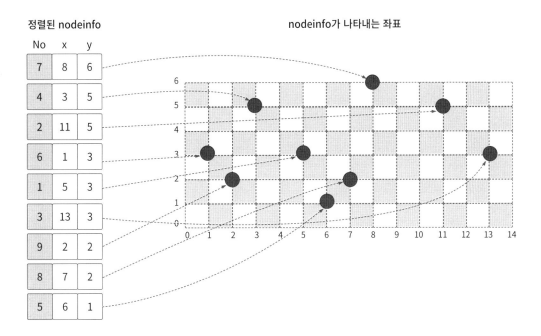

정렬된 nodeinfo          nodeinfo가 나타내는 좌표

y가 가장 큰 노드가 맨처음이므로 루트 노드가 맨 앞에 옵니다. 다음을 보면 루트 노드부터 간선이 연결되어 차례대로 갈 수 있는 순서로 좌표를 구성함을 알 수 있습니다. No는 기존의 nodeinfo 배열 기준 인덱스입니다. 해당 정보는 노드의 고유 번호이므로 좌표가 정렬될 때 따라다녀야 합니다. 이제 거의 다 풀었습니다. 정렬한 nodeinfo 순서대로 트리를 다음과 같이 구축합니다.

1 맨 처음 노드는 무조건 루트 노드입니다. 트리에 루트 노드를 추가합니다.

2 루트 노드를 기준으로 하여 자식 노드로 내려갑니다. 내려갈 때 현재 노드의 x좌표보다, 자식 노드의 x좌표가 더 작으면 왼쪽으로, 아니면 오른쪽으로 갑니다. 이 과정을 자식 노드가 없을 때까지 반복하면서 트리에 해당 노드를 추가합니다.

**3** 과정 **2**를 모든 노드에서 수행합니다.

이 단계를 마치면 자연스럽게 이진 트리를 구축할 수 있습니다. 구축된 이진트리를 순회하면 됩니다. 문제에서는 전위 순회, 후위 순회를 요구했으므로 이 작업을 모두 하면 됩니다.

```JavaScript
// ❶ Node 클래스 정의
class Node {
  constructor(info, num, left = null, right = null) {
    this.info = info; // 노드의 좌표 정보 저장
    this.left = left; // 노드의 왼쪽 자식 노드
    this.right = right; // 노드의 오른쪽 자식 노드
    this.num = num; // 노드의 번호
  }

  // ❷ 왼쪽 자식 노드가 있는지 확인하는 함수
  hasLeft() {
    return this.left !== null;
  }

  // ❸ 오른쪽 자식 노드가 있는지 확인하는 함수
  hasRight() {
    return this.right !== null;
  }
}

// ❹ 이진 트리 생성 함수
function makeBT(nodeinfo) {
  // ❺ 노드의 번호 배열 생성
  const nodes = Array.from({ length: nodeinfo.length }, (_, i) => i + 1);
  nodes.sort((a, b) => {
    const [ax, ay] = nodeinfo[a - 1];
    const [bx, by] = nodeinfo[b - 1];
    return ay === by ? ax - bx : by - ay;
```

```javascript
  });

  let root = null;
  for (const node of nodes) {
    if (!root) {
      root = new Node(nodeinfo[node - 1], node);
    } else {
      let parent = root;
      const newNode = new Node(nodeinfo[node - 1], node);
      while (true) {
        // ❻ 부모 노드의 x좌표가 더 크면 왼쪽으로
        if (newNode.info[0] < parent.info[0]) {
          if (parent.hasLeft()) {
            parent = parent.left;
            continue;
          }
          parent.left = newNode;
          break;
        } else {
          // ❼ 부모 노드의 x좌표가 더 작거나 같으면 오른쪽으로
          if (parent.hasRight()) {
            parent = parent.right;
            continue;
          }
          parent.right = newNode;
          break;
        }
      }
    }
  }
  return root;
}
```

```javascript
// ❽ 전위 순회 함수
function preOrder(root, answer) {
  const stack = [root];
  while (stack.length) {
    const node = stack.pop();
    if (!node) {
      continue;
    }
    answer[0].push(node.num);
    stack.push(node.right);
    stack.push(node.left);
  }
}


// ❾ 후위 순회 함수
function postOrder(root, answer) {
  const stack = [[root, false]];
  while (stack.length) {
    const [node, visited] = stack.pop();
    if (!node) {
      continue;
    }
    if (visited) {
      answer[1].push(node.num);
    } else {
      stack.push([node, true]);
      stack.push([node.right, false]);
      stack.push([node.left, false]);
    }
  }
}

// ❿ 주어진 좌표 정보를 이용하여 이진 트리를 생성하고, 전위 순회와 후위 순회한 결과를 반환
```

하는 함수

```
function solution(nodeinfo) {
  const answer = [[], []]; // 결과를 저장할 배열 초기화
  const root = makeBT(nodeinfo); // 이진 트리 생성
  preOrder(root, answer); // 전위 순회
  postOrder(root, answer); // 후위 순회
  return answer; // 결과 반환
}
```

코드는 이진 트리를 구축하는 부분과 순회하는 부분으로 나뉘어 있습니다. **여기서 순회 부분은 재귀를 사용하지 않고 구현했습니다.** 보통은 트리를 순회할 때는 재귀가 더 간단하지만 간혹 프로그래머스 환경에서 설정한 최대 재귀 호출 횟수를 초과하여 오답 처리가 될 때가 있습니다. 이런 경우에는 재귀 방식이 아닌 비재귀 방식으로 문제에 접근해야 합니다. 이 문제는 재귀 방식을 이용하더라도 풀 수 있지만 연습을 위해 이번에는 일단 비재귀 방식으로 설명하고 이어서 재귀 방식으로 설명하겠습니다.

❶ Node 클래스를 정의합니다. 클래스 생성자를 보면 4개의 인수를 받습니다. 이때 info는 인수하나로 받는 것처럼 보여도 실제 좌표는 x, y좌표를 가진 배열임에 주의합니다.

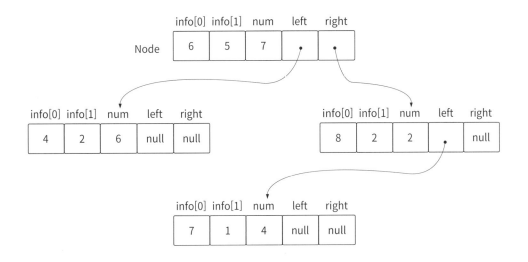

위 예를 실제 좌표에 표현하면 다음과 같습니다.

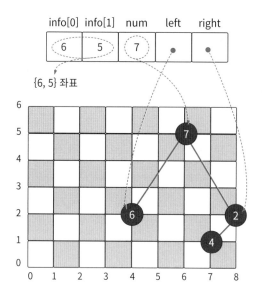

이를 통해 생성자로 들어온 정보로 노드를 만들고 노드를 연결하여 트리를 만들 수 있다는 것을 확인했습니다. 트리 구축에는 ❷~❸의 왼쪽, 오른쪽 자식 노드가 있는지 체크하는 함수를 활용했습니다. 우리가 구축해야 하는 트리는 문제에서 제시한 조건에 맞도록 동작하는 이진 트리이므로 ❹ 인자로 받은 nodeinfo를 기준으로 이진 트리를 구축합니다. 코드 구조를 보면 makeBT( ) 함수에서 이전에 설명한 Node 클래스를 활용하여 이진 트리를 만든다고 생각하면 됩니다.

❺ 노드 번호 배열을 생성합니다. N개의 노드가 있다면 노드 번호는 1~N이므로 인덱스에 +1을 추가하여 범위를 조정했습니다.

노드 번호를 정렬할 때의 조건이 헷갈릴 수 있습니다. 다음 그림을 보면 노드 번호는 1부터 시작하므로 특정 노드에 대한 노드 번호가 해당 인덱스보다 항상 1만큼 큰 것을 알 수 있습니다. 다음으로 nodes의 노드 번호와 nodeinfo의 관계도 봅시다. nodeinfo[K]의 노드 번호는 nodes[K]입니다. 그리고 node[K]의 노드 번호는 (K + 1)입니다. 이를 역으로 생각하여 아래와 같이 정리할 수 있습니다.

"nodeinfo[K - 1]의 노드 번호는 K이다."

이것을 기억한 상태에서 sort( ) 함수를 보면 함수 이해가 더 잘 될 겁니다. 정렬하는 키가 노드 번호이므로 노드 번호 x를 nodeinfo 좌표 기준으로 정리하려면 nodeinfo[x - 1]을 봐야 합니다.

y좌표의 값이 크거나, x좌표의 값이 작으면 우선순위가 높다는 걸 알 수 있습니다.

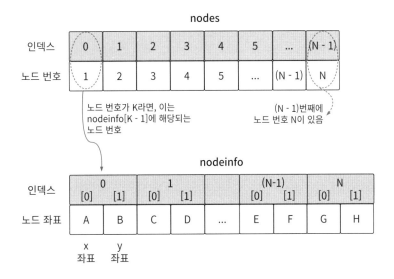

알맞은 위치에 노드를 삽입하기 위해 탐색합니다. if문으로 첫 노드는 무조건 루트 노드로 처리합니다. else문의 의미는 루트 노드부터 조건에 맞게 내려가며 노드를 삽입할 알맞은 위치를 찾는 것입니다. i는 노드 번호이므로 else문에서 nodes에 인덱스로 접근할 때 i - 1을 합니다. else문에 접근할 때는 이미 루트 노드가 있다는 것이므로 parent를 루트 노드로 해야 합니다. 다음으로 node는 현재 노드 정보로 생성합니다. 생성자 인수로 좌표와 노드 번호를 전달하고 있습니다.

❻ 부모 노드의 x좌표가 현재 노드의 x좌표보다 큰 경우 현재 노드는 부모 노드의 왼쪽 방향에 위치합니다. 이때 생각해봐 할 것은 현재 부모 노느의 왼쪽 자식 노느가 없으면 바로 부모 노느의 왼쪽 자식 노드를 현재 노드로 하고 더 이상 탐색할 필요가 없으므로 반복문을 나와야 한다는 것입니다. 하지만 현재 부모 노드의 왼쪽 자식 노드가 있으면 parent를 parent.left로 변경하고 왼쪽 자식 노드로 이동하여 계속해서 현재 노드를 추가할 적절한 위치를 찾습니다.

❼은 반대 방향에 관한 코드입니다. 부모 노드의 x좌표가 현재 노드의 x좌표보다 작거나 같으면 현재 노드는 부모 노드의 오른쪽 방향에 위치합니다.

❽ 전위 순회 함수부터 보겠습니다. 순회에 사용할 stack을 하나 만들고 동시에 루트 노드를 넣습니다. 전위순회는 부모 노드부터 순회하므로 별도 작업 없이 현재 스택에서 팝한 노드를 answer[0]에 넣고, 그에 해당하는 자식 노드를 푸시하면 됩니다. 현재 노드는 바로 방문하므로

스택에 넣을 필요가 없고, answer[0]에 바로 추가합니다.

※ 왼쪽 자식 노드를 방문한 다음에 오른쪽 자식 노드를 방문하는데 오른쪽 자식 노드부터 푸시하는 이유는 우리가 사용하는
자료구조가 스택이기 때문입니다. 먼저 넣은 데이터가 나중에 나옵니다.

❾ 후위 순회 함수입니다. 후위 순회는 방문 표시를 할 상태 변수가 하나 더 필요합니다. 전위 순회
는 stack을 초기화할 때 루트 노드만 있었지만 후위 순회는 루트 노드와 함께 상태 정보 false가
더 있습니다. 스택에서 팝할 때 이 상태값을 보고 true일 때만 방문 표시를 합니다.

❿ answer는 결과를 저장할 배열입니다. answer[0]에는 전위 순회 결과가, answer[1]에는 후위
순회 결과가 들어옵니다. 이진 트리를 구축하고 전위 순회와 후위 순회를 차례대로 진행해서 결과
값을 반환합니다.

### 시간 복잡도 분석하기

N은 노드의 길이입니다. makeBT( ) 함수를 보면 노드 번호 배열을 생성하고 정렬하기 위해
O(NlogN)이 필요합니다. 이후 각 노드를 삽입할 때의 시간 복잡도는 O(N)이고 이를 N번 반복하
므로 시간 복잡도는 $O(N^2)$입니다. 그리고 트리를 구축하여 각각 순회하는 동작은 노드를 한 번씩
방문하므로 O(N)입니다. 따라서 최종 시간 복잡도는 $O(N^2)$입니다.

### 합격 조언 ❯ 재귀로 문제를 풀 순 없나요?

재귀로도 문제를 풀 수 있습니다. 엔진마다 조금씩 다르지만 자바스크립트는 재귀의 최대 깊이가 정해져있는데 크롬에
선 대략 10,000으로 제한되어 있습니다. 그래서 문제에 따라 이 깊이로는 충분하지 않을 수 있어서 런타임 에러가 발
생할 수 있습니다. 이런 경우 재귀를 사용하지 않고 다른 방식으로 문제를 풀어야 합니다. 문제의 입력값을 잘 보고 판
단하기 바랍니다. 참고로 재귀로 길 찾기 게임을 풀면 다음과 같습니다.

```JavaScript
// Node 클래스 정의
class Node {
  constructor(info, num, left = null, right = null) {
    this.info = info; // 노드의 좌표 정보 저장
    this.left = left; // 노드의 왼쪽 자식 노드
    this.right = right; // 노드의 오른쪽 자식 노드
    this.num = num; // 노드의 번호
```

```
  }

  // 왼쪽 자식 노드가 있는지 확인하는 함수
  hasLeft() {
    return this.left !== null;
  }

  // 오른쪽 자식 노드가 있는지 확인하는 함수
  hasRight() {
    return this.right !== null;
  }
}

// 이진 트리 생성 함수
function makeBT(nodeinfo) {
  // 노드의 번호 배열 생성
  const nodes = Array.from({ length: nodeinfo.length }, (_, i) => i + 1);
  nodes.sort((a, b) => {
    const [ax, ay] = nodeinfo[a - 1];
    const [bx, by] = nodeinfo[b - 1];
    return ay === by ? ax - bx : by - ay;
  });

  let root = null;
  for (const node of nodes) {
    if (!root) {
      root = new Node(nodeinfo[node - 1], node);
    } else {
      let parent = root;
      const newNode = new Node(nodeinfo[node - 1], node);
      while (true) {
        // ❻ 부모 노드의 x좌표가 더 크면 왼쪽으로
        if (newNode.info[0] < parent.info[0]) {
          if (parent.hasLeft()) {
            parent = parent.left;
            continue;
          }
          parent.left = newNode;
```

```
        break;
      } else {
        // ❼ 부모 노드의 x좌표가 더 작거나 같으면 오른쪽으로
        if (parent.hasRight()) {
          parent = parent.right;
          continue;
        }
        parent.right = newNode;
        break;
      }
    }
  }
  return root;
}

// 전위 순회 함수 (재귀)
function preOrder(root, answer) {
  if (root === null) {
    return;
  }

  answer[0].push(root.num);
  preOrder(root.left, answer);
  preOrder(root.right, answer);
}

// 후위 순회 함수 (재귀)
function postOrder(root, answer) {
  if (root === null) {
    return;
  }

  postOrder(root.left, answer);
  postOrder(root.right, answer);
  answer[1].push(root.num);
}
```

```
// 주어진 좌표 정보를 이용하여 이진 트리를 생성하고, 전위 순회와 후위 순회한 결과를 반환하
는 함수
function solution(nodeinfo) {
  const answer = [[], []]; // 결과를 저장할 배열 초기화
  const root = makeBT(nodeinfo); // 이진 트리 생성
  preOrder(root, answer); // 전위 순회
  postOrder(root, answer); // 후위 순회
  return answer; // 결과 반환
}
```

## 리마인드

**기억 01** 트리를 표현하는 방법은 배열로 표현하는 방법과 포인터로 표현하는 방법이 있습니다. 대부분 코
딩 테스트에서는 배열로 표현하는 방법을 사용합니다.

**기억 02** 트리를 순회하는 방법은 전위 순회(VLR), 중위 순회(LVR), 후위 순회(LRV)가 있습니다.

**기억 03** 이진 탐색 트리는 노드가 부모 노드보다 작으면 왼쪽, 부모 노드보다 크면 오른쪽에 위치시켜 탐색
효율을 높인 자료구조입니다.

## 추천 문제

**문제 01** 입국 심사 : https://school.programmers.co.kr/learn/courses/30/lessons/43238

**문제 02** 트리 트리오 중간값 : https://school.programmers.co.kr/learn/courses/30/
lessons/68937

# 10 집합

## 공부부터 합격까지

집합 알고리즘의 기본 개념과 이론적 배경을 이해할 수 있습니다.
집합 알고리즘의 Union & Find 연산 과정을 이해하고 응용해서
문제를 풀 수 있습니다.

### 여기서 풀 문제

# 10-1 집합과 상호배타적 집합의 개념

## 집합의 개념

집합은 순서와 중복이 없는 원소들을 갖는 자료구조를 말합니다. 예를 들어 어떤 A라는 그룹의 원소 구성이 {1, 6, 6, 6, 4, 3}이면 이는 집합으로 생각할 때 중복을 제외해 {1, 6, 4, 3}으로 생각해야 합니다. 물론 순서를 따지지 않으니 {6, 1, 3, 4}와 같이 생각해도 됩니다.

## 집합의 종류

집합은 특성에 따라 부르는 말이 다양합니다. 원소 개수가 유한하면 유한 집합, 무한하면 무한 집합, 아무런 원소도 없으면 공집합 등 다양하죠. 이 외에도 여러 집합이 있지만 이 책에서는 상호배타적 집합에 집중합니다.

### 상호배타적 집합이란?

앞으로 이 장에서 집합이라 말하는 것은 상호배타적 집합이라고 생각하면 됩니다. 상호배타적 집합은 교집합이 없는 집합 관계를 말합니다. 교집합이 없다는 말부터 이해해봅시다. 그림으로 보면 좀 더 직관적입니다. 다음 그림을 봅시다.

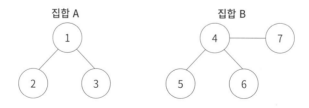

A = {1, 2, 3}이고 B = {4, 5, 6, 7}입니다. 이렇게 집합 A와 집합 B의 원소 중 겹치는 원소가 없으면 교집합이 없다고 할 수 있고 이를 상호배타적 집합이라고 합니다. 반대로 다음은 상호배타적 집합이 아닙니다. 왜냐하면 집합 A의 원소 5는 집합 B에도 있기 때문이죠.

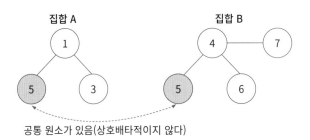

집합 A           집합 B

공통 원소가 있음(상호배타적이지 않다)

## 상호배타적 집합의 특성을 활용하는 분야

코딩 테스트에서 상호배타적 집합을 배워야 하는 가장 현실적인 이유는 그래프 알고리즘에서 많이 활용하기 때문입니다. 그래프 알고리즘에서는 흔히 사이클을 확인하는 일이 많은데요. 그 작업에 상호배타적 집합 개념을 활용합니다. 이 외에도 상호배타적 집합 개념을 활용하는 알고리즘은 다양합니다.

* 이미지 분할 : 이미지를 서로 다른 부분으로 나누는 데 사용합니다. 예를 들어 사람과 배경을 겹치지 않게 분할하는 데 사용될 수 있습니다.
* 도로 네트워크 구성 : 도로를 구축할 때 각 도로를 서로 교차하지 않도록 설계하는 데 사용할 수 있습니다. 이를 통해 교차로의 혼잡을 줄일 수 있습니다.
* 최소 신장 트리 알고리즘 구현 : 최소 신장 트리 알고리즘을 구현에서 간선을 추가할 때마다 사이클을 형성하는지 여부를 체크할 때 사용합니다.
* 게임 개발 : 캐릭터의 동작을 자연스럽게 구현할 수 있습니다. 예를 들어 플레이어와 적군이 충돌할 때 이 두 캐릭터가 겹치지 않도록 하는 데 사용할 수 있습니다.
* 클러스터링 작업 : 각 작업이 서로 겹치지 않도록 구성할 수 있습니다. 이렇게 작업 간의 의존 관계가 없으면 동시에 여러 작업을 진행할 수 있습니다.

# 10-2 집합의 연산

집합을 표현하는 방법과 관련 연산들을 알아보겠습니다. 보통 집합은 트리로 표현하며 대표적인 연산은 합치기와 탐색이 있습니다. 이 둘을 순서대로 알아보겠습니다.

## 배열을 활용한 트리로 집합 표현하기

집합은 배열을 활용한 트리로 구현합니다. 각 집합에는 대표 원소가 있어야 하므로 대표 원소가 무엇인지부터 알아봅시다.

### 대표 원소란?

대표 원소는 집합의 원소 중 집합을 대표하는 역할을 합니다. 다만 여기서는 집합의 형태를 트리로 표현할 것이므로 이후 대표 원소는 루트 노드라고 부르겠습니다.

※ 개념적으로 집합의 대표 원소와 트리의 루트 노드는 같습니다.

### 배열로 집합을 표현하는 것이란?

집합을 배열로 표현한다는 것은 하나의 배열로 상호배타적 관계를 가지는 집합을 모두 표현한다는 것을 의미합니다. 그리고 집합을 트리 형태로 표현할 때는 다음을 기억하면 됩니다.

- 배열의 인덱스는 자신을, 배열값은 부모 노드를 의미한다.

예를 들어 disjointSet[3] = 9면 노드 3의 부모 노드는 9임을 의미합니다. 루트 노드는 말 그대로 집합의 대표이므로 부모가 없고, 부모 노드가 자기 자신입니다. 다시 말해 루트 노드는 값 자체가 배열의 인덱스와 동일합니다. 다음 그림을 보면 쉽게 이해할 수 있을 겁니다.

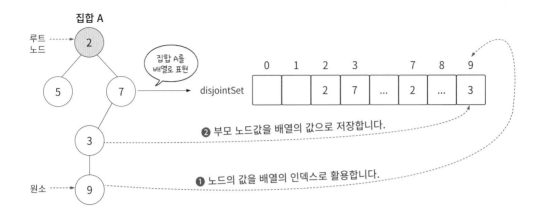

그렇다면 집합을 표현하는 데 사용하는 배열의 크기는 어때야 할까요? 배열의 인덱스가 모든 집합의 원소를 표현할 수 있으면 됩니다. 예를 들어 앞서 본 그림은 값이 가장 큰 원소가 9이므로 배열의 크기는 10으로 잡아야 합니다. 왜냐하면 배열의 인덱스는 0부터 시작하는데 보통 집합을 배열로 표현할 때 0은 사용하지 않기 때문이죠.

## 집합 표현 완벽 정리하기

그럼 다른 예를 보면서 집합 개념을 완벽히 정리하고 넘어가겠습니다. 오른쪽 그림을 봅시다. 위와 같은 집합을 앞서 본 것처럼 disjointSet 배열을 활용한 트리로 나타내면 다음 특성을 가지게 됩니다.

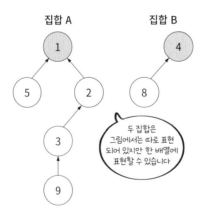

**1** 각 집합의 루트 노드는 1과 4입니다. 이를 disjointSet 배열에 표현하면 disjointSet[1] = 1, disjointSet[4] = 4입니다. 즉, 인덱스와 값이 같습니다.

**2** disjointSet[3] = 2, disjointSet[2] = 1을 해석해보면 집합 A의 원소 3의 부모는 2, 집합 B의 원소 2의 부모는 1이라는 뜻입니다.

    **2-1** 그리고 원소 3은 disjointSet[3] = 2, disjointSet[2] = 1, disjointSet[1] = 1이므로 '원소 3은 원소 1이 루트 노드인 집합에 속한다'라고 이야기할 수 있습니다.

**3** 집합 A와 집합 B를 표현할 배열의 크기를 10으로 합니다.

**4** 두 집합은 하나의 배열(disjointSet)로 표현할 수 있습니다.

※ 집합의 개수는 루트 노드의 개수를 보면 됩니다. 즉, 배열의 인덱스와 값이 같은 경우가 몇 번인지 확인하면 됩니다.

### 집합을 배열로 구현하기

이제 배열을 활용한 트리로 집합을 표현한다는 것이 무엇인지 감을 잡았을 겁니다. 집합을 실제로 구현하면 어떻게 될지도 살펴봅시다.

**01단계** 앞서 그림으로 본 집합을 배열로 표현하면 초기 상태는 다음과 같습니다.

| 노드의 값 | 1 | 2 | 3 | 4 | 5 | 6 | 7 | 8 | 9 |
|---|---|---|---|---|---|---|---|---|---|
| 부모 노드 | 1 | 2 | 3 | 4 | 5 | -1 | -1 | 8 | 9 |

집합   ① ② ③ ④ ⑤ ⑧ ⑨

초기 각 노드는 자기 자신을 루트 노드로 하였고, 집합에 없는 인덱스의 값은 -1로 하였습니다. 아직 1, 2, 3, 4, 5, 8, 9는 누구와도 연결되지 않았으므로 자기 자신을 부모 노드로 합니다.

**02단계** 이제 집합이 완성되었을 때 그림입니다. 그림을 보면 2개의 집합이 있습니다. 집합 A는 {1, 2, 3, 5, 9}이고 집합 B는 {4, 8}입니다. 루트 노드는 음영 처리한 1과 4입니다. 그리고 점선으로 노드 9의 루트 노드를 찾는 과정을 표시했습니다. 9 → 3 → 2 → 1 순서로 이동합니다.

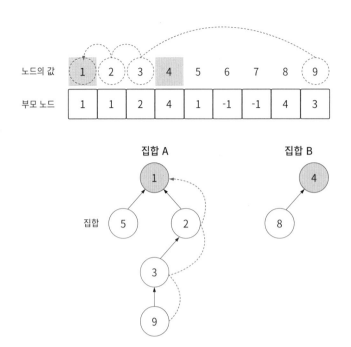

# 유니온-파인드 알고리즘

집합 알고리즘에 주로 쓰이는 연산은 합치기와 탐색입니다. 보통 합치기는 유니온<sup>union</sup>, 탐색을 파인드<sup>find</sup>라고 하므로 이 둘을 묶어 유니온-파인드<sup>union & find</sup> 알고리즘이라고 합니다. 유니온-파인드 알고리즘의 이름 순서로는 유니온 연산이 먼저 나오지만 유니온 연산보다 파인드 연산을 먼저 아는 것이 유니온-파인드 알고리즘을 이해하기가 더 좋으므로 파인드 연산부터 설명하겠습니다.

### 파인드 연산

파인드 연산은 특정 노드의 루트 노드가 무엇인지 탐색하는 방법입니다. 보통 파인드 연산은 특정 노드가 같은 집합에 있는지 확인할 때 사용합니다. 예를 들어 A, B 두 노드가 있는데 이 노드의 루트 노드가 서로 같다면 같은 집합에 속한 겁니다. 그리고 찾기 연산은 앞서 배열로 집합을 설명할 때 점선 화살표로 그 과정을 간접적으로 설명했습니다. 특정 노드부터 재귀로 거슬러 올라가며 루트 노드를 찾았던 과정 말이죠. 그 과정을 정리하면 대략 다음과 같습니다.

1 현재 노드의 부모 노드를 확인합니다. 부모 노드를 확인하다가 부모 노드가 루트 노드이면 찾

기 연산을 종료합니다.

2 1에서 찾기 연산이 종료되지 않으면 1을 반복합니다.

그럼 이 과정을 실제 예와 함께 단계별로 보겠습니다.

**01단계** 찾기 연산을 설명하는 데 사용할 집합을 정의합니다. 노드 7의 루트 노드를 찾는 과정을 알아보겠습니다. 이를 find(7)로 표현할 수 있습니다.

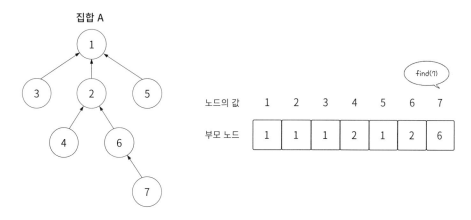

**02단계** 노드 7의 루트 노드를 찾습니다. 현재 노드와 부모 노드가 같을 때까지 탐색 과정을 반복합니다. ❶ 노드 7의 부모 노드는 6입니다. 현재 노드와 부모 노드가 같지 않으므로 현재 노드를 부모 노드인 6으로 변경합니다. ❷ 현재 노드 6의 부모 노드는 2이므로 현재 노드를 6에서 2로 변경합니다. ❸ 다음도 마찬가지입니다. 현재 노드 2의 부모 노드는 1이므로 현재 노드를 1로 합니다. 현재 노드 1의 부모 노드는 1입니다. ❹ 현재 노드와 부모 노드가 같으므로 루트 노드입니다. 루트 노드 1을 찾았습니다.

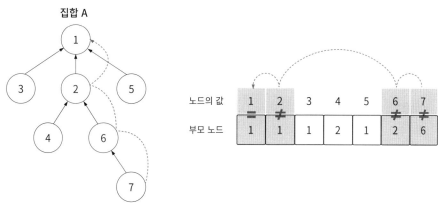

이와 같은 탐색 연산은 재귀 함수로 구현합니다. 루트 노드를 현재 노드와 부모 노드가 같을 때까지 재귀 함수를 실행해 최종값을 반환하면 되죠. 구현은 간단하지만 이 연산은 최악의 경우 시간 복잡도가 O(N)일 수 있습니다. 오른쪽 그림을 봅시다.

그림에서 find(4)를 실행하면 모든 노드를 거쳐야 루트 노드를 찾을 수 있습니다. 파인드 연산에서 목표로 하는 것은 '루트 노드 찾기'지 '부모 노드 찾기'가 아니므로 부모 노드를 거치는 과정은 비효율적입니다. 좀 더 빨리 루트 노드를 찾을 수 있는 방법이 없을까요? 이를 개선하기 위해 경로 압축을 활용할 수 있습니다.

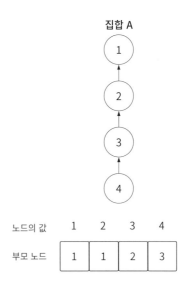

## 파인드 연산의 연산 비용 문제, 경로 압축으로 해결하자

좀 더 효율적으로 파인드 연산을 하기 위해서는 집합 형태를 유지하면서도 트리 높이를 줄이면 됩니다. 트리의 높이를 줄이므로 앞서 언급한 파인드 연산의 부모 노드를 거치는 과정을 줄일 수 있습니다. 경로 압축 후의 찾기 연산은 다음과 같이 매우 간략해집니다.

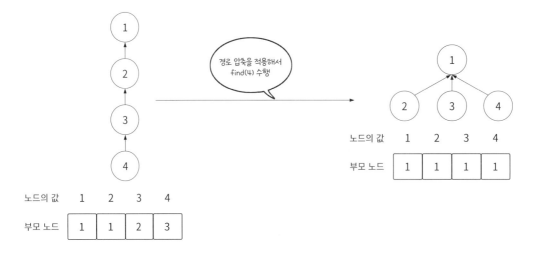

경로 압축 전후의 트리를 비교하면 트리 깊이가 다릅니다. 트리 깊이가 낮아지면 최악의 경우 수행해야 할 연산 횟수가 줄어듦을 의미합니다. 경로 압축 이후 find(2), find(3), find(4) 연산이 모두 한 번에 수행될 수 있음을 알 수 있습니다.

※ 경로 압축은 집합을 구성하는 트리를 평평하게(flatten) 만들어서 찾기 연산을 효율적으로 할 수 있게 합니다.

## 유니온 연산

유니온 연산은 두 집합을 하나로 합치는 연산입니다. '두 집합을 합친다'는 것은 두 집합의 루트 노드를 같게 하는 것입니다. 이때 루트 노드는 두 집합의 루트 노드 중 하나가 되면 됩니다. 과정을 정리하면 다음과 같습니다.

1 두 집합에서 찾기 연산을 통해 루트 노드를 찾습니다.
2 찾은 두 루트 노드의 값을 비교합니다.
3 두 집합을 합칩니다. 합치는 방법은 간단합니다. 두 집합의 루트 노드를 같게 하는 것입니다. 이때 루트 노드는 두 집합 중 어떤 루트 노드로 해도 상관 없습니다.

유니온 연산 과정을 예를 들어 이해해보겠습니다.

**01단계** 집합 A와 B가 있습니다. 집합 A의 노드는 {1, 3, 5}이고 집합 B의 노드는 {2, 7, 9}입니다.

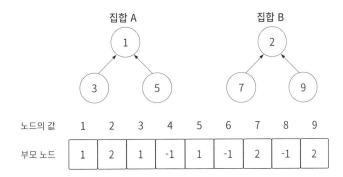

**02단계** 집합 A와 B의 말단 노드 중 임의의 노드 5와 7의 루트 노드를 찾는다고 해봅시다. 찾기 연산을 수행하면 노드 5가 속한 집합의 루트 노드는 1이고, 노드 7의 루트 노드는 2입니다.

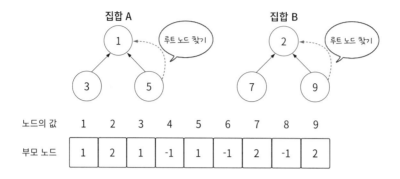

**03단계** 루트 노드가 2인 집합의 루트 노드를 1로 바꿉니다. 이렇게 하면 그림에서 보는 것처럼 자연스럽게 두 집합을 합칠 수 있게 됩니다.

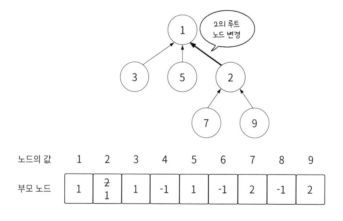

**04단계** 집합이 잘 합쳐졌는지 확인해봅시다. 집합 A는 변경된 것이 없습니다. 집합 B는 루트 노드의 부모 노드가 2에서 1로 바뀌었습니다. 9에서 부모 노드를 쫓아가면 1이 나옵니다. 즉, 잘 합쳐졌습니다.

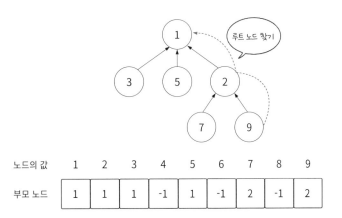

| 노드의 값 | 1 | 2 | 3 | 4 | 5 | 6 | 7 | 8 | 9 |
|---|---|---|---|---|---|---|---|---|---|
| 부모 노드 | 1 | 1 | 1 | -1 | 1 | -1 | 2 | -1 | 2 |

## 유니온 연산의 연산 비용 문제, 랭크로 해결하자

유니온 연산이 잘 이해됐을 겁니다. 그런데 여기서 소개한 방식의 유니온 연산은 조금 생각하면 찾기 연산처럼 트리의 깊이가 깊어지면 깊어질수록 연산 비용이 커진다는 단점이 있습니다. 이를 개선하려면 랭크라는 개념이 필요합니다.

※ 랭크 개념을 도입하는 목적은 '트리의 균형을 유지하기 위함'입니다.

### 랭크란?

랭크란 현재 노드를 기준으로 하였을 때 가장 깊은 노드까지의 경로 길이를 말합니다. 이 역시도 그림으로 이해해봅시다. 각 노드에 랭크를 표시하면 다음과 같습니다.

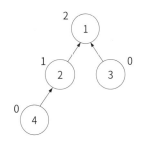

그림에서 보듯 1의 랭크는 노드 4까지의 경로가 가장 깊기 때문에 2입니다. 노드 4, 3의 랭크는 해당 노드보다 더 깊은 노드가 없으므로 0입니다.

### 랭크 기반으로 합치기 연산하기

이제 랭크를 기반으로 유니온 연산을 하는 방법을 알아봅시다. 랭크 기반의 유니온 연산은 다음 규칙을 따릅니다.

1 두 노드의 루트 노드를 구합니다.

2 1에서 구한 루트 노드의 랭크를 비교합니다.

    2-1 랭크값이 다르면 랭크값이 큰 루트 노드를 기준으로 삼습니다. 즉, 랭크가 더 큰 루트 노드를 랭크가 작은 루트 노드의 부모 노드로 바꿉니다. 이때 트리의 깊이는 더 깊어지지 않으므로 랭크의 값은 변하지 않습니다.

    2-2 랭크값이 같으면 루트 노드를 아무거나 선택해서 바꾸고 최종 루트 노드의 랭크에 1을 더합니다.

앞서 계속 봐왔던 것처럼 랭크 기반 유니온 연산도 구체적인 예를 들어 알아봅시다.

**01단계** 집합을 2개 정의했습니다.

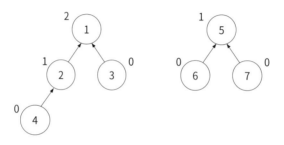

**02단계** 두 집합을 랭크 기반으로 합치는 모습입니다. 노드 1의 랭크는 2, 노드 5의 랭크는 1입니다. 노드 1의 랭크가 더 크므로 노드 5의 부모 노드를 1로 바꿉니다. 이때에는 노드 1의 랭크를 바꿀 필요가 없습니다. 왜냐하면 집합의 랭크값을 바꾼다는 것은 트리의 깊이가 깊어진다는 것을 의미하는데 지금은 왼쪽 집합이 오른쪽 집합보다 최소 1만큼 크므로 트리가 깊어지지 않기 때문입니다.

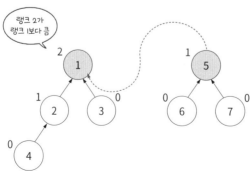

## 10-3 〈 몸풀기 문제

### 문제 33 간단한 유니온-파인드 알고리즘 구현하기★★

저자 권장 시간 _ 40분 | 권장 시간 복잡도 _ O(N) | 출제 _ 저자 출제

정답 URL https://github.com/kciter/coding-interview-js/blob/main/solution/33.js

상호배타적 집합을 표현하고 관리하는 데 다음 두 연산이 필요합니다.

- union(x, y) : x와 y가 속한 두 집합을 합칩니다.
- find(x) : x가 속한 집합의 대표 원소를 찾습니다.

operations라는 배열은 수행할 연산을 의미합니다. 연산 종류는 2개입니다.

- ['u',1, 2]는 노드 1과 노드 2에 대해 union 연산 수행
- ['f', 3] 노드 3의 루트 노드 찾기, find 연산 수행

초기의 노드는 부모 노드를 자신의 값으로 설정했다고 가정하며, 여기서는 각 집합의 루트 노드를 기준으로 루트 노드가 작은 노드를 더 큰 노드의 자식으로 연결하는 방법을 사용합니다. operations에 있는 연산을 모두 수행한 후 집합의 개수를 반환하는 solution( ) 함수를 구현해주세요.

#### 제약 조건

- 0 ≤ k ≤ 1,000 : 노드의 개수
- 1 ≤ operations.length ≤ 100,000
- operations[i][0]은 문자열 'u' 또는 'f' 중 하나
- 'u'는 union 연산, union 연산 뒤로는 두 개의 정수 x, y가 나옴
- 'f'는 find 연산, find 연산 뒤로는 하나의 정수 x가 나옴

- x와 y는 0 이상 k-1 이하의 정수
- 연산은 항상 유효함
  - 즉, union, find 연산의 인수는 상호배타적 집합 내에 있는 노드 번호

## 입출력의 예

| k | operations | result |
|---|---|---|
| 3 | [['u', 0, 1], ['u', 1, 2], ['f', 2]] | 1 |
| 4 | [['u', 0, 1], ['u', 2, 3], ['f', 0]] | 2 |

## 문제 분석하고 풀기

각 상호배타적 집합을 합치고, 루트 노드를 찾은 뒤, 집합의 개수를 구하는 문제입니다. 초기에는 모든 노드가 스스로를 루트 노드로 생각합니다. 예를 들어 k가 3이면 다음과 같은 그림을 생각하면 됩니다.

이후 집합을 합치는 유니온 연산을 할 때는 루트 노드값을 기준으로 큰 쪽을 작은 쪽으로 붙이면 됩니다.

```js JavaScript
// 루트 노드 찾는 함수
function find(parents, x) {
  // 만약 x의 부모가 자기 자신이면, 즉 x가 루트 노드라면
  if (parents[x] === x) {
    return x;
  }

  // 그렇지 않다면 x의 부모를 찾아서 parents[x]에 저장
  // 그 부모 노드의 루트 노드를 찾아서 parents[x]에 저장
  // 이 부분이 경로 압축에 해당
  parents[x] = find(parents, parents[x]);
```

```javascript
  return parents[x]; // parents[x]를 반환
}


// 두 개의 집합을 합치는 함수
function union(parents, x, y) {
  const root1 = find(parents, x); // x가 속한 집합의 루트 노드 찾기
  const root2 = find(parents, y); // y가 속한 집합의 루트 노드 찾기

  parents[root2] = root1; // y가 속한 집합을 x가 속한 집합에 합침
}


function solution(k, operations) {
  // 처음에는 각 노드가 자기 자신을 부모로 가지도록 초기화
  const parents = Array.from({ length: k }, (_, i) => i);
  let n = k; // 집합의 개수를 저장할 변수, 처음에는 모든 노드가 서로 다른 집합에 있으므로 k

  for (const op of operations) { // operations 배열에 있는 연산들을 하나씩 처리
    if (op[0] === 'u') { // 'u' 연산이면
      union(parents, op[1], op[2]); // op[1]과 op[2]가 속한 집합을 합침
    } else if (op[0] === 'f') { // 'f' 연산이면
      find(parents, op[1]); // op[1]이 속한 집합의 루트 노드를 찾음
    }

    // 모든 노드의 루트 노드를 찾아서 집합의 개수를 계산
    n = new Set(Array.from({ length: k }, (_, i) => find(parents, i))).size;
  }

  return n; // 집합의 개수를 반환
}
```

알고리즘 자체를 구현하는 문제라서 이해를 돕고자 코드에 주석을 달아서 설명했습니다. 유니온-파인드 알고리즘 자체를 구현하는 문제가 출제될 일은 거의 없겠지만 제대로 원리를 이해한다는 선에서 한 번 꼭 공부해보기 바랍니다.

N은 operations의 길이입니다. find( ) 함수, union( ) 함수의 시간 복잡도는 O(1)입니다. 다음으로 solution( ) 함수에서 각 operataions에 union( )이나 find( ) 연산을 하는 부분의 시간 복잡도는 (N)이고, 마지막에 K번 find( ) 연산을 추가로 하므로 시간 복잡도는 O(K)입니다. 이를 종합하면 O(N + K)입니다만 N이 K에 비해 상대적으로 크므로 O(N)이라고 봐도 됩니다.

### 문제 34 폰켓몬★

정답률 _ 63% | 저자 권장 시간 _ 30분 | 권장 시간 복잡도 _ O(N) | 출제 _ 해시

문제 URL https://programmers.co.kr/learn/courses/30/lessons/1845
정답 URL https://github.com/kciter/coding-interview-js/blob/main/solution/34.js

당신은 폰켓몬을 잡기 위한 오랜 여행 끝에 홍 박사님 연구실에 도착했습니다. 홍 박사님은 당신에게 자신의 연구실에 있는 N마리의 폰켓몬 중 N/2마리를 가져가도 좋다고 했습니다. 홍 박사님 연구실의 폰켓몬은 종류에 따라 번호를 붙여 구분합니다. 따라서 같은 종류의 폰켓몬은 같은 번호를 가집니다. 예를 들어 연구실에 총 4마리의 폰켓몬이 있고 각 폰켓몬의 번호가 [3번, 1번, 2번, 3번]이면 이는 3번 폰켓몬 2마리, 1번 폰켓몬 1마리, 2번 폰켓몬 1마리가 있음을 나타냅니다. 이때 4마리의 폰켓몬 중 절반인 2마리를 고르는 방법은 다음과 같이 6가지가 있습니다.

- 3번, 1번 폰켓몬을 선택
- 3번, 2번 폰켓몬을 선택
- 3번, 3번 폰켓몬을 선택
- 1번, 2번 폰켓몬을 선택
- 1번, 3번 폰켓몬을 선택
- 2번, 3번 폰켓몬을 선택

이때 3번 폰켓몬과 3번 폰켓몬을 선택하는 방법은 한 종류의 폰켓몬만 가지는 것이지만 다른 방법은 모두 두 종류의 폰켓몬을 가질 수 있습니다. 따라서 지금 예에서는 가질 수 있는 폰켓몬 종류 수의 최댓값이 2가 됩니다. 당신은 최대한 다양한 종류의 폰켓몬을 가지길 원하기 때문에 최대한 많은 종류의 폰켓몬을 얻을 수 있는 N/2마리를 선택하려 합니다. N마리 폰켓몬의 종류 번호가 담긴 배열 nums가 매개변수로 주어질 때 N/2마리의 폰켓몬을 선택하는 방법 중 가장 많은 종류의

폰켓몬을 선택하는 방법을 찾아 폰켓몬 종류 번호의 개수를 반환하는 solution( ) 함수를 완성해 주세요.

- nums는 폰켓몬의 종류 번호가 담긴 1차원 배열입니다.
- nums의 길이(N)는 1 이상 10,000 이하의 자연수이며 항상 짝수입니다.
- 폰켓몬의 종류 번호는 1 이상 200,000 이하의 자연수입니다.
- 가장 많은 종류의 폰켓몬을 선택하는 방법이 여러 가지일 때에도, 선택할 수 있는 폰켓몬 종류 개수의 최댓값 하나만 반환하면 됩니다.

**입출력의 예**

| nums | result |
|---|---|
| [3, 1, 2, 3] | 2 |
| [3, 3, 3, 2, 2, 4] | 3 |
| [3, 3, 3, 2, 2, 2] | 2 |

첫 번째 입출력 예는 문제에서 설명한 예와 같으므로 생략합니다. 두 번째 입출력 예부터 설명해보 겠습니다. 6마리의 폰켓몬이 있으므로 3마리의 폰켓몬을 골라야 합니다. 가장 많은 종류의 폰켓몬 을 고르기 위해서는 3번 폰켓몬 1마리, 2번 폰켓몬 1마리, 4번 폰켓몬 1마리를 고르면 되므로 3을 반환합니다.

세 번째 입출력 예는 6마리의 폰켓몬이 있으므로 3마리의 폰켓몬을 골라야 합니다. 가장 많은 종 류의 폰켓몬을 고르려면 3번 폰켓몬 1마리, 2번 폰켓몬 2마리를 고르거나 3번 폰켓몬 2마리, 2번 폰켓몬 1마리를 고르면 됩니다. 따라서 최대로 고를 수 있는 폰켓몬 종류의 수는 2입니다.

**문제 분석하고 풀기**

N/2마리의 폰켓몬을 선택하는 방법 중 가장 많은 종류의 폰켓못 종류 수를 반환하는 문제입니다. 동일한 종류의 폰켓몬을 뽑으면 하나로 처리하므로 중복 폰켓몬을 일단 없애고 생각하면 문제를

**374** 둘째 마당 코딩 테스트 완전 정복

쉽게 해결할 수 있습니다. 예를 들어 {3, 3}을 뽑은 경우와 {3}을 뽑은 경우는 하나의 폰켓몬을 뽑은 겁니다. 그러므로 {3, 1, 2, 3}과 {3, 1, 2}는 같은 것으로 생각해도 됩니다.

우리는 폰켓몬 종류가 담긴 배열의 크기가 N일 때 N/2 만큼 포켓몬을 선택할 수 있습니다. 이 값을 k라고 하겠습니다. 이제 우리가 고려할 것은 두 가지입니다.

- 만약 k값이 중복을 제거한 nums의 길이보다 작다면 k값 자체가 답일 겁니다. 다시 말해 중복을 제거한 nums보다 k가 작으므로 k개만큼 뽑을 수 있습니다.
- 반대로 k값이 중복을 제거한 nums의 길이보다 크다면 중복을 제거한 nums의 길이가 답입니다. 다시 말해 k값이 아무리 커도 중복을 제거한 nums를 초과하면 의미가 없습니다.

```javascript
function solution(nums) {
  const numSet = new Set(nums); // ❶ nums 배열에서 중복을 제거한 집합(set)을 구함
  const n = nums.length; // ❷ 폰켓몬의 총 수
  const k = n / 2; // ❸ 선택할 폰켓몬의 수
  // ❹ 중복을 제거한 폰켓몬의 종류 수와 선택할 폰켓몬의 수 중 작은 값 반환
  return Math.min(k, numSet.size);
}
```

❶ 입력값으로 주어진 nums를 Set 객체를 이용해 집합으로 만들어 중복을 제거합니다. Set 객체는 자바스크립트에서 중복을 허용하지 않고 순서도 없는 집합으로 만들어줍니다. Set 객체의 사용 예는 다음과 같습니다.

```javascript
const mySet = new Set([1, 2, 2, 2, 3, 4, 5]) // 출력값 : Set(5) {1, 2, 3, 4, 5}
```

set 자료구조에 특정 요소가 있는지 확인하기 위해 has( ) 메서드를 사용할 수 있습니다. has 메서드의 활용 예는 다음과 같습니다.

```javascript
const mySet = new Set([1, 2, 3, 4, 5])
if (mySet.has(3)) {
  console.log('3 is in mySet'); // 해당 값이 출력됨
} else {
  console.log('3 is not in mySet');
}
```

❷, ❸ nums 배열에서 폰켓몬의 총 종류를 구하고 이를 2로 나눈 후 k에 저장합니다.

❹ k와 numSet을 비교해서 작은 값이 답이 됩니다.

### 시간 복잡도 분석하기

N은 nums의 길이입니다. nums를 set( )으로 변환할 때 시간 복잡도는 O(N)이고, 폰켓몬 수를 구하고 선택할 때의 시간 복잡도는 O(1)입니다. 따라서 최종 시간 복잡도는 O(N)입니다.

## 문제 35 영어 끝말잇기★

정답률 _ 70% | 저자 권장 시간 _ 40분 | 권장 시간 복잡도 _ O(N)
출제 _ Summer/Winter Coding(~2018)

문제 URL https://programmers.co.kr/learn/courses/30/lessons/12981
정답 URL https://github.com/kciter/coding-interview-js/blob/main/solution/35.js

1부터 n까지 번호가 붙어 있는 n명의 사람이 영어 끝말잇기를 합니다. 영어 끝말잇기는 다음과 같은 규칙으로 진행됩니다.

1 1번부터 번호 순서대로 한 사람씩 단어를 말합니다.

2 마지막 사람이 단어를 말한 다음에는 다시 1번부터 시작합니다.

3 앞사람이 말한 단어의 마지막 문자로 시작하는 단어를 말해야 합니다.

4 이전에 등장했던 단어는 사용할 수 없습니다.

5 한 글자인 단어는 인정되지 않습니다.

다음은 3명이 끝말잇기를 하는 상황을 나타냅니다.

- tank → kick → know → wheel → land → dream → mother → robot → tank

위 끝말잇기는 다음과 같이 진행됩니다.

- 1번 사람이 자신의 첫 번째 차례에 tank를 말합니다.
- 2번 사람이 자신의 첫 번째 차례에 kick을 말합니다.
- 3번 사람이 자신의 첫 번째 차례에 know를 말합니다.
- 1번 사람이 자신의 두 번째 차례에 wheel을 말합니다.
- (계속 진행)

끝말잇기를 계속 진행하다 보면 3번 사람이 말한 tank는 이전에 등장했던 단어이므로 탈락합니다. 사람의 수 n과 사람들이 순서대로 말한 단어 words가 매개변수로 주어질 때 가장 먼저 탈락하는 사람의 번호와 그 사람이 자신의 몇 번째 차례에 탈락했는지 반환하는 solution( ) 함수를 완성해주세요.

### 제약 조건

- 끝말잇기에 참여하는 사람의 수 n은 2 이상 10 이하의 자연수입니다.
- words는 끝말잇기에 사용한 단어들이 순서대로 들어 있는 배열이며, 길이는 n 이상 100 이하입니다.
- 단어의 길이는 2 이상 50 이하입니다.
- 모든 단어는 알파벳 소문자로만 이루어져 있습니다.
- 끝말잇기에 사용되는 단어의 뜻(의미)은 신경 쓰지 않으셔도 됩니다.
- 정답은 [ 번호, 차례 ] 형태로 반환해주세요.
- 만약 주어진 단어들로 탈락자가 생기지 않는다면 [0, 0]을 반환하세요.

| n | words | result |
|---|---|---|
| 3 | ["tank", "kick", "know", "wheel", "land", "dream", "mother", "robot", "tank"] | [3, 3] |
| 5 | ["hello", "observe", "effect", "take", "either", "recognize", "encourage", "ensure", "establish", "hang", "gather", "refer", "reference", "estimate", "executive"] | [0, 0] |
| 2 | ["hello", "one", "even", "never", "now", "world", "draw"] | [1, 3] |

첫 번째 입출력 예는 3명의 사람이 끝말잇기에 참여해 다음과 같이 단어를 말합니다.

- 1번 사람 : tank, wheel, mother
- 2번 사람 : kick, land, robot
- 3번 사람 : know, dream, tank

3번 사람이 자신의 3번째 차례에 말한 tank는 1번 사람이 1번째 차례에 말한 tank와 같으므로 3번 사람은 자신의 3번째 차례로 말할 때 탈락합니다.

두 번째 입출력 예는 5명의 사람이 끝말잇기에 참여해 다음과 같이 단어를 말합니다.

- 1번 사람 : hello, recognize, gather
- 2번 사람 : observe, encourage, refer
- 3번 사람 : effect, ensure, reference
- 4번 사람 : take, establish, estimate
- 5번 사람 : either, hang, executive

여기서는 탈락자가 발생하지 않으므로 [0, 0]을 반환하면 됩니다.

세 번째 입출력 예는 2명의 사람이 끝말잇기에 참여해 다음과 같이 단어를 말합니다.

- 1번 사람 : hello, even, now, draw
- 2번 사람 : one, never, world

여기서는 1번 사람이 자신의 3번째 차례에 r로 시작하는 단어가 아니라 n으로 시작하는 now를 말했으므로 탈락합니다.

## 문제 분석하고 풀기

끝말잇기 규칙을 모르는 사람은 많지 않을 것이므로 문제 자체는 이해하기 쉽습니다. 앞서 설명했던 내용을 그림으로 그려보면 다음과 같습니다.

먼저 중복 단어를 체크하는 방법을 생각해봅시다. 중복 단어를 체크하려면 현재 참가자가 말하려는 단어가 이미 나왔는지 확인할 수 있어야 함을 의미합니다. 이번 장은 집합을 공부하고 있으므로 Set 객체로 해결하겠습니다. 중복 단어 체크는 끝말잇기가 진행될 때마다 집합에 이미 있는 단어인지 확인하면 됩니다.

그다음으로는 탈락자가 나왔을 때 해당 참가자의 번호와 몇 번째 탈락인지 구하는 부분을 생각해봅시다. 탈락하는 참가자 번호는 현재 words의 인덱스를 참가자의 수로 모듈러 연산한 다음 +1하면 됩니다. 표를 보면 쉽게 이해할 수 있을 겁니다.

| words의 인덱스 | 0 | 1 | 2 | 3 | 4 | 5 | 6 | 7 | 8 |
|---|---|---|---|---|---|---|---|---|---|
| words의 인덱스 % N | 0 | 1 | 2 | 0 | 1 | 2 | 0 | 1 | 2 |
| (words의 인덱스 % N)+1 | 1 | 2 | 3 | 1 | 2 | 3 | 1 | 2 | 3 |

words의 인덱스 번호를 참가자 수로 모듈러 연산하니 0부터 N - 1까지 값이 반복됩니다. 참가자 번호는 1부터 시작하므로 해당 값에 1을 더하면 탈락자 번호를 구할 수 있습니다.

그리고 몇 번째 차례에 탈락했는지 계산하려면 모듈러 연산 대신 // 연산을 하면 됩니다. 이 역시도 표로 보면 쉽게 이해할 수 있습니다.

| words의 인덱스 | 0 | 1 | 2 | 3 | 4 | 5 | 6 | 7 | 8 |
|---|---|---|---|---|---|---|---|---|---|
| words의 인덱스 // N | 0 | 0 | 0 | 1 | 1 | 1 | 2 | 2 | 2 |
| (words의 인덱스 // N)+1 | 1 | 1 | 1 | 2 | 2 | 2 | 3 | 3 | 3 |

1~3턴은 연산을 통해 구한 값이 1이고 4~6은 2이고 7~9는 3입니다. 이 방법으로 각 참가자가 자신이 몇 번째 차례인지 바로 알 수 있게 되었습니다. 이제 코드로 구현해봅시다.

```javascript
function solution(n, words) {
  usedWords = new Set(); // ① 이미 사용한 단어를 저장하는 set
  prevWord = words[0][0]; // ② 이전 단어의 마지막 글자
  for (i = 0; i < words.length; i++) {
    word = words[i];
    // ③ 이미 사용한 단어거나 첫 글자가 이전 단어와 일치하지 않으면
    if (usedWords.has(word) || word[0] != prevWord) {
      // ④ 탈락하는 사람의 번호와 차례를 반환
      return [i % n + 1, Math.floor(i / n) + 1];
    }
    usedWords.add(word); // ⑤ 사용한 단어로 추가
    prevWord = word.slice(-1); // ⑥ 이전 단어의 마지막 글자 업데이트
  }
  return [0, 0]; // ⑦ 모두 통과했을 경우 반환값
}
```

❶ 끝말잇기를 진행하며 이미 사용했던 단어를 저장하면서 특정 단어가 나온 적이 있는지 체크하기 위해 usedWords라는 집합 자료구조를 사용합니다.

❷ prevWord는 이전 단어의 마지막 글자입니다. 끝말잇기를 시작할 때는 첫 단어의 첫 번째 문자를 가지고 있습니다.

❸ 끝말잇기에서 사용한 단어가 들어 있는 words 배열을 순회합니다. i는 끝말잇기의 턴을 의미하며, word는 현재 끝말잇기에서 참가자가 말할 단어가 됩니다.

❹ 참가자가 말할 단어의 첫 글자가 이전 단어의 마지막 글자가 아니거나, 해당 단어가 이미 나온 단어이면 게임을 종료합니다.

❺ 현재 턴 정보를 활용해서 탈락자의 번호, 몇 번째 탈락인지를 포함한 배열을 반환합니다.

❻ 끝말잇기 탈락 조건이 true가 아니면 게임을 계속 진행합니다.

❺ usedWords에 현재 참가자가 말한 단어를 추가하고 ❻ prevWord에는 현재 참가자가 말한 단어의 마지막 문자를 저장합니다.

❼ 게임이 끝까지 종료되지 않은 경우 [0, 0]을 반환합니다.

시간 복잡도 분석하기

N은 words의 길이입니다. words의 길이만큼 반복문을 순회하고 각 연산의 시간 복잡도는 O(1)이므로 최종 시간 복잡도는 O(N)입니다.

## 문제 36 전화번호 목록★★

정답률 _60% | 저자 권장 시간 _40분 | 권장 시간 복잡도 _O(NlogN) | 출제 _해시

문제 URL https://school.programmers.co.kr/learn/courses/30/lessons/42577
정답 URL https://github.com/kciter/coding-interview-js/blob/main/solution/36.js

전화번호부에 적힌 전화번호 중 한 번호가 다른 번호의 접두어인 경우가 있는지 확인하려 합니다. 전화번호가 다음과 같을 경우 구조대 전화번호는 영석이 전화번호 접두사입니다.

- 구조대 : 119
- 박준영 : 97 674 223
- 지영석 : 11 9552 4421

전화번호부에 적힌 전화번호를 담은 배열 phone_book이 solution( ) 함수의 매개변수로 주어질 때 어떤 번호가 다른 번호의 접두어이면 false, 그렇지 않으면 true를 반환하는 solution( ) 함수를 작성해주세요.

제약 조건

- phone_book의 길이는 1 이상 1,000,000 이하입니다.
  - 각 전화번호의 길이는 1 이상 20 이하입니다.
  - 같은 전화번호가 중복해서 들어 있지 않습니다.

**입출력의 예**

| phone_book | return |
|---|---|
| ["119", "97674223", "1195524421"] | false |
| ["123", "456", "789"] | true |
| ["12", "123", "1235", "567", "88"] | false |

첫 번째 입출력은 문제에서 설명했으므로 넘어가겠습니다. 두 번째 입출력부터 봅시다. 한 번호가 다른 번호의 접두사인 경우가 없으므로 true입니다. 세 번째 입출력은 첫 번째 전화번호의 12가 두 번째 전화번호 123의 접두사이므로 false입니다.

**문제 분석하고 풀기**

구체적인 예를 놓고 생각해봅시다. 다음 그림에서 12는 123의 접두사임 을 알 수 있습니다.

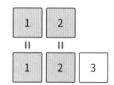

아마 전체 문자열을 하나씩 비교하는 방식을 떠올릴 겁니다. 하지만 이 방 법은 phone_book의 길이가 N이면 시간 복잡도가 $O(N^2)$이므로 적합하 지 않습니다. 이 문제를 해결하면서도 접두어를 쉽게 찾는 방법은 문자열들을 정렬하는 겁니다. 오 름차순 정렬을 하면 문자열 B의 접두사가 될 수 있는 문자열 A는 B앞에 있게 되며, 인접한 문자열 끼리만 비교하면 접두사 유무를 체크할 수 있습니다. 접두사는 startsWith( ) 함수로 찾습니다.

```javascript
function solution(phone_book) {
  phone_book.sort(); // ❶ 전화번호부 정렬
  // ❷ 전화번호부에서 연속된 두 개의 전화번호 비교
  for (let i = 0; i < phone_book.length - 1; i++) {
    if (phone_book[i + 1].startsWith(phone_book[i])) {
      return false;
    }
  }
  // ❸ 모든 전화번호를 비교한 후에도 반환되지 않았다면, 접두어가 없는 경우이므로 true 반환
```

```
    return true;
  }
```

❶ 접두사 비교 시 비교 횟수를 줄이도록 phone_book을 정렬합니다.

❷ 인접한 문자열을 startsWith( ) 함수로 접두사 여부를 확인해 접두사가 있다면 false를 반환합니다. 이때 문제를 대충 읽고 있다'라는 한글 뜻을 그대로 살려 true를 반환하면 안 됩니다.

❸ 여기까지 코드가 실행되면 접두사가 없는 경우입니다. true를 반환합니다.

### 시간 복잡도 분석하기

N은 phone_book의 길이입니다. phone_book을 정렬하는 시간 복잡도는 O(NlogN)입니다. 다음으로 phone_book의 길이만큼 반복문을 순회하고 내부에 있는 startsWith( ) 메서드는 문자열의 길이에 비례하는 연산을 수행합니다. 문자열 길이는 20이므로 상수처리합니다. 따라서 최종 시간 복잡도는 O(NlogN) + O(N)으로 O(NlogN)입니다.

## 문제 37 섬 연결하기★★★

정답률 _ 45% | 저자 권장 시간 _ 80분 | 권장 시간 복잡도 _ O(NlogN) | 출제 _ 탐욕법(Greedy)

문제 URL https://school.programmers.co.kr/learn/courses/30/lessons/42861
정답 URL https://github.com/kciter/coding-interview-js/blob/main/solution/37.js

n개의 섬 사이에 다리를 건설하는 비용 costs가 주어질 때 최소 비용으로 모든 섬이 서로 통행하는 solution( ) 함수를 완성하세요. 다리를 여러 번 건너더라도 목표 지점에 도달할 수만 있으면 통행할 수 있다고 봅니다. 예를 들어 A, B 섬 사이에 다리가 있고, B, C 섬 사이에 다리가 있으면 A, C 섬은 서로 통행할 수 있습니다.

### 제약 조건

- 섬 개수 n은 1 이상 100 이하입니다.
- costs의 길이는 ((n - 1) * n)/2 이하입니다.

- 임의의 i에 대해, costs[i][0]과 costs[i][1]에는 다리가 연결되는 두 섬의 번호가 들어 있고, costs[i][2]에는 이 두 섬을 연결하는 다리를 건설할 때 드는 비용입니다.
- 같은 연결은 두 번 주어지지 않습니다. 또한 순서가 바뀌더라도 같은 연결로 봅니다. 즉 0과 1 사이를 연결하는 비용이 주어졌을 때, 1과 0의 비용이 주어지지 않습니다.
- 모든 섬 사이의 다리 건설 비용이 주어지지 않습니다. 이 경우, 두 섬 사이의 건설이 불가능한 것으로 봅니다.
- 연결할 수 없는 섬은 주어지지 않습니다.

**입출력의 예**

| n | costs | return |
|---|-------|--------|
| 4 | [[0, 1, 1], [0, 2, 2], [1, 2, 5], [1, 3, 1], [2, 3, 8]] | 4 |

입출력 예의 costs를 그림으로 표현하면 다음과 같습니다. 별도의 색으로 표현한 선이 가장 적은 비용으로 모두를 통행하도록 만드는 방법입니다.

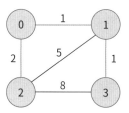

**문제 분석하고 풀기**

이 문제는 한 번도 경험해보지 않았다면 어렵다 느끼기 쉬운 문제입니다. n개의 섬 사이에 다리를 건설하는 비용이 주어집니다. 여기서 연결이란 하나의 다리로 직접 연결되는 것만을 말하지 않습니다. 다리를 여러 번 거쳐도 연결되었다고 봅니다.

그리고 문제에서 요구한 사항을 다시 점검해봅시다.

- 모든 섬을 연결하면서
- 연결한 다리 비용의 합이 최소가 되는 것

요구사항을 정리해보면 문제는 이렇게 풀면 됩니다.

- 각 섬 사이의 다리를 건설하는 비용을 오름차순으로 정렬
- 비용이 작은 다리부터 선택해 섬을 연결

- N개의 섬을 연결하려면 N-1의 다리가 필요하므로 N-1개의 다리가 선택될 때까지 위 두 과정을 반복
- **비용을 최소화하기 위해 다리를 추가할 때 사이클을 형성하지 않도록 함**

위 과정에서 사이클이라는 표현이 나왔습니다. 사이클이 무엇일까요? 사이클은 쉽게 말해 노드를 서로 연결했을 때 다음과 같이 순환 구조가 생기는 것을 말합니다.

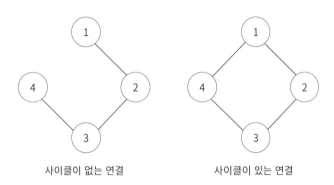

사이클이 없는 연결     사이클이 있는 연결

최소 신장 트리의 목적은 모든 섬을 최소한의 비용으로 연결하는 것인데, 사이클이 형성되면 불필요한 다리를 놓는 것과 같기 때문입니다. 그러므로 다리를 추가할 때마다 사이클 형성 여부를 체크해야 합니다. 그리고 이때 집합 알고리즘이 활용됩니다.

※ 왼쪽과 오른쪽 그림은 모두 섬이 연결되어 있지만 오른쪽은 사이클이 형성되어 불필요한 다리 1개가 추가되었습니다.

※ 사실 이 문제는 이후 배울 최소 신장 트리라는 자료구조를 구현하는 문제입니다. 필자가 이후 배울 개념을 집합에서 소개한 이유는 최소 신장 트리를 구현할 때의 핵심이 상호배타적 집합의 모든 연산을 활용해야 하기 때문입니다. 조금 미리 공부한 다 생각하고 이 문제를 풀어봅시다. 만약 최소 신장 트리에 한해 설명이 쉽게 이해되지 않는다면 관련 내용을 공부하고 다시 돌아와 풀어도 좋습니다.

### 사이클 여부를 알아내는 방법?

사이클 여부를 집합 알고리즘으로 어떻게 확인할 수 있을까요? 연결된 섬은 같은 집합이라 할 수 있습니다. 그러므로 다리를 추가할 때 다리에 연결될 섬들의 루트 노드를 보고 이것이 같은지 확인하면 사이클을 확인할 수 있습니다. 다음 그림을 보면 쉽게 이해할 수 있을 겁니다.

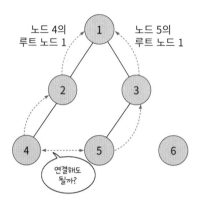

노드 4의
루트 노드 1

노드 5의
루트 노드 1

연결해도
될까?

그림은 섬 4에서 5로 다리를 놓으려고 하는 모습입니다. 이때 사이클 여부를 확인하기 위해 5는 4와 자신의 루트 노드를 확인합니다. 그런데 4와 자신의 루트 노드는 1로 같습니다. 그러므로 4에서 5로 다리를 놓으면 사이클이 생깁니다.

```javascript
function find(parent, i) {
  // ❶ 'i'가 속한 집합의 루트 노드 찾기
  if (parent[i] == i) {
    return i;
  }

  // ❷ 경로 압축: 'i'의 부모를 직접 루트로 설정
  parent[i] = find(parent, parent[i]);
  return parent[i];
}

function union(parent, rank, x, y) {
  // ❸ 랭크를 기준으로 두 집합을 합치기
  const xroot = find(parent, x);
  const yroot = find(parent, y);
  if (rank[xroot] < rank[yroot]) {
    // ❹ 작은 랭크의 트리를 큰 랭크의 트리 아래에 연결
    parent[xroot] = yroot;
  } else if (rank[xroot] > rank[yroot]) {
    parent[yroot] = xroot;
```

```
  } else {
    // ❺ 랭크가 같은 경우, 한 트리를 다른 트리에 붙이고 랭크 증가
    parent[yroot] = xroot;
    rank[xroot] += 1;
  }
}

function solution(n, costs) {
  // ❻ 비용을 기준으로 간선을 오름차순 정렬
  costs.sort((a, b) => a[2] - b[2]);

  // ❼ 각 노드의 부모를 추적하는 parent 배열 생성
  const parent = Array.from({ length: n }, (_, i) => i);

  // ❽ 각 노드의 트리의 랭크를 추적하는 rank 배열 생성
  const rank = Array(n).fill(0);

  let minCost = 0; // 최소 신장 트리의 총 비용
  let edges = 0; // 최소 신장 트리에 포함된 간선의 개수

  for (const edge of costs) {
    if (edges === n - 1) {
      // ❾ n - 1개의 간선이 포함된 경우 중단(최소 신장 트리의 속성)
      break;
    }

    // ❿ 현재 간선의 두 노드가 속한 집합의 루트 찾기
    const x = find(parent, edge[0]);
    const y = find(parent, edge[1]);

    if (x !== y) {
      // ⓫ 두 노드가 서로 다른 집합에 속하는 경우, 집합 합치기
      union(parent, rank, x, y);
```

```
      // 현재 간선의 비용을 최소 비용에 추가
    minCost += edge[2];
      // ⑫ 포함된 간선의 개수 증가
    edges += 1;
    }
  }

  return minCost;
}
```

❶ find( ) 함수는 매개변수로 parent, i를 받습니다. parent는 현재까지 다리를 놓아 연결한 섬의 정보를 집합으로 나타낸 것이고, i는 섬 하나의 정보라고 보면 됩니다. find( ) 함수는 parent에서 i라는 섬의 루트 노드를 찾습니다.

❷ parent[i] = find(parent, i)를 보면 재귀 호출 형태로 파인드 연산을 하면서 경로 압축을 하고 있습니다. 다음 표를 보면 이 과정이 무엇인지 쉽게 이해할 수 있을 겁니다.

**01단계** 다음과 같이 1, 2, 3, 4 노드가 연결되어 있다고 합시다. 이 상태에서 find(parent, 4)를 호출한다고 가정합시다.

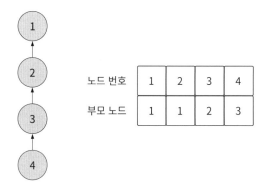

| 노드 번호 | 1 | 2 | 3 | 4 |
| --- | --- | --- | --- | --- |
| 부모 노드 | 1 | 1 | 2 | 3 |

**02단계** find(parent, 4)를 호출하면 parent[4]가 4와 같은지 확인합니다. parent[4]는 3이므로 find(parent, 3)을 호출합니다. parent[3]은 2이므로 같지 않습니다. 다시 find(parent, 2)를 호출합니다. 이런 식으로 find(parent, 1)까지 호출될 겁니다.

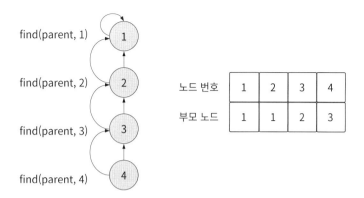

**03단계** find(parent, 1)은 parent[1]이 1이므로 1을 반환합니다. parent[2]에는 1이 들어갑니다. 정리하자면 점선 화살표처럼 parent[2]에는 parent[1]이 들어가고, parent[3]에는 parent[2]가, parent[4]에는 parent[3]이 들어갑니다.

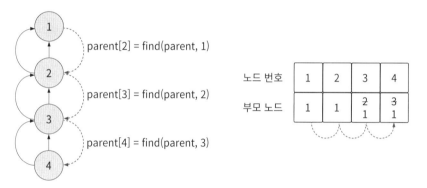

**04단계** find(parent, 4) 호출을 마치면 다음과 같이 경로가 압축됩니다.

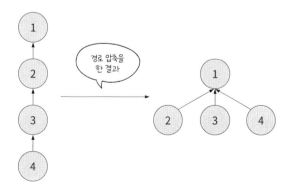

이제 union( ) 함수를 봅시다. union( ) 함수는 랭크 기반으로 구현합니다. union( ) 함수는 매개 변수로 parent, rank, x, y를 받습니다. parent는 find( ) 함수의 parent와 같습니다. rank는 각 노드의 rank가 기록되어 있습니다. x, y는 유니온 연산을 수행할 노드입니다.

❸ 두 집합을 합치기 위해 x, y의 루트 노드를 찾고, 루트 노드의 rank를 비교합니다.

❹ 각 루트 노드의 랭크가 다르면 랭크가 큰 집합에 랭크가 작은 집합을 추가해 합칩니다.

❺ 각 루트 노드의 랭크가 같으면 아무 곳으로 합치면서 대표 집합의 랭크를 +1합니다.

이제 find( ), union( ) 함수 설명도 끝입니다. 이 두 함수를 기반으로 사이클을 찾을 겁니다.

❻ 입력받은 다리 비용을 오름차순 정렬합니다. 이후 비용이 낮은 다리부터 하나씩 추가해 섬을 이어나갈 겁니다.

❼ 다리를 추가하면서 사이클을 체크해야 하므로 경로를 집합으로 관리합니다. 집합을 구성하기 위해 각 노드(섬)의 부모를 추적하기 위한 parent를 만듭니다. 초기에 모든 노드의 parent는 자기 자신으로 합니다.

❽ rank도 집합 연산에서 사이클 확인에 사용합니다. 초깃값은 전부 0으로 합니다.

❾ minCost는 최종 반환값입니다. 즉, 섬이 잘 연결되었을 때 최종 다리 비용입니다. 이 값이 최소가 되어야 합니다.

❿ x, y 두 노드(섬)를 잇기 전에 사이클을 검사합니다.

⓫ 사이클이 없으면 다리를 집합에 추가하고 minCost에 현재 추가한 다리의 비용을 더합니다.

⓬ n개의 마을을 연결하기 위해 n-1개의 다리가 필요하므로 간선이 연결될 때마다 현재 연결한 다리의 개수를 셉니다.

### 시간 복잡도 분석하기

N은 노드 개수, E은 costs의 길이, 즉, 간선 개수입니다. 간선을 비용 기준으로 정렬하기 위한 시간 복잡도는 O(ElogE)입니다. 그 다음 costs를 순회하면서 find( ), union( ) 함수를 호출하기 위한 시간 복잡도는 O(E)입니다. 따라서 최종 시간 복잡도는 O(ElogE)입니다.

## 리마인드

기억 01 집합 간 교집합이 없는 집합 관계를 상호배타적 집합이라고 합니다.

기억 02 상호배타적 집합은 배열을 활용한 트리로 표현할 수 있으며 각 집합의 루트 노드는 자기 자신입니다.

기억 03 상호배타적 집합에는 집합의 루트 노드를 찾아주는 파인드 연산, 두 집합을 하나의 집합으로 합치는 유니온 연산이 있습니다.

기억 04 집합을 조금 더 효율적으로 구현하려면 경로 압축과 랭크를 활용하면 됩니다.

# 11 그래프

 **공부부터 합격까지**

그래프의 개념을 이해하고 이를 실제 코드로 구현할 수 있습니다.

구현 그래프를 탐색하고 최단 경로를 구할 수 있습니다.

## 여기서 풀 문제

## 11-1 ⟩ 그래프의 개념

그래프는 노드vertex과 간선edge을 이용한 비선형 데이터 구조입니다. 보통 그래프는 데이터 간의 관계를 표현하는 데 사용합니다. 데이터를 노드로, 노드 간의 관계나 흐름을 간선으로 표현합니다. 간선은 방향이 있을 수도 있고 없을 수도 있습니다. 만약 관계나 흐름에서 정도를 표현할 필요가 있다면 가중치라는 개념을 추가하여 표현합니다. 노드, 간선, 가중치라는 용어를 예와 함께 알아봅시다.

## 그래프 용어 정리

예를 들어 도시 간의 인구 이동을 그래프로 표현하면 다음과 같습니다.

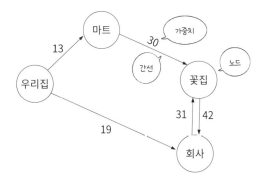

그림에서 동그라미로 표현한 것이 노드, 화살표로 표현한 것이 간선, 간선 위에 숫자로 표현한 것이 가중치입니다. 노드에는 어떤 데이터가 들어 있습니다. 그리고 노드 사이에 있는 것이 간선입니다. 인구 이동의 경우 어디서 얼마나 이동했는지 표시할 필요가 있으므로 간선에 가중치를 표현했습니다.

# 그래프의 특징과 종류

그래프는 방향성, 가중치, 순환 특성에 따라 종류를 구분할 수 있습니다.

### 흐름을 표현하는 방향성

간선은 방향을 가질 수도 있고 없을 수도 있습니다. 방향이 있는 간선을 포함하면 방향 그래프<sup>directed graph</sup>, 방향이 없는 간선을 포함하면 무방향 그래프<sup>undirected graph</sup>라고 합니다.

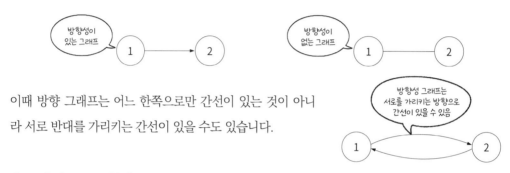

이때 방향 그래프는 어느 한쪽으로만 간선이 있는 것이 아니라 서로 반대를 가리키는 간선이 있을 수도 있습니다.

### 흐름의 정도를 표현하는 가중치

두 번째 특성은 가중치입니다. 어떤 데이터는 흐름의 방향뿐 아니라 양도 중요할 수 있습니다. 그런 정도를 간선에 표현할 때 이를 가중치라고 합니다. 가중치가 있는 그래프를 가중치 그래프<sup>weighted graph</sup>라고 합니다.

### 시작과 끝의 연결 여부를 보는 순환

마지막 특성은 순환입니다. 순환은 특정 노드에서 시작해 간선을 따라 다시 돌아오는 경로가 있는 것을 말합니다. 순환이 존재하는 그래프를 순환 그래프<sup>cycle graph</sup>라 하고, 순환이 존재하지 않는 그래프를 비순환 그래프<sup>acyclic graph</sup>라고 합니다.

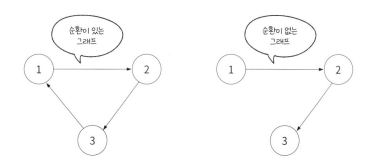

앞서 언급했듯이 특정 노드에서 시작해 간선을 따라 다시 돌아오면 순환 그래프입니다. 다음의 경우 2 → 4 → 3 → 2이므로 그래프의 일부분이 순환합니다. 1, 2, 3은 모두 연결되어 있긴 하지만 순환하진 않습니다.

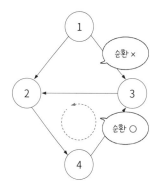

또, 그래프는 간선의 방향 유무에 따라 방향 그래프와 비방향 그래프로 나눌 수 있습니다.

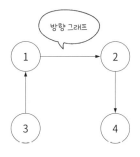

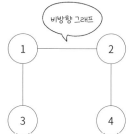

## 그래프 구현

예를 들어 서울에서 부산으로 유동 인구가 8,000명 발생했다와 같은 내용을 그래프로 표현한다고 해봅시다. 그러면 그래프의 노드, 간선, 방향, 가중치와 문장의 의미를 이렇게 연결하여 정리해볼 수 있습니다.

- 데이터를 담고 있는 **노드**(서울, 부산)
- 노드를 잇는 **간선**(서울과 부산의 연결 유무)

- 간선의 **방향**(서울에서 부산 방향으로)
- 간선의 **가중치**(유동 인구 8,000명)

그래프의 구현 방식에는 인접 행렬adjacency matrix과 인접 리스트adjacency list가 있습니다. 두 방법으로 구현해봅시다.

## 인접 행렬 그래프 표현

인접 행렬은 2차원 배열을 활용하여 구현하는 경우가 많습니다. 이때 배열의 인덱스는 노드, 배열의 값은 노드의 가중치로 생각하고, 인덱스의 세로 방향을 출발 노드, 가로 방향을 도착 노드로 생각하면 자연스럽게 그래프를 표현할 수 있습니다. 다음은 서울에서 부산으로 향하는 간선이 있는 그래프입니다.

이것을 인접 행렬로 표현하면 다음과 같습니다. 인접 행렬의 세로 방향 인덱스를 출발, 가로 방향 인덱스를 도착으로 하니 서울(0) → 부산(1)으로 향하는 가중치가 400(km)인 그래프가 표현되었습니다. 그리고 -로 표현한 가중치는 실제 코드에서는 굉장히 큰 값을 넣거나 -1로 정합니다.

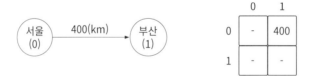

## 인접 리스트 그래프 표현

인접 리스트로 그래프를 표현하려면 우선 다음과 같이 적절한 노드를 정의해야 합니다. 그림에서 보듯 값(v), 가중치(w), 다음 노드(next)를 묶어 관리합니다.

인접 리스트 그래프 표현 방식은 다음과 같은 과정으로 동작합니다.

1 우선은 노드 개수만큼 배열을 준비합니다.
2 배열의 인덱스는 각 시작 노드를 의미하며 배열의 값에는 다음 노드를 연결합니다.

이제 동작하는 과정을 자세히 살펴보겠습니다.

**01단계** 우선은 노드 개수만큼 배열을 준비합니다.

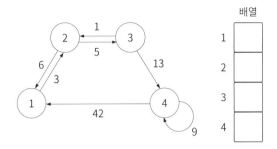

**02단계** 이 상태에서 1 → 2(가중치 3)을 표현해보겠습니다.

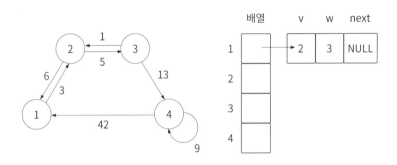

**03단계** 이어서 2 → 1(가중치 6)을 표현해보겠습니다.

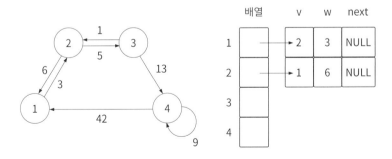

**04단계** 정의한 노드의 다음 노드가 연결되는 모습도 살펴봅시다. 2 → 3(가중치 5)을 표현해볼까요? 이미 배열에는 노드 2가 연결되어 있습니다. 다음 노드가 NULL인 노드를 찾아 2 → 3(가중치 5)을 표현한 노드를 연결합니다.

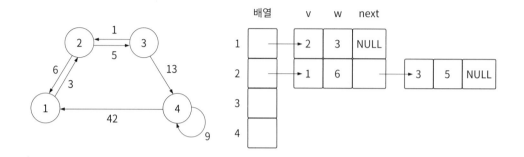

**05단계** 위와 같은 방식으로 그래프를 연결하면 다음과 같이 인접 리스트를 완성할 수 있습니다. 눈으로만 보고 넘어가지 말고 반드시 손으로 그려가며 꼭 그래프 전체를 표현해보기 바랍니다.

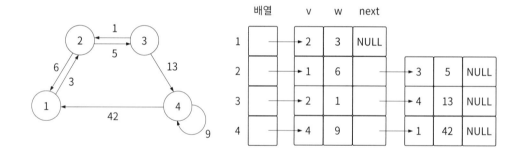

## 인접 행렬과 인접 리스트의 장단점

두 방식으로 그래프를 표현할 때 어느 한쪽이 매우 뛰어나거나 하지 않습니다. 모두 장단점이 있습니다.

### 인접 행렬의 장단점

인접 행렬은 크게 두 가지 단점이 있습니다. 첫 번째 단점은 인접 행렬로 희소 그래프를 표현하는 경우입니다. 희소 그래프란 노드 수에 비해 간선 수가 매우 적은 그래프를 말합니다. 인접 행렬은 크기가 고정되어 있으므로 최악의 경우를 고려해서 크기를 결정해야 합니다. 따라서 노드가

N개 있을 때 모든 간선이 연결되는 최악의 경우를 고려해서 N × N 크기의 인접 행렬이 필요합니다. 이럴 때 간선 수가 적으면 이렇게 확보한 N × N 크기의 인접 행렬 공간 중 대부분의 공간은 실제로 사용하지 않으므로 비효율적입니다. 두 번째 단점은 노드들의 값의 차이가 매우 큰 그래프를 표현하는 경우입니다. 예를 들어 노드값이 순차적으로 증가하지 않고 1, 2, 3, 999와 같이 간격이 크면 가장 큰 노드의 값인 999를 기준으로 인접 행렬의 크기를 잡아야 합니다.

인접 행렬의 장점은 간선의 정보를 확인할 때의 시간 복잡도가 O(1)로 좋습니다. 인접 행렬에서는 인덱스 임의 접근으로 노드 간 간선 정보를 바로 확인할 수 있기 때문입니다. 예를 들어 2에서 93이 연결되어 있는지 탐색하려면 array[2][93]에 가중치가 있는지만 확인하면 됩니다. 구현 난이도가 낮다는 것도 인접 행렬의 장점입니다.

### 인접 리스트의 장단점

인접 리스트는 인접 행렬과 정반대의 장단점을 가집니다. 인접 리스트는 실제 연결된 노드에 대해서만 노드의 값을 노드에 담아 연결하기만 하면 됩니다. 물론 최악의 경우 각 노드에서 모든 노드에 간선이 연결되어 있을 때는 효율이 떨어질 수 있습니다만 그런 경우는 굉장히 드뭅니다. 보통은 인접 리스트를 활용하면 메모리를 아낄 수 있다고 이야기합니다. 간선 정보를 확인할 때는 특정 노드에서 시작하여 연결된 노드 개수가 많으면 많을수록 노드를 연결한 리스트의 길이만큼 탐색해야 하므로 탐색 시간이 O(N)입니다.

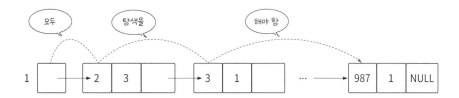

표로 정리한 인접 행렬과 인접 리스트의 장단점은 다음과 같습니다.

|  | 메모리 사용 | 시간 복잡도 | 기타 |
|---|---|---|---|
| 인접 행렬 | $O(N^2)$ | O(1) | 구현이 상대적으로 쉬움 |
| 인접 리스트 | O(N + M) | O(M) | M은 간선의 개수 |

그래프 문제를 풀 때는 인접 행렬과 인접 리스트 방식 중 더 좋은 것을 선택해야 하지만 보통은 시간 제약에서 장점을 취하기 위해 인접 행렬 방식으로 그래프 문제를 푸는 경우가 많습니다. **문제에서 노드 개수가 1,000개 미만으로 주어지는 경우에는 인접 행렬을 사용하면 됩니다.**

※ 노드의 데이터가 숫자가 아니라 문자열이면 문자열을 숫자로 매핑하여 인접 행렬의 인덱스로 사용하면 됩니다.

# 11-2 그래프 탐색

자료구조에서 데이터를 어떻게 구축할지 고민한다면, 알고리즘에서는 자료구조에서 어떤 순서와 방식으로 탐색할지를 고민합니다. 그래프에서 경로를 찾는다고 할 때 경로를 찾는 방법은 다음과 같이 크게 2가지가 있습니다.

- 더 이상 탐색할 노드가 없을 때까지 일단 가봅니다. 그러다가 더 이상 탐색할 노드가 없으면 최근에 방문했던 노드로 되돌아간 다음 가지 않은 노드를 방문합니다(깊이 우선 탐색).
- 현재 위치에서 가장 가까운 노드부터 모두 방문하고 다음 노드로 넘어갑니다. 그 노드에서 또 다시 가장 가까운 노드부터 모두 방문합니다(너비 우선 탐색).

글로만 보면 단번에 이해하기 어려울 겁니다. 이 두 방법으로 A부터 E까지 탐색하는 과정을 그림으로 나타냈습니다. 하나씩 보며 설명하겠습니다.

**우선 깊이 우선 탐색부터 살펴봅시다.**

**01단계** 노드 A에서 노드 D까지 차례대로 방문합니다. 노드 D까지 방문하면 더 방문할 곳이 없습니다(막힘).

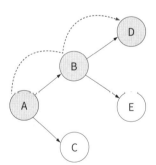

**02단계** 노드 D에서 B로 돌아옵니다. 여기서 다시 끝까지 갑니다. 즉, 노드 E까지 갑니다.

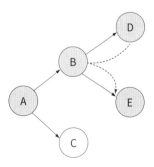

**03단계** 다시 노드 E → B → A 순으로 돌아옵니다. 그다음 끝까지, 노드 C까지 갑니다. A → B → D → E → C 순서로 모든 노드를 방문했습니다.

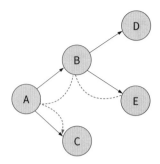

**다음은 너비 우선 탐색입니다.**

**01단계** 노드 A에서 가장 가까운 노드 B, C를 방문합니다.

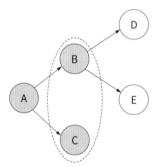

**02단계** 노드 B에서 가장 가까운 노드 D, E를 방문합니다. A → B → C → D → E로 모든 노드를 방문했습니다. 그럼 대략적인 탐색 방식을 살펴봤으니 각각의 방식을 제대로 공부해보겠습니다.

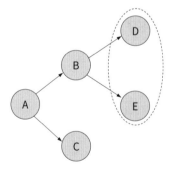

# 깊이 우선 탐색

깊이 우선 탐색depth-first search, DFS은 앞서 본 것처럼 시작 노드부터 탐색을 시작하여 간선을 따라 최대 깊이 노드까지 이동하며 차례대로 방문합니다. 최대 깊이 노드까지 방문한 다음에는 이전에 방문한 노드를 거슬러 올라가며 해당 노드와 연결된 노드 중 방문하지 않은 노드로 다시 최대 깊이까지 차례대로 방문합니다.

탐색을 하려면 일단 시작 노드를 정하고, 스택에 시작 노드를 푸시합니다. 스택에 있는 노드는 아직 방문하지 않았지만 방문할 예정인 노드입니다. 시작 노드를 푸시했으면 다음 과정을 반복합니다.

**진행 1**  스택이 비었는지 확인합니다. 스택이 비었다는 건 방문할 수 있는 모든 노드를 방문했음을 의미합니다. 따라서 스택이 비었으면 탐색을 종료합니다.

**진행 2**  스택에서 노드를 팝합니다. 팝한 원소는 최근에 스택에 푸시한 노드입니다.

**진행 3**  팝한 노드의 방문 여부를 확인합니다. 이미 방문한 노드라면 별도의 처리가 없습니다. 아직 방문하지 않았다면 노드를 방문 처리합니다.

**진행 4**  방문한 노드와 인접한 모든 노드를 확인합니다. 그리고 그 중에서 아직 방문하지 않은 노드를 스택에 푸시합니다. 스택은 LIFO 구조이므로 방문 순서를 오름차순으로 고려한다면 역순으로 노드를 푸시해야 합니다.

이 과정을 코드로 구현할 때 다음 세 가지 사항을 고려해야 합니다.

**고려 1**  탐색할 노드가 없을 때까지 간선을 타고 내려갈 수 있어야 합니다.

**고려 2**  가장 최근에 방문한 노드를 알아야 합니다.

**고려 3**  이미 방문한 노드인지 확인할 수 있어야 합니다.

깊이 우선 탐색의 핵심은 **'가장 깊은 노드까지 방문한 후에 더 이상 방문할 노드가 없으면 최근 방문한 노드로 돌아온 다음, 해당 노드에서 방문할 노드가 있는지 확인한다'**입니다.

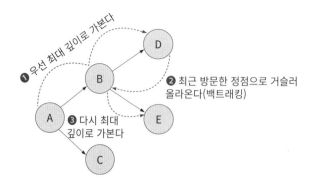

탐색하고 있는 방향의 역방향으로 되돌아가는 동작을 백트래킹back tracking이라고 합니다. 스택은 최근에 푸시한 노드를 팝할 수 있으므로 특정 노드를 방문하기 전에 최근 방문 노드를 팝 연산으로 쉽게 확인할 수 있습니다. 이런 스택의 특성을 활용하여 백트래킹 동작을 쉽게 구현한 것입니다. 깊이 우선 탐색을 구현하는 방법은 스택을 활용하는 방법과 재귀를 활용하는 방법이 있습니다. 보통 재귀 구현 방법이 더 많이 쓰이지만, 일단 원리를 제대로 파악하기 위해 스택으로 먼저 구현해본 후 재귀를 활용해보겠습니다

## 스택을 활용한 깊이 우선 탐색

선입후출의 특성을 가진 스택으로 가장 최근에 방문한 노드를 확인할 수 있습니다. 자세한 내용은 그림과 함께 봐야 이해하기 쉽습니다. 스택을 활용한 깊이 우선 탐색 과정을 살펴봅시다.

**01단계** 스택에는 방문 예정인 노드를 푸시합니다. 시작 노드는 당연히 방문해야 할 노드이므로 1을 스택에 넣습니다. 스택에 푸시한 노드는 파란색, 방문한 노드는 회색으로 색칠하겠습니다. 아직 1은 방문하지 않았고, 방문할 예정이기만 하므로 그래프는 아무것도 색칠하지 않았습니다.

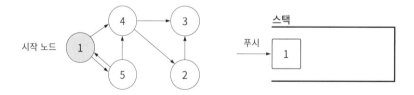

**02단계** 이제 1에 방문할 차례입니다. 1을 팝한 후에 1이 방문한 상태인지 확인합니다. 1은 아직 방문하지 않은 노드이므로 이제 방문 처리를 합니다(그래프의 노드 1을 색칠합니다). 방문 처리를

한 후에는 1과 인접하면서 방문하지 않은 노드 4, 5를 5 → 4 순서로 푸시하여 이후 4 → 5 순서로 방문 처리할 수 있게 합니다.

※ 이렇게 스택에 역순으로 푸시하면 의도한 대로 방문 처리를 할 수 있습니다.

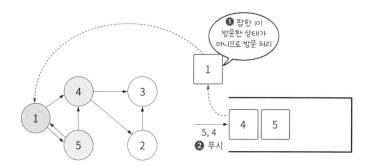

**03단계** 이제 같은 방식으로 팝, 푸시를 진행합니다. 스택에서 4를 팝한 다음, 4가 방문한 상태인지 확인합니다. 4는 아직 방문하지 않았으므로 방문 처리합니다. 그런 다음 4와 인접한 2, 3을 3 → 2 순서로 푸시합니다.

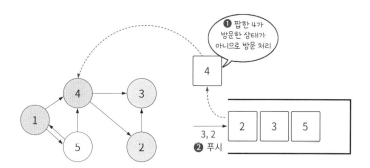

**04단계** 2를 팝합니다. 2는 방문하지 않았으므로 2를 방문 처리합니다. 그런 다음 2와 인접하면서 방문하지 않은 노드 3을 푸시합니다.

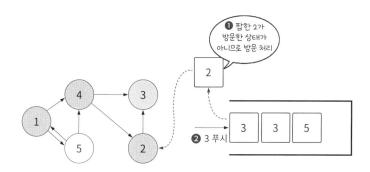

**05단계** 이후 작업도 마찬가지입니다. 3을 팝하고 방문 처리합니다. 3과 인접한 노드는 없으니 아무것도 푸시하지 않습니다.

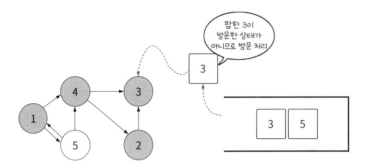

**06단계** 또 다시 3을 팝할 때는 이미 방문 처리를 했으므로 아무 작업도 하지 않습니다.

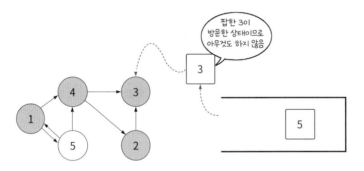

**07단계** 5를 팝하고, 5를 방문 처리합니다. 스택이 비었으므로 작업이 끝났습니다.

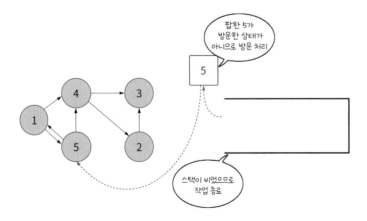

## 재귀 함수를 활용한 깊이 우선 탐색

스택을 직접 사용하지 않고도 깊이 우선 탐색을 구현할 수도 있습니다. 바로 재귀 함수를 활용하는 것입니다. 재귀 함수를 호출할 때마다 호출한 함수는 콜 스택이라는 곳에 쌓이므로 깊이 우선 탐색에 활용할 수 있는 것입니다. 호출할 함수는 dfs( )라 선언하고 dfs(N)을 호출하면 다음 동작을 하도록 구현했다고 가정하겠습니다.

※ 여기서는 인접한 노드를 방문할 때 숫자가 낮은 노드부터 탐색하는 방식으로 설명했습니다.

- dfs(N) : N번 노드를 방문 처리하고 N번 노드와 인접한 노드 중 아직 방문하지 않은 노드를 탐색

**01단계** 시작 노드는 1번 노드이므로 dfs(1)을 호출합니다. dfs(1)이 실행되면 1을 방문 처리하고 내부적으로 dfs(4)를 재귀 호출합니다. 아직 dfs(1)은 dfs(4)를 호출한 상태이므로 종료되지 않습니다. 따라서 스택에 dfs(1)이 쌓입니다.

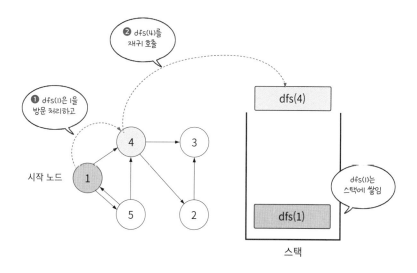

**02단계** dfs(4)가 실행되므로 4는 방문 처리하며, 내부적으로 dfs(4)는 dfs(2)를 호출합니다. 같은 이유로 dfs(4)는 스택에 쌓입니다.

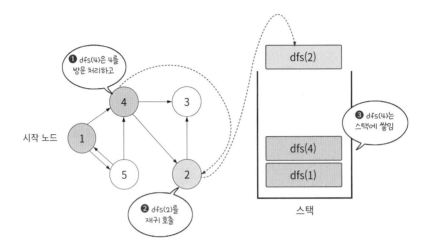

**03단계** dfs(2)를 실행합니다. 2를 방문 처리하고 dfs(2)는 dfs(3)을 재귀 호출합니다.

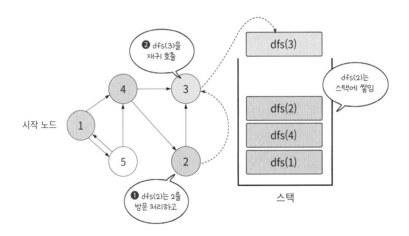

**04단계** dfs(3)을 실행합니다. 3은 인접 노드가 없으므로 추가로 재귀 호출을 하지 않고 함수를 종료합니다. 여기서 처음으로 스택에서 빠져나오는 함수가 생깁니다. 그림을 자세히 보기 바랍니다.

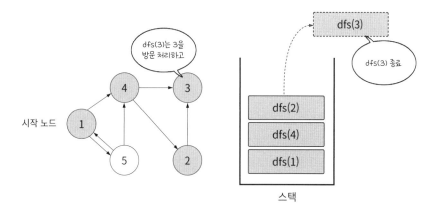

**05단계** 스택 특성에 의해 dfs(2)로 돌아가 다음 실행 스텝을 진행합니다. 그러나 2는 방문하지 않았으면서 인접한 노드가 없으므로 종료됩니다.

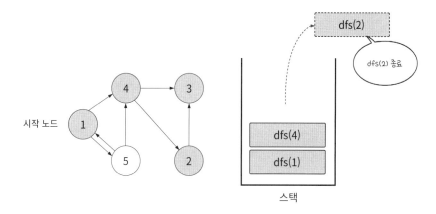

**06단계** dfs(4)로 돌아가 다음 실행 스텝을 진행합니다. 4도 방문하지 않았으면서 인접한 노드가 없습니다. 함수를 종료합니다. 2의 다음 노드인 3이 인접하므로 탐색을 시도해보지만, 3은 이미 방문한 노드입니다. 변경된 부분 없이 해당 함수가 종료됩니다.

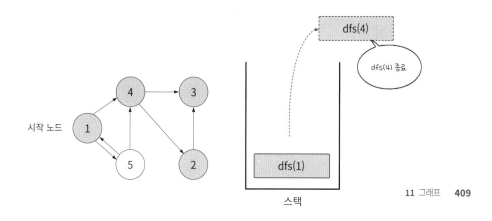

**07단계** dfs(1)의 다음 실행 스텝을 진행합니다. 1은 5와 인접해 있으므로 dfs(5)를 재귀 호출합니다.

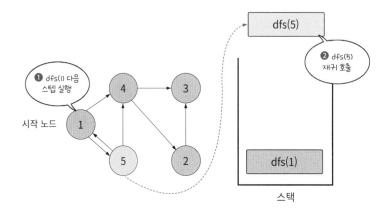

**08단계** dfs(5)를 실행합니다. 5를 방문 처리하고 5와 인접한 노드가 없으므로 dfs(5)를 종료합니다. dfs(1)도 이어 종료합니다.

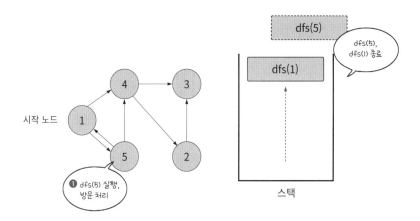

## 너비 우선 탐색

너비 우선 탐색breadth first search, BFS은 시작 노드와 거리가 가장 가까운 노드를 우선하여 방문하는 방식의 알고리즘입니다. 여기서 말하는 거리는 시작 노드와 목표 노드까지의 차수입니다. 간선 가중치의 합이 아닌 것에 주의합시다. 탐색을 하려면 일단 시작 노드를 정하고, 스택에 시작 노드를 푸시합니다. 시작 노드를 큐에 푸시하면서 방문 처리를 합니다. 큐에 있는 노드는 이미 방문 처리했고, 그 노드와 인접한 노드는 아직 탐색하지 않은 상태라고 생각하면 됩니다. 이후 다음 과정을 반복합니다.

**진행 1**  큐가 비었는지 확인합니다. 큐가 비었다면 방문할 수 있는 모든 노드를 방문했다는 의미입니다(탐색 종료).

**진행 2**  큐에서 노드를 팝합니다.

**진행 3**  팝한 노드와 인접한 모든 노드를 확인하고 그 중 아직 방문하지 않은 노드를 큐에 푸시하며 방문 처리합니다.

이 과정을 코드로 구현할 때 다음 두 가지 사항을 고려해야 합니다.

**고려 1**  현재 방문한 노드와 직접 연결된 모든 노드를 방문할 수 있어야 합니다.

**고려 2**  이미 방문한 노드인지 확인할 수 있어야 합니다.

너비 우선 탐색 방식을 보면 시작 노드부터 인접한 노드를 모두 방문한 후 그다음 단계의 인접 노드를 방문합니다. 즉, 먼저 발견한 노드를 방문합니다. 이러한 특성 때문에 너비 우선 탐색을 할 때는 큐를 활용합니다. 이 역시 구체적인 내용은 그림을 보며 이해해봅시다. 그림으로 제시한 그래프는 깊이 우선 탐색과 같고, **스택이 아닌 큐로 구현하는 점에만 주목합시다.**

## 큐를 활용한 너비 우선 탐색

**01단계** 시작 노드 1을 큐에 푸시하고 방문 처리합니다.

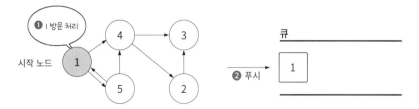

**02단계** 1을 팝한 후 인접한 4와 5를 봅니다. 아직 방문하지 않았으므로 방문 처리하고 4, 5 순서로 큐에 푸시합니다.

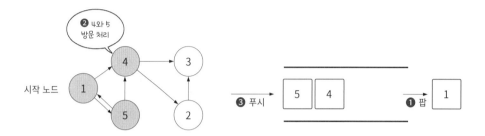

**03단계** 4를 팝한 후 인접한 2와 3을 봅니다. 아직 방문하지 않았으므로 방문 처리하고 2, 3 순서로 큐에 푸시합니다.

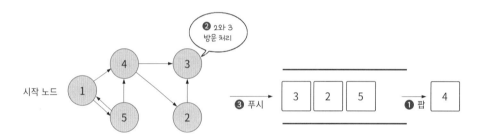

**04단계** 5를 팝한 후 인접한 1과 4를 봅니다. 이미 방문했으므로 아무것도 하지 않습니다. 큐의 나머지 노드들도 자신과 인접한 노드들을 모두 방문했으므로 아무것도 하지 않고 팝합니다. 큐가 비면 탐색을 마무리한 것입니다.

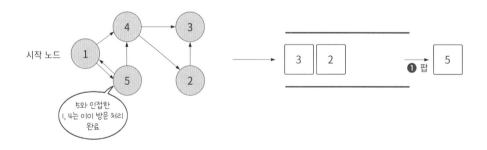

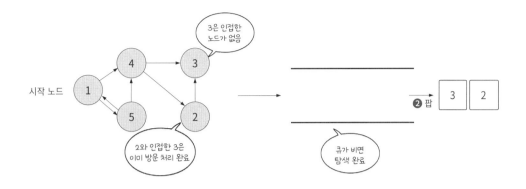

## 깊이 우선 탐색과 너비 우선 탐색 비교

깊이 우선 탐색과 너비 우선 탐색은 모두 탐색 알고리즘이므로 겉으로 봤을 때는 차이가 없는 것 같다고 느끼기 쉽습니다만 두 알고리즘의 차이는 분명합니다. **깊이 우선 탐색은 깊게 탐색 후 되돌아오는 특성이 있고, 너비 우선 탐색은 시작 노드에서 인접한 노드부터 방문하는 특성을 가집니다.** 그래서 두 알고리즘의 용도는 서로 다릅니다. 이 차이를 확실하게 알아야 코딩 테스트에서 요긴하게 써먹을 수 있습니다.

### 깊이 탐색한 다음 되돌아오는 깊이 우선 탐색

깊이 우선 탐색은 가장 깊은 곳을 우선하여 탐색하고, 더 이상 탐색할 수 없으면 백트래킹하여 최근 방문 노드부터 다시 탐색을 진행한다는 특징이 있어서 모든 가능한 해를 찾는 백트래킹 알고리즘을 구현할 때나 그래프의 사이클을 감지해야 하는 경우 활용할 수 있습니다. 코딩 테스트에서는 탐색을 해야 할 때, 최단 경로를 찾는 문제가 아니면 깊이 우선 탐색을 우선 고려해보는 것이 좋습니다.

### 최단 경로를 보장하는 너비 우선 탐색

앞서 깊이 우선 탐색과는 반대로 너비 우선 탐색은 찾은 노드가 시작 노드로부터 최단 경로임을 보장합니다. 왜냐하면 시작 노드로부터 직접 간선으로 연결된 모든 노드를 먼저 방문하기 때문입니다. 쉽게 말해 문제에 대한 답이 많은 경우 너비 우선 탐색은 이 답 중에서도 가장 가까운 답을 찾을 때 유용합니다. 그래서 너비 우선 탐색은 미로 찾기 문제에서 최단 경로를 찾거나, 네트워크 분석 문제를 풀 때 활용할 수 있습니다.

 **합격 조언** 방문 처리 시점이 다른 이유

깊이 우선 탐색과 너비 우선 탐색 과정을 읽으면서 방문 처리 시점이 다른 것이 이상하다고 생각했을 수도 있습니다. 깊이 우선 탐색은 스택에서 팝하며 방문 처리를 했고, 너비 우선 탐색은 큐에 푸시하며 방문 처리를 했습니다. 이는 탐색 방식이 다르기 때문입니다. 깊이 우선 탐색 과정에서는 스택에 **다음에 방문할 인접한 노드를 푸시합니다.** 즉, 스택에 푸시할 노드는 방문 예정인 노드이므로 팝하며 방문 처리를 해야 합니다. 반면 너비 우선 탐색 과정에서는 **지금 방문할 노드를 푸시합니다.** 그래야 인접한 노드부터 탐색할 수 있기 때문이죠.

## 11-3 〉 그래프 최단 경로 구하기

최단 경로shortest path는 그래프의 종류에 따라 그 진의 가 다르게 해석될 수도 있는 주제입니다. 가중치가 없는 그래프에서는 간선 개수가 가장 적은 경로가 최단 경로이지만 가중치가 있는 그래프에서는 일반적으로 시작 노드에서 끝 노드까지 이동할 때 거치는 간선의 가중치의 총합이 최소가 되는 것을 말합니다. 이를테면 다음 그래프는 간선에 가중치가 있으므로 최단 경로의 기준은 간선의 가중치의 총합입니다.

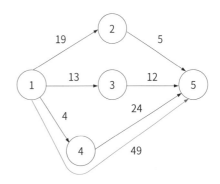

노드 1에서 5까지의 최단 경로를 구한다고 했을 때, 간선 개수를 기준으로 하면 1 → 5는 간선의 개수가 1개로 가장 적으니 이것이 최단 경로가 됩니다. 하지만 가중치의 합을 기준으로 하면 1 → 5는 가중치가 49이고, 1 → 2 → 5는 가중치가 24이므로 이것이 최단 경로가 됩니다. 여기서는 최단 경로를 구하는 대표적인 알고리즘인 다익스트라 알고리즘, 벨만-포드 알고리즘을 차례로 알아보겠습니다.

## 다익스트라 알고리즘

다익스트라dijkstra 알고리즘은 1959년 에츠허르 데이크스트라edsger wybe dijkstra가 발표한 최단 경로를 구하는 알고리즘입니다. 가중치가 있는 그래프의 최단 경로를 구하는 문제는 대부분 다익스트라 알고리즘을 사용한다고 보면 될 정도로 중요한 알고리즘입니다. 다익스트라 알고리즘은 다음과 같은 과정으로 동작합니다.

※ 다익스트라 알고리즘을 고안한 에츠허르 데이크스트라는 네덜란드 사람입니다. 네덜란드 발음으로 dijkstra는 데이크스트라가 맞지만 우리나라에서는 다익스트라라고 부르는 경우가 많으므로 이 책도 다익스트라라고 하겠습니다.

1 시작 노드를 설정하고 시작 노드로부터 특정 노드까지의 최소 비용을 저장할 공간과 직전 노드를 저장할 공간을 마련합니다.

    **1-1** 최소 비용을 저장할 공간은 모두 매우 큰 값으로 초기화합니다. 여기서는 무한대<sup>infinite</sup>를 의미하는 약자 INF로 표현하겠습니다. 직전 노드를 저장할 공간도 INF로 초기화합니다.

    **1-2** 시작 노드의 최소 비용은 0, 직전 노드는 자신으로 합니다.

**2 해당 노드를 통해 방문할 수 있는 노드 중, 즉 아직 방문하지 않은 노드 중 현재까지 구한 최소 비용이 가장 적은 노드를 선택합니다.**

    **2-1** 해당 노드를 거쳐서 각 노드까지 가는 최소 비용과 현재까지 구한 최소 비용을 비교하여 작은 값을 각 노드의 최소 비용으로 갱신합니다.

    **2-2** 이때 직전 노드도 같이 갱신합니다.

**3** 노드 개수에서 1을 뺀 만큼 반복합니다.

글로만 보면 난해하게 느껴질 수 있습니다. 다익스트라 알고리즘의 동작을 그림과 함께 차분하게 알아봅시다.

**01단계** 시작 노드 A의 최소 비용은 0, 직전 노드는 A로 초기화합니다.

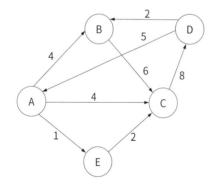

visited = [ ]

| 노드 | A | B | C | D | E |
|---|---|---|---|---|---|
| 최소 비용 | **0** | INF | INF | INF | INF |
| 직전 노드 | **A** | INF | INF | INF | INF |

**02단계** 방문하지 않은 노드 중 최소 비용이 가장 적은 노드 A를 선택합니다. 이후 해당 노드를 거쳐서 각 노드까지 가는 비용과 기존에 구한 각 노드의 최소 비용을 비교합니다. 노드 A에서 노드 B, C, E의 가중치는 각각 4, 4, 1입니다. 현재까지 해당 노드의 최소 비용은 모두 INF이므로 B의

최소 비용을 4, C의 최소 비용을 4, E의 최소 비용을 1로 갱신합니다. 이때 최소 비용이 갱신된 노드의 직전 노드를 A로 갱신합니다.

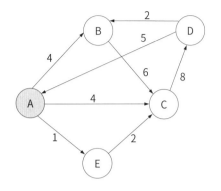

03단계 방문하지 않은 노드 중 최소 비용이 가장 적은 노드 E를 선택합니다. 선택한 노드를 거쳤을 때 최소 비용을 갱신할 수 있는지 확인합니다. 노드 C의 현재 최소 비용은 4이고, E를 거쳤을 때의 비용은 E의 최소 비용(1)과 E → C의 가중치(2)를 합친 값 3입니다. 현재까지 구한 최소 비용보다 이 값이 더 작으므로 C의 최소 비용을 3, 직전 노드를 E로 수정합니다.

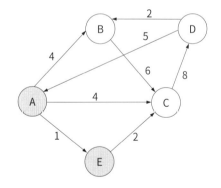

04단계 방문하지 않은 노드 중 최소 비용이 가장 적은 노드 C를 선택합니다. 선택한 노드를 거쳤을 때 최소 비용을 갱신할 수 있는지 확인합니다. 노드 D의 경우 기존 최소 비용이 INF(경로가 없음)이지만, C를 거치면 C의 최소 비용(3) + C → D의 가중치(8)를 합쳐 11이 되어 더 작습니다. 최소 비용을 11로, 직전 노드를 C로 갱신합니다.

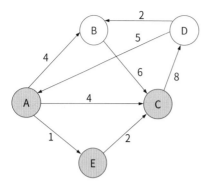

visited = [A, E, C]

| 노드 | A | B | C | D | E |
|---|---|---|---|---|---|
| 최소 비용 | 0 | 4 | 3 | ~~INF~~ 11 | 1 |
| 직전 노드 | A | A | E | ~~INF~~ C | A |

**05단계** 방문하지 않은 노드 중 최소 비용이 가장 적은 노드 B를 선택합니다. 선택한 노드를 거쳤을 때 최소 비용을 갱신할 수 있는지 확인합니다만, 지금은 최소 비용을 갱신할 필요가 없습니다.

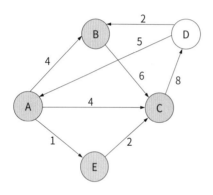

visited = [A, E, C, B]

| 노드 | A | B | C | D | E |
|---|---|---|---|---|---|
| 최소 비용 | 0 | 4 | 3 | 11 | 1 |
| 직전 노드 | A | A | E | C | A |

**06단계** 방문하지 않은 노드 중 최소 비용이 가장 적은 노드 D를 방문합니다. 여기도 같은 작업을 반복합니다. 최소 비용 갱신은 하지 않습니다.

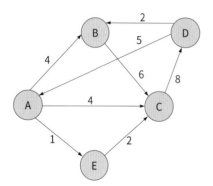

visited = [A, E, C, B, D]

| 노드 | A | B | C | D | E |
|---|---|---|---|---|---|
| 최소 비용 | 0 | 4 | 3 | 11 | 1 |
| 직전 노드 | A | A | E | C | A |

**07단계** 모든 곳에 방문했습니다. 각 노드까지의 최소 비용과 직전 노드를 갱신했습니다. 특정 노드로부터 직전 노드가 시작 노드가 될 때까지 거슬러 올라가면 최소 비용을 구성하는 세부 경로도 알수 있습니다. 예를 들어 노드 C의 경우 최소 비용은 3이며, ❶ 직전 노드 E, ❷ A를 거슬러 올라가 세부 경로가 A → E → C임을 알 수 있습니다.

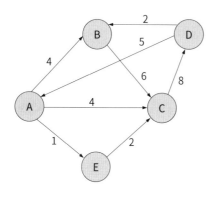

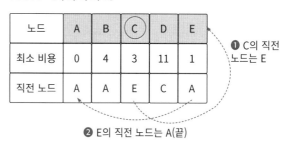

visited = [A, E, C, B, D]

| 노드 | A | B | C | D | E |
|------|---|---|---|---|---|
| 최소 비용 | 0 | 4 | 3 | 11 | 1 |
| 직전 노드 | A | A | E | C | A |

❶ C의 직전 노드는 E

❷ E의 직전 노드는 A(끝)

---

**합격 조언  음의 가중치가 있는 그래프에서 다익스트라 알고리즘은 어떨까?**

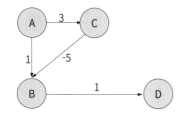

| 노드 | A | B | C | D |
|------|---|---|---|---|
| 최소 비용 | 0 | -2 | 3 | 2 |
| 직전 노드 | A | C | A | B |

-1이 되어야 함

시작 노드는 A라고 가정합니다. 다익스트라 알고리즘대로라면, D까지 최단 경로는 A → B → D가 됩니다. 하지만 실제로 D까지 최단 경로는 A → C → B → D입니다. 이 그래프에서 D까지 가려면 B를 반드시 거쳐야 합니다. 이 말인즉, D까지 최단 경로를 구하려면 B까지 최단 경로를 거쳐서 오고, B에서 D로 가면 됩니다.

다익스트라 알고리즘을 살펴보면 매번 시작 노드를 기준으로 가장 짧은 거리를 갖는 노드를 선택해서 최단 경로를 갱신합니다. 이때 선택되는 노드의 순서는 B, D, C입니다. C를 선택한 순간 A → C → B의 최단 거리가 3 + (-5) = -2로 갱신됩니다. 하지만 C에서 D로 가는 경로가 없으므로 A → C → B는 갱신되었지만 D까지 최단 경로는 갱신되지 않습니다. 이 상태에서 다익스트라 알고리즘은 종료됩니다. 이렇게 된 이유는 다익스트라는 그리디적으로 동작하기 때문입니다. 즉 맨 처음에 A → B의 최단 거리는 1이고 A → C의 최단 거리는 3이기 때문에 C를 거쳐서 최단 거리가 더 짧아진다고 생각하지 못하는 것입니다.

이와 같이 음의 가중치가 있으면 다익스트라 알고리즘이 항상 정확한 최단 경로를 보장할 수 없습니다. 하지만 이 그리디적 특성 때문에 음의 가중치가 없다고 확신할 수 있다면 다익스트라 알고리즘을 사용할 때 더 좋은 성능을 나타냅니다.

※ 매 순간마다 최선의 선택을 하는 것을 그리디(greedy)하다라고 합니다. 그리디를 우리말로 '탐욕'으로 번역합니다.

## 벨만-포드 알고리즘

벨만-포드$^{bellman-ford}$ 알고리즘 역시 다익스트라 알고리즘과 마찬가지로 노드에서 노드까지의 최소 비용을 구한다는 점에서는 같습니다. **하지만 벨만-포드 알고리즘은 매 단계마다 모든 간선의 가중치를 다시 확인하여 최소 비용을 갱신하므로 음의 가중치를 가지는 그래프에서도 최단 경로를 구할 수 있습니다.** 벨만-포드 알고리즘은 다음과 같이 동작합니다.

1 시작 노드를 설정한 다음 시작 노드의 최소 비용은 0, 나머지 노드는 INF로 초기화합니다. 이후 최소 비용을 갱신할 때 직전 노드도 갱신합니다.

2 노드 개수 – 1만큼 다음 연산을 반복합니다.

  **2-1** 시작 노드에서 갈 수 있는 각 노드에 대하여 전체 노드 각각을 거쳐갈 때 현재까지 구한 최소 비용보다 더 적은 최소 비용이 있는지 확인하여 갱신합니다. 최소 비용을 갱신할 때, V의 직전 노드 값도 같이 갱신합니다.

3 과정 **2-1**을 마지막으로 한 번 더 수행하여 갱신되는 최소 비용이 있는지 확인합니다. **만약 있다면 음의 순환이 있음을 의미합니다.**

벨만-포드 알고리즘은 글로만 읽으면 쉽게 와닿지 않습니다. 아마도 '노드 개수 – 1만큼 연산을 반복하라'는 말과 과정 3의 '한 번 더 수행하라'는 말이 쉽게 와닿지 않을 겁니다. 우선은 벨만-포드 알고리즘이 동작하는 과정을 자세히 살펴보고 그 이후에 왜 그렇게 하는지에 대해 설명해보겠습니다.

**01단계** 우선 시작 노드를 A로 정하고 최소 비용을 0, 직전 노드를 A, 나머지 노드는 INF로 초기화했습니다.

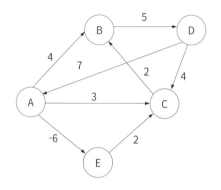

| 노드 | A | B | C | D | E |
|---|---|---|---|---|---|
| 최소 비용 | **0** | INF | INF | INF | INF |
| 직전 정점 | **A** | INF | INF | INF | INF |

**02단계** 노드 A에서 A를 거쳐 각 노드 B, C, D, E까지 가는 비용 중 현재까지 구한 최소 비용보다 적은 값이 있는지 확인하고 현재까지 구한 최소 비용보다 비용이 적다면 갱신합니다. 이때 여러분이 비교와 갱신 과정을 보기 편하도록 해당 정점의 최소 비용은 **최소_비용(A)(숫자)**, 가중치가 있는 간선은 **간선(A, B)(숫자)**와 같이 표시하겠습니다. 또한 간선이 없는 경우는 INF로 계산한다는 점에도 주의합니다.

※ A에서 A를 거친다라고 표현한 이유는 A가 시작 노드이기 때문입니다. A에서 시작하면 A를 거치는 것으로 생각해도 됩니다.

- 최소_비용(A)(0)   ==  최소_비용(A)(0) + 간선(A, A)(0)  : 갱신하지 않음
- 최소_비용(B)(INF)  〉  최소_비용(A)(0) + 간선(A, B)(4)  : 최소_비용(B)를 INF에서 4로 갱신
- 최소_비용(C)(INF)  〉  최소_비용(A)(0) + 간선(A, C)(3)  : 최소_비용(C)를 INF에서 3으로 갱신
- 최소_비용(D)(INF)  ==  최소_비용(A)(0) + 간선(A, D)(INF): 갱신하지 않음
- 최소_비용(E)(INF)  〉  최소_비용(A)(0) + 간선(A, E)(−6)  : 최소_비용(E)를 −6으로 갱신

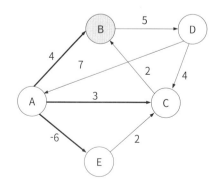

| 노드 | A | B | C | D | E |
|---|---|---|---|---|---|
| 최소 비용 | 0 | ~~INF~~ 4 | ~~INF~~ 3 | INF | ~~INF~~ −6 |
| 직전 정점 | A | ~~INF~~ A | ~~INF~~ A | INF | ~~INF~~ A |

**03단계** 다음도 해봅시다. 노드 A에서 B를 거쳐 각 노드까지 가는 최소 비용도 갱신해봅시다.

- 최소_비용(A)(0)　　〈　최소_비용(B)(4) + 간선(B, A)(INF) : 갱신하지 않음
- 최소_비용(B)(4)　　==　최소_비용(B)(4) + 간선(B, B)(0)　 : 갱신하지 않음
- 최소_비용(C)(3)　　〈　최소_비용(B)(4) + 간선(B, C)(INF) : 갱신하지 않음
- 최소_비용(D)(INF)　〉　최소_비용(B)(4) + 간선(B, D)(5)　 : 9로 갱신
- 최소_비용(E)(-6)　　〈　최소_비용(B)(4) + 간선(B, E)(INF) : 갱신하지 않음

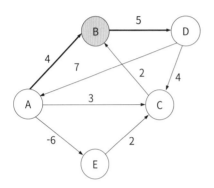

| 노드 | A | B | C | D | E |
|---|---|---|---|---|---|
| 최소 비용 | 0 | 4 | 3 | ~~INF~~ 9 | -6 |
| 직전 정점 | A | A | A | ~~INF~~ B | A |

**04단계** 이제 슬슬 갱신하는 패턴이 눈에 익을 것입니다. 노드 A에서 C를 거쳐 각 노드까지 가는 최소 비용도 갱신합시다. 예를 들어 노드 C를 거쳐서 B로 가는 새 경로는 기존의 B의 최소 비용보다 크므로 갱신하지 않습니다.

- 최소_비용(A)(0)　　〈　최소_비용(C)(3) + 간선(C, A)(INF)　 : 갱신하지 않음
- 최소_비용(B)(4)　　〈　최소_비용(C)(3) + 간선(C, B)(2)　　 : 갱신하지 않음
- 최소_비용(C)(3)　　==　최소_비용(C)(3) + 간선(C, C)(0)　　 : 갱신하지 않음
- 최소_비용(D)(9)　　〈　최소_비용(C)(3) + 간선(C, D)(INF)　 : 갱신하지 않음
- 최소_비용(E)(-6)　　〈　최소_비용(C)(3) + 간선(C, E)(INF)　 : 갱신하지 않음

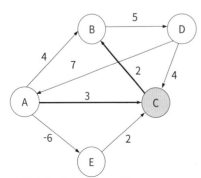

C를 거치면 5이므로 갱신하지 않음

| 노드 | A | B | C | D | E |
|---|---|---|---|---|---|
| 최소 비용 | 0 | 4 | 3 | 9 | -6 |
| 직전 정점 | A | A | A | B | A |

**05단계** 노드 A에서 D를 거쳐가는 방법은 없으므로 갱신하지 않습니다.

**06단계** 노드 A에서 E를 거쳐 각 노드까지 가는 최소 비용도 갱신합니다. 모든 최단 경로에 대해 노드의 최소 비용을 체크했으므로, 벨만-포드 알고리즘의 첫 번째 반복이 끝났습니다.

- 최소_비용(A)(0)   〈   최소_비용(E)(-6) + 간선(E, A)(INF) : 갱신하지 않음
- 최소_비용(B)(4)   〈   최소_비용(E)(-6) + 간선(E, B)(INF) : 갱신하지 않음
- 최소_비용(C)(3)   〉   최소_비용(E)(-6) + 간선(E, C)(2)    : -4로 갱신
- 최소_비용(D)(9)   〈   최소_비용(E)(-6) + 간선(E, D)(INF) : 갱신하지 않음
- 최소_비용(E)(-6)  〈   최소_비용(E)(-6) + 간선(E, E)(INF) : 갱신하지 않음

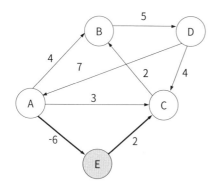

| 노드 | A | B | C | D | E |
|------|---|---|---|---|---|
| 최소 비용 | 0 | 4 | 3<br>-4 | 9 | -6 |
| 직전 정점 | A | A | A<br>E | B | A |

**07단계** 이제 첫 번째 반복이 끝났습니다. 위에서 했던 과정을 '노드 개수 - 1'번 반복한다고 했으므로 **01단계~06단계**를 4번 더 반복하면 됩니다.

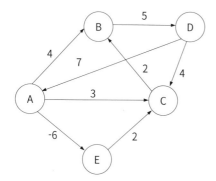

| 노드 | A | B | C | D | E |
|------|---|---|---|---|---|
| 최소 비용 | 0 | 4 | -4 | 9 | -6 |
| 직전 정점 | A | A | E | B | A |

**08단계** 하나만 해봅시다. 노드 A에서 A를 거쳐 각 노드까지 가는 비용을 갱신합니다. 첫 번째 과정과 마찬가지 과정을 반복하면 됩니다.

- 최소_비용(A)(0)    ==    최소_비용(A)(0) + 간선(A, A)(0)    : 갱신하지 않음
- 최소_비용(B)(4)    ==    최소_비용(A)(0) + 간선(A, B)(4)    : 갱신하지 않음
- 최소_비용(C)(-4)   〈    최소_비용(A)(0) + 간선(A, C)(3)    : 갱신하지 않음
- 최소_비용(D)(9)    〈    최소_비용(A)(0) + 간선(A, D)(INF)  : 갱신하지 않음
- 최소_비용(E)(-6)   ==    최소_비용(A)(0) + 간선(A, E)(-6)   : 갱신하지 않음

이제 벨만-포드 알고리즘이 어떤 식으로 최단 거리를 알아내는지 알았을 겁니다. 그럼 앞서 말끔하게 풀지 못했던 다음 두 가지 궁금증을 해결하며 벨만-포드 알고리즘 설명을 마치겠습니다.

### 왜 정점 개수 - 1만큼 반복하는가? 매 연산마다 최단 경로가 1개씩 확정되므로!

아래와 같은 그래프에서 시작 노드가 1일 때 최단 경로를 구하는 상황을 생각해봅시다. 벨만-포드 알고리즘이 연산을 K번 반복하면 K개의 간선에 대한 최단 경로를 구할 수 있습니다. 예를 들어 첫 번째 반복 과정에서는 노드 2에 대한 최단 경로가, 두 번째 반복 과정에서는 노드 3에 대한 최단 경로가 결정됩니다. 이런 식으로 N - 1번 연산을 반복하면 노드 N에 대한 최단 경로가 결정되어 벨만-포드 알고리즘이 끝나는 것이지요. 그래서 노드 개수 - 1만큼 벨만-포드 알고리즘의 연산을 반복했던 것입니다.

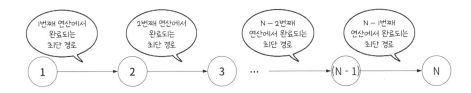

### 왜 한 번 더 연산을 반복하는가? 음의 순환을 찾기 위해!

그런데 위 그림에서 노드 N의 최단 경로를 구성하는 간선 개수가 N개 이상이면 최단 경로의 간선 개수는 최대 N - 1이어야 하므로 뭔가 잘못된 것을 의미합니다. 즉, 음의 순환이 있는 것입니다. 지금 여러분이 보고 있는 그래프에 노드 N에서 노드 N - 1으로 향하는 가중치가 -100인 간선을 추가했다고 생각해봅시다.

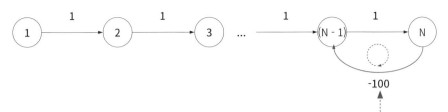

그러면 음의 순환인 N → (N – 1) 구간을 반복하면 계속해서 최소 비용(가중치의 합)은 점점 줄어듭니다. 그렇다는 건 최단 경로를 구할 수 없다는 거네요. 이 음의 순환을 계속해서 돌면 최소 비용은 무한히 작아질 테니까요.

## 음의 순환에 빠지는 건 벨만-포드 알고리즘의 한계다?

흔히 벨만-포드의 알고리즘의 한계점으로 '음의 순환이 있을 때 최단 경로를 구하지 못한다'를 자주 말합니다. **이 말을 듣고 '벨만-포드 알고리즘은 음의 순환이 있을 때 최단 경로를 구하지 못하는 좋지 못한 녀석'이라고 오해하기 쉬운데 그렇게만 이해하면 안 됩니다.**

사실 **엄밀히 말하면 그래프에 음의 순환이 있으면 어떤 알고리즘도 최단 경로를 구할 수 없습니다.** 다만 음의 가중치를 다루는 최단 경로 알고리즘은 음의 순환에 빠질 수 있는 것이죠. 다시 말해 벨만-포드 알고리즘은 음의 가중치가 있는 그래프에서 최단 경로를 찾을 수 있는 대신 음의 순환에 빠질 수 있고, 다익스트라 알고리즘은 음의 가중치가 있는 그래프에서 동작하지 못하므로 아예 언급되지 않는 것입니다.

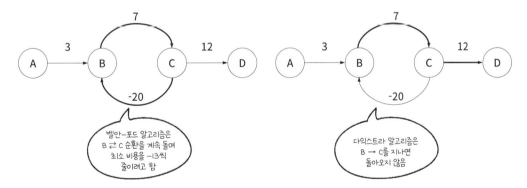

그러니 음의 순환에 빠지는 벨만-포드 알고리즘의 특징을 알고리즘의 한계로 보면 안 됩니다. 오히려 음의 순환을 감지할 수 있는 것이죠.

 **합격 조언** | **플로이드-워셜 알고리즘**

플로이드-워셜(floyd-warshall) 알고리즘은 노드에 대하여 각 노드부터 나머지 노드까지의 최단 경로를 모두 구하는 알고리즘입니다. 출제 빈도가 낮아 소개하지 않았습니다.

지금까지 다익스트라 알고리즘, 벨만-포드 알고리즘을 알아봤습니다. 각 알고리즘의 목적은 최단 경로, 최소 비용을 찾는다는 점에서 같습니다. 하지만 세세하게 들여다보면 장단점과 구체적인 목표가 달랐습니다. 표로 정리하며 마무리하겠습니다.

| | 목적 | 장단점 및 특징 | 시간 복잡도 |
|---|---|---|---|
| 다익스트라 알고리즘 | 출발 노드로부터 도착 노드들까지의 최단 경로 찾기 | 음의 가중치를 가지는 그래프에서 최단 경로를 구할 수 없음(그리디 방식) | $O(V^2)$, 우선 순위 큐로 개선하면 $O(E*logV)$ |
| 벨만-포드 알고리즘 | 출발 노드로부터 도착 노드들까지의 최단 경로 찾기 | 음의 가중치를 가지는 그래프에서 최단 경로를 구할 수 있고, 음의 순환도 감지할 수 있음 | $O(V*E)$ |

## 11-4 〈 몸풀기 문제

### 문제 38 깊이 우선 탐색 순회★

저자 권장 시간 _ 30분 | 권장 시간 복잡도 _ O(N+E) | 출제 _ 저자 출제

정답 URL https://github.com/kciter/coding-interview-js/blob/main/solution/38.js

깊이 우선 탐색으로 모든 그래프의 노드를 순회하는 함수 solution( )을 작성하세요. 시작 노드는 start로 주어집니다. graph는 [출발 노드, 도착 노드] 쌍들이 들어 있는 배열입니다. 반환값은 그래프의 시작 노드부터 모든 노드를 깊이 우선 탐색으로 진행한 순서대로 노드가 저장된 리스트입니다.

### 제약 조건

- 노드의 최대 개수는 100개를 넘지 않습니다.
- 시작 노드부터 시작해서 모든 노드를 방문할 수 있는 경로가 항상 있습니다.
- 그래프의 노드는 문자열입니다.

### 입출력의 예

| graph | start | return |
|---|---|---|
| [['A', 'B'], ['B', 'C'], ['C', 'D'], ['D', 'E']] | 'A' | ['A', 'B', 'C', 'D', 'E'] |
| [['A', 'B'], ['A', 'C'], ['B', 'D'], ['B', 'E'], ['C', 'F'], ['E', 'F']] | 'A' | ['A', 'B', 'D', 'E', 'F', 'C'] |

### 문제 분석하고 풀기

앞서 공부한 깊이 우선 탐색을 구현하고, 순회한 결과를 출력하는 문제입니다. 입출력 예를 보면 [출발 노드, 도착 노드]의 쌍이 배열로 들어옵니다. 첫 번째 graph를 그림으로 표현하면 다음과 같습니다.

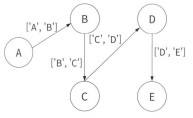

graph = [['A', 'B'], ['B', 'C'], ['C', 'D'], ['D', 'E']]

graph로 주어진 값을 인접 리스트로 변환하여 그래프를 저장하기만 하면 깊이 우선 탐색을 쉽게 구현할 수 있습니다. 코드는 다음과 같습니다.

```javascript
function solution(graph, start) {
  // ❶ 그래프를 인접 리스트로 변환
  const adjList = {};
  graph.forEach(([u, v]) => {
    if (!adjList[u]) adjList[u] = [];
    adjList[u].push(v);
  });

  // ❷ DFS 탐색 함수
  function dfs(node, visited, result) {
    visited.add(node); // ❸ 현재 노드를 방문한 노드들의 집합에 추가
    result.push(node); // ❹ 현재 노드를 결과 배열에 추가
    (adjList[node] || []).forEach((neighbor) => { // ❺ 현재 노드와 인접한 노드 순회
      if (!visited.has(neighbor)) { // ❻ 아직 방문하지 않은 노드라면
        dfs(neighbor, visited, result);
      }
    });
  }

  // DFS를 순회한 결과를 반환
  const visited = new Set();
  const result = [];
  dfs(start, visited, result); // ❼ 시작 노드에서 깊이 우선 탐색 시작
```

```
    return result; // ❽ DFS 탐색 결과 반환
}
```

❶ adjList 변수는 adjList[u]에 v를 대입하는 방식으로 인접 리스트를 만들었습니다.

❷ 그런 다음 깊이 우선 탐색을 수행할 dfs( ) 함수를 정의합니다.

❸ 이 함수는 노드(node)를 방문한 다음, 방문한 노드(visited)들의 집합에 방문한 노드를 추가합니다.

❹ result에도 방문한 노드를 추가하고, ❺ 인접한 노드를 하나씩 방문하면서 ❻ 아직 방문하지 않은 노드라면, 해당 노드를 다음 노드로 하여 dfs( ) 함수를 재귀 호출합니다. 이제 dfs( ) 함수에 대한 설명을 마쳤습니다. solution( ) 함수는 ❼ 시작 노드 start부터 깊이 우선 탐색 알고리즘을 수행합니다.

❽ 깊이 우선 탐색을 끝내면 result 배열을 반환합니다.

### 시간 복잡도 분석하기

노드의 개수를 N, 간선의 개수를 E라고 하면 인접 리스트를 생성할 때는 간선 개수만큼 연산하므로 시간 복잡도는 O(E)가 되고, 탐색 시 모든 노드를 1회 방문하므로 N번 방문합니다. 따라서 깊이 우선 탐색의 시간 복잡도는 O(N + E)입니다.

## 문제 39 너비 우선 탐색 순회★

저자 권장 시간 _ 30분 | 권장 시간 복잡도 _ O(N+E) | 출제 _ 저자 출제

정답 URL https://github.com/kciter/coding-interview-js/blob/main/solution/39.js

너비 우선 탐색으로 모든 노드를 순회하는 함수 solution( )을 작성하세요. 시작 노드는 매개변수 start로 주어집니다. graph는 (출발 노드, 도착 노드) 쌍들이 들어 있는 배열입니다. 반환값은 그래프의 시작 노드부터 모든 노드를 너비 우선 탐색으로 진행한 순서대로 노드가 저장된 배열입니다.

- 노드의 최대 개수는 100개입니다.
- 시작 노드부터 시작해서 모든 노드를 방문할 수 있는 경로가 항상 있습니다.
- 그래프의 노드는 숫자입니다.

## 입출력의 예

| graph | start | return |
|---|---|---|
| [(1, 2), (1, 3), (2, 4), (2, 5), (3, 6), (3, 7), (4, 8), (5, 8), (6, 9), (7, 9)] | 1 | [1, 2, 3, 4, 5, 6, 7, 8, 9] |
| [(0, 1), (1, 2), (2, 3), (3, 4), (4, 5), (5, 0)] | 1 | [1, 2, 3, 4, 5, 0] |

## 문제 분석하고 풀기

깊이 우선 탐색과 같은 종류의 문제입니다. 지금까지 공부한 내용이면 충분히 이 문제를 풀 수 있을 겁니다. 바로 코드를 구현해보겠습니다.

```javascript
class Queue {
  items = [];
  front = 0;
  rear = 0;

  push(item) {
    this.items.push(item);
    this.rear++;
  }

  pop() {
    return this.items[this.front++];
  }

  isEmpty() {
    return this.front === this.rear;
```

```
    }
}

function solution(graph, start) {
  // 그래프를 인접 리스트로 변환
  const adjList = {};
  for (let [u, v] of graph) {
    if (!adjList[u]) adjList[u] = [];
    adjList[u].push(v);
  }

  const visited = new Set(); // ❶ 방문한 노드를 저장할 셋

  // ❷ 탐색 시 맨 처음 방문할 노드 푸시 하고 방문처리
  const queue = new Queue()
  queue.push(start);
  visited.add(start);
  const result = [start];

  // ❸ 큐가 비어 있지 않은 동안 반복
  while (!queue.isEmpty()) {
    const node = queue.pop(); // ❹ 큐에 있는 원소 중 가장 먼저 푸시된 원소 팝
    for (let neighbor of adjList[node] ¦¦ []) { // ❺ 인섭한 이웃 노드늘에 대해서
      if (!visited.has(neighbor)) { // ❻ 방문되지 않은 이웃 노드인 경우
        // ❼ 이웃 노드를 방문 처리함
        queue.push(neighbor);
        visited.add(neighbor);
        result.push(neighbor);
      }
    }
  }

  return result;
}
```

너비 우선 탐색을 큐를 사용하기 때문에 큐를 먼저 구현해야 합니다. 이어서 adjList는 주어진 그래프를 인접 리스트로 표현하기 위한 변수입니다. 인수로 받은 그래프의 각 간선 정보를 활용해서 인접 리스트를 만듭니다. 너비 우선 탐색 구현 부분은 다음과 같습니다.

❶ visited의 목적은 한 번 방문한 노드를 체크해서 다시 방문하지 않도록 하는 것입니다.

❷ 시작 노드부터 너비 우선 탐색을 할 수 있도록 큐에 시작 노드를 넣고 방문 처리합니다.

❸ 시작 노드를 기준으로 너비 우선 탐색을 진행합니다. 큐가 비는 시점, 즉, 방문할 수 있는 모든 노드에 방문할 때까지 탐색을 진행합니다.

❹ 현재 팝한 노드의 인접 노드들을 방문할 것입니다.

❺ node와 인접한 노드들을 순회하면서 ❻ 인접한 노드 중 방문하지 않은 노드가 있다면 ❼ 해당 노드를 방문 처리하고 푸시합니다. 인접한 노드를 방문 처리할 때 최종 반환한 result에서 노드를 푸시하고 있는 것을 볼 수 있습니다. 여기까지가 너비 우선 탐색 동작입니다.

### 시간 복잡도 분석하기

노드의 개수를 N, 간선의 개수를 E라고 하면 인접 리스트를 생성할 때는 간선 개수만큼 연산하므로 시간 복잡도는 O(E)가 되고, 탐색 시 모든 노드를 1회 방문하므로 N번 방문합니다. 따라서 너비 우선 탐색의 시간 복잡도는 O(N + E)입니다.

## 문제 40 다익스트라 알고리즘★★★

저자 권장 시간 _ 60분 | 권장 시간 복잡도 _ O((N+E)logN) | 출제 _ 저자 출제

정답 URL https://github.com/kciter/coding-interview-js/blob/main/solution/40.js

주어진 그래프와 시작 노드를 이용하여 다익스트라 알고리즘을 구현하는 solution( ) 함수를 작성하세요. 인수는 graph, start 총 2개입니다. graph는 오브젝트로 주어지며 노드의 연결 정보와 가중치가 저장되어 있습니다. 예를 들어 {'A': {'B': 2, 'C': 5}}이면 A는 B, C에 각각 가중치 2, 5로 연결되어 있는 것입니다. start는 문자열로 주어지며 출발 노드를 의미합니다. 반환값은 시작 노드부터, 각 노드까지 최소 비용과 최단 경로를 포함한 배열입니다.

- 그래프의 노드 개수는 최대 10,000개입니다.
- 각 노드는 0 이상의 정수로 표현합니다.
- 모든 가중치는 0 이상의 정수이며 10,000을 넘지 않습니다.

**입출력의 예**

| graph | start | return |
|---|---|---|
| {<br> 'A': {'B': 9, 'C': 3},<br> 'B': {'A': 5},<br> 'C': {'B': 1}<br>} | 'A' | [<br> {'A': 0, 'B': 4, 'C': 3},<br> {<br>  'A': ['A'],<br>  'B': ['A', 'C', 'B'],<br>  'C': ['A', 'C']<br> }<br>] |
| {<br> 'A': {'B': 1},<br> 'B': {'C': 5},<br> 'C': {'D': 1},<br> 'D': { }<br>} | 'A' | [<br> {'A': 0, 'B': 1, 'C': 6, 'D': 7},<br> {<br>  'A': ['A'],<br>  'B': ['A', 'B'],<br>  'C': ['A', 'B', 'C'],<br>  'D': ['A', 'B', 'C', 'D']<br> }<br>] |

예를 들어 첫 번째 입력에 대한 결과를 그림으로 나타내면 다음과 같습니다. 반환값을 분석하면 시작 노드를 기준으로 B의 최소 비용은 4이고, 최단 경로는 A → C → B입니다.

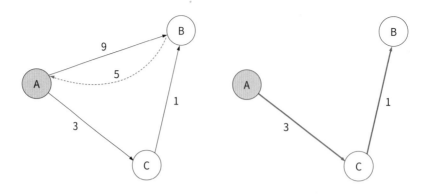

### 문제 분석하고 풀기

이 문제에서는 우선 순위 큐로 최단 거리를 관리합니다. 참고로 자바스크립트는 우선 순위 큐 구현체를 제공해주지 않습니다. 따라서 직접 구현할 필요가 있습니다. 우선 순위 큐는 큐라는 이름이 들어가지만 선입선출은 아닙니다. 말 그대로 우선 순위에 따라서 꺼낼 수 있는 요소가 다릅니다. 참고로 우선 순위 큐는 개념에 해당하기 때문에 구현은 다를 수 있습니다. 예를 들어 다음 코드처럼 삽입할 때 정렬을 이용할 수도 있습니다.

```JavaScript
class PriorityQueue {
  constructor() {
    this.queue = [];
  }

  push(value, priority) {
    // 삽입 후 정렬 수행
    this.queue.push({ value, priority });
    this.sort();
  }

  pop() {
    // 이미 정렬되었기 때문에 가장 앞에 있는 원소를 반환
    return this.queue.shift().value;
  }
```

```javascript
  sort() {
    // 우선 순위에 따라 정렬
    this.queue.sort((a, b) => a.priority - b.priority);
  }
}
```

다만 정렬을 사용하면 삽입 시 O(nlogn) 시간 복잡도가 소요됩니다. 그렇기 때문에 일반적으로 힙heap이라는 자료구조를 사용합니다. 힙을 사용하면 삽입과 삭제 시 O(logn)만 소요되기 때문에 훨씬 효율적입니다. 자세한 힙의 동작은 이 책의 힙 정렬 부분에서 볼 수 있으니 한 번 보고 오기 바랍니다. 이제 힙을 작성해봅시다. 다음 코드는 작은 값이 우선 순위가 높도록 작성한 MinHeap 클래스입니다.

```javascript
class MinHeap {
  constructor() {
    this.items = [];
  }

  size() {
    return this.items.length;
  }

  insert(item) {
    this.items.push(item);
    this.bubbleUp();
  }

  pop() {
    if (this.size() === 0) {
      return null;
    }
```

```
    const min = this.items[0];
    this.items[0] = this.items[this.size() - 1];
    this.items.pop();
    this.bubbleDown();
    return min;
  }


swap(a, b) {
  [this.items[a], this.items[b]] = [this.items[b], this.items[a]];
}


bubbleUp() {
  let index = this.size() - 1;
  while (index > 0) {
    const parentIndex = Math.floor((index - 1) / 2);
    if (this.items[parentIndex] <= this.items[index]) {
      break;
    }
    this.swap(index, parentIndex);
    index = parentIndex;
  }
}


bubbleDown() {
  let index = 0;
  while (index * 2 + 1 < this.size()) {
    let leftChild = index * 2 + 1;
    let rightChild = index * 2 + 2;
    let smallerChild =
      rightChild < this.size() &&
      this.items[rightChild] < this.items[leftChild]
        ? rightChild
        : leftChild;
```

```
    if (this.items[index] <= this.items[smallerChild]) {
      break;
    }

    this.swap(index, smallerChild);
    index = smallerChild;
    }
  }
}

const heap = new MinHeap();
heap.push(5);
heap.push(3);
heap.push(10);
heap.push(1);

console.log(heap.pop()); // 1
console.log(heap.pop()); // 3
console.log(heap.pop()); // 5

heap.push(2);
heap.push(4);

console.log(heap.pop()); // 2
console.log(heap.pop()); // 4
console.log(heap.pop()); // 10
```

위 코드에서 push( )과 pop( ) 메서드는 힙에서 값을 추가하거나 뺀 후 우선 순위에 따라 재정렬을 합니다. 힙은 자주 출제되는 유형이므로 반복적으로 작성해서 기억해두시는 것이 좋습니다. 이제 정답 코드를 작성해보겠습니다.

```JavaScript
class MinHeap {
  constructor() {
    this.items = [];
  }

  size() {
    return this.items.length;
  }

  push(item) {
    this.items.push(item);
    this.bubbleUp();
  }

  pop() {
    if (this.size() === 0) {
      return null;
    }

    const min = this.items[0];
    this.items[0] = this.items[this.size() - 1];
    this.items.pop();
    this.bubbleDown();
    return min;
  }

  swap(a, b) {
    [this.items[a], this.items[b]] = [this.items[b], this.items[a]];
  }

  bubbleUp() {
    let index = this.size() - 1;
    while (index > 0) {
```

```
        const parentIndex = Math.floor((index - 1) / 2);
        // 요소가 배열인 것을 고려
        if (this.items[parentIndex][0] <= this.items[index][0]) {
          break;
        }
        this.swap(index, parentIndex);
        index = parentIndex;
      }
    }


    bubbleDown() {
      let index = 0;
      while (index * 2 + 1 < this.size()) {
        let leftChild = index * 2 + 1;
        let rightChild = index * 2 + 2;

        // 요소가 배열인 것을 고려
        let smallerChild =
          rightChild < this.size() &&
          this.items[rightChild][0] < this.items[leftChild][0]
            ? rightChild
            : leftChild;

        if (this.items[index][0] <= this.items[smallerChild][0]) {
          break;
        }

        this.swap(index, smallerChild);
        index = smallerChild;
      }
    }
  }
```

```javascript
function solution(graph, start) {
  // ❶ 모든 노드의 거리 값을 무한대로 초기화
  const distances = {};
  for (const node in graph) {
    distances[node] = Infinity;
  }

  // ❷ 시작 노드의 거리 값은 0으로 초기화
  distances[start] = 0;

  // 힙 생성
  const queue = new MinHeap();
  queue.push([distances[start], start]); // ❸ 시작 노드를 큐에 삽입

  // ❹ 시작 노드의 경로를 초기화
  const paths = { [start]: [start] };

  while (queue.size() > 0) {
    // ❺ 현재 가장 거리 값이 작은 노드를 가져옴
    const [currentDistance, currentNode] = queue.pop();

    // ❻ 만약 현재 노드의 거리 값이 큐에서 가져온 거리 값보다 크면, 해당 노드는 이미 처리
한 것이므로 무시
    if (distances[currentNode] < currentDistance) {
      continue;
    }

    // ❼ 현재 노드와 인접한 노드들의 거리 값을 계산하여 업데이트
    for (const adjacentNode in graph[currentNode]) {
      const weight = graph[currentNode][adjacentNode];
      const distance = currentDistance + weight;
```

```
      // ❽ 현재 계산한 거리 값이 기존 거리 값보다 작으면 최소 비용 및 최단 경로 업데이트
    if (distance < distances[adjacentNode]) {
      distances[adjacentNode] = distance; // 최소 비용 업데이트
      // 최단 경로 업데이트
      paths[adjacentNode] = [...paths[currentNode], adjacentNode];

      // ❾ 최소 경로가 갱신된 노드를 비용과 함께 큐에 푸시
      queue.push([distance, adjacentNode]);
    }
  }
}

// ❿ paths 배열을 노드 번호에 따라 오름차순 정렬하여 반환
const sortedPaths = {};
Object.keys(paths)
  .sort()
  .forEach((node) => {
    sortedPaths[node] = paths[node];
  });

return [distances, sortedPaths];
}
```

❶ distances는 시작 노드부터 모든 노드의 최소 비용을 담을 오브젝트입니다.

❷ 초기에는 모든 노드의 최소 비용을 무한대로, 시작 노드의 최소 비용은 0으로 정합니다.

❸ 시작 노드를 우선 순위 큐에 추가합니다. 우선 순위 큐는 힙으로 구현됐으며 넣는 값이 배열을 이용한 튜플이므로 힙 구현도 약간의 변경이 필요합니다.

❹ paths는 최소 비용의 세부 경로, 즉, 최단 경로를 저장할 오브젝트입니다. 각 노드의 최단 경로의 시작 노드는 start이므로 시작 노드로 초기화합니다.

❺ 현재 선택하지 않은 노드 중 가장 가중치가 적은 노드와 최소 비용을 가져옵니다.

❻ currentNode에 대해서 우선순위 큐에서 팝한 노드의 비용 currentDistance가 현재까지 구한 최소 비용 distance[currentNode]보다 크면 이미 방문한 것이므로 푸시합니다.

❼ 거쳐가는 노드 currentNode와 인접한 노드 adjacentNode의 최소 비용 및 최단 경로를 갱신하기 위해 순회합니다.

❽ 현재까지 구한 최소 비용보다 currentNode를 거치는 비용이 더 적으면 최소 비용과 최단 경로를 갱신합니다.

❾ 최소 비용이 갱신된 노드와 최소 비용을 우선 순위 큐에 푸시합니다.

❿ 최단 경로는 노드를 오름차순으로 정렬해서 반환합니다.

※ 우선순위 큐는 13-1절 '정렬 알아보기'에서 자세히 공부합니다.

**시간 복잡도 분석하기**

노드의 개수를 N, 간선의 개수를 E라고 하겠습니다. distances 배열을 초기화할 때의 시간 복잡도는 O(N)입니다. 반복문을 보면 현재 노드의 거리가 우선순위 큐에서 가져온 거리보다 작으면 무시하고 이 연산은 최대 N번 수행하므로 시간 복잡도는 O(N * logN)입니다. 이후 최단 거리를 갱신하는 동작은 최대 E번 수행하므로 시간 복잡도는 O(E * logN)입니다. 여기까지가 다익스트라 알고리즘 동작이고, 시간 복잡도를 종합하여 계산하면 O((N + E)logN)입니다. 마지막으로 딕셔너리를 정렬하므로 이것에 대한 시간 복잡도는 O(NlogN)인데, 이것을 고려해도 시간 복잡도는 변함없이 O((N + E)logN)입니다.

## 문제 41 벨만-포드 알고리즘★★★

저자 권장 시간 _ 60분 | 권장 시간 복잡도 _ O(N*E) | 출제 _ 저자 출제

정답 URL https://github.com/kciter/coding-interview-js/blob/main/solution/41.js

벨만-포드 알고리즘을 구현한 solution( ) 함수를 구현하세요. graph의 각 데이터는 배열입니다. 첫 번째 데이터는 0번 노드 기준으로 연결된 노드 정보, 두 번째 데이터는 1번 노드 기준으로 연결된 노드 정보입니다. 노드 정보의 구성은 (노드, 가중치)와 같습니다. source는 시작 노드입니다. 반

환값은 최단 거리를 담은 distance 배열과 최단 거리와 함께 관리할 직전 노드 predecessor를 배열에 차례대로 담아서 [distance, predecessor] 형식으로 반환하면 됩니다. predecessor에서 시작 노드는 null로 표시합니다. 만약 음의 가중치 순회가 있다면 [-1]을 반환하세요. 음의 가중치 순회란 순환하면 할수록 가중치의 합이 적어지는 순회를 말합니다.

### 제약 조건

- 노드의 최대 개수는 100개입니다.
- 각 간선의 가중치는 -100 이상 100 이하입니다.

### 입출력의 예

| graph | source | return |
|---|---|---|
| [[(1, 4), (2, 3), (4, -6)], [(3, 5)], [(1, 2)], [(0, 7), (2, 4)], [(2, 2)]] | 0 | [[0, -2, -4, 3, -6], [null, 2, 4, 1, 0]] |
| [[(1, 5), (2, -1)], [(2, 2)], [(3, -2)], [(0, 2), (1, 6)]] | 0 | [-1] |

예를 들어 입력에 있는 그래프는 다음과 같습니다.

두 번째 그래프의 경우 음의 가중치 순회가 존재하므로, [-1]이 반환된 것을 알 수 있습니다.

첫 번째 그래프      두 번째 그래프

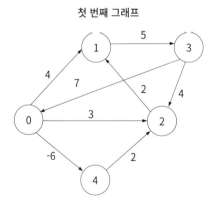
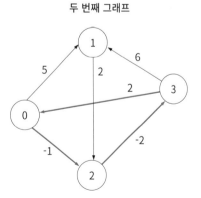

## 문제 분석하고 풀기

벨만-포드 알고리즘의 목적을 다시 생각해봅시다. 이 알고리즘의 목적은 시작 노드로부터 모든 노드까지의 최단 경로를 찾는 것이었습니다. 이를 위해 각 노드까지의 최단 거리를 추정하고, 이 거리를 개선해나갔죠. 벨만-포드 알고리즘은 모든 간선에 대하여 가중치를 계산, 비교 연산을 매번 합니다. 이 점을 기억하며 코드를 작성해봅시다.

```javascript
function solution(graph, source) {
  // ❶ 그래프의 노드 수
  const numVertices = graph.length;

  // ❷ 거리 배열 초기화
  const distance = Array(numVertices).fill(Infinity);
  distance[source] = 0;

  // ❸ 직전 경로 배열 초기화
  const predecessor = Array(numVertices).fill(null);

  // ❹ 간선 수 만큼 반복하여 최단 경로 갱신
  for (let temp = 0; temp < numVertices - 1; temp++) {
    for (let u = 0; u < numVertices; u++) {
      for (const [v, weight] of graph[u]) {
        // ❺ 현재 노드 u를 거쳐서 노드 v로 가는 경로의 거리가 기존에 저장된 노드 v까지의
거리보다 짧은 경우
        if (distance[u] + weight < distance[v]) {
          // ❻ 최단 거리를 갱신해줍니다.
          distance[v] = distance[u] + weight;
          // ❼ 직전 경로를 업데이트합니다.
          predecessor[v] = u;
        }
      }
    }
  }
}
```

```
    // ❽ 음의 가중치 순회 체크
    for (let u = 0; u < numVertices; u++) {
      for (const [v, weight] of graph[u]) {
        // ❾ 현재 노드 u를 거쳐서 노드 v로 가는 경로의 거리가 기존에 저장된 노드 v까지의 거
리보다 짧은 경우
        if (distance[u] + weight < distance[v]) {
          // ❿ 음의 가중치 순회가 발견되었으므로 [-1]을 반환합니다.
          return [-1];
        }
      }
    }

    return [distance, predecessor];
}
```

❶ graph.length로 그래프의 노드 개수를 센 다음 numVertices 변수에 저장합니다.

❷ distance 배열에 최소 비용을 저장합니다. 처음에는 모든 값을 양의 무한대 Infinity로 초기화
합니다. distance[source] = 0으로 출발 노드의 최소 비용을 초기화합니다.

❸ predecessor 배열은 직전 경로를 저장하는 배열입니다. 모든 값을 null로 초기화합니다.

❹ numVertices - 1만큼 반복하며 최단 경로를 갱신합니다.

❺ graph[u]는 노드 u에서 출발하는 간선들의 배열입니다. 이어서 노드 u와 연결된 각 노드 v와
가중치 weight를 순회합니다.

❻ 현재 노드 u를 거쳐서 노드 v로 가는 경로의 거리가 기존 노드 v까지의 거리보다 짧으면 최소
비용과 ❼ 직전 노드를 갱신합니다.

❽ 음의 가중치 순회를 체크하기 위해 모든 한 번 더 모든 간선들의 최소 비용 업데이트를 시도합
니다.

❾ 만약 최소 비용이 갱신되는 노드가 있다면 ❿ 음의 가중치 순회가 존재하는 것이므로 [-1]을 반

환합니다.

노드의 개수를 N, 간선의 개수를 E라고 하겠습니다. 노드 개수에서 1을 뺀만큼 최단 경로를 체크하며 필요한 경우 갱신 연산을 하므로 시간 복잡도는 O(N * E)입니다.

## 문제 42 게임 맵 최단 거리★★

정답률 _ 57%  |  저자 권장 시간 _ 60분  |  권장 시간 복잡도 _ O(N*M)  |  출제 _ 깊이/너비 우선 탐색

문제 URL https://school.programmers.co.kr/learn/courses/30/lessons/1844
정답 URL https://github.com/kciter/coding-interview-js/blob/main/solution/42.js

ROR 게임은 두 팀으로 나누어서 진행하며 상대 팀 진영을 먼저 파괴하면 이기는 게임입니다. 그러므로 각 팀은 상대 팀 진영에 최대한 빨리 도착해야 게임을 유리하게 이끌 수 있습니다. 지금부터 당신은 어느 한 팀의 팀원이 되어 게임을 진행하려고 합니다. 다음은 5 × 5 크기의 맵에 당신의 캐릭터가 (1, 1) 위치에 있고 상대 팀의 진영은 (5, 5) 위치에 있는 예를 보여줍니다.

위 그림에서 검은색은 벽이고, 흰색은 길입니다. 캐릭터가 움직일 때는 동, 서, 남, 북 방향으로 한 칸씩 이동하며 맵을 벗어날 수 없습니다. 다음은 현재 상황에서 캐릭터가 상대 팀 진영으로 가는 2가지 방법을 보여줍니다. 그림에서 보듯 첫 번째 방법이 빠르게 상대 팀 진영에 도착하는 방법입니다.

- 11개의 칸을 지나 상대 팀 진영에 도착(왼쪽)
- 15개의 칸을 지나 상대 팀 진영에 도착(오른쪽)

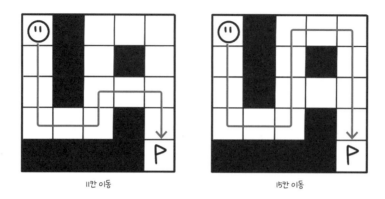

11칸 이동                                    15칸 이동

만약 이렇게 벽이 세워져 있다면 캐릭터는 상대 팀 진영에 도착할 수 없을 겁니다.

게임 맵이 maps로 주어질 때 우리 팀 캐릭터가 상대 팀 진영에 도착하기 위해 지나가야 하는 길의
최소 개수를 반환하는 solution( ) 함수를 완성하세요. 만약 상대 팀 진영에 도착할 수 없다면 -1
을 반환하세요.

### 제약 조건

- maps는 n × m 크기의 게임 맵의 상태가 들어 있는 2차원 배열입니다.
  - n과 m은 각각 1 이상 100 이하의 자연수입니다.
  - n과 m은 서로 같거나 다를 수 있습니다.
  - n과 m이 모두 1이면 입력으로 주어지지 않습니다.

- maps는 0과 1로 이루어져 있습니다.
  - 0은 벽이 있는 자리입니다.
  - 1은 벽이 없는 자리입니다.
- 처음에 캐릭터는 (1, 1) 위치에 있고, 상대 팀 진영은 (n, m) 위치에 있습니다.

### 입출력의 예

| maps | answer |
|---|---|
| [[1, 0, 1, 1, 1], [1, 0, 1, 0, 1], [1, 0, 1, 1, 1], [1, 1, 1, 0, 1], [0, 0, 0, 0, 1]] | 11 |
| [[1, 0, 1, 1, 1], [1, 0, 1, 0, 1], [1, 0, 1, 1, 1], [1, 1, 1, 0, 0], [0, 0, 0, 0, 1]] | -1 |

첫 번째 입출력 예는 다음과 같은 그림을 생각하면 됩니다. 이 경우 캐릭터가 상대 팀 진영까지 이동하는 가장 빠른 길은 다음과 같습니다. 총 11칸을 캐릭터가 지나가네요. 11을 반환하면 됩니다.

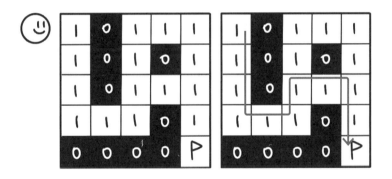

두 번째 입출력 예는 상대 팀 진영에 도달할 방법이 없으므로 –1을 반환합니다.

### 문제 분석하고 풀기

문제에서 알고리즘에 대한 힌트가 명확히 주어졌습니다. 바로 '지나가는 칸의 최솟값'입니다. 앞서 우리가 공부했듯이 그래프 탐색은 깊이 우선 탐색과 너비 우선 탐색이 있습니다. **이때 최적값, 즉, 이 문제에서는 거리의 최솟값이 필요한데 이를 보장하는 탐색은 너비 우선 탐색입니다.** 너비 우선 탐색은 노드에서 가까운 노드부터 우선 방문하므로 답을 찾았다면 그 답이 최적의 해일 것입니다.

이를테면 다음 그림에서 너비 우선 탐색을 화살표 방향으로 진행할 때 2단계에서 답을 찾으면 그 이후의 깊이는 보지 않아도 되며, 답까지의 경로 길이는 단계 수인 2와 같습니다.

이런 내용을 바탕으로 코드를 작성하면 다음과 같습니다.

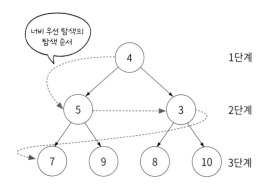

```javascript
class Queue {
  items = [];
  front = 0;
  rear = 0;

  push(item) {
    this.items.push(item);
    this.rear++;
  }

  first() {
    return this.items[this.front];
  }

  last() {
    return this.items[this.rear - 1];
  }

  pop() {
    return this.items[this.front++];
  }

  isEmpty() {
    return this.front === this.rear;
  }
```

```
}

function solution(maps) {
  // ❶ 이동할 수 있는 방향을 나타내는 배열 move 선언
  const move = [[-1, 0], [0, -1], [0, 1], [1, 0]];

  // ❷ 맵의 크기를 저장하는 변수 선언
  const n = maps.length;
  const m = maps[0].length;

  // ❸ 거리를 저장하는 배열 dist를 -1로 초기화
  const dist = Array.from({ length: n }, () => Array(m).fill(-1));

  // ❹ bfs 함수를 선언
  function bfs(start) {
    // ❺ queue를 선언하고 시작 위치를 queue에 추가
    const q = new Queue()
    q.push(start);
    dist[start[0]][start[1]] = 1;

    // ❻ queue가 빌 때까지 반복
    while (!q.isEmpty()) {
      const here = q.pop();

      // ❼ 현재 위치에서 이동할 수 있는 모든 방향
      for (const [dx, dy] of move) {
        const row = here[0] + dx;
        const column = here[1] + dy;

        // ❽ 이동한 위치가 범위를 벗어난 경우 다음 방향으로 넘어감
        if (row < 0 || row >= n || column < 0 || column >= m) {
          continue;
        }
```

```
    // ❾ 이동한 위치에 벽이 있는 경우 다음 방향으로 넘어감
    if (maps[row][column] === 0) {
      continue;
    }


    // ❿ 이동한 위치가 처음 방문하는 경우, queue에 추가하고 거리 갱신
    if (dist[row][column] === -1) {
      q.push([row, column]);
      dist[row][column] = dist[here[0]][here[1]] + 1;
    }
    }
  }


  // 거리를 저장하는 배열 dist를 반환
  return dist;
  }


  // 시작 위치에서 bfs( ) 함수를 호출하여 거리 계산
  bfs([0, 0]);


  // 목적지까지의 거리 반환, 목적지에 도달하지 못한 경우 -1을 반환
  return dist[n - 1][m - 1];
}
```

❶ 주변 경로를 탐색하기 위한 오프셋을 배열로 표현합니다. 그림을 보시면 이해하기 쉬울 겁니다. 화살표 옆에 괄호로 표시한 것이 move와 같습니다. 오프셋 배열이 없으면 주변을 체크할 때 다수의 반복문을 사용해야 하므로 이를 활용한 것입니다.

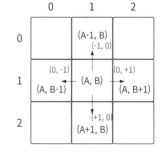

❷ 행과 열의 크기입니다. 보통 그래프 문제를 풀 때 행과 열의 크기를 저장해놓으면 요긴한 경우가 많은데 이 코드에서는 배열로 미로를 표현했고 미로판의 크기는 일정합니다. 행과 열의 크기는 n과 m으로 저장해놓았습니다.

이는 추후 너비 우선 탐색을 할 때 미로판을 벗어났는지 체크하는 데 사용할 것입니다.

❸ 시작 지점부터 각 칸까지 거리를 저장하기 위해 2차원 배열을 선언합니다.

❹ 너비 우선 탐색을 구현한 함수입니다.

❺ 너비 우선 탐색에 사용할 큐를 선언하고 초깃값을 넣어줍니다. 그 후 dist에는 시작 노드의 최소 비용을 1로 저장합니다. dist 배열은 거리를 저장하기도 하지만 방문 여부를 체크하는 역할도 합니다. 초깃값은 –1이므로 이 값이 –1이라면 방문하지 않은 것으로 생각합니다.

❻ 너비 우선 탐색은 큐가 빌 때까지 동작합니다.

❼ 현재 위치 here를 기준으로 오프셋 배열을 활용하여 주변을 살핍니다.

❽ 유효한 인덱스가 아니면 연산을 진행하지 않습니다.

❾ 이동하려는 위치에 벽이 있으면 연산을 진행하지 않습니다.

❿ **아직 방문하지 않은 칸이면 큐에 추가하고 최소 비용을 갱신합니다.** 이 조건문이 없으면 무한 루프에 빠집니다. 왜냐하면 캐릭터가 아무런 기준 없이 상하좌우로 움직이면 기존에 방문한 칸도 방문할 수 있기 때문에 '방문 여부'를 체크해야 하죠. 반복문을 빠져나오면 dist의 좌표에 시작 노드로부터 해당 칸까지의 최소 비용이 저장되어 있을 것입니다. 이 배열을 반환하여 정답을 출력합니다.

이제 너비 우선 탐색 함수에 대한 설명을 마쳤습니다. 마지막으로 solution( ) 함수를 봅시다. solution( ) 함수는 너비 우선 탐색 함수 bfs( )를 호출합니다. 시작 노드는 [0, 0]입니다. 너비 우선 탐색이 종료되면 미로 도착 지점의 최소 비용이 저장되어 있는 dist[n - 1][m - 1]을 반환합니다.

### 시간 복잡도 분석하기

배열의 크기를 N * M이라고 하면 dist 배열을 초기화할 때의 시간 복잡도는 O(N * M)이고, 너비 우선 탐색을 할 때는 최악의 경우 dist의 모든 위치가 큐에 들어가는 경우이므로 너비 우선 탐색의 시간 복잡도는 O(N * M)입니다. 따라서 최종 시간 복잡도는 O(N * M)입니다.

## 문제 43 네트워크 ★★

정답률 _ 59% | 저자 권장 시간 _ 60분 | 권장 시간 복잡도 _ O(N)
출제 _ 깊이/너비 우선 탐색(DFS/BFS)

문제 URL https://school.programmers.co.kr/learn/courses/30/lessons/43162
정답 URL https://github.com/kciter/coding-interview-js/blob/main/solution/43.js

네트워크란 컴퓨터 상호 간에 정보를 교환하도록 연결된 어떤 형태를 의미합니다. 예를 들어 컴퓨터 A, B가 직접 연결되어 있고 컴퓨터 B, C가 직접 연결되어 있을 때 컴퓨터 A, C는 간접 연결되어 있어 정보를 교환할 수 있습니다. 그러면 컴퓨터 A, B, C는 모두 같은 네트워크 상에 있다고 할 수 있습니다. 컴퓨터 개수가 n, 연결 정보가 담긴 2차원 배열 computers가 주어질 때 네트워크 개수를 반환하는 solution( ) 함수를 작성하세요.

### 제약 조건

- 컴퓨터의 개수 n은 1 이상 200 이하인 자연수입니다.
- 각 컴퓨터는 0부터 n – 1인 정수로 표현합니다.
- i번 컴퓨터와 j번 컴퓨터가 연결되어 있으면 computers[i][j]를 1로 표현합니다.
- computers[i][i]는 항상 1입니다.

### 입출력의 예

| n | computers | return |
|---|-----------|--------|
| 3 | [[1, 1, 0], [1, 1, 0], [0, 0, 1]] | 2 |
| 3 | [[1, 1, 0], [1, 1, 1], [0, 1, 1]] | 1 |

첫 번째 입출력 예를 그림으로 표현하면 오른쪽 그림과 같습니다.

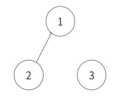

### 문제 분석하고 풀기

이런 문제는 최적의 해를 구하는 것이 아니라 모든 요소를 탐색하는 것이 목적입니다. 모든 요소를 탐색하는 문제는 깊이 우선 탐색이 좋습니다. 너비 우선 탐색으로 구현해도 좋지만 그에 비해 깊이 우선 탐색이 구현하기도 더 쉽고 메모리도 더 적게 사용하기 때문입니다.

우리는 n, 즉, 노드 개수를 알고 있고, 아직 탐색되지 않은 노드를 알 수 있습니다. 따라서 computers를 기준으로 그래프를 구현한 다음 번호가 낮은 노드부터 깊이 우선 탐색을 진행하면 네트워크로 연결된 모든 노드들을 방문할 수 있을 것 같습니다. 그리고 모든 노드를 방문했을 때, 깊이 우선 탐색을 몇 번 했는지 반환하면 그것이 바로 정답입니다. 단순히 문장으로 설명하면 이해가 어려울 수 있습니다. 그림과 함께 설명해보겠습니다.

**01단계** computers를 그래프로 표현한 모습입니다. 행과 열 번호가 같으면 자기 자신입니다. 자기 자신은 네트워크에 늘 연결되어 있으므로 1입니다. 이제 탐색을 해봅시다.

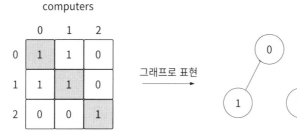

**02단계** 컴퓨터 0에서 깊이 우선 탐색을 진행하면 0 → 1로 탐색하여 끝납니다. 이때 빙문 여부를 F에서 T로 바꿉니다.

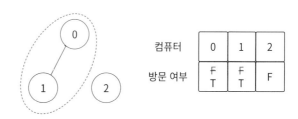

**03단계** 방문 여부를 보고 탐색하지 않은 컴퓨터 2를 다음 탐색 시작 지점으로 잡습니다. 컴퓨터 2 이상으로 더 탐색할 건 없으므로 방문 여부를 T로 바꿉니다. **02단계**, **03단계**에서 2회 깊이 우선 탐색을 진행했으므로 네트워크는 총 2개입니다.

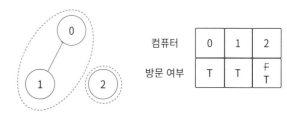

깊이 우선 탐색을 구현하여 몇 번 탐색했는지 보면 된다는 것을 알았으므로 바로 코드로 구현해도 될 것 같습니다.

```javascript
function dfs(computers, visited, node) {
  visited[node] = true; // ❶ 현재 노드 방문 처리
  for (let idx = 0; idx < computers[node].length; idx++) {
    if (computers[node][idx] && !visited[idx]) { // ❷ 연결되어 있으며 방문하지 않은
노드라면
      dfs(computers, visited, idx); // ❸ 해당 노드를 방문하러 이동
    }
  }
}


function solution(n, computers) {
  let answer = 0;
  const visited = Array(n).fill(false); // ❹ 방문 여부를 저장하는 배열
  for (let i = 0; i < n; i++) {
    if (!visited[i]) { // ❺ 아직 방문하지 않은 노드라면
      // ❻ DFS로 연결된 노드들을 모두 방문하면서 네트워크 개수 증가
      dfs(computers, visited, i);
      answer++;
    }
  }
  return answer;
}
```

dfs( ) 함수의 매개변수로 쓰인 computers는 그래프, visited는 각 노드 방문 여부 정보, node는 현재 방문하는 노드입니다.

❶ 현재 node의 방문 여부를 체크하여 중복 방문을 제외합니다.

❷ 아직 방문하지 않은 상태이면서 연결되어 있는 노드를 선택하여 ❸ 깊이 우선 탐색을 진행합니다.

❹ 방문 여부를 나타내는 visited를 만듭니다. 초깃값은 전부 false이고 방문하는 노드들은 true로 바꿉니다.

❺ 해당 노드를 아직 방문하지 않았다면 해당 노드를 다시 시작점으로 하여 깊이 우선 탐색을 진행합니다.

❻ 깊이 우선 탐색을 끝냈다면 카운트를 하나 늘립니다.

### 시간 복잡도 분석하기

N은 노드(컴퓨터)의 개수이고 E는 간선입니다. 인접 행렬로 구현한 깊이 우선 탐색은 노드의 연결 여부에 상관없이 모두 체크하므로 시간 복잡도는 $O(N^2)$죠. 여기서도 computers의 정보가 인접 행렬로 되어있으니 시간 복잡도는 $O(N^2)$입니다. N이 최대 200이므로 사실 시간 복잡도는 크게 관계가 없는 문제입니다.

## 문제 44 배달★★★

정답률 _ 46% | 저자 권장 시간 _ 80분 | 권장 시간 복잡도 _ $O((N+E)\log N)$
출제 _ Summer/Winter Coding(~2018)

문제 URL https://school.programmers.co.kr/learn/courses/30/lessons/12978
정답 URL https://github.com/kciter/coding-interview-js/blob/main/solution/44.js

N개의 마을로 이루어진 나라가 있습니다. 이 나라의 가 마을에는 1부터 N까지의 번호를 하나씩 부여했습니다. 마을은 양방향으로 통행할 수 있는 도로로 연결했는데, 서로 다른 마을로 이동할 때는 이 도로를 지나야 합니다. 도로를 지날 때 걸리는 시간은 도로마다 다릅니다. 1번 마을에 있는 음식점에서 각 마을로 음식 배달을 하려고 합니다. 이때 음식 주문을 받을 수 있는 N개의 마을 중 배달 시간이 K 이하인 곳으로만 음식 배달을 제한하려고 합니다. 다음은 N = 5, K = 3인 경우입니다.

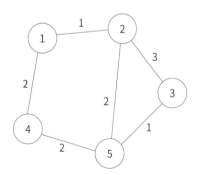

1번 마을에 있는 음식점은 1, 2, 4, 5 마을까지는(1번 마을에도 음식을 팝니다) 배달 시간이 3 이하이므로 배달할 수 있습니다. 하지만 3번 마을은 어디로 가도 배달 시간이 3시간을 넘습니다. 따라서 1번 마을에서 배달할 수 있는 마을은 1, 2, 4, 5로 총 4개의 마을입니다. 마을 개수가 N, 각 마을을 연결하는 도로의 정보가 road, 음식 배달이 가능한 시간 K가 매개변수로 주어질 때 음식 주문을 받을 수 있는 마을의 개수를 반환하는 solution( ) 함수를 완성하세요.

### 제약 조건

- 마을의 개수 N은 1 이상 50 이하의 자연수입니다.
- road의 길이는 1 이상 2,000 이하입니다.
- road의 각 원소는 마을을 연결하는 각 도로의 정보를 나타냅니다.
- road는 길이가 3인 배열이며 순서대로 (a, b, c)를 나타냅니다.
  - a, b(1 ≤ a, b ≤ N, a != b)는 도로가 연결하는 두 마을의 번호이며 c(1 ≤ c ≤ 10,000, c는 자연수)는 도로를 지나는 데 걸리는 시간입니다.
  - 두 마을 a, b를 연결하는 도로는 여러 개가 있을 수 있습니다.
  - 한 도로의 정보가 여러 번 중복해서 주어지지 않습니다.
- K는 음식 배달이 가능한 시간을 나타내며 1 이상 500,000 이하입니다.
- 임의의 두 마을 간에 항상 이동 가능한 경로가 있습니다.
- 1번 마을에 있는 음식점이 K 이하의 시간에 배달할 수 있는 마을 개수를 반환하면 됩니다.

### 입출력의 예

| N | road | K | result |
|---|------|---|--------|
| 5 | [[1, 2, 1], [2, 3, 3], [5, 2, 2], [1, 4, 2], [5, 3, 1], [5, 4, 2]] | 3 | 4 |
| 6 | [[1, 2, 1], [1, 3, 2], [2, 3, 2], [3, 4, 3], [3, 5, 2], [3, 5, 3], [5, 6, 1]] | 4 | 4 |

첫 번째 입출력 예는 문제에서 설명한 것과 같으므로 넘어가고 두 번째 입출력 예를 설명하겠습니다. 마을과 도로의 모양은 다음 그림과 같으며 1번 마을에서 배달에 4시간 이하가 걸리는 마을은 1, 2, 3, 5로 4개이므로 4를 반환합니다.

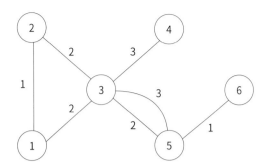

## 문제 분석하고 풀기

한 점에서 나머지 점들에 대한 최소 비용을 구하는 알고리즘을 우리는 이미 알고 있습니다. 바로 다익스트라 알고리즘입니다. 깊이 우선 탐색, 너비 우선 탐색은 그저 탐색을 하는 것이지 가중치를 보며 최소 비용을 계산하지 않으므로 부적절합니다. 최소 비용은 다익스트라, 벨만-포드, 플로이드-워셜 알고리즘 중 하나를 고려하는 것이 옳습니다. 바로 구현해봅시다.

```JavaScript
class MinHeap {
  constructor() {
    this.items = [];
  }

  size() {
    return this.items.length;
  }

  insert(item) {
    this.items.push(item);
    this.bubbleUp();
  }

  pop() {
    if (this.size() === 0) {
      return null;
```

```
    }

    const min = this.items[0];
    this.items[0] = this.items[this.size() - 1];
    this.items.pop();
    this.bubbleDown();
    return min;
  }

  swap(a, b) {
    [this.items[a], this.items[b]] = [this.items[b], this.items[a]];
  }

  bubbleUp() {
    let index = this.size() - 1;
    while (index > 0) {
      const parentIndex = Math.floor((index - 1) / 2);
      if (this.items[parentIndex] <= this.items[index]) {
        break;
      }
      this.swap(index, parentIndex);
      index = parentIndex;
    }
  }

  bubbleDown() {
    let index = 0;
    while (index * 2 + 1 < this.size()) {
      let leftChild = index * 2 + 1;
      let rightChild = index * 2 + 2;
      let smallerChild =
        rightChild < this.size() &&
        this.items[rightChild] < this.items[leftChild]
```

```
          ? rightChild
          : leftChild;

      if (this.items[index] <= this.items[smallerChild]) {
        break;
      }

      this.swap(index, smallerChild);
      index = smallerChild;
    }
  }
}

function solution(N, road, K) {
  // ❶ 각 노드에 연결된 간선들을 저장할 배열
  const graph = Array.from({ length: N + 1 }, () => []);
  // ❷ 출발점에서 각 노드까지의 최단 거리를 저장할 배열
  const distances = Array(N + 1).fill(Infinity);
  distances[1] = 0; // 출발점은 0으로 초기화

  // ❸ 그래프 구성
  for (const [a, b, cost] of road) {
    graph[a].push([b, cost]);
    graph[b].push([a, cost]);
  }

  // ❹ 다익스트라 알고리즘 시작
  const heap = new MinHeap();
  heap.insert([0, 1]); // ❺ 출발점을 heap에 추가
  while (heap.size() > 0) {
    const [dist, node] = heap.pop();

    // ❻ 인접한 노드들의 최단 거리를 갱신하고 heap에 추가
```

```
    for (const [nextNode, nextDist] of graph[node]) {
      const cost = dist + nextDist;
      if (cost < distances[nextNode]) {
        distances[nextNode] = cost;
        heap.insert([cost, nextNode]);
      }
    }
  }


  // ❼ distances 배열에서 K 이하인 값의 개수를 구하여 반환
  return distances.filter((dist) => dist <= K).length;
}
```

다익스트라 알고리즘은 우선 순위 큐가 필요하기 때문에 먼저 힙을 구현해야 합니다. 힙을 쓰는 문제는 자주 출제되지만 아쉽게도 자바스크립트에서 제공하지는 않기 때문에 구현에 익숙해지는 것이 좋습니다.

❶ graph에는 각 마을을 잇는 간선 정보를 입력합니다. 그래프의 값은 간선의 가중치가 됩니다.

❷ distances는 시작 노드로부터 각 노드(마을)까지의 최소 비용을 저장합니다. 초기화는 앞서 배운 대로 합니다.

❸ 실수를 많이 하는 부분입니다. 문제에서 양방향으로 통행할 수 있는 도로로 연결되어 있다고 했으므로 그래프를 구현할 때는 양방향으로 간선을 추가해야 합니다. graph[a].push([b, cost])는 'a 마을에서 b 마을로 가는 길이 있고, 가중치는 cost임'을 의미합니다. 그림으로 나타내면 아래와 같으므로 graph[b].push([a, cost])로 반대 경우도 추가해야 합니다.

❹ 다익스트라 알고리즘을 수행합니다. heap에는 [cost, node] 형태로 들어가도록 구현합니다. 참고로 앞서 미리 구현한 큐에선 배열의 0번째 인덱스를 기준으로 정렬하도록 구현했다는 점을 기억해주세요.

❺ heap에 시작 노드를 넣습니다.

❻ node까지 현재 최단 경로로 이동한 다음 nextNode로 가는 비용과, 현재 nextNode의 최소

비용을 비교해서 작은 값으로 nextNode의 최소 비용을 갱신합니다.

❼ 각 노드까지 가는 최소 비용 중 K값 이하인 노드 개수를 구하여 반환합니다.

**시간 복잡도 분석하기**

E는 road의 길이입니다. 그래프를 추가할 때의 시간 복잡도는 O(E)이고, 다익스트라 알고리즘은 heapq를 활용했으므로 O((N + E)logN)입니다. 그리고 마지막의 결과 배열을 순회하며 K이하의 거리를 세는 연산은 O(N)입니다. 따라서 최종 시간 복잡도는 O((N + E)logN)입니다.

고난이도 문제!

## 문제 45 경주로 건설★★★★★

정답률 _ 43% │ 저자 권장 시간 _ 100분 │ 권장 시간 복잡도 _ O(N²)
출제 _ 2020 카카오 인턴십

문제 URL https://school.programmers.co.kr/learn/courses/30/lessons/67259
정답 URL https://github.com/kciter/coding-interview-js/blob/main/solution/45.js

건설 회사의 설계사인 죠르디는 고객사로부터 자동차 경주로 건설에 필요한 견적을 의뢰받았습니다. 제공된 경주로 설계 도면에 따르면 경주로 부지의 크기는 N × N이며 각 격자의 크기는 1 × 1입니다. 설계 도면상 격자의 칸은 0 또는 1로 채워져 있으며, 0은 칸이 비어 있음을 1은 해당 칸이 벽으로 채워져 있음을 나타냅니다. 경주로의 출발점은 (0, 0)이며, 도착점은 (N - 1, N - 1)입니다. 죠르디는 출발점인 (0, 0)에서 출발한 자동차가 도착점인 (N - 1, N - 1)까지 무사히 도달할 수 있게 중간에 끊기지 않는 경주로를 건설해야 합니다.

경주로는 상, 하, 좌, 우로 인접한 두 빈칸을 연결해 건설할 수 있으며 벽이 있는 칸에는 경주로를 건설할 수 없습니다. 이때 인접한 두 빈칸을 상하 또는 좌우로 연결한 경주로를 직선 도로라고 합니다. 또한 두 직선 도로가 서로 직각으로 만나는 지점을 코너라고 부릅니다. 건설 비용을 계산해 보니 직선 도로 하나를 만들 때는 100원이 필요하고, 코너 하나를 만들 때는 500원이 추가로 듭니다.

쬬르디는 견적서 작성을 위해 경주로를 건설하는 데 필요한 최소 비용을 계산해야 합니다. 다음은 직선 도로 6개와 코너 4개로 구성된 임의의 경주로를 그림으로 표현한 것입니다. 건설 비용은 $6 \times 100 + 4 \times 500 = 2600$원입니다.

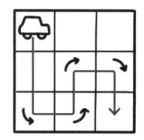

다른 예도 봅시다. 다음은 직선 도로 4개와 코너 1개로 구성된 경주로를 그림으로 표현한 것입니다. 건설 비용은 $4 \times 100 + 1 \times 500 = 900$원입니다.

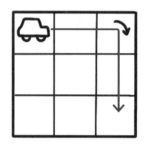

2차원 배열 도면 board가 주어질 때 경주로를 건설하는 데 필요한 최소 비용을 반환하는 solution( ) 함수를 완성하세요.

### 제약 조건

- board는 2차원 정사각 배열로 크기는 3 이상 25 이하입니다.
- board 배열의 각 원소의 값은 0 또는 1입니다.
  - 도면의 가장 왼쪽 상단 좌표는 (0, 0)이며, 가장 우측 하단 좌표는 (N - 1, N - 1)입니다.
  - 원소의 값 0은 칸이 비어 있어 도로 연결이 가능함을, 1은 칸이 벽으로 채워져 있어 도로 연결이 불가능함을 나타냅니다.
- board는 항상 출발점에서 도착점까지 경주로를 건설할 수 있는 형태로 주어집니다.
- 출발점과 도착점 칸의 원소의 값은 항상 0으로 주어집니다.

### 입출력의 예

| board | result |
|---|---|
| [[0, 0, 0], [0, 0, 0], [0, 0, 0]] | 900 |
| [[0, 0, 0, 0, 0, 0, 0, 1], [0, 0, 0, 0, 0, 0, 0, 0], [0, 0, 0, 0, 0, 1, 0, 0], [0, 0, 0, 0, 1, 0, 0, 0], [0, 0, 0, 1, 0, 0, 0, 1], [0, 0, 1, 0, 0, 0, 1, 0], [0, 1, 0, 0, 0, 1, 0, 0], [1, 0, 0, 0, 0, 0, 0, 0]] | 3800 |
| [[0, 0, 1, 0], [0, 0, 0, 0], [0, 1, 0, 1], [1, 0, 0, 0]] | 2100 |
| [[0, 0, 0, 0, 0, 0], [0, 1, 1, 1, 1, 0], [0, 0, 1, 0, 0, 0], [1, 0, 0, 1, 0, 1], [0, 1, 0, 0, 0, 1], [0, 0, 0, 0, 0, 0]] | 3200 |

문제의 이해를 조금 더 잘하기 위해 두 번째 입출력 예도 그림으로 보겠습니다. 다음과 같이 경주로를 건설하면 직선 도로 18개, 코너 4개로 총 3800원이 듭니다.

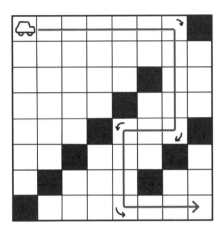

네 번째 입출력 예도 봅시다. 네 번째 입출력 예는 경로 1과 경로 2의 최소 비용 중 경로 2의 최소 비용이 더 많습니다. 경로 1은 직선 도로 12개, 코너 4개로 총 3,200원, 경로 2는 직선 도로 10개, 코너 5개로 총 3,500원입니다.

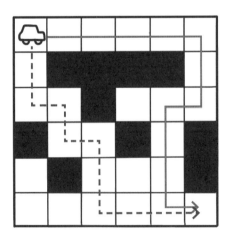

문제 분석하고 풀기

문제에서 시작점, 끝점, 최소 비용을 언급했으므로 너비 우선 탐색을 고려해야 합니다. 너비 우선 탐색 알고리즘은 큐에 어떤 정보를 어떻게 넣을지가 중요한데, 이 문제에서 주목해야 할 것은 도로의 방향입니다. 직선 도로와 코너 도로는 건설 비용이 다른데, 이 코너의 기준은 현재 도로의 방향과 새로 건설하는 도로의 방향이 다를 때입니다.

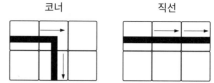

왼쪽 그림은 도로 방향이 왼쪽에서 오른쪽이었다가 다음 도로의 방향이 위에서 아래로 바뀝니다. 이렇게 현재 도로의 방향을 알고 있어야 다음 도로의 방향을 보고 비용을 계산할 수 있습니다. 도로 비용을 갱신하기 위해 알아야 하는 정보를 정리하면 다음과 같습니다.

**1** 현재까지 도로 건설 비용

**2** 현재 도로의 방향

**3** 현재 도로의 좌표

이렇게 큐에 넣을 정보를 정했으면 너비 우선 탐색만 하면 됩니다. 너비 우선 탐색을 통해 도착점에 도달하면 해당 경로의 비용과 지금까지 구한 비용을 비교하여 더 적은 값으로 갱신하면 됩니다. 이제 구현해봅시다.

```javascript
class Queue {
  items = [];
  front = 0;
  rear = 0;

  push(item) {
    this.items.push(item);
    this.rear++;
  }

  first() {
    return this.items[this.front];
  }

  last() {
    return this.items[this.rear - 1];
  }
```

```javascript
  pop() {
    return this.items[this.front++];
  }

  isEmpty() {
    return this.front === this.rear;
  }
}


function solution(board) {
  // ❶ 주어진 좌표가 보드의 범위 내에 있는지 확인
  function isValid(x, y) {
    return 0 <= x && x < N && 0 <= y && y < N;
  }

  // ❷ 주어진 좌표가 차단되었거나 이동할 수 없는지 확인
  function isBlocked(x, y) {
    return (x === 0 && y === 0) || !isValid(x, y) || board[x][y] === 1;
  }

  // ❸ 이전 방향과 현재 방향에 따라 비용을 계산
  function calculateCost(direction, prevDirection, cost) {
    if (prevDirection === -1 || (prevDirection - direction) % 2 === 0) {
      return cost + 100;
    } else {
      return cost + 600;
    }
  }

  // ❹ 주어진 좌표와 방향이 아직 방문하지 않았거나 새 비용이 더 작은 경우
  function isShouldUpdate(x, y, direction, newCost) {
    return visited[x][y][direction] === 0 || visited[x][y][direction] > newCost;
```

```
}

const queue = new Queue();
queue.push([0, 0, -1, 0]);
const N = board.length;
const directions = [
  [0, -1],
  [-1, 0],
  [0, 1],
  [1, 0],
];
const visited = Array.from({ length: N }, () =>
  Array.from({ length: N }, () => Array(4).fill(0))
);
let answer = Infinity;

// ❺ 큐가 빌 때까지 반복
while (!queue.isEmpty()) {
  const [x, y, prevDirection, cost] = queue.pop();

  // ❻ 가능한 모든 방향에 대해 반복
  for (let direction = 0; direction < 4; direction++) {
    const [dx, dy] = directions[direction];
    const newX = x + dx;
    const newY = y + dy;

    // ❼ 이동할 수 없는 좌표는 건너뛰기
    if (isBlocked(newX, newY)) {
      continue;
    }

    const newCost = calculateCost(direction, prevDirection, cost);

    // ❽ 도착지에 도달한 경우 최소 비용 업데이트
```

```
            if (newX === N - 1 && newY === N - 1) {
              answer = Math.min(answer, newCost);
            }
            // ➒ 좌표와 방향이 아직 방문하지 않았거나 새 비용이 더 작은 경우 큐에 추가
            else if (isShouldUpdate(newX, newY, direction, newCost)) {
              queue.push([newX, newY, direction, newCost]);
              visited[newX][newY][direction] = newCost;
            }
          }
        }
      }

      return answer;
    }
```

solution( ) 함수 외에 여러 함수가 많이 보일 겁니다. 좌표를 벗어난 경우를 체크하는 isValid( )
함수, 이동할 수 없는 영역을 체크하는 isBlocked( ) 함수, 비용을 계산하는 calculateCost( ) 함
수가 있습니다. 이 함수들은 모두 탐색 관련 문제에서 자주 사용하므로 이참에 제대로 살펴보기 바
랍니다.

➊ isValid( ) 함수는 특정 좌표가 배열 범위 내에 있는지 체크합니다.

➋ isBlocked( ) 함수는 특정 좌표가 벽인지, 영역을 벗어났는지 체크합니다.

➌ calculateCost( ) 함수는 도로 건설 비용을 계산하는 함수입니다. prevDirection은 큐에서
팝한 좌표, 즉, 이전 좌표 (x, y)의 방향을 나타냅니다. direction는 현재 갈 방향입니다. 이전 방
향과 현재 방향에 따라 cost가 바뀌므로 두 정보를 전부 넘긴 것입니다.

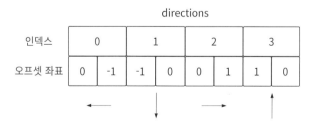

만약 directions[direction]과 directions[prevDirection]이 같다면 직선 방향의 도로를 건설하면 되므로 필요한 비용은 100이고 서로 다르다면 500으로 계산합니다. 그리고 문제에서 이미 방문한 곳은 방문하지 않는다고 했으므로 이전 방향과 현재 방향이 완전히 반대면 갱신에서 제외합니다. 예를 들어 directions[1]과 directions[3]은 서로 반대이므로 아예 갱신할 필요가 없습니다.

❹ isShouldUpdate( ) 함수는 특정 도면까지 최소 비용을 갱신해야 할지 체크하는 함수입니다. 아직 방문하지 않은 도면이거나 지금까지 구한 최소 비용보다 나중에 계산한 비용이 더 적으면 갱신합니다. 예를 들어 다음 그림의 경우 A(100*2 + 500*3)보다 나중에 계산한 B(100*5 + 500*2)의 비용이 더 적습니다.

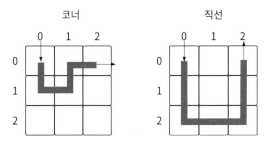

나머지 코드도 보겠습니다. queue에는 시작 도면의 정보를 (0, 0, -1, 0)과 같이 넣습니다. 뜻은 다음과 같습니다.

- 좌표는 (0, 0)
- 아직 방향이 정해지지 않았으므로 방향은 -1
- 아직 탐색을 시작하지 않았으므로 총 건설 비용은 0

visited에는 시작점부터 중간 경로를 거쳐 (x, y)에 도달할 때까지의 비용에 (x, y) 기준으로 인접한 도로로 이동할 때의 비용을 더한 값을 저장합니다. 이때 인접 도로에 대한 비용을 구하는 데 d를 사용합니다.

❺ 너비 우선 탐색을 큐가 빌 때까지 수행합니다.

❻ 현재 좌표 기준으로 상하좌우를 체크합니다. (x, y)에 오프셋 좌표를 더해서 상하좌우 좌표를 체크하는 점도 눈여겨보기 바랍니다.

❼ 만약 해당 좌표가 계속 밖이거나 벽이 있는 경우, 도로를 건설할 수 없으므로 비용을 갱신할 필요가 없습니다.

❽ 도착점에 도달한 경우 answer에 최저 비용을 갱신합니다.

❾ 아직 방문하지 않은 좌표이거나 이전에 구했던 비용이 현재 구한 비용보다 더 크면 갱신해야 하므로 true입니다. 큐에 다음 방문할 노드를 푸시하고 해당 좌표의 최소 비용을 업데이트합니다.

### 시간 복잡도 분석하기

보드의 한 변의 길이를 N이라고 하면 너비 우선 탐색은 N * N개의 노드를 탐색하고 네 방향을 고려하므로 시간 복잡도는 $O(N^2)$입니다.

## 문제 46 전력망을 둘로 나누기★★

정답률 _ 47% | 저자 권장 시간 _ 60분 | 권장 시간 복잡도 _ $O(N^2)$ | 출제 _ 완전 탐색

문제 URL https://programmers.co.kr/learn/courses/30/lessons/86971
정답 URL https://github.com/kciter/coding-interview-js/blob/main/solution/46.js

n개의 송전탑이 전선을 통해 하나의 트리 형태로 연결되어 있습니다. 당신은 이 전선 중 하나를 끊어서 현재의 전력망 네트워크를 2개로 분할하려고 합니다. 이때 두 전력망이 갖는 송전탑의 개수를 최대한 비슷하게 맞추려 합니다. 송전탑 개수 n, 전선 정보 wires가 매개변수로 주어집니다. 이때 송전탑 개수가 비슷하도록 전선 중 하나를 끊어서 두 전력망으로 나누고, 두 전력망이 가지고 있는 송전탑 개수 차이를 반환하는 solution( ) 함수를 완성하세요.

### 제약 조건

- n은 2 이상 100 이하인 자연수입니다.
- wires는 길이가 n-1인 정수형 2차원 배열입니다.
  - wires의 각 원소는 [v1, v2] 2개의 자연수로 이루어져 있으며, 이는 전력망의 v1번 송전탑과 v2번 송전탑이 전선으로 연결되어 있다는 것을 의미합니다.
  - 1 ≤ v1 < v2 ≤ n입니다.
  - 전력망 네트워크가 하나의 트리 형태가 아닌 경우는 입력으로 주어지지 않습니다.

| n | wires | result |
|---|-------|--------|
| 9 | [[1, 3], [2, 3], [3, 4], [4, 5], [4, 6], [4, 7], [7, 8], [7, 9]] | 3 |
| 4 | [[1, 2], [2, 3], [3, 4]] | 0 |
| 7 | [[1, 2], [2, 7], [3, 7], [3, 4], [4, 5], [6, 7]] | 1 |

첫 번째 입출력 예를 봅시다. 그림으로 입출력과 전선을 끊는 방법을 나타내면 다음과 같습니다.

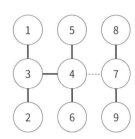

그림을 보면 4번과 7번을 연결하는 전선을 끊으면 두 전력망은 각 6개와 3개의 송전탑을 가집니다. 그리고 이것보다 좋은 방법으로 전력망을 나눌 방법은 없습니다.

※ 3번과 4번을 연결하는 전선을 끊어도 최선이지만 4번과 7번을 끊는 것과 같습니다.

다른 예도 봅시다. 세 번째 입출력 예는 다음 그림을 보면 이해할 수 있을 겁니다.

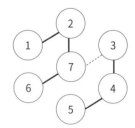

## 문제 분석하고 풀기

**이 문제의 힌트는 주어진 전력망의 구조가 무조건 하나의 트리라는 것입니다.** 즉, 전선을 하나 끊었을 때 세 개가 되거나 네 개가 되지 않습니다. 분할된 전력망에서 송전탑 개수를 구한 다음 차이를 구해도 되지만, 어차피 두 개로 분할되는 것이라면 한 쪽의 송전탑 개수를 구하여 전체 개수에서 빼도 됩니다.

그렇다면 각 전력망의 송전탑 개수는 어떻게 구할 수 있을까요? 이번 장에서 배운 트리의 탐색을 사용하면 됩니다. 탐색에는 깊이 우선 탐색과 너비 우선 탐색 두 가지가 있습니다. 이 문제에서는 최적이나 최소를 구하라고 하지 않았으므로 깊이 우선 탐색을 사용하면 됩니다. 전체 전력망에서 전선을 하나씩 제거하며 두 전력망의 송전탑 개수 차이를 구하고, 최솟값을 반환하면 됩니다. 코드로 구현해봅시다.

```javascript
function solution(n, wires) {
  // ❶ 그래프 생성
  const graph = Array.from({ length: n + 1 }, () => []);
  for (const [a, b] of wires) {
    graph[a].push(b);
    graph[b].push(a);
  }

  // ❷ 깊이 우선 탐색 함수
  function dfs(node, parent) {
    let cnt = 1;
    for (const child of graph[node]) { // ❸ 현재 노드의 자식 노드들에 방문
      if (child !== parent) { // ❹ 부모 노드가 아닌 경우에만 탐색
        cnt += dfs(child, node);
      }
    }
    return cnt;
  }

  let minDiff = Infinity;
  for (const [a, b] of wires) {
    // ❺ 간선 제거
    graph[a].splice(graph[a].indexOf(b), 1);
    graph[b].splice(graph[b].indexOf(a), 1);

    // ❻ 각 전력망 송전탑 개수 계산
    const cntA = dfs(a, b);
    const cntB = n - cntA;

    // ❼ 최솟값 갱신
    minDiff = Math.min(minDiff, Math.abs(cntA - cntB));

    // ❽ 간선 복원
```

```
      graph[a].push(b);
      graph[b].push(a);
   }


   return minDiff;
}
```

❶ 전선의 연결 정보를 그래프로 표현할 2차원 배열을 만듭니다. 송전탑 번호가 1부터 시작하므로 송전탑 N개를 표현하려면 N + 1까지 인덱스를 준비해야 합니다. 따라서 range(n + 1)을 사용했습니다. 여기서도 송전탑의 연결을 graph[a].push(b), graph[b].push(a)로 하여 양쪽으로 연결했습니다. 한쪽 방향으로만 연결하지 않도록 주의합니다.

❷ 깊이 우선 탐색 함수를 정의한 것입니다. 주목할 부분은 2가지입니다. 하나는 깊이 우선 탐색 함수인 dfs( ) 함수를 solution()의 내장 함수로 정의했다는 것입니다. 내장 함수로 구현하면 자신을 포함하는 함수의 변수를 매개변수로 받지 않아도 바로 사용할 수 있습니다. 일반적으로 함수 외부에서 함수의 로직에 영향을 주는 것은 사이드 이펙트라 부르면서 지양하지만 여기선 구현의 편의를 위해 이 방식을 사용했습니다. 두 번째는 dfs( ) 함수에서 인자로 parent, 즉, 부모 노드를 받는 것입니다.

❸ 현재 노드와 연결된 노드를 방문할 때 중요한 것은 ❹ 연결된 노드가 부모 노드이면 탐색하지 않아야 하는 것입니다. 이렇게 코드를 작성해야 역방향으로 탐색하는 경우를 제외할 수 있습니다.

❺ 문제대로 간선을 하나씩 제거하며 송전탑 개수의 차를 확인합니다.

❻ 앞서 언급했듯이 한쪽의 송전탑 개수를 구하여 전체에서 빼는 방식으로 계산합니다.

❼ 만약 각 전력망의 차이가 기존값보다 더 적으면 minDiff를 갱신합니다.

❽ 중요한 부분입니다. 반드시 간선을 복원하고 새로운 탐색을 진행해야 합니다.

## 시간 복잡도 분석하기

N은 송전탑의 개수입니다. 깊이 우선 탐색을 한 번 할 때마다 시간 복잡도는 O(N)이고, 이를 N번 진행하므로 최종 시간 복잡도는 O(N²)입니다. 다만 N이 100 이하이므로 시간 복잡도가 크게 중요한 문제는 아닙니다.

### 리마인드

**기억 01** 그래프를 구현하는 방법에는 배열을 활용하는 방법과 인접 리스트를 활용하는 방법이 있습니다.

**기억 02** 그래프를 탐색하는 방법은 깊이 우선 탐색(DFS)과 너비 우선 탐색(BFS)이 있습니다.

**기억 03** 최적의 해가 필요한 경우 너비 우선 탐색(BFS)을 백트래킹이 필요한 경우 깊이 우선 탐색(DFS)을 활용하면 됩니다.

**기억 04** 깊이 우선 탐색은 스택이나 재귀 함수로 구현하고 너비 우선 탐색은 큐로 구현합니다.

**기억 05** 최단 경로 알고리즘은 특정 노드에서 나머지 노드까지 도달하는데 거쳐가는 간선의 가중치 합이 최소인 경로를 찾는 알고리즘입니다.

**기억 06** 대표적인 최단 경로 알고리즘은 양의 가중치 그래프의 최단 경로를 구할 수 있는 다익스트라 알고리즘과 음의 가중치를 포함한 그래프의 최단 경로를 구할 수 있는 벨만-포드 알고리즘이 있습니다.

**기억 07** 벨만-포드 알고리즘은 음의 순환을 확인할 수 있습니다.

**기억 08** 자바스크립트에선 힙을 제공하지 않기 때문에 구현에 익숙해지는 것이 좋습니다.

### 추천 문제

**문제 01** 가장 먼 노드 : https://school.programmers.co.kr/learn/courses/30/lessons/49189

**문제 02** 방의 개수 : https://school.programmers.co.kr/learn/courses/30/lessons/49190

**문제 03** 순위 : https://school.programmers.co.kr/learn/courses/30/lessons/49191

**문제 04** 합승 택시 요금 : https://school.programmers.co.kr/learn/courses/30/lessons/72413

**문제 05** 타겟 넘버 : https://school.programmers.co.kr/learn/courses/30/lessons/43165

**문제 06** 여행 경로 : https://school.programmers.co.kr/learn/courses/30/lessons/43164

# 12 백트래킹

## 공부부터 합격까지

백트래킹의 개념을 이해하고, 전체 탐색(brute force, 브루트 포스)과
차이점을 설명할 수 있습니다. 유망 함수를 활용해서
더 효율적인 트리 탐색 알고리즘을 구현할 수 있습니다.

### 여기서 풀 문제

| No. | LEVEL 1 몸풀기 문제 | 잘 풀었나요? | No. | LEVEL 2 모의 테스트 | 잘 풀었나요? |
|-----|-----|-----|-----|-----|-----|
| 47 | 1부터 N까지 숫자 중 합이 10이 되는 조합 구하기 | V | 49 | 피로도 | V |
| | | | 50 | N-퀸 | |
| 48 | 스도쿠 퍼즐 | | 51 | 양궁 대회 | |
| | | | 52 | 외벽 점검 | |
| | | | 53 | 사라지는 발판 | |

깊이 우선 탐색, 너비 우선 탐색 방법은 데이터를 전부 확인하는 방법이었습니다. 이를 완전 탐색이라고 하는데요, 완전 탐색은 모든 경우의 수를 탐색하는 방법이므로 대부분의 경우 비효율적입니다.

### 백트래킹이란?

예를 들어 출근하기 위해 아파트를 나섰는데 지하철 개찰구에 도착해서야 지갑을 두고 나온 사실을 알았다고 해봅시다. 그러면 우선은 아파트로 돌아갈 것입니다. 집으로 돌아가서 방을 하나씩 보면서 물건을 찾기 시작할 겁니다. 혹시라도 옆 집의 문 앞에 선 경우라도 금방 '아 옆 집이구나' 하는 생각에 뒤로 돌아 우리 집으로 향할 겁니다. 이렇게 어떤 가능성이 없는 곳을 알아보고 되돌아가는 것을 백트래킹backtracking이라 합니다.

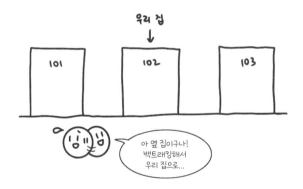

### 백트래킹 알고리즘이란?

이렇게 가능성이 없는 곳에서는 되돌아가고, 가능성이 있는 곳을 탐색하는 알고리즘을 백트래킹 알고리즘이라고 합니다. 그림을 봅시다.

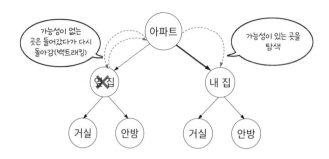

그림을 보면 답을 찾는 과정에서 가능성이 없는 곳에서는 백트래킹합니다. 백트래킹 알고리즘은 문제마다 효율이 달라지므로 시간 복잡도를 특정하여 정의하기 어렵습니다. 하지만 확실한 것은 백트래킹을 통해 해가 될 가능성이 없는 탐색 대상을 배제할 수 있으므로 탐색 효율이 단순히 완전 탐색하는 방법보다 백트래킹이 효율적입니다. 그럼 구체적인 예와 함께 백트래킹 알고리즘을 알아 봅시다.

 백트래킹은 뒤로 돌아가는 모습, 백트래킹 알고리즘은 백트래킹을 활용하는 알고리즘을 말하는 거군요. 그러면 깊이 우선 탐색에서 끝까지 갔을 때 돌아가는 것도 백트래킹이라고 말해도 되는 걸까요?

잘 이해한 것 같아요. 캐럿이 말한 대로 깊이 우선 탐색도 백트래킹을 활용합니다. 깊이 우선 탐색은 더 이상 탐색할 경로가 없을 때 백트래킹을 활용했죠. 백트래킹 알고리즘에서는 해가 있을 가능성이 없을  경우 백트래킹을 활용합니다.

## 유망 함수란?

백트래킹 알고리즘의 핵심은 '해가 될 가능성을 판단하는 것'입니다. 그리고 그 가능성은 유망 함수라는 것을 정의하여 판단하죠. 실제로 백트래킹 알고리즘은 다음과 같은 과정으로 진행합니다.

  1 유효한 해의 집합을 정의합니다.
  2 위 단계에서 정의한 집합을 그래프로 표현합니다.
  3 유망 함수를 정의합니다.
  4 백트래킹 알고리즘을 활용해서 해를 찾습니다.

그렇다면 유망 함수가 백트래킹 알고리즘에서 어떻게 동작하는지 아주 간단한 문제를 풀어보며 알아봅시다.

## 합이 6을 넘는 경우 알아보기

{1, 2, 3, 4} 중 2개의 숫자를 뽑아서 합이 6을 초과하는 경우를 알아내는 백트래킹 알고리즘을 알아봅시다. 뽑는 순서가 다르면 다른 경우의 수로 간주합니다. 예를 들어 {1, 3}과 {3, 1}의 합은 각각 4로 같지만 서로 다른 경우의 수입니다.

**01단계** 유효한 해의 집합을 정의합니다. 서로 다른 두 수를 뽑는 경우의 수는 다음과 같습니다.

- [1, 2]
- [1, 3]
- [1, 4]
- [2, 1]
- [2, 3]
- [2, 4]
- [3, 1]
- [3, 2]
- [3, 4]
- [4, 1]
- [4, 2]
- [4, 3]

**02단계** 정의한 해의 집합을 그래프로 표현합니다.

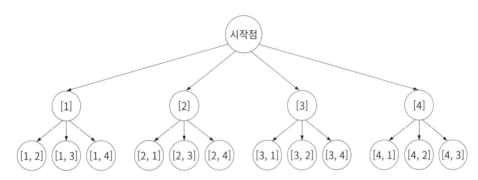

**03단계** 그래프에서 백트래킹을 수행합니다. **여기서는 '처음에 뽑은 숫자가 3 미만이면 백트래킹한다'라는 전략을 사용합니다.** 다시 말해 1과 2를 처음에 뽑으면 이후에 어떤 경로로 가도 원하는 답이 나올 수 없으므로 1, 2는 아예 탐색을 시도하지도 않습니다. 이렇게 특정 조건을 정의하는 것을 유망 함수promising function를 정의한다고 합니다. 예를 들어 위 그림에서 1과 2는 유망 함수를 통과하지 못하여 백트래킹합니다.

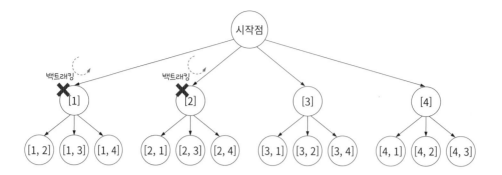

**04단계** 3은 유망 함수를 통과합니다. 참고로 1, 2는 유망 함수와는 상관없이 깊이 우선 탐색 알고리즘에 의해 방문하지만 답이 아니므로 백트래킹하는 것입니다. 그 이후 3 → 4로 가서야 답을 찾습니다.

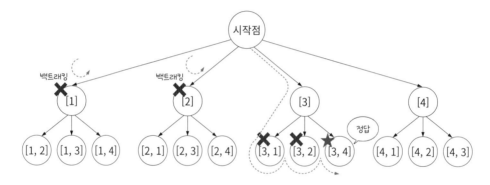

**05단계** 이와 같은 방식으로 나머지도 탐색을 진행하면 됩니다.

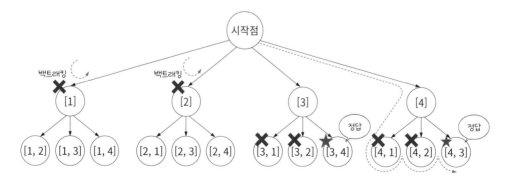

# 백트래킹 알고리즘 문제에 적용해보기

백트래킹 알고리즘은 아주 간단해서 더 설명할 내용은 없습니다. 이제 백트래킹 알고리즘으로 해결할 수 있는 대표적인 문제인 부분 집합 합 문제와 N-여왕 문제를 살펴보겠습니다. 아참, 많은 사람은 백트래킹 알고리즘을 그냥 '백트래킹으로 문제를 푼다'라고 말하기도 합니다. 이 책에서도 '백트래킹으로 문제를 푼다'라고 하고 엄밀하게 두 용어를 구분하여 말하지 않겠습니다.

## 부분 집합 합

부분 집합 합sum of subset은 1부터 N까지 숫자를 조합했을 때 합이 K가 되는 조합을 찾는 문제입니다. 이 문제를 전체 탐색과 백트래킹으로 각각 한 번씩 풀면서 두 알고리즘의 차이와 백트래킹의 장점을 알아보겠습니다.

### 완전 탐색으로 풀기

각 숫자는 뽑는 상태와 뽑지 않는 상태가 있으며, 각 숫자를 선택하는 과정은 다른 숫자에 대한 선택에 영향을 미치지 않습니다. 이 규칙을 적용하면 N개의 숫자를 뽑는 조합은 $2^N$개가 있으므로, 시간 복잡도는 $O(2^N)$이라고 할 수 있습니다. 실제로 어떻게 완전 탐색을 할지도 살펴봅시다. N = 4이고 K = 5일 때 완전 탐색을 한다면 이렇게 할 겁니다.

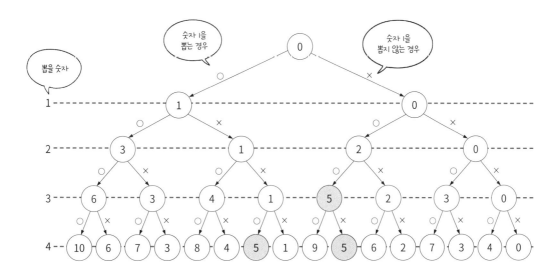

원 안의 숫자는 현재까지 뽑은 숫자들의 합을 의미합니다. 동그라미(○)는 '그 수를 뽑는다', 엑스(×)는 '그 수를 뽑지 않는다'입니다. 말 그대로 완전히 모든 경우의 수를 탐색하여 총 16번의 탐색을 진행합니다.

### 백트래킹으로 풀기

완전 탐색을 보면 알겠지만 답이 될 가능성이 없는 조합에 대해서도 탐색을 진행합니다. 유망 함수를 활용해서 답이 될 가능성이 없는 경우 최대한 탐색이 되지 않도록 해봅시다. 이 문제에서 유망 함수는 다음과 같이 설계하면 됩니다.

- 조건 1 : 현재 조합으로 합이 K가 되면 더 탐색하지 않기
- 조건 2 : 해당 숫자를 조합하여 합이 K 이상이 되면 더 탐색하지 않기

**01단계** 본격적으로 문제를 풀기 전에 실제로 어떤 상황에서 유망 함수가 백트래킹시키는지도 생각해봅시다. ❶ 우선은 2, 3을 뽑으면 이미 합이 5이므로 수를 더 뽑거나 하지 않아도 됩니다. 조건 1에 맞으니 백트래킹합니다. ❷ 다른 경우도 생각해봅시다. 1, 2를 뽑은 상태에서 3을 뽑는다면 6이므로 5보다 크니 3 이후는 뽑지 않아도 되므로 백트래킹합니다.

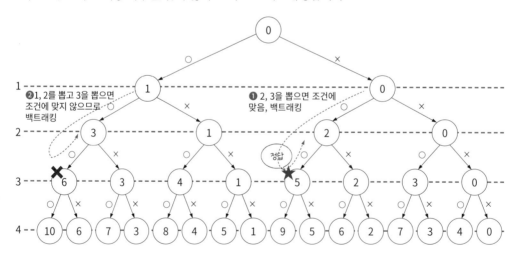

**02단계** 결국 백트래킹을 통해 탐색을 배제한 노드들이 많아졌습니다. 완전 탐색을 했다면 배제한 노드도 탐색해야 했을 겁니다. 이런 식으로 백트래킹은 탐색의 효율을 크게 높여줍니다.

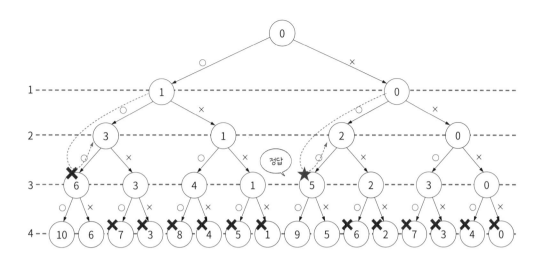

> ### 합격 조언 〈 유망 함수는 같은 문제에서도 다양하게 정의할 수 있어요

앞의 설명에서는 설명의 편의를 위해 유망 함수를 단순하게 정의하였습니다. 사실 앞의 설명에서 예로 든 유망 함수는 그렇게 효율적이지 않았습니다. 유망 함수는 문제를 푸는 사람에 따라 다르게 만들 수 있고, 실제로 이 문제도 다른 유망 함수를 사용하면 더 개선할 수 있습니다. 이 문제는 숫자를 1부터 체크하고 있으며 마지막 숫자를 알고 있습니다. 예를 들어 3을 탐색한 이후에는 나머지 숫자가 4라는 것을 알고 있죠. 이를 활용하면 마지막 4를 선택할지 판단하는 시점에 현재까지 뽑은 숫자의 합이 1 이상이어야 5가 될 가능성이 있다는 것을 알 수 있습니다. **숫자 1에서 3까지 조합에서 합이 0이었다면 4를 볼 필요도 없다는 것을 추가로 알게 되는 것이지요.** 이 사실을 유망 함수에 적용하면 훨씬 효율적으로 백트래킹을 할 수 있을 겁니다.

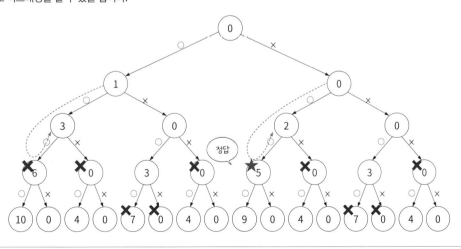

# N-퀸 문제

N-퀸 문제는 체스의 퀸을 N × N 체스판에 N개 배치했을 때 서로를 공격할 수 없는 위치에 놓을 수 있는 방법이 있는지 찾는 문제입니다. 체스를 모르는 독자를 위해 퀸을 설명하자면 퀸은 다음과 같이 이동할 수 있는 말입니다.

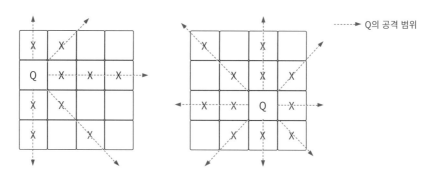

퀸의 이동 경로에 다른 퀸이 있다면 공격하여 제거할 수 있겠죠. 그렇게 되지 않도록 퀸을 배치할 수 있는지를 알아보는 문제입니다. 다음과 같은 경우 퀸은 서로를 공격할 수 없습니다.

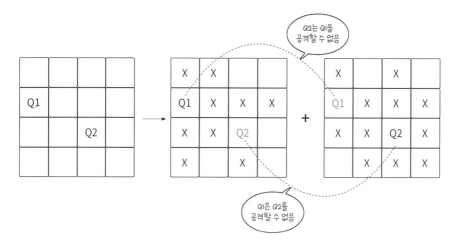

문제를 파악했으니 이제 본격적으로 문제를 풀어봅시다. 여기서도 완전 탐색, 백트래킹 방식으로 모두 풀어보겠습니다.

### 완전 탐색으로 풀기

완전 탐색 방식은 퀸을 놓을 수 있는 경우의 수를 모두 탐색해보는 방식입니다. 각 줄에 여왕을 놓는 방법은 총 N개이므로 시간 복잡도는 $O(N^N)$이 되겠네요. 예를 들어 체스판의 크기가 4 × 4라면 다음 그림을 생각해볼 수 있습니다. 지면상 한계로 일부 그래프를 생략했습니다.

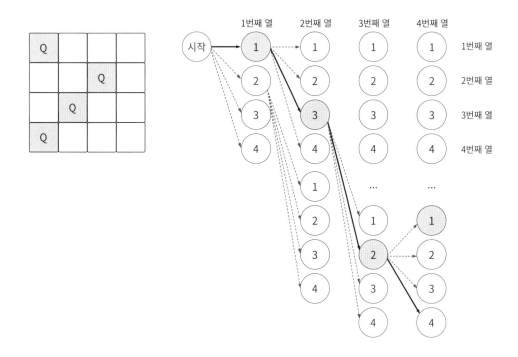

그림은 퀸을 (1, 1), (2, 3), (3, 2), (4, 1)에 놓은 것과 대응하는 그래프의 탐색 경로를 표시한 것입니다. 완전 탐색은 그래프상의 모든 경우의 수를 다 탐색하며 조건에 맞는지 검사합니다. 이렇게 하면 답을 찾을 수는 있지만 매우 비효율적인 방법이라는 건 이제는 금방 알 수 있을 겁니다. 이를 테면 (3, 2)에 놓은 퀸은 (2, 3)과 대각선 상에 놓이므로 애초에 그 이후는 탐색할 필요도 없습니다. 아하, 유망 함수가 등장할 차례네요. 백트래킹 방식으로 풀어볼 시간입니다.

### 백트래킹으로 풀기

유망 함수를 추가해서 탐색 대상을 줄이고 시간 복잡도를 감소시켜봅시다. 여기서 정의할 유망 함수는 다음과 같습니다.

• 여왕이 추가될 때마다 행이나, 대각선 방향에 겹치는 여왕이 있으면 더 탐색하지 않기

유망 함수를 정의하면 이런 식으로 백트래킹을 합니다. (1, 1), (2, 3) 이후 (3, 2)를 만나면 대각선상의 (2, 3)와 겹치므로 유망 함수에서 걸러집니다. 즉, 그 이후는 더 탐색하지 않고 백트래킹합니다.

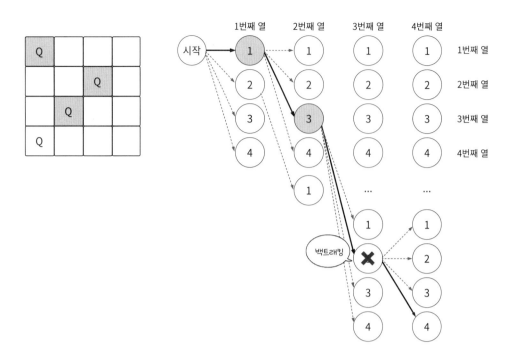

구체적으로 백트래킹을 통해 문제를 푸는 과정은 다음과 같습니다.

**01단계** 유효한 해의 집합을 정의합니다. 4행 4열의 칸이 있고 여기에 퀸을 놓을 수 있으므로 해의 집합은 다음과 같이 표시할 수 있습니다.

- 1, 1, 1, 1
- 1, 1, 1, 2
- 1, 1, 1, 3
- 1, 4, 4, 4
- 2, 1, 1, 1
- 2, 1, 1, 2
- 2, 1, 1, 3
- 2, 4, 4, 4
- 3, 1, 1, 1
- 3, 1, 1, 2
- ...
- 3, 4, 4, 4
- 4, 1, 1, 1
- 4, 1, 1, 2
- ...
- 4, 4, 4, 4

표시 방법이 헷갈릴 수 있으므로 그림으로도 확인합니다. 예를 들어 2, 1, 1, 3은 다음과 같은 말의 상태를 의미합니다.

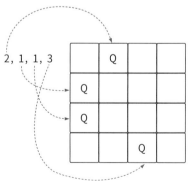

**02단계** 앞서 본 것처럼 해의 집합을 그래프로 표현합니다.

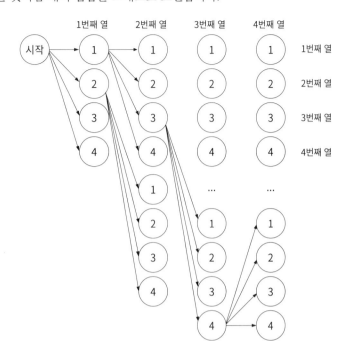

**03단계** 백트래킹은 방금 본 것과 같습니다. 다른 예로도 설명해보겠습니다. 1 → 1로 이동하면 유망 함수에 의해 백트래킹합니다.

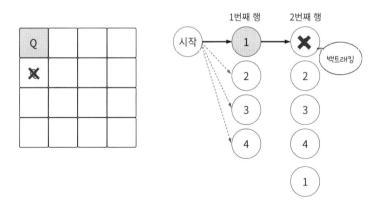

**04단계** 유망 함수를 통과하여 탐색하는 경우는 다음과 같습니다. 2, 4, 1, 3의 경우 유망 함수를 통과하는 조건입니다. X로 표시한 것들은 2, 4, 1, 3이 N퀸 조건에 맞는지 확인하는 과정에서 유망 함수에 의해 백트래킹된 것입니다.

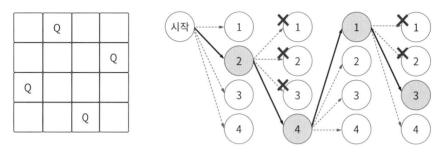

완전한 풀이는 이쯤에서 생략하고 여기서는 백트래킹 방식으로 푼다는 의미와 유망 함수의 역할이 무엇인지에 대한 감만 잡고 넘어가겠습니다. 본격적인 코드를 통한 풀이는 이후 문제를 통해 더 단단하게 만들어봅시다.

## 문제 47 1부터 N까지 숫자 중 합이 10이 되는 조합 구하기★

정답률 _ 47% | 저자 권장 시간 _ 60분 | 권장 시간 복잡도 _ O(N!) | 출제 _ 완전 탐색

정답 URL https://github.com/kciter/coding-interview-js/blob/main/solution/47.js

정수 N을 입력받아 1부터 N까지의 숫자 중에서 합이 10이 되는 조합을 배열로 반환하는 solution( ) 함수를 작성하세요.

### 제약 조건

- 백트래킹을 활용해야 합니다.
- 숫자 조합은 오름차순으로 정렬되어야 합니다.
- 같은 숫자는 한 번만 선택할 수 있습니다.
- N은 1 이상 10 이하인 정수입니다.

### 입출력의 예

| N | result |
|---|--------|
| 5 | [[1, 2, 3, 4], [1, 4, 5], [2, 3, 5]] |
| 2 | [ ] |
| 7 | [[1, 2, 3, 4], [1, 2, 7], [1, 3, 6], [1, 4, 5], [2, 3, 5], [3, 7], [4, 6]] |

### 문제 분석하고 풀기

앞서 살펴본 문제를 코드로 풀 때가 된 것 같네요. 자세한 설명은 이미 했으므로 문제에 접근하는 방법만 이야기하겠습니다.

- 조합한 숫자의 합이 10이 되면 해당 조합을 결과 배열에 추가하기
- 조합한 숫자의 합이 10보다 크면 백트래킹(유망 함수 조건)

유망 함수 조건만 잘 파악했다면 쉽게 구현할 수 있는 문제입니다. 코드로 구현해봅시다.

```javascript
function solution(N) {
  const results = []; // ❶ 조합 결과를 담을 배열

  function backtrack(sum, selectedNums, start) {
    if (sum === 10) { // ❷ 합이 10이 되면 결과 배열에 추가
      results.push(selectedNums);
      return;
    }

    // ❸ 다음에 선택할 수 있는 숫자들을 하나씩 선택하면서
    for (let i = start; i <= N; i++) {
      if (sum + i <= 10) { // ❹ 선택한 숫자의 합이 10보다 작거나 같으면
        backtrack(
          sum + i, selectedNums.concat(i), i + 1
        ); // ❺ 백트래킹 함수를 재귀적으로 호출
      }
    }
  }

  backtrack(0, [], 1); // ❻ 백트래킹 함수 호출
  return results; // ❼ 조합 결과 반환
}
```

solution( ) 함수는 정수 N을 인수로 받습니다. 이 N은 1부터 N까지의 숫자 중에서 합이 10이 되는 조합을 구하는 데 사용합니다.

❶ 함수 내부에서는 1부터 N까지의 숫자 중 합이 10이 되는 모든 조합을 담을 빈 배열 results를 초기화합니다. results는 최종 반환값입니다.

❷ 백트래킹 함수 backtrack( )가 있습니다. 3개의 인자 sum, selectedNums, start를 하나씩 설명하면, sum은 현재까지 선택한 숫자들의 합, selectedNums는 현재까지 선택된 숫자들을 담고 있는 배열, start는 조합에 포함 여부를 확인할 숫자입니다.

❸ 현재까지의 숫자 조합으로 합이 10이 되면 results에 현재 숫자들의 조합이 있는 배열 selectedNums를 추가합니다. 이렇게 한 다음에는 더 숫자를 추가할 필요가 없으므로 백트래킹합니다.

❹ 현재 숫자 start부터 N까지 범위에 대해 반복문을 수행합니다. backtrack( ) 함수는 1부터 N까지 차례대로 조합을 하면서 특정 값 K가 되는 부분합을 찾고 있으므로 현재 숫자 이전의 숫자는 체크할 필요가 없습니다.

❺ 유망한 경우에만 backtrack( ) 함수를 호출하여 숫자 조합을 계속 확인합니다. 여기까지 backtrack( ) 함수에 대한 설명입니다. 이제 solution( ) 함수의 나머지 부분을 설명하겠습니다.

❻ 현재까지 구한 부분합 sum은 0, 해당 합의 조합인 selectedNums는 빈 배열로, start는 1로 하여 backtrack( ) 함수를 호출합니다.

❼ 모든 부분합의 조합인 results를 반환합니다.

### 시간 복잡도 분석하기

N은 선택할 수 있는 숫자의 최대 개수입니다. 비복원 방식으로 숫자의 조합을 구하고 있으므로 처음 신덱지는 N개 그다음 신덱지는 (N − 1)... 이런 식으로 1씩 줄어듭니다. 이를 곱하면 최종 시간 복잡도는 O(N!)입니다. 다만 실제 연산은 유망 함수에 의해 훨씬 적습니다.

## 문제 48 스도쿠 퍼즐★★★

**정답률 _ 47%** | **저자 권장 시간 _ 60분** | **권장 시간 복잡도 _** $O(9^N)$ | **출제 _ 완전 탐색**

**정답 URL** https://github.com/kciter/coding-interview-js/blob/main/solution/48.js

9 × 9 스도쿠 보드를 다 채워 완성된 스도쿠 보드를 반환하는 solution( ) 함수를 작성하세요. 해는 유일하지 않을 수 있습니다. 스도쿠의 조건에 맞다면 맞는 해라고 생각하시면 됩니다. 스도쿠의

규칙은 아래와 같습니다.

1 가로줄, 세로줄에는 1부터 9까지의 숫자가 한 번씩 나타나야 합니다.
2 9 × 9 보드를 채울 9개의 작은 박스(3 × 3 크기)에도 1부터 9까지의 숫자가 한 번씩 나타나야 합니다.

### 제약 조건

- 문제에 주어지는 board 중 스도쿠를 완성하지 못하는 board는 없다고 가정합니다. 예를 들어 특정 행이나 열에 같은 숫자가 있는 경우는 없습니다.

### 입출력의 예

| board | result |
|---|---|
| [<br>[5, 3, 0, 0, 7, 0, 0, 0, 0],<br>[6, 0, 0, 1, 9, 5, 0, 0, 0],<br>[0, 9, 8, 0, 0, 0, 0, 6, 0],<br>[8, 0, 0, 0, 6, 0, 0, 0, 3],<br>[4, 0, 0, 8, 0, 3, 0, 0, 1],<br>[7, 0, 0, 0, 2, 0, 0, 0, 6],<br>[0, 6, 0, 0, 0, 0, 2, 8, 0],<br>[0, 0, 0, 4, 1, 9, 0, 0, 5],<br>[0, 0, 0, 0, 8, 0, 0, 7, 9],<br>] | [<br>[5, 3, 4, 6, 7, 8, 9, 1, 2],<br>[6, 7, 2, 1, 9, 5, 3, 4, 8],<br>[1, 9, 8, 3, 4, 2, 5, 6, 7],<br>[8, 5, 9, 7, 6, 1, 4, 2, 3],<br>[4, 2, 6, 8, 5, 3, 7, 9, 1],<br>[7, 1, 3, 9, 2, 4, 8, 5, 6],<br>[9, 6, 1, 5, 3, 7, 2, 8, 4],<br>[2, 8, 7, 4, 1, 9, 6, 3, 5],<br>[3, 4, 5, 2, 8, 6, 1, 7, 9],<br>] |
| [<br>[0, 0, 0, 0, 0, 0, 0, 0, 0],<br>[0, 0, 0, 0, 0, 0, 0, 0, 0],<br>[0, 0, 0, 0, 0, 0, 0, 0, 0],<br>[0, 0, 0, 0, 0, 0, 0, 0, 0],<br>[0, 0, 0, 0, 0, 0, 0, 0, 0],<br>[0, 0, 0, 0, 0, 0, 0, 0, 0],<br>[0, 0, 0, 0, 0, 0, 0, 0, 0],<br>[0, 0, 0, 0, 0, 0, 0, 0, 0],<br>[0, 0, 0, 0, 0, 0, 0, 0, 0],<br>] | [<br>[1, 2, 3, 4, 5, 6, 7, 8, 9],<br>[4, 5, 6, 7, 8, 9, 1, 2, 3],<br>[7, 8, 9, 1, 2, 3, 4, 5, 6],<br>[2, 3, 4, 5, 6, 7, 8, 9, 1],<br>[5, 6, 7, 8, 9, 1, 2, 3, 4],<br>[8, 9, 1, 2, 3, 4, 5, 6, 7],<br>[3, 4, 5, 6, 7, 8, 9, 1, 2],<br>[6, 7, 8, 9, 1, 2, 3, 4, 5],<br>[9, 1, 2, 3, 4, 5, 6, 7, 8],<br>] |

## 문제 분석하고 풀기

스도쿠 보드의 빈칸에 적절한 숫자를 채우는 과정에 백트래킹을 사용해봅시다. num이라는 숫자를 특정 위치에 넣어도 되는지 여부는 아래와 같이 판단할 수 있습니다. 아래 조건에 해당된다면 백트래킹합니다.

- 조건 1 : 해당 행에 넣으려는 숫자 num이 있는지 확인합니다.
- 조건 2 : 해당 열에 넣으려는 숫자 num이 있는지 확인합니다.
- 조건 3 : 해당 위치를 포함하는 3 × 3박스에 num이 있는지 확인합니다.

JavaScript

```javascript
function solution(board) {
  function isValid(num, row, col) {
    // ❶ 현재 위치에 num이 들어갈 수 있는지 검사
    return !(
      inRow(num, row) ||
      inCol(num, col) ||
      inBox(num, row, col)
    );
  }

  function inRow(num, row) {
    // ❷ 해당 행에 num이 있는지 확인
    return board[row].includes(num);
  }

  function inCol(num, col) {
    // ❸ 해당 열에 num이 있는지 확인하는 함수
    return board.some(row => row[col] === num);
  }

  function inBox(num, row, col) {
    // ❹ 현재 위치의 3x3 박스에 num이 있는지 확인
    const boxRow = Math.floor(row / 3) * 3;
```

```javascript
  const boxCol = Math.floor(col / 3) * 3;
  for (let i = boxRow; i < boxRow + 3; i++) {
    for (let j = boxCol; j < boxCol + 3; j++) {
      if (board[i][j] === num) {
        return true;
      }
    }
  }
  return false;
}


function findEmptyPosition() {
  // ❺ 스도쿠 보드에서 비어 있는 위치 반환
  for (let i = 0; i < 9; i++) {
    for (let j = 0; j < 9; j++) {
      if (board[i][j] === 0) {
        return [i, j];
      }
    }
  }
  return null;
}


function findSolution() {
  // ❻ 비어 있는 위치에 가능한 숫자를 넣어가며 스도쿠 해결
  const emptyPos = findEmptyPosition();
  // ❼ 빈 칸이 없으면 스도쿠가 해결된 것으로 간주
  if (!emptyPos) {
    return true;
  }
  const [row, col] = emptyPos;
  for (let num = 1; num <= 9; num++) {
    if (isValid(num, row, col)) {
```

```
        board[row][col] = num;
        if (findSolution()) {
          return true; // ❽ 정답을 찾았으므로 백트래킹
        }
        board[row][col] = 0; // ❾ 가능한 숫자가 없으면 원래의 0으로 되돌림
      }
    }
    return false;
  }


  findSolution();
  return board;
}
```

❶ isValid( ) 함수는 칸의 위치, 즉, 행과 열, 그리고 스도쿠 보드에 넣을 값을 매개변수로 받습니다. 백트래킹의 유망 함수가 이 함수입니다. 해당 위치에 넣을 값을 넣을 수 있는지 inRow, inCol, inBox를 활용하여 확인합니다.

❷ inRow( ) 함수는 넣을 수가 같은 행에 있는지 확인하고, ❸ 마찬가지로 inCol( ) 함수는 열을 확인합니다.

❹ 현재 위치를 포함한 3 × 3 박스에 같은 숫자가 있는지 확인합니다.

❺ findEmptyPosition( ) 함수는 현재 스도쿠 보드에 비어 있는 위치를 반환합니다. 스도쿠 보드를 순회하면서 값이 0인 칸이 있는지 확인하고, 값이 0인 칸이 있다면 해당 칸의 행, 열을 반환합니다. 빈칸이 없으면 null을 반환합니다.

❻ findSolution( )은 스도쿠를 푸는 메인 함수입니다. 스도쿠 보드에서 빈 위치를 확인하고 알맞은 숫자를 넣습니다. 여기서 '알맞은'이란 isValid( ) 함수가 true를 반환하는 경우입니다.

❼ 스도쿠 보드에 숫자가 전부 채워져 있다면 더 탐색을 진행하지 않습니다. 백트래킹은 다음과 같이 진행합니다.

**❽~❾** row, col은 findEmptyPoisition( ) 함수를 통해 찾은 빈칸의 행과 열 값입니다.

- 해당 위치에 숫자를 1~10까지 하나씩 넣으며 isValid( ) 함수로 체크합니다.
  - 유망하다면 스도쿠 보드에 해당 값을 넣고 findSolution( ) 함수를 호출하여 빈칸을 체크합니다.
  - findSolution( ) 함수가 true를 반환하면, 즉, 스도쿠 보드에 빈칸이 없다면 더 탐색하지 않습니다. false를 반환하면 row, col에 num을 넣었을 때 해가 없는 경우입니다. 반복문을 다 돌았는데도 해를 찾지 못하면 false를 반환합니다.

### 시간 복잡도 분석하기

N은 스도쿠에서 빈 칸의 개수입니다. 빈 칸당 1~9의 수가 들어가므로 최종 시간 복잡도는 $O(9^N)$ 입니다. 다만 실제 연산은 유망 함수에 의해 훨씬 적습니다.

### 문제 49 피로도 ★

---

**정답률 _** 60% | **저자 권장 시간 _** 60분 | **권장 시간 복잡도 _** O(N!) | **출제 _** 연습문제

**문제 URL** https://school.programmers.co.kr/learn/courses/30/lessons/87946
**정답 URL** https://github.com/kciter/coding-interview-js/blob/main/solution/49.js

---

든든앤파이터라는 게임에는 피로도 시스템이 있습니다. 피로도는 정수로 표시하며 일정 피로도를 사용해서 던전을 탐험할 수 있는데, 각 던전마다 탐험을 시작하기 위해 필요한 최소 필요 피로도와 던전 탐험을 마쳤을 때 소모되는 소모 피로도가 있습니다. 예를 들어 최소 필요 피로도가 80, 소모 피로도가 20인 던전을 탐험하기 위해서는 유저의 현재 남은 피로도는 80 이상이어야 하고, 던전을 탐험한 후에는 피로도 20이 소모됩니다. 이 게임에는 하루에 한 번만 탐험할 수 있는 던전이 여러 개 있습니다. 한 유저가 오늘 던전을 최대한 많이 탐험하려 합니다. 유저의 현재 피로도 k와 각 던전별 최소 필요 피로도, 소모 피로도가 담긴 2차원 배열 dungeons가 매개변수로 주어질 때 유저가 탐험할 수 있는 최대 던전 수를 반환하는 solution() 함수를 완성하세요.

### 제약 조건

- k는 1 이상 5, 000 이하인 자연수입니다.
- dungeons의 세로 길이, 즉, 던전 개수는 1 이상 8 이하입니다.
  - dungeons의 가로 길이는 2입니다.
  - dungeons의 각 행은 각 던전의 [최소 필요 피로도, 소모 피로도]입니다.
  - 최소 필요 피로도는 항상 소모 피로도보다 크거나 같습니다.
  - 최소 필요 피로도와 소모 피로도는 1 이상 1, 000 이하인 자연수입니다.
  - 서로 다른 던전의 [최소 필요 피로도, 소모 피로도]가 같을 수 있습니다.

| k | dungeons | result |
|---|----------|--------|
| 80 | [[80, 20], [50, 40], [30, 10]] | 3 |

첫 번째 입출력을 봅시다. 현재 피로도는 80입니다. 만약 첫 번째 → 두 번째 → 세 번째 순서로 던전을 탐험하면 다음과 같이 피로도의 총량을 계산할 수 있습니다.

- 현재 피로도는 80
  - 첫 번째 던전을 돌기 위한 최소 필요 피로도 80 → 첫 번째 던전을 탐험할 수 있음
  - 첫 번째 던전의 소모 피로도는 20 → 던전을 탐험한 후 남은 피로도는 60
- 현재 피로도는 60
  - 두 번째 던전을 돌기 위한 최소 필요 피로도 50 → 두 번째 던전을 탐험할 수 있음
  - 두 번째 던전의 소모 피로도는 40 → 던전을 탐험한 후 남은 피로도는 20
- 현재 피로도는 20
  - 세 번째 던전을 돌기 위한 최소 필요 피로도는 30 → **세 번째 던전은 탐험할 수 없음**

던전 순서를 바꿔서 탐험하면 어떨까요? 만약 첫 번째 → 세 번째 → 두 번째 던전 순서로 탐험한다면 다음과 같이 피로도의 총량을 계산할 수 있습니다.

- 현재 피로도는 80
  - 첫 번째 던전을 돌기 위한 최소 필요 피로도 80 → 첫 번째 던전을 탐험할 수 있음
  - 첫 번째 던전의 소모 피로도는 20 → 던전을 탐험한 후 남은 피로도는 60
- 현재 피로도는 60
  - 세 번째 던전을 돌기 위한 최소 필요 피로도 30 → 세 번째 던전을 탐험할 수 있음
  - 세 번째 던전의 소모 피로도는 10 → 던전을 탐험한 후 남은 피로도는 50
- 현재 피로도는 50
  - 두 번째 던전을 돌기 위한 최소 필요 피로도는 50 → 두 번째 던전을 탐험할 수 있음
  - 두 번째 던전의 소모 피로도는 40 → 던전을 탐험한 후 남은 피로도는 10

이렇게 하니 세 던전을 모두 탐험할 수 있게 되었습니다. 즉, 유저가 탐험할 수 있는 최대 던전 수는 3입니다.

**문제 분석하고 풀기**

모든 던전을 탐험할 수 있는 경우의 수를 보면서 최대로 탐험할 수 있는 던전 수를 확인해야 합니다. 다만 피로도가 있어서 도중에 탐색을 멈추고 백트래킹할 수 있을 것 같네요. 유망 함수를 바로 떠올리기 어려운 경우에는 그래프를 먼저 그려봐도 좋습니다. 문제의 dungeons를 그림으로 그려봅시다. 다음은 던전별 방문 경우의 수를 표현한 트리입니다.

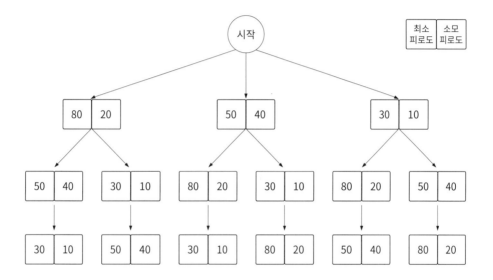

제약 조건을 잘 보면 다음 두 가지를 고민해야 함을 알 수 있습니다.

- 현재 피로도가 들어가려는 던전의 최소 피로도보다 높아야 던전을 들어갈 수 있습니다.
  - 이는 현재 어떤 던전을 들어갈 수 있는지 선택할 때 영향을 미칩니다.
- 이후 해당 던전을 빠져나올 때 현재 피로도가 소모 피로도만큼 줄어듭니다.
  - 이는 현재 던전을 통과한 다음에 어떤 던전을 갈 수 있는지 선택할 때 영향을 미칩니다.

그런데 이 두 가지 고민거리는 다음과 같은 하나의 유망 함수로 해결할 수 있습니다.

- 현재 피로도가 최소 필요 피로도보다 낮으면 백트래킹한다.

유망 함수에 의해 백트래킹이 일어나는 경우는 다음과 같습니다.

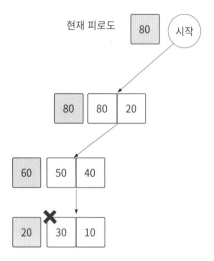

현재 피로도가 80인 상태에서 [80, 20] → [50, 40]을 탐험하여 현재 피로도가 20이 됩니다. 그러면 최소 필요 피로도가 30인 [30, 10]은 방문할 수 없으므로 백트래킹합니다. 물론 이 그림에서는 [30, 10]이 끝이라 백트래킹이 큰 의미가 없어 보이지만 만약 [30, 10] 이후 여러 던전이 있었다면 그 던전들을 제외할 수 있었겠네요. 모든 던전을 탐험하는 경우는 다음과 같습니다.

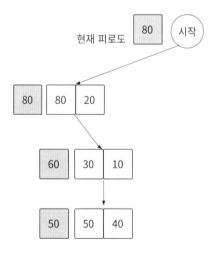

이제 유망 함수가 언제야 하는지 알았으므로 코드로 풀어보겠습니다. 이쯤해서 분기한정<sup>pruning</sup>이라는 용어를 설명하는 게 좋겠습니다. 앞서 그림과 함께 본 백트래킹은 뭔가 '그래프의 가지를

치는 듯한 느낌'을 줬을 겁니다. 실제로 이를 가지치기 또는 분기한정이라고 합니다.

```javascript
// 백트래킹을 위한 DFS
function dfs(curK, cnt, dungeons, visited) {
  let answerMax = cnt;
  for (let i = 0; i < dungeons.length; i++) {
    // ❶ 현재 피로도(curK)가 i번째 던전의 최소 필요 피로도보다 크거나 같고,
    // i번째 던전을 방문한 적이 없다면
    if (curK >= dungeons[i][0] && visited[i] === 0) {
      visited[i] = 1;
      // ❷ 현재까지의 최대 탐험 가능 던전 수와
      // i번째 던전에서 이동할 수 있는 최대 탐험 가능 던전 수 중 큰 값을 선택하여 업데이트
      answerMax = Math.max(answerMax, dfs(curK - dungeons[i][1], cnt + 1,
dungeons, visited));
      visited[i] = 0;
    }
  }

  return answerMax;
}

// 최대 탐험 가능 던전 수를 계산하는 함수
function solution(k, dungeons) {
  const visited = Array(dungeons.length).fill(0); // ❸ 방문 여부를 저장할 지역 배열
  const answerMax = dfs(k, 0, dungeons, visited); // ❹ DFS 함수 호출
  return answerMax;
}
```

❶ 현재 던전을 방문해도 되는지 검사하는 부분입니다. 현재 피로도와 i번째 던전의 최소 필요 피로도를 비교하여 현재 피로도가 최소 필요 피로도보다 크거나 같으면서 해당 던전을 탐험한 적이 없다면 방문할 수 있다고 판단하고 해당 던전을 방문 처리합니다.

❷ 백트래킹하며 구한 최대 방문 던전 수가 더 크면 answerMax를 갱신합니다. 매 탐색 시 각각의 조합으로 던전을 방문하려고 했을 때 탐색할 수 있는 던전 수를 갱신하므로 모든 탐색이 끝났을 때의 answerMax는 가장 많이 방문할 수 있는 던전 수에 대한 정보를 가지게 됩니다. visited[i] = 0 처리가 보이는데 여기를 주목하기 바랍니다. 많은 사람이 이 지점에서 곧잘 실수합니다. 이 처리를 하지 않으면 백트래킹으로 돌아갔을 때 마치 '여전히 방문한 것처럼 생각'하여 이후 이 선택지를 고려하지 않게 되므로 주의해야 합니다.

❸ visited는 던전을 중복 방문하지 않도록 하는 역할입니다. 한 번 방문한 던전은 다시 방문할 수 없으므로 중복 체크가 필요합니다.

❹ 깊이 우선 탐색을 시작하고 최대 방문 던전 수를 구합니다.

### 시간 복잡도 분석하기

N은 던전의 개수입니다. 최악의 경우 모든 경로를 탐색하므로 경우의 수는 N * (N − 1) * ... * 1이므로 시간 복잡도는 $O(N!)$입니다. 실제 연산은 유망 함수에 의해 훨씬 적습니다.

---

## 문제 50 N-퀸★

정답률 _ 36% | 저자 권장 시간 _ 60분 | 권장 시간 복잡도 _ $O(N!)$ | 출제 _ 연습문제

문제 URL https://school.programmers.co.kr/learn/courses/30/lessons/12952
정답 URL https://github.com/kciter/coding-interview-js/blob/main/solution/50.js

가로, 세로 길이가 n인 정사각형 체스판이 있습니다. 체스판 위의 n개의 퀸이 서로를 공격할 수 없도록 배치하고 싶습니다. 체스판의 길이 n이 주어질 때 조건을 만족하는 퀸 배치 수를 반환하는 solution( ) 함수를 완성하세요.

### 입출력의 예

| n | result |
|---|--------|
| 4 | 2 |

## 문제 분석하고 풀기

문제 설명은 앞서 몸풀기 문제에서 모두 설명했으므로 생략하겠습니다. 코드 작성으로 넘어갑시다.

```javascript
// ① 퀸이 서로 공격할 수 없는 위치에 놓이는 경우의 수를 구하는 함수
function search(n, y, width, diagonal1, diagonal2) {
  let answer = 0;
  // ② 모든 행에 대해서 퀸의 위치가 결정되었을 경우
  if (y === n) {
    // ③ 해결 가능한 경우의 수를 1 증가시킴
    answer += 1;
  } else {
    // ④ 현재 행에서 퀸이 놓일 수 있는 모든 위치를 시도
    for (let i = 0; i < n; i++) {
      // ⑤ 해당 위치에 이미 퀸이 있는 경우, 대각선 상에 퀸이 있는 경우 스킵
      if (width[i] || diagonal1[i + y] || diagonal2[i - y + n]) {
        continue;
      }
      // ⑥ 해당 위치에 퀸을 놓음
      width[i] = diagonal1[i + y] = diagonal2[i - y + n] = true;
      // ⑦ 다음 행으로 이동하여 재귀적으로 해결 가능한 경우의 수 찾기
      answer += search(n, y + 1, width, diagonal1, diagonal2);
      // ⑧ 해당 위치에 놓인 퀸을 제거함
      width[i] = diagonal1[i + y] = diagonal2[i - y + n] = false;
    }
  }
  return answer;
}

function solution(n) {
  // ⑨ search 함수 호출하여 해결 가능한 경우의 수 찾기
  const answer = search(n, 0, Array(n).fill(false), Array(n * 2).fill(false),
Array(n * 2).fill(false));
  return answer;
}
```

❶ getAns( ) 함수는 퀸이 서로 공격할 수 없도록 배치하는 경우의 수를 구하는 함수입니다. 매개변수가 5개나 되므로 꽤 복잡해 보이지만 자세히 들여다보면 그렇게 복잡하진 않습니다. 하나씩 살펴봅시다.

- n : 체스판의 크기
- y : 현재 퀸을 놓을 위치
- width[i] : 특정 열에 퀸이 위치했는지 표시

width[i]는 왼쪽의 체스판에서 특정 열에 퀸이 있는지 true나 false로 표현하는 배열이라고 생각하면 됩니다.

그림을 보면 0열, 3열에 퀸이 있으므로 각 위치에 true를 저장했습니다. 계속해서 매개변수를 살펴봅시다.

- diagonal1 : 오른쪽 위 → 왼쪽 아래 방향 대각선 방향 퀸 중복 체크용 배열
- diagonal2 : 왼쪽 위 → 오른쪽 아래 방향 대각선 방향 퀸 중복 체크용 배열

diagonal1, diagonal2는 아주 간단합니다. 체스판의 행과 열의 합을 이용하여 대각선을 체크하는 배열입니다. diagonal1만 설명하면 diagonal2는 자연스럽게 이해할 수 있습니다. diagonal1은 체스판에 행과 열의 합이 있다고 생각합니다. 이 그림처럼요.

※ 실제로 그 값을 체스판에 저장하는 것이 아닌 있다고만 생각합니다.

3으로 표시한 부분을 봅시다. 아하, 오른쪽 위 → 왼쪽 아래 방향의 대각선이 보입니다. 다른 수도 눈으로 따라가며 보면 마찬가지임을 알 수 있습니다. 이 값을 diagonal1의 인덱스에 적용하면 대각선상의 퀸 유무를 체크할 수 있습니다.

예를 들어 다음과 같이 퀸이 놓여 있는 상태라면 diagonal1[0], diagonal1[4]에 true를 기록합니다. 그러면 그 이후에 (2, 2)나 (3, 1)에 퀸을 놓으려고 할 때는 diagonal1[4]가 true이므로 대각선상에 퀸이 있음을 알 수 있습니다. 이렇게 하니 체스판 전체를 탐색하는 대신 diagonal1의 특정 인덱스만 확인해도 대각선상에 퀸이 있는지 없는지를 검사할 수 있게 되었습니다. 이제 감이 왔을 겁니다. diagonal2는 diagonal1의 반대 대각선상의 퀸 유무를 검사할 수 있게 해줍니다.

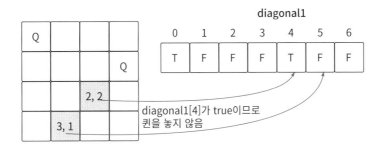

❷ y의 값은 현재 위치가 결정된 퀸의 개수를 의미합니다. 퀸을 놓는 규칙에 맞지 않으면 더 이상 탐색하지 않으므로(백트래킹하므로) y == n이면 모든 퀸을 규칙에 맞게 놓은 경우로 생각할 수 있겠죠.

❸ 퀸을 놓는 규칙에 맞으면 ans + 1하고 그렇지 않으면 계속 탐색합니다.

❹ 특정 행의 모든 열에 퀸을 놓아봅니다.

❺ 이전에 설명했던 width, diagonal1, diagonal2 배열로 퀸을 놓는 규칙을 검사하여 거르거나

❻ 퀸을 놓아 width, diagonal1, diagonal2을 갱신합니다. ❼ 재귀를 계속 진행합니다.

❽ 백트래킹을 진행하기 위해 해당 열에 퀸을 놓았을 때 탐색이 완료되면 다시 false로 바꿔줍니다.

❾ 퀸을 놓을 수 있는 모든 경우의 수를 찾기 위해 getAns( ) 함수를 호출합니다.

※ 그런데 대각선을 표현하기 위해서 diagonal1과 diagonal2는 배열의 크기를 n이 아니라 조금 여유 있게 n * 2 크기로 잡습니다. 예를 들어 위 그림을 보면 N = 4일 때 각 방향으로 7개의 대각선을 놓을 수 있음을 알 수 있습니다.

N은 퀸의 개수입니다. 각 행에 퀸을 놓는 방법의 경우의 수는 N * (N - 1) * ... * 1이고, 시간 복잡도는 O(N!)입니다. 실제 연산은 유망 함수에 의해 훨씬 적습니다.

## 문제 51 양궁 대회★★

정답률 _ 33% | 저자 권장 시간 _ 60분 | 권장 시간 복잡도 _ O($2^{11}$)
출제 _ 2022 KAKAO BLIND RECRUITMENT

문제 URL https://school.programmers.co.kr/learn/courses/30/lessons/92342
정답 URL https://github.com/kciter/coding-interview-js/blob/main/solution/51.js

카카오배 양궁 대회가 열렸습니다. 라이언은 저번 카카오배 양궁 대회 우승자이고 이번 대회에도 결승전까지 올라왔습니다. 결승전 상대는 어피치입니다. 카카오배 양궁 대회 운영위원회는 한 선수의 연속 우승보다는 다양한 선수들이 양궁 대회에서 우승하기를 바랍니다. 따라서 양궁 대회 운영위원회는 결승전 규칙을 전 대회 우승자인 라이언에게 불리하게 정했습니다.

· • 어피치가 화살 n발을 다 쏜 후에 라이언이 화살 n발을 쏩니다.

양궁 과녁판은 흔히 보는 원형의 형태입니다. 가운데부터 10, 9, 8, ..., 1, 0점으로 계산합니다. k점(k는 1~10사이의 자연수)을 어피치가 a발을 맞혔고, 라이언이 b발을 맞히면 더 많은 화살을 k점에 맞힌 선수가 k점을 가져갑니다.

단 a와 b가 같으면(두 선수가 동일한 횟수로 과녁을 맞히면) 어피치가 k점을 가져갑니다. 예를 들어 어피치가 10점을 2발 맞혔고, 라이언도 10점을 2발 맞히면 어피치가 10점을 가져갑니다. 여기서 20점이 아닌 10점을 가져간다는 점에 주의하세요. **k점을 여러 발 맞혀도 k점만 가져갑니다. 또한 a = b = 0이면 그 누구도 k점을 가져가지 않습니다.** 다른 예도 볼까요? 어피치가 10점을 0발, 라이언이 10점을 2발 맞히면 라이언이 10점을 가져갑니다. 최종 점수를 계산하여 점수가 더 높은 선수를 우승자로 결정합니다. 만약 최종 점수가 같다면 어피치가 우승자입니다.

현재 상황은 어피치가 화살 n발을 다 쏜 후이고, 라이언이 화살을 쏠 차례입니다. 라이언은 어피치를 가장 큰 점수 차이로 이기기 위해서 n발의 화살을 어떤 과녁 점수에 맞혀야 하는지 고민하고 있습니다.

화살의 개수를 담은 자연수 n, 어피치가 맞힌 과녁 점수의 개수를 10점부터 0점까지 순서대로 담은 정수 배열 info가 매개변수로 주어집니다. 이때 라이언이 가장 큰 점수 차이로 우승하기 위해 n발의 화살을 어디에 맞혀야 하는지를 10점부터 0점까지 순서대로 정수 배열에 담아 반환할 solution( ) 함수를 구현하세요. 만약 라이언이 우승할 수 없다면 -1를 반환하세요.

### 제약 조건

- $1 \leq n \leq 10$
- info의 길이 = 11
  - $0 \leq$ info의 원소 $\leq n$          - info의 원소 총합 = n
  - info의 i번째 원소는 과녁의 10 - i점을 맞힌 화살 개수(i는 0~10 사이의 정수)
- 라이언이 우승할 방법이 있는 경우 반환할 정수 배열의 길이는 11
  - $0 \leq$ 반환할 정수 배열의 원소 $\leq n$
  - 반환할 정수 배열의 원소 총합 = n(n발을 다 쏴야 함)
  - 반환할 정수 배열의 i번째 원소는 과녁의 10 - i점을 맞힌 화살 개수(i는 0~10 사이의 정수)
  - 라이언이 가장 큰 점수 차이로 우승할 수 있는 방법이 많다면 가장 낮은 점수를 더 많이 맞힌 경우를 반환
    - 가장 낮은 점수를 맞힌 개수가 같으면 그다음으로 낮은 점수를 더 많이 맞힌 경우를 반환
    - 예를 들어 [2, 3, 1, 0, 0, 0, 0, 1, 3, 0, 0]과 [2, 1, 0, 2, 0, 0, 0, 2, 3, 0, 0]을 비교하면 [2, 1, 0, 2, 0, 0, 0, 2, 3, 0, 0]을 반환
    - [0, 0, 2, 3, 4, 1, 0, 0, 0, 0, 0]과 [9, 0, 0, 0, 0, 0, 0, 0, 1, 0, 0]을 비교하면 [9, 0, 0, 0, 0, 0, 0, 0, 1, 0, 0]을 반환
- 라이언이 우승할 방법이 없으면 반환할 배열의 길이는 1
  - **라이언이 어떻게 화살을 쏘던 라이언 점수가 어피치 점수보다 낮거나 같으면 [-1]을 반환**

### 입출력의 예

| n | info | result |
|---|------|--------|
| 5 | [2, 1, 1, 1, 0, 0, 0, 0, 0, 0, 0] | [0, 2, 2, 0, 1, 0, 0, 0, 0, 0, 0] |
| 1 | [1, 0, 0, 0, 0, 0, 0, 0, 0, 0, 0] | [-1] |
| 9 | [0, 0, 1, 2, 0, 1, 1, 1, 1, 1, 1] | [1, 1, 2, 0, 1, 2, 2, 0, 0, 0, 0] |

문제가 꽤 복잡하므로 입출력 예의 분석이 매우 중요합니다. 첫 번째 입출력 예를 봅시다. 입출력 예를 표로 정리하면 다음과 같습니다. 이렇게 하면 어피치의 최종 점수는 15점, 라이언의 최종 점수는 19점입니다. 4점 차이로 라이언이 우승합니다.

| 과녁 점수 | 어피치가 맞힌 화살 개수 | 라이언이 맞힌 화살 개수 | 결과 |
|---|---|---|---|
| 10 | 2 | 3 | 라이언이 10점 획득 |
| 9 | 1 | 2 | 라이언이 9점 획득 |
| 8 | 1 | 0 | 어피치가 8점 획득 |
| 7 | 1 | 0 | 어피치가 7점 획득 |
| 6 | 0 | 0 | - |
| ... | ... | ... | - |
| 1 | 0 | 0 | - |
| 0 | 0 | 0 | - |

하지만 라이언이 아래와 같이 화살을 맞힐 경우 더 큰 점수 차로 우승할 수 있습니다. 어피치의 최종 점수는 17점, 라이언의 최종 점수는 23점입니다. 6점 차이로 라이언이 우승합니다. 따라서 [0, 2, 2, 0, 1, 0, 0, 0, 0, 0, 0]을 반환해야 합니다.

| 과녁 점수 | 어피치가 맞힌 화살 개수 | 라이언이 맞힌 화살 개수 | 결과 |
|---|---|---|---|
| 10 | 2 | 0 | 어피치가 10점 획득 |
| 9 | 1 | 2 | 라이언이 9점 획득 |
| 8 | 1 | 2 | 라이언이 8점 획득 |
| 7 | 1 | 0 | 어피치가 7점 획득 |
| 6 | 0 | 1 | 라이언이 6점 획득 |
| 5 | 0 | 0 | - |
| ... | ... | ... | - |
| 1 | 0 | 0 | - |
| 0 | 0 | 0 | - |

두 번째 입출력 예는 간단합니다. 두 사람 모두 1발만 쏠 수 있는데 어피치가 10점을 맞혔으므로 라이언은 어떻게 해도 이길 수 없습니다. [-1]을 반환합니다.

세 번째 입출력 예는 라이언이 [1, 1, 2, 3, 0, 2, 0, 0, 0, 0, 0]으로 맞히면 어피치의 최종 점수는 10점, 라이언의 최종 점수는 39점이고, 라이언이 [1, 1, 2, 0, 1, 2, 2, 0, 0, 0, 0]으로 맞히면 어피치의 최종 점수는 13점, 라이언의 최종 점수는 42점으로 점수차는 모두 29점으로 같습니다. 두 번째 경우가 가장 낮은 점수인 4점을 더 많이 맞혔으므로 [1, 1, 2, 0, 1, 2, 2, 0, 0, 0, 0]을 반환해야 합니다.

## 문제 분석하고 풀기

필자는 라이언과 어피치 중 점수를 낸 사람을 "라"와, "어"로 구분하여 표시했습니다. 다음은 n이 8일 때 나올 수 있는 조합 중 하나를 나타낸 표입니다.

| 점수 | 0 | 1 | 2 | 3 | 4 | 5 | 6 | 7 | 8 | 9 | 10 |
|------|---|---|---|---|---|---|---|---|---|---|----|
| 라이언 | 0 | 0 | 0 | 0 | 2 | 0 | 0 | 3 | 1 | 2 | 0 |
| 어피치 | 0 | 0 | 0 | 0 | 3 | 0 | 1 | 0 | 1 | 3 | 0 |
| | | | | | 어 | | 어 | 라 | 어 | 어 | |

과녁을 맞춘 횟수

점수를 계산해보면 어피치는 4 + 6 + 8 + 9 = 27점을 얻고, 라이언은 7점을 얻습니다. 이렇게 점수를 계산할 수 있는 모든 경우의 수를 생각하여 라이언이 가장 큰 점수차로 이길 때의 과녁 정보를 반환해야 합니다. **이 문제의 핵심은 어떻게 해야 모든 경우를 빠지지 않고 체크할 수 있는지입니다.** 결론부터 말하면 이 문제는 과녁을 맞힌 순서는 상관이 없으므로 조합으로 생각해야 합니다. 따라서 조합을 활용하여 모든 경우의 수를 늘어 놓고 결과를 비교하겠습니다. 이제 코드를 작성해 봅시다.

※ 경우의 수를 따지는 방법은 크게 순열과 조합이 있습니다. 순열과 조합의 차이점은 뽑는 순서의 유무입니다. 순열은 순서에 의존하고 조합은 순서에 의존하지 않습니다.

```JavaScript
function combinationsWithRepetition(arr, n) {
  if (n === 1) return arr.map((v) => [v]);
  const result = [];
```

```javascript
  arr.forEach((fixed, idx, arr) => {
    const rest = arr.slice(idx);
    const combis = combinationsWithRepetition(rest, n - 1);
    const combine = combis.map((v) => [fixed, ...v]);
    result.push(...combine);
  });

  return result;
}


function solution(n, info) {
  let maxdiff = 0;
  let maxComb = {};

  // ❶ 주어진 조합에서 각각의 점수 계산
  function calculateScore(combi) {
    let score1 = 0;
    let score2 = 0;
    for (let i = 1; i <= 10; i++) {
      if (info[10 - i] < combi.filter((x) => x === i).length) {
        score1 += i;
      } else if (info[10 - i] > 0) {
        score2 += i;
      }
    }
    return [score1, score2];
  }

  // ❷ 최대 차이와 조합 저장
  function calculateDiff(diff, cnt) {
    if (diff > maxdiff) {
      maxComb = { ...cnt };
```

```
      maxdiff = diff;
    }
  }

  // ❸ 가능한 라이언의 과녁점수 조합의 모든 경우에 대해서 체크
  for (const combi of combinationsWithRepetition([...Array(11).keys()], n)) {
    const cnt = combi.reduce((acc, cur) => {
      acc[cur] = (acc[cur] || 0) + 1;
      return acc;
    }, {});
    const [score1, score2] = calculateScore(combi);
    const diff = score1 - score2;
    calculateDiff(diff, cnt);
  }

  // ❹ 최대 차이가 0 초과인 경우, 조합 반환
  if (maxdiff > 0) {
    const answer = Array(11).fill(0);
    for (const n of Object.keys(maxComb)) {
      answer[10 - n] = maxComb[n];
    }
    return answer;
  } else {
    // ❺ 최대 차이가 0인 경우, -1 반환
    return [-1];
  }
}
```

코드를 해설하기 전에 가장 상단에 구현한 combinationsWithRepetition( ) 함수에 대해 설명하겠습니다. 이 함수는 백트래킹 류의 문제에서 자주 활용하는 함수이므로 이참에 한 번 정리하고 넘어가면 좋을겁니다. 앞서 조합을 활용한다고 했습니다. 우리는 이미 앞서 조합을 구하는 함수를 구현했지만 이번엔 조금 다른 조합 함수를 사용해야 합니다. 왜냐하면 특정 과녁을 여러 번 맞

히는 조합, 즉, 중복을 허용하는 조합이기 때문입니다. 따라서 중복을 허용하지 않는 조합 함수인 combinations( ) 함수가 아닌 중복을 허용하는 조합 함수인 combinationsWithRepetition( ) 함수를 사용해야 합니다. 두 함수의 결괏값의 차이만 늘어놓아도 함수의 차이를 금방 알 수 있을 겁니다. 다음은 0, 1, 2 중 두 수를 뽑는 조합을 각 함수가 어떻게 반환하는지 보여줍니다. 표에서 볼 수 있는 것처럼 combinationsWithRepetition( ) 함수는 [0, 0]과 같이 0을 뽑고 또 0을 뽑는 중복을 허용합니다.

| combinationsWithRepetition( ) 함수의 결과 | combinations( ) 함수의 결과 |
| --- | --- |
| [0, 0] | [0, 1] |
| [0, 1] | [0, 2] |
| [0, 2] | [1, 2] |
| [1, 1] | |
| [1, 2] | |
| [2, 2] | |

❶ calculateScore( ) 함수는 combi 매개변수로 오브젝트를 받습니다. combi는 라이언이 각 과녁을 맞춘 화살 수를 기록한 배열입니다. 키는 과녁 점수, 값은 과녁에 맞힌 화살 수입니다. 다음과 같은 combi의 구성을 생각하면 됩니다.

info는 어피치의 점수 정보를 담은 오브젝트입니다. info는 10점 과녁에 대한 정보부터 0번 과녁에 대한 정보가 순서대로 들어 있으므로 i로 접근할 때 10 - i로 계산하여 접근해야 함에 주의합니다. 각 과녁에 맞힌 화살이 많은 선수가 점수를 얻습니다. 다만 문제의 조건에서 둘 다 하나도 맞히지 못한 경우에는 누구도 점수를 가져가지 않는다고 했었습니다. 이 조건을 실수하기 쉽습니다. else문에 사용한 비교 연산자가 >=가 아닌 >임을 주의하기 바랍니다. score1은 어피치의 점수, score2는 라이언의 점수입니다.

❷ 라이언과 어피치의 점수 차이가 가장 클 때의 점수 차이와 라이언의 과녁 점수 정보를 갱신합니다.

❸ 라이언이 n번 화살을 쏴서 얻을 수 있는 과녁 점수의 모든 조합을 체크합니다.

❹ 만약 최대 점수차가 0 이상이면, 즉, 라이언이 이기는 경우 위에서 구한 라이언의 과녁 점수 정보를 반환합니다.

❺ 최대 점수차가 0이면, 즉, 라이언이 이기는 경우가 없다면 [-1]을 반환합니다.

### 시간 복잡도 분석하기

0~10점 각 과녁에 화살을 맞힌다/못 맞힌다 두 상태가 있으므로 시간 복잡도는 $O(2^{11})$입니다.

고난이도 문제!

## 문제 52 외벽 점검 ★★★★★

**정답률** _ 30% | **저자 권장 시간** _ 80분 | **권장 시간 복잡도** _ $O(M^2*N!)$
**출제** _ 2020 KAKAO BLIND RECRUITMENT

**문제 URL** https://school.programmers.co.kr/learn/courses/30/lessons/60062
**정답 URL** https://github.com/kciter/coding-interview-js/blob/main/solution/52.js

레스토랑을 운영하는 스카피는 레스토랑 내부가 너무 낡아 친구들과 함께 직접 레스토랑을 리모델링하기로 했습니다. 레스토랑은 스노우타운이라는 매우 추운 지역에 있어서 리모델링을 하는 중에 외벽 상태를 점검할 필요가 있습니다.

레스토랑의 구조는 **완전히 동그란 모양**이고 **외벽의 총 둘레는 n미터**이며 외벽의 몇몇 지점은 추위가 심하면 손상될 수도 있는 **취약한 지점들**이 있습니다. 스카피는 외벽의 취약 지점들이 손상되지 않았는지 친구들을 보내서 점검하기로 했습니다. 다만 빠른 공사 진행을 위해 점검 시간을 1시간만 하기로 했습니다. 친구들이 1시간 동안 이동할 수 있는 거리는 제각각이므로 최소한의 친구들을 시켜 취약 지점을 점검하고 나머지 친구들은 리모델링을 하려고 합니다.

편의상 레스토랑의 정북 방향 지점을 0으로 하여 취약 지점의 위치는 정북 방향 지점으로부터 시계 방향으로 떨어진 거리로 나타냅니다. 친구들은 출발 지점부터 시계 혹은 반시계 방향으로 외벽을 따라서만 이동합니다. 외벽의 길이 n, 취약 지점의 위치가 담긴 배열 weak, 각 친구가 1시간 동안 이동할 수 있는 거리가 담긴 배열 dist가 주어질 때 취약 지점을 점검하기 위해 보낼 친구

수의 최솟값을 반환하는 solution( ) 함수를 작성하세요.

## 제약 조건

- n은 1 이상 200 이하인 자연수입니다.
- weak의 길이는 1 이상 15 이하입니다.
  - 서로 다른 두 취약점의 위치가 같은 경우는 주어지지 않습니다.
  - 취약 지점의 위치는 오름차순으로 정렬되어 있습니다.
  - weak의 원소는 0 이상 n - 1 이하인 정수입니다.
- dist의 길이는 1 이상 8 이하입니다.
  - dist의 원소는 1 이상 100 이하인 자연수입니다.
- 친구들을 모두 투입해도 취약 지점을 전부 점검할 수 없는 때는 -1을 반환하세요.

## 입출력의 예

| n | weak | dist | result |
|----|--------------|-------------|--------|
| 12 | [1, 5, 6, 10] | [1, 2, 3, 4] | 2 |
| 12 | [1, 3, 4, 9, 10] | [3, 5, 7] | 1 |

첫 번째 입출력 예를 봅시다. 그림으로 레스토랑을 나타내면 외벽과 취약 지점은 이렇게 생각해볼 수 있습니다.

친구들을 투입하는 여러 예 중 가장 효율적인 방법을 생각해본 것입니다.

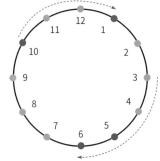

- 4m를 이동할 수 있는 친구를 10m 지점에서 출발하도록 합니다. 친구는 시계 방향으로 돌아 1m 위치에 있는 지점에서 외벽 점검을 마칩니다.
- 2m를 이동할 수 있는 친구를 4.5m 지점에서 출발하도록 합니다. 친구는 시계 방향으로 돌아 6.5m 위치에 있는 지점에서 외벽 점검을 마칩니다.

이 방법 외에도 여러 방법이 있지만 2명보다 적은 친구를 투입하는 방법은 없습니다. 따라서 친구를 최소 2명 투입해야 합니다.

두 번째 입출력 예도 살펴봅시다. 이 경우 7m를 이동할 수 있는 친구가 4m 지점에서 출발해 반시계 방향으로 점검하면 모든 취약 지점을 점검할 수 있습니다. 따라서 친구를 1명 투입하면 됩니다.

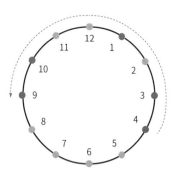

### 문제 분석하고 풀기

친구들이 1시간 동안 이동할 수 있는 거리가 다르기 때문에 친구들을 어떻게 배치하는지에 따라 모든 취약 지점을 방문하는 데 필요한 최소 친구 수가 다를 수 있습니다. 이 배치는 조합과 순열 중 무엇을 고려해야 할까요? 여기서는 순열입니다. 각 친구들은 1시간 동안 이동할 수 있는 거리가 다르며, 한 친구가 어디를 수리했는지에 따라 다른 친구를 배치할 위치가 달라질 수 있기 때문입니다. 게다가 친구들의 이동 방향도 고려해야 합니다. 친구들은 시계 방향으로도, 반시계 방향으로도 움직일 수 있다고 했었죠. 이 세 가지 조건을 고려하면 문제가 꽤 복잡해집니다.

- 친구의 1시간 이동 거리
- 친구 배치 순서
- 친구의 이동 방향

특히 친구의 이동 방향이 까다롭습니다. 하지만 친구의 이동 방향은 상관이 없습니다. 왜냐하면 탐색을 통해 결국은 반시계 이동 방향을 시계 이동 방향이 커버하기 때문이죠. 다음 그림을 봅시다.

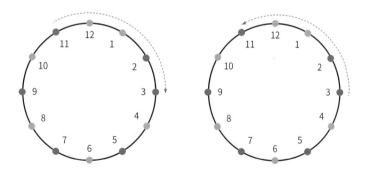

색칠한 부분이 취약 지점입니다. 두 그림의 시작점은 11과 3으로 다르지만 결국 같은 취약 지점을 커버합니다. 다시 말해 시계 방향만 고려해서 효과적인 친구 시작 지점을 탐색해도 반시계 방향으로 진행했을 때의 결과들을 커버할 수 있습니다. 그러니 친구의 이동 방향은 없는 것으로 생각해도 좋습니다.

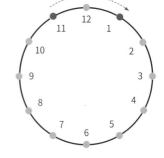

이제는 그다음의 이야기입니다. 예를 들어 1시간에 2만큼 이동하는 친구를 11시에 배치하면 11에서 1로 이동하는 건 어떻게 고려해 볼 수 있을까요? 말 그대로 11에서 1로 이동했다고 생각해야 할까요? 그렇게 탐색하도록 코드를 구현하면 꽤 복잡해질 겁니다.

하지만 이건 24시간 시계를 생각하면 쉽게 해결할 수 있습니다. 11에서 1로의 이동은 11에서 13의 이동으로 생각하면 되는 것이죠. 다른 경우도 마찬가지입니다. 9에서 2로의 이동은 9에서 14의 이동으로 생각하면 됩니다. 코드에 적용하면 weak의 길이를 2배로 만드는 것입니다. weak이 [1, 5, 6, 10]이면 레스토랑의 길이 n을 생각하여 weak에 n을 더하여 weak을 확장합니다.

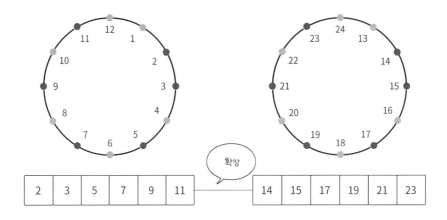

이렇게 weak에 n을 더하여 붙이면 앞서 언급한 9 → 14나 11 → 1의 이동을 확장한 weak에서 다음과 같이 표현할 수 있습니다.

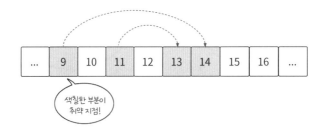

복잡한 고민이 끝났습니다. 이제 친구 배치만 고민하면 됩니다. 이런 전략을 생각해봅니다.

- 순열로 친구를 배치할 순서 정하기
- 첫 번째 친구를 첫 번째 취약 지점에 세우고 점검할 수 있는 취약 지점을 제거하기
- 그다음 친구를 제거되지 않은 취약 지점에 세우고 점검할 수 있는 취약 지점 제거하기

이 과정을 모든 취약 지점에 사라질 때까지 반복하면 됩니다. 이제 코드를 작성해봅시다.

```javascript
function permutations(arr, n) {
  // 더 이상 뽑을 수 없다면 반환하여 탈출 조건으로 사용
  if (n === 0) return [[]];
  const result = [];

  // 요소를 순환
  arr.forEach((fixed, idx) => {
    // 현재 요소를 제외한 나머지 요소들을 복사
    const rest = [...arr];
    rest.splice(idx, 1);

    // 나머지 요소들로 순열 구함
    const perms = permutations(rest, n - 1);

    // 나머지 요소들로 구한 순열에 현재 요소를 추가
    const combine = perms.map((p) => [fixed, ...p]);

    // 결과에 추가
    result.push(...combine);
  });

  return result;
}

function solution(n, weak, dist) {
```

```javascript
// ❶ 주어진 weak 지점들을 선형으로 만들기 위해 weak 배열에 마지막 지점 + n을 추가
const length = weak.length;
for (let i = 0; i < length; i++) {
  weak.push(weak[i] + n);
}

// ❷ 투입할 수 있는 친구들의 수에 1을 더한 값을 초기값으로 설정
let answer = dist.length + 1;

// ❸ 모든 weak 지점을 시작점으로 설정하며 경우의 수를 탐색
for (let i = 0; i < length; i++) {
  for (const friends of permutations(dist, dist.length)) {
    // ❹ friends에 들어있는 친구들을 순서대로 배치하며 투입된 친구 수(cnt) 측정
    let cnt = 1;
    let position = weak[i] + friends[cnt - 1];
    // ❺ 현재 투입된 친구가 다음 weak 지점까지 갈 수 있는지 검사
    for (let j = i; j < i + length; j++) {
      if (position < weak[j]) {
        cnt += 1;
        // ❻ 투입 가능한 친구의 수를 초과한 경우 탐색 중단
        if (cnt > dist.length) {
          break;
        }
        position = weak[j] + friends[cnt - 1];
      }
    }
    // ❼ 최소 친구 수를 구함
    answer = Math.min(answer, cnt);
  }
}

// ❽ 모든 경우의 수를 탐색한 결과가 투입 가능한 친구 수를 초과하는 경우, -1 반환
return answer <= dist.length ? answer : -1;
}
```

코드 가장 맨 위를 보면 permutations( ) 함수가 구현되어 있습니다. 이 함수는 순열을 구하는 함수입니다. 조합 함수와 유사하게 구현합니다. 순열이 사용되는 문제가 종종 출제되므로 기억해두면 좋습니다.

❶ weak 배열을 확장합니다.

❷ 실수하기 쉬운 부분입니다. answer는 최종 답을 저장하는 변수, 즉, 취약 지점을 점검하기 위해 보내야 하는 친구 수의 최솟값인데 최솟값을 찾지 못했을 때는 dist.length + 1로 마무리해야 합니다. 왜냐하면 초깃값이 answer = dist.length이기 때문이죠. 이를 구분하기 위해 이렇게 처리했습니다.

❸ 처음 점검할 취약 지점이 i입니다. 즉, 반복문을 돌며 모든 취약점이 한 번씩은 첫 점검 대상이됩니다. 단, 확장한 weak을 시작점으로 잡을 필요는 없다는 점에 주의합니다.

❹ 친구의 순서를 결정하기 위해 permutations( ) 함수로 순열을 사용했습니다. position은 weak[i]에서 친구가 이동했을 때 도착하는 지점입니다.

❺ i부터 i + length까지 반복하는 의미를 생각해봅시다. weak[i]는 시작점입니다. 시작점이 weak[i]이고 취약 지점은 weak.length만큼 있습니다. 따라서 시작점이 weak[i]일 때 방문해야 할 취약 지점은 weak[i]에서 weak[i + dist.length − 1]입니다. 인덱스를 기준으로 표현하면 i 부터 i + length까지가 되는 것입니다. 이 인덱스를 j로 표현하고 있습니다. 만약 weak[j]가 position보다 크다면 현재 이동한 친구의 도착점이 weak[j]까지 도달하지 못한 것 입니다. 따라서 weak[j]는 순서상 다음 친구가 점검해야 힙니다. 친구가 더 필요하므로 cnt를 늘립니다. cnt를 늘린 다음에 모든 친구가 점검에 투입되었는지 체크합니다. 모든 친구가 점검에 투입된 상태라면 더 이상 탐색할 수 없기 때문입니다.

❻ cnt가 dist.length보다 크다면 모든 친구가 취약 지점 점검에 투입된 상태이므로 반복문을 빠져나갑니다. cnt가 dist.length보다 작다면 position을 weak[j] 기준으로 갱신합니다.

❼ answer는 매 반복문마다 자신의 값과 cnt를 비교해서 작은 값으로 갱신합니다.

❽ answer가 초깃값 그대로라면 취약 지점을 모두 방문한 경우가 없다는 것이므로 −1을 반환하고 그렇지 않다면 answer를 반환합니다.

### 시간 복잡도 분석하기

N은 dist의 길이이고, M은 weak의 길이입니다. weak 배열에 항목을 추가하는 연산의 시간 복잡도는 O(M)입니다. 이후 반복문에서 모든 weak 지점을 순회(M)하며 친구들의 순열을 모두 확인(N!)합니다. 그리고 현재 투입된 친구가 다음 weak까지 갈 수 있는지 체크하기 위한 시간 복잡도는 M입니다. 따라서 최종 시간 복잡도는 O(M² * N!)입니다.

## 문제 53 사라지는 발판★★★★★

정답률 _ 12% | 저자 권장 시간 _ 100분 | 권장 시간 복잡도 _ O(4$^{(M*N)}$)
출제 _ 2022 KAKAO BLIND RECRUITMENT

문제 URL https://school.programmers.co.kr/learn/courses/30/lessons/92345
정답 URL https://github.com/kciter/coding-interview-js/blob/main/solution/53.js

플레이어 A와 플레이어 B가 서로 게임을 합니다. 당신은 이 게임이 끝날 때까지 양 플레이어가 캐릭터를 몇 번 움직일지 예측하려고 합니다. 각 플레이어는 자신의 캐릭터 하나를 보드 위에 올려놓고 게임을 시작합니다. 게임 보드는 1 × 1 크기의 정사각 격자로 이루어져 있으며 보드 안에는 발판이 있는 부분과 없는 부분이 있습니다. 발판이 있는 곳에만 캐릭터가 설 수 있고, 처음 캐릭터를 올려놓는 곳은 항상 발판이 있습니다. 캐릭터는 발판이 있는 곳으로만 이동할 수 있으며 보드 밖으로 이동할 수 없습니다. 밟고 있던 발판은 그 위에 있던 캐릭터가 다른 곳으로 이동해 다른 발판을 밟음과 동시에 사라집니다. 양 플레이어는 번갈아가며 자기 차례에 자신의 캐릭터를 상하좌우로 이동합니다. 다음과 같은 상황에서 패자와 승자가 정해지고 게임을 종료합니다.

- 움직일 차례일 때
  - 캐릭터의 상하좌우 주변 4칸이 모두 발판이 없거나 보드 밖이라서 이동할 수 없는 경우 해당 차례 플레이어는 패배합니다.
- 두 캐릭터가 같은 발판 위에 있을 때
  - 상대 플레이어의 캐릭터가 다른 발판으로 이동해 자신의 캐릭터가 서 있던 발판이 사라지게 되면 상대는 패배합니다.

게임은 항상 플레이어 A가 먼저 시작합니다. 양 플레이어는 최적의 플레이를 합니다. 즉, 이길 수 있는 플레이어는 최대한 빨리 승리하는 방향으로 플레이하고, 질 수밖에 없는 플레이어는 최대한 오래 버티는 방향으로 플레이합니다. 이길 수 있는 플레이어는 실수만 하지 않으면 항상 이기는 플레이어를, 질 수밖에 없는 플레이어는 최선을 다해도 상대가 실수하지 않으면 항상 질 수밖에 없는 플레이어를 의미합니다. 최대한 오래 버틴다는 것은 두 플레이어가 캐릭터를 움직이는 횟수를 최대화한다는 것을 의미합니다. 오른쪽 그림은 초기 보드의 상태와 각 플레이어의 위치를 나타내는 예입니다.

| 1 | 1 | 1 |
|---|---|---|
| 1(A) | 1 | 1(B) |
| 1 | 1 | 1 |

**결론부터 말하자면 플레이어 A는 실수만 하지 않으면 항상 이길 수 있습니다.** 다음은 A와 B가 최적의 플레이를 하는 과정을 나타냅니다.

1 플레이어 A가 초기 위치 (1, 0)에서 (1, 1)로 이동합니다. 만약 플레이어 A가 (0, 0)이나 (2, 0)으로 이동하면 승리를 보장할 수 없습니다. 따라서 무조건 이길 방법이 있는 (1, 1)로 이동합니다.

2 플레이어 B는 (1, 1)로 이동하면 안 됩니다. 왜냐하면 바로 다음 차례에 A가 이동하면 발판이 없어져 패배하기 때문입니다. 따라서 플레이어 B는 (1, 1)로 이동하지 않고 위쪽 칸인 (0, 2)로 이동합니다.

3 플레이어 A는 (1, 1)에서 (0, 1)로 이동합니다.

4 플레이어 B에게는 남은 선택지가 (0, 1)밖에 없습니다. 따라서 (0, 2)에서 (0, 1)로 이동합니다.

5 플레이어 A가 (0, 1)에서 (0, 0)으로 이동합니다. 이동을 완료함과 동시에 플레이어 B가 서 있던 (0, 1)의 발판이 사라져 플레이어 B가 패배합니다.

6 만약 과정 2에서 플레이어 B가 (2, 2)로 이동하더라도 플레이어 A가 (2, 1)로 이동하면 이후 플레이어 B가 (2, 1)로, 다음 차례에 플레이어 A가 (2, 0)으로 이동하여 플레이어 B가 패배합니다.

지금 예에서는 두 플레이어가 최적의 플레이를 했을 때 캐릭터의 이동 횟수 합이 5입니다. 최적의 플레이 방법은 여러 가지일 수 있지만 모든 경우의 수에서 이동한 횟수는 5로 같습니다.

게임 보드의 초기 상태를 나타내는 2차원 정수 배열 board와 플레이어 A의 캐릭터 초기 위치를 나타내는 정수 배열 aloc, 플레이어 B의 캐릭터 초기 위치를 나타내는 정수 배열 bloc이 주어질 때, 모든 플레이어가 최적의 플레이를 했을 때의 두 캐릭터가 움직인 횟수의 합을 반환하는 solution( ) 함수를 작성하세요.

## 제약 조건

- 1 ≤ board의 세로 길이 ≤ 5
- 1 ≤ board의 가로 길이 ≤ 5
- board의 원소는 0 또는 1
  - 0은 발판이 없음, 1은 발판이 있음을 나타냄
  - 게임 보드의 좌측 상단 좌표는 (0, 0),
    우측 하단 좌표는 (board의 세로 길이 - 1, board의 가로 길이 - 1)
- aloc과 bloc은 각각 플레이어 A의 캐릭터와 플레이어 B의 캐릭터 초기 위치를 나타내는 좌푯값, [r, c] 형태
  - r은 몇 번째 행인지 나타냄
  - 0 ≤ r ⟨ board의 세로 길이
  - c는 몇 번째 열인지 나타냄
  - 0 ≤ c ⟨ board의 가로 길이
  - 초기 보드의 aloc과 bloc 위치는 항상 발판이 있는 곳임
  - aloc과 bloc이 같을 수 있음
- 상대 플레이어의 캐릭터가 있는 칸으로 이동할 수 있음

## 입출력의 예

| board | aloc | bloc | result |
|---|---|---|---|
| [[1, 1, 1], [1, 1, 1], [1, 1, 1]] | [1, 0] | [1, 2] | 5 |
| [[1, 1, 1], [1, 0, 1], [1, 1, 1]] | [1, 0] | [1, 2] | 4 |
| [[1, 1, 1, 1, 1]] | [0, 0] | [0, 4] | 4 |
| [[1]] | [0, 0] | [0, 0] | 0 |

첫 번째 입출력 예는 문제에서 다 설명했습니다. 문제를 조금 더 자세히 파악하기 위해 두 번째 입출력 예를 보겠습니다. 두 번째 입출력 예에서 board를 그림으로 나타내면 다음과 같습니다. 이 상황에서 항상 이기는 플레이어는 B, 항상 지는 플레이어는 A입니다.

| 1 | 1 | 1 |
|---|---|---|
| 1(A) | 0 | 1(B) |
| 1 | 1 | 1 |

다음은 플레이어 B가 이기는 한 판을 보여줍니다. 이동 횟수 6번 만에 플레이어 B가 이깁니다.

1. A가 (1, 0)에서 (0, 0)으로 이동
2. B가 (1, 2)에서 (2, 2)로 이동
3. A가 (0, 0)에서 (0, 1)로 이동
4. B가 (2, 2)에서 (2, 1)로 이동
5. A가 (0, 1)에서 (0, 2)로 이동
6. B가 (2, 1)에서 (2, 0)으로 이동
7. A는 더 이상 이동할 수 없어 패배

하지만 이렇게 플레이하면 더 빨리 이길 수 있습니다. 이길 수 있는 플레이어는 최대한 빨리 게임을 끝내려 하기 때문에 위 방법 대신 아래 방법을 선택합니다. 이동 횟수 4번 만에 플레이어 B가 이길 수 있으므로 4를 반환합니다.

1. A가 (1, 0)에서 (0, 0)으로 이동
2. B가 (1, 2)에서 (0, 2)로 이동
3. A기 (0, 0)에서 (0, 1)로 이동
4. B가 (0, 2)에서 (0, 1)로 이동
5. A는 더 이상 이동할 수 없어 패배합니다.

세 번째 입출력 예는 다음 그림과 같습니다. 각 플레이어는 한쪽 방향으로만 움직일 수 있으므로 (0, 2)에서 어디로도 이동할 수 없는 플레이어 A가 패배합니다. 이동 횟수 합은 4입니다.

| 1(A) | 1 | 1 | 1 | 1(B) |
|---|---|---|---|---|

네 번째 입출력 예는 플레이어 A가 처음부터 어디로도 이동할 수 없으므로 플레이어 A가 집니다. 이동 횟수 합은 0입니다.

## 문제 분석하고 풀기

이 문제의 어려운 부분은 '최선을 다해서 게임을 한다'라는 문장입니다. 최선을 다한다는 걸 우리는 어떻게 구현할 수 있을까요? 이 문제에서 말하는 최선은 게임에서 이길 수 있다면 바로 게임을 끝내는 것이고, 게임에서 질 상황에서는 최대한 버티는 것입니다. 모든 경로에 대해 백트래킹을 수행할 것이므로 문제 조건에 맞게 탐색할 수 있도록 다음 경우의 수를 고려해야 합니다.

- 특정 플레이어가 더 이상 움직일 수 있는 발판이 없는 경우
  - 해당 플레이어는 무조건 패배 → 게임 종료
- 특정 플레이어가 어느 위치로 이동해도 전부 지는 경우
  - 예를 들어 플레이어 A가 어느 위치로 이동해도 전부 지는 상황
    - 승자는 플레이어 B
    - 이때 플레이어 A는 최선을 다해야 하므로 최대한 많이 이동하는 경우가 답
- 특정 플레이어가 특정 위치로 이동하면 이기고 특정 위치로 이동하면 지는 경우
  - 예를 들어 플레이어 A가 특정 위치로 가면 이기고, 특정 위치로 가면 진다면
    - 플레이어 A는 최선을 다한다고 했으므로 무조건 이기는 위치로 이동 → 승리
    - 플레이어 A는 최선을 다해야 하므로 최대한 적게 이동하는 경우가 답

**위 경우를 고려했을 때 우리에게 필요한 진짜 정보가 무엇인지를 추려보면 이기거나 졌을 때 총 이동 횟수임을 알 수 있습니다.** 이점에 집중하여 코드를 작성해봅시다.

```JavaScript
function solution(board, aloc, bloc) {
  // ❶ 게임판의 행과 열의 개수를 저장
  const ROW = board.length;
  const COL = board[0].length;

  // ❷ 이동할 수 있는 방향을 저장합니다. 상, 우, 하, 좌 순서로 저장되어 있음
  const DR = [-1, 0, 1, 0];
  const DC = [0, 1, 0, -1];

  // ❸ 주어진 위치가 유효한 위치인지 확인하는 함수
  function isValidPos(r, c) {
```

```
    return 0 <= r && r < ROW && 0 <= c && c < COL;
}


// ❹ 재귀적으로 호출되는 함수
function recursiveFunc(alphaPos, betaPos, visited, step) {
    // ❺ 현재 플레이어의 위치와 이동 가능한지 여부,
    // 상대 플레이어가 이긴 경우를 저장하는 변수들
    const [r, c] = step % 2 === 0 ? alphaPos : betaPos;
    let canMove = false;
    let isOpponentWinner = true;

    // ❻ 이긴 경우와 지는 경우를 저장하는 배열
    const winSteps = [];
    const loseSteps = [];

    // ❼ 현재 위치에서 이동할 수 있는 모든 방향으로 이동
    for (let i = 0; i < 4; i++) {
      const nr = r + DR[i];
      const nc = c + DC[i];

      // ❽ 이동할 수 있는 위치인 경우
      if (isValidPos(nr, nc) && !visited.has(`${nr},${nc}`) && board[nr][nc]) {
        canMove = true;
        // ❾ 두 플레이어의 위치가 같으면 A 플레이어가 이긴 것이므로 true와 step + 1을
반환
        if (alphaPos[0] === betaPos[0] && alphaPos[1] === betaPos[1]) {
          return [true, step + 1];
        }

        // ❿ 재귀적으로 호출하여 이긴 여부와 남은 턴수를 가져옴
        const [win, stepsLeft] = step % 2 === 0
          ? recursiveFunc([nr, nc], betaPos, new Set([...visited, `${r},${c}`]),
step + 1)
```

```javascript
            : recursiveFunc(alphaPos, [nr, nc], new Set([...visited, `${r},${c}`]),
step + 1);

        // ⑪ 상대 플레이어가 이긴 경우만 true로 유지합니다.
        isOpponentWinner &= win;

        // ⑫ 이긴 경우와 지는 경우를 저장합니다.
        if (win) {
          winSteps.push(stepsLeft);
        } else {
          loseSteps.push(stepsLeft);
        }
      }
    }

    // ⑬ 이동할 수 있는 위치가 없는 경우
    if (!canMove) {
      return [false, step];
    }

    // ⑭ 상대 플레이어가 이긴 경우
    if (isOpponentWinner) {
      return [false, Math.max(...winSteps)];
    }

    // ⑮ 현재 플레이어가 이긴 경우
    return [true, Math.min(...loseSteps)];
  }

  // ⑯ A 플레이어가 이길 때까지 걸리는 최소 턴 수를 반환합니다.
  const [_, steps] = recursiveFunc(aloc, bloc, new Set(), 0);

  return steps;
}
```

❶ 입력으로 주어진 게임판의 행과 열의 개수를 저장합니다.

❷ 상하좌우로 이동하는 부분을 구현하기 위한 오프셋 배열입니다.

❸ 현재 좌표가 문제에서 주어진 게임판 기준으로 유효한 좌표인지 확인합니다.

❹ 게임의 모든 경우의 수를 백트래킹하는 recursiveFunc( ) 함수입니다. 이 함수의 매개변수는 총 4개입니다. 하나씩 알아봅시다.

※ recursiveFunc( ) 함수는 게임이 종료되면 더 이상 탐색을 하지 않으므로 백트래킹한다라고 이야기했습니다.

- alphaPos와 betaPos : 플레이어 A, B의 게임판 위치
- visited : 플레이어가 게임판에 방문했는지 표시
  - 방문한 게임판은 없어지므로 중복 방문할 수 없음
- step : 플레이어 A와 B의 총 이동 횟수
  - 짝수 step : A가 움직일 차례
  - 홀수 step : B가 움직일 차례

❺ step의 홀짝을 기준으로 어떤 플레이어의 턴인지 확인하여 현재 위치 행과 열 값을 r, c에 각각 저장합니다. canMove는 현재 위치에서 다음 위치로 이동할 수 있는지 확인하는 변수입니다. 이동할 수 있으면 true, 없으면 false가 됩니다. isOpponentWinner는 상대 플레이어가 무조건 이길 경우 true를 갖는 변수입니다. 이 변수가 특이하다라고 느낄 수 있습니다. 왜 현재 플레이어가 아닌 상대 플레이어를 기준으로 판단해야 하는지는 연관된 코드 설명에서 이어하겠습니다.

❻ winSteps와 loseSteps는 게임의 승패가 결정되었을 때의 총 이동 횟수입니다.

❼ 현재 플레이어를 기준으로 상하좌우로 이동합니다. i는 오프셋 배열의 인덱스이고 nr과 nc는 현재 위치 r, c에 오프셋을 적용한 위치입니다. 상하좌우를 다 확인하는 과정이라 생각하면 됩니다.

❽ 방문할 수 있는 위치를 확인합니다. 다음의 3가지를 확인합니다.

- 게임판 범위 내의 위치인가?
- 방문한 적이 있나?
- 해당 게임판 위에 발판이 있는가?

이 3가지를 모두 확인한 다음 이동합니다. 즉, canMove를 true로 합니다.

❾ 만약 현재 플레이어들의 위치가 같은데 현재 플레이어가 이동할 수 있다면 무조건 현재 플레이어가 승리합니다. 이때 두 값을 반환합니다. 첫 번째 값은 true 혹은 false입니다. 현재 플레이어가 이기면 true입니다. 두 번째 값은 게임이 끝날 때까지 움직인 step입니다. 현재 같은 위치에 있는 순간의 이동 횟수는 step이지만 게임이 끝났다는 것은 누군가 이동했다는 것이므로 게임이 끝날 때의 이동 횟수는 step + 1로 계산해야 합니다.

❿ 재귀 함수를 호출합니다. step이 짝수면 플레이어 A의 차례입니다. 이때 현재 위치 (r, c)는 방문한 것으로 하고, alphaPos, 즉, 플레이어 A의 위치를 (nr, nc)로 한 다음, step을 1 증가시킵니다.

※ step이 홀수면 플레이어 B에 대하여 같은 처리를 합니다.

아까 전에 isOpponentWinner를 언급할 때 상대 플레이어를 기준으로 판단하는 변수라고 했습니다. 여기서 아마 실수를 많이 할 것입니다. 재귀 함수로 넘어오는 플레이어 정보는 상대 플레이어 정보입니다. 왜냐하면 현재 플레이어는 (nr, nc)로 이동했으니 함수의 반환값은 상대 플레이어에 대한 것이기 때문이죠. win은 상대 플레이어의 승리 여부를 나타낸 것이고 stepsLeft는 상대 플레이어의 승패가 결정되었을 때 총 이동 횟수입니다. 여기에 들어 있는 정보들이 현재 플레이어에 대한 것이라고 착각하면 안 됩니다.

⓫ 상대 플레이어가 이긴 경우 isOpponentWinner에 and 연산을 합니다. 이렇게 하면 한 번이라도 상대 플레이어가 지면 해당 값을 false로 만들 수 있습니다.

⓬ 상대 플레이어가 이긴 경우에는 winSteps에 이동 횟수를, 상대 플레이어가 진 경우에는 loseSteps에 이동 횟수를 추가합니다. 앞서 언급했지만 stepsLeft는 상대 플레이어의 정보이기 때문입니다.

⓭ canMove가 false면 현재 플레이어가 더 이상 이동할 수 없다는 것이므로 현재 플레이어가 진 것과 같습니다. 따라서 false, step을 반환합니다.

⓮ isOpponentWinner가 true이면 모든 경우에 상대 플레이어가 이긴 것입니다. 즉, 현재 플레이어가 무조건 진 것입니다. 패배한 플레이어는 최선을 다하므로 winSteps의 최댓값을 반환합니다.

⓯ isOpponentWinner가 true가 아니면 상대 플레이어가 이길 수도 있고 질 수도 있다는 것입니다. 이 경우에는 현재 플레이어는 최선을 다해야 하므로 무조건 이기는 경우를 택하고 가장 짧은 이동 횟수로 이겨야 하므로 상대 플레이어가 지는 경우의 이동 횟수인 loseSteps의 값 중 최솟값을 택합니다. ⓰ 최적의 플레이를 했을 때 최소 턴 수를 반환합니다. 게임 시작은 무조건 플레이어 A가 합니다.

### 시간 복잡도 분석하기

board의 가로 길이를 N, 세로 길이를 M이라고 하면 각 위치에서 상하좌우 4개의 경우의 수가 있으므로 최종 시간 복잡도는 $O(4^{(M*N)})$입니다.

### 리마인드

기억 01 백트래킹이란 해를 찾는 도중 현재 경로가 해가 될 수 없다고 판단하면 해당 경로를 포기하고 이전으로 되돌아가 다른 경로를 탐색하는 방법입니다.

기억 02 백트래킹에서 현재 경로가 해가 될 수 있는지 확인하는 함수를 유망 함수라고 합니다.

기억 03 깊이 우선 탐색은 그래프나 트리의 모든 노드를 방문하는 알고리즘이고 백트래킹은 특정 조건에 부합하는 해결책을 찾기 위해 가능한 모든 경로를 탐색하는 알고리즘입니다.

### 추천 문제

문제 01 모음 사전 : https://school.programmers.co.kr/learn/courses/30/lessons/84512

# 13 정렬

 **공부부터 합격까지**

정렬의 개념을 이해하고, 각 정렬의 성능을 명확하게 분석하고 비교
할 수 있습니다. 정렬 알고리즘의 하한lower-bound 개념을 이해할 수
있습니다.

## 여기서 풀 문제

| No. | LEVEL 1 몸풀기 문제 | 잘 풀었나요? | No. | LEVEL 2 모의 테스트 | 잘 풀었나요? |
|---|---|---|---|---|---|
| 54 | 계수 정렬 구현하기 | V | 56 | 문자열 내 마음대로 정렬하기 | V |
| 55 | 정렬이 완료된<br>두 배열 합치기 | | 57 | 정수 내림차순으로 배치하기 | |
| | | | 58 | K번째 수 | |
| | | | 59 | 가장 큰 수 | |
| | | | 60 | 튜플 | |
| | | | 61 | 지형 이동 | |

## 13-1 〈 정렬 개념

**정렬**sort이란 사용자가 정의한 순서로 데이터를 나열하는 것을 말합니다. 사용자가 정의한 순서는 오름차순이나 내림차순일 수도 있고 임의의 조건이 될 수도 있습니다.

### 정렬이 필요한 이유

정렬은 왜 필요할까요? 데이터를 정렬하면 원하는 데이터를 쉽게 찾을 수 있습니다. 앞서 공부한 이진 탐색 트리가 그 예입니다. 여기서는 정렬이 필요한 이유를 한 번 더 확인해보기 위해 중앙값 찾기를 예로 들겠습니다. 다음 두 경우 중 어느 데이터에서 중앙값을 더 찾기 쉬울까요?

정렬되지 않은 데이터

| 인덱스 | 0 | 1 | 2 | 3 | 4 |
|---|---|---|---|---|---|
| 값 | 1 | 5 | 7 | 9 | 3 |

정렬된 데이터

| 인덱스 | 0 | 1 | 2 | 3 | 4 |
|---|---|---|---|---|---|
| 값 | 1 | 3 | 5 | 7 | 9 |

아마도 '오른쪽이 중앙값 찾기가 더 쉽다'라고 이야기할 것입니다. 왜 일까요? 데이터를 정렬하지 않은 왼쪽에서 중앙값을 찾으려면 모든 데이터를 확인하고 비교해야 합니다. **반면 데이터를 정렬하면 데이터의 값을 보거나 비교할 필요 없이 말 그대로 데이터 전체 크기에서 중간의 값만 찾으면 그 값 자체가 중앙값이 됩니다.** 이처럼 정렬은 알고리즘의 효율을 크게 높여줍니다. 그러면 정렬 알고리즘을 하나씩 알아봅시다.

 집안 물건을 미리 정리하면 나중에 찾기 쉬운 거랑 똑같은 거네요.

그렇죠. 앞에서 공부했던 이진 탐색 트리의 경우도 미리 데이터를 정리해서 저장하고 나중에 찾을 때 이 특징을 사용했어요.

# 삽입 정렬

**삽입 정렬**insertion sort은 데이터의 전체 영역에서 정렬된 영역과 정렬되지 않은 영역을 나누고 정렬되지 않은 영역의 값을 정렬된 영역의 적절한 위치로 놓으며 정렬합니다. 그림으로 표현하면 다음과 같습니다.

※ 그림은 배열을 가정했습니다.

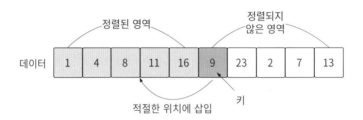

그림을 보면 정렬되지 않은 영역에서 맨 앞에 있는 데이터 9를 정렬된 영역의 적절한 위치로 넣으며 오름차순으로 정렬하고 있습니다. 정렬되지 않은 영역의 맨 앞에 있는 값을 키$^{key}$라고 부르는 데 잘 기억하기 바랍니다. 적절한 위치라는 표현이 애매한데 이것을 명확하게 정의하여 삽입 정렬을 설명하면 다음과 같습니다.

**1** 최초에는 정렬된 영역은 왼쪽 1개, 정렬되지 않은 영역을 나머지로 합니다.

**2** 키와 정렬된 영역의 맨 끝 값부터 거슬러 올라가며 다음 처리를 합니다.

    **2-1** 키보다 크면 해당 값을 오른쪽으로 한 칸 밀어냅니다.

    **2-2** 키보다 작거나 더 이상 비교할 값이 없으면 밀어낸 자리에 키를 넣습니다.

**3** 모든 데이터가 정렬된 영역이 될 때까지 2단계를 반복합니다.

**01단계** 앞서 보여준 그림에서는 이 과정이 구체적으로 표현되지 않았으므로 몇 단계만 자세히 보겠습니다. 최초의 데이터는 무작위로 배치되어 있습니다. 여기서 왼쪽 1개와 나머지를 각각 정렬된 영역과 그렇지 않은 것으로 생각합니다.

**02단계** 이제 정렬된 영역을 맨 끝 값부터 거슬러 올라가며 처리를 할 차례입니다. 4와 11을 비교합니다. ❶ 11이 크므로 11을 오른쪽으로 밀어냅니다. 그러면 더 이상 비교할 값이 없으므로 ❷ 4를 11을 밀어낸 자리에 넣습니다.

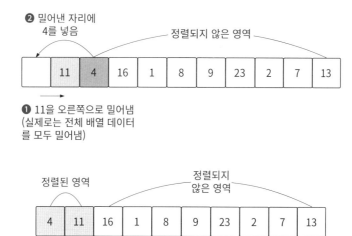

**03단계** 16도 해봅시다. 16은 다음 키입니다. 16과 11, 4를 거슬러 올라가며 처리를 진행합니다. 11은 16보다 작습니다. 더 밀어내거나 할 필요 없이 16을 그대로 둡니다.

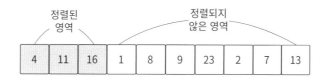

**04단계** 1도 해봅시다. 1은 16보다 작으므로 ❶ 16을 밀어냅니다. ❷ 11도 밀어냅니다. ❸ 4도 밀어냅니다. ❹ 더 비교할 값이 없으므로 밀어낸 자리에 1을 넣습니다.

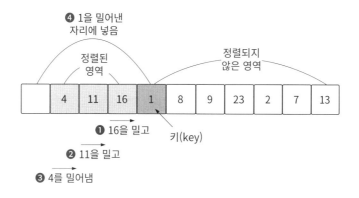

나머지 과정은 여러분이 직접해보기 바랍니다. 이렇게 삽입 정렬은 기존 정렬된 영역의 정렬을 유지할 수 있는 위치에 키를 넣으며 진행합니다.

### 삽입 정렬의 시간 복잡도

삽입 정렬은 최악의 경우 $O(N^2)$입니다. 최악의 경우란 처음부터 의도한 정렬과 완전히 반대로 정렬되어 있는 경우입니다. 가장 최선의 경우는 $O(N)$으로 이미 정렬이 되어 있을 때입니다.

## 병합 정렬

**병합 정렬**merge sort은 정렬되지 않은 영역을 쪼개서 각각의 영역을 정렬하고 이를 합치며 정렬합니다.

※ 이런 방식을 분할 정복(divide and conquer)이라고 합니다.

병합 정렬도 그림으로 봅시다. 그림을 보면 정렬되지 않은 영역이 1칸이 될 때까지 반씩 쪼갠 후 다시 조합할 때 오름차순으로 정렬하며 합치고 있습니다.

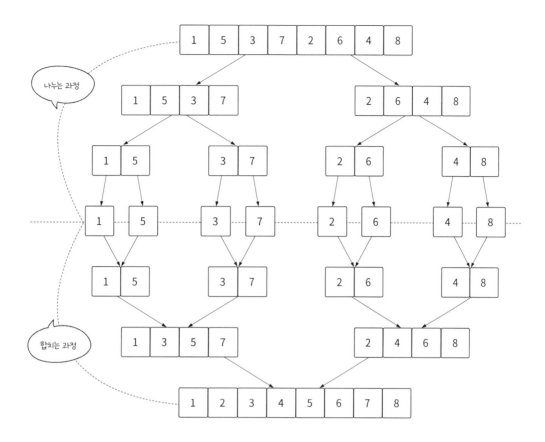

병합 정렬에서 핵심은 '병합할 때 부분 정렬하는 부분을 어떻게 구현해야 하는가?' 입니다. 사실은 그림에서 보는 것처럼 간단하지 않습니다.

1 각 데이터의 첫 번째 원소를 가리키는 포인터를 만듭니다.

   **1-1** 포인터가 가리키는 두 값 중 작은 값을 선택해 새 저장 공간에 저장합니다.

   **1-2** 값이 선택된 포인터는 다음 위치의 값을 가리킵니다.

2 새 저장 공간에 하나의 데이터가 완전히 저장될 때까지 과정 **1**을 반복합니다.

   **2-1** 그리고 나서 저장할 값이 남은 데이터의 값을 순서대로 새로운 저장 공간에 저장합니다.

   **2-2** 그러면 새로운 저장 공간에 두 개의 데이터가 정렬된 상태로 저장됩니다.

3 새로운 저장소에 저장된 값의 개수와 초기에 주어진 데이터에 들어 있는 값의 개수가 같을 때까지 과정 **1**, **2**를 반복합니다.

포인터라는 개념이 난해하게 느껴질 수 있는데, 포인터란 말 그대로 특정 배열의 원소를 가리키기 위한 화살표 같은 것입니다. C 언어의 포인터가 아니므로 오해하지 마세요. 화살표가 가리킨 것을 비교하여 새 저장 공간에 적절한 값을 넣는 식으로 진행하는 것입니다. 글로만 보면 이해하기 어려울 수 있으므로 그림으로 설명해보겠습니다. 여기서는 합치는 과정 중 마지막 과정을 보여줍니다.

**01단계** 앞서 본 그림에서 합치는 과정의 마지막 단계는 1, 3, 5, 7과 2, 4, 6, 8을 합치는 것이었습니다. 포인터로 각 데이터의 맨 처음 원소인 1, 2를 가리킵니다.

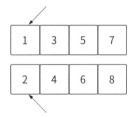

**02단계** 포인터가 가리키는 원소를 비교합니다. 지금의 경우 오름차순으로 정렬하는 것이 목적이므로 ❶ 1을 새 저장 공간에 저장하고, 새 저장 공간에 옮긴 ❷ 포인터만 1에서 3으로 옮깁니다.

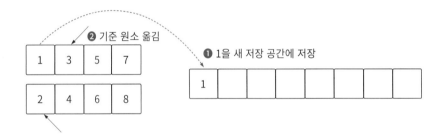

**03단계** 다음은 2와 3의 비교입니다. 2가 더 작으므로 ❶ 2를 새 저장 공간에 저장하고 ❷ 포인터를 2에서 4로 옮깁니다. 이제 패턴이 보일 것입니다. 이런 패턴으로 새 저장 공간에 데이터를 저장하면 자연스럽게 정렬이 완료됩니다.

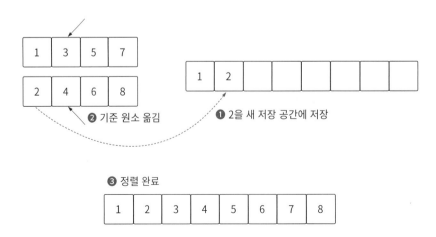

**04단계** 다만 이렇게만 설명을 마무리하면 병합 정렬의 전체 과정을 오해하기 쉬우므로 조금만 더 설명하겠습니다. 병합 정렬은 한 번에 정렬을 완벽하게 하는 것이 아니라 매 단계에서 정렬을 부분 완료해가는 방식입니다. 이를테면 앞서 본 그림의 1, 5 / 3, 7과 2, 6 / 4, 8도 같은 과정으로 부분 정렬을 진행하여 1, 3, 5, 7과 2, 4, 6, 8을 만듭니다. **03단계**에서는 그다음 과정을 본 것이죠.

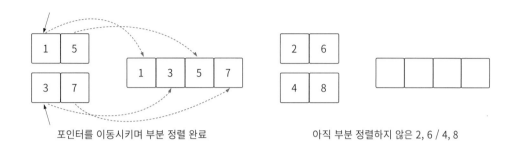

포인터를 이동시키며 부분 정렬 완료      아직 부분 정렬하지 않은 2, 6 / 4, 8

## 병합 정렬의 시간 복잡도

병합 정렬의 동작은 분할과 정복(결합)으로 나눕니다. 분할은 배열을 계속 반으로 나누는 과정입니다. 더 이상 나눌 수 없을 때까지 반복하므로 $\log_2N$번 진행합니다. 정복은 다시 병합하며 정렬하는 과정입니다. 데이터가 N개면 결국 N번 병합하게 되는 것이죠.

분할과 정복을 종합하면 $\log_2N$번의 나누기와 N번의 병합을 수행하므로 총 $N\log_2N$번 연산합니다. 다만 시간 복잡도에서는 밑이 2인 로그는 생략하므로 O(NlogN)이라고 정리할 수 있습니다.

**01단계** 그림의 높이 h는 몇 번 나눌지에 대한 값과 같습니다. 현재 그림의 높이는 3으로, 3번 나눈 것이므로 앞으로 3번 부분 정렬하여 합치는 과정이 있을 것임을 알 수 있습니다.

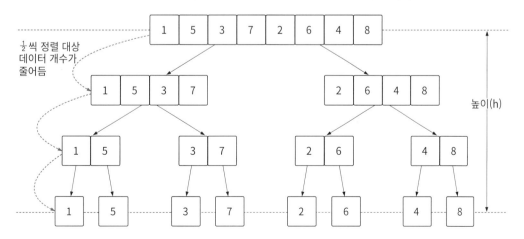

$\frac{1}{2}$씩 정렬 대상 데이터 개수가 줄어듦

높이(h)

**02단계** N개의 데이터를 $\frac{1}{2}$로 몇 번 나눠야 가장 작은 1칸이 될지 계산하는 식을 세워 정리하면 logN을 얻을 수 있습니다. 실제로 N = 8이므로 log8 = 3입니다. 즉, 3번 나누고 이후 3번 정렬하며 합칩니다.

- 1(칸) = N * $\frac{1}{2}$ 나누는 횟수

- 1 = N * $\frac{1}{2}^h$

- h = logN

**03단계** 정렬 과정에서 각 단계마다 N개의 데이터를 정렬하여 병합한다고 생각하면 NlogN으로 연산 횟수를 계산할 수 있습니다.

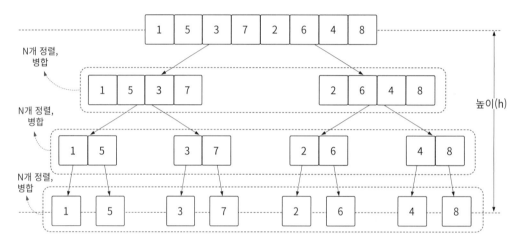

※ N개의 데이터를 정렬한다고 이야기했으나 그림으로는 정렬된 것이 보이지 않아 혼란스러울 수 있습니다. 현재 그림은 데이터를 나누는 모습을 그려 놓은 것이므로 병합할 때 데이터가 정렬되는 모습을 표시하지 않았습니다. 실제로는 데이터 병합 시 정렬합니다.

## 힙 정렬

**힙 정렬**heap sort은 힙이라는 자료구조를 사용해 정렬합니다. 따라서 힙 정렬은 힙 자료구조가 무엇인지 먼저 알아야 합니다. 힙 정렬을 하기 위해서는 먼저 주어진 데이터로 힙을 구축해야 합니다. 정렬되지 않은 데이터로 어떻게 힙을 구축하는지 알아보고, 이후 힙을 활용해서 정렬하는 방법을 알아보겠습니다. ※ 이후 힙 자료구조는 힙이라고 부르겠습니다.

## 힙이란?

힙은 특정 규칙이 있는 이진 트리입니다. 그리고 규칙에 따라 최대힙, 최소힙으로 나눕니다. **최대힙은 부모 노드가 자식 노드보다 크고, 최소힙은 부모 노드가 자식 노드보다 작습니다.** 아주 단순한 규칙이므로 다음 그림을 보면 최대힙과 최소힙이 무엇인지 감을 잡을 수 있을 겁니다.

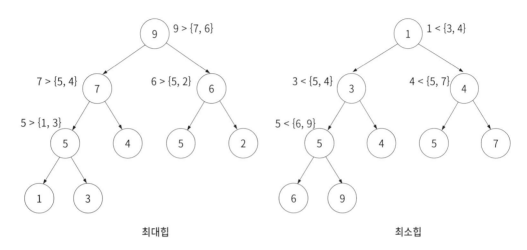

최대힙          최소힙

왼쪽의 최대힙을 보면 부모 노드는 항상 자식보다 큽니다. 반대로 오른쪽의 최소힙은 부모 노드가 항상 자식보다 작습니다.

## 힙 구축 방법 : 최대힙 편

여기서는 최대힙을 구축하는 방법을 기준으로 설명하겠습니다. 최대힙과 최소힙은 힙을 구성하는 규칙만 다르고 나머지는 모두 동일합니다. 보통 힙 구축을 설명할 때는 이진 트리 그림을 놓고 설명하는 경우가 많지만 여기서는 무작위 배열이 있다고 가정하고 최대힙을 구축하는 방법을 이진 트리 그림과 함께 알아봅니다. 힙을 구축하는 규칙을 설명하기 전에 최대힙을 구축하는 maxHeapify( )이라는 함수가 있다고 가정하고 어떻게 연산을 하는지 알아보겠습니다. maxHeapify( ) 함수는 특정 노드가 최대힙의 규칙을 만족하지 못하면 힙을 구축하는 과정을 아래로 내려가면서 반복하는 동작입니다. 규칙은 다음과 같습니다.

**1** 현재 노드와 자식 노드의 값을 비교합니다.

  **1-1** 현재 노드의 값이 가장 크지 않으면 자식 노드 중 가장 큰 값과 현재 노드의 값을 바꿉니다.

  **1-2** 만약 자식 노드가 없거나 현재 노드의 값이 가장 크면 연산을 종료합니다.

**2** 맞바꾼 자식 노드의 위치를 현재 노드로 하여 과정 **1**을 반복합니다.

예를 들어 배열 인덱스 N이 2일 때 maxHeapify(N)은 다음과 같이 수행합니다.

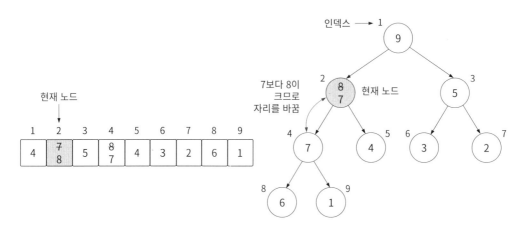

현재 노드의 자식 노드는 8, 4입니다. 둘 중 현재 노드보다 큰 노드가 있는지 확인합니다. 8이 크므로 7과 8을 바꿉니다. 그다음에는 자식 노드를 현재 노드로(다시 7) 생각하여 다음 연산을 진행합니다.

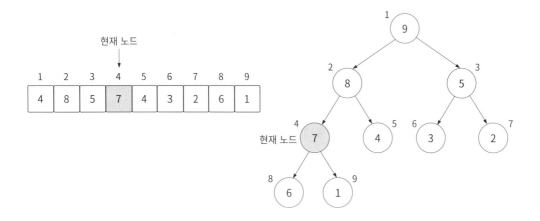

**01단계** 초기 상태는 다음과 같습니다. 최대힙은 부모 노드가 항상 자식 노드보다 커야 하므로 지금은 최대힙 조건에 맞지 않습니다. 배열과 이진 트리의 노드 위치를 눈으로 잘 맞춰보기 바랍니다.

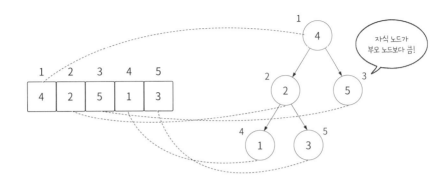

**02단계** 배열의 마지막 원소(노드)부터 힙 구축을 시작합니다. maxHeapify(5)를 수행하지만 비교할 자식 노드가 없으므로 아무 동작도 하지 않습니다.

※ maxHeapify( ) 함수는 배열의 인덱스로 동작합니다. 노드의 값을 부르는 표현과 헷갈리지 않도록 주의합시다.

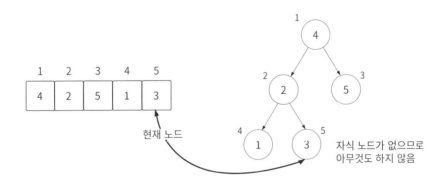

**03단계** 현재 노드를 4번 노드로 생각하여 maxHeapify(4)를 수행합니다. ❶ 역시 자식 노드가 없으므로 아무 동작도 하지 않고 ❷ 현재 노드를 다음 3번 노드로 옮기고 maxHeapify(3)을 수행합니다. 그러나 3번 노드도 비교 대상이 없습니다. ❸ 2번 노드로 옮겨갑니다.

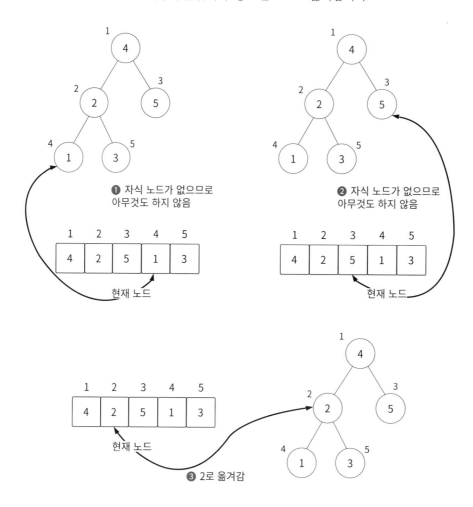

**04단계** 2번 노드는 자식 노드가 있습니다. maxHeapify(2)를 수행하면 2와 3중 3이 크므로 ❶ 이 둘을 바꿉니다. 그런 다음 현재 노드의 위치를 값을 바꾼 5번째 노드로 가서 자식 노드를 확인해봅니다. ❷ 자식 노드가 없으므로 최대힙을 만족한다고 생각합니다.

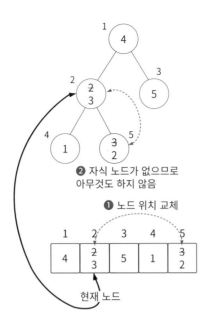

**05단계** 마지막으로 루트 노드를 현재 노드로 생각하여 maxHeapify(1)을 수행합니다. ❶ 노드 5가 가장 크므로 4와 바꾸고 현재 노드를 다시 3번 노드로 합니다. ❷ maxHeapify(3)을 호출하여 연산을 진행합니다. 자식 노드가 없으므로 연산을 종료합니다. 자식 노드 중 자신보다 큰 노드 중가장 큰 노드와 교체한 다음 ❸ 현재 노드를 교체한 위치로 옮겨서 또 자식 노드를 봅니다. 자식 노드가 없으므로 연산은 종료합니다.

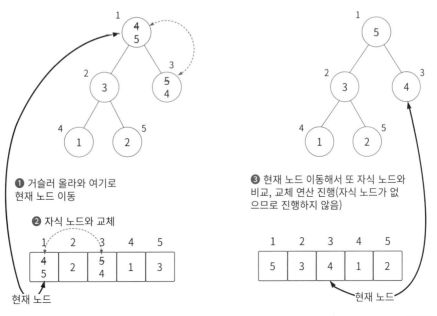

## 사실 힙 구축은 N이 아니라 $\frac{N}{2}$ 부터 시작해도 괜찮아요

힙을 구축할 때는 자식 노드가 없으면 아무런 동작도 하지 않으므로 N부터 힙 구축을 시작하지 않아도 됩니다. 현재 노드 인덱스가 N/2을 넘으면 자식 노드의 인덱스가 N을 넘습니다. 힙의 크기는 N이므로 실제 노드의 인덱스가 N 이상 넘어가는 일은 없으므로 고려하지 않아도 됩니다.

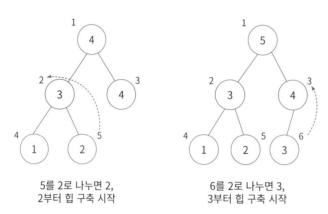

5를 2로 나누면 2,
2부터 힙 구축 시작

6를 2로 나누면 3,
3부터 힙 구축 시작

## 힙 정렬 과정 : 최대힙 편

최대힙에서 힙 정렬은 루트 노드가 가장 큰 값이므로 루트 노드의 값을 빼서 저장하기만 하면 됩니다. 다만 루트 노드의 값을 뺀 이후 최대힙을 유지하는 것이 중요한데 이 과정을 알아야 합니다. 루트 노드가 없는 채로 트리를 유지할 수는 없으니까요. 루트 노드가 빠진 다음에도 나머지 원소들이 최대힙을 유지할 수 있다면 우리는 힙에서 원소가 큰 순서대로 값을 가져올 수 있게 되므로 내림차순 정렬을 쉽게 할 수 있게 될 겁니다. 힙 정렬하는 과정을 나타내면 아래와 같습니다.

1 정렬되지 않은 데이터로 최대힙을 구축합니다.
2 현재 최대힙의 루트 노드와 마지막 노드를 맞바꿉니다. 맞바꾼 뒤 마지막 노드는 최대힙에서 제외합니다.
3 현재 최대힙은 마지막 노드가 루트 노드가 되었습니다. 따라서 최대힙을 다시 구축해야 합니다. maxHeapify(1)을 진행하여 최대힙을 구축하고 과정 2를 수행합니다. 이 과정은 최대힙의 크기가 1이 될 때까지 반복합니다.

**01단계** ❶ 루트 노드와 마지막 노드의 위치를 바꿉니다. ❷ 그런 다음 힙의 크기를 5에서 4로 줄이고 5는 정렬 완료한 것으로 관리합니다. ❸ 그런 다음 최대힙을 만족하도록 maxHeapify(1)을 진행합니다.

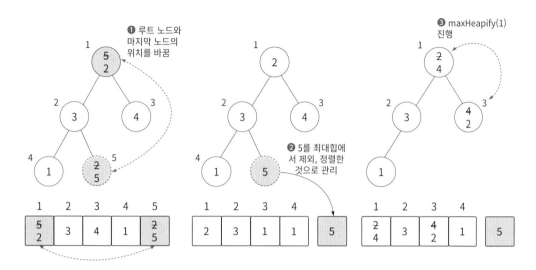

**02단계** 앞서 이야기한 최대힙 구축 방법대로 ❶ 다시 최대힙을 만듭니다. 구체적인 설명은 앞에서 했으므로 자세히 이야기하지 않겠습니다. 최대힙을 다시 만들었다면 ❷ 루트 노드를 또 마지막 노드와 교체하고 최대힙에서 제외합니다. ❸ 그리고 다시 maxHeapify(1)을 진행합니다.

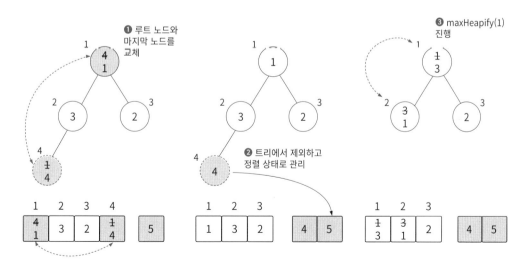

**03단계** 계속해서 힙 정렬을 진행합니다. 루트 노드와 마지막 노드 위치를 교체하고 힙에서 제외한 다음 maxHeapify(1)을 수행합니다. 마지막 노드까지 정렬된 것으로 처리하면 힙 정렬은 끝납니다.

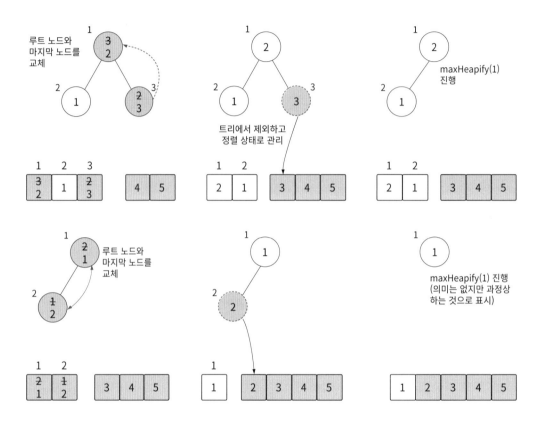

## 힙 정렬의 시간 복잡도

힙 정렬의 시간 복잡도를 확인하겠습니다. 정렬되지 않은 값 N개를 힙으로 나타내면 높이가 logN인 트리가 됩니다. 데이터는 N개이므로 각 데이터에 대해 힙 정렬을 수행하면 시간 복잡도는 O(N*logN)입니다.

# 우선순위 큐

우선순위 큐는 우선순위가 높은 데이터부터 먼저 처리하는 큐입니다. 쉽게 말해 큐는 큐인데 우선순위에 따라 팝을 하는 큐인 것이죠. 예를 들어 데이터의 값이 작을수록 우선순위가 높을 때의 우선순위 큐는 3, 1 순서로 데이터를 푸시하면 팝은 1, 3 순서로 합니다. 우선순위 큐의 내부 동작은 힙과 매우 유사하므로 우선순위 큐를 구현할 때는 힙을 활용하는 것이 효율적입니다. 여기를 다 공부하면 우선순위 큐 자체가 정렬과 연관이 있음을 알게 될 것입니다.

※ 그래서 지금 우선순위 큐를 배우는 것입니다.

## 우선순위 큐가 동작하는 방식

우선은 우선순위 큐가 동작하는 방식을 자세히 알아봅시다. 여기서 설명하는 우선순위 큐의 우선순위 기준은 작은 값일수록 우선순위가 높다라고 가정하겠습니다.

**01단계** 빈 우선순위 큐를 하나 선언합니다. 형태는 큐와 같습니다.

우선순위 큐

**02단계** 3을 삽입합니다. 빈 큐이므로 별다른 우선순위를 생각하지 않고 맨 앞에 푸시합니다.

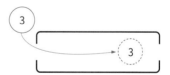

**03단계** 이어서 1을 삽입합니다. 1은 3보다 작으므로 우선순위가 높습니다. 따라서 1을 3 앞으로 삽입합니다. 이렇게 하면 3보다 1이 먼저 팝됩니다.

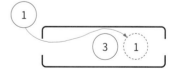

**04단계** 팝하는 과정입니다. 앞서 언급했듯이 3 앞에 1을 삽입했으므로 팝하면 1이 나옵니다.

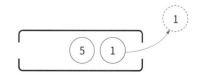

우선순위 큐가 동작하는 방식은 매우 간단해서 쉽게 이해할 수 있을 것입니다. 그리고 우선순위에 따라 데이터를 팝할 수 있으므로 정렬과 깊은 연관이 있다는 것도 알았을 겁니다. 예를 들어 입력받은 자연수를 오름차순으로 정렬하고 싶다면 방금 살펴본 '작은 값일수록 우선순위가 높은 우선순위 큐'에 마구 자연수를 집어넣고 팝하면 원하는 정렬 결과를 얻을 수 있을 겁니다.

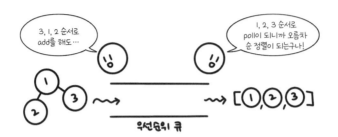

그러면 '우선순위 큐를 구현할 때 큐에 데이터를 푸시할 때마다 어떤 정렬 알고리즘을 사용하던 아무 정렬 알고리즘이나 쓰면 되는 거 아니야?'라는 의문이 들 수 있습니다. 하지만 효율을 생각하면 우선순위 큐는 힙으로 구현하는 것이 가장 좋습니다. 왜 그런지 알아봅시다.

## 힙으로 우선순위 큐를 구현해야 하는 이유

우선순위 큐의 핵심 동작은 우선순위가 높은 데이터를 먼저 팝하는 것입니다. 이를 위해 앞서 언급했던 것처럼 데이터를 푸시할 때마다 아무 정렬 알고리즘이나 사용해서 데이터를 우선순위에 맞게 정렬해도 됩니다. 하지만 가만히 생각해보면 최소힙이나 최대힙은 특정 값을 루트 노드에 유지하는 특징이 있고, 이는 우선순위 큐의 핵심 동작과 맞아 떨어지므로 힙을 활용하면 우선순위 큐를 효율적으로 구현할 수 있다는 것을 알 수 있습니다.

### 힙으로 우선 순위 큐 구현하기

앞서 그래프와 다익스트라 알고리즘을 배울 때 한 번 우선 순위 큐로 힙을 구현한 적이 있습니다. 아쉽게도 다른 언어와 달리 자바스크립트에선 힙을 공식적으로 제공하지 않기 때문에 직접 구현해서 사용해야 합니다.

```JavaScript
class MinHeap {
  constructor() {
```

```
    this.items = [];
  }

  size() {
    return this.items.length;
  }

  push(item) {
    this.items.push(item);
    this.bubbleUp();
  }

  pop() {
    if (this.size() === 0) {
      return null;
    }

    const min = this.items[0];
    this.items[0] = this.items[this.size() - 1];
    this.items.pop();
    this.bubbleDown();
    return min;
  }

  swap(a, b) {
    [this.items[a], this.items[b]] = [this.items[b], this.items[a]];
  }

  bubbleUp() {
    let index = this.size() - 1;
    while (index > 0) {
      const parentIndex = Math.floor((index - 1) / 2);
      if (this.items[parentIndex] <= this.items[index]) {
```

```
        break;
      }
      this.swap(index, parentIndex);
      index = parentIndex;
    }
  }


  bubbleDown() {
    let index = 0;
    while (index * 2 + 1 < this.size()) {
      let leftChild = index * 2 + 1;
      let rightChild = index * 2 + 2;
      let smallerChild =
        rightChild < this.size() &&
        this.items[rightChild] < this.items[leftChild]
          ? rightChild
          : leftChild;

      if (this.items[index] <= this.items[smallerChild]) {
        break;
      }

      this.swap(index, smallerChild);
      index = smallerChild;
    }
  }
}


const heap = new MinHeap();
heap.push(5);
heap.push(3);
heap.push(10);
```

```
heap.push(1);

console.log(heap.pop()); // 1
console.log(heap.pop()); // 3
console.log(heap.pop()); // 5

heap.push(2);
heap.push(4);

console.log(heap.pop()); // 2
console.log(heap.pop()); // 4
console.log(heap.pop()); // 10
```

힙은 값을 넣는 push( ) 메서드와 우선 순위가 가장 높은 값을 뺄는 pop( ) 메서드로 구성됩니다. 힙 내부에서는 bubbleUp( ) 메서드와 bubbleDown( ) 메서드를 통해 우선 순위에 따라 순서가 조정됩니다. 위 코드는 작은 값이 더 높은 우선 순위를 가지는 MinHeap입니다. 만약 큰 값이 더 높은 우선 순위를 가지게 만든다면 bubbleUp( ) 메서드와 bubbleDown( ) 메서드에서 조건을 수정하여 MaxHeap을 구현할 수 있습니다.

```JavaScript
class MaxHeap {
  constructor() {
    this.items = [];
  }

  size() {
    return this.items.length;
  }

  push(item) {
    this.items.push(item);
    this.bubbleUp();
  }
```

```
pop() {
  if (this.size() === 0) {
    return null;
  }

  const min = this.items[0];
  this.items[0] = this.items[this.size() - 1];
  this.items.pop();
  this.bubbleDown();
  return min;
}

swap(a, b) {
  [this.items[a], this.items[b]] = [this.items[b], this.items[a]];
}

bubbleUp() {
  let index = this.size() - 1;
  while (index > 0) {
    const parentIndex = Math.floor((index - 1) / 2);
    if (this.items[parentIndex] >= this.items[index]) {
      break;
    }
    this.swap(index, parentIndex);
    index = parentIndex;
  }
}

bubbleDown() {
  let index = 0;
  while (index * 2 + 1 < this.size()) {
    let leftChild = index * 2 + 1;
```

```
      let rightChild = index * 2 + 2;
      let smallerChild =
        rightChild < this.size() &&
        this.items[rightChild] > this.items[leftChild]
          ? rightChild
          : leftChild;

      if (this.items[index] >= this.items[smallerChild]) {
        break;
      }

      this.swap(index, smallerChild);
      index = smallerChild;
    }
  }
}

const heap = new MaxHeap();
heap.push(5);
heap.push(3);
heap.push(10);
heap.push(1);

console.log(heap.pop()); // 10
console.log(heap.pop()); // 5
console.log(heap.pop()); // 3

heap.push(2);
heap.push(4);

console.log(heap.pop()); // 4
console.log(heap.pop()); // 2
console.log(heap.pop()); // 1
```

**우선순위 큐가 활용되는 분야**

우선순위 큐는 데이터의 중요성 혹은 우선순위에 따라 처리해야 하는 경우 많이 활용됩니다. 몇 가지를 예를 들면 다음과 같습니다.

- 작업 스케줄링 : 운영체제에서 프로세스나 스레드의 실행 순서를 결정할 때 우선순위 큐를 활용해서 중요한 작업을 먼저 처리합니다.
- 응급실 대기열 : 환자의 진료 우선순위를 결정하고, 중증의 환자를 먼저 치료합니다.
- 네트워크 트래픽 제어 : 패킷 스케줄링 및 트래픽 관리에서 중요하거나 긴급한 패킷을 먼저 처리합니다.
- 교통 네트워크 최적화 : 교통 체계를 분석하고 최적화하기 위한 최단 경로 알고리즘을 구현하기 위해 활용됩니다.

## 위상 정렬

위상 정렬topological sort은 일의 순서가 있는 작업을 순서에 맞춰 정렬하는 알고리즘입니다. 우리가 하는 일에는 대부분 순서가 있습니다. 예를 들어 수육을 만들어 상을 차리는 과정을 나타내면 다음과 같습니다.

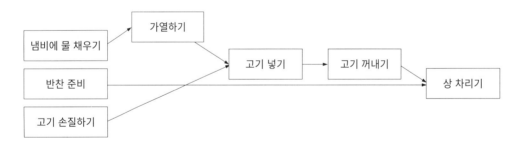

그림을 보면 냄비에 물을 채우고 가열하면서 동시에 고기를 손질해야 합니다. 이렇게 위상 정렬은 일의 순서가 중요하므로 반드시 간선의 방향이 있어야 합니다. 만약 그래프에 순환이 있거나 간선의 방향이 없으면 일의 방향이 없는 것이므로 방향 비순환 그래프(DAGdirected acyclic graph)에서만 사용할 수 있습니다.

## 위상 정렬과 진입차수

위상 정렬은 자신을 향한 화살표 개수를 진입차수로 정의하여 진행합니다. 앞서 본 그래프에 진입차수를 표현하면 다음과 같습니다.

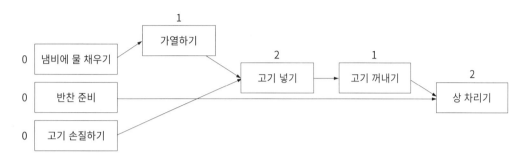

진입차수는 자신을 향한 화살표의 개수입니다. 만약 진입차수가 0이라고 하면 자신을 향한 화살표가 없다는 뜻이겠죠. 그 말은 '선행 작업이 필요 없는, 바로 할 수 있는 일'이라는 것과 같습니다. 이 개념을 머릿속에 넣어두고 위상 정렬 진행 과정을 따라가봅시다.

## 위상 정렬 과정

위상 정렬은 기본적으로 바로 진행할 수 있는 일, 다시 말해 진입차수가 0인 일을 해결하고 관련된 작업의 진입차수를 1씩 낮추면서 새롭게 진입차수가 0이 된 작업들을 해결하는 식으로 진행합니다. 이 **해결**이라는 행위는 큐를 활용하여 구현합니다. 진입차수가 0인 작업을 일단 전부 큐에 넣고 하나씩 팝하면서 해당 작업과 연결되어 있는 작업들의 진입차수를 줄입니다. 그러면서 진입차수가 0이 된 작업을 큐에 넣습니다. 실제 정렬하는 과정을 살펴보겠습니다.

**01단계** 위상 정렬을 진행할 그래프는 다음과 같습니다. 앞서 설명한 대로 진입차수를 노드에 써두었습니다. 예를 들어 노드 E의 진입차수는 들어오는 화살표가 2개이므로 2입니다.

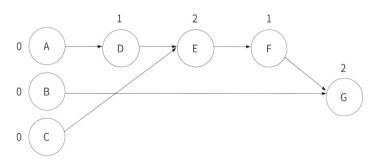

**02단계** 진입차수가 0인 노드 A, B, C를 큐에 푸시합니다. 그런 다음 팝을 하면서 인접한 노드의 진입차수를 -1합니다. 예를 들어 ❶ A를 팝한 다음에는 A의 인접 노드인 ❷ D의 진입차수를 -1합니다. ❸ B와 C도 마찬가지로 팝하며 B는 G의 진입차수를, C는 E의 진입차수를 -1합니다.

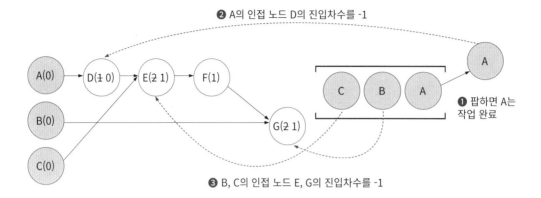

**03단계** 다음은 진입차수가 0인 D를 푸시할 차례입니다. 푸시 후 팝하며 작업을 완료하고 인접 노드 E의 진입차수를 -1합니다.

**04단계** 이런 방식으로 팝한 순서를 늘어놓으면 위상 정렬이 끝납니다.

A(0)  B(0)  C(0)  D(0)  E(0)  F(0)  G(0)

### 위상 정렬의 시간 복잡도

위상 정렬은 모든 정점과 간선을 딱 한 번씩만 지나므로 시간 복잡도는 $O(|V|+|E|)$가 됩니다.

## 계수 정렬

계수 정렬counting sort은 데이터에 의존하는 정렬 방식입니다. 지금까지 배운 정렬들은 사용자가 정한 기준에 따라 정렬했습니다. 반면 계수 정렬은 데이터의 빈도수로 정렬합니다. 그림과 함께 계수 정렬이 무엇인지 알아봅시다. 다음 그림은 왼쪽의 배열에서 데이터의 빈도수를 세어 빈도수 배열에 저장한 것입니다.

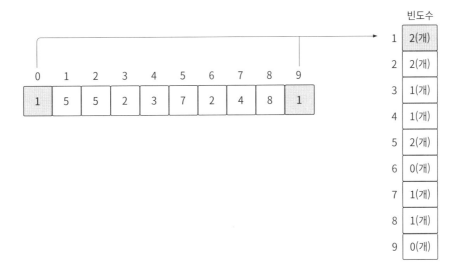

그림에서 보듯 1이 2개이므로 빈도수[1] = 2입니다. 나머지도 마찬가지로 빈도수를 채웁니다. 이렇게 빈도수를 다 채운 다음에는 우선 순위가 높은 데이터부터 빈도수만큼 출력하는 것이 계수 정렬입니다. 이를테면 빈도수 배열에서 인덱스 오름차순으로 각 인덱스를 빈도수만큼 출력하면 자연스럽게 오름차순으로 정렬한 배열이 나옵니다.

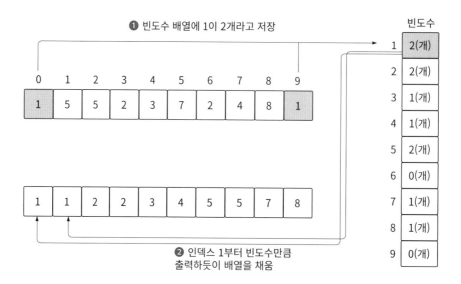

❶ 빈도수 배열에 1이 2개라고 저장

빈도수

| | |
|---|---|
| 1 | 2(개) |
| 2 | 2(개) |
| 3 | 1(개) |
| 4 | 1(개) |
| 5 | 2(개) |
| 6 | 0(개) |
| 7 | 1(개) |
| 8 | 1(개) |
| 9 | 0(개) |

❷ 인덱스 1부터 빈도수만큼
출력하듯이 배열을 채움

이와 같이 계수 정렬은 콘셉트를 이해한다면 더 자세히 설명할 필요가 없을 정도로 자연스러운 정렬입니다. 다만 계수 정렬은 명확한 한계가 있습니다.

## 계수 정렬의 한계

계수 정렬의 핵심 동작은 앞서 본 것처럼 빈도수를 세어 빈도수 배열에 저장하는 것입니다. 그래서 빈도수 배열에 저장할 값의 범위가 듬성듬성 있거나, 음수가 있으면 계수 정렬을 하기 매우 곤란해집니다. 이를테면 다음과 같이 -150, 500, 10억과 같은 값의 빈도수를 측정하여 빈도수 배열에 저장하는 건 비효율적입니다. ❶ -150이라는 값은 음수이므로 배열의 인덱스로 표현할 수 없고 ❷ -150과 500 사이의 공간 낭비도 그렇고 ❸ 크기가 10억 이상인 배열을 만드는 것은 환경에 따라 어려울 수도 있습니다. 물론 다음 그림에서 가장 작은 값인 -150을 찾아서 전부 150을 더하면 계수 정렬을 활용할 수도 있겠지만 그만큼 추가 연산이 필요하기 때문에 다른 정렬을 고민해보는 것이 좋을 겁니다.

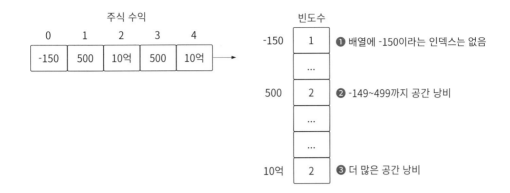

## 계수 정렬의 시간 복잡도

값이 N개인 데이터에 대해서 계수 정렬을 한다고 가정해봅시다. 데이터를 세는 과정은 전체 데이터를 한 번씩 체크하면 되므로 N번 탐색한다고 생각할 수 있습니다. 값의 최솟값~최댓값 범위 크기가 K라면 빈도수 배열에서 K + 1만큼 탐색해야 하므로 계수 정렬의 시간 복잡도는 O(N + K)라고 생각할 수 있습니다.

## 정렬 알고리즘의 시간 복잡도

끝으로 정렬 알고리즘의 효율을 표로 정리하고 넘어가겠습니다. 가끔 면접에서 정렬 알고리즘의 시간 복잡도를 묻는 경우가 있으므로 기억해두면 유용할 것입니다.

| 정렬 방법 | 최악의 경우 | 최선의 경우 | 특이점 |
|---|---|---|---|
| 삽입 정렬 | $O(N^2)$ | O(N) | 데이터가 거의 정렬되어 있을 때는 최고의 성능을 발휘합니다. |
| 병합 정렬 | O(NlogN) | O(NlogN) | 안정적인 성능으로 정렬할 수 있습니다. 병합 과정에서 추가적인 메모리가 필요합니다. |
| 힙 정렬 | O(NlogN) | O(NlogN) | 안정적인 성능으로 정렬할 수 있습니다. 데이터를 삽입과 동시에 빠르게 정렬할 수 있습니다. |
| 계수 정렬 | O(N+K) | O(N+K) | 데이터에 의존적이므로 항상 사용 가능한 것은 아닙니다. |
| 위상 정렬 | O(V+E) | O(V+E) | 작업의 순서가 존재할 때 사용되는 알고리즘입니다. |

※ N은 원소의 길이, K는 원솟값의 범위, V는 정점, E는 간선의 개수입니다.

 **정렬의 최대 성능과 한계, 하한**

알고리즘에서 하한<sup>lower bound</sup>이란 알고리즘이 도달할 수 있는 최대 성능 또는 한계를 말합니다. 즉, 해당 알고리즘
을 계속 연구해서 성능을 개선한다고 해도 알고리즘의 하한보다 성능이 좋아질 수는 없습니다. 정렬은 크게 **비교 정
렬**<sup>comparison sort</sup>과 **비비교 정렬**<sup>non-comparison sort</sup>로 분류할 수 있습니다. 비교 정렬은 원소 간의 대소 관계 값을 비교하며
진행하는 정렬입니다. 따라서 데이터에 의존하지 않고 정렬할 수 있습니다. 앞에서 배운 삽입 정렬, 병합 정렬, 힙 정렬
이 비교 정렬에 해당합니다. 이러한 비교 기반의 정렬 알고리즘의 성능 하한은 O(NlogN)이 됩니다. 비비교 정렬이란
데이터에 의존하는 정렬을 말합니다. 앞서 계수 정렬이 그러했습니다. 계수 정렬은 데이터에 의존하므로 적용 범위가
제한되었죠. 그래서 비비교 정렬은 데이터 자체에 의존하는 정렬 방식이기 때문에 연산 횟수를 정확하게 측정할 수 없
습니다. 따라서 하한 자체가 의미없습니다.

 합격 조언 **가끔 정렬이 안정적이다라고 하는 말이 있죠?**

정렬이 안정적<sup>stable</sup>이다라는 것은 언뜻 보면 성능이 안정적이다라는 것을 뜻하는 것 같지만 사실은 동일한 우선순위를
가진 원소들의 상대적 순서가 정렬 후에도 보존되는 것을 말합니다. 예를 들어 다음 데이터에서 숫자를 오름차순으로
정렬한다고 가정해봅시다.

| [1, 'c'] | [2, 'x'] | [2, 'y'] | [1, 'a'] | [3, 'c'] |
|---|---|---|---|---|

그러면 1과 2은 2개이므로 'c'나 'a', 'x'나 'y'를 어떻게 할지를 고민해야 합니다. 예를 들어 [1, 'c'] 다음에 [1, 'a']를 놓
아도, [1, 'a'] 다음에 [1, 'c']를 놓아도 '숫자 + 오름차순' 정렬을 했다라고 할 수는 있겠지만 이건 기존의 데이터 순서를
바꾼 것이므로 안정적이지 않은 정렬이라고 합니다.

### 문제 54 계수 정렬 구현하기★

저자 권장 시간 _ 20분 | 권장 시간 복잡도 _ O(N) | 출제 _ 저자 출제

정답 URL https://github.com/kciter/coding-interview-js/blob/main/solution/54.js

인자로 받은 문자열 s를 계수 정렬로 정렬하여 반환하는 solution( ) 함수를 구현하세요.

**제약 조건**

* strings의 길이는 1 이상 10,000 이하입니다.
* s는 알파벳 소문자로 이루어져 있습니다.

**입출력의 예**

| s | return |
|:---:|:---:|
| "hello" | "ehllo" |
| "algorithm" | "aghilmort" |

**문제 분석하고 풀기**

문자열 "hello"를 계수 정렬을 사용하여 정렬하려면 알파벳 소문자 개수 26만큼 빈도수 배열을 생성해야 합니다. 그런 다음 문자열 "hello"의 각 문자의 빈도수를 저장하면 됩니다. 문자열의 각 문자를 아스키코드값으로 매핑하면 쉽게 할 수 있습니다. 이처럼 계수 정렬은 문자를 정렬할 때 매우 효율적인 알고리즘입니다. 앞으로 문자 관련 정렬이 필요한 경우 계수 정렬을 활용해보기 바랍니다. 이제 코드를 작성해봅시다.

```javascript
function solution(s) {
  const counts = Array(26).fill(0); // ❶ 알파벳 개수(26개)만큼 빈도수 배열 생성


  // ❷ 문자열의 각 문자에 대한 빈도수를 빈도수 배열에 저장
  for (const c of s) {
    counts[c.charCodeAt(0) - "a".charCodeAt(0)] += 1;
  }


  // ❸ 빈도수 배열을 순회하면서 정렬된 문자열을 생성
  let sortedStr = "";
  for (let i = 0; i < 26; i++) {
    sortedStr += String.fromCharCode(i + "a".charCodeAt(0)).repeat(counts[i]);
  }


  return sortedStr;
}
```

❶ 알파벳은 총 26글자이므로 빈도수를 측정하기 위해 크기가 26인 배열을 만듭니다.

❷ 문자열을 순회하면서 각 문자에 대한 빈도수를 계산하여 빈도수 배열에 저장합니다. 각 문자는 아스키코드값으로 변환되는데, 이 아스키코드값에서 "a"의 아스키코드값을 빼면 배열의 0번째부터 문자의 빈도수를 저장할 수 있습니다. 문자열의 각 문자를 순회하면서 해당 문자를 셉니다.

❸ 빈도수 계산이 끝나면 빈도수 배열을 순회하며 sortedStr에 정렬된 문자순으로 문자들을 추가합니다. 반복문을 보면 인덱스가 0부터 25까지 수행되고 있습니다. 문자열을 추가할 때는 0~26의 숫자가 아닌 "a"~"z"가 추가되야 하므로 인덱스에 "a"의 아스키코드값을 더해 sortedStr에 추가합니다.

| 알파벳 | 'a' | 'b' | 'c' | ... | 'z' |
|---|---|---|---|---|---|
| 아스키코드 | 97 | 98 | 99 | | 122 |

sortedStr에 문자열 추가할 때 사용 ↑ ↓ counts에 저장할 때 사용

| 알파벳 | 'a' | 'b' | 'c' | ... | 'z' |
|---|---|---|---|---|---|
| 아스키코드 | 0 | 1 | 2 | | 25 |

※ "a"의 아스키코드값은 97이므로 그대로 빈도수 배열에 저장하려면 97번째부터 빈도수를 저장해야 합니다. 하지만 "a"를 일괄로 빼면 인덱스 0부터 빈도수를 저장할 수 있습니다.

### 시간 복잡도 분석하기

N은 S의 길이입니다. count 배열을 초기화할 때의 시간 복잡도는 O(26)이고, 이후 문자열을 순회하면서 빈도수 배열을 만드는 시간 복잡도는 O(N)입니다. 빈도수 배열을 순회하면서 정렬하기 위한 시간 복잡도는 O(26)입니다. 따라서 최종 시간 복잡도는 O(N)입니다.

## 문제 55 정렬이 완료된 두 배열 합치기★

저자 권장 시간 _ 30분 | 권장 시간 복잡도 _ O(N+M) | 출제 _ 저자 출제

정답 URL https://github.com/kciter/coding-interview-js/blob/main/solution/55.js

이미 정렬이 완료되어 있는 두 배열 arr1, arr2을 받아 병합 정렬하는 solution( ) 함수를 구현하세요.

### 제약 조건

- arr1과 arr2는 각각 길이가 1 이상 100,000 이하입니다.
- arr1과 arr2는 각각 오름차순으로 정렬되어 있습니다.

| arr1 | arr2 | return |
|---|---|---|
| [1, 3, 5] | [2, 4, 6] | [1, 2, 3, 4, 5, 6] |
| [1, 2, 3] | [4, 5, 6] | [1, 2, 3, 4, 5, 6] |

## 문제 분석하고 풀기

두 배열이 이미 정렬되어 있으므로 정렬 순서를 지키며 합치기만 하면 됩니다. 병합 정렬은 앞서 자세히 설명했으므로 바로 코드를 작성해봅시다.

```javascript
function solution(arr1, arr2) {
  const merged = []; // 정렬된 배열을 저장할 배열 생성
  let i = 0, j = 0; // 두 배열의 인덱스 초기화

  // 두 배열을 순회하면서 정렬된 배열을 생성
  while (i < arr1.length && j < arr2.length) {
    if (arr1[i] <= arr2[j]) {
      merged.push(arr1[i]);
      i += 1;
    } else {
      merged.push(arr2[j]);
      j += 1;
    }
  }

  // arr1이나 arr2 중 남아있는 원소들을 정렬된 배열 뒤에 추가
  while (i < arr1.length) {
    merged.push(arr1[i]);
    i += 1;
  }
  while (j < arr2.length) {
```

```
        merged.push(arr2[j]);
        j += 1;
    }

    return merged;
}
```

빈 배열 merged를 생성한 다음 각각의 인덱스를 0으로 초기화합니다. 두 배열을 순회하면서 정렬된 배열을 생성합니다. 두 배열의 원소를 하나씩 비교하여 작은 값을 merged에 추가합니다. 이때 작은 값이 추가된 배열의 인덱스를 1 증가시킵니다. 이 과정을 두 배열 중 하나의 인덱스가 끝에 도달할 때까지 반복합니다. arr1이나 arr2 중 아직 정렬이 끝나지 않은 원소는 merged 배열 뒤에 추가합니다.

### 시간 복잡도 분석하기

N은 arr1의 길이, M은 arr2의 길이입니다. 이 배열들을 합치면서 모든 원소를 한 번씩 순회하므로 최종 시간 복잡도는 O(N + M)입니다.

### 문제 56 문자열 내 마음대로 정렬하기★

정답률 _ 69% | 저자 권장 시간 _ 30분 | 권장 시간 복잡도 _ O(NlogN) | 출제 _ 연습문제

문제 URL https://school.programmers.co.kr/learn/courses/30/lessons/12915
정답 URL https://github.com/kciter/coding-interview-js/blob/main/solution/56.js

문자열로 구성된 배열 strings와, 정수 n이 주어졌을 때, 각 문자열의 인덱스 n번째 글자를 기준으로 오름차순 정렬하려 합니다. 예를 들어 strings가 ["sun", "bed", "car"]이고 n이 1이면 각 단어의 인덱스 1의 문자 "u", "e", "a"로 strings를 정렬합니다.

### 제약 조건

- strings는 길이 1 이상, 50 이하인 배열입니다.
- strings의 원소는 소문자 알파벳으로 이루어져 있습니다.
- strings의 원소는 길이 1 이상, 100 이하인 문자열입니다.
- 모든 strings의 원소 길이는 n보다 큽니다.
- 인덱스 1의 문자가 같은 문자열이 여럿이면, 사전순으로 앞선 문자열이 앞쪽에 위치합니다.

### 입출력의 예

| strings | n | return |
|---------|---|--------|
| ["sun", "bed", "car"] | 1 | ["car", "bed", "sun"] |
| ["abce", "abcd", "cdx"] | 2 | ["abcd", "abce", "cdx"] |

첫 번째 입출력 예는 "sun", "bed", "car"의 첫 번째 문자가 각각 "u", "e", "a"이므로 이를 기준으로 strings를 정렬하면 ["car", "bed", "sun"]입니다.

두 번째 입출력 예는 "abce"와 "abcd", "cdx"의 두 번째 문자가 "c", "c", "x"이므로 "cdx"가 맨 뒤에 위치합니다. "abce"와 "abcd"는 사전순으로 정렬하면 "abcd"가 우선하므로, 답은 ["abcd", "abce", "cdx"]입니다.

### 문제 분석하고 풀기

여기서는 자바스크립트에서 배열을 정렬해주는 sort( ) 메서드를 사용합니다.

```JavaScript
function solution(strings, n) {
  return strings.sort(function (a, b) {
    if (a[n] === b[n]) {
      return a > b ? 1 : -1;
    } else {
      return a[n] > b[n] ? 1 : -1;
    }
  });
}
```

문제를 따라 두 문자열에서 n에 해당하는 인덱스가 같은 문자라면 문자열 중 더 큰 작은 문자열을 앞으로 정렬합니다. 만약 n에 해당하는 인덱스가 다른 문자라면 둘 중 더 작은 문자에 해당하는 문자열을 앞으로 정렬합니다.

### 시간 복잡도 분석하기

N은 strings의 길이입니다. sort( ) 함수의 시간 복잡도를 고려하면 최종 시간 복잡도는 $O(N\log N)$입니다.

## 문제 57 정수 내림차순으로 배치하기 ★

정답률 _ 87% | 저자 권장 시간 _ 30분 | 권장 시간 복잡도 _ O(logN * log(logN)) | 출제 _ 연습문제

문제 URL https://school.programmers.co.kr/learn/courses/30/lessons/12933
정답 URL https://github.com/kciter/coding-interview-js/blob/main/solution/57.js

정수 n을 받아 n의 각 자릿수를 내림차순으로 정렬한 새로운 정수를 반환하세요. 예를 들어 n이 118372면 873211을 반환하면 됩니다.

### 제약 조건

- n은 1이상 8,000,000,000 이하인 자연수입니다.

### 입출력의 예

| n | return |
|---|---|
| 118372 | 873211 |

### 문제 분석하고 풀기

입력을 보면 80억까지 매개변수로 들어올 수 있는데 이렇게 큰 숫자를 다루는 문제는 숫자를 문자열로 다뤄도 되는지 고민해보는 것이 좋습니다. 수를 계산하거나 하는 것이 아니라면 문자열로 처리했을 때 얻을 수 있는 이점이 많기 때문입니다. 지금과 같은 경우 문제에서 요구하는 건 숫자를 다시 거꾸로 배치하는 것이므로 입력을 정수형으로 생각할 필요가 없습니다.

※ 80억은 문자열로 생각하면 길이가 20도 되지 않는 짧은 문자열입니다.

```javascript
function solution(n) {
    // ❶ 정수 n을 문자열로 변환하고 각 자릿수를 배열로 저장
    const digits = Array.from(String(n), Number);
    digits.sort((a, b) => b - a);  // ❷ 내림차순으로 정렬
    // ❸ 정렬된 자릿수를 다시 하나의 문자열로 합쳐 정수로 변환
```

```
    const answer = Number(digits.join(''));
    return answer;
  }
```

❶ 숫자 n을 Array.from(String(n), Number)로 처리하여 문자열 배열로 변환합니다. 그러면 숫자를 하나씩 떼어서 배열에 저장할 수 있습니다. 예를 들어 1234를 입력하면 Array.from(String(n), Number)의 결과는 ["1", "2", "3", "4"]가 됩니다.

❷ 내림차순으로 문자 배열을 정렬합니다. 내림차순으로 정렬하면 높은 숫자가 앞으로 오게 됩니다.

❸ 정렬된 문자를 ❶의 반대 순서로 진행하여 정수로 만듭니다.

### 시간 복잡도 분석하기

N은 주어진 숫자입니다. 주어진 숫자의 자릿수는 대략 logN입니다. 따라서 이를 배열로 만드는 작업에 필요한 시간 복잡도는 O(logN)입니다. 이후 배열을 sort( ) 메서드로 정렬하려면 시간 복잡도 O(logN * log(logN))가 필요하고, 이를 다시 문자열로 조합할 때 필요한 시간 복잡도는 logN입니다. 따라서 최종 시간 복잡도는 O(logN * log(logN))입니다.

## 문제 58 K번째 수★

정답률 _ 69% | 저자 권장 시간 _ 40분 | 권장 시간 복잡도 _ O((M*N)logN) | 출제 _ 정렬

문제 URL https://school.programmers.co.kr/learn/courses/30/lessons/42748
정답 URL https://github.com/kciter/coding-interview-js/blob/main/solution/58.js

배열 array의 i번째 숫자부터 j번째 숫자까지 자르고 정렬했을 때 k번째에 있는 수를 구하려 합니다. 예를 들어 array가 [1, 5, 2, 6, 3, 7, 4], i = 2, j = 5, k = 3이라면

  1 array의 2번째부터 5번째까지 자르면 [5, 2, 6, 3]입니다.
  2 1에서 나온 배열을 정렬하면 [2, 3, 5, 6]입니다.
  3 2에서 나온 배열의 3번째 숫자는 5입니다.

배열 array, [i, j, k]를 원소로 가진 2차원 배열 commands가 주어질 때 commands의 모든 원소에 대하여 앞서 설명한 연산을 적용했을 때 나온 결과를 배열에 담아 반환하는 solution( ) 함수를 작성하세요.

### 입출력의 예

| array | commands | return |
|---|---|---|
| [1, 5, 2, 6, 3, 7, 4] | [[2, 5, 3], [4, 4, 1], [1, 7, 3]] | [5, 6, 3] |

### 문제 분석하고 풀기

commands는 3개의 원소로 구성되어 있습니다. 첫 번째와 두 번째 값은 array의 범위, 그리고 세 번째 값은 정렬된 후 최종 선택한 array의 인덱스입니다. commands[ ]의 각 원소를 하나씩 놓고 어떻게 동작할지 살펴봅시다.

**01단계** 초기 array는 다음과 같습니다.

array

| 위치 | 1 | 2 | 3 | 4 | 5 | 6 | 7 |
|---|---|---|---|---|---|---|---|
| | 1 | 2 | 3 | 4 | 5 | 6 | 7 |
| 값 | 1 | 5 | 2 | 6 | 3 | 7 | 4 |

**02단계** commands[ ]의 첫 번째 원소 [2, 5, 3]이 어떻게 적용될지 봅시다. array 배열에서 2~5번째 원소를 선택하고 여기를 정렬합니다. 이때 원본을 정렬하지 않아야 합니다. 정렬 후에 3번째

원소를 선택하면 5입니다.

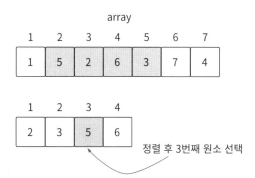

정렬 후 3번째 원소 선택

**03단계** [4, 4, 1], [1, 7, 3] 모두 같은 방법으로 원소를 선택하면 됩니다. [4, 4, 1]은 4~4번째 원소이므로 6 하나이고, [1, 7, 3]은 1~7번째 원소를 정렬한 다음 3번째 원소를 선택해야 하므로 3입니다. 결국 출력해야 할 배열은 [5, 6, 3]입니다.

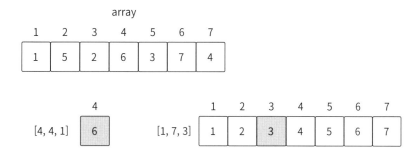

이 문제는 배열의 slice 메서드를 이용하면 쉽게 풀 수 있습니다. 문제의 commands의 시작 위치가 0이 아니라 1인 점만 주의하면 됩니다.

```javascript
function solution(array, commands) {
  const answer = [];
  for (const command of commands) {
    const [i, j, k] = command;
    const sliced = array.slice(i - 1, j); // ❶ i부터 j까지 자르기
    sliced.sort((a, b) => a - b); // ❷ 자른 배열을 정렬하기
    answer.push(sliced[k - 1]); // ❸ k번째 원소 구하기
```

```
  }
  return answer;
}
```

❶ slice 메서드로 commands로 주어진 범위의 원소를 확보합니다.

❷ 확보된 원소를 정렬하고 ❸ k번째 위치의 원소를 반환합니다.

### 시간 복잡도 분석하기

N은 array의 길이, M은 commands의 길이입니다. commands의 각 원소에 대해 배열을 자르는 시간 복잡도는 O(N)이며, 이후 정렬을 포함한 시간 복잡도는 O(NlogN)입니다. 이를 M번 반복하므로 최종 시간 복잡도는 O((M*N)logN)입니다.

## 문제 59 가장 큰 수★★★

정답률 _ 52% | 저자 권장 시간 _ 80분 | 권장 시간 복잡도 _ O(NlogN) | 출제 _ 정렬

문제 URL  https://school.programmers.co.kr/learn/courses/30/lessons/42746
정답 URL  https://github.com/kciter/coding-interview-js/blob/main/solution/59.js

0 또는 양의 정수가 주어졌을 때 정수를 이어붙여 만들 수 있는 가장 큰 수를 알아내세요. 예를 들어 [6, 10, 2]가 주어졌다면 [6102, 6210, 1062, 1026, 2610, 2106]을 만들 수 있으며 이 중 가장 큰 수는 6210입니다. 0 또는 양의 정수가 담긴 배열 numbers가 주어질 때 순서를 재배치해 만들 수 있는 가장 큰 수를 문자열로 바꾸어 반환하는 solution( ) 함수를 작성하세요.

### 제약 조건

- numbers의 길이는 1 이상 100,000 이하입니다.
- numbers의 원소는 0 이상 1,000 이하입니다.
- 정답이 너무 클 수 있으니 문자열로 바꾸어 반환합니다.

| numbers | return |
|---|---|
| [6, 10, 2] | 6210 |
| [3, 30, 34, 5, 9] | 9534330 |

## 문제 분석하고 풀기

바로 떠올리기 쉬운 방법은 모든 조합을 다 구해보는 것입니다. 하지만 numbers의 길이가 10만이 될 수도 있으므로 시간 제한에 걸립니다. 그렇다면 모든 경우의 수를 다 체크하지 않고도 가장 큰 수를 찾을 수 있는 방법을 떠올려야 합니다. 입력을 한 번 봅시다. 첫 번째 입력을 보면 [6, 10, 2]로 "6210"을 만들었습니다. 얼핏보면 모든 숫자를 문자열로 변환하여 내림차순으로 정렬하면 될 것 같습니다. 하지만 이렇게 하면 numbers가 [30, 3]인 경우 "303"이 되므로 제대로 동작한다고 볼 수 없습니다. 가장 큰 수는 "330"이기 때문입니다. 이 문제는 각 숫자의 자릿수가 달라 발생합니다. 그럼 어떻게 해야 "3"을 "30" 앞에 둘 수 있을까요?

※ [30, 3]은 30과 3의 앞자리 수가 "3"으로 같습니다. 이를 "30"과 "3"을 내림차순으로 정렬하면 사전순으로 정렬되므로 첫 번째 값이 3으로 같으니 다음 값을 기준으로 하여 "30"은 "0"이 있으니 우선 배치하게 됩니다.

각 숫자를 앞뒤로 붙여보고 큰 경우를 반환하면 됩니다. 예를 들어 ["3", "30"]은 이렇게 합니다. 그림에서 보듯 numbers 배열에 각 문자열을 담아 순서를 바꿔 붙였을 때 큰 것을 사용하면 됩니다.

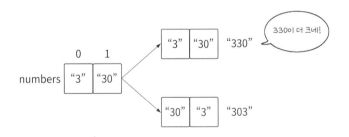

```javascript
function compare(a, b) {
    // ❶ 각 수를 문자열로 바꾼 뒤, 조합하여 비교
    // 예 : a = 3, b = 30 ┌ t1 = '330', t2 = '303' t1 > t2
```

```
  const t1 = a.toString() + b.toString();
  const t2 = b.toString() + a.toString();
  // t1이 크다면 1, t2가 크다면 -1, 같으면 1
  return t1 > t2 ? -1 : 1;
}


function solution(numbers) {
  // ❷ compare 함수를 이용하여 내림차순으로 정렬합니다.
  const sortedNums = numbers.sort(compare);
  // ❸ 각 정렬된 수를 문자열로 이어붙인 뒤, int로 변환한 값을 문자열로 다시 변환하여 반환
합니다.
  const answer = sortedNums.join("");
  return Number(answer) === 0 ? "0" : answer;
}
```

❶ 비교 조건을 설정하는 compare( ) 함수입니다.

❷ compare( ) 함수를 이용하여 내림차순으로 정렬합니다.

❸ 정렬된 결괏값을 문자열로 이어붙이고 정수로 변환합니다. 정수로 변환하는 이유는 문자열로 변환했을 때 맨앞에 "0"이 있는 경우를 처리하기 위함입니다.

❹ 최종으로 조합하여 만들 수 있는 수 중 가장 큰 수를 반환합니다.

### 시간 복잡도 분석하기

N은 numbers의 길이입니다. sort( ) 메서드에서 compared( ) 함수를 기준으로 정렬하고 있습니다. compared( ) 함수는 두 수를 문자열로 바꾼 후 조합해서 비교하는 함수입니다. 각 수는 최 댓값이 1,000이므로 문자열을 합칠 경우 최대 문자열의 길이는 7입니다. 데이터가 N개일 때 정렬에 필요한 시간 복잡도는 $O(N\log N)$입니다. 따라서 최종 시간 복잡도는 $O(7N\log N)$이지만 N이 7에 비해 훨씬 크므로 $O(N\log N)$으로 표시해도 됩니다.

## 문제 60 튜플 ★★

정답률 _ 56% | 저자 권장 시간 _ 60분 | 권장 시간 복잡도 _ O(MlogM)
출제 _ 2019 카카오 개발자 겨울 인턴십

문제 URL https://school.programmers.co.kr/learn/courses/30/lessons/64065
정답 URL https://github.com/kciter/coding-interview-js/blob/main/solution/60.js

셀 수 있는 수량의 순서가 있는 열거 또는 어떤 순서를 따르는 요소들의 모음을 튜플$^{tuple}$이라고 합니다. n개의 요소를 가진 튜플을 n-튜플$^{n-tuple}$이라고 하며 다음과 같이 표현할 수 있습니다.

- $(a1, a2, a3, ..., an)$

튜플은 다음과 같은 성질을 가지고 있습니다.

1 중복된 원소가 있을 수 있습니다. 예를 들어 (1, 2, 3, 2)라도 괜찮습니다.

2 원소에 정해진 순서가 있으며 원소의 순서가 다르면 서로 다른 튜플입니다. 즉, (1, 2, 3)과 (1, 3, 2)는 다릅니다.

3 튜플의 원소 개수는 유한합니다.

원소의 개수가 n개이고 중복되는 원소가 없는 튜플 $(a1, a2, a3, ..., an)$이 있을 때 튜플은 다음과 같이 집합 기호 '{', '}'를 이용해 표현할 수 있습니다(원소는 모두 자연수로 가정합니다).

- $\{\{a1\}, \{a1, a2\}, \{a1, a2, a3\}, \{a1, a2, a3, a4\}, ... \{a1, a2, a3, a4, ..., an\}\}$

예를 들어 튜플이 (2, 1, 3, 4)인 경우

- $\{\{2\}, \{2, 1\}, \{2, 1, 3\}, \{2, 1, 3, 4\}\}$

와 같이 표현할 수 있습니다. 이때, 집합은 원소의 순서가 바뀌어도 상관없으므로

- $\{\{2\}, \{2, 1\}, \{2, 1, 3\}, \{2, 1, 3, 4\}\}$
- $\{\{2, 1, 3, 4\}, \{2\}, \{2, 1, 3\}, \{2, 1\}\}$
- $\{\{1, 2, 3\}, \{2, 1\}, \{1, 2, 4, 3\}, \{2\}\}$

는 모두 같은 튜플 (2, 1, 3, 4)를 나타냅니다. 특정 튜플을 표현하는 집합이 담긴 문자열 s가 주어

질 때 s가 표현하는 튜플을 배열에 담아 반환하는 solution( ) 함수를 작성하세요.

## 제약 조건

- s의 길이는 5 이상 1,000,000 이하입니다.
- s는 숫자와 '{', '}', ',' 로만 이루어져 있습니다.
- 숫자가 0으로 시작하는 경우는 없습니다.
- s는 항상 중복되는 원소가 없는 튜플을 올바르게 표현합니다.
- s가 표현하는 튜플의 원소는 1 이상 100,000 이하인 자연수입니다.
- 반환하는 배열의 길이가 1 이상 500 이하인 경우만 입력으로 주어집니다.

## 입출력의 예

| s | result |
| --- | --- |
| "{{2}, {2, 1}, {2, 1, 3}, {2, 1, 3, 4}}" | [2, 1, 3, 4] |
| "{{1, 2, 3}, {2, 1}, {1, 2, 4, 3}, {2}}" | [2, 1, 3, 4] |
| "{{20, 111}, {111}}" | [111, 20] |
| "{{123}}" | [123] |
| "{{4, 2, 3}, {3}, {2, 3, 4, 1}, {2, 3}}" | [3, 2, 4, 1] |

세 번째 입출력 예 (111, 20)을 집합으로 표현하면 {{111}, {111, 20}}입니다. 반대로 {{20, 111}, {111}}이라고 해도 됩니다. 네 번째 입출력 예 (123)을 집합으로 표현하면 {{123}}입니다. 다섯 번째 입출력 예 (3, 2, 4, 1)을 집합으로 표현하면 {{3}, {3, 2}, {3, 2, 4}, {3, 2, 4, 1}}입니다. 이는 {{4, 2, 3}, {3}, {2, 3, 4, 1}, {2, 3}}과 같습니다.

## 문제 분석하고 풀기

이 문제는 자바스크립트 문법을 잘 활용하지 못하면 문자열 처리가 복잡해질 수도 있는 문제입니다. 필자는 이 문제를 원소 개수가 적은 집합을 기준으로 오름차순 정렬한 다음 이전 집합과 비교해서 중복된 원소를 제거하는 방식으로 풀겠습니다. 첫 번째 입출력 예를 기준으로 하나씩 설명해보겠습니다.

**01단계** 첫 번째 입출력 예에 있는 s를 길이 순서로 표현하면 다음과 같습니다.

**02단계** 두 번째 집합과 첫 번째 집합을 비교해보면 원소 2가 중복됩니다. 따라서 두 번째 집합에서 2를 제외 대상으로 생각해둡니다.

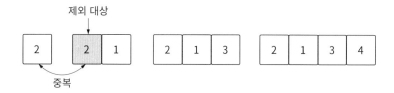

**03단계** 다음도 봅니다. 두 번째와 세 번째 집합을 비교하면 2, 1이 제외 대상입니다. 그다음도 마찬가지로 보면 2, 1, 3이 제외 대상입니다.

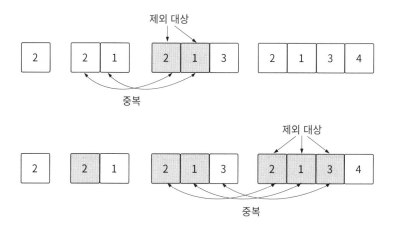

**04단계** 각 집합에서 제외 대상이 아니었던 원소만 추려 모으면 튜플이 됩니다.

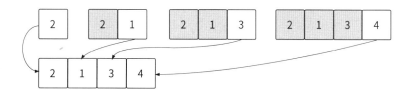

앞서 본 단계대로 코드를 작성하면 됩니다. 작성해봅시다.

```javascript
function solution(s) {
  // ❶ 문자열 s를 파싱하여 배열로 변환
  const numbers = s.slice(2, -2).split("},{");
  const sorted = numbers.sort((a, b) => a.length - b.length);
  const answer = [];

  // ❷ 각 원소를 순회하면서 이전 원소와 차이가 나는 부분을 구함
  for (const element of sorted) {
    const nums = element.split(",");
    for (const num of nums) {
      if (!answer.includes(Number(num))) {
        answer.push(Number(num));
      }
    }
  }

  return answer;
}
```

❶ 문자열을 파싱해서 배열로 만들고 문자열 길이 기준으로 정렬합니다. 다음 예를 참고하면 어떤 코드인지 충분히 이해할 수 있을 겁니다.

```javascript
// "{{2},{2,1},{2,1,3},{2,1,3,4}}" 을 위 코드에서 배열로 변환하고 정렬한 모습
["2", "2,1", "2,1,3", "2,1,3,4"]
```

❷ 변환된 s를 순환하며 각 원소를 "," 기준으로 split( ) 합니다. 예를 들어 element가 "2,1,3"이면 split( ) 결과는 ['2', '1', '3']입니다. 이후 반복문을 수행하며 numbers의 각 원소를 체크하고 현재까지 구한 answer에 없는 원소들만 answer에 추가합니다.

N은 s의 길이, M는 s를 split( )한 결과로 얻은 배열의 길이입니다. 처음에 split( )을 수행할 때의 시간 복잡도는 O(N)이고 split( )한 문자열을 정렬하기 위해 필요한 시간 복잡도는 O(MlogM)입니다. 이중 반복문에서는 외부 반복문은 M번, 내부 반복문은 제약 조건에서 최종 배열의 길이가 500 이하, 튜플의 최대 길이도 500이라고 했으므로 최대 25,000번 수행합니다. 따라서 시간 복잡도는 O(N + MlogM + M*25,000)이고 M은 최대 100만이므로 25,000은 무시할 수 있습니다. 따라서 최종 시간 복잡도는 O(MlogM)입니다.

## 문제 61 지형 이동★★★★

정답률 _ 14% | 저자 권장 시간 _ 120분 | 권장 시간 복잡도 _ O($N^2$log$N^2$)
출제 _ Summer/Winter Coding(2019)

문제 **URL** https://programmers.co.kr/learn/courses/30/lessons/62050
정답 **URL** https://github.com/kciter/coding-interview-js/blob/main/solution/61.js

N × N 크기의 정사각 격자 형태의 지형이 있습니다. 각 격자의 칸은 1 × 1 크기이며 숫자가 하나씩 적혀 있습니다. 숫자는 그 칸의 높이를 나타냅니다. 이 지형의 아무 칸에서나 출발해 모든 칸을 방문하는 탐험을 떠나려합니다. 칸을 이동할 때는 상, 하, 좌, 우로 한 칸씩 이동할 수 있는데, 현재 칸과 이동하려는 칸의 높이 차이가 height 이하여야 합니다. 높이 차이가 height보다 많이 나면 사다리를 설치해서 이동할 수 있습니다.

이때 사다리를 설치하면 두 격자 칸의 높이 차이만큼의 비용이 듭니다. 따라서, 최대한 적은 비용이 들도록 사다리를 설치해서 모든 칸으로 이동할 수 있도록 해야 합니다. 설치할 수 있는 사다리 개수에 제한은 없으며, 설치한 사다리는 철거하지 않습니다. 각 격자 칸의 높이가 담긴 2차원 배열 land와 이동 가능한 최대 높이차 height가 주어질 때 모든 칸을 방문하기 위해 필요한 사다리 설치 비용의 최솟값을 반환하는 solution( ) 함수를 완성해주세요.

### 제약 조건

- land는 N × N 크기인 2차원 배열입니다.
- land의 최소 크기는 4 × 4, 최대 크기는 300 × 300입니다.

- land의 원소는 각 격자 칸의 높이를 나타냅니다.
- 격자 칸의 높이는 1 이상 10,000 이하인 자연수입니다.
- height는 1 이상 10,000 이하인 자연수입니다.

**입출력의 예**

| land | height | result |
|---|---|---|
| [[1, 4, 8, 10], [5, 5, 5, 5], [10, 10, 10, 10], [10, 10, 10, 20]] | 3 | 15 |
| [[10, 11, 10, 11], [2, 21, 20, 10], [1, 20, 21, 11], [2, 1, 2, 1]] | 1 | 18 |

첫 번째 입출력 예를 그림과 함께 봅시다. 각 칸의 높이는 다음과 같으며 높이 차가 3 이하이면 사다리 없이 이동할 수 있습니다.

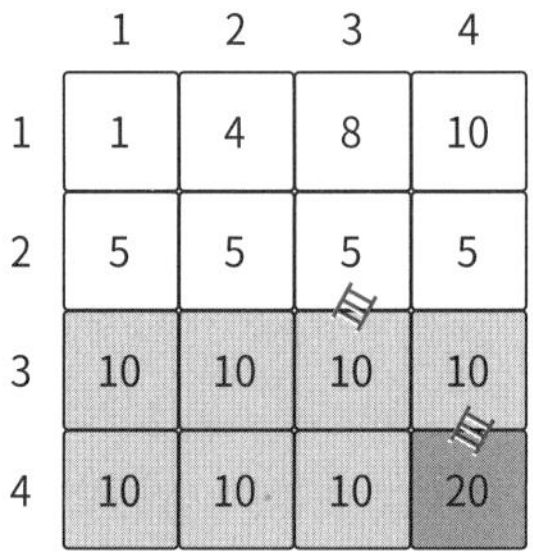

오른쪽 그림에서 사다리를 이용하지 않고 이동할 수 있는 칸은 같은 색으로 표시했습니다. 예를 들어 (1행, 2열) 높이 4인 칸에서 (1행, 3열) 높이 8인 칸으로 직접 이동할 수는 없지만 높이가 5인 칸을 이용하면 사다리를 사용하지 않고도 이동할 수 있습니다. 따라서 첫 번째 입출력 예는 사다리를 2개만 설치해도 모든 칸을 방문할 수 있습니다. 최소 비용은 15가 됩니다.

두 번째 입출력 예는 다음과 같습니다. 그림과 같이 (2행, 1열) → (1행, 1열), (1행, 2열) → (2행, 2열) 2곳에 사다리를 설치하면 됩니다. 설치 비용은 18입니다.

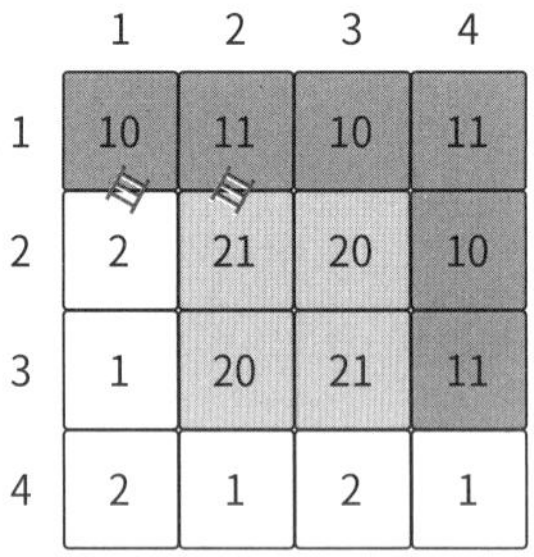

**문제 분석하고 풀기**

첫 번째 입출력 예를 다시 보면서 문제를 분석해봅시다. 첫 번째 입출력 예에서 4 → 8로는 height가 3이므로 이동할 수 없었지만 4 → 5 → 5 → 8로 이동하면 이동할 수 있었습니다.

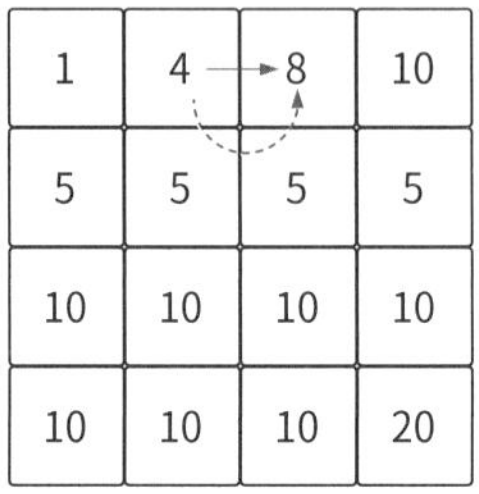

이 문제는 이처럼 사다리를 최소로 설치하는 것이 목표이므로 이런 경로가 있는지 없는지 확인하는 것이 중요합니다. 이 말은 다음으로 볼 칸을 제어해야 한다는 것입니다. 일반적인 탐색으로는 제어하기 힘듭니다. 이 문제를 쉽게 해결하려면 현재 좌표를 기준으로 주변 비용을 정렬하는 것입니다. 여기서는 힙을 활용하겠습니다.

```JavaScript
class MinHeap {
  constructor() {
    this.items = [];
  }

  size() {
    return this.items.length;
  }

  push(item) {
    this.items.push(item);
    this.bubbleUp();
  }

  pop() {
    if (this.size() === 0) {
      return null;
    }

    const min = this.items[0];
    this.items[0] = this.items[this.size() - 1];
    this.items.pop();
    this.bubbleDown();
    return min;
  }

  swap(a, b) {
    [this.items[a], this.items[b]] = [this.items[b], this.items[a]];
```

```
  }

  bubbleUp() {
    let index = this.size() - 1;
    while (index > 0) {
      const parentIndex = Math.floor((index - 1) / 2);
      if (this.items[parentIndex][0] <= this.items[index][0]) {
        break;
      }
      this.swap(index, parentIndex);
      index = parentIndex;
    }
  }

  bubbleDown() {
    let index = 0;
    while (index * 2 + 1 < this.size()) {
      let leftChild = index * 2 + 1;
      let rightChild = index * 2 + 2;
      let smallerChild =
        rightChild < this.size() &&
        this.items[rightChild][0] < this.items[leftChild][0]
          ? rightChild
          : leftChild;

      if (this.items[index][0] <= this.items[smallerChild][0]) {
        break;
      }

      this.swap(index, smallerChild);
      index = smallerChild;
    }
  }
```

```
}

function solution(land, height) {
  let answer = 0
  const n = land.length;

  // ❶ 주변 노드 탐색을 위한 di, dj
  const di = [-1, 0, 1, 0];
  const dj = [0, 1, 0, -1];
  const visited = Array.from(Array(n), () => Array(n).fill(false));

  // ❷ 시작 노드 추가
  const q = new MinHeap();

  q.push([0, 0, 0]);  // [비용, i, j]

  // ❸ BFS + 우선 순위 큐로 다음 노드 관리
  while (q.size() > 0) {
    const [cost, i, j] = q.pop();
    // ❹ 아직 방문하지 않은 경로만 탐색
    if (!visited[i][j]) {
      visited[i][j] = true;
      // ❺ 현재까지 비용을 합산
      answer += cost;
      for (let d = 0; d < 4; d++) {
        const ni = i + di[d];
        const nj = j + dj[d];
        // ❻ 유효한 인덱스일 경우
        if (0 <= ni && ni < n && 0 <= nj && nj < n) {
          const tempCost = Math.abs(land[i][j] - land[ni][nj]);
          // ❼ 입력으로 주어진 height보다 높이차가 큰 경우
          const newCost = tempCost > height ? tempCost : 0;
```

```
              // ❽ 다음 경로를 푸시
          q.push([newCost, ni, nj]);
        }
      }
    }
  }


  return answer;
}
```

❶ 주변 노드를 반복문으로 탐색하기 위해 di와 dj를 활용합니다. di, dj는 일종의 오프셋이라고 생각하면 됩니다. visited는 특정 칸의 방문 여부를 체크하기 위한 것으로, 초깃값은 모두 false입니다.

❷ q는 너비 우선 탐색에 활용할 우선 순위 큐를 위한 빈 힙입니다. 이동할 수 있는 다음 칸 중 비용이 가장 적은 칸부터 접근해야 하므로 비용을 오름차순으로 정렬합니다.

❸ 너비 우선 탐색을 진행합니다. 여기서 주목해야 할 점은 다음 노드를 탐색하는 과정에 우선 순위 큐를 사용한다는 것입니다. 다시 말해 팝 연산을 수행하여 다음 칸 중 가장 비용이 적은 칸을 받아오고 있습니다.

❹ 아직 방문하지 않은 칸일 경우에만 탐색을 진행합니다. 그리고 방문하면서 방문 정보를 체크합니다.

❺ 각 칸을 방문하며 비용을 합산합니다. 사다리를 놓는 부분을 제외하고는 비용이 0일 겁니다. 따라서 총 비용은 사다리 설치 비용의 최솟값으로 생각하면 됩니다.

❻ 해당 칸 정보가 주어진 영역에 해당되는 경우에만 접근합니다.

❼ 해당 칸으로 이동하는 비용이 문제에서 제시한 height보다 큰 경우 해당 비용을 계산합니다. 만약 이동 비용이 height보다 크지 않으면 비용은 0입니다. 이 코드에 의해 사다리를 놓지 않는 경우 answer에 0을 더합니다.

❽ 다음 탐색 경로를 푸시합니다.

N은 land의 한 변의 길이입니다. 각 지점을 방문하는데에 필요한 시간 복잡도는 $O(N^2)$이고 우선 순위 큐를 활용해 너비 우선 탐색을 진행하므로 최종 시간 복잡도는 $O(N^2\log(N^2))$입니다.

### 리마인드

**기억 01** 힙은 부모 노드와 자식 노드 간 특정 규칙을 갖는 자료구조입니다. 힙 정렬은 이를 활용한 정렬 알고리즘입니다.

**기억 02** 병합 정렬은 데이터를 특정 구간으로 나누고 긱 구간을 부분 징렬하며 병합하어 정렬합니다.

**기억 03** 계수 정렬은 데이터의 빈도수를 기반으로 정렬합니다. 데이터 자체가 인덱스가 되므로 적용할 수 있는 분야가 한정적입니다.

**기억 04** 힙 정렬은 데이터의 추가, 삭제가 빈번할 때 유용합니다.

### 추천 문제

**문제 01** 문자열 내 마음대로 정렬하기 : https://school.programmers.co.kr/learn/courses/30/lessons/12915

**문제 02** 파일명 정렬 : https://school.programmers.co.kr/learn/courses/30/lessons/17686

**문제 03** H-Index : https://school.programmers.co.kr/learn/courses/30/lessons/42747

# 14 시뮬레이션

 **공부부터 합격까지**

시뮬레이션의 개념을 이해하고 코드에 적용할 수 있습니다.

행렬 및 좌표 관련 시뮬레이션 문제를 해결할 수 있습니다.

**여기서 풀 문제**

## 14-1 시뮬레이션 문제 풀이 노하우

시뮬레이션이란 문제에 주어진 상황을 완벽하게 이해하고 이를 코드로 구현하는 과정입니다. 다른 알고리즘은 성능에 중점을 둔 반면, 시뮬레이션은 구현에 중점을 맞춥니다.

## 시뮬레이션 문제를 푸는 방법

시뮬레이션 문제는 다른 알고리즘처럼 일반화한 방법으로 설명하거나 풀 수 없습니다. 왜냐하면 시뮬레이션 문제는 주어진 상황에 따라 해결 방식이 결정되기 때문입니다. 그래서 시뮬레이션 문제는 문제 자체에 접근하는 방식을 공부해야 합니다. 다음 두 가지를 염두에 두면 시뮬레이션 문제 풀이에 도움이 될 것입니다.

- 하나의 문제를 최대한 여러 개로 분리합니다.
  조급한 마음에 문제를 분리하지 않은 상태에서 구현하려고 하면 하나의 함수에 문제에서 제시한 모든 동작을 구현하게 되어 코드가 복잡해집니다.
- 예외 처리가 필요하다면 독립 함수로 구현합니다.
  시뮬레이션 문제 특성상 구현할 부분이 많습니다. 이때 기본으로 동작하는 부분과, 예외 처리 부분의 코드가 섞이면 구현과 디버깅이 어려워집니다.

이제부터 시뮬레이션에 많이 활용되는 구현 기법을 알아보겠습니다. 이런 기법을 미리 알고 문제에 접근하면 세부 구현 사항보다 문제에 더 집중할 수 있으므로 풀이 시간을 단축할 수 있을 것입니다.

## 행렬 연산

시뮬레이션 문제에 행렬 연산은 굉장히 많이 활용하는 기법입니다. 문제에서 직접 '행렬'이라 언급하지 않아도 행렬 연산을 자주 사용하므로 익혀두는 것이 좋습니다. 행렬 연산을 알고 있으면 문제 풀이 시간을 많이 절약할 수 있을 것입니다.

## 행렬 덧셈과 뺄셈, 그리고 곱셈

각 행렬에서 같은 위치에 있는 값끼리 더하거나 빼는 연산입니다. 이 연산을 하려면 사용하는 두 행렬의 크기가 같아야 합니다. 만약 A나 B의 행 또는 열의 크기가 서로 다르면 행렬 덧셈과 뺄셈은 할 수 없습니다.

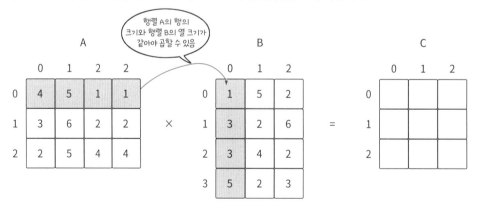

**행렬 곱셈은 곱셈 순서가 중요하며 A → B 순서로 곱했다면 행렬 A의 행, 행렬 B의 열 크기가 일치해야 하고 곱셈의 결과는 행렬 A의 열, 행렬 B의 행 크기가 됩니다.** 말로는 좀 이해가 바로 되지 않으므로 보통 그림으로 설명하는 경우가 많습니다. 다음 그림을 보면 행렬 A의 행과 행렬 B의 열 크기가 같습니다. 곱셈 과정과 함께 두 행렬의 크기를 잘 맞춰보기 바랍니다.

행렬을 곱할 때는 왼쪽 행렬의 1행과 오른쪽 행렬의 각 열을 각각 곱합니다. 이때 왼쪽 행렬의 행과 오른쪽 행렬의 열은 요소를 각각 곱하여 더하는 식으로 계산합니다. 예를 들어 행렬 A의 1행과 B의 1열의 각 요소를 곱하여 더하면 27이 나오고 행렬 A의 1행과 B의 2열의 각 요소를 곱하여 더하면 36이 나옵니다.

- $(4 * 1) + (5 * 3) + (1 * 3) + (1 * 5) = 27$
- $(4 * 5) + (5 * 2) + (1 * 4) + (1 * 2) = 36$

A

|   | 0 | 1 | 2 | 2 |
|---|---|---|---|---|
| 0 | 4 | 5 | 1 | 1 |
| 1 | 3 | 6 | 2 | 2 |
| 2 | 2 | 5 | 4 | 4 |

×

B

|   | 0 | 1 | 2 |
|---|---|---|---|
| 0 | 1 | 5 | 2 |
| 1 | 3 | 2 | 6 |
| 2 | 3 | 4 | 2 |
| 3 | 5 | 2 | 3 |

=

C

|   | 0 | 1 | 2 |
|---|----|----|---|
| 0 | 27 | 36 |   |
| 1 |    |    |   |
| 2 |    |    |   |

행렬의 덧셈, 뺄셈, 곱셈은 코드로 구현하기 쉬우므로 코드 설명은 생략하겠습니다. 다음은 전치 행렬입니다.

### 전치 행렬

전치 행렬은 arr[i][j]를 arr[j][i]로 바꾸는 연산을 말합니다. 쉽게 말해 행과 열 위치를 바꾸는 것이죠. 그림을 보면 한 번에 이해할 수 있을 것입니다.

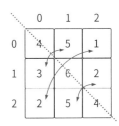

전치 행렬의 구현은 행렬의 행과 열의 값을 그대로 바꾸면 되므로 코드는 간단합니다. 이 역시도 생략하겠습니다. 직접 구현해보기 바랍니다.

## 좌표 연산

시뮬레이션 문제에서는 조건에 따라 이동을 구현하는 경우가 많습니다. 이때 2차원 좌표를 사용하면 유용합니다. 2차원 좌표를 배열로 표현하고 활용하는 방법을 알아보겠습니다.

## 좌표 배열로 표현하기

좌표를 배열로 표현하는 방법은 좌푯값에 해당하는 배열의 위치를 활용하는 겁니다. 그림을 보면 (3, 4) 위치를 배열 arr[4][3] = 1과 같이 저장했습니다.

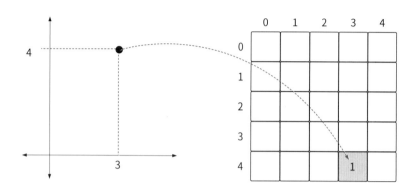

## 좌표 이동 오프셋값으로 쉽게 표현하기

좌표를 활용하는 대부분 문제는 현재 위치를 이동하는 문제가 많습니다. 다만 좌표의 이동을 if문의 연속으로 표현하면 구현해야 하는 양이 너무 많아져서 좋지 않습니다. 그럴 때는 좌표의 이동을 오프셋값을 이용해 표현하면 훨씬 깔끔하게 코드를 구현할 수 있습니다.

**01단계** 다음 그림과 같이 0에서 각 위치 1~8로 이동하는 상황을 구현해야 한다고 생각해봅시다.

| | 0 | 1 | 2 |
|---|---|---|---|
| 0 | 1 | 2 | 3 |
| 1 | 4 | 0 | 5 |
| 2 | 6 | 7 | 8 |

**02단계** 만약 if문을 활용한다면 이렇게 방향을 나눠 구현해야 합니다.

- 1 위치 : arr[curr_y - 1][curr_x - 1]
- 2 위치 : arr[curr_y][curr_x - 1]
- …
- 8 위치 : arr[curr_y + 1][curr_x + 1]

**03단계** 하지만 오프셋 배열이 있으면 8번 if문을 사용하는 대신 for문을 한 번 돌리면 되므로 편리합니다. 다음과 같이 배열을 선언했다면 코드는 대략 이렇게 작성하면 되겠네요.

```javascript
for (let i = 1; i < 9; i++) {
  arr[curr_y + dy[i]][curr_x + dx[i]] (... 생략 ...)
}
```

for문 한 번만 돌리면 전체 방향 이동 가능

| | 1 | 2 | 3 | 4 | 5 | 6 | 7 | 8 | 현재 위치 |
|---|---|---|---|---|---|---|---|---|---|
| dy | -1 | -1 | -1 | 0 | 0 | 1 | 1 | 1 | 0 |
| dx | -1 | 0 | 1 | -1 | 1 | -1 | 0 | 1 | 0 |

| | 0 | 1 | 2 |
|---|---|---|---|
| 0 | 1 | 2 | 3 |
| 1 | 4 | 0 | 5 |
| 2 | 6 | 7 | 8 |

## 대칭, 회전 연산

**01단계** 대칭과 회전은 조금만 침착하게 생각하면 쉽게 구현할 수 있습니다. 이런 배열이 있다고 생각해봅시다.

| | 0 | 1 | 2 |
|---|---|---|---|
| 0 | 4 | 3 | 2 |
| 1 | 5 | 6 | 5 |
| 2 | 1 | 2 | 4 |

**02단계** 길이가 N인 정사각형 배열에서 좌우 대칭을 일반화하면 $A[i, j] = A[i, (N - 1) - j]$와 같이 표현할 수 있습니다. 그림은 길이가 3인 정사각형 배열의 좌우 대칭을 구체적으로 표현한 것입니다. 그림과 식을 맞춰 읽어보면 쉽게 이해할 수 있을 겁니다.

※ 상하 대칭도 그림을 그려 일반화해보세요.

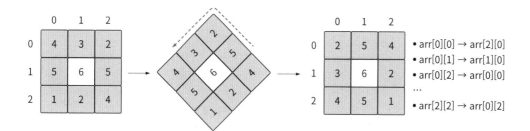

**좌우 대칭 이전**

|  | 0 | 1 | 2 |
|---|---|---|---|
| 0 | 4 | 3 | 2 |
| 1 | 5 | 6 | 5 |
| 2 | 1 | 2 | 4 |

**좌우 대칭 이후**

|  | 0 | 1 | 2 |
|---|---|---|---|
| 0 | 2 | 3 | 4 |
| 1 | 5 | 6 | 5 |
| 2 | 4 | 2 | 1 |

- arr[0][0] → arr[0][2]
- arr[0][2] → arr[0][0]
- arr[1][0] → arr[1][2]
- arr[1][2] → arr[1][0]
- arr[2][0] → arr[2][2]
- arr[2][2] → arr[2][0]

**03단계** 이번엔 회전입니다. 길이가 N인 정사각형 배열에서 90도 반시계 방향으로 회전하는 것을 일반화하면 A[i, j] = A[(N - 1) - j, i]와 같이 표현할 수 있습니다. 큐브를 90도 회전시켰다고 생각해도 좋습니다. 그림을 보면 쉽게 이해할 수 있을 겁니다.

※ 이 식을 기억해두고 있으면 180도 회전도 쉽게 구현할 수 있습니다. 180도 회전은 90도 회전 연산을 2번하면 됩니다.

|  | 0 | 1 | 2 |
|---|---|---|---|
| 0 | 4 | 3 | 2 |
| 1 | 5 | 6 | 5 |
| 2 | 1 | 2 | 4 |

→

|  | 0 | 1 | 2 |
|---|---|---|---|
| 0 | 2 | 5 | 4 |
| 1 | 3 | 6 | 2 |
| 2 | 4 | 5 | 1 |

- arr[0][0] → arr[2][0]
- arr[0][1] → arr[1][0]
- arr[0][2] → arr[0][0]
- …
- arr[2][2] → arr[0][2]

# 14-2 몸풀기 문제

## 문제 62 배열 회전하기★★

저자 권장 시간 _ 30분 | 권장 시간 복잡도 _ O(N²) | 출제 _ 저자 출제

정답 URL https://github.com/kciter/coding-interview-js/blob/main/solution/62.js

2차원 배열 arr을 시계 방향으로 90도 * n번 회전하는 solution( ) 함수를 작성하세요.

### 제약 조건

- 회전 횟수 n은 자연수이며 1~4입니다.
- 2차원 배열의 행과 열의 크기는 같고, 행의 크기는 10을 넘지 않습니다.

### 입출력의 예

| arr | n | return |
|---|---|---|
| [<br>[1, 2, 3, 4],<br>[5, 6, 7, 8],<br>[9, 10, 11, 12],<br>[13, 14, 15, 16]<br>] | 1 | [<br>[13, 9, 5, 1],<br>[14, 10, 6, 2],<br>[15, 11, 7, 3],<br>[16, 12, 8, 4]<br>] |
| [<br>[1, 2, 3, 4],<br>[5, 6, 7, 8],<br>[9, 10, 11, 12],<br>[13, 14, 15, 16]<br>] | 2 | [<br>[16, 15, 14, 13],<br>[12, 11, 10, 9],<br>[8, 7, 6, 5],<br>[4, 3, 2, 1]<br>] |

## 문제 분석하고 풀기

앞에서 배운 내용이므로 바로 코드를 작성해봅니다. 코드를 작성할 때 앞에서 이야기한 일반화 식은 다음과 같습니다. 일반화 식을 참고하여 코드를 작성해보기 바랍니다.

- A[i, j] = A[j , (N − 1) − i]

```javascript
function solution(arr, n) {
  // ❶ 2차원 배열을 인자로 받고, 90도 회전시키는 함수
  function rotate90(arr) {
    // ❷ 배열의 크기를 저장
    const n = arr.length;

    // ❸ 배열의 크기와 동일한 2차원 배열 생성(초기값은 0)
    const rotated = Array.from({ length: n }, () => Array(n).fill(0));

    // ❹ 배열을 90도 회전
    for (let i = 0; i < n; i++) {
      for (let j = 0; j < n; j++) {
        rotated[j][n - i - 1] = arr[i][j];
      }
    }

    // ❺ 90도로 회전한 배열 반환
    return rotated;
  }

  // ❻ 원본 배열 arr을 복사
  let rotated = arr.map((row) => [...row]);

  // ❼ 90도 회전 함수 호출
  for (let i = 0; i < n; i++) {
    rotated = rotate90(rotated);
  }
```

```
    return rotated;
  }
```

❶ rotate90( ) 함수는 배열을 받아 시계 방향으로 90도 회전시킨 배열을 반환합니다.

❷ 기존 배열을 수정하지 않기 위해 받은 배열의 크기를 저장합니다. 여기서는 행의 크기를 저장합니다.

❸ rotated은 매개변수 arr과 동일한 크기의 배열입니다. 초기값은 모두 0입니다.

❹ rotated에 arr을 90도로 회전시켰을 때의 값을 저장합니다.

❺ 90도로 회전한 배열을 반환합니다.

❻ arr를 map( ) 메서드를 이용하여 rotated에 복사합니다.

❼ 90도 회전 함수를 호출합니다.

### 시간 복잡도 분석하기

N은 배열의 한 변의 길이입니다. 배열을 탐색하는데에 필요한 시간 복잡도는 $O(N^2)$이고, 최대 4번 회전하는 연산은 상수이므로 무시할 수 있습니다. 따라서 최종 시간 복잡도는 $O(N^2)$입니다.

## 문제 63 두 행렬을 곱한 후 전치 행렬 만들기★

저자 권장 시간 _ 30분  |  권장 시간 복잡도 _ $O(1)$  |  출제 _ 저자 출제

정답 URL https://github.com/kciter/coding-interview-js/blob/main/solution/63.js

matrix1과 matrix2는 정수값으로 이루어진 3 × 3행렬입니다. 이 두 행렬을 곱한 결과의 전치 행렬을 반환하는 solution( ) 함수를 구현해주세요.

### 제약 조건

- matrix1, matrix2는 각각 3 × 3 크기의 정수 행렬입니다.

| matrix1 | matrix2 | return |
|---|---|---|
| [<br>  [1, 2, 3],<br>  [4, 5, 6],<br>  [7, 8, 9]<br>] | [<br>  [9, 8, 7],<br>  [6, 5, 4],<br>  [3, 2, 1]<br>] | [<br>  [30, 84, 138],<br>  [24, 69, 114],<br>  [18, 54, 90]<br>] |
| [<br>  [2, 4, 6],<br>  [1, 3, 5],<br>  [7, 8, 9]<br>] | [<br>  [9, 1, 2],<br>  [4, 5, 6],<br>  [7, 3, 8]<br>] | [<br>  [76, 56, 158],<br>  [40, 31, 74],<br>  [76, 60, 134]<br>] |

## 문제 분석하고 풀기

여기도 앞에서 모두 설명했던 내용이므로 바로 구현해보겠습니다.

```javascript
function multiplyMatrices(matrix1, matrix2) {
  // ❶ 결과 행렬을 0으로 초기화
  const result = [[0, 0, 0], [0, 0, 0], [0, 0, 0]];

  // ❷ 행렬 곱셈을 수행
  for (let i = 0; i < 3; i++) {
    for (let j = 0; j < 3; j++) {
      for (let k = 0; k < 3; k++) {
        result[i][j] += matrix1[i][k] * matrix2[k][j];
      }
    }
  }

  return result;
}
```

```javascript
function transposeMatrix(matrix) {
  // ❸ 결과 행렬을 0으로 초기화
  const result = [[0, 0, 0], [0, 0, 0], [0, 0, 0]];

  // 전치 행렬을 계산
  for (let i = 0; i < 3; i++) {
    for (let j = 0; j < 3; j++) {
      result[j][i] = matrix[i][j];
    }
  }

  return result;
}

function solution(matrix1, matrix2) {
  // 주어진 두 행렬을 곱함
  const multiplied = multiplyMatrices(matrix1, matrix2);
  // 곱셈 결과의 전치 행렬을 계산
  const transposed = transposeMatrix(multiplied);
  return transposed;
}
```

❶ 인자로 들어오는 모든 함수에는 입력 배열의 크기가 3 × 3이라는 제약 사항이 있으므로 이를 활용해서 곱셈 결과를 저장할 result 배열을 만듭니다.

❷ 반복문으로 행렬 곱셈을 수행합니다. ❸ 전치 행렬을 구하는 transposeMatrix( ) 함수입니다.

### 시간 복잡도 분석하기

배열 크기가 3*3으로 정해져 있습니다. multiplyMatrices( ) 함수는 삼중 반복문을 사용하므로 시간 복잡도는 $O(27)$이고, transposeMatrix( ) 함수는 이중 반복문을 사용하므로 시간 복잡도는 $O(9)$입니다. 모두 상수네요. 최종 시간 복잡도는 $O(1)$입니다.

## 문제 64 달팽이 수열 만들기★★

저자 권장 시간 _ 40분 | 권장 시간 복잡도 _ O(N²) | 출제 _ 저자 출제

정답 URL https://github.com/kciter/coding-interview-js/blob/main/solution/64.js

n을 입력받아 n × n 크기의 2차원 배열을 생성하여 달팽이 수열을 채우는 solution( ) 함수를 구현하세요. 달팽이 수열은 다음과 같이 숫자 1부터 시작하여 시계 방향 나선형으로 채우는 수열을 말합니다.

n=3

| 1 | 2 | 3 |
|---|---|---|
| 8 | 9 | 4 |
| 6 | 5 | 5 |

n=4

| 1 | 2 | 3 | 4 |
|---|---|---|---|
| 12 | 13 | 14 | 5 |
| 11 | 16 | 15 | 6 |
| 10 | 9 | 8 | 7 |

### 제약 조건

- n은 2 이상 10 미만의 자연수입니다.
- 숫자는 배열의 첫 번째 행, 첫 번째 열에서 시작합니다.

### 입출력의 예

| n | return | n | return |
|---|---|---|---|
| 3 | [<br>  [1, 2, 3],<br>  [8, 9, 4],<br>  [7, 6, 5]<br>] | 4 | [<br>  [1, 2, 3, 4],<br>  [12, 13, 14, 5],<br>  [11, 16, 15, 6],<br>  [10, 9, 8, 7]<br>] |

### 문제 분석하고 풀기

단순한 구현의 문제이므로 코드만 작성해보겠습니다.

```javascript
function solution(n) {
    // ❶ n 크기의 2차원 배열 생성
```

```javascript
const snailArray = Array.from({ length: n }, () => Array(n).fill(0));

let num = 1; // ❷ 달팽이 수열의 시작 숫자

// ❸ 행과 열의 시작과 끝 인덱스를 설정
let startRow = 0, endRow = n - 1;
let startCol = 0, endCol = n - 1;

while (startRow <= endRow && startCol <= endCol) {
  // ❹ 첫 번째 행 채우기
  for (let i = startCol; i <= endCol; i++) {
    snailArray[startRow][i] = num;
    num += 1;
  }
  startRow += 1;

  // ❺ 마지막 열 채우기
  for (let i = startRow; i <= endRow; i++) {
    snailArray[i][endCol] = num;
    num += 1;
  }
  endCol -= 1;

  // ❻ 마지막 행 채우기
  if (startRow <= endRow) {
    for (let i = endCol; i >= startCol; i--) {
      snailArray[endRow][i] = num;
      num += 1;
    }
    endRow -= 1;
  }

  // ❼ 첫 번째 열 채우기
```

```
    if (startCol <= endCol) {
      for (let i = endRow; i >= startRow; i--) {
        snailArray[i][startCol] = num;
        num += 1;
      }
      startCol += 1;
    }
  }

  return snailArray;
}
```

❶ snailArray 배열은 크기가 n × n인 배열입니다. 여기에 달팽이 수열을 채울 것입니다. 초깃값은 모두 0입니다.

❷ num은 현재 달팽이 수열에 삽입할 숫자입니다. 달팽이 수열의 시작 숫자인 num을 1로 설정합니다.

❸ 배열을 채우기 위해 시작 행(startRow), 끝 행(endRow), 시작 열(startCol), 끝 열(endCol)의 인덱스를 설정합니다. 달팽이 수열은 나선형으로 숫자를 채웁니다. 4가지 인덱스는 방향 전환을 하며 나선형으로 숫자를 채울 수 있게 해주는 역할을 합니다.

❹ 값이 채워지지 않은 행 중 첫 번째 행에서 오른쪽 방향으로 값을 채웁니다. 범위는 startCol~endCol입니다. 나선형으로 한 바퀴 돌고 다시 오른쪽 방향으로 숫자를 채울 때 첫 번째 행은 바로 다음 행부터 시작하므로 startRow에 1을 더합니다.

❺ 값이 채워지지 않은 열 중 가장 마지막 열에서 아래 방향으로 값을 채웁니다. 범위는 startRow~endRow입니다. 나선형 모양으로 한 바퀴 돌고 다시 아래 방향으로 숫자를 채울 때는 현재 채운 열의 바로 직전 열이 마지막 열이므로 endRow에서 1을 뺍니다.

❻ 마지막 행의 값을 채웁니다. 마지막 행의 값은 왼쪽 방향으로 채웁니다. 범위는 endCol~startCol입니다. 나선형 모양으로 한 바퀴 돌고 다시 왼쪽 방향으로 숫자를 채울 때는 마지막 행이 바로 위의 행이 될 것이므로 endRow에서 1을 뺍니다.

❼ 첫 번째 열의 값을 아래에서 위로 채우며 범위는 endRow~startRow입니다. 나선형 모양으로 한 바퀴 돌고 다시 위로 숫자를 채울 때는 첫 번째 열이 바로 다음 열이 될 것이므로 startCol을 하나 늘립니다. 4개의 방향으로 배열을 모두 채울 때까지 반복하면 완성입니다.

### 시간 복잡도 분석하기

N은 입력받은 배열의 행 혹은 열 크기입니다. 배열은 N * N 구성이므로 달팽이 수열을 순회할 때 필요한 시간 복잡도는 $O(N^2)$입니다.

## 14-3 ⟩ 합격자가 되는 모의 테스트

### 문제 65 이진 변환★★

정답률 _ 76% | 저자 권장 시간 _ 50분 | 권장 시간 복잡도 _ O(NlogN)
출제 _ 월간 코드 챌린지 시즌1

문제 URL https://school.programmers.co.kr/learn/courses/30/lessons/70129
정답 URL https://github.com/kciter/coding-interview-js/blob/main/solution/65.js

0과 1로 이루어진 어떤 문자열 x에 대한 이진 변환을 다음과 같이 정의합니다.

1 x의 모든 0을 제거합니다.

2 x의 길이를 c라고 하면 x를 'c를 2진법으로 표현한 문자열'로 바꿉니다.

예를 들어 x = "0111010"이면 이진 변환 과정은 "0111010" → "1111" → "100"입니다. 0과 1로 이루어진 문자열 s가 주어지고 s가 "1"이 될 때까지 계속해서 이진 변환을 할 때 이진 변환의 횟수와 변환 과정에서 제거된 모든 0의 개수를 배열에 담아 반환하는 solution( ) 함수를 완성해주세요.

### 제약 조건

- s의 길이는 1 이상 150,000 이하입니다.
- s에는 '1'이 하나 이상 포함되어 있습니다.

### 입출력의 예

| s | result |
|---|---|
| "110010101001" | [3, 8] |
| "01110" | [3, 3] |
| "1111111" | [4, 1] |

첫 번재 입출력 예는 다음과 같이 이진 변환이 됩니다.

| 회차 | 이진 변환 이전 | 제거할 0의 개수 | 0 제거 후 길이 | 이진 변환 결과 |
|---|---|---|---|---|
| 1 | "110010101001" | 6 | 6 | "110" |
| 2 | "110" | 1 | 2 | "10" |
| 3 | "10" | 1 | 1 | "1" |

3번의 이진 변환을 하는 동안 8개의 0을 제거했으므로 [3, 8]을 반환합니다.

### 문제 분석하고 풀기

문제의 이진 변환은 다음 과정을 거칩니다.

**1** 2진수에서 0을 제거합니다.

**2** 0을 제거한 2진수의 길이를 다시 2진수로 표현합니다.

**3** 과정 **2**에서 표현한 2진수가 1이 아니면 이진 변환 결과를 가지고 과정 **1**부터 반복합니다.

**01단계** 첫 번째 입출력 예를 단계별로 봅시다. 첫 이진 변환은 다음과 같습니다.

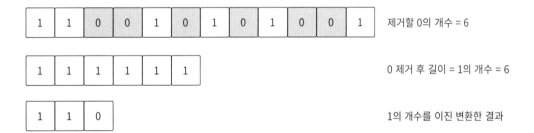

**02단계** 그다음 이진 변환은 다음과 같습니다.

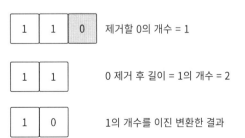

**03단계** 마지막 이진 변환은 다음과 같습니다.

| 1 | 0 |
|---|---|

제거할 0의 개수 = 1

| 1 |
|---|

0 제거 후 길이 = 1의 개수 = 1

| 1 |
|---|

1의 개수를 이진 변환한 결과

제거한 0의 개수는 6 + 1 + 1이므로 8입니다. 이 과정을 그대로 구현하면 됩니다. 다만 이 문제는 toString( ) 메서드를 알면 더 쉽게 풀 수 있습니다. toString( ) 함수는 매개변수로 2를 넣을 경우 이진수로 변환하므로 문제에서 요구하는 이진수를 쉽게 만들 수 있습니다.

```javascript
function solution(s) {
  // ❶ 이진 변환 횟수를 저장하는 변수
  let countTransform = 0;
  // ❷ 제거된 모든 0의 개수를 저장하는 변수
  let countZero = 0;

  // ❸ s가 '1'이 아닌 동안 계속 반복
  while (s !== '1') {
    s = s.split(''); // 문자열을 배열로 변환
    // ❹ 이진 변환 횟수를 1 증가
    countTransform += 1;
    // ❺ s에서 '0'의 개수를 세어 countZero에 누적
    countZero += s.filter((c) => c === '0').length;
    // ❻ s에서 '1'의 개수를 세고, 이를 이진수로 변환
    s = s.filter((char) => char === '1').length.toString(2);
  }

  // ❼ 이진 변환 횟수와 제거된 모든 '0'의 개수를 배열에 담아 반환
  return [countTransform, countZero];
}
```

❶ countTransform은 이진 변환의 횟수를 저장하는 변수이고 ❷ countZero는 이진 변환을 하며 제거한 0의 개수를 저장하는 변수입니다.

❸ 이진 변환을 진행합니다.

❹ 이진 변환 횟수를 1 증가시킵니다.

❺ count를 활용해서 현재 s의 "0"의 개수를 세어 countZero에 더합니다.

❻ s의 1의 개수를 구하고 이 값을 toString( ) 메서드로 변환합니다.

❼ 이진 변환이 완료되면 [이진 변환 횟수, 제거한 0의 개수]를 반환합니다.

**시간 복잡도 분석하기**

N은 주어진 수입니다. while문에서 N이 1이 될 때까지 2로 나누므로 시간 복잡도는 O(logN)입니다. 그리고 s에서 '0' 혹은 '1'의 개수를 구할 때 필요한 시간 복잡도는 O(N)입니다. 따라서 최종 시간 복잡도는 O(NlogN)입니다.

## 문제 66 롤케이크 자르기★★

정답률 _ 55% | 저자 권장 시간 _ 50분 | 권장 시간 복잡도 _ O(N) | 출제 _ 연습문제

문제 URL https://school.programmers.co.kr/learn/courses/30/lessons/132265
정답 URL https://github.com/kciter/coding-interview-js/blob/main/solution/66.js

철수는 롤케이크를 두 조각으로 잘라서 동생과 한 조각씩 나눠먹으려고 합니다. 롤케이크에는 여러 가지 토핑이 올라가 있습니다. 그런데 철수와 동생은 롤케이크의 크기보다 롤케이크 위에 올려진 토핑 종류에 관심이 더 많습니다. 그래서 잘린 조각의 크기와 조각 위의 토핑 개수에 상관없이 각 조각에 동일한 가짓수의 토핑이 올라가면 공평하게 롤케이크가 나누어진 것으로 생각합니다.

예를 들어 롤케이크에 네 종류의 토핑이 올려져 있다고 합시다. 토핑을 1, 2, 3, 4와 같이 번호로 표시했을 때 케이크 위에 토핑이 [1, 2, 1, 3, 1, 4, 1, 2] 순서로 올려져 있고, 세 번째 토핑(1)과 네 번째 토핑(3) 사이를 자르면 롤케이크의 토핑은 [1, 2, 1], [3, 1, 4, 1, 2]로 나뉩니다. 그리고 철수가 [1, 2, 1] 조각을 동생이 [3, 1, 4, 1, 2] 조각을 먹으면 철수는 두 가지 토핑(1, 2)을 맛볼 수 있

지만 동생은 네 가지 토핑(1, 2, 3, 4)을 맛볼 수 있으므로 이는 공평하지 않습니다. 만약 네 번째 토핑(3)과 다섯 번째 토핑(1) 사이를 자르면 [1, 2, 1, 3], [1, 4, 1, 2]로 나뉘므로 철수는 세 가지 토핑(1, 2, 3)을 동생도 세 가지 토핑(1, 2, 4)을 맛볼 수 있으므로 이는 공평합니다. 공평하게 롤케이크를 자르는 방법은 하나 이상일 수 있습니다. 예를 들어 [1, 2, 1, 3, 1], [4, 1, 2]으로 잘라도 공평합니다. 어떤 경우에는 롤케이크를 공평하게 나누지 못할 수도 있습니다.

롤케이크에 올려진 토핑의 번호를 저장한 정수 배열 topping이 주어질 때 롤케이크를 공평하게 자르는 방법의 수를 반환하는 solution( ) 함수를 완성하세요.

### 제약 조건

- 1 <= topping의 길이 <= 1,000,000
- 1 <= topping의 원소 <= 10,000

### 입출력의 예

| topping | result |
|---|---|
| [1, 2, 1, 3, 1, 4, 1, 2] | 2 |
| [1, 2, 3, 1, 4] | 0 |

### 문제 분석하고 풀기

문제에서 해설을 잘해주었으므로 바로 문제를 풀어봅시다. 케이크를 자른 부분을 기준으로 왼쪽은 철수, 오른쪽은 철수 동생 것이 되는데 자른 부분을 기준으로 왼쪽 숫자와 오른쪽 숫자가 무엇인지 반복문으로 검사하면 매우 비효율적입니다. 이것을 효율적으로 개선할 방법을 생각해봅시다. 우선 케이크에 있는 토핑은 버리는 경우가 없습니다. 문제 조건은 두 사람이 토핑 종류를 동일하게 맛보는 것이므로 토핑 개수를 세고 시작해도 좋을 것 같습니다. 예를 들어 다음 그림은 형이 [1, 2]를, 동생이 [1, 3, 1, 4, 1, 2]를 먹는 상황입니다.

지금은 형이 2종류의 토핑을, 동생은 4종류의 토핑을 먹는 것으로 볼 수 있겠네요. 이 콘셉트를 조금 더 구체적으로 살펴봅시다.

**01단계** 초기 상태는 다음과 같습니다. 아직은 케이크를 자르지 않아서 다 동생이 먹는 것으로 생각하고 있습니다.

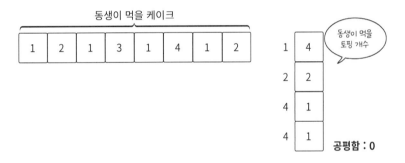

**02단계** 이제 케이크를 사릅니다. 왼쪽에서 오른쪽으로 이동하며 1개씩 잘라봅니다. 케이크를 자르면 동생의 토핑 개수를 줄이고 형이 먹을 케이크는 set( )으로 관리하여 중복 토핑은 없는 것으로 생각합니다. 그리고 동생의 토핑 개수가 0이 되는 종류가 생기면 동생이 먹을 케이크에서 제외합니다. 그렇게 하다 보면 형의 토핑 종류와 동생 토핑 종류가 같은 순간이 옵니다. 같은 순간에 공평함 포인트를 1개 늘리면 됩니다.

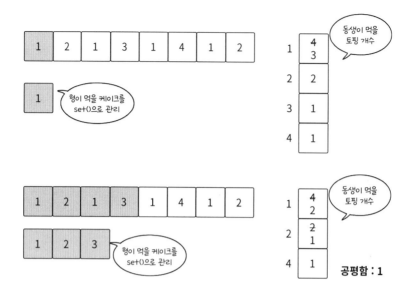

**03단계 02단계** 마지막에 있는 그림에서 1칸 더 이동해 케이크를 잘라도 여전히 공평하므로 공평함 포인트를 1개 더 늘릴 수 있습니다.

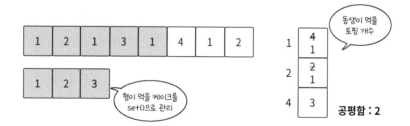

이렇게 하면 공평함 포인트의 최댓값은 2임을 알 수 있습니다. 이대로 코드를 작성해봅니다.

```javascript
function solution(topping) {
  // ❶ 결괏값을 저장할 변수 초기화
  let splitCount = 0;

  // ❷ 토핑의 개수를 세어서 Map에 저장
  const toppingCounter = new Map();
  for (const t of topping) {
```

```javascript
    toppingCounter.set(t, (toppingCounter.get(t) || 0) + 1);
  }

  // ❸ 절반에 속한 토핑의 종류를 저장할 Set
  const halfToppingSet = new Set();

  // ❹ 롤케이크를 하나씩 절반에 넣으면서 확인
  for (const t of topping) {
    // ❺ 절반에 토핑을 추가하고, 해당 토핑의 전체 개수를 줄임
    halfToppingSet.add(t);
    toppingCounter.set(t, toppingCounter.get(t) - 1);

    // ❻ 토핑의 전체 개수가 0이면 오브젝트에서 제거
    if (toppingCounter.get(t) === 0) {
      toppingCounter.delete(t);
    }

    // ❼ 토핑의 종류의 수가 같다면
    if (halfToppingSet.size === toppingCounter.size) {
      splitCount += 1;
    }
  }

  // ❽ 공평하게 나눌 수 있는 방법의 수 반환
  return splitCount;
}
```

❶ spilitCount는 공평함 포인트를 저장하는 변수입니다.

❷ remainTopping는 각 토핑의 개수를 가지는 변수이고 Map을 사용했습니다. Map을 사용한 이유는 뒤에서 설명하겠습니다.

❸ toppingSet은 케이크를 자르면서 철수가 먹을 토핑을 저장할 변수입니다. 문제에서 이야기했던 것처럼 토핑 개수는 중요하지 않으므로 Set으로 처리합니다.

❹ 첫 번째 토핑부터 시작해서 한 칸씩 이동하며 케이크를 잘라봅니다.

❺ 새 토핑은 toppingSet에 추가하고 추가한 토핑은 remainTopping에서 제거합니다.

❻ 만약 remainTopping에 있는 토핑 중 개수가 0이 된 토핑이 있다면 팝으로 목록에서 제거합니다.

❼ toppingSet과 remainTopping의 원소 개수가 같으면 공평함 포인트 splitCount를 +1합니다. 앞서 toppingCounter로 Map을 사용한 것은 이 부분 때문입니다. 오브젝트를 이용하면 요소의 수를 구하는 데 Object.keys나 Object.values 등의 함수를 사용해야 합니다. 이런 경우 시간 복잡도가 O(N)이 되기에 비효율적 입니다. 만약 Map을 사용한다면 O(1)만에 크기를 구할 수 있으므로 더 효율적입니다.

❽ 연산이 모두 끝나면 splitCount를 반환합니다.

**시간 복잡도 분석하기**

N은 topping의 길이입니다. topping의 길이만큼 반복문을 수행하므로 시간 복잡도는 O(N)입니다. 참고로 내부 연산들은 모두 O(1)입니다. 따라서 최종 시간 복잡도는 O(N)입니다.

## 문제 67 카펫★★

정답률 _ 70% | 저자 권장 시간 _ 40분 | 권장 시간 복잡도 _ O(sqrt(N)) | 출제 _ 완전탐색

문제 URL https://school.programmers.co.kr/learn/courses/30/lessons/42842
정답 URL https://github.com/kciter/coding-interview-js/blob/main/solution/67.js

레오는 카펫을 사러 갔다가 다음 그림과 같이 중앙에는 흰색으로 칠해져 있고 테두리 1줄은 노란색으로 칠해져 있는 격자 모양 카펫을 봤습니다.

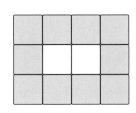

레오는 집으로 돌아와서 아까 본 카펫의 흰색과 노란색으로 색칠된 격자의 개수는 기억했지만 카펫의 크기는 기억하지 못했습니다. 레오가 본 카펫에서 노란색 격자의 수 yellow, 흰색 격자의 수 white가 주어질 때 카펫의 가로, 세로 크기를 순서대로 배열에 담아 반환하는 solution( ) 함수를 작성해주세요.

- 노란색 격자의 수 yellow은 8 이상이고 5,000 이하인 자연수입니다.
- 흰색 격자의 수 white는 1 이상이고 2,000,000 이하인 자연수입니다.
- 카펫의 가로 길이는 세로 길이와 같거나 세로 길이보다 깁니다.

## 입출력의 예

| yellow | white | return |
|--------|-------|--------|
| 10 | 2 | [4, 3] |
| 8 | 1 | [3, 3] |
| 24 | 24 | [8, 6] |

## 문제 분석하고 풀기

우리에게 주어진 정보는 3가지입니다.

- 노란색 격자의 개수
- 흰색 격자의 개수
- 카펫의 형태

그리고 이것으로 노란색 격자와 흰색 격자를 활용해서 카펫 형태를 만들어야 합니다. 다만 다음 조건을 만족해야 합니다.

- 가로가 세로보다 같거나 길다.
- 가운데 흰색 격자가 있어야 하므로 세로 길이의 최솟값은 3이다.

세로 길이의 최솟값이 3이어야 하는 이유는 다음 그림을 보면 한 번에 이해할 수 있을 겁니다.

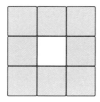

세로 길이가 3이어야 최소 1줄의
흰색 격자를 넣을 수 있음

세로 길이의 최댓값은 당연히 가로 길이와 같을 때입니다(정사각형). 이 조건을 머리에 넣어둔 상태에서 노란색 격자의 개수를 B, 흰색 격자의 개수를 Y라고 해봅시다. 정사각형의 넓이는 B + Y 이므로 한 변의 길이는 B + Y의 제곱근입니다. 이것을 sqrt(B + Y)라고 표현하겠습니다. 그러면 세로 길이를 3부터 sqrt(B + Y)까지 1씩 늘려가며 전체 격자로 사각형을 만들 수 있는지 확인하면 됩니다. 사각형을 만들 수 있는지는 다음과 같이 확인해봅니다.

1 세로 길이는 3에서 시작합니다.

2 A + B를 세로 길이로 나누어 떨어지면(넓이를 세로 길이로 나눕니다) 현재 세로 길이로 사각형을 만들 수 있다는 뜻이므로 사각형 조건을 만족합니다.

   **2-1 카펫 형태로 격자를 배치할 수 있는지 확인하고** 배치할 수 있으면 사각형의 [가로 길이, 세로 길이]를 반환하고 종료합니다.

3 과정 **2-1**에서 반환한 세로 길이가 sqrt(B + Y)보다 작다면 과정 **1**부터 반복합니다.

세로 길이 조건, 사각형을 만들 수 있는지를 확인했으니 이제 카펫 배치에 대해 고민할 때가 되었습니다. 카펫은 테두리 한 줄이 노란색입니다. 즉, 카펫에 노란색 격자는 다음과 같이 배치되어야 합니다.

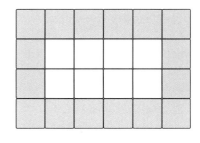

그러면 노란색 격자의 개수는 (가로 길이 + 세로 길이) × 2 - 4와 같이 구할 수 있습니다. 쉽게 각 변의 길이를 더하고 꼭지점 4개를 뺀다고 생각하면 됩니다. 이 값이 주어진 노란색 격자의 개수와 동일해야 하겠죠. 이제 코드를 작성해봅시다.

```javascript
function solution(yellow, white) {
  // ❶ 격자의 총 개수 (노란 격자 + 하얀 격자)
  const totalSize = yellow + white;

  // ❷ 세로 길이의 범위는 3부터 (노란 격자 + 하얀 격자)의 제곱근
  for (let vertical = 3; vertical <= Math.sqrt(totalSize); vertical++) {
    // ❸ 사각형 구성이 되는지 확인
    if (totalSize % vertical === 0) {
      const horizontal = totalSize / vertical; // ❹ 사각형의 가로 길이
```

```
      // ❺ 카펫 형태로 만들 수 있는지 확인
    if (yellow === (horizontal + vertical - 2) * 2) {
      return [horizontal, vertical]; // ❻ [가로 길이, 세로 길이]
    }
  }
}

  return []; // ❼ 만약 답을 찾지 못했다면 빈 배열을 반환
}
```

❶ totalSize는 격자의 총 개수입니다.

❷ 설명한 대로 사각형을 구성할 수 있는지 보고 카펫 형태가 될 수 있는지 봅니다. 세로 길이를 3부터 totalSize의 제곱근까지 1씩 늘려가며 사각형이 될 수 있는지 확인합니다.

❸ 격자의 총 개수가 세로 길이로 나눠지면 사각형 조건을 만족합니다.

❹ 사각형의 가로 길이를 구합니다.

❺ 사각형이 된다면 카펫 형태로 만들 수 있는지 검사합니다.

❻ 모든 조건을 만족하면 [가로 길이, 세로 길이]를 반환합니다.

❼ 답을 찾지 못하면 빈 배열을 반환합니다.

### 시간 복잡도 분석하기

N은 totalSize입니다. 한 변의 최대 길이는 sqrt(N)이므로 최종 시간 복잡도는 O(sqrt(N))입니다.

## 문제 68 점프와 순간 이동 ★★

정답률 _ 68% | 저자 권장 시간 _ 30분 | 권장 시간 복잡도 _ O(logN)
출제 _ Summer/Winter Coding(~2018)

문제 URL https://school.programmers.co.kr/learn/courses/30/lessons/12980
정답 URL https://github.com/kciter/coding-interview-js/blob/main/solution/68.js

OO 연구소는 한 번에 K칸 앞으로 점프하거나 (현재까지 온 거리) × 2에 해당하는 위치로 순간이동할 수 있는 특수한 기능을 가진 아이언 슈트를 개발하여 판매하고 있습니다. 이 아이언 슈트는 건전지로 작동하는데 순간이동하면 건전지 사용량이 줄지 않지만 앞으로 K칸 점프하면 K만큼의 건전지 사용량이 듭니다. 그러므로 아이언 슈트를 착용하고 이동할 때는 순간이동하는 것이 더 효율적입니다. 아이언 슈트 구매자는 아이언 슈트를 착용하고 거리가 N만큼 떨어진 장소로 가려고 합니다. 단, 건전지 사용량을 줄이기 위해 점프로 이동하는 횟수는 최소로 하려고 합니다. 아이언 슈트 구매자가 이동하려는 거리 N이 주어질 때 사용해야 하는 건전지 사용량의 최솟값을 반환하는 solution( ) 함수를 만들어주세요.

예를 들어 거리가 5만큼 떨어져 있는 장소로 가려고 합니다. 아이언 슈트를 입고 거리가 5만큼 떨어져 있는 장소로 갈 수 있는 경우의 수는 다음과 같습니다.

1 처음 위치 0에서 5칸 앞으로 점프하면 바로 도착하지만 건전지 사용량이 5만큼 듭니다.

2 처음 위치 0에서 2칸을 앞으로 점프한 다음 순간이동하면 4로 이동합니다. 그런 다음 1칸 앞으로 점프하면 건전지 사용량이 3만큼 듭니다.

3 처음 위치 0에서 1칸 앞으로 점프한 다음 순간이동하면 위치 2로 이동하고, 다시 순간이동하면 위치 4로 이동합니다. 이때 1칸 앞으로 점프하면 도착하므로 건전지 사용량이 2만큼 듭니다.

이렇게 총 3가지 중 거리가 5만큼 떨어져 있는 장소로 가기 위한 건전지 사용량 최솟값은 2입니다.

### 제약 조건

- 숫자 N은 1 이상 10억 이하의 자연수입니다.
- 숫자 K는 1 이상의 자연수입니다.

| N | result |
|---|---|
| 5 | 2 |
| 6 | 2 |
| 5000 | 5 |

두 번째 입출력 예를 보면 처음 위치 0에서 1칸을 앞으로 점프한 다음 순간이동하면 (현재까지 온 거리 : 1) × 2만큼 이동할 수 있으므로 위치 2로 이동합니다. 그런 다음 1칸 앞으로 점프하면 위치 3으로 이동합니다. 그리고 다시 순간이동하면 (현재까지 온 거리 : 3) × 2만큼 이동하므로 위치 6에 도착합니다. 그리고 이렇게 이동하면 건전지 사용량이 2로 가장 적습니다.

**문제 분석하고 풀기**

N = 5인 상황을 가정하여 분석해봅시다. 그림에서 점선 화살표가 순간이동, 보통 화살표가 점프입니다.

1 0에서 1로 이동할 때는 무조건 점프합니다.

2 현재까지 이동한 칸이 1칸이므로 순간이동으로 ×2 위치인 2로 이동합니다.

3 현재까지 이동한 칸이 2칸이므로 순간이동으로 ×2 위치인 4로 이동합니다.

4 마지막 1칸을 점프해서 이동합니다.

이렇게 이동하면 5까지 이동하는데 최소로 점프한 칸의 개수는 2칸입니다.

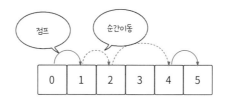

5 정도를 생각해보는 건 쉽습니다. 그러나 N의 최댓값은 10억입니다. 아무래도 그려가며 계산하긴 힘들겠네요. 완전 탐색도 어려워보입니다. 그러니… 규칙을 찾아야 합니다. 순간이동은 현재 위치의 2배로 갑니다. **이 말은 순간이동으로 이동한 위치의 수는 무조건 짝수라는 것입니다.** 즉, 위

칫값으로 순간이동을 했는지 점프를 했는지 알 수 있다는 말과 같습니다. 이것을 이용한 전략은 다음과 같습니다. 종료 위치에서 거꾸로 이동해 처음으로 오면서 점프를 최대한 적게하는 것입니다.

1 N이 짝수면 순간이동을 했다는 것이므로 N/2로 이동합니다(배터리 소비 없음).
2 N이 홀수면 점프를 했다는 것이므로 -1로 이동합니다(배터리 소비 1)(최소로 점프해야 하니 -1).

이제 슬슬 느낌이 올겁니다. 이진수로 변환하는 과정과 유사합니다. 이진수로 변환하는 과정에서 나머지를 저장했는데 여기서 나머지가 1인 경우만 세면 점프를 하는 횟수(배터리 소비)와 같습니다.

$$\begin{array}{r}5\ (\ 2 \cdots 1 \\ 2\ (\ 2 \cdots 0 \\ 1 \end{array}$$

```javascript
function solution(n) {
  return n
    .toString(2) // 2진수로 변환
    .split('') // 문자열에서 배열로 변환
    .filter((c) => c === '1') // 1만 필터링
    .length; // 1의 개수를 반환
}
```

앞에서 내용을 모두 설명했으니 코드 설명은 굳이 하지 않아도 되겠죠? 다음 문제로 가봅시다.

**시간 복잡도 분석하기**

N은 입력으로 주어진 숫자입니다. N을 이진수로 변환할 때 시간 복잡도는 O(logN)입니다. 변환된 문자열의 길이는 최대 logN이므로 문자열에서 "1"을 셀 때의 시간 복잡도는 O(logN)입니다. 따라서 최종 시간 복잡도는 O(logN)입니다.

정답률 _ 75% | 저자 권장 시간 _ 30분 | 권장 시간 복잡도 _ O(N)
출제 _ 코딩테스트 입문

문제 URL https://school.programmers.co.kr/learn/courses/30/lessons/120861
정답 URL https://github.com/kciter/coding-interview-js/blob/main/solution/69.js

머쓱이는 RPG 게임을 하고 있습니다. 게임에는 [up], [down], [left], [right] 방향키가 있으며 각 키를 누르면 위, 아래, 왼쪽, 오른쪽으로 1칸씩 이동합니다. 예를 들어 [0, 0]에서 [up]을 누르면 캐릭터는 [0, 1]로, [down]을 누르면 [0, -1]로, [left]를 누르면 [-1, 0]로, [right]를 누르면 [1, 0]로 이동합니다. 머쓱이가 입력한 방향키의 배열 keyinput과 맵의 크기 board가 주어지고, 캐릭터는 항상 [0, 0]에서 시작합니다. 키 입력이 모두 끝난 뒤에 캐릭터의 좌표 [x, y]를 반환하는 solution( ) 함수를 완성해주세요. [0, 0]은 board의 정중앙에 위치합니다. 예를 들어 board의 가로 크기가 9면 캐릭터는 왼쪽으로 최대 [-4, 0], 오른쪽으로 최대 [4, 0]까지 이동할 수 있습니다.

### 제약 조건

- board는 [가로 크기, 세로 크기] 형태로 주어집니다.
- board의 가로 크기와 세로 크기는 홀수입니다.
- board의 크기를 벗어난 방향키 입력은 무시합니다.
- 0 ≤ keyinput의 길이 ≤ 50
- 1 ≤ board[0] ≤ 99
- 1 ≤ board[1] ≤ 99
- keyinput은 항상 up, down, left, right만 주어집니다.

### 입출력의 예

| keyinput | board | result |
|---|---|---|
| ["left", "right", "up", "right", "right"] | [11, 11] | [2, 1] |
| ["down", "down", "down", "down", "down"] | [7, 9] | [0, -4] |

## 문제 분석하고 풀기

이 문제는 그대로 시뮬레이션만 하면 됩니다. 다만 경계 좌표에서 입력은 무시해야 하므로 경계 좌표를 일반화할 필요가 있습니다. 가로가 M, 세로가 N이라고 할 때 경계 좌표를 다음과 같이 일반화합니다.

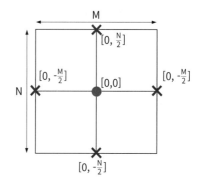

```JavaScript
function solution(keyinput, board) {
  // ❶ 캐릭터의 초기 위치
  let x = 0;
  let y = 0;

  // ❷ 각 방향에 대한 움직임
  const moves = {
    up: [0, 1],
    down: [0, -1],
    left: [-1, 0],
    right: [1, 0],
  };

  // ❸ 게임 경계 좌표
  const width = board[0] / 2;
  const height = board[1] / 2;

  // ❹ 보드의 경계 좌표를 벗어나는지 확인하는 함수
  function isInBounds(x, y, dx, dy) {
    return -width <= x + dx && x + dx <= width && -height <= y + dy && y + dy <=
height;
  }

  for (const key of keyinput) {
```

```
    // ❺ 방향키에 따른 오프셋
    const [dx, dy] = moves[key];

    // ❻ 게임 맵의 크기를 벗어나지 않는지 확인
    if (isInBounds(x, y, dx, dy)) {
      x += dx;
      y += dy;
    }
  }

  // ❼ 캐릭터의 위치 반환
  return [x, y];
}
```

❶ x, y는 캐릭터의 현재 좌표입니다. 초깃값은 0입니다.

❷ keyinput은 각 방향을 문자열로 표현하므로 각 문자열을 이용하여 오프셋 오브젝트를 만듭니다.

❸ 경계 좌표를 넘는 움직임은 무시하기 위해 경계 좌표를 미리 구합니다.

❹ isInBounds는 현재 좌표가 경계 좌표를 벗어나는지 확인하는 함수입니다.

❺ dx, dy는 keyinput에 해당하는 문자열을 오프셋으로 변환한 것입니다.

❻ 현재 좌표에 오프셋을 적용한 위치가 경계 좌표를 넘어가지 않으면 현재 캐릭터의 위치를 오프셋을 적용한 위치로 업데이트합니다.

❼ 캐릭터의 최종 위치를 반환합니다.

### 시간 복잡도 분석하기

N은 keyinput의 길이입니다. 반복문은 keyinput 길이만큼 반복하고, 내부 연산은 모두 시간 복잡도가 O(1)입니다. 따라서 최종 시간 복잡도는 O(N)입니다.

## 리마인드

기억 01 보통 시뮬레이션 문제는 문제 자체가 길기 때문에 기능별로 나눠서 접근하는게 좋습니다.

기억 02 배열의 사칙연산과 전치 행렬을 구현하는 방법을 알아두면 시험을 조금 더 편하게 볼 수 있을 겁니다.

## 추천 문제

문제 01 조이스틱 : https://school.programmers.co.kr/learn/courses/30/lessons/42860

문제 02 기둥과 보 설치 : https://school.programmers.co.kr/learn/courses/30/lessons/60061

# 15 동적 계획법

**공부부터 합격까지**

동적 프로그래밍의 개념을 이해할 수 있습니다.

문제에 알맞은 점화식을 세우고,

이를 활용해서 문제를 해결할 수 있습니다.

### 여기서 풀 문제

| No. | LEVEL 1 몸풀기 문제 | 잘 풀었나요? | No. | LEVEL 2 모의 테스트 | 잘 풀었나요? |
|-----|----------------|-----------|-----|-----------------|-----------|
| 70 | LCS 길이 계산하기 | v | 73 | 피보나치 수 | v |
| 71 | LIS 길이 계산하기 | | 74 | 2 x n 타일링 | |
| 72 | 조약돌 문제 | | 75 | 정수 삼각형 | |
| | | | 76 | 땅따먹기 | |
| | | | 77 | 도둑질 | |
| | | | 78 | 가장 큰 정사각형 찾기 | |
| | | | 79 | 단어 퍼즐 | |

# 15-1 동적 계획법 개념

동적 계획법<sup>dynamic programming</sup>을 간단히 정의하면 전체 문제를 한 번에 해결하는 것이 아니라 작은 부분 문제들을 해결하고, 이것들을 활용하여 전체 문제를 해결하는 방법이라고 할 수 있습니다. 하지만 부분 문제를 활용하여 전체 문제를 해결했다고 해서 반드시 동적 계획법이 효율적인 것은 아닙니다. 동적 계획법을 효율적으로 활용하려면 아래 두 가지 조건을 만족해야 합니다.

- 큰 문제를 작은 문제로 나누었을 때 동일한 작은 문제가 반복해서 등장해야 합니다.
- 큰 문제의 해결책은 작은 문제의 해결책의 합으로 구성할 수 있어야 합니다.

정의에서 **큰 문제를 작은 문제로 나누었을 때 동일한 작은 문제가 반복해서 등장해야 된다**는 말의 의미가 쉽게 와닿지 않을 수 있습니다. 또 어떤 사람은 'divide and conquer 전략인 건 아닐까?' 라는 생각을 할 수도 있습니다. 다음 그림을 봅시다.

A, B, C, D는 부분 문제입니다. 이것들을 해결하여 합쳐 전체 문제를 해결한 것을 나타낸 그림이지요. 다만 이 작은 문제들은 서로 완전히 다릅니다. 앞서 동적 계획법은 작은 문제가 반복되어야 한다고 했습니다. 지금 이 그림은 작은 문제가 반복되는 형태가 아니므로 큰 문제를 작은 문제로 나누기는 했지만 결국 연산 횟수는 동일할 것이므로 효율적이라 보기는 어렵습니다.

그림으로 표현하자면 이런 구조가 되어야 합니다. 작은 문제의 구성을 보면 동일한 작은 문제 A가 반복됩니다.

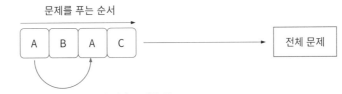

앞에서 이미 푼 문제의 해를 활용하여 뒤의 문제를 품

이처럼 동적 계획법의 핵심은 단순히 작은 문제를 조합해서 큰 문제를 해결한다가 아닙니다. **이 작은 문제들이 같아야 하고 반복되어야 합니다.** 그 점이 분할 정복과 다릅니다. 이 반복되는 작은 문제들을 해결하여 합하면 자연스럽게 큰 문제를 해결할 수 있어야 합니다.

※ 작은 문제의 해결책의 합으로 큰 문제를 해결할 수 있는 구조를 **최적 부분 구조(optimal substructure)**라고 합니다.

※ 큰 문제를 나누었을 때 작은 문제가 여러 개 반복되는 문제를 **중복 부분 문제(overlapping subproblems)**라고 합니다.

## 점화식 세우기와 동적 계획법

동적 계획법으로 문제를 해결하는 절차는 다음과 같습니다.

1 문제를 해결하는 해가 이미 있다고 가정합니다.
2 종료 조건을 설정합니다.
3 과정 1, 2를 활용해 점화식을 세웁니다.

절차만 보면 감이 잘 잡히지 않을 겁니다. 팩토리얼을 동적 계획법으로 해결하는 과정에 이 절차를 이해해봅시다. 물론 팩토리얼은 앞서 언급한 중복 부분 문제 조건에는 맞지 않습니다만, 부분 문제로 전체 문제를 해결하는 동적 계획법의 큰 결을 이해하는 데는 좋은 예입니다.

**01단계** Fact(N)이라는 팩토리얼 값을 반환하는 함수가 있다고 가정합니다. 뭔가 구체화한 것은 없지만 일단 있다고 가정합니다.

**02단계** 그림을 그려 Fact(N)의 종료 조건을 알아냅니다. 팩토리얼은 N부터 N - 1, N - 2, …, 1까지 곱한 값이므로 다음 그림을 그려 종료 조건을 생각해봅니다. 여기서 여러분이 집중해서 봐야 할 것은 팩토리얼의 일반 계산식을 Fact(N) 함수를 이용하여 어떻게 표현했고, 이 함수를 어디까지 쪼개다가 종료하는지입니다.

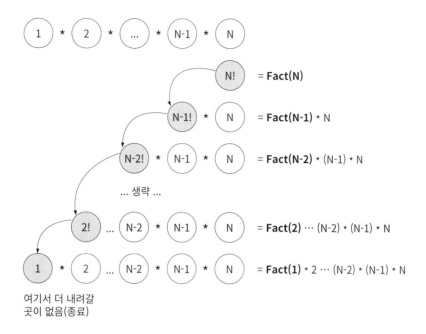

그림을 보면 Fact(N)부터 시작하여 팩토리얼 계산식을 쪼갭니다. 예를 들어 N!는 Fact(N-1)과 N 의 곱으로 쪼갭니다. 그러나 Fact(N-1)도 Fact(N-2)와 N-1의 곱으로 쪼갤 수 있습니다. 계속해 서 쪼개다보면 Fact(1)까지 가서야 더 쪼갤 수 없는 상태에 도달합니다.

**03단계** 그림을 통해 어떻게 팩토리얼을 쪼갤 수 있는지 확인했으므로 점화식을 세웁니다.

- Fact(N) = Fact(N - 1) * N $\qquad$ (N > 1)
- Fact(1) = 1 $\qquad\qquad$ (N = 1)

점화식을 보면 N이 1보다 크면 위의 식을 통해 다음 식으로 쪼갭니다. 그러다가 N이 1이되면 쪼 개는 과정을 종료합니다. 앞에서 본 그림을 식으로 표현했다 생각하면 됩니다.

## 점화식 구현 : 재귀 활용

그럼 점화식을 어떻게 구현할지도 보겠습니다. 여기서는 재귀를 활용하여 점화식을 구현하는 방법 을 설명합니다. 재귀는 재귀 함수의 반환값을 활용한다는 특징이 있습니다. 팩토리얼을 재귀로 구 현하기 위해 어떻게 해야 할지 잠시 그림과 함께 생각해봅시다. 우선 점화식을 재귀로 표현한 의사 코드는 다음과 같습니다.

```js JavaScript
Fact(N) {
  if(N이 1이면) 1 반환 // 종료 조건
  else Fact(N-1) * N 반환 // 일반항
}
```

**01단계** Fact(5)는 Fact(4) * 5를 반환하며 Fact(4)를 재귀 호출합니다.

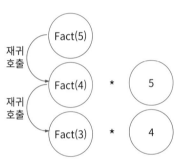

**02단계** 그러면 Fact(4)는 Fact(3) * 4를 반환하며 Fact(3)을 재귀 호출합니다.

**03단계** 그 이후들도 마찬가지입니다. 종료 조건을 만나기 전까지는 계속해서 재귀 호출합니다. 그러다가 Fact(1)을 만나면 1을 반환하여 종료합니다.

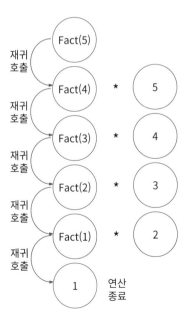

재귀 방식으로 점화식을 구현하는 방법을 알아보았습니다. 다만 이 방식은 함수를 계속하여 재귀 호출하므로 스택 메모리에 재귀 호출한 함수들이 모두 쌓이는 부담이 있습니다. 예를 들어 Fact(N)을 호출하면 N개의 함수 호출 정보가 스택 메모리에 쌓입니다.

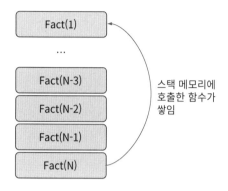

호출한 함수가 많으면 많을수록 스택 메모리에 함수 호출 정보가 많이 쌓일 겁니다. 그래서 입력값이 크다면 정답은 맞을 지언정 메모리 한계로 런타임 오류가 발생할 수 있습니다. 그래서 재귀 호출을 사용하기 전에는 항상 메모리 한계에 대한 생각을 하고 이 문제가 발생하지 않도록 하는 것이 중요합니다. 재귀 호출을 해서 문제가 생겼거나, 생길 것 같을 때 취할 수 있는 방법은 다음과 같습니다.

1 재귀 호출 자체를 쓰지 않는 법 → 반복문
2 재귀 호출의 횟수를 줄이는 법 → 메모이제이션

## 재귀 호출의 횟수를 줄여주는 메모이제이션

여기서는 재귀 호출의 횟수를 줄이는 방법인 메모이제이션을 알아봅니다. 메모이제이션은 이미 계산한 값을 저장해두었다가 이후 쓸 일이 있을 때 활용하는 개념입니다. 예를 들어 Fact(5)를 계산하는 과정에서 중간에 호출한 Fact(4), Fact(3), …의 해를 메모이제이션한다면 이후에는 같은 연산이 있을 때 반복하지 않아도 됩니다.

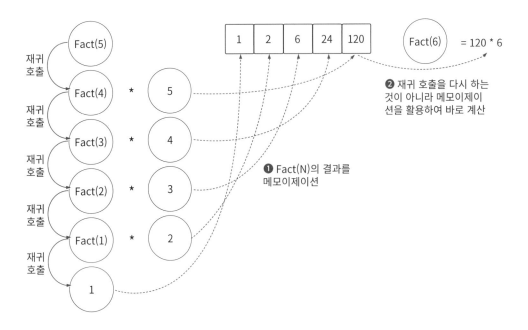

그림에서 보듯 메모이제이션으로 Fact(1)부터 Fact(5)까지 해를 저장해두면 N이 5 이하인 경우에 대해서는 Fact( )의 추가 연산을 하지 않아도 됩니다. 오른쪽을 보면 Fact(6)은 Fact(5)를 다시 호출하는 것이 아니라 메모이제이션한 값을 활용하여 계산하고 있습니다. 이렇게 메모이제이션은 반복 연산 횟수를 줄여 알고리즘의 성능을 올려줍니다.

🎧 **합격 조언** ▶ **팩토리얼은 최적 부분 구조이지만 중복 부분 문제는 아닙니다**

팩토리얼은 엄밀히 말해 최적 부분 구조이기는 하지만 중복 부분 문제는 아닙니다. 아마 팩토리얼 문제를 메모이제이션으로 푸는 과정을 그림으로 표현한 것을 보고 메모이제이션의 효율이 크게 느껴지진 않았을 겁니다. 왜냐하면 팩토리얼을 구하는 과정에서 각 숫자를 한 번씩만 곱하므로 중복 문제가 발생하지 않기 때문입니다. 따라서 팩토리얼을 구하는 과정에서 중복 부분 문제는 해결할 일이 없습니다. 그럼에도 팩토리얼을 예로 든 이유는 설명의 편의 때문입니다. 연산 자체가 간단하고 동적 계획법에서 부분 문제를 활용해서 전체 문제를 해결하는 과정과 메모이제이션의 개념을 쉽게 설명할 수 있었기 때문입니다. 혹시라도 의문을 가진 독자가 있다면 그 의문을 이 글을 통해 해소하기 바랍니다.

이제 기본기를 어느 정도 갖추었으므로 한걸음 더 나아가봅시다. 이번에 풀 문제는 피보나치 수 구하기입니다. **피보나치 수 구하기 문제는** 최적 부분 구조이면서 중복 부분 문제에 해당하므로 동적 계획법의 효율을 크게 느낄 수 있는 문제일 겁니다.

## 점화식 구현 : 재귀 + 메모이제이션 활용

여기서는 재귀와 메모이제이션의 활용을 잘 보여줄 수 있는 피보나치 수열을 이용하여 설명합니다. 다음과 같이 재귀에 메모이제이션을 조합해봅시다.

1 메모이제이션을 위한 저장소 생성 : 이미 구한 해를 저장할 공간을 생성합니다.

2 재귀 함수 정의 : 점화식을 재귀로 표현할 함수를 정의합니다. 이때 함수의 세부 구현은 고려하지 않습니다.

3 재귀 함수의 종료 조건을 정의 : 예를 들어 피보나치 수의 첫 번째, 두 번째 수는 1로 정해져 있으므로 메모이제이션 저장소에 해를 미리 넣어두고 종료 조건으로 생각합니다.

4 재귀 함수의 일반 연산 처리 : 보통 동적 계획법에서는 점화식으로 나머지 문제를 처리합니다. 그 과정에서 구한 결괏값은 메모이제이션 저장소에 저장합니다.

우선 점화식을 재귀와 메모이제이션으로 어떻게 구현할지에 대한 의사코드를 작성합니다.

```JavaScript
fibodata[1...N] // 메모이제이션을 위한 배열 선언, 0으로 초기화
fibo(N) { (함수를 정의)
  if(fibodata[N] != 0) fibodata[N] 반환 // 메모이제이션 활용
  if(N이 2 이하이면) fibodata[N]에 1 삽입 // 메모이제이션, 종료 조건
  else fibodata[N]에 fibo(N - 1) + fibo(N - 2) 삽입 // 메모이제이션, 일반항
}


fibodata[N] 반환
```

**01단계** 의사 코드에 작성한 대로 배열을 선언하고 값을 초기화합니다. 설명의 편의를 위해 fibodata[0]에는 아무 값도 할당하지 않았습니다.

fibodata

**02단계** fibo(5)를 호출하면 fibodata[5]에 fibo(5)의 해가 있는지 확인합니다. 하지만 해가 없네요. 따라서 fibo(4), fibo(3)을 호출합니다.

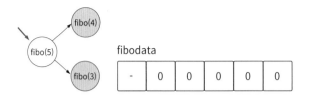

**03단계** fibo(4)도 마찬가지입니다. fibo(4) 역시 해를 구한 적이 없으므로 fibo(3), fibo(2)를 호출합니다. fibo(3)도 마찬가지입니다. fibo(3) 역시 해를 구한 적이 없으므로 fibo(2), fibo(1)을 호출합니다. fibo(2), fibo(1)은 해를 구할 수 있으므로 fibodata[1], fibodata[2]에 각각의 해를 저장합니다.

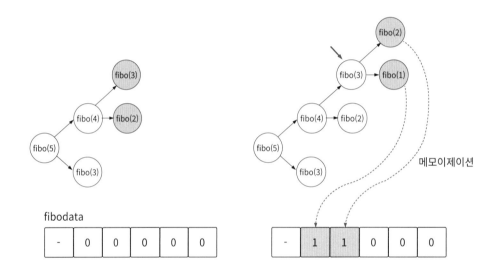

**04단계** 그러면 fibodata[2], fibodata[1]의 값이 정해졌으므로 fibo(3)도 값을 반환할 수 있습니다. fibodata[3]의 값도 확정됩니다.

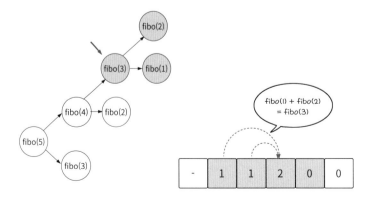

**05단계 ❶** fibo(2), fibo(3)이 확정되었으므로 fibo(4)도 값을 반환하며 fibodata[4]의 값을 확정합니다. 동일한 방식으로 fibo(5)도 구할 수 있습니다. 이때 fibo(2), fibo(3)의 경우 이미 메모이제이션을 했으므로 따로 연산하지 않습니다. 이것이 메모이제이션의 유용함입니다. 만약 메모이제이션을 하지 않았다면 재귀 호출을 반복해서 이전에 구한 피보나치 값들을 구했어야 할 것입니다.

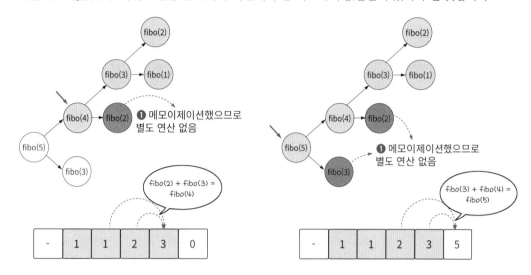

지금까지 팩토리얼과 피보나치 수열을 통해 동적 계획법으로 문제를 해결하는 방법을 알아보았습니다. 지금까지 문제를 해결한 과정은 다음과 같습니다.

- 점화식 작성(가정한다)
- 재귀 방식으로 풀어보기(반복한다)
- 동적 계획법으로 재귀 + 메모이제이션으로 구현(기억한다)

점화식으로 문제를 작은 문제로 나눠서 접근하는 과정을 공부했고(최적 부분 구조), 메모이제이션으로 반복되는 작은 문제에 연산 횟수를 효율적으로 줄일 수 있다는 걸 알았습니다(중복 부분 문제). 그리고 코딩 테스트에서는 배열을 활용하여 메모이제이션하기를 추천합니다. 그러면 동적 계획법을 응용해보기 좋은 몇몇 문제들을 조금 더 함께 고민해보겠습니다. 먼저 볼 내용은 최장 증가 부분 수열입니다.

# 최장 증가 부분 수열

최장 증가 부분 수열을 이해하려면 부분 수열이 무엇인지 알아야 합니다. 그러니 부분 수열부터 설명하겠습니다.

## 부분 수열이란?

부분 수열이란 주어진 수열 중 일부를 뽑아 새로 만든 수열을 말합니다. 이때 각각의 원소는 전후 관계를 유지해야 합니다. 이를테면 다음과 같은 수열에서 2, 3, 1, 7을 뽑으면 이것이 부분 수열이 됩니다. 잘 보면 원소를 뽑을 때 5를 건너뛰었지만 1과 7의 순서가 바뀌거나 하지 않았습니다.

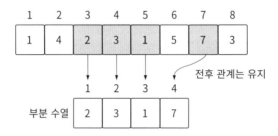

## 최장 증가 부분 수열이란?

최장 증가 부분 수열long increasing subsequence이란 부분 수열의 원소가 오름차순을 유지하면서도 길이가 가장 긴 수열을 말합니다. 앞서 본 수열에서 1, 2, 3, 5, 7을 뽑으면 최장 증가 부분 수열이 됩니다. 최장 증가 부분 수열이라는 말이 너무 기므로 앞으로는 LIS라고 부르겠습니다.

※ 최장 증가 부분 수열은 엄격하게 증가하는 오름차순이어야 합니다. 예를 들어 1, 1, 3, 5는 같은 값이 존재하므로 최장 증가 부분 수열이 아닙니다.

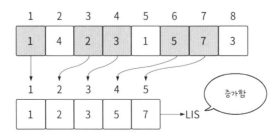

## LIS의 길이 동적 계획법으로 구하기

**동적 계획법으로 LIS의 길이를 구해봅시다.** LIS를 처음 공부하는 사람에게는 이 문제가 조금 어렵게 느껴질 수 있습니다. 왜냐하면 LIS는 수열의 숫자 크기와 위치를 동시에 고려해야 하는 문제이기 때문입니다. 그런데 가만 생각해보면 LIS에는 이런 특징이 있습니다.

- 숫자가 점점 증가함
- 원소 간의 전후 관계는 유지함

**이제 우리가 고민할 문제는 가장 긴 증가 부분 수열을 어떻게 찾는지입니다.** 동적 계획법을 활용하려면 문제를 좀 더 작은 문제로 쪼갤 필요가 있습니다. 우리는 다음과 같이 문제를 쪼갤 수 있습니다.

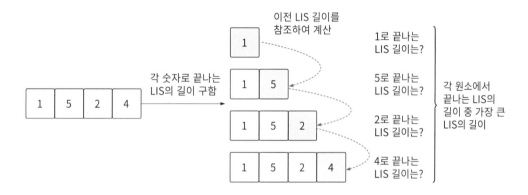

그림을 보면 전체 수열의 LIS 길이를 구하는 문제는 각 숫자로 끝나는 LIS 길이 중 최댓값을 구하는 문제로 바꾼 것임을 알 수 있습니다(최적 부분 구조). 그리고 점선 화살표를 보면 각 숫자로 끝나는 LIS를 구할 때 이전 LIS 길이를 참조하고 있습니다. 예를 들어 그림에서 5로 끝나는 LIS 길이를 구할 때는 이전에 이미 구한 1로 끝나는 LIS의 길이를 참조합니다. 2로 끝나는 LIS 길이를 구할 때는 1, 5로 끝나는 LIS 길이를 참조합니다(중복 부분 문제). 그러니 특정 숫자로 끝나는 LIS 길이를 안다면 LIS 길이를 구할 수 있을 겁니다.

그렇다면 특정 숫자로 끝나는 LIS 길이는 어떻게 구할 수 있을까요. 앞에서 찾은 특정 원소로 끝나는 LIS 길이 중 가장 큰 것에 1을 더하면 됩니다.

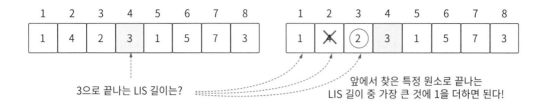

3으로 끝나는 LIS 길이는?

앞에서 찾은 특정 원소로 끝나는
LIS 길이 중 가장 큰 것에 1을 더하면 된다!

단, 앞의 원소는 자기보다 작아야 합니다. 왜냐하면 최종 LIS는 점점 원소가 커지는 방향이어야 하니까요. 예를 들어 위 그림에서 가리키는 3으로 끝나는 LIS 길이는 2로 끝나는 LIS 길이에 1을 더하면 됩니다. **이때 4로 끝나는 LIS 길이도, 2로 끝나는 LIS 길이와 마찬가지로 2입니다. 하지만 3으로 끝나는 LIS를 구할 때는 3보다 4는 크므로 4는 선택하면 안 됩니다.** 이 말은 LIS 길이를 구하기 위해 이전 LIS 길이를 활용한다는 것과 같습니다. 이제 점화식을 세울 수 있겠네요.

여기서는 메모이제이션을 위한 dp 배열에 각 원소로 끝나는 LIS의 길이를 저장하고 마지막에 dp 배열에 있는 값 중 가장 큰 값을 최종 LIS의 길이로 생각합니다. 정리하면 dp는 다음과 같습니다.

- dp[N] = arr[N]을 마지막 원소로 하는 LIS의 길이

이를테면 dp[1]은 수열 arr의 1번째 원소에서 끝나는 LIS의 길이이므로 1이고, dp[3]은 수열 arr의 3번째 원소에서 끝나는 LIS의 길이이므로 2입니다.

|  | 1 | 2 | 3 | 4 | 5 | 6 | 7 | 8 |
|---|---|---|---|---|---|---|---|---|
| arr | 1 | 4 | 2 | 3 | 1 | 5 | 7 | 3 |

|  | 1 | 2 | 3 | 4 | 5 | 6 | 7 | 8 |
|---|---|---|---|---|---|---|---|---|
| dp | 1 | 2 | 2 | 0 | 0 | 0 | 0 | 0 |

dp로 점화식을 세우면 아래와 같습니다.

- dp[N] = max(dp[K]) + 1(단, K는 1 <= K < N, arr[K] < arr[N])
- dp[1] = 1(종료 조건)

점화식에서 첫 번째 식의 조건이 난해하게 느껴질 수 있습니다. 점화식을 자세히 뜯어봅시다. 우선 max(dp[K])는 dp[K] 중 최댓값을 의미합니다. 이때 1 <= K < N과 arr[K] < arr[N]을 만족해야 하므로 N = 6인 경우 K는 여기서만 max(dp[K])를 찾아야 합니다.

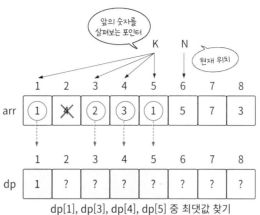

dp[1], dp[3], dp[4], dp[5] 중 최댓값 찾기

쉽게 말해 dp[K]는 K를 마지막 원소로 하는 LIS의 길이이므로 앞에서 계산한 dp 중 가장 큰 값을 고르되, LIS를 유지할 수 있도록 arr[K] 〈 arr[N]이어야 한다는 겁니다. 점화식이 실제 동작하는 과정을 보겠습니다. 이 과정을 보면 좀 더 확실히 이해가 될 겁니다.

**01단계** dp[1] = 1이므로 다음과 같이 dp를 초기화합니다.

| | 1 | 2 | 3 | 4 | 5 | 6 | 7 | 8 |
|---|---|---|---|---|---|---|---|---|
| arr | 1 | 4 | 2 | 3 | 1 | 5 | 7 | 3 |

| | 1 | 2 | 3 | 4 | 5 | 6 | 7 | 8 |
|---|---|---|---|---|---|---|---|---|
| dp | 1 | 0 | 0 | 0 | 0 | 0 | 0 | 0 |

**02단계** dp[2]를 채워봅시다. 현재 K 〈 2이면서 arr[K] 〈 arr[2]를 만족하는 가장 큰 arr[K]를 찾아야 합니다. 지금은 비교 대상이 하나뿐이므로 K = 1입니다. dp[1] + 1로 dp[2]를 갱신합니다.

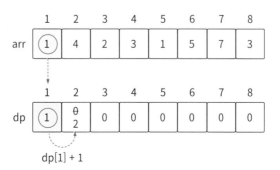

dp[1] + 1

**03단계** dp[3]도 채워봅시다. 그림을 보면 arr에서 뒤로 가며 arr[K] < arr[3]을 만족하는 K를 우선 찾고, 그다음에 dp[K]를 확인하여 가장 큰 값인지 확인한 다음 dp[3]을 갱신합니다.

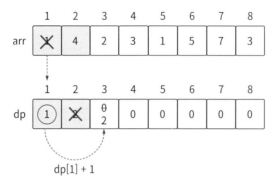

**04단계** dp[4]도 채웁니다. 지금은 arr[3]이 arr[4]보다 작고, dp 중 dp[3]이 가장 큰 값이므로 여기에 1을 더해 dp[4]를 갱신했습니다.

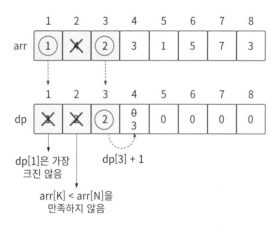

**05단계** dp[5]는 arr에서 만족하는 K가 없습니다. 따라서 dp[5]는 1입니다.

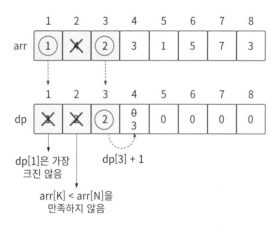

**06단계** 나머지 모든 단계를 완료하면 dp는 다음과 같이 채워집니다.

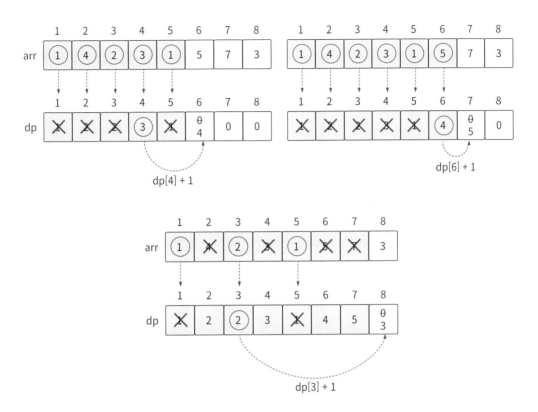

dp[4] + 1

dp[6] + 1

dp[3] + 1

**07단계** 이제 마지막으로 dp에서 가장 큰 값을 고르면 LIS의 길이를 구할 수 있습니다. 실제로 1, 2, 3, 5, 7이 LIS이어야 하므로 정답이 잘 맞습니다.

정답

# 최장 공통 부분 수열

**최장 공통 부분 수열**은 LCS^longest common subsequence라고 부릅니다. 부분 수열^subsequence이라는 용어를 보고 단순히 '숫자의 나열이구나'라고 생각하기 쉽지만 수학적인 의미로는 '특정 순서로 숫자를 나열한 것'이라고 생각해야 합니다. 다만 컴퓨터 과학에서는 수열의 의미를 조금 더 폭넓게 해석해야 합니다. 컴퓨터 과학에서 수열은 특정 순서로 나열한 객체를 의미합니다. 즉, 객체는 문자, 숫자 등의 자료형이므로 컴퓨터 과학에서 부분 수열은 특정 순서로 객체를 나열한 것이라고 생각해야 합니다. **따라서 최장 공통 부분 수열이란 두 수열이 어떤 기준에 따라 양쪽에서 공통으로 발견할 수 있는 가장 긴 부분 수열을 의미합니다.** 그리고 앞서 언급했듯이 부분 수열은 원소 사이의 순서만 유지하면 되고 반드시 연속할 필요는 없습니다. 일단 문장으로는 이 정도로 설명하고 그림을 통해 최장 공통 부분 수열이 무엇인지 이해해봅시다. 그리고 이후부터는 최장 공통 부분 수열은 LCS라 하겠습니다.

**01단계** 두 부분 문자열을 봅시다. 색칠한 부분을 보면 문자열 1은 A, D, E, F이고 문자열 2는 A, D, E, F로 순서와 길이가 같으므로 공통 부분 수열입니다. 그리고 공통으로 찾을 수 있는 가장 긴 부분 수열(길이가 4)이므로 LCS입니다. 다만 다른 LCS가 있을 수도 있습니다.

| 문자열 1 | A | B | C | D | E | F | G | H |
|---|---|---|---|---|---|---|---|---|
| 문자열 2 | A | D | D | I | C | T | E | F |

**02단계** 이렇게 색칠해서 보면 A, C, E, F도 길이가 4인 LCS입니다.

| 문자열 1 | A | B | C | D | E | F | G | H |
|---|---|---|---|---|---|---|---|---|
| 문자열 2 | A | D | D | I | C | T | E | F |

## LCS 길이 찾는 방법?

여기서는 입력값을 작게 하여 반복하여 풀 수 있는 작은 문제가 나오는지에 집중합니다.

**01단계** 두 문자열의 길이가 1인 경우를 생각해보면 LCS의 길이는 문자의 값이 같은지에 따라 결정됩니다. 문자가 같으면 1 아니면 0입니다.

**02단계** 이제 좀 더 긴 문자열을 봅시다. 문자열 x의 첫 번째~마지막 문자를 하나씩 짚어가면서 문자열 y의 문자들을 모두 비교하여 같은 것이 있는지 확인합니다.

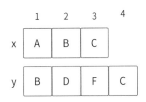

**03단계** x[1]과 y 문자열을 모두 비교했지만 같은 문자가 없습니다. 다음 문자로 넘어가 비교합니다.

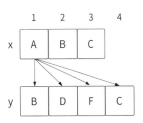

**04단계** x[2]와 비교하니 동일한 문자가 있습니다. 다음을 또 보니 C가 같습니다. 직관적으로 B가 같고 그다음 위치에서 C가 같으므로 최장 공통 부분 수열은 B, C이며 길이는 2임을 알 수 있습니다.

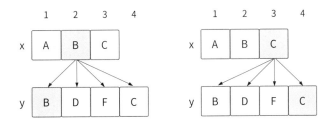

**05단계** 만약 문자의 순서가 역방향이라면 LCS는 B, C가 될 수 없었을 것입니다.

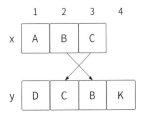

이점을 잘 기억하면서 LCS의 길이를 찾는 점화식도 생각해봅시다.

## LCS의 길이 점화식 생각하기

앞에서 살펴본 대로 LCS의 길이를 구할 때는 2가지 조건을 검사해야 함을 알 수 있습니다.

- 두 문자열의 특정 문자가 같은지
- 같다면 찾은 두 문자의 위치가 이전에 찾은 문자의 다음에 있는지

**01단계** 이걸 어떻게 해야 동적 계획법에 사용할 수 있을까요? 우선은 최장 공통 부분 수열의 길이를 반환하는 LCS( ) 함수를 다음과 같이 정의합시다.

- LCS(i, j) = x[1 ⋯ i]와 y[1 ⋯ j]의 LCS의 길이

**02단계** 그러면 다음 그림에서 LCS(2, 3)에 1을 더하면 LCS(3, 4)가 됨을 알 수 있습니다.

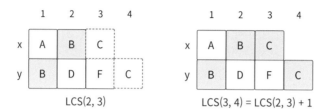

**03단계** 02단계는 C가 같아서 식이 성립했지만 만약 다르면 어떨까요? 다음은 x[3]과 y[4]가 같지 않은 경우입니다.

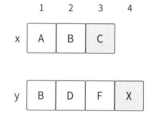

**04단계** 그러면 이 두 값 x[3], y[4]는 포함하지 않는 LCS의 길이를 찾아야 합니다. 다시 말해 각 문자열에서 C이나 X를 뺀 가장 많은 문자열을 포함하는 LCS의 길이는 LCS(3, 3)이거나 LCS(2, 4)일 겁니다. 다만 지금은 LCS(3, 3)도 1, LCS(2, 4)도 1이므로 아무거나 선택하면 됩니다. 이런 과정을 일반화하면 다음과 같을 겁니다.

- x[i]와 y[j]가 다르면 LCS(i, j) = LCS(i - 1, j)와 LCS(i, j - 1)을 비교하여 큰 값으로 함

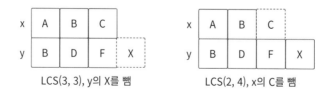

**05단계** 그럼 LCS(i, j)의 점화식은 이렇게 정의할 수 있습니다.

- LCS(0, 0) = 0
- x[i] == y[j]이면 LCS(i - 1, j - 1) + 1

- x[i] != y[j]이면 max(LCS(i - 1, j), LCS(i, j - 1))

## LCS 길이 동적 계획법으로 찾기

이제 동적 계획법으로 LCS의 길이를 찾아봅시다.

**01단계** 초기 문자열은 다음과 같습니다.

**02단계** 메모이제이션 2차원 배열 dp를 선언하고 모두 0으로 초기화합니다. 2차원 배열의 열은 x, 행은 y를 의미하므로 dp[i, j]는 x[1 ⋯ i]와 y[1 ⋯ j]의 LCS의 길이를 저장하는 곳입니다.

**03단계** 앞서 세운 점화식에 의해 dp[1, 1]을 채워봅시다. 점화식에서 dp[1, 1]을 구하려면 dp[0, 0], dp[1, 0], dp[0, 1]이 필요했습니다. 지금은 모두 0이므로 x[1]과 y[1]이 같은지 봅니다. 같지 않으므로 dp[0, 0]은 쓰지 않고 dp[1, 0], dp[0, 1]만 비교하여 큰 값을 dp[1, 1]으로 생각합니다. 지금은 모두 0이므로 아무거나 골랐습니다.

y

| A | B | D | F | E | G | A | C | B |
|---|---|---|---|---|---|---|---|---|

같지 않음

x: B, X, D, E, G, K

LCS

|   | 0 | 1 | 2 | 3 | 4 | 5 | 6 | 7 | 8 | 9 |
|---|---|---|---|---|---|---|---|---|---|---|
| 0 | 0 | 0 | 0 | 0 | 0 | 0 | 0 | 0 | 0 | 0 |
| 1 | 0 | 0 | 0 | 0 | 0 | 0 | 0 | 0 | 0 | 0 |
| 2 | 0 | 0 | 0 | 0 | 0 | 0 | 0 | 0 | 0 | 0 |
| 3 | 0 | 0 | 0 | 0 | 0 | 0 | 0 | 0 | 0 | 0 |
| 4 | 0 | 0 | 0 | 0 | 0 | 0 | 0 | 0 | 0 | 0 |
| 5 | 0 | 0 | 0 | 0 | 0 | 0 | 0 | 0 | 0 | 0 |
| 6 | 0 | 0 | 0 | 0 | 0 | 0 | 0 | 0 | 0 | 0 |

**04단계** dp[1, 2]도 봅니다. 이번에는 문자가 같습니다. dp[0, 1] + 1으로 값을 채웁니다.

y

| A | B | D | F | E | G | A | C | B |
|---|---|---|---|---|---|---|---|---|

같음

x: B, X, D, E, G, K

dp

|   | 0 | 1 | 2 | 3 | 4 | 5 | 6 | 7 | 8 | 9 |
|---|---|---|---|---|---|---|---|---|---|---|
| 0 | 0 | 0 | 0 | 0 | 0 | 0 | 0 | 0 | 0 | 0 |
| 1 | 0 | 0 | 0 | 0 | 0 | 0 | 0 | 0 | 0 | 0 |
| 2 | 0 | 0 | 0 | 0 | 0 | 0 | 0 | 0 | 0 | 0 |
| 3 | 0 | 0 | 0 | 0 | 0 | 0 | 0 | 0 | 0 | 0 |
| 4 | 0 | 0 | 0 | 0 | 0 | 0 | 0 | 0 | 0 | 0 |
| 5 | 0 | 0 | 0 | 0 | 0 | 0 | 0 | 0 | 0 | 0 |
| 6 | 0 | 0 | 0 | 0 | 0 | 0 | 0 | 0 | 0 | 0 |

**05단계** 이후 과정도 같습니다. 나머지 값을 채우면 다음과 같이 dp가 채워질 겁니다. 이 중 가장 큰 값이 LCS의 길이입니다. 정답은 4네요.

y

| | | | | | | | | |
|---|---|---|---|---|---|---|---|---|
| A | B | D | F | E | G | A | C | B |

dp

| | 0 | 1 | 2 | 3 | 4 | 5 | 6 | 7 | 8 | 9 |
|---|---|---|---|---|---|---|---|---|---|---|
| **0** | 0 | 0 | 0 | 0 | 0 | 0 | 0 | 0 | 0 | 0 |
| **1** | 0 | 0 | 1 | 1 | 1 | 1 | 1 | 1 | 1 | 1 |
| **2** | 0 | 0 | 1 | 1 | 1 | 1 | 1 | 1 | 1 | 1 |
| **3** | 0 | 0 | 1 | 2 | 2 | 2 | 2 | 2 | 2 | 2 |
| **4** | 0 | 0 | 1 | 2 | 2 | 2 | 2 | 2 | 2 | 2 |
| **5** | 0 | 0 | 1 | 2 | 2 | 3 | 4 | 4 | 4 | 4 |
| **6** | 0 | 0 | 1 | 2 | 2 | 3 | 4 | 4 | 4 | 4 |

x

| |
|---|
| B |
| X |
| D |
| E |
| G |
| K |

## LCS 길이 알고리즘 분석

총 연산 횟수는 dp를 채우는 것과 같으므로 O(N * M)입니다.

## 문제 70 LCS 길이 계산하기★★★

저자 권장 시간 _80분  |  권장 시간 복잡도 _O(M*N)  |  출제 _저자 출제

정답 URL https://github.com/kciter/coding-interview-js/blob/main/solution/70.js

주어진 두 개의 문자열 str1과 str2에 대해 최장 공통 부분 수열의 길이를 계산하는 solution( ) 함수를 구현하세요.

### 제약 조건

- 각 문자열 str1과 str2의 길이는 1 이상 1,000 이하입니다.
- 문자열은 알파벳 대문자, 소문자로만 구성되어 있습니다.

### 입출력의 예

| str1 | str2 | return |
|------|------|--------|
| "ABCBDAB" | "BDCAB" | 4 |
| "AGGTAB" | "GXTXAYB" | 4 |

### 문제 분석하고 풀기

LCS의 길이 구하기 문제는 앞에서 모두 공부했던 내용이므로 바로 코드를 작성하여 풀어보겠습니다.

```javascript
function solution(str1, str2) {
  // ❶ 두 문자열의 길이를 저장
```

```javascript
  const m = str1.length;
  const n = str2.length;

  // ❷ LCS를 저장할 테이블 초기화
  const dp = Array.from(Array(m + 1), () => Array(n + 1).fill(0));

  // ❸ 동적 프로그래밍을 통해 LCS 길이 계산
  for (let i = 1; i <= m; i++) {
    for (let j = 1; j <= n; j++) {
      // ❹ 현재 비교하는 문자가 같으면
      if (str1[i - 1] === str2[j - 1]) {
        dp[i][j] = dp[i - 1][j - 1] + 1;
      } else {
        // ❺ 현재 비교하는 문자가 같지 않으면
        dp[i][j] = Math.max(dp[i - 1][j], dp[i][j - 1]);
      }
    }
  }

  // ❻ LCS 길이 반환
  return dp[m][n];
}
```

❶ str1, str2의 길이를 구하여 각각 m과 n에 저장합니다.

❷ 그런 다음 (m + 1) × (n + 1) 크기의 2차원 배열 dp를 생성하여 0으로 초기화합니다. 그리고 앞에서 LCS를 설명할 때는 str1과 str2가 0이 아니라 1에서 시작했지만 코드에서는 0부터 시작함에도 주의합니다.

❸ 이중 반복문으로 LCS의 길이를 계산합니다. 바깥쪽 반복문은 i를 1~m까지, 안쪽 반복문은 j를 1~n까지 반복합니다.

❹ 만약 두 문자가 같다면 이전 LCS의 길이 dp[i - 1][j - 1]에 1을 더한 값을 dp[i][j]에 저장합니다.

❺ 두 문자가 다르면 이전까지의 LCS의 길이 dp[i - 1][j]와 dp[i][j - 1]을 비교하여 더 큰 값을 dp[i][j]에 저장합니다.

❻ 반복이 완료되면 dp[m][n]에 최장 공통 부분 수열의 길이가 저장됩니다.

### 시간 복잡도 분석하기

M과 N은 각각 문자열의 길이입니다. dp 배열의 크기는 M*N이고 이를 초기화하는데 필요한 시간 복잡도는 O(M*N)입니다. 이후 반복문은 M*N번 수행하므로 시간 복잡도는 O(M*N)입니다.

## 문제 71 LIS 길이 계산하기★★★

저자 권장 시간 _ 80분 | 권장 시간 복잡도 _ $O(N^2)$ | 출제 _ 저자 출제

정답 URL https://github.com/kciter/coding-interview-js/blob/main/solution/71.js

정수 배열 nums에서 LIS의 길이를 찾는 함수를 작성하세요.

### 제약 조건

- nums는 최대 길이 1,000의 정수 배열입니다.
- nums의 각 요소는 -1,000 이상 1,000 이하의 정수입니다.

### 입출력의 예

| nums | return |
|---|---|
| [1, 4, 2, 3, 1, 5, 7, 3] | 5 |
| [3, 2, 1] | 1 |

### 문제 분석하고 풀기

LIS의 길이 구하기 문제는 앞에서 모두 공부했던 내용이므로 바로 코드를 작성하여 풀어보겠습니다. 동적 계획법으로 다음과 같이 구현하면 됩니다.

```javascript
function solution(nums) {
  const n = nums.length;

  // ❶ dp[i]는 nums[i]를 마지막으로 하는 LIS의 길이를 저장하는 배열
  const dp = Array(n).fill(1);

  for (let i = 1; i < n; i++) {
    for (let j = 0; j < i; j++) {
      // ❷ nums[i]와 nums[j]를 비교하여, nums[i]가 더 큰 경우에만 처리
      if (nums[i] > nums[j]) {
        // ❸ nums[i]를 이용하여 만든 부분 수열의 길이와
        // nums[j]를 이용하여 만든 부분 수열의 길이 + 1 중 최댓값 저장
        dp[i] = Math.max(dp[i], dp[j] + 1);
      }
    }
  }

  // ❹ dp 배열에서 최댓값을 찾아 최장 증가 부분 수열의 길이를 반환합니다.
  return Math.max(...dp);
}
```

❶ dp 배열은 수열의 각 원소를 마지막으로 하는 LIS의 길이를 저장할 것입니다. 즉 dp[i]는 num[i]를 마지막으로 하는 lis의 길이입니다. num[i]의 초깃값은 전부 1로 합니다.

❷ num[i]를 마지막으로 하는 lis 길이를 구하려면 lis에서 num[i]가 가장 큰 값이어야 합니다. 따라서 num[i]보다 작은 원소들이 후보입니다.

❸ 후보에 포함되는 num[j]에 대한 lis 길이인 dp[j] 중 가장 큰 값에 1을 더한 값이 dp[i]가 됩니다.

❹ dp 배열에서 가장 큰 값을 반환하면 정답입니다.

N은 nums의 길이입니다. dp 배열을 초기화할 때 필요한 시간 복잡도는 O(N), 이중 반복문을 돌 때 바깥은 N번 수행, 안쪽은 최대 N번이므로 반복문의 시간 복잡도는 $O(N^2)$입니다. 따라서 최종 시간 복잡도는 $O(N^2)$입니다.

## 문제 72 조약돌 문제★★★

저자 권장 시간 _ 70분 | 권장 시간 복잡도 _ O(N) | 출제 _ 저자 출제

정답 URL https://github.com/kciter/coding-interview-js/blob/main/solution/72.js

3열 N행의 가중치가 있는 배열 arr이 주어집니다. 이 배열에 다음 규칙을 준수하면서 조약돌을 놓을 때 최대 가중치의 합을 반환하는 solution( ) 함수를 구현하세요.

### 제약 조건

• 각 열에 조약돌은 적어도 하나는 놓아야 합니다.
• 각 조약돌에 바로 인접한 위치에 조약돌을 놓을 수 없습니다.
  - 인접 기준은 상하좌우입니다.

### 입출력의 예

| arr | return |
| --- | --- |
| [[1, 3, 3, 2], [2, 1, 4, 1], [1, 5, 2, 3]] | 19 |
| [1, 7, 13, 2, 6], [2, -4, 2, 5, 4], [5, 3, 5, -3, 1]] | 32 |

첫 번째 입출력 예를 봅시다. 입력을 기준으로 최대 가중치의 합을 반환하도록 조약돌을 놓는 경우는 다음과 같이 2 + 8 + 4 + 5 = 19입니다.

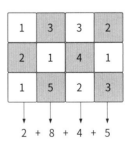

두 번째 입출력 예는 다음과 같습니다. 6 + (-4) + 18 + 5 + 7 = 36입니다.

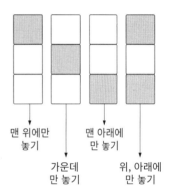

**문제 분석하고 풀기**

이 문제를 동적 계획법으로 푸는 방법은 각 열에서 4가지 조약돌 배치 패턴에 대해 가중치를 계산하고 이 중에서 최대 가중치를 선택하는 것입니다. 4가지 조약돌 배치 패턴은 다음과 같습니다.

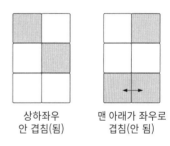

이렇게 패턴을 배치했을 때 되는 패턴과 안 되는 패턴은 오른쪽과 같습니다.

이점에 유의하여 조약돌을 첫 번째 열부터 마지막 열까지 배치하면서 이전 열에서의 최대 가중치를 현재 열에서의 가중치 계산에 활용하는 것이 핵심입니다. 코드에서는 이 배치 패턴을 작성해봅시다.

```javascript
function solution(arr) {
  const n = arr[0].length; // ❶ 입력 배열의 열의 개수 저장
  // ❷ dp 배열 초기화, 4행 n열의 2차원 배열
  const dp = Array.from(Array(4), () => Array(n).fill(0));

  // 각 열에서 선택 가능한 4가지 조약돌 배치 패턴에 대해 첫 번째 열의 가중치를 초기화
```

```
    // ❸ 0: 상단, 1: 중앙, 2: 하단, 3: 상단과 하단
    dp[0][0] = arr[0][0];
    dp[1][0] = arr[1][0];
    dp[2][0] = arr[2][0];
    dp[3][0] = arr[0][0] + arr[2][0];

    // ❹ 두 번째 열부터 마지막 열까지 각 열에서 선택 가능한 4가지 조약돌 배치 패턴에 대해
  최대 가중치를 계산
    for (let i = 1; i < n; i++) {
      // 패턴 0이 선택된 경우, 이전은 패턴 {1, 2} 가능
      dp[0][i] = arr[0][i] + Math.max(dp[1][i - 1], dp[2][i - 1]);
      // 패턴 1이 선택된 경우, 이전은 패턴 {0, 2, 3} 가능
      dp[1][i] = arr[1][i] + Math.max(dp[0][i - 1], dp[2][i - 1], dp[3][i - 1]);
      // 패턴 2가 선택된 경우, 이전은 패턴 {0, 1}이 가능
      dp[2][i] = arr[2][i] + Math.max(dp[0][i - 1], dp[1][i - 1]);
      // 패턴 3이 선택된 경우, 이전은 패턴{1}이 가능
      dp[3][i] = arr[0][i] + arr[2][i] + dp[1][i - 1];
    }

    // ❺ 마지막 열에서 선택 가능한 4가지 조약돌 배치 패턴 중 최대 가중치를 반환
    return Math.max(...dp.map((row) => row[n - 1]));
  }
```

❶ 입력 배열의 열의 수 n을 얻어옵니다. 이 값은 메모이제이션을 위한 dp 배열을 초기화할 때 사용합니다.

❷ dp 배열은 4행 n열의 2차원 배열로 구성합니다. 각 행은 위, 가운데, 아래, 그리고 위-아래에 놓은 조약돌 배치를 의미합니다. 값은 조약돌 배치 패턴의 최대 가중치를 저장합니다.

❸ 첫 번째 열의 조약돌 가중치를 dp에 초기화합니다. 이 초기화 과정은 첫 번째 열에서 각 조약돌 패턴을 적용했을 때 가중치를 나타냅니다. 이 첫 번째 열을 활용해서 마지막 열까지 순회하며 최대 가중치를 가지는 조약돌 패턴을 구할 것입니다.

❹ 두 번째 열부터 마지막 열까지 순회하며 각 열에서 선택할 수 있는 조약돌 배치 패턴의 최대 가

중치를 계산하고 dp에 저장합니다. 이 계산 과정에서는 이전 열의 조약돌 배치 패턴 가중치를 참조하며 상하좌우로 인접한 조약돌을 선택하지 않는 패턴 중 최댓값을 넣습니다.

❺ 반복문에서 빠져나오면 마지막 열의 가중치 4개 중 최대 가중치를 반환하면 정답입니다.

### 시간 복잡도 분석하기

N은 arr의 열의 개수입니다. dp 배열을 초기화할 때의 시간 복잡도 $O(N)$입니다. 이후 각 열의 최대 가중치를 계산할 때의 시간 복잡도는 $O(4*N)$이지만 상수는 제외하므로 $O(N)$입니다. 따라서 최종 시간 복잡도는 $O(N)$입니다.

## 문제 73 피보나치 수★

정답률 _ 72% | 저자 권장 시간 _ 30분 | 권장 시간 복잡도 _ O(N) | 출제 _ 연습문제

문제 URL https://school.programmers.co.kr/learn/courses/30/lessons/12945
정답 URL https://github.com/kciter/coding-interview-js/blob/main/solution/73.js

2 이상의 n이 입력되었을 때 n번째 피보나치 수를 1234567로 나눈 나머지를 반환하는 solution( ) 함수를 완성하세요.

### 제약 조건

- n은 2 이상 100,000 이하인 자연수입니다.

### 입출력의 예

| n | return |
|---|--------|
| 3 | 2 |
| 5 | 5 |

피보나치 수는 0번째부터 0, 1, 1, 2, 3, 5, ... 와 같이 이어집니다.

### 문제 분석하고 풀기

문제의 난이도는 낮지만 입력이 최대 10만이므로 실수하기도 쉬운 문제입니다. 아마도 많은 사람들이 이 문제를 재귀 함수로 우선 풀어보려고 할 겁니다. 하지만 그렇게 풀면 무조건 스택 오버 플로stack overflow가 발생합니다. 재귀 함수가 메모리에 쌓이면서 결국 메모리가 터져버리는 것이죠. 즉, 이 문제는 메모이제이션을 사용해야 풀 수 있습니다. 메모이제이션은 앞에서 자세히 살펴봤으

므로 더 이야기할 내용은 없습니다. 그렇지만 문제에서 요구한 피보나치 수를 1234567로 나눈 나머지를 반환하는 곳에서 조금 더 효율적으로 만들 수 있는 여지가 있습니다. 다음 수식을 봅시다.

- $(a + b) \% m = ((a \% m) + (b \% m)) \% m$

모듈러 연산은 두 수를 더하여 모듈러 연산을 한 것과 각각의 수를 모듈러 연산하여 더한 다음 다시 모듈러 연산한 것이 같습니다. 피보나치 수열은 매우 급격하게 수가 증가하므로 큰 수를 모듈러 연산하기보다는 최대한 작은 수를 모듈러 연산하는 것이 더 좋습니다. 우선 이 방법대로 코드를 작성해봅시다.

JavaScript
```javascript
function solution(n) {
  const fib = [0, 1]; // fib(0) = 0, fib(1) = 1
  for (let i = 2; i <= n; i++) {
    fib.push((fib[i - 1] + fib[i - 2]) % 1234567);
  }
  return fib[n];
}
```

제출하여 채점을 받으면 정답 처리가 될 겁니다. 피보나치 수를 구하는 중간 과정에 모듈러 연산을 하므로 1234567보다 큰 피보나치 수가 없도록 처리하니 처리 효율도 매우 좋습니다. 만약 마지막에만 모듈러 연산을 하면 정답이 나오긴 해도 연산 속도가 느릴 겁니다. 그리고 자바스크립트 외의 다른 언어에서는 오버플로가 발생할 겁니다. 연산 처리 효율을 비교하기 위해 이 코드도 작성하여 제출해보기 바랍니다.

JavaScript
```javascript
function solution(n) {
  const fib = [0, 1]; // fib[0] = 0, fib[1] = 1
  for (let i = 2; i <= n; i++) {
    fib.push((fib[i - 1] + fib[i - 2]));
  }
  return fib[n] % 1234567;
}
```

N은 피보나치의 문제에서 구할 N번째 항입니다. N번째 피보나치 수를 구할 때까지 반복문은 N번 수행하므로 시간 복잡도는 O(N)입니다.

## 문제 74 2 　n 타일링 ★

정답률 _ 54% | 저자 권장 시간 _ 40분 | 권장 시간 복잡도 _ O(N) | 출제 _ 연습문제

문제 URL https://school.programmers.co.kr/learn/courses/30/lessons/12900
정답 URL https://github.com/kciter/coding-interview-js/blob/main/solution/74.js

가로 길이가 2이고 세로의 길이가 1인 직사각형의 타일이 있습니다. 이 직사각형 타일을 이용해 세로의 길이가 2이고 가로의 길이가 n인 바닥을 가득 채우려고 합니다. 타일은 가로나 세로로 배치할 수 있습니다. 예를 들어 n = 7이면 이 타일로 이렇게 채울 수 있습니다.

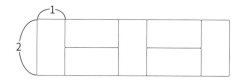

직사각형의 가로의 길이 n이 주어질 때 직사각형을 채우는 방법의 수를 반환하는 solution( ) 함수를 완성해주세요.

### 제약 조건

- 가로의 길이 n은 60,000 이하의 자연수입니다.
- 경우의 수가 많아질 수 있으므로 경우의수를 1,000,000,007로 나눈 나머지를 반환하세요.

### 입출력의 예

| n | result |
|---|--------|
| 4 | 5 |

이 문제는 동적 계획법의 대표격인 문제입니다만 어디에서 동적 계획법으로 이 문제를 풀어야겠다는 힌트를 얻을 수 있을지 생각해봅시다. 동적 계획법은 작은 반복되는 문제의 해답이 합이 큰 문제의 해답이 되므로 그런 특징이 있는지 보면 됩니다. 다음 패턴을 봅시다.

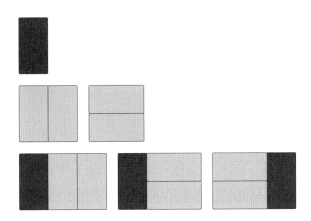

패턴을 자세히 보면 n = 3인 패턴은 n = 2일 때의 패턴과 n = 1일 때의 패턴을 그대로 활용합니다. 이 패턴을 명확하게 구분하자면 다음과 같습니다.

* 타일을 세로로 1개 놓고 시작
* 타일을 가로로 2개 놓고 시작

이것을 식으로 정리하면 n에 대하여 타일을 놓는 가짓수에 대한 점화식을 세울 수 있습니다.

* $A_n = A_{n-1} + A_{n-2}$

여기까지 했다면 해당 문제를 동적 계획법으로 푸는 과정을 80% 정도 완료한 것입니다. 가장 많이 실수하는 부분이 기본값을 설정하지 않는 것입니다. 따라서 우리는 $A_1$, $A_2$는 미리 구해두어야 합니다. 앞서 각각의 값은 1, 2로 구해두었으니 이 값도 점화식에 추가합시다.

* $A_n = A_{n-1} + A_{n-2}$
* $A_1 = 1, A_2 = 2$

이를 바탕으로 코드를 구현하면 다음과 같습니다.

```javascript
function solution(n) {
  // ❶ 바닥의 가로 길이가 1인 경우, 바닥을 채우는 방법의 수는 1
  if (n === 1) {
    return 1;
  }

  // ❷ 바닥의 가로 길이가 2인 경우, 바닥을 채우는 방법의 수는 2
  if (n === 2) {
    return 2;
  }

  // ❸ 동적 계획법을 위한 배열 초기화
  // dp[i]는 가로 길이가 i일 때 바닥을 채우는 방법의 수
  const dp = Array(n + 1).fill(0);
  dp[1] = 1;
  dp[2] = 2;

  // ❹ 가로 길이가 3부터 n까지의 각각의 경우에 대해 바닥을 채우는 방법의 수를 구함
  for (let i = 3; i <= n; i++) {
    // ❺ dp[i]는 dp[i-1]과 dp[i-2]를 더한 값
    dp[i] = (dp[i - 1] + dp[i - 2]) % 1000000007;
  }

  // ❻ 바닥의 가로 길이가 n일 때 바닥을 채우는 방법의 수인 dp[n]을 반환
  return dp[n];
}
```

❶~❷ 가로 길이가 1, 2인 경우에 대하여 바닥을 채우는 방법 가짓수를 미리 계산하여 종료 조건으로 사용합니다.

❸ 메모이제이션으로 점화식을 수행하기 위한 dp 배열입니다. 배열 크기는 n이 아니라 n + 1으로 하여 연산을 편하게 하도록 했습니다.

❹ 점화식으로 바닥을 채우는 방법의 수를 구하면서 dp 배열을 채웁니다.

❺ 바닥을 채우는 방법의 수를 1,000,000,007로 모듈러 연산하며 저장합니다.

❻ 바닥을 채우는 방법의 수 dp[n]을 반환합니다.

메모리 효율을 위해 배열을 사용하지 않는 방식도 있습니다. 변수 2개와 스왑을 이용하면 다음과 같이 구현할 수 있습니다.

```javascript
function solution(n) {
  let a = 1;
  let b = 2;

  for (let i = 2; i < n; i += 1) {
    const temp = b;
    b = (a + b) % 1000000007;
    a = temp;
  }

  return b;
}
```

코드가 더 깔끔해졌지만 꼭 이렇게 풀 필요는 없습니다. 익숙한 방식으로 먼저 푸는 것이 중요합니다.

### 시간 복잡도 분석하기

N은 가로의 길이입니다. 가로 길이가 1 또는 2인 경우를 처리하는 건 단순 동작이므로 시간 복잡도가 O(1)입니다. 반복문은 N - 2번 수행하므로 시간 복잡도가 O(N)입니다. 따라서 최종 시간 복잡도는 O(N)입니다.

정답률 _ 60% | 저자 권장 시간 _ 40분 | 권장 시간 복잡도 _ $O(N^2)$ | 출제 _ 동적 계획법

문제 URL https://school.programmers.co.kr/learn/courses/30/lessons/43105
정답 URL https://github.com/kciter/coding-interview-js/blob/main/solution/75.js

```
                    7
                 3     8
              8     1     0
           2     7     4     4
        4     5     2     6     5
```

위와 같은 정수 삼각형의 꼭대기에서 바닥까지 이어지는 경로 중 거쳐간 숫자의 합이 가장 큰 경우를 찾아보려고 합니다. 아래 칸으로 이동할 때는 대각선 방향으로 한 칸 오른쪽 또는 왼쪽으로만 이동합니다. 예를 들어 3에서는 8 또는 1로만 이동할 수 있습니다. 삼각형의 정보가 담긴 배열 triangle이 주어질 때 거쳐간 숫자의 최댓값을 반환하는 solution( ) 함수를 완성하세요.

### 제약 조건

- 삼각형의 높이는 1 이상 500 이하입니다.
- 삼각형을 이루고 있는 숫자는 0 이상 9,999 이하의 정수입니다.

### 입출력의 예

| triangle | result |
|---|---|
| [[7], [3, 8], [8, 1, 0], [2, 7, 4, 4], [4, 5, 2, 6, 5]] | 30 |

### 문제 분석하고 풀기

입력으로 주어진 triangle을 흔히 아는 배열 형태로 표현하면 다음과 같습니다. 숫자 이동 규칙에

는 크게 위배되는 것이 없으므로 이렇게 놓고 생각해도 됩니다. 문제의 입출력 예도 그림에 표현해 두었으니 확인해보기 바랍니다.

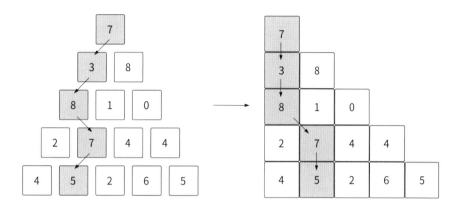

**01단계** 이 문제를 어떻게 동적 계획법으로 풀 수 있을까요? 앞서 풀어봤던 타 일 문제처럼 작은 문제부터 풀어보고 그다음을 생각해봅시다. 그림에서 삼각 형 일부를 가져왔습니다.

그림에서 왼쪽 아래의 삼각형 2, 4, 5를 떼왔습니다. 이 상태에서 위에서 아래로 내 려가며 더 큰 수를 만든다면 4와 5중 큰 값인 5를 택하면 됩니다.

**02단계** 여기서 삼각형을 조금 더 확장해봅니다. 맨위부터 시작해서 갈 수 있는 모든 방향으로 진행 하며 최댓값을 갱신하면 될 것 같습니다.

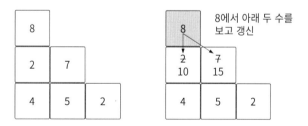

**03단계** 8에서 아래의 두 수를 보고 최댓값을 갱신하고 그다음 수인 10으로 옮겨간 다음 또 값을 갱신합니다. 이런 방식으로 모두 갱신하면 됩니다. 다만 기존의 5였던 경로는 8 → 7 → 15로 이동 하는 것이 더 크므로 더 큰 값인 20으로 다시 갱신합니다.

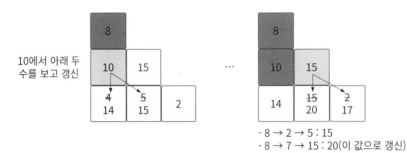

- 8 → 2 → 5 : 15
- 8 → 7 → 15 : 20(이 값으로 갱신)

흠… 이렇게 하면 답은 제대로 나오지만 처리할 내용이 많아보입니다. 더 깔끔한 방법은 없을까요? 우선은 아래로 내려갈 수록 갈 수 있는 숫자의 범위가 점점 커지는 문제부터 해결해봅시다.

**04단계** 점화식을 생각한다면 해의 범위가 점점 좁아지거나 유지가 되는 편이 좋습니다. 좁아지는 방법이라… 아하. 거꾸로 최댓값을 갱신하는 방법을 생각해보면 좋을 것 같습니다. 이 문제는 거쳐 간 숫자의 최댓값을 찾는 문제이므로 거꾸로 출발해도 아무런 문제가 없습니다. 왜냐하면 위에서 아래로 가도, 아래에서 위로 가도 숫자를 거치는 경로는 같기 때문입니다. 앞서 본 삼각형을 그대로 놓고 거꾸로 출발해봅시다.

※ 아무 때나 거꾸로 접근하는 방식이 사용할 수 있는 건 아닙니다만 이렇게 발상을 전환하다 보면 괜찮은 풀이 방법이 생각나는 경우가 많습니다.

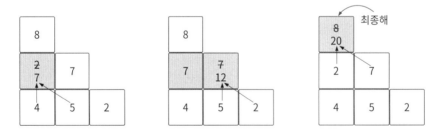

이렇게 하니 최종해는 맨 위에 있는 값이 되고, 고려해야 할 수가 점점 줄어드니 아까보다 훨씬 좋습니다. 이전처럼 같은 위치의 수를 다시 갱신하거나 할 필요가 없습니다.

**05단계** 점화식도 바로 세울 수 있을 것 같습니다. 삼각형의 맨 위, 즉, i, j 위치까지 거쳐간 숫자의 합 중 최댓값을 dp[i][j], 삼각형 구성 요소의 값을 triangle[i][j]라고 하면 다음과 같이 점화식을 세울 수 있습니다.

- dp[i][j] = max(dp[i + 1][j], dp[i + 1][j + 1]) + triangle[i][j]

정답은 앞서 말했던 대로 dp[0][0]입니다. 간단한 점화식이 나왔으니 코드도 빨리 구현할 수 있을 것 같습니다.

```JavaScript
function solution(triangle) {
  const n = triangle.length;
  const dp = Array.from(Array(n), () => Array(n).fill(0)); // ❶ dp 테이블 초기화

  // ❷ dp 테이블의 맨 아래쪽 라인 초기화
  for (let i = 0; i < n; i++) {
    dp[n - 1][i] = triangle[n - 1][i];
  }

  // ❸ 아래쪽 라인부터 올라가면서 dp 테이블 채우기
  for (let i = n - 2; i >= 0; i--) {
    for (let j = 0; j <= i; j++) {
      dp[i][j] = Math.max(dp[i + 1][j], dp[i + 1][j + 1]) + triangle[i][j];
    }
  }

  return dp[0][0]; // 꼭대기에서의 최댓값 반환
}
```

❶ 문제에서 주어진 삼각형은 정삼각형이므로 세 변의 길이가 같습니다. 따라서 triangle.length 은 다음 그림에서 보듯 높이 또는 행의 개수를 나타낸다고 보면 됩니다.

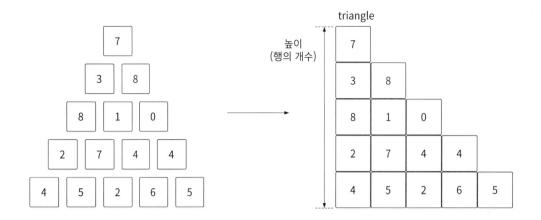

❷ 맨 아래에 있는 숫자가 종료 조건이 됩니다. 이전 숫자가 없는, 다시 말해 시작 지점이므로 미리 값을 입력합니다.

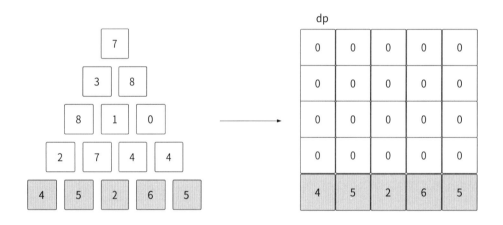

❸ 점화식을 구현한 것입니다. 점화식에 의해 최종 dp[0][0]을 계산하여 반환합니다. 실제 계산 과정을 그림으로 그려두었습니다. 코드를 작성하면서 참고하세요.

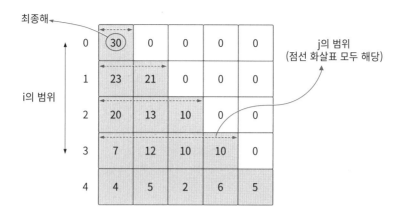

최종해

30

0 0 0 0

i의 범위

1 23 21 0 0 0

j의 범위
(점선 화살표 모두 해당)

2 20 13 10 0 0

3 7 12 10 10 0

4 4 5 2 6 5

**시간 복잡도 분석하기**

N은 삼각형의 높이입니다. N*N 2차원 dp 테이블을 초기화할 때의 시간 복잡도는 O(N²), dp 테이블을 채우는 동작 또한 O(N²)이므로 최종 시간 복잡도는 O(N²)입니다.

## 문제 76 땅따먹기★★

정답률 _ 57% | 저자 권장 시간 _ 80분 | 권장 시간 복잡도 _ O(N) | 출제 _ 연습문제

문제 URL https://school.programmers.co.kr/learn/courses/30/lessons/12913
정답 URL https://github.com/kciter/coding-interview-js/blob/main/solution/76.js

땅따먹기 게임을 하려고 합니다. 땅따먹기 게임의 땅(land)은 총 N행 4열로 이루어져 있고 모든 칸에는 점수가 쓰여 있습니다. 1행부터 땅을 밟으며 한 행씩 내려올 때 각 행의 4칸 중 한 칸만 밟으면서 내려와야 합니다. 단, 땅따먹기 게임에는 한 행씩 내려올 때 같은 열을 연속해서 밟을 수 없는 특수 규칙이 있습니다. 예를 들어 다음과 같은 경우

| 1 | 2 | 3 | 5 |
| 5 | 6 | 7 | ✖ |
| 4 | 3 | 2 | 1 |

1행에서 4번째 칸 5를 밟았으면 2행의 4번째 칸 8은 밟을 수 없습니다. 마지막 행까지 내려왔을 때 얻을 수 있는 점수의 최댓값을 반환하는 solution( ) 함수를 완성하세요.

## 제약 조건

- 행의 개수 N : 100,000 이하의 자연수
- 열의 개수는 4개이고, 땅(land)은 2차원 배열로 주어집니다.
- 점수 : 100 이하의 자연수

## 입출력의 예

| land | answer |
|------|--------|
| [[1, 2, 3, 5], [5, 6, 7, 8], [4, 3, 2, 1]] | 16 |

## 문제 분석하고 풀기

입출력 예를 그림으로 그려 게임 규칙에 위반되는 경우부터 보겠습니다.

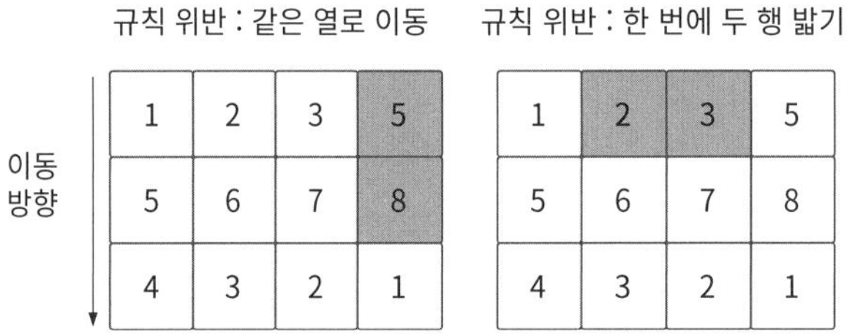

규칙 위반 : 같은 열로 이동          규칙 위반 : 한 번에 두 행 밟기

왼쪽은 연속으로 같은 열을 밟은 경우, 오른쪽은 한 행에 2개를 밟은 경우입니다. 정답인 경우도 봅시다. 다음 그림을 보면 규칙을 위반하지 않습니다.

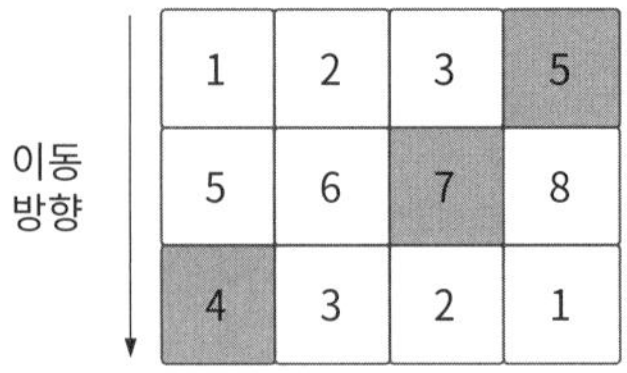

문제를 작게 생각해봅시다. 행이 하나면 어디로 가야 최댓값이 될까요? 다음 그림을 보죠.

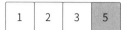

당연히 가장 큰 값인 5로 가야 될 겁니다. 다시 말해 행에서 가장 큰 값을 선택하면 됩니다. 그럼 2개의 행으로 확장해봅시다. 또 그림을 보죠.

이동 방향은 위에서 아래이지만 최댓값 설명을 위해 거꾸로 올라간다고 생각하겠습니다. 예를 들어서 최종으로 5를 밟았다면 그 전에 밟을 수 있는 땅은 2, 3, 5일 것입니다. 그러니 최종 위치가 5인 곳에서 최댓값은 10이되겠네요. 그렇다면 땅에 최댓값을 적는 식으로 하여 나머지도 같은 방식으로 계산하면 이렇게 됩니다.

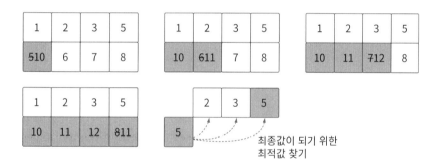

최종값이 되기 위한
최적값 찾기

그림에서 보듯 땅따먹기 규칙에 맞는 이전 행의 최댓값을 현재 행에 더하면 최댓값이 됩니다. 최댓값을 적는 배열을 land라고 하면 점화식을 다음과 같이 세울 수 있습니다.

- land[i][j] = land[i][j] + max(land[i - 1][k] for k ≠ j), $(0 < i < N, 0 <= j < 4)$

점화식을 해석하면 land[i][j]는 (i, j)까지 이동했을 때 얻을 수 있는 최대 점수입니다. 식을 자세히 보면 (i, j) 위치까지 이동했을 때의 최대 점수는 현재 땅 점수와 현재 열과 중복되지 않는(k ≠ j) 직전 행의 최대 점수 중 가장 큰 값(max(land[i - 1][k] for k ≠ j))을 더하라 되어 있습니다. 점화식 자체는 간단하므로 바로 코드를 작성해보겠습니다.

```javascript
// JavaScript
function solution(land) {
  // ❶ 각 행마다 이전 행에서의 최대 점수를 더해가며 최대 점수를 구함
  for (let i = 1; i < land.length; i++) {
    for (let j = 0; j < 4; j++) {
      // ❷ 이전 행에서 현재 열의 값을 제외한 나머지 열들 중에서 가장 큰 값을 더함
      land[i][j] += Math.max(...land[i - 1].filter((_, index) => index !== j));
    }
  }

  // ❸ 마지막 행에서 얻을 수 있는 최대 점수를 반환
  return Math.max(...land[land.length - 1]);
}
```

❶ 첫 번째 행은 계산하지 않으므로 i = 1부터 시작하는 것을 볼 수 있습니다. 이후 각 행마다 이전 행의 최댓값을 더하는 방식으로 현재 행의 최댓값을 구합니다.

❷ 연속된 열을 제외한 나머지 열에 대해 이전 행 중 최댓값 + 현재 위치의 값을 연산하여 현재 위치의 최댓값을 갱신합니다.

❸ 마지막 행의 최댓값을 반환합니다.

### 시간 복잡도 분석하기

N는 행의 길이입니다. 반복문은 총 4*N번 실행하므로 최종 시간 복잡도는 O(N)입니다.

고난이도 문제!

정답률 _ 36% | 저자 권장 시간 _ 80분 | 권장 시간 복잡도 _ O(N) | 출제 _ 동적 계획법

문제 URL https://school.programmers.co.kr/learn/courses/30/lessons/42897
정답 URL https://github.com/kciter/coding-interview-js/blob/main/solution/77.js

도둑이 어느 마을을 털 계획을 합니다. 이 마을의 모든 집들은 다음 그림과 같이 동그랗게 배치되어 있습니다.

서로 인접한 집은 방범 장치가 연결되어 있으므로 **서로 인접한 집을 동시에 도둑질하면 경보가 울립니다.** 각 집에 있는 돈이 담긴 배열 money가 주어질 때 도둑이 훔칠 수 있는 돈의 최댓값을 반환하는 solution( ) 함수를 작성하세요.

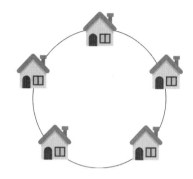

### 제약 조건

- 이 마을에 있는 집은 3개 이상 1,000,000개 이하입니다.
- money 배열의 각 원소는 0 이상 1,000 이하인 정수입니다.

### 입출력의 예

| money | return |
| --- | --- |
| [1, 2, 3, 1] | 4 |

### 문제 분석하고 풀기

이 문제는 모든 경우의 수를 전부 확인하면 안 됩니다. 왜냐하면 각 집을 도둑질하거나 도둑질하지 않는 2가지 경우의 수가 있는데, 집의 수는 최대 100만 개가 될 수 있으므로 경우의 수를 계산하면 $2^{1,000,000}$입니다. 이렇게 풀면 무조건 시간 초과겠죠. 더 효율적인 방법으로 문제를 풀어야 합니다. 일단 문제를 축소하여 생각해봅시다.

**01단계** 일단 집이 하나만 있으면 바로 그 집을 방문하면 됩니다. 지금과 같은 상황이면 반환값은 3이겠네요.

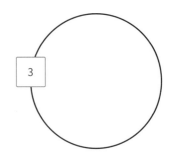

**02단계** 그럼 이렇게 집이 2개면 어떻게 해야 할까요? 문제에서 인접한 두 집을 동시에 도둑질할 수 없다고 했으므로 두 집 중 한 곳만 도둑질해야 합니다. 그러면 돈이 더 많은 곳만 도둑질하면 되겠네요. 반환값은 4입니다.

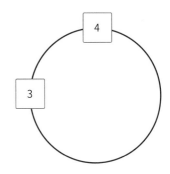

**03단계** 만약 집이 3개이면 어떻게 될까요? 한 집을 도둑질하면 다른 집은 다 도둑질할 수 없으므로 money = 7인 집에 도둑질해야 최댓값을 반환할 수 있습니다. 집은 원형으로 배치되어 있기 때문에 지금은 서로 모두 인접한 상태라는 것을 잊으면 안 됩니다.

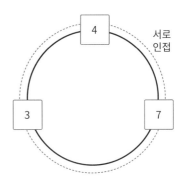

**04단계** 이제 집이 N개 있다고 생각하여 일반화를 해보겠습니다. 1번째 집을 도둑질한 이후 N번째 집까지 고려했을 때 최대 금액을 저장하는 maxMoneyFirstVisit라는 배열이 있다고 하면 어떨까요? 그럼 다음과 같이 값을 저장할 수 있습니다.

※ 집의 순서를 맞춰서 설명하기 위해 money, maxMoneyFirstVisit의 인덱스는 문제와 다르게 1부터 시작하도록 했습니다.

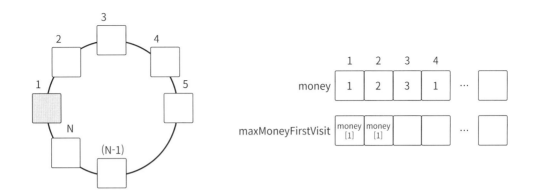

**여기서 여러분이 오해하면 안 되는 건 '고려한다'는 콘셉트입니다. 계속 이 부분을 언급하며 설명 하겠습니다.** 이제 maxMoneyFirstVisit[1]은 money[1]입니다. 그다음인 maxMoneyFirst Visit[2]를 생각해볼 차례입니다. 변수 이름 자체가 이미 1번째 집을 도둑질한 것을 가정하고 있으 므로 2번째 집은 도둑질을 할 수 없으므로 maxMoneyFirstVisit[2]는 maxMoneyFirstVisit[1] 입니다. 이렇게 maxMoneyFirstVisit은 N번째 집까지 고려했을 때 도둑질할 수 있는 금액의 최 댓값을 저장합니다.

- maxMoneyFirstVisit[1] = money[1]
- maxMoneyFirstVisit[2] = maxMoneyFirstVisit[1] = money[1]

**05단계** maxMoneyFirstVisit[3]은 어떨까요? 3번째 집을 도둑질했을 때와 그렇지 않을 때를 생 각해봅니다. 우선 3번째 집을 도둑질할 때의 수식은 이렇게 쓸 수 있습니다. 이유는 간단합니다. 3 번째 집을 도둑질하면 2번째 집은 도둑질하면 안 되므로 제외하고, 1번째 집을 도둑질한 돈과 지 금 집의 돈을 합치면 됩니다.

- maxMoneyFirstVisit[3] = maxMoneyFirstVisit[1] + money[3]

도둑질하지 않으면 이렇게 씁니다. 3번째 집을 도둑질하지 않으므로 2번째 집까지 도둑질한 것과 같습니다.

- maxMoneyFirstVisit[3] = maxMoneyFirstVisit[2]

이 중에 큰 값을 골라야 하므로 maxMoneyFirstVisit[3]에 대한 수식은 이렇게 쓰는 게 맞을 것 같 습니다. 뭔가 패턴이 보이나요? 이전의 수식을 이용해서 다음을 쓰고 있습니다. 하나만 더 해봅시다.

- maxMoneyFirstVisit[3] = max(maxMoneyFirstVisit[2], maxMoneyFirstVisit[1] + money[3])

**06단계** 4번째 집을 도둑질했을 때와 그렇지 않을 때를 생각해봅니다. 4번째 집을 도둑질하면 이렇게 수식을 쓸 수 있습니다.

- maxMoneyFirstVisit[4] = max(maxMoneyFirstVisit[3], maxMoneyFirstVisit[2] + money[4])

**07단계** 이제 점화식 패턴이 나왔습니다.

- maxMoneyFirstVisit[1] = money[1]
- maxMoneyFirstVisit[2] = money[2]
- maxMoneyFirstVisit[x] = max(maxMoneyFirstVisit[x - 1], maxMoneyFirstVisit[x - 2] + money[x]) (2 <= x < (N - 1))

**08단계** 그런데 아직 끝나지 않았습니다. 지금까지는 1번째 집을 도둑질했다라는 가정하에 점화식을 세웠습니다만 1번째 집을 도둑질하지 않은 가정도 해야 합니다. 그러나 점화식 패턴은 두 경우가 같으므로 이렇게 점화식을 빠르게 세울 수 있습니다.

- maxMoneyFirstNotVisit[1] = money[1]
- maxMoneyFirstNotVisit[2] = money[2]
- maxMoneyFirstNotVisit[x] = max(maxMoneyFirstNotVisit[x - 1], maxMoneyFirstNotVisit[x - 2] + money[x]) (2 <= x < (N - 1))

두 점화식에서 최댓값을 선택하면 답이 될 것입니다. 그럼 이제 코드를 구현해봅시다.

```javascript
function solution(money) {
  // ❶ 점화식에 필요한 변수를 초기화
  const n = money.length;
  const dp1 = Array(n).fill(0);
  const dp2 = Array(n).fill(0);
```

```
// ❷ 첫 번째 집을 도둑질하는 경우
dp1[0] = money[0];
dp1[1] = money[0];
for (let i = 2; i < n - 1; i++) {
  dp1[i] = Math.max(dp1[i - 1], dp1[i - 2] + money[i]);
}

// ❸ 첫 번째 집을 도둑질하지 않는 경우
dp2[1] = money[1];
for (let i = 2; i < n; i++) {
  dp2[i] = Math.max(dp2[i - 1], dp2[i - 2] + money[i]);
}

// ❹ 두 경우 중 최댓값 찾기
const answer = Math.max(dp1[n - 2], dp2[n - 1]);

return answer;
}
```

❶ 점화식에 필요한 변수를 초기화합니다. n은 집의 개수입니다. 그리고 dp1과 dp2를 n 크기만큼 만듭니다. dp1은 설명에서 maxMoneyFirstVisit에, dp2는 maxMoneyFirstNotVisit에 해당합니다.

❷ 첫 번째 집을 도둑질할 때의 점화식을 구현합니다. 첫 번째 집을 도둑질하면 마지막 집은 도둑질하지 못하므로 그 지점도 놓치지 않고 구현합니다.

❸ 첫 번째 집을 도둑질하지 않을 때의 점화식을 구현합니다.

❹ 위 두 경우 중 최댓값을 반환합니다.

### 시간 복잡도 분석하기

N은 money의 길이입니다. dp 배열을 초기화할 때의 시간 복잡도는 O(N), 각 반복문을 수행할 때의 시간 복잡도는 O(N)입니다. 따라서 최종 시간 복잡도는 O(N)입니다.

## 문제 78 가장 큰 정사각형 찾기★★★

정답률 _ 44% | 저자 권장 시간 _ 80분 | 권장 시간 복잡도 _ O(N*M) | 출제 _ 연습문제

문제 URL https://school.programmers.co.kr/learn/courses/30/lessons/12905
정답 URL https://github.com/kciter/coding-interview-js/blob/main/solution/78.js

1과 0으로 채워진 표 board가 있습니다. board 1칸은 1 * 1 크기의 정사각형이며 숫자가 입력되어 있습니다. board에서 1로 구성된 가장 큰 정사각형을 찾아 넓이를 반환하는 solution( ) 함수를 완성하세요. 예를 들어 다음과 같은 board가 있다면 1로 구성된 가장 큰 정사각형은 다음과 같습니다. 그러면 solution( )은 9를 반환하면 됩니다.

| 0 | 1 | 1 | 1 |
|---|---|---|---|
| 1 | 1 | 1 | 1 |
| 1 | 1 | 1 | 1 |
| 0 | 0 | 1 | 0 |

지면상 예는 1개만 표시했습니다

### 제약 조건

- 표(board)는 2차원 배열로 주어집니다.
- 표(board)의 행(row)의 크기 : 1,000 이하의 자연수
- 표(board)의 열(column)의 크기 : 1,000 이하의 자연수
- 표(board)의 값은 1또는 0으로만 이루어져 있습니다.

### 입출력의 예

| board | answer |
|---|---|
| [[0, 1, 1, 1], [1, 1, 1, 1], [1, 1, 1, 1], [0, 0, 1, 0]] | 9 |
| [[0, 0, 1, 1], [1, 1, 1, 1]] | 4 |

첫 번째 입출력 예는 문제에서 설명했으므로 두 번째 입출력 예도 봅시다. 두 번째 입출력 예를 그림으로 그리면 다음과 같으므로 4를 반환하면 됩니다.

| 0 | 0 | 1 | 1 |
|---|---|---|---|
| 1 | 1 | 1 | 1 |

### 문제 분석하고 풀기

문제 자체가 어려운 것은 아니지만 코드로 푼다면 어떻게 해야 할지 좀 막막합니다. 이 역시도 작

은 문제로 크기를 줄여서 접근해보겠습니다.

**01단계** 우선 board가 다음과 같이 1 × 1인 경우 어떻게 생각해야 할까요? 칸에 1이 있는지 없는지에 따라 반환값이 결정될 겁니다.

**02단계** 여기서 행이나 열만 확장해봅시다. 다음 그림을 보면 하나는 행만, 하나는 열만 N까지 확장합니다. 이때 만들 수 있는 가장 큰 정사각형의 한 변의 길이는 1입니다.

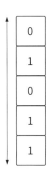

**03단계** 그렇다면 정사각형을 만들 수 있는지 확인하기 위해 행, 열만 확인하면 되는 것일까요? 다음 그림을 보면 그렇지 않다는 것을 알 수 있습니다. 즉, 대각선까지 고려하여 1이 연속해서 등장하는지 봐야 합니다.

**04단계** 이제 동적 계획법 관점으로 문제에 접근해보겠습니다. 이런 board가 있다고 해봅시다. 이때 첫 번째 행과 열은 board에 채워진 대로 정사각형을 만들 수 있으므로 더 생각할 필요가 없습니다.

|   | 0 | 1 | 2 | 3 |
|---|---|---|---|---|
| 0 | 0 | 1 | 1 | 1 |
| 1 | 1 | 1 | 1 | 1 |
| 2 | 1 | 1 | 1 | 1 |
| 3 | 0 | 0 | 1 | 0 |

**05단계** 이제 board[1][1]을 봅니다. 여기에서 왼쪽, 위쪽, 왼쪽-위 대각선을 보고 2 × 2로 확장할 수 있는지 판단합니다. 왼쪽-위 대각선이 0이므로 여기까지 확장해도 정사각형은 1 × 1 밖에는 만들 수 없겠네요.

|   | 0 | 1 | 2 | 3 |
|---|---|---|---|---|
| 0 | 0 | 1 | 1 | 1 |
| 1 | 1 | 1 | 1 | 1 |
| 2 | 1 | 1 | 1 | 1 |
| 3 | 0 | 0 | 1 | 0 |

**06단계** 그럼 board[1][2]는 어떨까요? 또 왼쪽, 위쪽, 왼쪽-위 대각선을 봅니다. 이번에는 모두 1입니다. 그러니 여기로는 2 × 2 대각선을 만들 수 있습니다. 그런 의미로 board[1][2]는 2로 갱신합니다. 그다음 board[1][3]도 봅니다. 여기는 왼쪽이 2이지만 왼쪽-위, 위가 1이므로 2 × 2를 만들 수 있습니다.

**07단계** 눈치를 챘을 수도 있겠지만 board를 메모이제이션처럼 활용하면서 나아가고 있습니다. 그리고 갱신할 칸의 왼쪽, 위, 왼쪽-위 방향의 값 중 가장 작은 값에 1을 더하여 갱신하면 우리가 원하는 값이 나옵니다. 즉 특정 칸에서 만들 수 있는 정사각형의 크기를 점화식으로 정리하면 이렇게 정리할 수 있습니다.

- board[i][j] = min(board[i][j - 1], board[i - 1][j], board[i - 1][j - 1]) + 1 (단, i, j > 0)

점화식은 말 그대로 왼쪽(board[i][j - 1]), 위(board[i - 1][j]), 왼쪽-위(board[i - 1][j - 1]) 중 가장 작은 값에 1을 더해 지금 위치의 값을 갱신하라는 것입니다. 지금까지 본 것과 같은 점화식이므로 이해하기는 쉬울 겁니다. 이제 코드를 작성해봅시다.

```javascript
function solution(board) {
  // ❶ 주어진 2차원 보드의 행과 열의 개수를 변수에 저장
  const ROW = board.length;
  const COL = board[0].length;

  // ❷ 각 행과 열을 순회하며 최적의 정사각형을 찾음
  for (let i = 1; i < ROW; i++) {
    for (let j = 1; j < COL; j++) {
      // ❸ 현재 위치의 값이 1인 경우를 확인
```

```
    if (board[i][j] === 1) {
        // ❹ 현재 위치에서 위, 왼쪽, 대각선 왼쪽 위의 값들을 가져옴
        const up = board[i - 1][j];
        const left = board[i][j - 1];
        const upLeft = board[i - 1][j - 1];

        // ❺ 현재 위치의 값을 이전 위치들의 값들 중 가장 작은 값에 1을 더한 값으로 업데이트
        board[i][j] = Math.min(up, left, upLeft) + 1;
      }
    }
  }

  // ❻ 보드에서 가장 큰 값(최대 정사각형의 한 변의 길이)을 찾음
  const maxVal = Math.max(...board.map((row) => Math.max(...row)));

  // ❼ 최대 정사각형의 넓이를 반환
  return maxVal * maxVal;
}
```

❶ 반복문에서 사용할 수 있도록 보드의 행과 열의 개수를 ROW와 COL에 저장합니다.

❷ 각 행과 열을 순회하면서 해당 칸에서 주변을 활용했을 때 만들 수 있는 가장 큰 정사각형의 길이를 찾습니다. 주변에서 만들 수 있는 정사각형의 길이가 길어도 자기 자신이 1이 아니면 정사각형으로 확장할 수 없으니 이후 연산이 의미가 없어지므로

❸ 현재 칸의 값이 1인지 확인합니다.

❹ 현재 칸이 1이면 점화식을 연산하면 됩니다.

❺ 점화식을 활용하여 현재 칸에서 구할 수 있는 가장 큰 정사각형의 길이를 구합니다.

❻ maxVal는 현재까지 구한 가장 큰 정사각형의 길이이므로 ❼ **점화식을 다 수행하고 나면 maxVal의 제곱을 반환해야 정답이 됩니다.**

N은 board의 행의 길이, M은 board의 열의 길이입니다. 길이를 구하는 것은 시간 복잡도 O(1), 중첩 반복문은 총 N*M번 수행하므로 최종 시간 복잡도는 O(N*M)입니다.

## 문제 79 단어 퍼즐★★★★

정답률 _ 21%  |  저자 권장 시간 _ 100분  |  권장 시간 복잡도 _ O(N)  |  출제 _ 2017 팁스타운

문제 URL https://school.programmers.co.kr/learn/courses/30/lessons/12983
정답 URL https://github.com/kciter/coding-interview-js/blob/main/solution/79.js

단어 퍼즐은 주어진 단어 조각들을 이용해서 주어진 문장을 완성하는 퍼즐입니다. 이때 주어진 각 단어 조각들은 각각 무한하게 있다고 가정합니다. 예를 들어 주어진 단어 조각이 ["ba", "na", "n", "a"]이면 "ba", "na", "n", "a" 단어 조각이 각각 무한하게 있습니다. 이때 만들어야 하는 문장이 "banana"면 "ba", "na", "n", "a"를 사용해 문장을 완성할 수도, "ba", "na", "na"를 사용해도 됩니다. 사용할 수 있는 단어 조각을 담고 있는 배열 strs와 완성해야 하는 문자열 t가 주어질 때 주어진 문장을 완성하기 위해 사용해야 하는 단어 조각 개수의 최솟값을 반환하는 solution( ) 함수를 완성하세요. 만약 주어진 문장을 완성할 수 없다면 –1을 반환하세요.

### 제약 조건

- strs는 사용할 수 있는 단어 조각이 들어 있는 배열입니다. 길이는 1 이상 100 이하입니다.
- strs의 각 원소는 사용할 수 있는 단어 조각들이 중복 없이 들어 있습니다.
- 사용할 수 있는 단어 조각들은 문자열이며, 모든 단어 조각의 길이는 1 이상 5 이하입니다.
- t는 완성해야 하는 문자열이며 길이는 1 이상 20,000 이하입니다.
- 모든 문자열은 알파벳 소문자로만 이루어져 있습니다.

### 입출력의 예

| strs | t | result |
|---|---|---|
| ["ba", "na", "n", "a"] | banana | 3 |

| ["app", "ap", "p", "l", "e", "ple", "pp"] | apple | 2 |
| ["ba", "an", "nan", "ban", "n"] | banana | -1 |

두 번째 입출력부터 봅시다. "ap" 1개, "ple"로 "apple"을 만들 수 있으므로 필요한 단어 개수의 최솟값은 2입니다. 세 번째 입출력은 주어진 단어로 "banana"를 만들 수 없으므로 -1을 반환합니다.

### 문제 분석하고 풀기

결론부터 말하면 점화식이 순서대로 진행되지 않기도 하고 문자열까지 고려해야 하는 굉장히 난이도가 높은 동적 계획법 문제입니다. 첫 번째 입출력 예를 놓고 차분하게 생각하기에 앞서 이 문제는 2가지 방법으로 접근해볼 것입니다.

- 효율이 떨어지지만 직관적인 방법
- 직관적인 방법에서 성능을 개선한 방법

처음부터 성능을 개선한 방법으로 설명하고 싶습니다만... 보통 어려운 문제는 처음부터 그런 식으로 풀리지 않습니다. 저는 현실적으로 여러분이 문제를 어떻게 풀어야 하는지 보여주고 싶습니다. 어려운 문제는 한 번에 최적화된 해결책을 찾기가 어려우므로 효율이 떨어지는 직관적인 방법을 먼저 생각해보고 그다음에 최적화하여 더 좋은 방법으로 찾아가는 방식으로 문제를 풀어보겠습니다.

#### 효율이 떨어지지만 직관적인 방법 : 모든 경우를 고려해서 풀기

앞에서부터 한 문자씩 추가하면서 문자열을 구성하고 이 문자열에 대한 strs의 최소 조각수를 차례대로 구합니다. 따라서 특정 문자열에 대한 strs의 최소 조각수를 구하는 시점에는 이 문자열보다 길이가 짧은 strs의 최소 조각수가 이미 구해져 있을 것입니다. 예를 들어서 t가 "banana"일 때 "bana"에 대한 str의 최소 조각수를 구한 시점에는 이미 "b", "ba", "ban"에 대한 str의 최소 조각수가 구해져 있을 것입니다. 이를 활용해서 다음과 같이 최소 조각수를 구할 수 있습니다.

1 이미 구한 해와 각 strs의 조각을 합해서 현재 문자열을 만들 수 있는지 확인합니다.
2 이 중 가장 작은 조각수에 1을 더하면 현재 문자열의 최소 조각수가 됩니다.

위 설명을 그림으로 나타내면 아래와 같습니다. 이미 최소 조각수를 찾은 문자열을 하나씩 확장하면서 나머지 부분을 strs의 조각 하나로 채울 수 있는지 확인합니다. 단, 이미 최소 조각수를 찾은 문자열의 가짓수가 1가지가 아니라면 가장 작은 값을 선택하면 됩니다.

이미 최소 조각수를 찾은 문자열     조각 여부 체크하는 부분

예를 들어 t가 "banana"이고, 이미 "ba"를 strs의 최소 조각수로 만들었다고 가정했을 때 하나를 확장하여 "ban"을 만드는 경우는 아래와 같이 생각해볼 수 있습니다.

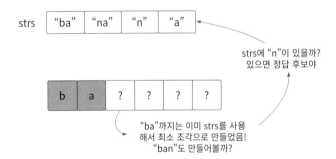

이 과정을 통해서 t가 "banana"이고 strs가 ["ba", "na", "n", "a"]일때 사용할 strs의 최소 조각수를 구해보겠습니다.

**01단계** 우선은 상황을 그림으로 나타내봅시다. 그림에서 b, a, n, a, n, a 순서로 INF라는 값이 매겨져 있습니다. 의미는 해당 위치까지 완성한 문자열에 사용한 strs의 조각의 개수입니다. 이 배열을 설명에서는 strs의 조각을 사용한 횟수라는 의미에서 count라고 부르겠습니다. 일단 이렇게 이해하고 다음으로 넘어갑시다.

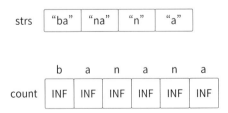

**02단계** "b"에 대한 문제를 풀어봅시다. b는 strs에 문자열 조각이 없으므로 만들 수 없습니다. 넘어갑니다.

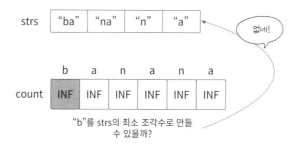

**03단계** "ba"에 대한 문제를 풀어봅시다. "ba"는 str의 조각입니다. 따라서 한 조각으로 구성될 수 있으므로 count[a]의 값은 1이 됩니다.

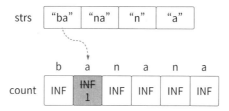

**04단계** 아직까지는 부분해의 값을 활용하지 않았습니다만 이제 활용할 단계가 왔습니다. "ban"에 대한 문제도 풀어봅니다. 우선은 strs에 "ban" 자체가 있는지 봅니다. "ban" 하나의 조각으로 해결할 수 없으므로 이미 구한 "b"와 "ba"에 대한 최소 조각수를 활용합니다. "b"가 앞에 있으면 strs에 "an"이 있어야 하지만 없습니다. "ba"가 앞에 있으면 strs에 "n"이 있으므로 "ban"을 구성할 수 있습니다. 따라서 "ba"의 최소 조각수에 1을 더하면 "ban"의 최소 조각수가 됩니다.

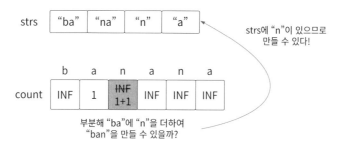

이런 식으로 마지막까지 count 배열을 채우면 str의 조각들로 "banana"를 표현하는 데 필요한 최소 조각수를 구할 수 있습니다. 다만 이 방법의 시간 복잡도는 t의 길이가 N일 때 O(N²)이므로 좋지 않습니다. 더 좋은 방법을 생각해야 합니다.

### 효율을 조금 더 올릴 수 있는 방법 : strs의 길이와 완성해야 하는 문자열의 길이를 보고 거르기

이런 생각을 해봅시다. strs에 있는 문자열 조각들의 길이를 이용해서 부분해에 strs를 더 붙일 수 있는지 없는지 판단할 수 있다면 연산을 더 빠르게 할 수 있지 않을까요? 예를 들어 부분해가 "bana"이면 앞으로 더 붙일 문자열의 길이는 2여야 합니다. 그런데 strs에 있는 문자열 길이의 구성이 1, 3이면 애초에 부분해 "bana"는 쓸 필요가 없겠죠. 이 콘셉트로 앞의 알고리즘을 개선해봅시다.

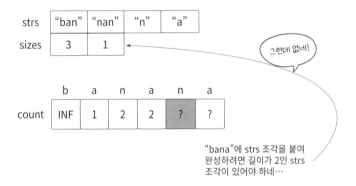

**01단계** 그래서 앞의 문제를 이렇게 개선하여 풀어봅니다. sizes 배열에 strs 문자열들의 길이 정보를 저장합니다. sizes는 현재 있는 strs의 조각과 결합해서 문자열을 구성할 수 있는 부분해인지 검사하기 위한 것입니다. 조건에 맞으면 실제 strs의 조각인지 문자열을 확인할 것이므로 각 문자열의 길이를 저장할 필요는 없습니다. 다음을 보면 "ba", "na"의 길이 2와 "n", "a"의 길이 1, 1개씩만 저장했습니다.

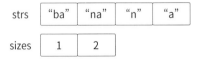

**02단계** 이제 strs의 길이 구성을 알았으니 이것을 이용해서 부분해를 쓸 수 있는지 봅니다. 이 부분에서 알고리즘 효율이 개선됩니다. sizes를 활용하여 다음 두 가지 경우만 검사하기 때문입니다. 이전과 다르게 모든 경우를 검사하지 않습니다. 다음에는 실제로 strs의 조각으로 완성할 수 있는지를 봅니다. 다음 그림을 보면 "banan"를 완성하기 위한 "bana" 부분해, "ban" 부분해는 모두 사용할 수 있습니다. 다만, "ban" 부분해는 실제 strs에 "an"이 없으므로 사용할 수 없습니다.

**03단계** 이 콘셉트로 개선한 알고리즘은 다음과 같습니다.

  **1** 추가할 조각은 sizes에 해당하는 길이만 고려합니다.

    **1-1** 문자열이 실제 strs 조각에 있다면

      **1-1-1** 해당 문자열을 조각으로 가지는 부분해에 1을 더한 값이 최소 조각수의 후보가 됩니다.

    **1-2** 문자열이 실제 strs 조각에 없다면

      **1-2-1** 해가 될 수 없으므로 고려하지 않습니다.

**04단계** 이제 점화식으로 정리해봅시다. 점화식으로 표현힐 때 가징 중요한 것은 dp 배열에 어떤 정보를 표현할 것인지입니다. 연산 방법은 개선되었지만 현재 구하려는 문자열의 최소 조각수를 이전에 이미 구한 문자열의 최소 조각수를 활용해서 구한다는 콘셉트는 여전히 같으므로 dp[i]는 t[i] 문자까지 포함하는 문자열의 최소 조각수로 정의하면 될 것 같습니다. dp[0]은 t[0] 문자까지 포함하는 문자열의 최소 조각수로 정의합니다. 여기까지 말한 대로 그림을 그려보니 뭔가 이상합니다. "ba"문자열은 strs 조각 자체로도 구성할 수 있습니다. 아하, 이전에 구한 문자열의 최소 조각수를 사용하지 않는 경우도 있었네요. 이것도 포함해야 합니다.

dp[0]을 0으로 정의하면 문제를 해결할 수 있습니다. 빈 문자열의 최소 조각수는 0이므로 0으로 고정시키는 것이지요. 점화식을 세울 때는 이렇게 경곗값을 꼭 체크해야 합니다.

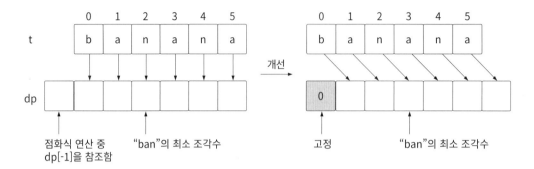

점화식을 위해 dp[i]를 구하는 과정을 그림으로 나타내면 다음과 같습니다.

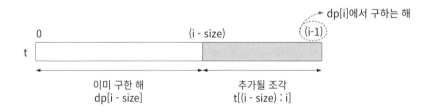

dp[i]는 t[i - 1]까지 포함한 문자열의 최소 조각수입니다. size는 strs 조각 길이를 가지고 있는 sizes의 원소입니다. 따라서 실제 동작에서는 모든 sizes의 원소에 대해 체크를 한다고 보면 됩니다. 이제 점화식을 쓸 때가 됐습니다. 점화식은 다음과 같습니다.

1 dp[0] = 0, 나머지는 INF로 초기화

2 if(t[i - size : i] in strs) dp[i] = min(dp[i], dp[i - size] + 1), size는 strs의 각 원소의 길이

```javascript
function solution(strs, t) {
  const n = t.length; // ❶ 타겟 문자열 t의 길이
  // ❷ 각 위치에서 필요한 최소 조각수를 저장할 배열(초기값은 INF로 함)
  const dp = Array(n + 1).fill(Infinity);
  dp[0] = 0; // ❸ 빈 문자열을 위해 필요한 최소 조각수는 0
  // ❹ strs 조각들의 길이를 저장한 집합
  const sizes = new Set(strs.map((str) => str.length));
```

```
for (let i = 1; i <= n; i++) { // ❺ dp[i]부터 dp[n]까지 채우기 위한 반복문
    for (const size of sizes) { // ❻ 각 str 조각의 문자열 길이에 대하여
        // ❼ 이미 구한 해와 strs 조각을 추가해서 문자열을 만들 수 있다면
        if (i - size >= 0 && strs.includes(t.slice(i - size, i))) {
            dp[i] = Math.min(dp[i], dp[i - size] + 1); // ❽ 해당 위치의 최소 조각수를 갱신
        }
    }
}

return dp[n] === Infinity ? -1 : dp[n]; // ❾ 최소 조각수를 반환
}
```

❶ t의 길이를 계산하고 변수 n에 저장합니다.

❷ dp를 초기화합니다. dp는 t의 각 위치에서 필요한 strs의 최소 조각수를 저장합니다. 처음에는 INF로 설정한다고 했으므로 Infinity로 초기화했습니다.

❸ dp[0]은 빈 문자열에 대한 최소 조각수를 포함하므로 0으로 합니다. 이러한 이유 때문에 위 코드에서 실제 t의 각 위치에 대한 최소 조각수를 반영하기 위해 dp 배열의 크기를 n + 1로 선언했습니다.

❹ sizes에 strs의 각 문자열 길이를 저장합니다. Set을 사용하기 때문에 중복 길이는 저장하지 않습니다.

❺ 점화식이 실제로 동작하는 부분입니다. dp[0]은 이미 채워져 있으므로 반복문의 범위는 1~n입니다.

❻ 이전에 구한 strs 조각들의 길이가 저장된 sizes를 보고 추가할 조각을 확인하는 반복문입니다.

❼ 조건에 맞는 추가할 문자열 조각이 있다면 ❽ 현재 dp[i]와 dp[i - size] + 1중 최솟값으로 dp[i]를 갱신합니다.

❾ dp[n]이 INF보다 작으면 최소 조각수를 구했다는 것이므로 해당 값을 반환하면 됩니다. 그렇

지 않으면 최소 조각수를 구하지 못했다는 것이므로 −1을 반환합니다.

### 시간 복잡도 분석하기

N은 t의 길이입니다. t의 길이를 구할 때의 시간 복잡도 O(1), dp 배열을 생성하는 데는 시간 복잡도가 O(N)입니다. 이후 바깥쪽 반복문은 N번, 단어 조각의 길이는 최대 5이므로 안쪽 반복문은 최대 5번 반복되므로 t[i - size : i] in strs의 경우 최대 시간 복잡도는 O(5*100)입니다. 따라서 최종 시간 복잡도는 O(N*5*5*100), 즉, O(N)입니다.

### 리마인드

기억 01  동적 계획법을 효율적으로 사용하려면 중복되는 작은 문제로 큰 문제를 해결하는 과정이 있는지 보아야 하며 이때 메모이제이션을 활용합니다.

기억 02  메모이제이션을 활용하면 이미 구한 해를 중복해서 구하는 과정이 사라집니다. 즉, 연산 횟수가 줄어 듭니다.

### 추천 문제

문제 01  N으로 표현 : https://school.programmers.co.kr/learn/courses/30/lessons/42895

문제 02  등굣길 : https://school.programmers.co.kr/learn/courses/30/lessons/42898

문제 03  땅따먹기 : https://school.programmers.co.kr/learn/courses/30/lessons/12913

## (16) 그리디

 **공부부터 합격까지**

그리디 개념을 이해하고 그리디를 활용해서
최적화 문제를 해결할 수 있습니다.

### 여기서 풀 문제

| No. | LEVEL 1 몸풀기 문제 | 잘 풀었나요? | No. | LEVEL 2 모의 테스트 | 잘 풀었나요? |
|---|---|---|---|---|---|
| 80 | 거스름돈 주기 | v | 82 | 예산 | v |
| 81 | 부분 배낭 문제 | | 83 | 구명보트 | |
| | | | 84 | 귤 고르기 | |
| | | | 85 | 기지국 설치 | |

# 16-1 그리디 개념

그리디greedy는 '탐욕스러운' 또는 '욕심이 많은'이라는 뜻입니다. 그리디 알고리즘은 문제 해결 과정에서 결정 순간마다 눈 앞에 보이는 최선의 선택을 하며 선택은 번복하지 않습니다.

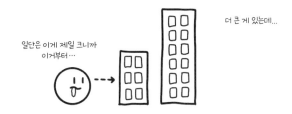

이런 특성으로 '그리디 알고리즘은 지역 최적해를 추구한다'고 말하기도 합니다. 부분적으로는 최적해를 구한다고 할 수 있어도 전체적으로 최적의 해를 구했는가에 대해서는 확실히 그렇다라고 말할 수는 없죠. 예를 들어 물건을 사고 거스름돈을 내어주는 상황을 그리디 알고리즘으로 풀어보면 어떨까요?

## 그리디 알고리즘으로 거스름돈 내어주기

다음과 같이 손님에게 8원을 거슬러 줘야 하는데 동전 종류가 5, 4, 1원만 있는 상황을 생각해봅시다. 이때 동전 개수를 가장 적게 만들기 위해 그리디 알고리즘을 활용해봅니다.

**01단계** 전략은 가장 값이 큰 동전부터 주기입니다. 그리디 알고리즘은 현재 상황에서 최선의 선택을 하니 값이 가장 큰 동전부터 준다고 생각하는 거죠. 그러니 5원부터 생각합니다. 5원을 주면 3원을 거스름돈으로 더 줘야겠네요.

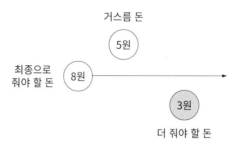

**02단계** 나머지 3원은 1원 3개를 주는 방법 밖에는 없습니다. 그러면 총 4개의 동전으로 거스름돈을 줬습니다.

**03단계** 그렇지만 이건 최적의 해가 아닙니다. 눈으로 딱 봐도 4원 2개를 주는 것이 더 좋죠. 하지만 그리디 알고리즘은 8원을 줘야 하는 상황에서 가장 큰 값의 동전을 고를 수밖에 없습니다. 그래서 그리디 알고리즘이 항상 최적의 해를 보장하진 못한다고 했던 것입니다.

## 그리디 알고리즘이 최적해를 보장하려면?

하지만 그리디 알고리즘은 특정한 상황에서 최적해를 보장하므로 이를 활용하면 문제를 잘 해결할 수 있습니다. 특정한 상황이란 다음 2가지를 말합니다.

- 최적 부분 구조<sup>optimal substructure</sup> : 부분해를 푸는 과정이 최적해를 구하는 과정과 일치
- 그리디 선택 속성<sup>greedy selection property</sup> : 선택 과정이 다른 과정에 영향을 주지 않음

그리디 알고리즘이 최적 부분 구조에 어긋나는 이유는 부분해를 푸는 것이 전체해를 푸는 데에 도움을 주지 않는다는 겁니다. 방금 거스름돈 문제에서 8원을 거스름돈으로 주는 상황에서 5원 동전을 먼저 선택하면 그다음에는 4원 동전을 선택할 수 없습니다. 5원 동전을 먼저 선택한 것이 제약이 되어 동전 개수를 최소로 할 수 없게 만드는 것이죠. 이렇게 그리디 선택은 선택에 제약을 주며 최적의 해를 구하지 못하기도 합니다. 5원을 거슬러 주는 선택은 이후 거스름돈을 주는 선택에 영향을 준다고 했던 말을 기억합시다.

이런 그리디 알고리즘의 특징은 항상 최적해를 도출하지 못한다는 한계를 보여줍니다. 그러나 그리디 알고리즘이 무용지물은 아닙니다. 그리디 알고리즘은 빠른 시간 내에 근사해를 제공하는 효율적인 방법 중 하나이므로 문제의 특성과 알고리즘 선택 기준을 잘 이해하면 매우 유용하게 활용될 수 있습니다. 지금부터 그리디 알고리즘을 쓰면 좋은 상황을 하나씩 알아봅시다.

최소 신장 트리는 그리디 알고리즘을 사용하는 대표적인 트리 형태의 자료구조입니다. 이것을 알려면 신장 트리가 무엇인지부터 알아야하겠죠.

## 신장 트리란?

신장 트리spanning tree는 모든 정점이 간선으로 연결되어 있고 간선 개수가 정점 개수보다 하나 적은 그래프를 말합니다. 다음 그림을 봅시다.

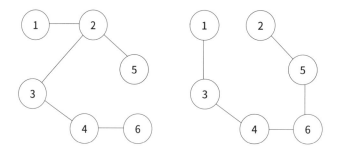

그림을 보면 왼쪽 그래프는 정점이 6개, 간선이 5개입니다. 오른쪽 그래프도 마찬가지입니다. 그러니 두 그래프는 모두 신장 트리라고 말해도 됩니다. 이런 그래프는 신장 트리가 아닙니다.

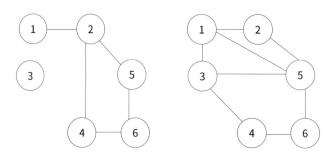

왼쪽은 정점, 간선 개수 조건은 만족하지만 모든 정점이 연결되어 있지는 않고, 오른쪽은 간선이 많습니다. 신장 트리는 어려운 개념이 아니므로 이 정도면 쉽게 이해할 수 있을 것입니다.

## 최소 신장 트리란?

신장 트리 중 간선의 가중치 합이 최소면 최소 신장 트리<sup></sup>minimum spanning tree라고 합니다. 경우에 따라 최소 신장 트리는 하나가 아닐 수도 있습니다. 최소 신장 트리는 영어 표현에서 앞 글자만 따와 MST라 부르는 경우가 많으므로 여기서도 앞으로는 MST라고 부르겠습니다. MST는 실생활에서 굉장히 많이 사용합니다. 예를 들어 항공기의 운항 경로를 최적화할 때 MST를 활용합니다. 네트워크 분야에서도 많이 활용하죠.

### 최소 신장 트리를 구하는 그리디 알고리즘

최소 신장 트리를 구하는 대표적인 그리디 알고리즘은 프림 알고리즘과 크루스칼 알고리즘입니다. 다음 그래프를 놓고 프림 알고리즘과 크루스칼 알고리즘으로 최소 신장 트리를 구하면서 각 알고리즘에 대해 알아보겠습니다.

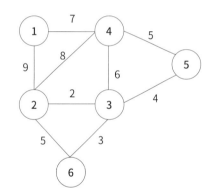

#### *프림 알고리즘으로 최소 신장 트리 구하기*

**프림 알고리즘**prim's algorithm은 로버트 프림이 만든 알고리즘으로 다음과 같습니다. 각 단계별로 프림 알고리즘을 통해 최소 신장 트리를 구하는 과정을 살펴봅시다.

1 임의의 정점을 하나 선택해서 최소 신장 트리에 추가합니다.
2 최소 신장 트리와 연결되어 있는 정점 중 가장 가중치가 적은 정점을 최소 신장 트리에 추가합니다(이 부분이 그리디적 선택입니다). 단, 순환을 형성하지 않는 정점을 추가해야 합니다.
3 과정 2를 신장 트리 조건에 만족할 때까지 반복합니다.

**01단계** 1을 최소 신장 트리에 추가합니다.

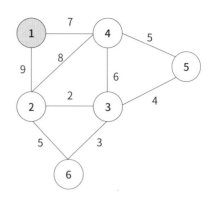

**02단계** 현재는 최소 신장 트리가 1이므로 1과 인접한 정점 중 가중치가 적은 4를 선택하여 최소 신장 트리에 추가합니다.

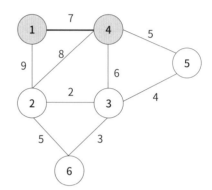

**03단계** 이제 최소 신장 트리 1 - 4 연결된 정점 중 가중치가 적은 5를 선택하여 최소 신장 트리에 추가합니다.

※ 점선으로 최소 신장 트리 1 - 4에 연결된 후보 간선을 표시했습니다.

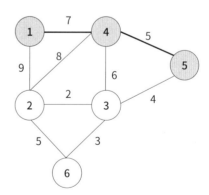

**04단계** 나머지 과정도 같습니다. 이때 순환이 생기지 않도록 유의합니다.

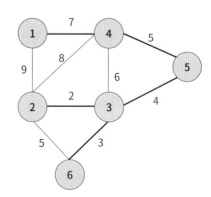

### 크루스칼 알고리즘으로 최소 신장 트리 구하기

크루스칼 알고리즘은 다음과 같습니다.

1 그래프의 모든 간선을 가중치 기준으로 오름차순 정렬합니다.

2 가중치가 낮은 간선부터 최소 신장 트리에 하나씩 추가합니다(이 부분이 그리디적 선택입니다). 단, 사이클을 형성하지 않아야 합니다.

3 과정 **2**를 신장 트리 조건에 만족할 때까지 반복합니다.

크루스칼 알고리즘은 모든 간선을 가중치 기준으로 오름차순 정렬한다는 점만 빼면 나머지 규칙은 프림 알고리즘과 같습니다. 바로 단계별 알고리즘 진행을 살펴봅시다.

**01단계** 오른쪽 표를 보면 가중치를 오름차순으로 정리하고 그 가중치 양 끝에 있는 정점을 시작, 도착으로 표시했습니다.

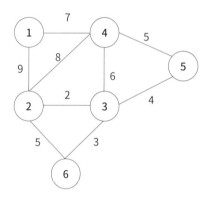

| 시작 | 도착 | 가중치 |
|---|---|---|
| 2 | 3 | 2 |
| 3 | 6 | 3 |
| 3 | 5 | 4 |
| 2 | 6 | 5 |
| 4 | 5 | 5 |
| 3 | 4 | 6 |
| 1 | 4 | 7 |
| 2 | 4 | 8 |
| 1 | 2 | 9 |

**02단계** 가중치가 가장 낮은 2 - 3을 최소 신장 트리에 추가합니다.

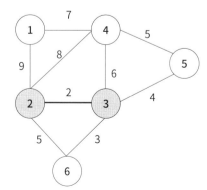

| 시작 | 도착 | 가중치 |
|---|---|---|
| 2 | 3 | 2 |
| 3 | 6 | 3 |
| 3 | 5 | 4 |
| 2 | 6 | 5 |
| 4 | 5 | 5 |
| 3 | 4 | 6 |
| 1 | 4 | 7 |
| 2 | 4 | 8 |
| 1 | 2 | 9 |

**03단계** 다음도 순환이 생기지 않는다면 추가합니다. 이렇게 가중치 오름차순 순서대로 따라가며 순환 생성 여부에 따라 최소 신장 트리에 포함시키면 됩니다.

※ 경우에 따라 신장 트리 중 간선의 가중치 합이 최소인 경우는 하나가 아닐 수 있으므로 최소 신장 트리는 하나 이상일 수도 있습니다.

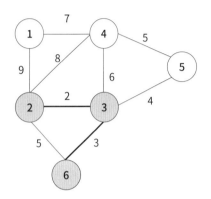

| 시작 | 도착 | 가중치 |
|---|---|---|
| 2 | 3 | 2 |
| 3 | 6 | 3 |
| 3 | 5 | 4 |
| 2 | 6 | 5 |
| 4 | 5 | 5 |
| 3 | 4 | 6 |
| 1 | 4 | 7 |
| 2 | 4 | 8 |
| 1 | 2 | 9 |

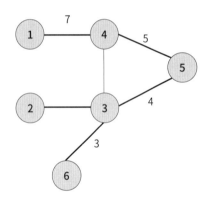

| 시작 | 도착 | 가중치 |
|---|---|---|
| 2 | 3 | 2 |
| 3 | 6 | 3 |
| 3 | 5 | 4 |
| 2 | 6 | 5 |
| 4 | 5 | 5 |
| 3 | 4 | 6 |
| 1 | 4 | 7 |
| 2 | 4 | 8 |
| 1 | 2 | 9 |

## 프림 알고리즘과 크루스칼 알고리즘의 비교

| | 프림 | 크루스칼 |
|---|---|---|
| 알고리즘 목적 | 최소 신장 트리 | 최소 신장 트리 |
| 시간 복잡도 (정점 V, 간선 E) | $O(E*logV)$<br>(인접 행렬 활용 시 $O(V^2)$) | $O(E*logV)$ |
| 탐색 방법 | 임의 정점에서 최소 인접 가중치를 가지는 정점을 찾아 확장하는 방식 | 최소 가중치를 가지는 간선부터 하나씩 추가하는 방식 |

※ E는 간선, V는 정점의 개수입니다.

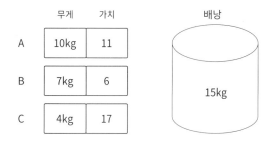 배낭 문제

## 16-3 배낭 문제

배낭에 담을 수 있는 최대 무게가 존재하고, 무게와 가치가 다른 짐들이 있습니다. 이 짐들을 잘 조합해서 배낭의 무게를 초과하지 않으면서 담은 가치를 최대로 하는 문제를 배낭 문제[knapsack problem]라고 합니다. 실제로 배낭 문제는 배낭과 짐을 정의하여 설명합니다. 다음 그림을 봅시다.

※ 배낭 문제를 냅색 문제라고 부르는 사람도 많습니다.

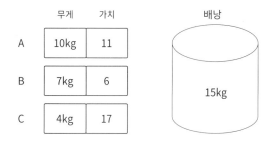

왼쪽의 A, B, C는 짐이고 오른쪽은 배낭입니다. 짐에는 무게와 가치, 배낭에는 짐을 넣을 수 있는 총 무게가 표시되어 있습니다. 이 그림을 놓고 배낭 문제 두 종류를 설명하려고 합니다. 배낭 문제의 목표는 모두 '최대한 배낭에 높은 가치의 짐을 넣는다'이지만 짐을 쪼갤 수 있는지 없는지에 따라 부분 배낭 문제와 0/1 배낭 문제로 나눕니다. 이 조건에 따라 문제에 접근하는 방식이 달라지므로 두 방법을 모두 알아보겠습니다.

## 짐을 쪼갤 수 있는 부분 배낭 문제

먼저 부분 배낭 문제[fractional knapsack problem]입니다. 부분 배낭 문제를 해결하려면 무게당 가치가 높은 짐을 최대한 많이 넣는 그리디 알고리즘을 사용하면 됩니다.

1 짐별로 무게당 가치를 구합니다.
2 무게당 가치가 높은 짐부터 넣을 수 있는 만큼 배낭에 넣습니다.

**2-1** 배낭 용량이 짐 무게보다 크면 짐을 쪼개서 넣습니다.

**3** 과정 **2**를 배낭이 허용하는 용량이 0이 될 때까지 수행합니다.

실제로 그렇게 하면 어떻게 되는지 단계별로 살펴봅시다.

**01단계** 무게당 가치를 계산합니다.

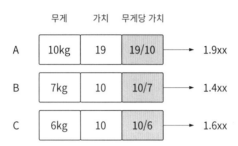

**02단계** 무게당 가치가 높은 짐은 A이므로 이것을 먼저 배낭에 넣습니다. 배낭의 용량은 15kg이므로 모두 넣을 수 있습니다.

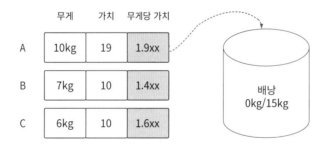

**03단계** 그다음에 가치가 높은 짐은 C입니다. 가용 용량이 5kg이므로 C는 5kg만 넣습니다.

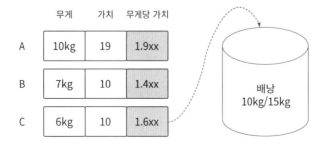

**04단계** 그러면 A, C를 배낭에 넣지만 C는 1kg이 남습니다.

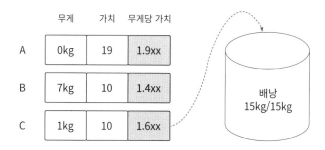

이렇게 그리디 알고리즘으로 부분 배낭 문제를 풀 수 있습니다. 실제로 매 순간 짐을 선택하는 방식은 무게당 가치가 높은 짐이므로 최적 부분 구조를 만족합니다. 그리고 짐을 쪼갤 수 있으니 앞에서 선택한 짐이 다른 짐 선택에 영향을 주지도 않으므로 그리디적 선택 요소에도 만족합니다. 따라서 이 방식은 최적해를 보장한다고 할 수 있겠습니다.

## 짐을 쪼갤 수 없는 0/1 배낭 문제

이제 0/1 배낭 문제<sup>0/1 knapsack problem</sup>입니다. 이 문제는 짐을 쪼갤 수 없어서 지금 선택한 짐이 다음 짐 선택에 영향을 줍니다. 그래서 그리디 알고리즘을 적용하면 최적의 해를 구할 수 없습니다. 최적의 해를 구하려면 동적 계획법으로 접근해야 하죠. 실제로 그리디 알고리즘으로 풀 수 없는 이유도 알아봅시다. 여기서도 부분 배낭 문제에서 세운 그리디 알고리즘을 적용합니다.

※ 그래서 0/1 배낭 문제는 그리디 알고리즘으로 근사해를 구할 수 있다고 이야기하기도 합니다.

**01단계** 무게당 가치가 높은 짐부터 넣습니다. A를 넣어야 하므로 가용 용량은 5kg가 남습니다. 이 상태에서는 짐을 쪼갤 수 없으므로 더 이상 넣을 수 있는 짐이 없습니다.

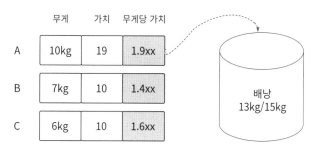

**02단계** 현재 배낭에 넣은 짐의 가치는 19입니다. 하지만 B, C를 넣었다면 더 높은 가치로 짐을 넣을 수 있었을 것입니다.

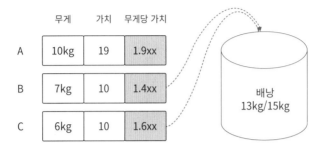

이처럼 0/1 배낭 문제는 그리디 알고리즘으로 최적화 해를 구할 수 없습니다. 앞서 언급했듯 0/1 배낭 문제는 현재 짐의 선택이 다음 짐 선택에 영향을 주므로 그리디 알고리즘으로 풀 수 없기 때문입니다. 다음은 두 문제를 비교한 표입니다. 배운 내용을 표로 정리하고 넘어가기 바랍니다.

| | 부분 배낭 문제 | 0/1 배낭 문제 |
|---|---|---|
| 알고리즘 목적 | 배낭 속 짐 들의 가치의 합이 최대가 되도록 함 | 배낭 속 짐 들의 가치의 합이 최대가 되도록 함 |
| 문제 특징 | 짐을 쪼갤 수 있음 | 짐을 쪼갤 수 없음 |
| 시간 복잡도 (짐의 개수 N, 가치 W) | O(N*logN) | O(N*W) |
| 그리디 적용 가능 여부 | O | X |

## 문제 80 거스름돈 주기★★

저자 권장 시간 _ 40분 | 권장 시간 복잡도 _ O(N) | 출제 _ 저자 출제

정답 URL https://github.com/kciter/coding-interview-js/blob/main/solution/80.js

당신은 상점에서 계산을 마치고 거스름돈을 돌려받아야 합니다. 다만 거스름돈을 최소한의 화폐 수로 받고 싶어졌습니다. 거스름돈 amount가 있을 때 화폐 단위 [1, 10, 50, 100]을 최소한으로 사용한 화폐 배열을 반환하는 solution( ) 함수를 반환하세요.

### 제약조건

- 반환하는 값의 화폐 단위는 내림차순이어야 합니다.
- amount는 자연수입니다.
- 화폐 단위는 1, 10, 50, 100이며 화폐 개수는 무한입니다.

### 입출력의 예

| amount | return |
|--------|--------|
| 123 | [100, 10, 10, 1, 1, 1] |
| 350 | [100, 100, 100, 50] |

### 문제 분석하고 풀기

앞에서 거스름돈 문제는 그리디 알고리즘으로 풀 수 없다고 했지만 사실 거스름돈 화폐 간의 관계가 서로 배수 관계라면 그리디 알고리즘으로 풀 수 있습니다. 어렵게 생각할 필요 없이 10원 10장 내는 것보다 100원 1장 내는 것이 더 적은 화폐 수로 주는 방법이기 때문이죠. **앞에서 선택한 것**

이 뒤에 영향을 주지 않으면 그리디 알고리즘을 사용할 수 있다고 했었습니다. 그러니 이 문제는 그리디 알고리즘으로 풀겠습니다.

```javascript
function solution(amount) {
  const denominations = [1, 10, 50, 100];
  denominations.sort((a, b) => b - a); // ❶ 화폐 단위를 큰 순서대로 정렬

  const change = []; // ❷ 거스름돈을 담을 배열

  for (const coin of denominations) {
    while (amount >= coin) { // ❸ 해당 화폐 단위로 거스름돈을 계속 나눠줌
      change.push(coin); // ❹ 거스름돈 배열 업데이트
      amount -= coin; // ❺ 정산이 완료된 거스름돈 뺌
    }
  }

  return change; // ❻ 거스름돈 배열 반환
}
```

그리디 알고리즘을 사용하여 거스름돈을 계산합니다.

❶ 거스름돈으로 주어진 금액을 최소 화폐 개수로 나타내기 위해 화폐 단위 [100, 50, 10, 1]을 큰 단위부터 차례대로 검사하려면 내림차순으로 정렬해야 합니다.

❷ change는 거스름돈을 담을 배열입니다.

❸ 화폐 단위에 대해 현재 화폐 단위보다 크거나 같은 경우 계속 화폐 단위로 나누면서 ❹ 현재 화폐 단위를 coin에 추가합니다.

❺ amount는 현재 화폐 단위만큼 빼는 것입니다. 거스름돈 정산이 끝난 돈을 제거한다고 생각하면 됩니다.

❻ 최소 화폐 배열 change를 반환합니다.

N은 amount입니다. 최악의 경우 모두 1원짜리 화폐만 사용할 수 있으므로 최대 N번 연산할 수 있습니다. 시간 복잡도는 O(N)입니다.

## 문제 81 부분 배낭 문제★★

저자 권장 시간 _50분 | 권장 시간 복잡도 _O(NlogN) | 출제 _저자 출제

정답 URL https://github.com/kciter/coding-interview-js/blob/main/solution/81.js

무게와 가치가 있는 짐 items와 배낭 weightLimit이 주어질 때 부분 배낭 문제를 푸는 solution( ) 함수를 작성해주세요.

### 제약 조건

• weightLimit은 1 이상 10,000 이하의 자연수입니다.
• items의 길이는 1 이상 1,000 이하입니다.

### 입출력의 예

| items | weight_limit | return |
|---|---|---|
| [[10, 19], [7, 10], [6, 10]] | 15 | 27.33 |
| [[10, 60], [20, 100], [30, 120]] | 50 | 240 |

### 문제 분석하고 풀기

이 문제는 앞에서 설명했으므로 바로 코드를 작성하겠습니다.

```JavaScript
// ❶ 각 물건의 단위 무게당 가치를 계산하여 items 배열에 추가
function calculateUnitValue(items) {
  for (let i = 0; i < items.length; i++) {
    items[i].push(items[i][1] / items[i][0]);
```

```
  }
  return items;
}


// ❷ 단위 무게당 가치가 높은 순으로 물건을 정렬
function sortByUnitValue(items) {
  items.sort((a, b) => b[2] - a[2]);
  return items;
}


function knapsack(items, weightLimit) {
  let totalValue = 0; // ❸ 선택한 물건들의 총 가치를 저장하는 변수
  let remainingWeight = weightLimit; // ❹ 남은 무게 한도를 저장하는 변수

  // ❺ 물건 선택
  for (let i = 0; i < items.length; i++) {
    if (items[i][0] <= remainingWeight) {
      // ❻ 남은 무게 한도 내에서 물건을 통째로 선택
      totalValue += items[i][1];
      remainingWeight -= items[i][0];
    } else {
      // ❼ 남은 무게 한도가 물건의 무게보다 작으면 쪼개서 일부분만 선택
      const fraction = remainingWeight / items[i][0];
      totalValue += items[i][1] * fraction;
      break; // ❽ 이미 배낭의 무게 한도를 모두 사용한 경우,
    }
  }
  return totalValue;
}


function solution(items, weightLimit) {
  items = calculateUnitValue(items);
  items = sortByUnitValue(items);
```

```
    // ❾ 배낭의 무게 한도 내에서 담을 수 있는 물건들의 최대 가치를 반환
    return knapsack(items, weightLimit);
}
```

이 코드는 "부분 배낭 문제"를 해결하는 그리디 알고리즘을 구현한 것입니다. 총 4개의 함수로 구성되어 있습니다.

❶ calculateUnitValue( ) 함수는 물품 배열을 받아 각 물품의 가치를 무게로 나눈 값을 계산하고 계산된 값을 물품 정보에 추가합니다. ❷ sortByUnitValue( ) 함수는 단위 무게당 가치를 기준으로 물품 배열을 내림차순 정렬합니다.

이제 메인 함수 knapsack( )입니다. ❸ totalValue는 현재까지 선택한 물건들의 총 가치를 저장하는 변수입니다. ❹ remainingWeight는 배낭에 더 담을 수 있는 무게입니다. ❺ 실제 배낭에 물건을 담습니다. items의 구성을 이해하는 것이 중요합니다. items는 무게와 가치가 저장되어 있습니다만, knapsack( ) 함수가 호출되기 전에 calculateUnitValue( ) 함수를 호출하여 각 물건의 단위 무게당 가치 정보가 추가되었습니다. 따라서 items의 구성은 [무게, 가치, 무게당 가치]가 됩니다. 그리고 sortByUnitValue( ) 함수로 무게당 가치가 내림차순으로 정렬했다는 것도 잊지 맙시다. ❻ 무게당 가치를 내림차순으로 정렬했으므로 짐을 전부 넣을 수 있는 상태면 무조건 배낭에 넣고 totalValue, remainigWeight에 현재 상태를 반영합니다. ❼ 현재 짐을 통째로 넣을 수 없는 상태면 물건을 쪼개서 넣을 수 있는 만큼 넣습니다. ❽ 물건을 넣은 후에 배낭에 짐을 더 넣을 수 있는지 확인합니다. 만약 더 넣을 수 없다면 반복문을 종료합니다. 그렇지 않으면 짐을 계속 넣습니다.

마지막으로 solution( ) 함수입니다. items에 대해 무게당 가치 정보를 추가하고 이 기준으로 정렬하고 ❾ 이후 knapsack( ) 함수의 결괏값을 반환합니다.

### 시간 복잡도 분석하기

N은 items의 길이입니다. calculateUnitValue( )의 시간 복잡도는 O(N), sortByUnitValue( )의 시간 복잡도는 O(NlogN), knapsack( )의 시간 복잡도는 O(N)이므로 최종 시간 복잡도는 O(NlogN)입니다.

# 16-5 합격자가 되는 모의 테스트

## 문제 82 예산★

정답률 _ 74% | 저자 권장 시간 _ 40분 | 권장 시간 복잡도 _ O(NlogN)
출제 _ Summer/Winter Coding(~2018)

문제 URL https://school.programmers.co.kr/learn/courses/30/lessons/12982
정답 URL https://github.com/kciter/coding-interview-js/blob/main/solution/82.js

S사에서는 각 부서에 필요한 물품을 지원해주기 위해 부서별로 물품을 구매하는 데 필요한 금액을 조사했습니다. 다만 전체 예산이 정해져 있기 때문에 모든 부서가 필요로 하는 물품을 구매할 수는 없습니다. 그래서 최대한 많은 부서의 물품을 구매하려고 합니다. 물품을 구매할 때는 각 부서가 신청한 금액만큼은 모두 지원해야 합니다. 예를 들어 1,000원을 신청한 부서에는 정확히 1,000원을 지원해야 하며 1,000원보다 적은 금액을 지원할 수는 없습니다. 부서별로 신청한 금액이 들어 있는 배열 d와 예산 budget이 주어질 때 최대 몇 개의 부서에 물품을 지원할 수 있는지 반환하는 solution( ) 함수를 완성하세요.

### 제약 조건

- d는 부서별로 신청한 금액이 들어 있는 배열이며, 길이(전체 부서 개수)는 1 이상 100 이하입니다.
- d의 각 원소는 부서별로 신청한 금액을 나타내며, 부서별 신청 금액은 1 이상 100,000 이하의 자연수입니다.
- budget은 예산을 나타내며, 1 이상 10,000,000 이하의 자연수입니다.

### 입출력의 예

| d | budget | result |
|---|---|---|
| [1, 3, 2, 5, 4] | 9 | 3 |

| [2, 2, 3, 3] | 10 | 4 |

첫 번째 입출력 예를 봅시다. 각 부서에서 [1, 3, 2, 5, 4]만큼의 금액을 신청했습니다. 만약 1, 2, 4원을 신청한 부서의 물품을 구매해주면 예산 9원에서 7원이 소비되어 2원이 남습니다. 남은 2원은 다른 부서(3, 5원)를 지원할 수 없으므로 지원하지 않습니다. 이런 방식으로 9원을 가지고 부서를 지원하는 방법은 다음과 같습니다.

- 1원, 2원, 3원을 신청한 부서의 물품을 구매해주려면 6원이 필요합니다.
- 1원, 2원, 5원을 신청한 부서의 물품을 구매해주려면 8원이 필요합니다.
- 1원, 3원, 4원을 신청한 부서의 물품을 구매해주려면 8원이 필요합니다.
- 1원, 3원, 5원을 신청한 부서의 물품을 구매해주려면 9원이 필요합니다.

어떤 경우에도 3개의 부서보다 더 많은 부서의 물품을 구매할 수는 없으므로 정답은 3입니다.

**문제 분석하고 풀기**

부서별로 신청한 금액을 오름차순으로 정렬한 후 맨 앞부터 순회하면서 남은 예산이 신청한 금액보다 크면 예산 금액에서 차감하면 됩니다.

```javascript
function solution(d, budget) {
  d.sort((a, b) => a - b); // ❶ 배열 d를 오름차순으로 정렬
  let count = 0; // ❷ 지원할 수 있는 부서의 개수를 세는 변수

  for (const amount of d) {
    if (budget < amount) {
      break; // ❸ 남은 예산이 신청한 금액보다 작으면 더 이상 지원할 수 없으므로 종료
    }

    budget -= amount; // ❹ 예산에서 신청한 금액을 차감
    count++;
  }
```

```
    return budget >= 0 ? count : count - 1;
}
```

❶ 각 부서에서 신청한 금액을 오름차순으로 정렬합니다.

❷ 지원할 수 있는 부서를 세는 변수입니다.

❸ 맨 앞에 있는 부서에서 신청한 금액과 남은 예산을 비교합니다. 남은 예산이 더 적으면 더 이상 예산을 지급할 수 없으므로 반복문을 빠져나옵니다.

❹ 남은 예산이 부서에서 요청한 금액보다 크거나 같으면 해당 금액을 예산에서 지출하고 count 를 늘립니다. 예산이 0보다 크거나 같으면 모든 부서에 예산을 지원할 수 있는 것이므로 count를 반환하고 그렇지 않으면 -1을 반환합니다.

### 시간 복잡도 분석하기

N은 d의 길이입니다. d.sort( )의 시간 복잡도는 O(NlogN), 반복문은 최악의 경우 모든 원소에 대해 반복하므로 O(NlogN)입니다. 따라서 최종 시간 복잡도는 O(NlogN)입니다.

## 문제 83 구명보트★

정답률 _ 68% | 저자 권장 시간 _ 40분 | 권장 시간 복잡도 _ O(NlogN) | 출제 _ 탐욕법(Greedy)

문제 URL https://school.programmers.co.kr/learn/courses/30/lessons/42885
정답 URL https://github.com/kciter/coding-interview-js/blob/main/solution/83.js

무인도에 갇힌 사람들을 구명보트를 이용해 구출하려고 합니다. 구명보트는 작아서 한 번에 최대 2명씩 탈 수 있고 무게 제한도 있습니다. 예를 들어 사람들의 몸무게가 [70kg, 50kg, 80kg, 50kg]이고 구명보트의 무게 제한이 100kg이면 2번째, 4번째 사람은 같이 탈 수 있지만 1번째, 3번째 사람은 같이 탈 수 없습니다. 구명보트를 최대한 적게 사용해 모든 사람을 구출하려고 합니다. 사람들의 몸무게를 담은 배열 people과 구명보트의 무게 제한 limit가 주어질 때 모든 사람을 구출하기 위해 필요한 구명보트 개수의 최솟값을 반환하는 solution( ) 함수를 작성해주세요.

- 무인도에 갇힌 사람은 1명 이상 50,000명 이하입니다.
- 각 사람의 몸무게는 40kg 이상 240kg 이하입니다.
- 구명보트의 무게 제한은 40kg 이상 240kg 이하입니다.
- 구명보트의 무게 제한은 항상 사람들의 몸무게 중 최댓값보다 크게 주어지므로 사람들을 구출할 수 없는 경우는 없습니다.

### 입출력의 예

| people | limit | return |
|---|---|---|
| [70, 50, 80, 50] | 100 | 3 |
| [70, 80, 50] | 100 | 3 |

### 문제 분석하고 풀기

어떤 방법인지 최선일지 생각해봅시다. **확실한 건 모든 사람을 빠짐없이 다 태워야 한다는 것입니다. 무거운 사람이라고 해서 태우지 않거나 할 수 없는 것이죠.** 그러므로 가장 무거운 사람을 우선 태운다는 생각을 해보겠습니다. 그리디 방법으로 가장 무거운 사람은 가장 가벼운 사람과 짝을 짓게 해서, 무게가 낭비되는걸 최소화 하는 전략을 생각해볼 수 있습니다. 가장 무거운 사람이 보트를 탄다면 남은 무게가 많지 않을 테니까요. 예를 들어 people이 [20, 50, 50, 80]이고 limit이 100이면 가장 무거운 사람은 80이고 가장 가벼운 사람은 20이므로 두 사람은 한 배에 태우고, 나머지 무게가 50인 사람 두 명을 태우면 구명보트 2번 만에 모두 구조할 수 있습니다. 그런데 만약 가장 가벼운 사람이 다른 사람과 같이 타면 어떻게 될까요? 50인 사람과 같이 탔다고 가정하여 생각해보면 3번 만에 모두 구조할 수 있게 됩니다. 이전과 다르게 구명보트의 무게 제한을 최대한 활용하지 못하게 된 것이죠. 그러니 이 문제는 그리디 알고리즘으로 푸는 것이 좋습니다.

```javascript
function solution(people, limit) {
  people.sort(); // ① 몸무게를 오름차순으로 정렬
  let count = 0; // ② 필요한 보트 개수
```

```
let i = 0; // ❸ 가장 가벼운 사람을 가리키는 인덱스
let j = people.length - 1; // ❹ 가장 무거운 사람을 가리키는 인덱스

while (i <= j) {
  // ❺ 가장 무거운 사람과 가장 가벼운 사람을 같이 태울 수 있으면 두 사람 모두 보트에 태움
  if (people[j] + people[i] <= limit) {
    i += 1;
  }

  // ❻ 무거운 사람만 태울 수 있으면 무거운 사람만 보트에 태움
  j -= 1;
  count += 1;
}

return count;
}
```

❶ 그리디를 적용하기 위해 사람들의 몸무게를 오름차순으로 정렬합니다.

❷ 필요한 보트의 개수를 셀 변수입니다.

❸ 현재 people은 몸무게 오름차순으로 정렬되어 있으므로 i = 0이 가리키는 몸무게는 가장 가벼운 몸무게일 것입니다.

❹ j가 가리키는 몸무게는 가장 무거운 몸무게일 것입니다. 무게가 가장 가벼운 사람과 가장 무거운 사람을 함께 태웁니다.

❺ 가장 무거운 사람과 가장 가벼운 사람을 같이 태울 수 있으면 둘 다 태웁니다. 둘 다 태우면 일단 가장 가벼운 사람도 태우므로 i를 1개 늘립니다.

❻ 무거운 사람만 태울 수 있다면 if문을 통해 i를 늘리지 않습니다. 보트는 한 명이 타거나 두 명이 타므로 반복문을 수행할 때마다 count, 즉, 사용한 구명보트의 개수를 늘립니다.

N은 people의 길이입니다. people.sort( )의 시간 복잡도는 O(NlogN), 반복문은 최악의 경우 people 배열 끝까지 반복하므로 최종 시간 복잡도는 O(NlogN)입니다.

## 문제 84 귤 고르기★★

정답률 _ 66% | 저자 권장 시간 _ 60분 | 권장 시간 복잡도 _ O(NlogN) | 출제 _ 탐욕법(Greedy)

문제 URL https://school.programmers.co.kr/learn/courses/30/lessons/138476
정답 URL https://github.com/kciter/coding-interview-js/blob/main/solution/84.js

경화는 과수원에서 귤을 수확했습니다. 경화는 수확한 귤 중 k개를 골라 상자 하나에 담아 판매하려고 합니다. 그런데 수확한 귤의 크기가 일정하지 않아 보기에 좋지 않다고 생각한 경화는 귤을 크기별로 분류했을 때 서로 다른 종류의 수를 최소화하고 싶습니다. 예를 들어 경화가 수확한 귤 8개의 크기가 [1, 3, 2, 5, 4, 5, 2, 3]이라고 합시다. 경화가 귤 6개를 판매하고 싶다면 크기가 1, 4인 귤을 제외한 여섯 개의 귤을 상자에 담으면 됩니다. 이렇게 하면 귤의 크기 종류는 2, 3, 5로 총 3가지이고 이때 서로 다른 귤의 크기 종류가 최소입니다. 경화가 한 상자에 담으려는 귤의 개수 k와 귤의 크기를 담은 배열 tangerine이 주어집니다. 경화가 귤 k개를 고를 때 크기가 서로 다른 종류의 수의 최솟값을 반환하는 solution( ) 함수를 작성해주세요.

### 제약 조건

- 1 ≤ k ≤ tangerine의 길이 ≤ 100,000
- 1 ≤ tangerine의 원소 ≤ 10,000,000

### 입출력의 예

| k | tangerine | result |
|---|---|---|
| 6 | [1, 3, 2, 5, 4, 5, 2, 3] | 3 |
| 4 | [1, 3, 2, 5, 4, 5, 2, 3] | 2 |
| 2 | [1, 1, 1, 1, 2, 2, 2, 3] | 1 |

첫 번째 입출력 예는 문제 자체에서 설명했으므로 두 번째 입출력 예를 봅시다. 크기가 2인 귤 2개와 3인 귤 2개 또는 2인 귤 2개와 5인 귤 2개 또는 3인 귤 2개와 5인 귤 2개로 귤을 판매할 수 있습니다. 이렇게 하면 귤의 크기 종류는 2가지로 이 값이 최소가 됩니다. 세 번째 입출력 예는 크기가 1인 귤 2개를 판매하거나 2인 귤 2개를 판매할 수 있습니다. 이때의 크기 종류는 1가지로 이 값이 최소가 됩니다.

### 문제 분석하고 풀기

첫 번째 입력에서 tangerine이 [1, 3, 2, 5, 4, 5, 2, 3]이고 k가 6일 때 [1, 4]를 제외한 귤을 뽑는 상황을 그림으로 나타내면 다음과 같습니다.

크기가 서로 다른 종류의 수가 언제 최소가 될까요? 이왕이면 귤의 크기가 같은 것들을 뽑는 게 좋겠죠. 크기가 같은 귤이 여러 개 있으면 개수가 많은 것부터 내림차순으로 뽑으면 됩니다. 정말 그런지 한 번 단계별로 봅시다.

**01단계** tangerine은 다음과 같습니다. 여기에서 k개의 귤을 고를 때 크기가 서로 다른 종류의 수의 최솟값을 구해봅시다.

tangerine

| 1 | 3 | 2 | 5 | 4 | 5 | 2 | 3 |
|---|---|---|---|---|---|---|---|

**02단계** 귤의 개수를 세어 counter에 저장하고 내림차순으로 정리합니다. 이때 귤의 무게가 무거운지 가벼운지는 중요하지 않으므로 더 생각하지 않습니다.

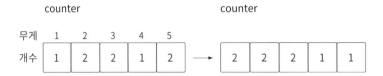

**03단계** k개의 귤을 고른다고 했으므로 counter에 있는 대로 귤을 뽑으면서 k에서 빼줍니다.

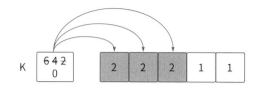

```javascript
function solution(k, tragerine) {
  // ❶ 귤의 개수를 세는 counter 오브젝트 생성
  const counter = {};
  for (const t of tragerine) {
    counter[t] = (counter[t] || 0) + 1;
  }


  // ❷ 개수를 내림차순으로 정렬
  const sortedCounts = Object.values(counter).sort((a, b) => b - a);


  let numTypes = 0; // ❸ 현재까지의 종류 수
  let countSum = 0; // ❹ 현재까지의 귤 개수 합


  for (const count of sortedCounts) {
    countSum += count;
    numTypes += 1;


    // ❺ 귤 개수 합이 k 이상이 되는 순간 종료
    if (countSum >= k) {
      break;
    }
  }


  return numTypes;
}
```

❶ 크기별로 개수를 파악하기 위해 counter 오브젝트를 생성하고 수를 세줍니다.

❷ 해당 counter의 값을 내림차순 정렬합니다. 현재 counter는 각 크기에 개수가 포함되어 있습니다. 따라서 값이 의미하는 것은, 특정 크기에 해당되는 귤의 개수입니다. 제일 앞에 오는 원소에 대해서 이렇게 말할 수 있습니다.

“해당 크기와 같은 귤의 개수가 tangerine에서 제일 많다.”

❸ 그리디 알고리즘을 적용하면서 찾은 귤의 크기의 개수입니다.

❹ 그리디 알고리즘을 적용하면서 조건에 맞는 귤을 찾는 동작을 할 것입니다. 이때 문제에서 제시한 k개를 넘지 않도록 체크하기 위해 그리디 알고리즘을 적용하면서 현재까지 찾은 귤의 개수를 countSum에서 계속 갱신합니다.

❺ 그리디 알고리즘을 통해 찾은 귤의 개수가 k이상이 되면 바로 종료합니다.

### 시간 복잡도 분석하기

N은 tangerine의 길이입니다. counter를 만들고 정렬하는데에는 시간 복잡도가 O(NlogN)만큼 필요합니다. 그리고 반복문은 최악의 경우 모든 원소를 순회하므로 시간 복잡도가 O(N)입니다. 따라서 최종 시간 복잡도는 O(NlogN)입니다.

## 문제 85 기지국 설치★★

**정답률 _** 66% | **저자 권장 시간 _** 60분 | **권장 시간 복잡도 _** O(N/W)
**출제 _** Summer/Winter Coding(~2018)

**문제 URL** https://programmers.co.kr/learn/courses/30/lessons/12979
**정답 URL** https://github.com/kciter/coding-interview-js/blob/main/solution/85.js

아파트 N개 동이 일렬로 쭉 늘어서 있습니다. 이 중 일부 아파트 옥상에는 4G 기지국이 설치되어 있습니다. 기술이 발전해 5G 수요가 높아져 4G 기지국을 5G 기지국으로 바꾸려 합니다. 그런데 5G 기지국은 4G 기지국보다 전달 범위가 좁아 4G 기지국을 5G 기지국으로 바꾸면 어떤 아파트에는 전파가 도달하지 않습니다. 예를 들어 아파트 11개 동이 쭉 늘어서 있고 [4, 11]번째 아파트 옥상에 4G 기지국이 설치되어 있을 때 4G 기지국을 전파 도달 거리가 1인 5G 기지국으로 바꾸면 모든 아파트에 전파를 전달할 수 없을 것입니다.

※ 기지국의 전파 도달 거리가 W일 때 기지국이 설치된 아파트를 기준으로 전파를 양쪽으로 W만큼 전달한다고 가정합니다.

5G 기지국을 최소로 설치하면서 모든 아파트에 전파를 전달하려고 합니다. 아파트 개수 N, 현재 기지국이 설치된 아파트의 번호가 담긴 1차원 배열 stations, 전파의 도달 거리 W가 주어질 때 모든 아파트에 전파를 전달하기 위해 증설할 기지국 개수의 최솟값을 반환하는 solution( ) 함수를 완성하세요.

## 제약 조건

- N : 200,000,000 이하의 자연수
- stations 크기 : 10,000 이하의 자연수
- stations는 오름차순으로 정렬되어 있고 배열에 담긴 수는 N보다 같거나 작은 자연수입니다.
- W : 10,000 이하의 자연수

## 입출력의 예

| N | stations | W | answer |
|---|---|---|---|
| 11 | [4, 11] | 1 | 3 |
| 16 | [9] | 2 | 3 |

## 문제 분석하고 풀기

어떻게 해야 5G 기지국을 최소로 설치할 수 있을까요? 기지국이 전파를 전달할 수 있는 범위를 보고 최대한 겹치지 않게 놓으면 됩니다. 그러려면 기지국을 세웠을 때 전달하는 범위를 알 수 있어야 합니다. 기지국을 설치했을 때 전파의 범위를 범위를 수식으로 표현해봅시다. 수식으로 표현해야 구현할 수 있습니다.

다음과 같이 c 위치에 기지국이 세워져 있고 전파 거리가 W인 경우 기지국의 전파 도달 범위를 k 라고 한다면 k의 범위는

- $(c - W) <= k <= (c + W)$

와 같이 나타낼 수 있습니다. 그림과 함께 수식을 이해하기 바랍니다.

다음은 1번 아파트부터 탐색하면서 기지국의 전파 전달 범위 내에 있는지 없는지를 판단하여 탐색 위치를 전파 전달 범위 바깥으로 이동해야 합니다. 그림과 함께 그 수식을 생각해봅시다.

만약 4, 11 위치에 기지국이 설치되어 있고 W가 1이면

1번 아파트부터 탐색을 진행하여 3에 도달했을 때 기지국 6으로 이동하기 위해 수식을 이렇게 작성하면 됩니다. location은 현재 위치입니다.

- location = stations[i] + W + 1
- location = 4 + 1 + 1 = 6(으로 이동)

그러면 기지국 전파 전달 범위 바깥에 위치한 경우에는 어떤 작업을 해야 할까요? 물론 기지국을 설치해야 합니다. 다만 최적의 위치에 설치해야 하겠죠. 기지국의 최적 위치는 1부터 탐색을 진행할 때 location + W입니다. 왜냐하면 전파 범위는 양쪽이고, 왼쪽부터 최대한 전파 범위를 채워야 하기 때문입니다.

그런 다음에는 다음 설치를 위해 location + W*2 + 1만큼 이동해서 탐색을 다시 진행합니다.

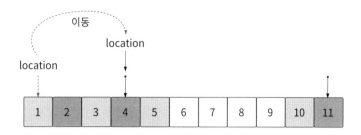

이 방식으로 기지국을 세우면 최적의 위치에 기지국을 세울 수 있게 됩니다. 그럼 코드를 작성해봅시다.

```javascript
function solution(N, stations, W) {
  let answer = 0;
  let location = 1; // ❶ 현재 탐색하는 아파트의 위치
  let idx = 0; // ❷ 설치된 기지국의 인덱스

  while (location <= N) {
    // ❸ 기지국이 설치된 위치에 도달한 경우
    if (idx < stations.length && location >= stations[idx] - W) {
      location = stations[idx] + W + 1;
      idx += 1;
    } else {
      location += 2 * W + 1; // ❹ 기지국을 설치하고 해당 범위를 넘어감
      answer += 1;
    }
  }

  return answer;
}
```

❶ 탐색 위치는 1부터 시작합니다.

❷ idx는 설치된 기지국의 인덱스입니다.

❸ idx 〈 stations.length는 아직 지나가지 않은 기지국이 남았음을 의미합니다. location >= stations[idx] - W는 stations[idx]가 기지국의 위치이므로 stations[idx] - W는 기지국의 왼쪽 전파 전달 범위입니다. 이 값보다 location이 크거나 같으면 기지국 전파 전달 범위 내에 위치하였다는 것을 말합니다. 그러면 다음 위치로 이동을 해야 하겠죠. 이때 기지국을 통과하니 idx도 하나 늘려줍니다.

❹ 기지국이 설치되지 않은 경우에는 현재 location을 오른쪽 범위 끝으로 하는 기지국을 세우고 answer를 1 늘려줍니다.

❺ 기지국을 설치하고 이동합니다.

### 시간 복잡도 분석하기

N은 전체 범위이고 W는 전파의 세기입니다. 최악의 경우 location이 매번 2W + 1씩 증가하므로 N / (2W + 1)번 반복문을 수행할 수 있습니다. 최종 시간 복잡도는 O(N/W)입니다.

### 리마인드

기억 01  그리디 알고리즘은 현재 상황에서 최선의 선택을 하는 알고리즘이며 선택을 번복하지 않습니다.

기억 02  신장 트리는 모든 정점을 연결한 상태에서 간선 개수가 정점 개수보다 하나 적은 그래프입니다.

기억 03  신장 트리 중 간선의 가중치 합이 최소인 트리를 최소 신장 트리(MST)라 부릅니다.

기억 04  최소 신장 트리 알고리즘은 프림 알고리즘과 크루스칼 알고리즘이 유명합니다.

　　　a. 프림 알고리즘은 시작 정점에서 가중치가 작은 정점부터 하나씩 연결합니다.

　　　b. 크루스칼 알고리즘은 모든 간선을 가중치 순으로 정렬한 다음 가장 가중치가 작은 것부터 하나씩 연결합니다.

### 추천 문제

문제 01  체육복 : https://school.programmers.co.kr/learn/courses/30/lessons/42862

문제 02  단속 카메라 : https://school.programmers.co.kr/learn/courses/30/lessons/42884

문제 03  큰 수 만들기 : https://school.programmers.co.kr/learn/courses/30/lessons/42883

축하합니다. 지금까지 16개 장에 걸쳐 이론을 익히고 총 85문항을 풀었습니다. 기회가 되면 꼭 추천 문제도 풀어보세요. 이제 코테에 더 익숙해질 차례입니다. 인기 IT 회사별 취향에 맞춘 모의고사를 5번 풀어보면서 최종적으로 실력을 점검해보세요. 여러분의 합격을 기원합니다!

_ 2024년 여름 이선협

빈출문제로
완벽 대비
★★★
빡세게
풀어서
개발자
되기

나도 이미
코테 합격자

**프로그래머스 제공**
**100 문제로 완벽 대비**

# 코딩 테스트
# 합격자 되기

자바스크립트 편

**코딩 테스트 모의고사**

GOLDEN RABBIT

# 01 회 IT 신입사원_ 코딩 테스트 영역

주요 IT 기업의 출제 스타일을 모았습니다.

| 성명 | | 응시날짜 | _____년 _____월 _____일 |
|------|--|----------|-----------------------------|

 **시험 안내**

◎ 본 시험은 자료구조, 알고리즘, 코딩 영역의 프로그래머 역량을 테스트하기 위한 시험입니다.

◎ 주어진 시간은 3시간입니다.

◎ 문제는 총 3문제로 구성되어 있습니다.

◎ 실제 시험에 응하듯 풀어보기 바랍니다.

| 문제 번호 | 문제 이름 | 제한 시간(푼 시간) | 제출 결과 |
|-----------|-----------|---------------------|-----------|
| 문제 86 | 미로 탈출 명령어 | 40분(    분) | 통과 / 시간 초과 / 런타임 에러 |
| 문제 87 | 택배 배달과 수거하기 | 40분(    분) | 통과 / 시간 초과 / 런타임 에러 |
| 문제 88 | 개인정보 수집 유효기간 | 30분(    분) | 통과 / 시간 초과 / 런타임 에러 |

저출 결과를 표시해보세요!

## 문제 86 미로 탈출 명령어

제한 시간(푼 시간) _ 40분(        분)

문제 URL https://school.programmers.co.kr/learn/courses/30/lessons/150365
정답 URL https://github.com/kciter/coding-interview-js/blob/main/solution/86.js

n x m 격자 미로가 주어집니다. 당신은 미로의 (x, y)에서 출발해 (r, c)로 이동해서 탈출해야 합니다. 단, 미로를 탈출하는 조건이 세 가지 있습니다.

- 격자의 바깥으로는 나갈 수 없습니다.
- (x, y)에서 (r, c)까지 이동하는 거리가 총 k여야 합니다. 이때, (x, y)와 (r, c)격자를 포함해, 같은 격자를 두 번 이상 방문해도 됩니다.
- 미로에서 탈출한 경로를 문자열로 나타냈을 때, 문자열이 사전순으로 가장 빠른 경로로 탈출해야 합니다.

이동 경로는 다음과 같이 문자열로 바꿀 수 있습니다.

- l : 왼쪽으로 한 칸 이동
- r : 오른쪽으로 한 칸 이동
- u : 위쪽으로 한 칸 이동
- d : 아래쪽으로 한 칸 이동

예를 들어 왼쪽으로 한 칸, 위로 한 칸, 왼쪽으로 한 칸 움직였다면, 문자열 "lul"로 나타낼 수 있습니다. 미로에서는 인접한 상, 하, 좌, 우 격자로 한 칸씩 이동할 수 있습니다. 예를 들어 다음과 같이 3 × 4 격자가 있다고 가정해보겠습니다.

```
....
..S.
E...
```

미로의 좌측 상단은 (1, 1)이고 우측 하단은 (3, 4)입니다. .은 빈 공간, S는 출발 지점, E는 탈출 지점입니다. 탈출까지 이동해야 하는 거리 k가 5라면 다음과 같은 경로로 탈출할 수 있습니다.

**1** lldud

**2** ulldd

**3** rdlll

**4** dllrl ◄╌╌╌┐

**5** dllud          ┆

**6** ...            ┆
         └╌╌╌╌╌╌╌┘

이때 <u>dllrl</u>보다 사전순으로 빠른 경로로 탈출할 수는 없습니다. 격자의 크기를 뜻하는 정수 n, m, 출발 위치를 뜻하는 정수 x, y, 탈출 지점을 뜻하는 정수 r, c, 탈출까지 이동해야 하는 거리를 뜻하는 정수 k가 매개변수로 주어집니다. 이때, 미로를 탈출하기 위한 경로를 반환하는 solution( ) 함수를 완성해주세요. 단, 위 조건대로 미로를 탈출할 수 없는 경우 "impossible"을 반환해야 합니다.

### 제약 조건

- $2 \leq n$ (= 미로의 세로 길이) $\leq 50$
- $2 \leq m$ (= 미로의 가로 길이) $\leq 50$
- $1 \leq x \leq n$
- $1 \leq y \leq m$
- $1 \leq r \leq n$
- $1 \leq c \leq m$
- $(x, y) \neq (r, c)$
- $1 \leq k \leq 2{,}500$

### 입출력의 예

| n | m | x | y | r | c | k | result |
|---|---|---|---|---|---|---|--------|
| 3 | 4 | 2 | 3 | 3 | 1 | 5 | "dllrl" |
| 2 | 2 | 1 | 1 | 2 | 2 | 2 | "dr" |
| 3 | 3 | 1 | 2 | 3 | 3 | 4 | "impossible" |

첫 번째 입출력 예는 문제에서 설명했습니다. 두 번째 입출력 예의 미로 크기는 2 x 2입니다. 출발 지점은 (1, 1)이고, 탈출 지점은 (2, 2)입니다. 빈 공간은 ., 출발 지점을 S, 탈출 지점을 E로 나타내면 다음과 같습니다.

```JavaScript
S.
.E
```

미로의 좌측 상단은 (1, 1)이고 우측 하단은 (2, 2)입니다. 탈출까지 이동해야 하는 거리 k가 2이므로 다음과 같은 경로로 탈출할 수 있습니다.

**1** rd

**2** dr ◀┄┄┄┐
　　　　　 ┊
┌┄┄┄┄┄┘

"dr"이 사전 순으로 가장 빠른 경로입니다. 따라서 "dr"을 반환해야 합니다.

**의사 코드 노트**

손으로 계획을 세운 후에
문제를 풀어보세요!

제한 시간(푼 시간) _ 40분(       분)

문제 URL https://school.programmers.co.kr/learn/courses/30/lessons/150369
정답 URL https://github.com/kciter/coding-interview-js/blob/main/solution/87.js

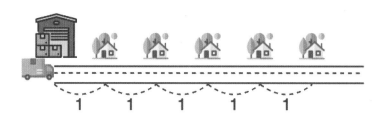

당신은 일렬로 나열된 n개의 집에 택배를 배달하려 합니다. 배달할 물건은 모두 크기가 같은 재활용 택배 상자에 담아 배달하며, 배달을 다니면서 빈 재활용 택배 상자들을 수거하려 합니다. 배달할 택배들은 모두 재활용 택배 상자에 담겨서 물류창고에 보관되어 있고, i번째 집은 물류창고에서 거리 i만큼 떨어져 있습니다. 또한 i번째 집은 j번째 집과 거리 j − i만큼 떨어져 있습니다($1 \le i \le j \le n$). 트럭에는 재활용 택배 상자를 최대 cap개 실을 수 있습니다. 트럭은 배달할 재활용 택배 상자들을 실어 물류창고에서 출발해 각 집에 배달하면서, 빈 재활용 택배 상자들을 수거해 물류창고에 내립니다. 각 집마다 배달할 재활용 택배 상자의 개수와 수거할 빈 재활용 택배 상자의 개수를 알고 있을 때, 트럭 하나로 모든 배달과 수거를 마치고 물류창고까지 돌아올 수 있는 최소 이동 거리를 구하려 합니다. 각 집에 배달 및 수거할 때, 원하는 개수만큼 택배를 배달 및 수거할 수 있습니다. 다음은 cap=4 일 때, 최소 거리로 이동하면서 5개의 집에 배달 및 수거하는 과정을 나타낸 예입니다.

**배달 및 수거할 재활용 택배 상자 개수**

|     | 집 #1 | 집 #2 | 집 #3 | 집 #4 | 집 #5 |
| --- | --- | --- | --- | --- | --- |
| 배달 | 1개 | 0개 | 3개 | 1개 | 2개 |
| 수거 | 0개 | 3개 | 0개 | 4개 | 0개 |

| | 집 #1 | 집 #2 | 집 #3 | 집 #4 | 집 #5 | 설명 |
|---|---|---|---|---|---|---|
| 남은 배달/수거 | 1/0 | 0/3 | 3/0 | 1/4 | 2/0 | 물류창고에서 택배 3개를 트럭에 실어 출발합니다. |
| 남은 배달/수거 | 1/0 | 0/3 | 3/0 | 0/4 | 0/0 | 물류창고에서 5번째 집까지 이동하면서(거리 5) 4번째 집에 택배 1개를 배달하고, 5번째 집에 택배 2개를 배달합니다. |
| 남은 배달/수거 | 1/0 | 0/3 | 3/0 | 0/0 | 0/0 | 5번째 집에서 물류창고까지 이동하면서(거리 5) 4번째 집에서 빈 택배 상자 4개를 수거한 후, 수거한 빈 택배 상자를 물류창고에 내리고 택배 4개를 트럭에 싣습니다. |
| 남은 배달/수거 | 0/0 | 0/3 | 0/0 | 0/0 | 0/0 | 물류창고에서 3번째 집까지 이동하면서(거리 3) 1번째 집에 택배 1개를 배달하고, 3번째 집에 택배 3개를 배달합니다. |
| 남은 배달/수거 | 0/0 | 0/0 | 0/0 | 0/0 | 0/0 | 3번째 집에서 물류창고까지 이동하면서(거리 3) 2번째 집에서 빈 택배 상자 3개를 수거한 후, 수거한 빈 택배 상자를 물류창고에 내립니다. |

16(= 5 + 5 + 3 + 3)의 거리를 이동하면서 모든 배달 및 수거를 마쳤습니다. 같은 거리로 모든 배달 및 수거를 마치는 다른 방법이 있지만, 이보다 짧은 거리로 모든 배달 및 수거를 마치는 방법은 없습니다. 트럭에 실을 수 있는 재활용 택배 상자의 최대 개수를 나타내는 정수 cap, 배달할 집의 개수를 나타내는 정수 n, 각 집에 배달할 재활용 택배 상자의 개수를 담은 1차원 정수 배열 deliveries와 각 집에서 수거할 빈 재활용 택배 상자의 개수를 담은 1차원 정수 배열 pickups가 매개변수로 주어집니다. 이때, 트럭 하나로 모든 배달과 수거를 마치고 물류창고까지 돌아올 수 있는 최소 이동 거리를 반환하는 solution( ) 함수를 완성해주세요.

## 제약 조건

- 1 ≤ cap ≤ 50
- 1 ≤ n ≤ 100,000
- deliveries의 길이 = pickups의 길이 = n
  - deliveries[i]는 i + 1번째 집에 배달할 재활용 택배 상자의 개수를 나타냅니다.
  - pickups[i]는 i + 1번째 집에서 수거할 빈 재활용 택배 상자의 개수를 나타냅니다.
  - 0 ≤ deliveries의 원소 ≤ 50

- $0 \leq$ pickups의 원소 $\leq 50$
- 트럭의 초기 위치는 물류창고입니다.

## 입출력의 예

| cap | n | deliveries | pickups | result |
|---|---|---|---|---|
| 4 | 5 | [1, 0, 3, 1, 2] | [0, 3, 0, 4, 0] | 16 |
| 2 | 7 | [1, 0, 2, 0, 1, 0, 2] | [0, 2, 0, 1, 0, 2, 0] | 30 |

첫 번째 입출력 예는 문제에 있으므로 두 번째 입출력 예를 설명하겠습니다.

## 배달 및 수거할 재활용 택배 상자 개수

| | 집 #1 | 집 #2 | 집 #3 | 집 #4 | 집 #5 | 집 #6 | 집 #7 |
|---|---|---|---|---|---|---|---|
| 배달 | 1개 | 0개 | 2개 | 0개 | 1개 | 0개 | 2개 |
| 수거 | 0개 | 2개 | 0개 | 1개 | 0개 | 2개 | 0개 |

## 배달 및 수거 과정

| | 집 #1 | 집 #2 | 집 #3 | 집 #4 | 집 #5 | 집 #6 | 집 #7 | 설명 |
|---|---|---|---|---|---|---|---|---|
| 남은 배달/<br>수거 | 1/0 | 0/2 | 2/0 | 0/1 | 1/0 | 0/2 | 2/0 | 물류창고에서 택배 2개를 트럭에 실어 출발합니다. |
| 남은 배달/<br>수거 | 1/0 | 0/2 | 2/0 | 0/1 | 1/0 | 0/2 | 0/0 | 물류창고에서 7번째 집까지 이동하면서(거리 7) 7번째 집에 택배 2개를 배달합니다. |
| 남은 배달/<br>수거 | 1/0 | 0/2 | 2/0 | 0/1 | 1/0 | 0/0 | 0/0 | 7번째 집에서 물류창고까지 이동하면서(거리 7) 6번째 집에서 빈 택배 상자 2개를 수거한 후, 수거한 빈 택배 상자를 물류창고에 내리고 택배 2개를 트럭에 싣습니다. |
| 남은 배달/<br>수거 | 1/0 | 0/2 | 1/0 | 0/1 | 0/0 | 0/0 | 0/0 | 물류창고에서 5번째 집까지 이동하면서(거리 5) 3번째 집에 택배 1개를 배달하고, 5번째 집에 택배 1개를 배달합니다. |

| 남은 배달/수거 | 1/0 | 0/1 | 1/0 | 0/0 | 0/0 | 0/0 | 0/0 | 5번째 집에서 물류창고까지 이동하면서(거리 5) 4번째 집에서 빈 택배 상자 1개를 수거하고 2번째 집에서 빈 택배 상자 1개를 수거한 후, 수거한 빈 택배 상자를 물류창고에 내리고 택배 2개를 트럭에 싣습니다. |
|---|---|---|---|---|---|---|---|---|
| 남은 배달/수거 | 0/0 | 0/1 | 0/0 | 0/0 | 0/0 | 0/0 | 0/0 | 물류창고에서 3번째 집까지 이동하면서(거리 3) 1번째 집에 택배 1개를 배달하고, 3번째 집에 택배 1개를 배달합니다. |
| 남은 배달/수거 | 0/0 | 0/0 | 0/0 | 0/0 | 0/0 | 0/0 | 0/0 | 3번째 집에서 물류창고까지 이동하면서(거리 3) 2번째 집에서 빈 택배 상자 1개를 수거한 후, 수거한 빈 택배 상자를 물류창고에 내립니다. |

30(=7 + 7 + 5 + 5 + 3 + 3)의 거리를 이동하면서 모든 배달 및 수거를 마쳤습니다. 같은 거리로 모든 배달 및 수거를 마치는 다른 방법이 있지만, 이보다 짧은 거리로 모든 배달 및 수거를 마치는 방법은 없습니다. 따라서 30을 반환하면 됩니다.

**의사 코드 노트**

문제 URL https://school.programmers.co.kr/learn/courses/30/lessons/150370
정답 URL https://github.com/kciter/coding-interview-js/blob/main/solution/88.js

고객의 약관 동의를 얻어서 수집된 1~n번으로 분류되는 개인정보 n개가 있습니다. 약관 종류는 여러 가지가 있으며 각 약관마다 개인정보 보관 유효기간이 정해져 있습니다. 당신은 각 개인정보가 어떤 약관으로 수집됐는지 알고 있습니다. 수집된 개인정보는 유효기간 전까지만 보관 가능하며, 유효기간이 지났다면 반드시 파기해야 합니다. 예를 들어 A라는 약관의 유효기간이 12달이고, 2021년 1월 5일에 수집된 개인정보가 A약관으로 수집되었다면 해당 개인정보는 2022년 1월 4일까지 보관 가능하며 2022년 1월 5일부터 파기해야 할 개인정보입니다. 당신은 오늘 날짜로 파기해야 할 개인정보 번호들을 구하려 합니다. 모든 달은 28일까지 있다고 가정합니다. 다음은 오늘 날짜가 2022.05.19일 때의 예시입니다.

| 약관 종류 | 유효기간 |
|:---:|:---:|
| A | 6 달 |
| B | 12 달 |
| C | 3 달 |

| 번호 | 개인정보 수집 일자 | 약관 종류 |
|:---:|:---:|:---:|
| 1 | 2021.05.02 | A |
| 2 | 2021.07.01 | B |
| 3 | 2022.02.19 | C |
| 4 | 2022.02.20 | C |

- 첫 번째 개인정보는 A약관에 의해 2021년 11월 1일까지 보관 가능하며, 유효기간이 지났으므로 파기해야 할 개인정보입니다.

- 두 번째 개인정보는 B약관에 의해 2022년 6월 28일까지 보관 가능하며, 유효기간이 지나지 않았으므로 아직 보관 가능합니다.

- 세 번째 개인정보는 C약관에 의해 2022년 5월 18일까지 보관 가능하며, 유효기간이 지났으므로 파기해야 할 개인정보입니다.

- 네 번째 개인정보는 C약관에 의해 2022년 5월 19일까지 보관 가능하며, 유효기간이 지나지 않았으므로 아직 보관 가능합니다.

따라서 파기해야 할 개인정보 번호는 [1, 3]입니다. 오늘 날짜를 의미하는 문자열 today, 약관의 유효기간을 담은 1차원 문자열 배열 terms와 수집된 개인정보의 정보를 담은 1차원 문자열 배열 privacies가 매개변수로 주어집니다. 이때 파기해야 할 개인정보의 번호를 오름차순으로 1차원 정수 배열에 담아 반환하는 solution( ) 함수를 완성해주세요.

### 제약 조건

- today는 "YYYY.MM.DD" 형태로 오늘 날짜를 나타냅니다.
- 1 ≤ terms의 길이 ≤ 20
  - terms의 원소는 "약관 종류 유효기간" 형태의 약관 종류와 유효기간을 공백 하나로 구분한 문자열입니다.
  - 약관 종류는 A~Z중 알파벳 대문자 하나이며, terms 배열에서 약관 종류는 중복되지 않습니다.
  - 유효기간은 개인정보를 보관할 수 있는 달 수를 나타내는 정수이며, 1 이상 100 이하입니다.
- 1 ≤ privacies의 길이 ≤ 100
  - privacies[i]는 i + 1번 개인정보의 수집 일자와 약관 종류를 나타냅니다.
  - privacies의 원소는 "날짜 약관 종류" 형태의 날짜와 약관 종류를 공백 하나로 구분한 문자열입니다.
  - 날짜는 "YYYY.MM.DD" 형태의 개인정보가 수집된 날짜를 나타내며, today 이전의 날짜만 주어집니다.
  - privacies의 약관 종류는 항상 terms에 나타난 약관 종류만 주어집니다.
- today와 privacies에 등장하는 날짜의 YYYY는 연도, MM은 월, DD는 일을 나타내며 점(.) 하나로 구분되어 있습니다.
  - 2000 ≤ YYYY ≤ 2022
  - 1 ≤ MM ≤ 12
  - MM이 한 자릿수인 경우 앞에 0이 붙습니다.
  - 1 ≤ DD ≤ 28
  - DD가 한 자릿수인 경우 앞에 0이 붙습니다.
- 파기해야 할 개인정보가 하나 이상 존재하는 입력만 주어집니다.

| today | terms | privacies | result |
|---|---|---|---|
| "2022.05.19" | ["A 6", "B 12", "C 3"] | ["2021.05.02 A", "2021.07.01 B", "2022.02.19 C", "2022.02.20 C"] | [1, 3] |
| "2020.01.01" | ["Z 3", "D 5"] | ["2019.01.01 D", "2019.11.15 Z", "2019.08.02 D", "2019.07.01 D", "2018.12.28 Z"] | [1, 4, 5] |

첫 번째 입출력 예 설명은 문제에서 마쳤습니다. 두 번째 입출력 예 설명은 다음과 같습니다.

오늘 날짜는 2020년 1월 1일입니다.

- 첫 번째 개인정보는 D약관에 의해 2019년 5월 28일까지 보관 가능하며, 유효기간이 지났으므로 파기해야 할 개인정보입니다.
- 두 번째 개인정보는 Z약관에 의해 2020년 2월 14일까지 보관 가능하며, 유효기간이 지나지 않았으므로 아직 보관 가능합니다.
- 세 번째 개인정보는 D약관에 의해 2020년 1월 1일까지 보관 가능하며, 유효기간이 지나지 않았으므로 아직 보관 가능합니다.
- 네 번째 개인정보는 D약관에 의해 2019년 11월 28일까지 보관 가능하며, 유효기간이 지났으므로 파기해야 할 개인정보입니다.
- 다섯 번째 개인정보는 Z약관에 의해 2019년 3월 27일까지 보관 가능하며, 유효기간이 지났으므로 파기해야 할 개인정보입니다.

# 02 회

## IT 신입사원_
## 코딩 테스트 영역

주요 IT 기업의 출제 스타일을 모았습니다.

| 성명 | | 응시날짜 | _____년 _____월 _____일 |
|------|--|---------|----------------------------|

 **시험 안내**

◎ 본 시험은 자료구조, 알고리즘, 코딩 영역의 프로그래머 역량을 테스트하기 위한 시험입니다.

◎ 주어진 시간은 3시간입니다.

◎ 문제는 총 3문제로 구성되어 있습니다.

◎ 실제 시험에 응하듯 풀어보기 바랍니다.

| 문제 번호 | 문제 이름 | 제한 시간(푼 시간) | 제출 결과 |
|-----------|-----------|--------------------|-----------|
| 문제 89 | 110 옮기기 | 30분(    분) | 통과 / 시간 초과 / 런타임 에러 |
| 문제 90 | 쿼드압축 후 개수 세기 | 50분(    분) | 통과 / 시간 초과 / 런타임 에러 |
| 문제 91 | 없는 숫자 더하기 | 20분(    분) | 통과 / 시간 초과 / 런타임 에러 |

제출 결과를 표시해보세요!

## 문제 89 110 옮기기

제한 시간(푼 시간) _ 30분(          분)

문제 URL https://school.programmers.co.kr/learn/courses/30/lessons/77886
정답 URL https://github.com/kciter/coding-interview-js/blob/main/solution/89.js

0과 1로 이루어진 어떤 문자열 x에 대해서, 당신은 다음과 같은 행동을 통해 x를 최대한 사전 순으로 앞에 오도록 만들고자 합니다.

- x에 있는 "110"을 뽑아서, 임의의 위치에 다시 삽입합니다.

예를 들어 x = "11100"일 때, 여기서 중앙에 있는 "110"을 뽑으면 x = "10"이 됩니다. 뽑았던 "110"을 x의 맨 앞에 다시 삽입하면 x = "11010"이 됩니다. 변형시킬 문자열 x가 여러 개 들어 있는 문자열 배열 s가 주어졌을 때, 각 문자열에 대해서 위의 행동으로 변형해서 만들 수 있는 문자열 중 사전 순으로 가장 앞에 오는 문자열을 배열에 담아 return하도록 solution( ) 함수를 완성해주세요.

### 제약 조건

- 1 ≤ s의 길이 ≤ 1,000,000
- 1 ≤ s의 각 원소 길이 ≤ 1,000,000
- 1 ≤ s의 모든 원소의 길이의 합 ≤ 1,000,000

### 입출력의 예

| s | result |
|---|--------|
| ["1110", "100111100", "01111111010"] | ["1101", "100110110", "0110110111"] |

### 입출력 예 #1

다음 그림은 "1110"을 "1101"로 만드는 과정을 나타낸 것입니다.

- "1101"보다 사전 순으로 더 앞에 오는 문자열을 만들 수 없으므로, 배열에 "1101"을 담아야 합니다.

다음 그림은 "100111100"을 "100110110"으로 만드는 과정을 나타낸 것입니다.

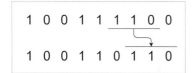

- "100110110"보다 사전 순으로 더 앞에 오는 문자열을 만들 수 없으므로, 배열에 "100110110"을 담아야 합니다.
- 그림에 나온 방식 말고도 다른 방법으로 "100110110"을 만들 수 있습니다.

다음 그림은 "0111111010"을 "0110110111"로 만드는 과정을 나타낸 것입니다.

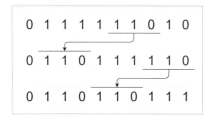

- "0110110111"보다 사전 순으로 더 앞에 오는 문자열을 만들 수 없으므로, 배열에 "0110110111"을 담아야 합니다.
- 그림에 나온 방식 말고도 다른 방법으로 "0110110111"을 만들 수 있습니다.

**의사 코드 노트**

손으로 계획을 세운 후에 문제를 풀어보세요!

## 문제 90 쿼드압축 후 개수 세기

제한 시간(푼 시간) _ 50분( 　 분)

문제 URL https://school.programmers.co.kr/learn/courses/30/lessons/68936
정답 URL https://github.com/kciter/coding-interview-js/blob/main/solution/90.js

0과 1로 이루어진 $2^n \times 2^n$ 크기의 2차원 정수 배열 arr이 있습니다. 당신은 이 arr을 **쿼드 트리**와 같은 방식으로 압축하고자 합니다. 구체적인 방식은 다음과 같습니다.

- 당신이 압축하고자 하는 특정 영역을 S라고 정의합니다.
- 만약 S 내부에 있는 모든 수가 같은 값이라면, S를 해당 수 하나로 압축시킵니다.
- 그렇지 않다면, S를 정확히 4개의 균일한 정사각형 영역(입출력 예를 참고하기 바랍니다.)으로 쪼갠 뒤, 각 정사각형 영역에 대해 같은 방식의 압축을 시도합니다.

arr이 매개변수로 주어집니다. 위와 같은 방식으로 arr을 압축했을 때, 배열에 최종적으로 남는 0의 개수와 1의 개수를 배열에 담아서 return 하도록 solution( ) 함수를 완성해주세요.

### 제약 조건

- arr의 행의 개수는 1 이상 1024 이하이며, 2의 거듭 제곱수 형태를 하고 있습니다. 즉, arr의 행의 개수는 1, 2, 4, 8, …, 1024 중 하나입니다.
  - arr의 각 행의 길이는 arr의 행의 개수와 같습니다. 즉, arr은 정사각형 배열입니다.
  - arr의 각 행에 있는 모든 값은 0 또는 1 입니다.

### 입출력의 예

| arr | result |
| --- | --- |
| [[1, 1, 0, 0], [1, 0, 0, 0], [1, 0, 0, 1], [1, 1, 1, 1]] | [4, 9] |
| [[1, 1, 1, 1, 1, 1, 1, 1], [0, 1, 1, 1, 1, 1, 1, 1], [0, 0, 0, 0, 1, 1, 1, 1], [0, 1, 0, 0, 1, 1, 1, 1], [0, 0, 0, 0, 0, 0, 1, 1], [0, 0, 0, 0, 0, 0, 0, 1], [0, 0, 0, 0, 1, 0, 0, 1], [0, 0, 0, 0, 1, 1, 1, 1]] | [10, 15] |

**입출력 예 #1**

- 다음 그림은 주어진 arr을 압축하는 과정을 나타낸 것입니다.

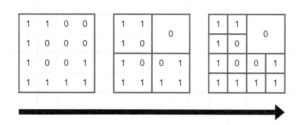

- 최종 압축 결과에 0이 4개, 1이 9개 있으므로, [4, 9]를 return 해야 합니다.

**입출력 예 #2**

- 다음 그림은 주어진 arr을 압축하는 과정을 나타낸 것입니다.

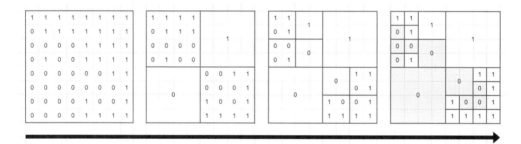

- 최종 압축 결과에 0이 10개, 1이 15개 있으므로, [10, 15]를 return 해야 합니다.

**의사 코드 노트**

## 문제 91 없는 숫자 더하기

제한 시간(푼 시간) _ 20분(          분)

문제 URL https://school.programmers.co.kr/learn/courses/30/lessons/86051
정답 URL https://github.com/kciter/coding-interview-js/blob/main/solution/91.js

0부터 9까지의 숫자 중 일부가 들어있는 정수 배열 numbers가 매개변수로 주어집니다. numbers 에서 찾을 수 없는 0부터 9까지의 숫자를 모두 찾아 더한 수를 return 하도록 solution( ) 함수를 완성해주세요.

### 제약 조건

- 1 ≤ numbers의 길이 ≤ 9
  - 0 ≤ numbers의 모든 원소 ≤ 9
  - numbers의 모든 원소는 서로 다릅니다.

### 입출력의 예

| numbers | result |
|---|---|
| [1, 2, 3, 4, 6, 7, 8, 0] | 14 |
| [5, 8, 4, 0, 6, 7, 9] | 6 |

### 입출력 예 #1

- 5, 9가 numbers에 없으므로, 5 + 9 = 14를 return 해야 합니다.

### 입출력 예 #2

- 1, 2, 3이 numbers에 없으므로, 1 + 2 + 3 = 6을 return 해야 합니다.

# 03 회

## IT 신입사원_
## 코딩 테스트 영역

주요 IT 기업의 출제 스타일을 모았습니다.

| 성명 | | 응시날짜 | _____년 _____월 _____일 |
|---|---|---|---|

 **시험 안내**

◎ 본 시험은 자료구조, 알고리즘, 코딩 영역의 프로그래머 역량을 테스트하기 위한 시험입니다.

◎ 주어진 시간은 3시간입니다.

◎ 문제는 총 3문제로 구성되어 있습니다.

◎ 실제 시험에 응하듯 풀어보기 바랍니다.

| 문제 번호 | 문제 이름 | 제한 시간(푼 시간) | 제출 결과 |
|---|---|---|---|
| 문제 92 | 불량 사용자 | 30분( 분) | 통과 / 시간 초과 / 런타임 에러 |
| 문제 93 | k진수에서 소수 개수 구하기 | 30분( 분) | 통과 / 시간 초과 / 런타임 에러 |
| 문제 94 | 거리두기 확인하기 | 40분( 분) | 통과 / 시간 초과 / 런타임 에러 |

제출 결과를 표시해보세요!

## 문제 92 불량 사용자

제한 시간(푼 시간) _ 30분(          분)

문제 URL https://school.programmers.co.kr/learn/courses/30/lessons/64064
정답 URL https://github.com/kciter/coding-interview-js/blob/main/solution/92.js

개발팀 내에서 이벤트 개발을 담당하고 있는 "무지"는 최근 진행된 카카오이모티콘 이벤트에 비정상적인 방법으로 당첨을 시도한 응모자들을 발견하였습니다. 이런 응모자들을 따로 모아 불량 사용자라는 이름으로 목록을 만들어서 당첨 처리 시 제외하도록 이벤트 당첨자 담당자인 "프로도" 에게 전달하려고 합니다. 이때 개인정보 보호을 위해 사용자 아이디 중 일부 문자를 '*' 문자로 가려서 전달했습니다. 가리고자 하는 문자 하나에 '*' 문자 하나를 사용하였고 아이디 당 최소 하나 이상의 '*' 문자를 사용하였습니다. "무지"와 "프로도"는 불량 사용자 목록에 매핑된 응모자 아이디를 제재 아이디라고 부르기로 하였습니다. 예를 들어, 이벤트에 응모한 전체 사용자 아이디 목록이 다음과 같다면

| 응모자 아이디 |
| --- |
| frodo |
| fradi |
| crodo |
| abc123 |
| frodoc |

다음과 같이 불량 사용자 아이디 목록이 전달된 경우,

| 불량 사용자 |
| --- |
| fr*d* |
| abc1** |

불량 사용자에 매핑되어 당첨에서 제외되어야 야 할 제재 아이디 목록은 다음과 같이 두 가지 경우가 있을 수 있습니다.

| 제재 아이디 |
| --- |
| frodo |
| abc123 |

| 제재 아이디 |
| --- |
| fradi |
| abc123 |

이벤트 응모자 아이디 목록이 담긴 배열 user_id와 불량 사용자 아이디 목록이 담긴 배열 banned_id가 매개변수로 주어질 때, 당첨에서 제외되어야 할 제재 아이디 목록은 몇 가지 경우의 수가 가능한 지 return 하도록 solution() 함수를 완성해주세요.

### 제약 조건

- user_id 배열의 크기는 1 이상 8 이하입니다.

- user_id 배열 각 원소들의 값은 길이가 1 이상 8 이하인 문자열입니다.
  - 응모한 사용자 아이디들은 서로 중복되지 않습니다.
  - 응모한 사용자 아이디는 알파벳 소문자와 숫자로만으로 구성되어 있습니다.
- banned_id 배열의 크기는 1 이상 user_id 배열의 크기 이하입니다.
- banned_id 배열 각 원소들의 값은 길이가 1 이상 8 이하인 문자열입니다.
  - 불량 사용자 아이디는 알파벳 소문자와 숫자, 가리기 위한 문자 '*'로만 이루어져 있습니다.
  - 불량 사용자 아이디는 '*' 문자를 하나 이상 포함하고 있습니다.
  - 불량 사용자 아이디 하나는 응모자 아이디 중 하나에 해당하고 같은 응모자 아이디가 중복해서 제재 아이디 목록에 들어가는 경우는 없습니다.
- 제재 아이디 목록들을 구했을 때 아이디들이 나열된 순서와 관계없이 아이디 목록의 내용이 동일하다면 같은 것으로 처리하여 하나로 세면 됩니다.

**입출력의 예**

| user_id | banned_id | result |
|---|---|---|
| ["frodo", "fradi", "crodo", "abc123", "frodoc"] | ["fr*d*", "abc1**"] | 2 |
| ["frodo", "fradi", "crodo", "abc123", "frodoc"] | ["*rodo", "*rodo", "******"] | 2 |
| ["frodo", "fradi", "crodo", "abc123", "frodoc"] | ["fr*d*", "*rodo", "******", "******"] | 3 |

**의사 코드 노트**

손으로 계획을 세운 후에
문제를 풀어보세요!

## 문제 93 k진수에서 소수 개수 구하기

제한 시간(푼 시간) _ 30분(       분)

문제 URL https://school.programmers.co.kr/learn/courses/30/lessons/92335
정답 URL https://github.com/kciter/coding-interview-js/blob/main/solution/93.js

양의 정수 n이 주어집니다. 이 숫자를 k진수로 바꿨을 때, 변환된 수 안에 아래 조건에 맞는 소수(Prime number)가 몇 개인지 알아보려 합니다.

- 0P0처럼 소수 양쪽에 0이 있는 경우
- P0처럼 소수 오른쪽에만 0이 있고 왼쪽에는 아무것도 없는 경우
- 0P처럼 소수 왼쪽에만 0이 있고 오른쪽에는 아무것도 없는 경우
- P처럼 소수 양쪽에 아무것도 없는 경우
- 단, P는 각 자릿수에 0을 포함하지 않는 소수입니다.
  - 예를 들어, 101은 P가 될 수 없습니다.

예를 들어, 437674을 3진수로 바꾸면 211020101011입니다. 여기서 찾을 수 있는 조건에 맞는 소수는 왼쪽부터 순서대로 211, 2, 11이 있으며, 총 3개입니다. 211, 2, 11을 k진법으로 보았을 때가 아닌, 10진법으로 보았을 때 소수여야 한다는 점에 주의합니다. 211은 P0 형태에서 찾을 수 있으며, 2는 0P0에서, 11은 0P에서 찾을 수 있습니다. 정수 n과 k가 매개변수로 주어집니다. n을 k진수로 바꿨을 때, 변환된 수 안에서 찾을 수 있는 위 조건에 맞는 소수의 개수를 return 하도록 solution( ) 함수를 완성해 주세요.

### 제약 조건

- $1 \leq n \leq 1,000,000$
- $3 \leq k \leq 10$

### 입출력의 예

| n | k | result |
|---|---|---|
| 437674 | 3 | 3 |
| 110011 | 10 | 2 |

제한 시간(푼 시간) _ 30분(        분)

문제 URL https://school.programmers.co.kr/learn/courses/30/lessons/81302
정답 URL https://github.com/kciter/coding-interview-js/blob/main/solution/94.js

개발자를 희망하는 죠르디가 카카오에 면접을 보러 왔습니다. 코로나 바이러스 감염 예방을 위해 응시자들은 거리를 둬서 대기를 해야하는데 개발 직군 면접인 만큼 아래와 같은 규칙으로 대기실에 거리를 두고 앉도록 안내하고 있습니다.

※ 두 테이블 T1, T2가 행렬 (r1, c1), (r2, c2)에 각각 위치하고 있다면, T1, T2 사이의 맨해튼 거리는 |r1 - r2| + |c1 - c2| 입니다.

- 대기실은 5개이며, 각 대기실은 5 x 5 크기입니다.
- 거리두기를 위하여 응시자들 끼리는 맨해튼 거리가 2 이하로 앉지 말아 주세요.
- 단 응시자가 앉아있는 자리 사이가 파티션으로 막혀 있을 경우에는 허용합니다.

예를 들어

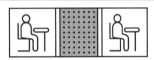

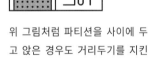

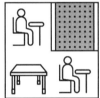

| | | |
|---|---|---|
| 위 그림처럼 자리 사이에 파티션이 있다면 맨해튼 거리가 2여도 거리두기를 지킨 것입니다. | 위 그림처럼 파티션을 사이에 두고 앉은 경우도 거리두기를 지킨 것입니다. | 위 그림처럼 자리 사이가 맨해튼 거리 2이고 사이에 빈 테이블이 있는 경우는 거리두기를 지키지 않은 것입니다. |

 응시자가 앉아있는 자리(P)를 의미합니다.

 빈 테이블(O)을 의미합니다.

 파티션(X)을 의미합니다.

5개의 대기실을 본 죠르디는 각 대기실에서 응시자들이 거리두기를 잘 지키고 있는지 알고 싶어 졌습니다. 자리에 앉아있는 응시자들의 정보와 대기실 구조를 대기실별로 담은 2차원 문자열 배열 places가 매개변수로 주어집니다. 각 대기실별로 거리두기를 지키고 있으면 1을, 한 명이라도 지키지 않고 있으면 0을 배열에 담아 반환하도록 solution( ) 함수를 완성해 주세요.

- places의 행 길이(대기실 개수) = 5
  - places의 각 행은 하나의 대기실 구조를 나타냅니다.
- places의 열 길이(대기실 세로 길이) = 5
- places의 원소는 P, O, X로 이루어진 문자열입니다.
  - places 원소의 길이(대기실 가로 길이) = 5
  - P는 응시자가 앉아있는 자리를 의미합니다.
  - O는 빈 테이블을 의미합니다.
  - X는 파티션을 의미합니다.
- 입력으로 주어지는 5개 대기실의 크기는 모두 5×5 입니다.
- 반환 값 형식
  - 1차원 정수 배열에 5개의 원소를 담아서 반환 합니다.
  - places에 담겨 있는 5개 대기실의 순서대로 거리두기 준수 여부를 차례대로 배열에 담습니다.
  - 각 대기실별로 모든 응시자가 거리두기를 지키고 있으면 1을, 한 명이라도 지키지 않고 있으면 0을 담습니다.

**입출력의 예**

| places | result |
|---|---|
| [["POOOP", "OXXOX", "OPXPX", "OOXOX", "POXXP"], ["POOPX", "OXPXP", "PXXXO", "OXXXO", "OOOPP"], ["PXOPX", "OXOXP", "OXPOX", "OXXOP", "PXPOX"], ["OOOXX", "XOOOX", "OOOXX", "OXOOX", "OOOOO"], ["PXPXP", "XPXPX", "PXPXP", "XPXPX", "PXPXP"]] | [1, 0, 1, 1, 1] |

첫 번째 대기실은 모든 응시자가 거리누기를 지키고 있습니다.

| No. | 0 | 1 | 2 | 3 | 4 |
|---|---|---|---|---|---|
| 0 | P | O | O | O | P |
| 1 | O | X | X | O | X |
| 2 | O | P | X | P | X |
| 3 | O | O | X | O | X |
| 4 | P | O | X | X | P |

두 번째 대기실은

| No. | 0 | 1 | 2 | 3 | 4 |
|-----|---|---|---|---|---|
| 0 | P | O | O | P | X |
| 1 | O | X | P | X | P |
| 2 | P | X | X | X | O |
| 3 | O | X | X | X | O |
| 4 | O | O | O | P | P |

- (0, 0) 자리의 응시자와 (2, 0) 자리의 응시자가 거리두기를 지키고 있지 않습니다.
- (1, 2) 자리의 응시자와 (0, 3) 자리의 응시자가 거리두기를 지키고 있지 않습니다.
- (4, 3) 자리의 응시자와 (4, 4) 자리의 응시자가 거리두기를 지키고 있지 않습니다.

세 번째 대기실은 모든 응시자가 거리두기를 지키고 있습니다.

| No. | 0 | 1 | 2 | 3 | 4 |
|-----|---|---|---|---|---|
| 0 | P | X | O | P | X |
| 1 | O | X | O | X | P |
| 2 | O | X | P | O | X |
| 3 | O | X | X | O | P |
| 4 | P | X | P | O | X |

네 번째 대기실은 대기실에 응시자가 없으므로 거리두기를 지키고 있습니다.

| No. | 0 | 1 | 2 | 3 | 4 |
|-----|---|---|---|---|---|
| 0 | O | O | O | X | X |
| 1 | X | O | O | O | X |
| 2 | O | O | O | X | X |
| 3 | O | X | O | O | X |
| 4 | O | O | O | O | O |

다섯 번째 대기실은 모든 응시자가 거리두기를 지키고 있습니다.

| No. | 0 | 1 | 2 | 3 | 4 |
|-----|---|---|---|---|---|
| 0 | P | X | P | X | P |
| 1 | X | P | X | P | X |
| 2 | P | X | P | X | P |
| 3 | X | P | X | P | X |
| 4 | P | X | P | X | P |

두 번째 대기실을 제외한 모든 대기실에서 거리두기가 지켜지고 있으므로 배열 [1, 0, 1, 1, 1]을 반환합니다.

# IT 신입사원_
# 코딩 테스트 영역

주요 IT 기업의
출제 스타일을
모았습니다.

| 성명 | | 응시날짜 | _____년 _____월 _____일 |
|------|---|---------|---------------------------|
|  | |  |  |

 **시험 안내**

◎ 본 시험은 자료구조, 알고리즘, 코딩 영역의 프로그래머 역량을 테스트하기 위한 시험입니다.

◎ 주어진 시간은 3시간입니다.

◎ 문제는 총 3문제로 구성되어 있습니다.

◎ 실제 시험에 응하듯 풀어보기 바랍니다.

| 문제 번호 | 문제 이름 | 제한 시간(푼 시간) | 제출 결과 |
|----------|----------|------------------|----------|
| 문제 95 | 코딩 테스트 공부 | 40분( 분) | 통과 / 시간 초과 / 런타임 에러 |
| 문제 96 | 두 큐 합 같게 만들기 | 30분( 분) | 통과 / 시간 초과 / 런타임 에러 |
| 문제 97 | 숫자 게임 | 20분( 분) | 통과 / 시간 초과 / 런타임 에러 |

제출 결과를
표시해보세요!

## 문제 95 코딩 테스트 공부

제한 시간(푼 시간) _ 40분(　　　분)

문제 URL https://school.programmers.co.kr/learn/courses/30/lessons/118668
정답 URL https://github.com/kciter/coding-interview-js/blob/main/solution/95.js

당신은 코딩 테스트를 준비하기 위해 공부하려고 합니다. 코딩 테스트 문제를 풀기 위해서는 알고리즘에 대한 지식과 코드를 구현하는 능력이 필요합니다. 알고리즘에 대한 지식은 알고력, 코드를 구현하는 능력은 코딩력이라고 표현합니다. 알고력과 코딩력은 0 이상의 정수로 표현됩니다. 문제를 풀기 위해서는 문제가 요구하는 일정 이상의 알고력과 코딩력이 필요합니다. 예를 들어, 당신의 현재 알고력이 15, 코딩력이 10이라고 가정해보겠습니다.

- A라는 문제가 알고력 10, 코딩력 10을 요구한다면 A 문제를 풀 수 있습니다.
- B라는 문제가 알고력 10, 코딩력 20을 요구한다면 코딩력이 부족하기 때문에 B 문제를 풀 수 없습니다.

풀 수 없는 문제를 해결하기 위해서는 알고력과 코딩력을 높여야 합니다. 알고력과 코딩력을 높이기 위한 다음과 같은 방법들이 있습니다.

- 알고력을 높이기 위해 알고리즘 공부를 합니다. 알고력 1을 높이기 위해서 1의 시간이 필요합니다.
- 코딩력을 높이기 위해 코딩 공부를 합니다. 코딩력 1을 높이기 위해서 1의 시간이 필요합니다.
- 현재 풀 수 있는 문제 중 하나를 풀어 알고력과 코딩력을 높입니다. 각 문제마다 문제를 풀면 올라가는 알고력과 코딩력이 정해져 있습니다.
- 문제를 하나 푸는 데는 문제가 요구하는 시간이 필요하며 같은 문제를 여러 번 푸는 것이 가능합니다.

당신은 주어진 모든 문제들을 풀 수 있는 알고력과 코딩력을 얻는 최단시간을 구하려 합니다. 초기의 알고력과 코딩력을 담은 정수 alp와 cop, 문제의 정보를 담은 2차원 정수 배열 problems가 매개변수로 주어졌을 때, 모든 문제들을 풀 수 있는 알고력과 코딩력을 얻는 최단시간을 return 하도록 solution( ) 함수를 작성해주세요. 모든 문제들을 1번 이상씩 풀 필요는 없습니다. 입출력 예 설명을 참고해주세요.

- 초기의 알고력을 나타내는 alp와 초기의 코딩력을 나타내는 cop가 입력으로 주어집니다.
  - $0 \leq alp, cop \leq 150$
- $1 \leq problems$의 길이 $\leq 100$
- problems의 원소는 [alp_req, cop_req, alp_rwd, cop_rwd, cost]의 형태로 이루어져 있습니다.
- alp_req는 문제를 푸는데 필요한 알고력입니다.
  - $0 \leq alp\_req \leq 150$
- cop_req는 문제를 푸는데 필요한 코딩력입니다.
  - $0 \leq cop\_req \leq 150$
- alp_rwd는 문제를 풀었을 때 증가하는 알고력입니다.
  - $0 \leq alp\_rwd \leq 30$
- cop_rwd는 문제를 풀었을 때 증가하는 코딩력입니다.
  - $0 \leq cop\_rwd \leq 30$
- cost는 문제를 푸는데 드는 시간입니다.
  - $1 \leq cost \leq 100$

### 정확성 테스트 케이스 제한사항

- $0 \leq alp, cop \leq 20$
- $1 \leq problems$의 길이 $\leq 6$
  - $0 \leq alp\_req, cop\_req \leq 20$
  - $0 \leq alp\_rwd, cop\_rwd \leq 5$
  - $1 \leq cost \leq 10$

| alp | cop | problems | result |
|---|---|---|---|
| 10 | 10 | [[10, 15, 2, 1, 2], [20, 20, 3, 3, 4]] | 15 |
| 0 | 0 | [[0, 0, 2, 1, 2], [4, 5, 3, 1, 2], [4, 11, 4, 0, 2], [10, 4, 0, 4, 2]] | 13 |

## 입출력 예 #1

- 코딩력 5를 늘립니다. 알고력 10, 코딩력 15가 되며 시간이 5만큼 소요됩니다.
- 1번 문제를 5번 풉니다. 알고력 20, 코딩력 20이 되며 시간이 10만큼 소요됩니다. 15의 시간을 소요하여 모든 문제를 풀 수 있는 알고력과 코딩력을 가질 수 있습니다.

## 입출력 예 #2

- 1번 문제를 2번 풉니다. 알고력 4, 코딩력 2가 되며 시간이 4만큼 소요됩니다.
- 코딩력 3을 늘립니다. 알고력 4, 코딩력 5가 되며 시간이 3만큼 소요됩니다.
- 2번 문제를 2번 풉니다. 알고력 10, 코딩력 7이 되며 시간이 4만큼 소요됩니다.
- 4번 문제를 1번 풉니다. 알고력 10, 코딩력 11이 되며 시간이 2만큼 소요됩니다. 13의 시간을 소요하여 모든 문제를 풀 수 있는 알고력과 코딩력을 가질 수 있습니다.

**의사 코드 노트**

손으로 계획을 세운 후에 문제를 풀어보세요!

## 문제 96 두 큐 합 같게 만들기

제한 시간(푼 시간) _ 30분(        분)

문제 URL https://school.programmers.co.kr/learn/courses/30/lessons/118667
정답 URL https://github.com/kciter/coding-interview-js/blob/main/solution/96.js

길이가 같은 두 개의 큐가 주어집니다. 하나의 큐를 골라 원소를 추출(pop)하고, 추출된 원소를 다른 큐에 집어넣는(insert) 작업을 통해 각 큐의 원소 합이 같도록 만들려고 합니다. 이때 필요한 작업의 최소 횟수를 구하고자 합니다. 한 번의 pop과 한 번의 insert를 합쳐서 작업을 1회 수행한 것으로 간주합니다. 큐는 먼저 집어넣은 원소가 먼저 나오는 구조입니다. 이 문제에서는 큐를 배열로 표현하며, 원소가 배열 앞쪽에 있을수록 먼저 집어넣은 원소임을 의미합니다. 즉, pop을 하면 배열의 첫 번째 원소가 추출되며, insert를 하면 배열의 끝에 원소가 추가됩니다. 예를 들어 큐 [1, 2, 3, 4]가 주어졌을 때, pop을 하면 맨 앞에 있는 원소 1이 추출되어 [2, 3, 4]가 되며, 이어서 5를 insert하면 [2, 3, 4, 5]가 됩니다. 다음은 두 큐를 나타내는 예시입니다.

```JavaScript
queue1 = [3, 2, 7, 2]
queue2 = [4, 6, 5, 1]
```

두 큐에 담긴 모든 원소의 합은 30입니다. 따라서, 각 큐의 합을 15로 만들어야 합니다. 예를 들어, 다음과 같이 2가지 방법이 있습니다.

- queue2의 4, 6, 5를 순서대로 추출하여 queue1에 추가한 뒤, queue1의 3, 2, 7, 2를 순서대로 추출하여 queue2에 추가합니다. 그 결과 queue1은 [4, 6, 5], queue2는 [1, 3, 2, 7, 2]가 되며, 각 큐의 원소 합은 15로 같습니다. 이 방법은 작업을 7번 수행합니다.
- queue1에서 3을 추출하여 queue2에 추가합니다. 그리고 queue2에서 4를 추출하여 queue1에 추가합니다. 그 결과 queue1은 [2, 7, 2, 4], queue2는 [6, 5, 1, 3]이 되며, 각 큐의 원소 합은 15로 같습니다. 이 방법은 작업을 2번만 수행하며, 이보다 적은 횟수로 목표를 달성할 수 없습니다.

따라서 각 큐의 원소 합을 같게 만들기 위해 필요한 작업의 최소 횟수는 2입니다. 길이가 같은 두 개의 큐를 나타내는 정수 배열 queue1, queue2가 매개변수로 주어집니다. 각 큐의 원소 합을 같게 만들기 위해 필요한 작업의 최소 횟수를 return 하도록 solution( ) 함수를 완성해주세요. 단, 어떤 방법으로도 각 큐의 원소 합을 같게 만들 수 없는 경우, -1을 return 해주세요.

## 제약 조건

- 1 ≤ queue1의 길이 = queue2의 길이 ≤ 300,000
- 1 ≤ queue1의 원소, queue2의 원소 ≤ 109
- 주의: 언어에 따라 합 계산 과정 중 산술 오버플로우 발생 가능성이 있으므로 long type 고려가 필요합니다.

## 입출력의 예

| queue1 | queue2 | result |
|--------|--------|--------|
| [3, 2, 7, 2] | [4, 6, 5, 1] | 2 |
| [1, 2, 1, 2] | [1, 10, 1, 2] | 7 |
| [1, 1] | [1, 5] | -1 |

**입출력 예 #1**

문제 예시와 같습니다.

**입출력 예 #2**

두 큐에 담긴 모든 원소의 합은 20입니다. 따라서, 각 큐의 합을 10으로 만들어야 합니다. queue2에서 1, 10을 순서대로 추출하여 queue1에 추가하고, queue1에서 1, 2, 1, 2와 1(queue2으로부터 받은 원소)을 순서대로 추출하여 queue2에 추가합니다. 그 결과 queue1은 [10], queue2는 [1, 2, 1, 2, 1, 2, 1]가 되며, 각 큐의 원소 합은 10으로 같습니다. 이때 작업 횟수는 7회이며, 이보다 적은 횟수로 목표를 달성하는 방법은 없습니다. 따라서 7를 return 합니다.

**입출력 예 #3**

어떤 방법을 쓰더라도 각 큐의 원소 합을 같게 만들 수 없습니다. 따라서 -1을 return 합니다.

## 문제 97 숫자 게임

제한 시간(푼 시간) _ 20분(　　분)

문제 URL https://school.programmers.co.kr/learn/courses/30/lessons/12987
정답 URL https://github.com/kciter/coding-interview-js/blob/main/solution/97.js

xx 회사의 2xN명의 사원들은 N명씩 두 팀으로 나눠 숫자 게임을 하려고 합니다. 두 개의 팀을 각각 A팀과 B팀이라고 하겠습니다. 숫자 게임의 규칙은 다음과 같습니다.

- 먼저 모든 사원이 무작위로 자연수를 하나씩 부여받습니다.
- 각 사원은 딱 한 번씩 경기를 합니다.
- 각 경기당 A팀에서 한 사원이, B팀에서 한 사원이 나와 서로의 수를 공개합니다. 그때 숫자가 큰 쪽이 승리하게 되고, 승리한 사원이 속한 팀은 승점을 1점 얻게 됩니다.
- 만약 숫자가 같다면 누구도 승점을 얻지 않습니다.

전체 사원들은 우선 무작위로 자연수를 하나씩 부여받았습니다. 그다음 A팀은 빠르게 출전 순서를 정했고 자신들의 출전 순서를 B팀에게 공개해버렸습니다. B팀은 그것을 보고 자신들의 최종 승점을 가장 높이는 방법으로 팀원들의 출전 순서를 정했습니다. 이때의 B팀이 얻는 승점을 구해주세요. A 팀원들이 부여받은 수가 출전 순서대로 나열되어있는 배열 A와 i번째 원소가 B팀의 i번 팀원이 부여받은 수를 의미하는 배열 B가 주어질 때, B 팀원들이 얻을 수 있는 최대 승점을 return 하도록 solution( ) 함수를 완성해주세요.

### 제약 조건

- A와 B의 길이는 같습니다.
- A와 B의 길이는 1 이상 100,000 이하입니다.
- A와 B의 각 원소는 1 이상 1,000,000,000 이하의 자연수입니다.

### 입출력의 예

| A | B | result |
|---|---|---|
| [5, 1, 3, 7] | [2, 2, 6, 8] | 3 |
| [2, 2, 2, 2] | [1, 1, 1, 1] | 0 |

**입출력 예 #1**

A 팀은 숫자 5를 부여받은 팀원이 첫 번째로 출전하고, 이어서 1, 3, 7을 부여받은 팀원들이 차례대로 출전합니다. B 팀원들을 4번, 2번, 3번, 1번의 순서대로 출전시킬 경우 팀원들이 부여받은 숫자들은 차례대로 8, 2, 6, 2가 됩니다. 그러면 첫 번째, 두 번째, 세 번째 경기에서 승리하여 3점을 얻게 되고, 이때가 최대의 승점입니다.

**입출력 예 #2**

B 팀원들을 어떤 순서로 출전시켜도 B팀의 승점은 0점입니다.

**의사 코드 노트**

# 05 회

# IT 신입사원_
# 코딩 테스트 영역

주요 IT 기업의
출제 스타일을
모았습니다.

 **시험 안내**

◎ 본 시험은 자료구조, 알고리즘, 코딩 영역의 프로그래머 역량을 테스트하기 위한 시험입니다.

◎ 주어진 시간은 3시간입니다.

◎ 문제는 총 3문제로 구성되어 있습니다.

◎ 실제 시험에 응하듯 풀어보기 바랍니다.

| 문제 번호 | 문제 이름 | 제한 시간(푼 시간) | 제출 결과 |
| --- | --- | --- | --- |
| 문제 98 | 보석 쇼핑 | 40분(   분) | 통과 / 시간 초과 / 런타임 에러 |
| 문제 99 | 파괴되지 않은 건물 | 40분(   분) | 통과 / 시간 초과 / 런타임 에러 |
| 문제 100 | 로또의 최고 순위와 최저 순위 | 30분(   분) | 통과 / 시간 초과 / 런타임 에러 |

제출 결과를
표시해보세요!

## 문제 98 보석 쇼핑

제한 시간(푼 시간) _ 40분(      분)

문제 URL https://school.programmers.co.kr/learn/courses/30/lessons/67258
정답 URL https://github.com/kciter/coding-interview-js/blob/main/solution/98.js

개발자 출신으로 세계 최고의 갑부가 된 어피치는 스트레스를 받을 때면 이를 풀기 위해 오프라인 매장에 쇼핑을 하러 가곤 합니다. 어피치는 쇼핑을 할 때면 매장 진열대의 특정 범위의 물건들을 모두 싹쓸이 구매하는 습관이 있습니다.

어느 날 스트레스를 풀기 위해 보석 매장에 쇼핑을 하러 간 어피치는 이전처럼 진열대의 특정 범위의 보석을 모두 구매하되 특별히 아래 목적을 달성하고 싶었습니다.

- 진열된 모든 종류의 보석을 적어도 1개 이상 포함하는 가장 짧은 구간을 찾아서 구매

예를 들어 아래 진열대는 4종류의 보석(RUBY, DIA, EMERALD, SAPPHIRE) 8개가 진열된 예시입니다.

| 진열대 번호 | 1 | 2 | 3 | 4 | 5 | 6 | 7 | 8 |
|---|---|---|---|---|---|---|---|---|
| 보석 이름 | DIA | RUBY | RUBY | DIA | DIA | EMERALD | SAPPHIRE | DIA |

진열대의 3번부터 7번까지 5개의 보석을 구매하면 모든 종류의 보석을 적어도 하나 이상씩 포함하게 됩니다. 진열대의 3, 4, 6, 7번의 보석만 구매하는 것은 중간에 특정 구간(5번)이 빠지게 되므로 어피치의 쇼핑 습관에 맞지 않습니다. 진열대 번호 순서대로 보석들의 이름이 저장된 배열 gems가 매개변수로 주어집니다. 이때 모든 보석을 하나 이상 포함하는 가장 짧은 구간을 찾아서 return 하도록 solution( ) 함수를 완성해주세요. 가장 짧은 구간의 시작 진열대 번호와 끝 진열대 번호를 차례대로 배열에 담아서 return 하도록 하며, 만약 가장 짧은 구간이 여러 개라면 시작 진열대 번호가 가장 작은 구간을 return 합니다.

- gems 배열의 크기는 1 이상 100,000 이하입니다.
  - gems 배열의 각 원소는 진열대에 나열된 보석을 나타냅니다.gems 배열에는 1번 진열대부터 진열대 번호 순서대로 보석 이름이 차례대로 저장되어 있습니다.
  - gems 배열의 각 원소는 길이가 1 이상 10 이하인 알파벳 대문자로만 구성된 문자열입니다.

**입출력의 예**

| gems | result |
|---|---|
| ["DIA", "RUBY", "RUBY", "DIA", "DIA", "EMERALD", "SAPPHIRE", "DIA"] | [3, 7] |
| ["AA", "AB", "AC", "AA", "AC"] | [1, 3] |
| ["XYZ", "XYZ", "XYZ"] | [1, 1] |
| ["ZZZ", "YYY", "NNNN", "YYY", "BBB"] | [1, 5] |

### 입출력 예 #1

문제 예시와 같습니다.

### 입출력 예 #2

3종류의 보석(AA, AB, AC)을 모두 포함하는 가장 짧은 구간은 [1, 3], [2, 4]가 있습니다. 시작 진열대 번호가 더 작은 [1, 3]을 return 해주어야 합니다.

### 입출력 예 #3

1종류의 보석(XYZ)을 포함하는 가장 짧은 구간은 [1, 1], [2, 2], [3, 3]이 있습니다. 시작 진열대 번호가 가장 작은 [1, 1]을 return 해주어야 합니다.

### 입출력 예 #4

4종류의 보석(ZZZ, YYY, NNNN, BBB)을 모두 포함하는 구간은 [1, 5]가 유일합니다. 그러므로 [1, 5]를 return 해주어야 합니다.

**의사 코드 노트**

손으로 계획을 세운 후에
문제를 풀어보세요!

## 문제 99 파괴되지 않은 건물

제한 시간(푼 시간) _ 30분(      분)

문제 URL https://school.programmers.co.kr/learn/courses/30/lessons/92344
정답 URL https://github.com/kciter/coding-interview-js/blob/main/solution/99.js

N×M 크기의 행렬 모양의 게임 맵이 있습니다. 이 맵에는 내구도를 가진 건물이 각 칸마다 하나씩 있습니다. 적은 이 건물들을 공격하여 파괴하려고 합니다. 건물은 적의 공격을 받으면 내구도가 감소하고 내구도가 0이하가 되면 파괴됩니다. 반대로, 아군은 회복 스킬을 사용하여 건물들의 내구도를 높이려고 합니다. 적의 공격과 아군의 회복 스킬은 항상 직사각형 모양입니다. 예를 들어, 아래 사진은 크기가 4×5인 맵에 내구도가 5인 건물들이 있는 상태입니다.

|   | 0 | 1 | 2 | 3 | 4 |
|---|---|---|---|---|---|
| 0 | 5 | 5 | 5 | 5 | 5 |
| 1 | 5 | 5 | 5 | 5 | 5 |
| 2 | 5 | 5 | 5 | 5 | 5 |
| 3 | 5 | 5 | 5 | 5 | 5 |

첫 번째로 적이 맵의 (0,0)부터 (3,4)까지 공격하여 4만큼 건물의 내구도를 낮추면 아래와 같은 상태가 됩니다.

|   | 0 | 1 | 2 | 3 | 4 |
|---|---|---|---|---|---|
| 0 | 1 | 1 | 1 | 1 | 1 |
| 1 | 1 | 1 | 1 | 1 | 1 |
| 2 | 1 | 1 | 1 | 1 | 1 |
| 3 | 1 | 1 | 1 | 1 | 1 |

두 번째로 적이 맵의 (2,0)부터 (2,3)까지 공격하여 2만큼 건물의 내구도를 낮추면 아래와 같이 4개의 건물이 파괴되는 상태가 됩니다.

|   | 0 | 1 | 2 | 3 | 4 |
|---|---|---|---|---|---|
| 0 | 1 | 1 | 1 | 1 | 1 |
| 1 | 1 | 1 | 1 | 1 | 1 |
| 2 | -1 | -1 | -1 | -1 | 1 |
| 3 | 1 | 1 | 1 | 1 | 1 |

세 번째로 아군이 맵의 (1,0)부터 (3,1)까지 회복하여 2만큼 건물의 내구도를 높이면 아래와 같이 2개의 건물이 파괴되었다가 복구되고 2개의 건물만 파괴되어있는 상태가 됩니다.

|   | 0 | 1 | 2 | 3 | 4 |
|---|---|---|---|---|---|
| 0 | 1 | 1 | 1 | 1 | 1 |
| 1 | 3 | 3 | 1 | 1 | 1 |
| 2 | 1 | 1 | -1 | -1 | 1 |
| 3 | 3 | 3 | 1 | 1 | 1 |

마지막으로 적이 맵의 (0,1)부터 (3,3)까지 공격하여 1만큼 건물의 내구도를 낮추면 아래와 같이 8개의 건물이 더 파괴되어 총 10개의 건물이 파괴된 상태가 됩니다. (내구도가 0 이하가 된 이미 파괴된 건물도, 공격을 받으면 계속해서 내구도가 하락하는 것에 유의해주세요.)

|   | 0 | 1 | 2 | 3 | 4 |
|---|---|---|---|---|---|
| 0 | 1 | 0 | 0 | 0 | 1 |
| 1 | 3 | 2 | 0 | 0 | 1 |
| 2 | 1 | 0 | -2 | -2 | 1 |
| 3 | 3 | 2 | 0 | 0 | 1 |

최종적으로 총 10개의 건물이 파괴되지 않았습니다. 건물의 내구도를 나타내는 2차원 정수 배열 board와 적의 공격 혹은 아군의 회복 스킬을 나타내는 2차원 정수 배열 skill이 매개변수로 주어집니다. 적의 공격 혹은 아군의 회복 스킬이 모두 끝난 뒤 파괴되지 않은 건물의 개수를 return하는 solution( ) 함수를 완성해 주세요.

### 제약 조건

- $1 \leq$ board의 행의 길이 (= N) $\leq 1,000$
- $1 \leq$ board의 열의 길이 (= M) $\leq 1,000$
- $1 \leq$ board의 원소 (각 건물의 내구도) $\leq 1,000$
- $1 \leq$ skill의 행의 길이 $\leq 250,000$
- skill의 열의 길이 = 6
- skill의 각 행은 [type, r1, c1, r2, c2, degree] 형태를 가지고 있습니다.
  - type은 1 혹은 2입니다.
    - type이 1일 경우는 적의 공격을 의미합니다. 건물의 내구도를 낮춥니다.
    - type이 2일 경우는 아군의 회복 스킬을 의미합니다. 건물의 내구도를 높입니다.

- (r1, c1)부터 (r2, c2)까지 직사각형 모양의 범위 안에 있는 건물의 내구도를 degree만큼 낮추거나 높인다는 뜻입니다.

  - $0 \leq r1 \leq r2 <$ board의 행의 길이
  - $0 \leq c1 \leq c2 <$ board의 열의 길이
  - $1 \leq degree \leq 500$
  - type이 1이면 degree만큼 건물의 내구도를 낮춥니다.
  - type이 2이면 degree만큼 건물의 내구도를 높입니다.

- 건물은 파괴되었다가 회복 스킬을 받아 내구도가 1이상이 되면 파괴되지 않은 상태가 됩니다. 즉, 최종적으로 건물의 내구도가 1이상이면 파괴되지 않은 건물입니다.

## 정확성 테스트 케이스 제한 사항

- $1 \leq$ board의 행의 길이 (= N) $\leq 100$
- $1 \leq$ board의 열의 길이 (= M) $\leq 100$
- $1 \leq$ board의 원소 (각 건물의 내구도) $\leq 100$
- $1 \leq$ skill의 행의 길이 $\leq 100$
- $1 \leq degree \leq 100$

## 효율성 테스트 케이스 제한 사항

- 주어진 조건 외 추가 제한사항 없습니다.

### 입출력의 예

| board | skill | result |
|---|---|---|
| [[5, 5, 5, 5, 5], [5, 5, 5, 5, 5], [5, 5, 5, 5, 5], [5, 5, 5, 5, 5]] | [[1, 0, 0, 3, 4, 4], [1, 2, 0, 2, 3, 2], [2, 1, 0, 3, 1, 2], [1, 0, 1, 3, 3, 1]] | 10 |
| [[1, 2, 3], [4, 5, 6], [7, 8, 9]] | [[1, 1, 1, 2, 2, 4], [1, 0, 0, 1, 1, 2], [2, 2, 0, 2, 0, 100]] | 6 |

**제한 시간(푼 시간)** _ 30분(          분)

**문제 URL** https://school.programmers.co.kr/learn/courses/30/lessons/77484
**정답 URL** https://github.com/kciter/coding-interview-js/blob/main/solution/100.js

로또 6/45(이하 '로또'로 표기)는 1부터 45까지의 숫자 중 6개를 찍어서 맞히는 대표적인 복권입니다. 아래는 로또의 순위를 정하는 방식입니다.

| 순위 | 당첨 내용 |
|---|---|
| 1 | 6개 번호가 모두 일치 |
| 2 | 5개 번호가 일치 |
| 3 | 4개 번호가 일치 |
| 4 | 3개 번호가 일치 |
| 5 | 2개 번호가 일치 |
| 6(낙첨) | 그 외 |

로또를 구매한 민우는 당첨번호 발표일을 학수고대하고 있었습니다. 하지만, 민우의 동생이 로또에 낙서를 하여, 일부 번호를 알아볼 수 없게 되었습니다. 당첨번호 발표 후, 민우는 자신이 구매했던 로또로 당첨이 가능했던 최고 순위와 최저 순위를 알아보고 싶어 졌습니다. 알아볼 수 없는 번호를 0으로 표기하기로 하고, 민우가 구매한 로또 번호 6개가 44, 1, 0, 0, 31, 25라고 가정해보겠습니다. 당첨번호 6개가 31, 10, 45, 1, 6, 19라면, 당첨 가능한 최고 순위와 최저 순위의 한 예는 아래와 같습니다.

| 당첨 번호 | 31 | 10 | 45 | 1 | 6 | 19 | 결과 |
|---|---|---|---|---|---|---|---|
| 최고 순위 번호 | 31 | 0→10 | 44 | 1 | 0→6 | 25 | 4개 번호 일치, 3등 |
| 최저 순위 번호 | 31 | 0→11 | 44 | 1 | 0→7 | 25 | 2개 번호 일치, 5등 |

순서와 상관없이, 구매한 로또에 당첨번호와 일치하는 번호가 있으면 맞힌 걸로 인정됩니다.

- 알아볼 수 없는 두 개의 번호를 각각 10, 6이라고 가정하면 3등에 당첨될 수 있습니다.
  - 3등을 만드는 다른 방법들도 존재합니다. 하지만 2등 이상으로 만드는 것은 불가능합니다.

- 알아볼 수 없는 두 개의 번호를 각각 11, 7이라고 가정하면 5등에 당첨될 수 있습니다.
    - 5등을 만드는 다른 방법들도 존재합니다. 하지만 6등(낙첨)으로 만드는 것은 불가능합니다.

민우가 구매한 로또 번호를 담은 배열 lottos, 당첨 번호를 담은 배열 win_nums가 매개변수로 주어집니다. 이때, 당첨 가능한 최고 순위와 최저 순위를 차례대로 배열에 담아서 return 하도록 solution( ) 함수를 완성해주세요.

### 제약 조건

- lottos는 길이 6인 정수 배열입니다.
- lottos의 모든 원소는 0 이상 45 이하인 정수입니다.
    - 0은 알아볼 수 없는 숫자를 의미합니다.
    - 0을 제외한 다른 숫자들은 lottos에 2개 이상 담겨 있지 않습니다.
    - lottos의 원소들은 정렬되어 있지 않을 수도 있습니다.
- win_nums은 길이 6인 정수 배열입니다.
- win_nums의 모든 원소는 1 이상 45 이하인 정수입니다.
    - win_nums에는 같은 숫자가 2개 이상 담겨 있지 않습니다.
    - win_nums의 원소들은 정렬되어 있지 않을 수도 있습니다.

### 입출력의 예

| lottos | win_nums | result |
|---|---|---|
| [44, 1, 0, 0, 31, 25] | [31, 10, 45, 1, 6, 19] | [3, 5] |
| [0, 0, 0, 0, 0, 0] | [38, 19, 20, 40, 15, 25] | [1, 6] |
| [45, 4, 35, 20, 3, 9] | [20, 9, 3, 45, 4, 35] | [1, 1] |

### 입출력 예 #1

문제 예시와 같습니다.

## 입출력 예 #2

알아볼 수 없는 번호들이 아래와 같았다면, 1등과 6등에 당첨될 수 있습니다.

| 당첨 번호 | 38 | 19 | 20 | 40 | 15 | 25 | 결과 |
|---|---|---|---|---|---|---|---|
| 최고 순위 번호 | 0→38 | 0→19 | 0→20 | 0→40 | 0→15 | 0→25 | 6개 번호 일치, 1등 |
| 최저 순위 번호 | 0→21 | 0→22 | 0→23 | 0→24 | 0→26 | 0→27 | 0개 번호 일치, 6등 |

## 입출력 예 #3

민우가 구매한 로또의 번호와 당첨번호가 모두 일치하므로, 최고 순위와 최저 순위는 모두 1등입니다.

**의사 코드 노트**

# 찾아보기

코딩 테스트
# 합격자 되기 자바스크립트 편
자료구조, 알고리즘, 빈출 100 문제로 대비하는 코테 풀 패키지

**초판 1쇄 발행** 2024년 7월 1일

**지은이** 이선협, 박경록 · **감수** 정진홍, 김희성, 이민우

**펴낸이** 최현우 · **기획** 박현규, 최현우 · **편집** 박현규, 최혜민, 김성경

**디자인** Nuːn · **조판** SEMO · **일러스트** 주형

**펴낸곳** 골든래빗(주)

**등록** 2020년 7월 7일 제 2020-000183호

**주소** 서울 마포구 양화로 186 LC타워 5층 514호

**전화** 0505-398-0505 · **팩스** 0505-537-0505

**이메일** ask@goldenrabbit.co.kr

**홈페이지** www.goldenrabbit.co.kr

**SNS** facebook.com/goldenrabbit2020

**ISBN** 979-11-91905-88-5   93000

\* 파본은 구입한 서점에서 바꿔드립니다.

**우리는 가치가 성장하는 시간을 만듭니다.**

골든래빗은 가치가 성장하는 도서를 함께 만드실 저자님을 찾고 있습니다.

내가 할 수 있을까 망설이는 대신, 용기 내어 골든래빗의 문을 두드려보세요.

apply@goldenrabbit.co.kr